초등학생이면 꼭 가봐야 할 역사여행지 64

교과서가 쉬워지는
한국사여행

홍수연·홍연주 지음

길벗

**교과서가 쉬워지는
한국사 여행**
A trip to korean history for textbooks easier

초판 발행 · 2022년 8월 22일
초판 3쇄 발행 · 2023년 7월 7일
개정판 발행 · 2024년 7월 2일
개정판 2쇄 발행 · 2025년 3월 17일

글 · 사진 · 홍수연, 홍연주
발행인 · 이종원
발행처 · (주)도서출판 길벗
출판사 등록일 · 1990년 12월 24일
주소 · 서울시 마포구 월드컵로10길 56(서교동)
대표전화 · 02)332-0931 | **팩스** · 02)322-0586
홈페이지 · www.gilbut.co.kr | **이메일** · gilbut@gilbut.co.kr

편집팀장 · 민보람 | **기획 및 책임편집** · 서랑례(rangrye@gilbut.co.kr)
표지디자인 · 최주연 | **제작** · 이준호, 손일순 | **마케팅** · 정경원, 김진영, 조아현, 류효정 | **유통혁신** · 한준희
영업관리 · 김명자 | **독자지원** · 윤정아

본문디자인 · 박찬진 | **교정** · 이정현 | **CTP 출력 · 인쇄 · 교보피앤비** | **제본** · 경문제책

- 이 책은 저작권법의 보호를 받는 저작물로 이 책에 실린 모든 내용, 디자인, 이미지, 편집 구성은 허락 없이 복제하거나 다른 매체에 옮겨 실을 수 없습니다.
- 인공지능(AI) 기술 또는 시스템을 훈련하기 위해 이 책의 전체 내용은 물론 일부 문장도 사용하는 것을 금지합니다.
- 잘못 만든 책은 구입한 서점에서 바꿔 드립니다.

ⓒ 홍수연, 홍연주

ISBN 979-11-407-1402-5(13980)
(길벗 도서번호 020250)

정가 25,000원

독자의 1초까지 아껴주는 정성 길벗출판사

(주)도서출판 길벗 · IT단행본&교재, 성인어학, 교과서, 수험서, 경제경영, 교양, 자녀교육, 취미실용 www.gilbut.co.kr
길벗스쿨 · 국어학습, 수학학습, 주니어어학, 어린이단행본, 학습단행본 www.gilbutschool.co.kr

독자의 1초를
아껴주는 정성!

세상이 아무리 바쁘게 돌아가더라도
책까지 아무렇게나 빨리 만들 수는 없습니다.
인스턴트식품 같은 책보다는
오래 익힌 술이나 장맛이 밴 책을 만들고 싶습니다.

땀 흘리며 일하는 당신을 위해
한 권 한 권 마음을 다해 만들겠습니다.
마지막 페이지에서 만날 새로운 당신을 위해
더 나은 길을 준비하겠습니다.

독자의 1초를 아껴주는 정성을
만나보십시오.

저자의 말

우리는 역사를
제대로 알고 지키는 것부터
시작해야겠죠?

2002년부터 여행책을 쓰기 시작했으니 벌써 22년째입니다. 궁금한 것이 많았고, 돌아다니기를 좋아했고, 끄적끄적 메모하고 정리하기를 좋아했습니다. 그래서 여행책을 쓰기 시작했습니다.

언제나 그렇듯 아는 것이 많아 책을 쓴 것이 아니라, 책을 쓰는 과정에서 많이 공부하고 배울 수 있어서 참 좋았습니다. 특별히 이번에는 우리 역사와 관련된 곳들을 정리하는 작업이라 지금 학생들이 배우는 교과서도 살펴보고, 먼지 쌓인 책도 다시 꺼내 읽을 수 있어서 더 값진 시간이었어요. 역사를 전공했고 책을 쓰는 일을 하다 보니 주변 지인들에게 이런 이야기를 종종 들었습니다. "한국사에 대해 잘 모르니까 아이들 데리고 박물관이나 궁궐, 경주 같은 곳에 갈 때 설명해주기가 너무 어려워"라는. 그래서 언젠가는 이런 책을 꼭 한번 쓰고 싶었습니다.

아쉬운 점은 고조선, 고구려, 고려 등 북한에 있는 역사 유적지를 생생하게 소개할 수 없다는 것이었습니다. 언제쯤이나 그 시대의 웅장한 문화유산들을 직접 볼 수 있을까요? 왕래가 자유로워지거나 통일이 되면 아이들과 함께 북한쪽 백두산에도 올라가고, 고려의 수도였던 개성을 둘러본 후 고구려 수도였던 평양에 가서 냉면과 온반도 한 그릇 먹고 싶습니다.

광개토대왕과 개마 무사가 말을 타고 달리던 광활한 벌판은 현재 우리 땅은 아니지만 방문 가능합니다. 하지만 우리 역사를 왜곡하려는 중국의 동북공정으로 많은 문제가 발생하고 있습니다. 자, 그렇다면 우리는 역사를 제대로 알고 지키는 것부터 시작해야겠죠?

괴롭고 안타까웠던 지난날처럼 다시는 힘이 없어서 다른 나라에 굴복하고 끌려다니는 일은 없어야겠습니다. 지혜와 용기로 고난과 역경을 뚫고 나갔던 이순신 장군처럼, 열린 마음으로 백성을 사랑했던 세종대왕처럼, 모진 탄압 속에서도 씩씩하게 일어섰던 의병들처럼, 힘을 하나로 모아 희망을 만들어낸 많은 독립운동가들처럼 살아야겠습니다. 그리고 지금의 우리를 있게 해주신 많은 분들의 희생과 노력에 다시 한번 고개 숙여 감사드리고 싶습니다.

마지막으로 세상 무엇보다도 소중한 아들 원정윤과 Rosie, Samuel, 정말 사랑합니다. 그리고 미래를 이끌어갈 우리 청소년들과 어린이들을 항상 응원합니다! 감사합니다.

홍수연 & 홍연주

Special Thanks to

책이 나오기까지 감사한 분들이 정말 많습니다. 길벗 출판사의 서랑례 에디터와 교정을 맡아주신 이정현 님, 디자인을 맡아주신 박찬진 님 덕분에 무사히 책을 낼 수 있었습니다. 그리고 전화 한 통에 흔쾌히 사진을 제공해주신 진명자 님께도 감사드립니다.

홍수연 ttsis1@naver.com

성균관대학교 교육대학원 역사교육 전공 졸업
중·고등학교 역사 교사 역임
유튜브 지오세TV, 블로그 blog.naver.com/ttsis1 운영
《아이와 함께 유럽 여행》, 《무작정 따라하기 홋카이도》, 《무작정 따라하기 그리스》, 《유럽 100배 즐기기》, 《뉴욕 100배 즐기기》, 《이탈리아 100배 즐기기》, 《홍콩 100배 즐기기》, 《인상파와 함께 걷는 달콤한 유럽 여행》 공동 저자

홍연주 opop0206@naver.com

성균관대학교 역사교육과 졸업
박물관 큐레이터 역임
인스타그램 trip_with_lover
《아이와 함께 유럽 여행》, 《무작정 따라하기 홋카이도》, 《무작정 따라하기 그리스》, 《유럽 100배 즐기기》, 《핵심유럽 100배 즐기기》, 《파리 100배 즐기기》, 《홍콩 100배 즐기기》 공동 저자

※ 추가 사진, 동영상, 수정 정보는 블로그 blog.naver.com/ttsis1에서 확인할 수 있습니다.

'교과서가 쉬워지는 한국사 여행 가이드'

이 책은 초등 교과서에 실린 한국사 여행지를 엄선해 소개하고 있습니다. 책에 소개한 여행지 정보는 2024년 5월을 기준으로 최대한 정확한 정보를 싣고자 노력했습니다. 하지만 출판 후 또는 독자의 여행 시점, 여행지 사정에 따라 변동될 수 있으니 양해 바랍니다.

장소 소개글
교과서 속 한국사 여행지를 한 번에 파악할 수 있도록 간단명료하게 소개합니다.

미션
교과서와 연계하여 여행지에서 놓치지 않고 꼭 보고 배워야 할 것들을 소개합니다.

교과서 발췌
초등 교과서 어느 페이지에 어떤 내용으로 실렸는지 교과서 내용을 그대로 발췌해서 실었습니다.

참고 자료
해당 장소에는 없지만 설명을 위해 필요한 참고 자료를 실었습니다.

학습 포인트
각 여행지에서 알아두어야 할 한국사 핵심 포인트를 알기 쉽게 설명해줍니다.

TIP
본문에 싣지 못한 이야기를 따로 정리해 두었습니다.

둘러보기
여행지에서 좀 더 살펴보아야 할 유물, 유적, 미술품 등의 정보를 심도 있게 설명한 페이지입니다.

INFO
여행지의 주소, 전화번호, 관람 시간, 휴일, 입장료, 주차 등의 기본 정보를 한눈에 볼 수 있도록 했습니다.

FOOD
여행지 주변에서 아이와 갈 만한 맛집을 소개합니다.

007

차례

- 저자의 말 ··· **004**
- 일러두기 ··· **006**
- 우리나라 & 중국 & 일본 3국 역사 연표 ··· **010**
- 알고 보면 흥미로운 조선 왕의 이름 ··· **018**

PART 1 70만 년 전~BC 1000년경
옛날과 오늘날의 생활 모습

- **001** 연천 전곡리 구석기 유적지 ··· **024**
- **002** 암사동 신석기 유적지 ··· **029**
- **003** 진주청동기문화박물관 ··· **034**

PART 2 BC 1000~918년경
나라의 등장과 발전

- **004** 강화 고인돌 유적지 ··· **042**
- **005** 충주고구려비전시관 ··· **047**
- **006** 한성백제박물관 ··· **055**
- **007** 국립공주박물관 ··· **062**
- **008** 무령왕릉(왕릉원) ··· **069**
- **009** 공산성 ··· **075**
- **010** 국립부여박물관 ··· **081**
- **011** 백제 사비 시대 여행 ··· **089**
- **012** 왕궁리 유적 ··· **097**
- **013** 쌍릉 & 서동 생가 터 ··· **102**
- **014** 미륵사지 & 국립익산박물관 ··· **107**
- **015** 대릉원, 첨성대, 경주 시내권 ··· **116**
- **016** 국립경주박물관 ··· **126**
- **017** 감은사지 & 문무대왕릉 ··· **135**
- **018** 불국사 & 석굴암 ··· **143**
- **019** 경주 남산 & 포석정 ··· **153**
- **020** 수로왕릉 & 수로왕비릉 ··· **159**
- **021** 고령 지산동 고분군 ··· **166**

PART 3 918년~1392년
독창적인 문화를 발전시킨 고려

- **022** 전쟁기념관 ··· **174**
- **023** 고려궁지 ··· **182**
- **024** 항파두리 항몽유적지 ··· **187**
- **025** 해인사 팔만대장경 ··· **193**
- **026** 부석사 ··· **199**

PART 4 1392년~1794년
민족문화를 지켜나간 조선

- **027** 국립고궁박물관 ··· **208**
- **028** 경복궁 ··· **216**
- **029** 종묘 ··· **228**
- **030** 한양도성 4대문 ··· **236**
- **031** 국립한글박물관 ··· **243**
- **032** 청령포 ··· **249**
- **033** 창경궁 ··· **256**

- 034 조선 왕릉 … 268
- 035 오죽헌 … 274
- 036 통영 이순신 장군 유적지 … 281
- 037 행주산성 … 293
- 038 남한산성 … 299

1794년~1896년
PART 5 새로운 사회를 향한 움직임

- 039 창덕궁(규장각) … 310
- 040 수원 화성 … 321
- 041 김만덕 기념관 … 333
- 042 다산초당 … 339
- 043 제주 추사관 … 347
- 044 소수서원 … 356
- 045 운현궁 … 363
- 046 정족산성 & 절두산 … 369
- 047 광성보 & 초지진 … 375
- 048 우정총국 … 381
- 049 정읍 동학농민혁명기념관 … 389

1896년~1945년
PART 6 일제의 침략과 광복을 위한 노력

- 050 고종의 길 & 구 러시아 공사관 … 398
- 051 덕수궁 … 403
- 052 중명전 … 413
- 053 독립문 … 421
- 054 서대문형무소 역사관 … 426
- 055 딜쿠샤 … 434
- 056 독립기념관 … 439

1945년~현재
PART 7 대한민국 정부의 수립과 6.25전쟁

- 057 경교장 & 백범김구기념관 … 450
- 058 장사상륙작전 전승기념관 … 456
- 059 임진각 관광지 … 461
- 060 대한민국 역사박물관 … 468

THEMA 책 속의 특집

- THEMA 1 국립중앙박물관 … 474
- THEMA 2 상하이에서 만난 우리 역사 … 494
- THEMA 3 유네스코 지정 우리나라 세계유산 … 499
- THEMA 4 우리 역사를 알아가다 보니 이런 것이 궁금했어요! … 503

한국사 퀴즈 … 507

그때 그 사건!
우리나라 & 중국 & 일본 3국 역사 연표

	우리나라
70만 년 전~BC 1000년	70만 년 전 구석기 문화 시작 BC 8000년경 신석기 문화 시작 BC 2333 고조선 건국 BC 2000~1000년경 청동기 문화 발달 
BC 1000~1	BC 400년경 철기 문화 보급 BC 194 위만 조선 성립 BC 108 고조선 멸망 BC 57 신라 건국(시조 : 박혁거세) BC 37 고구려 건국(시조 : 고주몽) BC 18 백제 건국(시조 : 온조) 
1~500  (고구려, 백제, 신라 가야가 엎치락뒤치락!)	3 고구려가 국내성으로 천도 42 금관가야 수로왕 즉위 57 신라 석탈해 즉위 313 고구려가 낙랑군 격퇴 372 고구려에 불교 전래 384 백제에 불교 전래 391 광개토대왕 즉위 427 고구려 장수왕, 평양성으로 천도 475 백제, 웅진성으로 천도 
500~1000	503 신라가 국호와 왕호를 정함 527 신라, 불교 공인 538 백제, 사비성으로 천도 612 고구려, 살수대첩에서 수나라에 대승 645 고구려, 안시성에서 당나라에 대승 660 백제 멸망 668 고구려 멸망 676 신라 삼국 통일 

우리나라 역사의 주요 사건과 더불어 고대부터 밀접한 관계를 맺고 있는 중국과 일본의 역사를 연대표로 알아보세요. 비슷한 시기 세 나라에서는 어떤 사건이 벌어지고 있었을까요?

한·중·일은 역사적으로도 밀접!

중국	일본
BC 2500년경 중국 문명 시작 BC 1500년경 상(은) 왕조의 성장 BC 1050년경 주 왕조 성립	BC 8000~300 조몬시대 수렵 어로 생활
BC 770 주의 동천(춘추시대 시작) 　　　~제자백가 활동 　　　~유가 사상 성립 BC 403 전국시대 시작 BC 221 진시황, 중국 통일 BC 202 한 고조 유방, 중국 재통일 BC 141 한 무제, 군현제 완성 BC 139 장건, 서역 원정 시작 BC 97 사마천, 사기 완성	BC 300~300 야요이시대 벼농사 시작
24 후한 성립 105 채륜, 종이 발명 184 황건적의 난 220 한 멸망 삼국시대 시작 280 진 사마염, 중국 통일 420 남북조시대 성립 485 북위, 균전제 실시	372 백제가 칠지도를 하사 552 백제가 불교 전파
589 수, 중국 통일 618 수 멸망, 당 건국 626 당 태종 즉위(정관의 치) 660 당 고종, 신라와 백제 침략 668 당 고종, 신라와 고구려 침략 690 측천무후 즉위	604 쇼토쿠 태자, 헌법 17조 제정 630 제1차 견당사 파견 645 다이카 개신 663 백촌강전투에서 나당 연합군에 패함 672 임신의 난 710 나라 천도 712 일본 최초 역사서 《고사기》 편찬 720 《일본서기》 편찬

우리나라

500~1000

왕건, 고려 건국!
발해, 신라 줄줄이 멸망!

698 대조영, 발해 건국
751 신라 불국사 건립 시작
828 신라 장보고, 청해진 설치
900 견훤, 후백제 건국
901 궁예, 후고구려(태봉) 건국
918 왕건, 고려 건국
926 발해 멸망
935 신라 멸망
936 고려가 후삼국을 통일
993 거란의 고려 침입

1000~1500

1019 귀주대첩에서 거란에 대승
1135 묘청의 서경 천도 운동
1145 김부식에 의해 《삼국사기》 편찬
1170 고려 무신 정권 성립
1231 몽골 1차 고려 침입
1232 고려, 강화로 천도
1236~51 팔만대장경 조판
1270 고려 무신 정권 몰락, 삼별초의 항쟁
1388 이성계가 위화도에서 회군
1392 고려 멸망, 태조 이성계 조선 건국
1394 한양으로 천도
1418 세종 즉위
1446 훈민정음 반포
1481 《경국대전》 완성
1498 무오사화

1500~1700

1506 중종반정, 연산군 폐위
1510 삼포왜란
1592 임진왜란, 한산도대첩, 진주대첩
1593 행주대첩
1597 정유재란, 명량해전
1598 노량해전에서 이순신 전사
1610 허준, 《동의보감》 완성

중국	일본
755 안사의 난 875~884 황소의 난 907 당 멸망, 5대10국시대 전개 916 요(거란) 건국 960 송 건국	794 헤이안으로 천도 935 가나 문자 사용 　　승평·천경의 난 발생(~941)
1115 금(여진) 건국 1125 요 멸망 1127 남송 성립 1206 칭기즈칸, 몽골 통일 1271 원(몽골) 제국 성립 1279 남송 멸망 1351 홍건적의 난 1368 원 멸망, 명 건국 1405 정화, 남해 원정(~1433) 1495 나관중,《삼국지연의》간행	1156 호겐의 난 1159 평치의 난 1192 가마쿠라 막부 성립 1274 여몽 연합군 북규슈 공격, 태풍으로 철수 1281 제2차 여몽 연합군 공격 1321 고다이고 일왕 친정 실시 1331 가마쿠라 막부 토벌 1333 가마쿠라 막부 멸망 1336 무로마치 막부 성립 1392 남북조 통일 1467 오닌의 난 발발, 센고쿠시대 전개
1549 기독교 전파 1557 포르투갈인에게 마카오 거주 허가 1566 포르투갈, 마카오 시 건설 1583 여진 누르하치 거병 1592 명 만력제, 조선 임진왜란에 원병 파견	1549 가고시마에 기독교 전파 1560 오케하자마 전투 1568 오다 노부나가, 교토 입경 1573 무로마치 막부 멸망 1582 혼노지의 변, 오다 노부나가 사망 1590 도요토미 히데요시 전국 통일 1592 도요토미 히데요시 조선 침략(임진왜란) 1597 조선 재침략(정유재란) 1598 도요토미 히데요시 사망 1600 도쿠가와 이에야스의 동군, 세키가하라 전투에서 승리 1603 도쿠가와 이에야스 에도막부 설치

노량해전에서
이순신 전사

우리나라

1500~1700

1623 인조반정, 광해군 폐위
1627 정묘호란
1636 병자호란
1637 인조, 청나라에 항복, 삼전도의 굴욕
1663 하멜, 제주도에 표류
1678 상평통보 주조

1700~1900

1708 대동법 전국 확대 실시
1712 백두산 정계비 건립
1725 탕평책 실시
1750 균역법 실시
1776 정조 즉위, 규장각 설치
1786 천주교 금지령 발표
1792 정약용이 거중기 발명
1794~96 수원 화성 건축
1801 신유박해
1811 홍경래의 난
1818 정약용이 《목민심서》 집필
1839 기해박해
1846 한국 최초 천주교 신부 김대건 순교
1860 최제우, 동학 창시
1861 김정호, 〈대동여지도〉 제작
1863 고종 즉위, 흥선대원군 집권
1866 병인박해, 병인양요
1871 신미양요
1876 강화도조약
1882 임오군란, 미국과 수교
1884 갑신정변
1894 동학농민운동, 갑오개혁
1895 을미사변
1896 아관파천
1897 대한제국 선포

정조 사망 후 혼란과 격변의 조선!

1900~1950

1905 을사늑약
1907 헤이그 특사 파견, 고종 퇴위
1909 안중근, 하얼빈에서 이토 히로부미 사살
1910 일본에 국권 피탈
1919 3·1운동, 대한민국 임시정부 수립
1920 봉오동전투, 청산리대첩

중국	일본
1616 후금 건국 1636 후금, 청으로 국호 변경, 조선 침략(병자호란) 1644 이자성의 난, 명의 멸망 1683 청, 타이완 점령 1689 네르친스크조약	1613 기독교 금지령 1615 오사카 성 전투로 도요토미 가문 멸망
1716 청, 강희자전 완성 1717 청, 기독교 금지 1727 카흐타조약(청·러 국경 확정 조약) 1782 청, 사고전서 완성 1796 백련고도의 난(~1798)	1702 아코 낭인의 복수
1815 청, 아편 밀수 엄금 1829 청, 외국과 통상 금지 1840 아편전쟁(~1842) 1842 난징조약 1851 태평천국 운동(~1864) 1856 애로호 사건 1860 베이징조약 1861 양무 운동(~1894) 1884 청·프전쟁 1894 청·일전쟁(~1895) 1898 변법자강 운동 1899 의화단 운동	1853 미국 동인도 함대 개항 요구 1854 미일 화친 조약 체결 1858 미일 수호 통상 조약 체결 1860 요코하마 개항 1867 도쿠가와 요시노부 왕실에 정치권력 이양, 막부 정치 종료 1868 메이지유신, 도쿄 천도 1885 내각제 실시, 초대 총리 이토 히로부미 1894 청일전쟁 1895 시모노세키조약 체결
1901 신축조약 체결 1905 중국 혁명 동맹회 결성 1911 신해혁명 1912 중화민국 성립 1919 5·4운동, 중국 국민당 성립 1921 중국 공산당 결성 1924 제1차 국공합작	1902 영일동맹 1904 러일전쟁 발발 1909 이토 히로부미, 하얼빈에서 안중근에게 암살당함 1910 대한제국 병합 1914 제1차 세계대전 발발, 일본 독일에 선전포고 1923 관동대지진

우리나라

1900~1950

- **1926** 6·10 만세 운동
- **1929** 광주 학생 항일 운동
- **1932** 이봉창, 윤봉길 의거
- **1936** 손기정, 베를린 올림픽 마라톤 우승
- **1938** 한글 교육 금지
- **1939** 강제 징용령 실시
- **1940** 한국 광복군 결성
- **1945** 8·15 광복
- **1949** 김구 피살

1950~현재

- **1950** 한국전쟁 발발
- **1953** 휴전협정 조인
- **1960** 4·19 혁명
- **1961** 5·16 군사정변
- **1963** 박정희 정부 수립
- **1965** 베트남 파병
- **1970** 경부고속국도 개통
- **1971** 무령왕릉 발굴
- **1972** 7·4 남북 공동 성명, 10월 유신
- **1980** 5·18 광주 민주화 운동
- **1983** KAL기 피격 참사, 아웅산 사건
- **1987** 6월 민주 항쟁, KAL기 피격 참사
- **1988** 서울 올림픽 개최
- **1991** 남북한 동시 유엔 가입
- **1992** 중국과 수교
- **1997** IMF 외환 위기
- **2000** 김대중 대통령, 남북 정상회담
- **2002** 한일 월드컵 개최
- **2018** 평창 동계올림픽 개최
  문재인 대통령, 남북정상회담

중국	일본
1926 중국 국민당 정부 수립 **1928** 중국 국민당 북벌 완성 **1931** 만주사변 **1934** 중국 공산당 장정 시작 **1937** 중일전쟁, 제2차 국공합작 　　　 난징 학살 사건 **1949** 중화인민공화국 성립	**1931** 만주사변 발발, 후만주국 건설 **1937** 중일전쟁 발발 **1941** 진주만 공습, 태평양전쟁 발발 **1942** 미드웨이해전 패배 **1945** 히로시마, 나가사키 원폭 투하, 일본 항복
1966 문화대혁명 시작 **1971** 유엔 가입 **1972** 닉슨 대통령 중국 방문 **1976** 마오쩌둥 사망 **1979** 미국과 국교 정상화 　　　 덩샤오핑 개혁·개방 정책 추진 **1989** 천안문 사태 **1997** 홍콩, 중국에 반환 **1999** 마카오 중국에 반환 **2008** 베이징 올림픽 개최 **2022** 베이징 동계올림픽 개최 **2023** 항저우 아시안게임 개최	**1951** 샌프란시스코조약 체결 **1956** 유엔 가입 **1964** 도쿄 올림픽 개최 **1965** 한일 국교 정상화 **1972** 오키나와 반환됨, 　　　 삿포로 동계올림픽 개최 **1995** 고베대지진 **1998** 나가노 동계올림픽 개최 **2002** 한일 월드컵 개최 **2011** 동일본대지진 **2021** 도쿄 올림픽 개최

서로의 존재가 더욱 커지고 중요해진 한·중·일

알고 보면 흥미로운
조선 왕의 이름

역사책이나 조선시대를 배경으로 한 사극, 영화를 보면 왕을 칭하는 여러 이름이 나옵니다. 세종, 영조, 정조같이 잘 아는 명칭도 있지만 사극에서 "내 이름은 산이다"라는 대사가 나오거나 왕자를 '금아', '역아' 등으로 부르는 것을 볼 수 있었습니다. 그렇다면 조선 왕을 칭하는 이름은 어떤 것이 있고, 어떻게 정해졌을까요?

▲ 고종

태어났을 때 붙는 이름 '휘'

왕이 될 가능성이 있는 왕자가 태어나면서 받게 되는 이름이 '휘 諱'입니다. 왕의 휘로 사용한 한자는 신하와 백성들이 함부로 부를 수도 없고 문장에서 사용하는 것을 삼갔는데, 이것을 '피휘 避諱'라 합니다. 그래서 흔한 글자로 왕의 휘를 삼으면 여러 가지 불편한 점이 생기기 때문에 대부분 한 글자로 정하고 많이 사용하지 않는 한자인 벽자를 사용합니다. 그래서 한자를 잘 사용하지 않는 현대인들은 왕의 한자 이름을 읽기 어려운 경우가 많습니다. 그런데 영조는 원래 왕이 될 왕자가 아니었기 때문에 흔히 사용하는 '밝을 금 昑'을 넣어 이름을 지었지만, 후에 왕이 된 후에는 신하들이 불편할까 봐 일부러 자신의 본명을 잘 알리지 않았다고 합니다.

철종과 고종은 방계(시조가 같은 혈족 가운데 갈라져 나온 다른 계통) 중에서도 왕이 될 가능성이 아주 낮은 방계였기 때문에 아예 이름을 한 글자로 짓지도 않았지만, 왕이 된 후 휘를 개명한 경우입니다.

죽어서 받는 이름 '묘호'

우리가 알고 있는 태종, 세종, 정조 등의 명칭은 왕이 승하한 후 붙는 것으로 이를 '묘호 廟號'라고 합니다. 왕이 승하한 지 27개월이 지나면 왕의 신위를 종묘로 모셔오고, 왕의 일생을 평가해 '종묘에서 부르는 호칭'이라는 뜻이 담긴 묘호를 정합니다.

왜 누구는 '조', 누구는 '종'인가요?

보통 '조 祖'는 공이 탁월한 왕에게 붙이고 '종 宗'은 덕이 출중한 왕에게 붙이는 경우가 많았습니다. 또 세조와 인조처럼 기존 왕통이 아닌 새로운 종통이 시작되거나, 원래는 '종'이었지만 '조'로 추존된 선조, 영조, 순조 같은 경우가 있습니다.
정조도 본래 '정종'이었지만 대한제국 당시 황제로 추존되면서 '정조'가 되었습니다.

그럼 왕이었는데도 'OO군'으로 불리는 것은 무엇 때문인가요?

조선에서 'OO군'으로 남은 왕은 연산군, 광해군입니다. 왕이 되었지만 각기 중종반정, 인조반정으로 폐위된 후 생전이나 사후에도 복위되지 못한 경우입니다. 이 두 사람의 무덤은 '능'이 아닌 '묘'로 불러 연산군묘, 광해군묘가 되었습니다.
단종의 경우는 세조에 의해 폐위되면서 '노산군'이 되었지만, 후에 다시 복권과 복위가 이뤄지면서 '단종'이라는 묘호를 받게 되었고, 묘 또한 '릉'이 되어 '장릉'으로 불렸습니다.

▲ 철종

▲ 세조

이름이 몇 개예요?

조선 왕들에게는 우리가 일반적으로 알고 있는 '묘호'와 본명인 '휘' 외에도 어릴 때 쓰던 '아명 兒名', 성인이 되면 사용하는 '자 字'가 있습니다. 많은 경우에는 한 사람의 이름이 6개까지 있었다고 합니다.
'자'는 성인이 되어 관례를 치르면 원래 이름 외에 성인으로서의 이름이 하나 더 생기는 것입니다. '호'는 자신을 스스로 나타내거나 스승이나 친구들이 붙여주는 이름입니다.
정조의 경우 자는 형운 亨運, 호는 홍재 弘齋입니다. '자'와 '호'는 왕이 아닌 양반도 사용했습니다.

▲ 태조

▲ 영조

어렵고 긴 이름, '시호'와 '존호'

왕이 승하한 후 신하들은 왕의 업적과 일생을 돌아보며 그에 알맞은 이름을 지어 올리는 것이 '시호 諡號' 입니다. 또 공덕을 기리기 위해 따로 올리는 '존호 尊號'는 왕이 생존해 있거나 승하했을 때 모두 올릴 수 있습니다. 예를 들어 세종의 시호는 장헌영문예무인성명효대왕 莊憲英文睿武仁聖明孝大王입니다.

※ 즉위 연도는 음력 기준

		이름	즉위 연도	즉위 나이	재위 기간	
1대	태조	이성계(李成桂) → 이단(李旦)	1392년	58세	7년	아버지 이자춘(추존 환조)
2대	정종	이방과(李芳果) → 이경(李曔)	1398년	42세	2년	태조의 차남
3대	태종	이방원(李芳遠)	1400년	34세	18년	태조의 오남
4대	세종	이도(李祹)	1418년	22세	32년	태종의 삼남, 충녕대군
5대	문종	이향(李珦)	1450년	37세	2년	세종의 장남
6대	단종	이홍위(李弘暐)	1452년	12세	3년	문종의 장남

대	묘호	이름	즉위년	즉위나이	재위기간	비고
7대	세조	이유(李瑈)	1455년	39세	13년	세종의 차남, 수양대군
8대	예종	이황(李晄)	1468년	19세	1년	세조의 차남
9대	성종	이혈(李娎)	1469년	13세	25년	세조의 장남 의경세자(덕종)의 차남
10대	연산군	이융(李㦕)	1494년	19세	11년	성종의 장남, 어머니 폐비 윤씨
11대	중종	이역(李懌)	1506년	19세	39년	성종의 팔남, 진성대군, 어머니 정현왕후
12대	인종	이호(李岵)	1544년	30세	8개월	중종의 사남, 어머니 장경왕후
13대	명종	이환(李峘)	1545년	12세	22년	중종의 구남, 어머니 문정왕후
14대	선조	이균(李鈞) → 이연(李昖)	1567년	16세	41년	최초의 서자이자 방계 출신, 하성군, 중종의 팔남 덕흥대원군의 삼남
15대	광해군	이혼(李琿)	1608년	34세	15년	선조의 차남, 어머니 공빈 김씨
16대	인조	이종(李倧)	1623년	29세	27년	능양군, 선조의 오남 정원군(원종)의 장남
17대	효종	이호(李淏)	1649년	31세	10년	봉림대군, 인조의 차남
18대	현종	이연(李棩)	1659년	19세	15년	효종의 장남
19대	숙종	이순(李焞)	1674년	14세	46년	현종의 장남
20대	경종	이윤(李昀)	1720년	33세	4년	숙종의 장남, 어머니 희빈 장씨
21대	영조	이금(李昑)	1724년	31세	52년	연잉군, 숙종의 차남, 어머니 숙빈 최씨
22대	정조	이산(李祘)	1776년	25세	24년	영조의 장손, 아버지 사도세자
23대	순조	이공(李玜)	1800년	11세	35년	정조의 차남
24대	헌종	이환(李奐)	1834년	8세	15년	순조의 장손, 아버지 효명세자
25대	철종	이원범(李元範) → 이변(李昪)	1849년	19세	14년	방계 출신, 사도세자의 서자 은언군의 서자 전계대원군의 삼남
26대	고종	이재황(李載晃) → 이희(李㷩)	1863년	12세	34년	방계 출신, 사도세자의 넷째 서자 은신군의 양자 남연군의 사남인 흥선대원군의 차남
대한제국 1대	고종		1897년	46세	9년	고종이 대한제국을 선포하고 황제로 즉위
대한제국 2대	순종	이척(李坧)	1907년	34세	3년	고종의 차남, 어머니 명성황후

"우아, 멧돼지다! 쫓아라!!" 어디선가 선사시대 사람들의 우렁찬 함성이 들려오는 듯하죠? 돌도끼로 사냥하고, 물고기를 잡고, 열매를 따서 하루하루를 살아갔던 아주 먼 옛날, 우리 조상들의 생활 모습을 살펴봅니다. '내가 그 시대에 태어났다면 뭘 제일 잘할 수 있었을까?' 달리기를 잘하니까 사냥을 했을까요? 손재주가 좋으니 돌을 깨서 주먹도끼나 흙을 빚어 빗살무늬토기를 만들었을까요? 넓은 벌판을 뛰어다니며 인간 본연의 모습 그대로를 살았던 그때를 상상해보세요.

**MISSION : 유적지와 박물관 등에 마련된 선사
시대 재현 유물들 직접 체험해보기**

PART 1
옛날과 오늘날의 생활 모습

001. 연천 전곡리 구석기 유적지
002. 암사동 신석기 유적지
003. 진주청동기문화박물관

AREA 001

모든 것은 자연으로부터
연천 전곡리 구석기 유적지

#경기연천
#구석기유적
#세계사를_다시_쓴_주먹도끼
#슴베찌르개

사람들이 생활하는 데 필요한 여러 가지 물건을 생활 도구라고 합니다. 옛날 사람들은 자연에서 얻은 돌과 나무 등을 생활 도구로 사용했습니다. 동물의 가죽이나 풀잎으로 옷을 만들어 입었고, 열매를 따거나 동물을 사냥해 먹을거리를 얻었습니다. 추위를 피하거나 동물들의 공격을 막기 위해 주로 동굴이나 바위 그늘에서 살았습니다.

- 초등학교 사회 3학년 2학기

MISSION

구석기시대 대표 유적지로 떠나 당시 생활을 살펴봅니다

주먹도끼 등 많은 유물이 발견된 우리나라 구석기 유적지에 가면 당시 모습을 재현해놓은 모습과 유물 등을 볼 수 있어 수십만 년 전으로 시간 여행을 떠날 수 있습니다. 전시물을 둘러보고 체험 프로그램도 즐기면서 구석기시대 생활에 대해 알아봅시다.

연천 전곡리 구석기 유적지는 우리나라의 대표 구석기 유적지로 그 흔적이 30만 년 전까지 올라갑니다. 세계사를 다시 쓰게 한 아슐리안형 주먹도끼가 발견되었으며 출토된 유물만도 약 8,500점에 이릅니다. 유적지 근처 한탄강과 임진강 유역은 여러 곳에서 구석기 흔적이 발견되어 동아시아 구석기 문화 연구에 중요한 지역이기도 합니다.

1. 한반도의 구석기와 구석기인

한반도에서 구석기인이 산 것은 70만 년 전부터이고 신석기가 시작된 것은 기원전 8000년경이니 구석기는 무려 69만 년 정도나 계속되었습니다. 그런데 한반도의 구석기시대 사람들은 우리의 직접 조상일까요? 빙하기 당시 중국, 한반도, 일본은 육지로 이어져 있었습니다. 따라서 넓은 지역을 이동하며 살았던 구석기인들이 아닌 빙하기가 끝나고 정착 생활을 한 신석기부터 청동기 사람들이 우리의 직접 조상이라고 할 수 있습니다.

2. 구석기시대 의식주

구석기 시대 먹을 것을 해결하는 방법은 '사냥과 채집'입니다. 소규모로 여기저기 이동하며 나무 열매 등을 채집하고 물고기와 짐승을 사냥했죠. 리더는 있었지만 계급은 없고, 사냥할 때는 모두 힘을 합하고 먹을 것을 골고루 나눠 가지는 평등한 사회였습니다. 이동 생활이니 일정한 주거지는 필요 없었고, 동굴에서 살거나 강가에 막집을 지어 생활했죠. 막집은 나무를 세워 뼈대를 만들고 그 위에 나뭇가지, 나뭇잎, 갈대, 동물 가죽 등을 얹어 지은 집입니다. 강이 옆에 있어야 물과 물고기를 쉽게 얻을 수 있고, 물을 마시러 온 짐승을 사냥하는 데도 유리했습니다. 그래서 구석기 유적은 대부분 강을 낀 내륙 지방에 위치합니다. 구석기인은 주변에 있는 풀과 큰 나뭇잎을 옷처럼 활용했지만 날씨가 점점 추워져 두꺼운 옷이 필요했죠. 그래서 사냥한 짐승 가죽을 벗겨 몸에 둘러 입었습니다. 구석기인이 살았던 빙하기에는 가죽옷이 아주 유용했죠.

주거의 흔적인 구석기 유적지 중 대표적인 곳은 충청북도 단양 금굴, 평안남도 상원 검은모루 동굴, 한탄강을 끼고 있는 경기도 연천 전곡리, 금강을 끼고 있는 충청남도 공주 석장리, 충청북도 제천 점말 동굴 등입니다.

▲ 동굴이나 막집에서 살았던 구석기인들

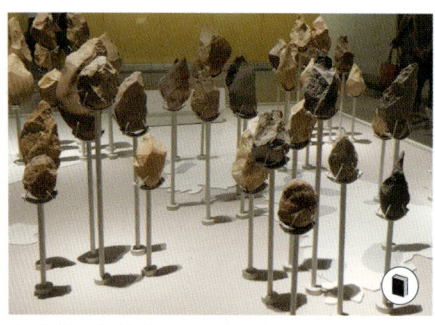
▲ 구석기인들의 필수 도구, 주먹도끼

🔍 3. 구석기시대 대표 도구 주먹도끼

강가에서 흔히 구할 수 있는 자갈과 돌을 깨뜨리거나 조각을 내 날카롭게 다듬은 뗀석기를 만들었고, 그중 가장 대표적인 것이 바로 주먹도끼입니다. 한 쪽은 둥글게 해서 한 손에 딱 들어오게 만들고, 다른 쪽은 날카롭게 만들었습니다. 주먹도끼 하나로 고기를 자르고, 사냥도 하고, 가죽도 벗기는 등 만능 도구로 사용했고, 그래서 현대인은 주먹도끼를 '구석기의 맥가이버 칼', '구석기의 스마트폰' 등으로 부르기도 합니다.

🔍 4. 세기의 발견, 전곡리 주먹도끼

특히 전곡리에서 발견된 주먹도끼는 매우 큰 의미가 있습니다. 원래 양날 형태의 아슐리안형 주먹도끼는 유럽과 아프리카에서만 발견되었는데, 미국의 고고학자이자 하버드대학 교수 H. L. 모비우스 H. L. Movius는 "이것만 봐도 우리 서양의 우월성은 선사시대부터 결정되어 있었다"라고 강하게 주장합니다. 그러나 전곡리에서 양날 형태 주먹도끼가 발견되면서 이 이론은 완전히 배제되고 세계사를 다시 쓰게 되었습니다.

전곡리 주먹도끼가 발견된 것은 정말 기적 같은 우연이었습니다. 우리나라에 파견된 주한 미군 병사 그레그 보웬은 여자 친구와 함께 한탄강에서 데이트를 하고 있었는데, 그의 눈에 이상한 돌 하나가 들어옵니다. 그래서 정밀 조사를 의뢰했더니, 이것이 바로 동아시아 최초로 발견된 주먹도끼로 판명됩니다. 그런데 그는 어떻게 그것이 특별한 돌인 줄 알아보았을까요? 바로 그의 전공이 고고학이었기 때문입니다. 고고학을 전공한 미군 병사가 먼 한국에 왔는데, 강가에서 데이트를 하다 우연히 주먹도끼를 발견했다는 드라마 같은 사연도 흥미롭습니다.

5. 슴베찌르개도 기억하세요

구석기의 도구에는 사냥 도구인 찍개, 찌르개, 조리 도구인 밀개, 동물 가죽 등을 분리하는 데 쓰던 긁개 등이 있습니다. 그중에서도 중요한 것이 슴베찌르개입니다. 후기 구석기시대에 만든 것으로 슴베 부분에 나무 막대기를 연결해 창처럼 만들어 사냥할 때 사용했습니다. 구석기시대 후반으로 갈수록 기온이 올라가고 매머드 같은 덩치 큰 짐승이 점점 사라졌으며, 토끼, 여우, 사슴 같은 작고 날랜 동물의 수가 늘어납니다. 이런 동물을 돌도끼로 잡기는 어렵겠죠? 그래서 슴베찌르개 같은 형태의 도구가 나옵니다. 슴베찌르개는 나무와 연결해 활과 창으로 사용했기 때문에 '서로 이었다' 해서 '이음 도구'라고 부릅니다.

▲ 연천 전곡리에서 발견된 아슐리안형 주먹도끼(국립중앙박물관)

▲ 이음 도구로 사용된 슴베찌르개

 TIP

선사시대와 역사시대는 무엇인가요?

구석기와 신석기를 부르는 선사시대, 그리고 그와 대비되는 말인 역사시대는 어떻게 구분될까요? 선사시대 先史時代, prehistory는 문자가 없어 기록이 없으니 유물과 유적으로만 알아볼 수 있는 시대로 구석기와 신석기 등이 이에 속합니다. 역사시대 歷史時代, recorded history는 문자가 있는 시대라 현재 남아 있는 역사서나 기록으로 좀 더 명확하게 알아볼 수 있는 시대입니다.

'석기시대'라는 말은 누가 만들었나요?

'석기시대'라는 용어를 처음 만든 사람은 덴마크의 고고학자 크리스티안 위르겐센 톰센 Christian Jürgensen Thomsen입니다. 그는 자신의 책에서 석기시대, 청동기시대, 철기시대를 구분했습니다. 그리고 1860년대 중반 영국의 존 러벅 John Lubbock이라는 학자가 석기시대를 다시 뗀석기의 구석기와 간석기의 신석기로 구분했습니다.

:: 구석기 유적지 둘러보기 ::

한반도에서 발견된 구석기 유적지는 여러 곳인데, 그중 가장 유명한 곳이 경기 연천 전곡리 유적지와 충청남도 공주 석장리 유적지입니다. 관련 전시물과 시설, 체험 프로그램 등을 잘 갖추어 재미있게 둘러볼 수 있습니다.

1. 연천 전곡리 유적 & 선사체험마을

전곡리 유적지와 함께 선사시대를 체험할 수 있는 선사체험마을이 있습니다. 이곳에는 구석기시대를 재현한 전시물을 소개하고 구석기인들의 생활을 체험해보는 프로그램을 운영해 특히 아이들과 함께 선사시대로 흥미로운 시간 여행을 떠날 수 있습니다.

주소 경기도 연천군 전곡읍 양연로 1510 │ **전화** 031-832-2570 │ **관람 시간** 3~10월 화~일요일 09:00~18:00(11~2월 ~17:00) │ **휴무** 없음 │ **입장료** 무료(선사체험마을 프로그램 2000원~)
주차 유적지 주차장 이용 │ **홈페이지** www.yeoncheon.go.kr/seonsa/index.do

2. 공주 석장리 유적지 & 박물관

유적지와 함께 있는 박물관의 다양한 유물과 야외 재현 전시물을 통해 구석기인들의 생활상을 엿볼 수 있습니다. 또 공주는 백제시대 수도인 웅진이었고 고려시대에는 망이, 망소이의 난이 일어났으며, 동학농민운동의 우금치전투가 벌어졌던 역사 깊은 곳입니다.

주소 충청남도 공주시 금벽로 990 │ **전화** 041-840-8924 │ **관람 시간** 09:00~18:00
휴무 1/1·설날·추석 당일 │ **입장료** 어른 1300원, 청소년 800원, 어린이 600원(송산리고분군+공산성+석장리박물관 통합 입장권 어른 3000원, 청소년 2000원, 어린이 1000원) │ **주차** 자체 주차장 이용(무료)
홈페이지 gongju.go.kr/sjnmuseum

아이와 함께 즐기면 좋은 주변 먹거리

- **연천** : 매년 5월에 열리는 구석기 축제에서 구석기식 바비큐를 직접 땅을 파 만든 화로에 구워 먹을 수 있는 코너가 인기 만점
- **공주** : 알밤 디저트 & 음료, 알밤한우가 인기 만점

AREA 002

농업혁명이 일어난 신석기시대
암사동 신석기 유적지

#서울강동
#신석기유적
#빗살무늬토기
#가락바퀴
#움집

> 시간이 흐른 뒤에 사람들은 먹을거리가 풍부한 강가나 해안가에 모여 살기 시작했습니다. 강에서 물고기와 조개를 잡았으며 강 근처의 땅을 일구어 농사를 짓고 가축을 길렀습니다. 사람들은 흙으로 그릇을 만들고 돌이나 동물의 뼈를 다듬어 더 좋은 도구로 만들어 사용했습니다.
>
> - 초등학교 사회 3학년 2학기

신석기시대 사람들이 어떻게 살았는지 알아봅시다

한반도와 그 주변 지역에서는 기원전 8000년경 신석기시대가 시작되었습니다. 신석기 유적지는 한반도 전 지역에서 고루 발견되었는데, 공통점은 큰 강 유역이나 바닷가에서 발견되었다는 것입니다. 이것은 구석기 유적이 주로 주변에 강이 있는 내륙 지방에서 발견된 것과는 다른 점입니다.

암사동 신석기 유적지는 약 6,000년 전 신석기 사람들이 정착했던 마을로 수천 년 동안 모래에 묻혀 있었지만, 1925년 대홍수로 지형이 변하면서 모습이 드러났어요. 이후 1967년에 야구장을 만들기 위해 주변을 정비했는데, 이때 신석기시대 대표 유물인 빗살무늬토기와 돌무지 등이 발견되었습니다. 이후 수차례 조사를 통해 약 50기의 집터와 3개의 문화층을 밝혀냈습니다.

1. 구석기에서 신석기로

구석기에서 신석기로 넘어가기까지는 무려 69만 년이 걸렸지만, 신석기에서 청동기로 넘어가는 시간은 6,000년 정도입니다. 구석기와 신석기 모두 주로 돌로 만든 도구를 사용했다는 것은 같지만, 도구를 만드는 방법이나 정교함에 따라 구분합니다. 빙하기가 끝나면서 덩치 큰 짐승들은 멸종하고 여우와 토끼

▲ 신석기시대 주거 형태인 움집

같은 작고 날쌘 동물이 늘어났습니다. 이런 동물들을 잡기 위해 훨씬 정교하게 돌을 다듬고 갈아 만든 간석기를 사용했고, 이렇게 간석기를 사용한 시기를 신석기시대라 합니다.

2. 채집에서 농경과 목축으로, 신석기 혁명이 일어나다

신석기시대에는 보리와 밀, 콩 등의 밭농사를 짓고 돼지, 양, 개 등을 기르는 목축이 시작되었고, 인류 생활에 매우 큰 변화를 줍니다. 사람들이 자연에만 의존하지 않고 무언가 기르기 시작한 것, 조금 어려운 말로 '생산 경제에 돌입'한 것이 바로 '신석기 혁명'입니다. 신석기시대에 농경과 목축이 시작되었다는 것은 꼭 기억해두세요.

3. 움집에 정착하고 공동체를 만들다

신석기시대에는 일정 장소에 머무는 정착 생활을 합니다. 사람들은 땅을 파 기둥을 세우고 그 위에 지붕을 얹은 반지하 형태의 움집을 만듭니다. 땅보다 낮은 움집은 겨울에는

▲ 화덕이 중심인 반지하 형태 움집 내부

따뜻하고 여름에는 좀 더 시원했을 것입니다. 바닥은 보통 둥글거나 모서리가 둥근 직사각형이 많고, 가운데 불을 피우는 화덕을 두고 한쪽에 출입문을 만들었습니다. 주로 식량과 물을 쉽게 얻을 수 있는 강가나 바닷가에 살았는데, 특히 바닷가 유적에서는 조개 무덤, 즉 패총을 볼 수 있습니다. 조개를 먹은 후 날카로운 껍질을 아무데나 버렸다가는 다치기 십상이니 껍질을 한곳에 모아 버렸고, 이렇게 모인 것이 조개 무덤이 된 거죠.

4. 혈연을 바탕으로 한 씨족사회

사람들은 혈연을 위주로 한 씨족사회를 이루고 살았고 경험이 많은 연장자가 리더가 되었습니다. 구석기시대와 마찬가지로 계급이 없고 함께 농사를 짓고 수확한 것을 똑같이 나누는 평등사회였습니다. 당시에도 가족이나 가까운 친척끼리는 결혼하지 않고 족외혼, 즉 다른 씨족 사람들과 결혼했습니다. 이렇게 씨족 이외 사람들과 결혼하고 살다가 인구가 많아져 몇 개의 씨족이 모여 살기 시작하면서 보다 큰 마을을 이루는 부족사회가 됩니다.

5. 가락바퀴와 뼈바늘, 옷감으로 옷을 짓다

구석기에 비하면 신석기시대 사람들은 그야말로 '패션 피플'입니다. 구석기에는 동물 가죽을 벗겨 걸치는 수준이었지만 신석기에는 옷감으로 옷을 짓습니다. 이런 모습을 알려주는 유물이 가락바퀴와 뼈바늘로, 가락바퀴는 가운데 구멍에 축을 꽂아 회전력을 이용해 실을 꼬아 뽑는 도구이고 뼈바늘로는 가죽이나 옷감을 꿰매 옷을 만들었습니다.

6. 보다 정교해진 도구, 간석기를 사용

신석기 사람들은 간석기를 사용한 창과 활을 만들어 짐승을 사냥했고, 그물과 작살, 뼈바늘 등 뼈로 만든 낚시 도구로 물고기를 잡았습니다. 그물에는 돌로 된 무거운 그물추를 달아 고기를 잡을 때 그물이 밑으로 가라앉도록 만들어 고기들이 도망가지 못하게 했습니다. 땅을 일굴 때는 돌괭이와 돌보습을 사용하고 추수한 곡식과 채집한 도토리 등을 갈돌을 이용해 갈판에 잘게 갈아 음식을 만들었습니다.

7. 신석기 대표 유물, 빗살무늬토기

▲ 신석기시대 대표 유물, 다양한 크기의 빗살무늬토기

토기를 만들어 식량을 저장하거나 끓여 먹는 데 사용했는데 가장 대표적인 것이 바로 빗살무늬토기입니다. 금을 그어 무늬를 낸 뒤 구워 디자인도 멋지고 크기도 다양합니다. 그런데 왜 끝이 뾰족할까요? 세울 수가 없고 바로 엎어지는데 말입니다. 이유는 신석기 사람들이 주로 큰 강이나 바닷가에 살았다는 것을 생각하면 알 수 있습니다. 땅이 무르거나 모래 등이니 뾰족한 빗살무늬토기를 콕 박아두고 편리하게 사용할 수 있었던 거죠.

이외에도 신석기 사람들은 이른 민무늬토기, 덧무늬토기 등을 만들어 썼습니다. 민무늬토기는 아무 무늬가 없다는 뜻인데, 원래 민무늬토기는 청동기시대의 대표적인 토기라 신석기 것은 이른 시대에 나왔다 해서 이른 민무늬토기라 구별해 부릅니다.

8. 신앙과 예술도 발전했어요

▲ 종교적 의미가 있는 얼굴 모양 조개껍데기

신석기시대 사람들은 농사와 관련이 깊은 날씨와 계절의 변화에 많은 관심을 가졌습니다. 그러면서 자연에는 영혼, 정령이 있다고 믿게 되죠. 신석기시대의 종교로는 해, 달, 산, 물 등에 영혼이 있다고 믿어 태양숭배처럼 그것을 신성하게 여긴 애니미즘, 호랑이, 곰, 사슴 등 특정 동물이나 식물을 자기 부족의 수호신이나 시조로 생각한 토테미즘, 영혼이나 하늘을 인간과 연결하는 무당과 주술을 믿은 샤머니즘 등이 있습니다. 또 조상신도 숭배했습니다. 관련해 여러 예술품을 만들었는데, 흙으로 얼굴 모습을 빚은 것이나 조개껍데기로 사람 얼굴 모양 가면을 만든 것이 있습니다. 이런 것은 신앙적 주술의 의미도 함께 지니고 있는 유물입니다.

:: 신석기 유적지 둘러보기 ::

우리나라에서는 강과 바다 근처에서 여러 곳의 신석기 유적지가 발굴되었습니다. 우리나라에서 가장 오래된 신석기 유적지는 제주도 한경 고산리 유적이며, 서울 암사동 유적이 대표적입니다. 그 외에도 부산 동삼동, 강원도 양양 오산리 등이 있습니다.

1. 서울 암사동 유적

이곳에서 출토된 유물들을 전시하는 박물관에서는 신석기시대의 집터와 빗살무늬토기 등 당시 모습을 살펴볼 수 있습니다. 야외에는 당시 주거 공간인 움집과 신석기 사람들의 모습을 재현해 실감 나기도 하고, 활과 화살 만들기, 움집과 토기 만들기, 수렵과 채집, 발굴 활동을 체험할 수 있는 프로그램도 운영합니다.

주소 서울시 강동구 올림픽로 875(암사선사유적전시관)
전화 02-3425-6520
관람 시간 화~일요일 09:30~18:00
휴무 월요일, 1/1
입장료 어른 500원, 어린이 300원
주차 유적지 주차장 이용(경차 1000원, 소형차 2000원)
홈페이지 sunsa.gangdong.go.kr/site/main/home

2. 부산 동삼동패총전시관

조개무지(조개 무덤, 패총)가 발견된 곳으로 동삼동 패총 전시관을 통해 이곳에서 출토된 여러 유물을 볼 수 있습니다.

주소 부산시 영도구 태종로 729
전화 051-403-1193
관람 시간 화~일요일 09:00~18:00
휴무 월요일, 1/1
입장료 무료
주차 유적지 주차장 이용(무료, 주차장 협소)
홈페이지 museum.busan.go.kr/dongsam/index

3. 양양 오산리 선사 유적지

선사유적박물관에 당시 유물들과 함께 신석기인의 생활을 재현해놓은 여러 전시물이 있어 흥미롭습니다. 야외에는 움집과 신석기 사람들이 머물던 쌍호를 재현해놓았습니다. 쌍호 안에는 갈대 군락지가 있어 탐방로를 따라 둘러볼 수 있습니다.

주소 강원도 양양군 손양면 학포길 33
전화 033-670-2442
관람 시간 09:00~18:00
휴무 1/1, 설날·추석 당일
입장료 무료
주차 유적지 주차장 이용(무료)
홈페이지 www.yangyang.go.kr/gw/osm

AREA 003

우리나라 최초 국가 고조선이
탄생한 청동기시대

진주청동기
문화박물관

#경상남도진주
#벼농사
#민무늬토기
#계급사회
#비파형동검
#고인돌

점차 우리 조상들은 청동과 같은 금속으로 도구를 만들어 사용하기 시작했습니다. 그러나 청동은 귀하고 다루기 어려워서 무기나 장신구, 제사를 지내는 도구를 만드는 데 주로 쓰였습니다. 농사를 지을 때나 일상생활에서는 여전히 돌과 나무로 만든 도구를 사용했습니다.

- 초등학교 사회 3학년 2학기

고조선이 시작된 청동기시대는 어떤 모습일지 알아봅시다

한반도와 만주에서 기원전 2000년경에서 기원전 1500년경에 시작된 청동기시대로 떠나보는 여행입니다. 석기시대와는 달리 지배층과 피지배층이 구분되어 계급이 생겨나고, 우리나라 최초의 국가 고조선이 탄생한 배경인 청동기시대를 알아보겠습니다.

진주청동기문화박물관은 우리나라에서 규모가 가장 큰 청동기시대 경작지와 마을이 발견된 대평리 유적에서 나온 유물을 주로 전시하고 있어요. 대평리 유적은 남강댐 확장으로 수몰될 지역을 조사하면서 알려졌습니다. 약 33,000㎡에 이르는 유적지를 조사하면서 400여 동의 집터, 밭 경작지, 100여 기의 무덤, 공방, 방어 시설 등이 발굴되었어요. 이후 대평리 유적은 수몰되어 진양호 밑에 가라앉아 안타깝지만 유적지를 직접 볼 수는 없습니다.

1. 돌의 시대에서 금속의 시대로

청동은 구리와 주석을 녹여 섞어 만든 금속으로 철보다 잘 녹고 다루기 쉬워 철기보다 청동기를 먼저 사용했습니다. 하지만 만들기도 어렵고 재료도 귀해 주로 지배층의 무기나 장식품을 만들 때만 사용하고, 일상생활에서는 여전히 석기를 사용했습니다.

▲ 벼농사가 시작된 청동기

2. 드디어 벼농사가 시작되다

밭농사만 지었던 신석기시대와는 달리 더 발전된 문명을 지닌 청동기시대에는 벼농사를 시작합니다. 청동기시대에는 농업이 더욱 활발해져 마을을 이루며 정착 생활을 하던 사람들은 주변을 개간해 조, 보리, 콩 등의 밭농사를 짓습니다. 그리고 이에 더해 낮은 습지에서는 벼농사도 시작합니다. 청동기에 한반도의 저지대에서 벼농사가 시작되었다는 것을 꼭 기억하세요.

3. 어떤 집에서 살았을까?

신석기시대와 마찬가지로 물과 가까운 곳에서 주로 생활했지만 청동기시대의 마을은 규모가 보다 큽니다. 공동 작업장이나 모임 공간, 창고, 주거 시설 등 다양한 시설이 등장했던 거죠. 집터는 대체로 직사각형(장방형)으로, 땅을 파고 내려가 반지하 형태를 띠던 신석기시대의 움집과 달리 점차 지상 가옥으로 바뀝니다.

▲ 청동기시대에도 농기구는 여전히 석기를 사용 했다.

4. 석기와 청동기가 공존하는 시대

청동기가 생기기는 했지만 워낙 귀해 주로 지배층의 무기와 장신구로만 사용되었고, 결정적으로 청동기는 농기구로 사용하기에는 너무 물렀습니다. 그래서 농기구와 생활 도구는 여전히 간석기와 나무로 만든 것을 사용했습니다. 땅을 일굴 때 사용했던 돌보습처럼 나무에 석기를 연결해 여러 도구를 만들었던 거죠.

5. 반달돌칼과 민무늬토기

청동기를 대표하는 도구는 반달돌칼입니다. 반달돌칼은 추수할 때 이삭을 자르는 도구로 사용되었습니다. 청동기 토기 중 가장 대표적인 것은 아무 무늬가 없는 민무늬토기로, 쓰임새에 따라 다양한 형태로 만들었습니다. 특히 손잡이가 달린 미송리식 토기가 유명합니다. 같은 무늬가 없는 토기라도 신석기 것은 '이른 민무늬토기', 청동기 것은 '민무늬토기'라고 부릅니다.

▲ 청동기시대 대표 유물, 민무늬토기

6. 평등사회에서 계급사회로, 사유재산의 등장

농경의 발달로 생산력이 증가하면서 남는 농산물, 즉 잉여 생산물이 생깁니다. 이런 것들을 차지하는 힘 센 사람들이 등장하며 개인이 소유하는 사유재산이 형성됩니다. 그러면서 신분이 높은 사람과 낮은 사람이 구분되는 계급과 가난한 사람과 부자가 구분되는 빈부 격차가 생깁니다.

7. 청동기시대의 지배자, 군장

청동기시대에 부족을 다스린 지배자가 군장입니다. 군장처럼 청동제 무기를 차지한 지배계급은 더욱 강한 힘을 가지게 됩니다. 군장은 청동제 무기를 이용해 주변 부족을 공격하며 빈번하게 전쟁을 벌이고, 싸움에 진 부족을 노예로 삼는 정복 전쟁을 활발히 합니

▲ 청동 장신구를 하고 제사를 주관하던 제사장

다. 점점 더 힘이 강해진 군장은 자신이 하늘의 자손, 즉 '천손'이라는 사상을 내세우며 주변 부족들을 통합해갔고, 규모가 커져 마침내 국가가 탄생합니다. 군장들은 제사를 지내는 권한도 가지고 있어 정치와 제사가 일치된 제정일치 사회이기도 했습니다. 이런 청동기시대를 배경으로 우리 역사상 최초의 국가인 고조선이 출현합니다.

TIP 우리 역사 최초의 국가 고조선을 건국한 단군왕검

고려시대 승려 일연이 지은 《삼국유사》에 따르면 고조선을 건국한 사람은 '단군왕검'입니다. 하늘에서 내려온 환웅에게 곰과 호랑이가 찾아와 사람이 되고 싶다고 했고, 환웅은 둘에게 동굴에서 쑥과 마늘만 먹으며 100일을 견디라고 했죠. 결국 호랑이는 포기하고 끝까지 견딘 곰은 '웅녀'가 되었습니다. 이에 환웅이 웅녀와 결혼하여 단군을 낳고, 이 단군이 고조선을 건국했다는 이야기가 바로 우리의 건국신화죠.

흔히 어릴 때 읽은 단군신화에는 쑥과 함께 마늘이 나오지만 당시 우리 땅에는 지금과 같은 마늘은 없었습니다. 마늘은 기원전 2세기경 한나라에서 들어왔다는 기록이 있어, 단군신화에 나오는 것은 마늘이라기보다는 달래류가 맞다는 이야기도 있습니다.

아무튼 이 신화를 현실적으로 풀이한다면 하늘의 자손임을 내세운 강력한 환웅 부족과 더불어 치열했던 호랑이 부족과의 경쟁에서 이긴 곰 부족이 서로 연합해 고조선을 건국한 것이라 해석할 수 있습니다. '단군왕검'은 당시 고조선의 지배자를 부르는 말로, '단군'은 제사장을, '왕검'은 정치적 지배자를 말하는 것이라 이름에서부터 청동기시대에 탄생한 고조선이 제정일치 사회였다는 것을 잘 보여줍니다. '널리 인간을 이롭게 한다'는 홍익인간의 이념을 지니고 있던 고조선은 이후 8조법 등 새로운 사회 질서를 만들어 통치하게 됩니다.

8. 청동기 대표 유적, 고인돌

당시 지배층의 권력과 부를 보여주는 유물이 바로 고인돌입니다. 어떤 고인돌은 위에 올린 덮개돌이 수십 톤에 달하는 것도 있습니다. 이런 것을 만들기 위해서는 당연히 많은 사람의 노동력을 동원해야 합니다. 그러니 지배계급이 그만큼 강한 힘을 행사했다는 것을 알 수 있죠. 우리나라에서는 세계에서 가장 많은 3만 기 이상의 고인돌이 발견되었고, 고창과 강화의 고인돌은 유네스코 세계문화유산으로 지정되어 있기도 합니다. 그 밖에 당시 무덤으로는 돌로 관을 만든 돌널무덤이 있습니다.(▶강화 고인돌 유적지 p.042)

9. 비파형 동검과 청동기 유물

우리나라의 대표 청동기 유물은 비파형 동검입니다. 칼 모양이 중국 악기 비파를 닮았다고 해서 비파형 동검이라 부릅니다. 이것은 한반도와 만주 일대에서 출토되었고, 고

▲ 비파형동검

▲ 대쪽 모양 동기

인돌의 분포와도 비슷합니다. 이 둘은 일대가 당시 같은 문화권인 고조선의 범위였음을 보여주는 중요한 유물입니다. 또 햇살 모양의 방울 8개가 달린 청동방울인 팔주령, 청동으로 만든 '거친무늬 거울' 등도 있습니다. 지배자들은 햇빛이 비치는 날, 가슴에 청동거울을 달았습니다. 그러면 햇빛이 거울에 반사되어 반짝였죠. 이렇게 권력자들은 자신이 하늘과 통하는 특별한 존재라는 것을 과시했습니다. 팔주령은 태양 모양을 한 청동기로 이것을 지니고 있으면 태양과 같은 강력한 힘을 가질 수 있다고 믿은 것으로 생각됩니다. 숫자 8은 풍요와 확대를 상징하는 특별한 의미를 지니고 있습니다. 8개의 방울마다 동그란 햇살무늬를 그려 넣어 권력자가 태양과 같은 존재임을 강조했습니다. 농경문 청동기에는 논이나 밭을 가는 도구인 따비처럼 생긴 것으로 밭을 가는 남자의 모습과 토기에 수확물을 담는 모습, 괭이로 땅을 일구는 모습 등을 새겨 당시 사람들의 생활을 생생하게 보여줍니다.(▶국립중앙박물관 선사관 p.476)

🔍 10. 바위에 남아 있는 청동기시대

당시 농사가 중요 생활 수단이었다는 것은 고령 양전동 알터 바위 그림에 그려져 있는 원, 직사각형, 밭 전 田 자 무늬를 보아도 알 수 있습니다. 동심원은 농사와 가장 관련이 깊은 태양을 상징하죠. 또 신석기 말기부터 청동기 초기의 유적이라 추정되는 울산 반구대 암각화에는 당시 사람들의 고기잡이를 짐작할 수 있는 많은 바다 생물이 그려져 있습니다. 이렇게 바위 그림에는 풍요로운 생산과 생활을 바라는 당시 사람들의 마음이 담겨 있다고 생각할 수 있습니다.

:: 청동기 유적지 둘러보기 ::

우리나라 여러 곳에서 청동기시대 유적이 발굴되었는데, 그중 대표적인 것으로 경상남도 진주 대평리 일대를 꼽을 수 있습니다. 1960~1970년대 남강 다목적댐 개량 사업으로 주변이 수몰될 위기에 놓여 발굴이 본격화되었고, 이때 귀중한 문화재가 많이 발견됩니다. 이를 바탕으로 국내 유일의 청동기 전문 박물관인 진주청동기문화박물관이 설립되었습니다.

1. 진주청동기문화박물관

대평리 일대에서 출토된 석검, 반달돌칼 등의 유물과 함께 대평마을 사람들의 생활 모습을 보여주는 영상물이 흥미롭습니다. 또 대평마을 축소 모형 등을 통해 청동기시대를 잘 이해할 수 있게 꾸며놓았습니다. 야외 전시장에는 대형 장방형 움집과 세방형 움집, 말각형 움집 등 다양한 청동기시대 주거지와 밭, 무덤군, 야외 아궁이 등이 정비되어 있습니다.

주소 경상남도 진주시 대평면 호반로 1353
전화 055-749-5172
관람 시간 3~10월 화~일요일 09:00~18:00,
11~2월 화~일요일 09:00~17:00
휴무 월요일, 1/1, 설날·추석 당일
입장료 어른 1000원, 청소년 700원, 어린이 500원
주차 유적지 주차장 이용(무료)
홈페이지 www.jinju.go.kr/bronze.web

아이와 함께 즐기면 좋은 주변 먹거리

박물관 주변에는 음식점이나 카페 등이 없어 미리 간식을 챙겨 가는 것이 좋습니다. 진주에는 찐빵과 팥빙수, 꿀빵과 단팥죽으로 유명한 수복빵집이 있습니다.

주소 경상남도 진주시 평안동 촉석로201번길 12-1 | **전화** 055-741-0520 | **영업시간** 12:00~17:00
휴무 매달 2·4번째 화요일 | **가격** 찐빵 4개 3500원, 꿀빵 5개 5000원, 단팥죽·팥빙수 각 6000원

농사를 짓고 생산량이 많아지면서 부자도 생겼고, 가난한 사람도 생겼습니다. 계급과 나라가 등장하면서 이전 시대와는 확연하게 다른 세상이 펼쳐졌어요. 특히 한반도에서는 풍요로움의 대명사인 한강을 차지하기 위해 고군분투했던 옛사람들의 활약상을 살펴보는 재미가 있습니다. 또 지금까지 전해지는 당시의 문화유산은 우리 조상들의 섬세하고 아름다운 예술적 감각을 그대로 보여주지요. 화려한 신라의 금관과 백제의 금동대향로 등 그야말로 눈이 번쩍번쩍 뜨입니다.

MISSION 1 : 삼국시대를 주제로 각 지역 국립박물관 방문하기

MISSION 2 : 내 마음에 쏙 드는 최고의 문화유산 꼽아보기

PART 2
나라의 등장과 발전

- 004. 강화 고인돌 유적지
- 005. 충주고구려비전시관
- 006. 한성백제박물관
- 007. 국립공주박물관
- 008. 무령왕릉(왕릉원)
- 009. 공산성
- 010. 국립부여박물관
- 011. 백제 사비 시대 여행
- 012. 왕궁리 유적
- 013. 쌍릉 & 서동 생가 터
- 014. 미륵사지 & 국립익산박물관
- 015. 대릉원, 첨성대, 경주 시내권
- 016. 국립경주박물관
- 017. 감은사지 & 문무대왕릉
- 018. 불국사 & 석굴암
- 019. 경주 남산 & 포석정
- 020. 수로왕릉 & 수로왕비릉
- 021. 고령 지산동 고분군

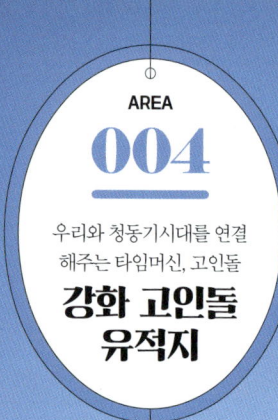

AREA
004

우리와 청동기시대를 연결
해주는 타임머신, 고인돌
강화 고인돌 유적지

#인천강화
#탁자식고인돌
#세계유산
#청동기유적
#한반도고인돌

고조선은 우수한 청동기 문화를 바탕으로 다른 부족을 정복하거나 통합하면서 세력을 확장했다. 그리고 고조선만의 독특한 문화를 발전시켰는데, 그중에서도 미송리식 토기, 비파형 동검, 탁자식 고인돌이 고조선을 대표하는 문화유산이다. 이 유물들의 분포 지역으로 고조선의 문화 범위를 짐작할 수 있다.

- 초등학교 사회 5학년 2학기

청동기시대의 대표적인 문화유산인 고인돌에 대해 살펴봅니다

우리나라 최초의 국가인 고조선은 청동기 문화를 바탕으로 발전했습니다. 돌을 도구로 사용했던 구석기·신석기시대와는 다른 새롭고 획기적인 청동기를 발견한 청동기시대! 그 시대의 대표적인 문화유산, 고인돌의 의미와 제작 과정 등을 살펴보며 선사시대의 문화에 대해 알아봅니다.

강화에서 고인돌이 가장 많은 지역은 유적지가 있는 하점면과 근처 양사면 일대로 탁자식 고인돌과 바둑판식 고인돌 등 약 40기가 있습니다. 하점면 삼거리 유적에서는 탁자식 고인돌 무덤 5기를 발굴했는데, 돌방에서 민무늬토기 조각과 간 돌칼, 가락바퀴 등이 발견되었어요. 이곳은 전라남도 화순, 전라북도 고창 고인돌 유적지와 함께 2000년에 유네스코 세계유산으로 지정되었습니다.

🔍 1. 전 세계 고인돌의 50% 이상이 한반도에 있다

고인돌은 약 3,000년 전부터 만들어진 청동기시대의 무덤으로, 무덤을 흙 대신 돌로 덮은 것이라 생각하면 됩니다. 청동기 시대 대표적인 유물인 고인돌은 한반도에 얼마나 있을까요? 전 세계 고인돌은 약 6만 기인데, 그중 남한에 2만 4,000여 기, 북한에 1만 4,000여 기의 고인돌이 있습니다. 어마어마한 숫자죠? 특히 인천시 강화와 전라남도 화순, 전라북도 고창의 고인돌은 모두 유네스코가 지정한 세계유산으로 등록된 보물들이에요. 이렇게 고인돌이 많이 있다는 것은 무엇을 의미할까요? 네, 맞습니다. 한반도에 발전된 청동기 문화가 존재 했다는 사실을 알려주는 것이죠.

▲ 탁자식 고인돌

▲ 개석식 고인돌

🔍 2. 고인돌은 청동기시대 무덤

언뜻 보면 그냥 큰 돌인 것 같은데, 어떻게 무덤인 줄 알았을까요? 바로 돌 아래쪽에 사람의 뼈와 청동검, 반달 모양 돌칼 등이 함께 발견되었기 때문입니다. 즉 사람의 시신과 물건을 묻고 그 위에 큰 돌을 덮은 것이지요. 고인돌은 모양에 따라 탁자식, 바둑판식, 개석식 고인돌로 나뉩니다. 탁자식 고인돌은 명칭 그대로 탁자 형태이며, 시신을 넣는 무덤방이 땅 위에 있었습니다. 바둑판식은 받침돌이 짧아 마치 바둑판 같고, 무덤방은 땅 아래에 있었죠. 그리고 개석식은 받침돌이 없고 덮개돌만 덮인 것이 특징입니다. 우리나라에 제일 많은 것은 개석식 고인돌이에요.

보통 고인돌은 청동기시대 지배자의 무덤이라고 알고 있지만, 꼭 지배자만의 것은 아니었습니다. 예를 들어 전라남도 화순 고인돌 유적지에 가면 여러 개가 모여 있거든요. 지배자뿐 아니라 그의 가족, 그리고 집단의 무덤이 모여 있다고 보는 게 맞겠죠? 따라서 고인돌은 당시 일반적인 무덤 형태였다고 보는 것이 맞을 듯합니다.

3. 고인돌은 어떻게 만들었을까요?

고인돌 위를 덮은 돌 하나의 무게가 280여 톤이나 되는 것도 있어요. 이렇게 큰 돌을 기계도 없던 당시에 어디에서, 어떻게 가져왔을까요? 아마도 돌은 근처 채석장에서 옮겨 왔을 것입니다. 우선 큰 돌에 돌로 구멍을 팠어요. 그리고 구멍에 마른 나무를 박은 후 거기에 계속 물을 부었지요. 그럼 물에 젖은 나무가 점점 불어 팽창하고, 결국 바위에 금이 가겠지요? 이렇게 잘라낸 돌을 여러 사람이 바퀴 역할을 하는 통나무를 아래쪽에 깔고 힘을 합쳐 굴려 날랐을 것이라 생각됩니다.

4. 석기시대는 평등, 청동기는 계급사회

농사 기술이 발달하고 도구도 좋아지자 수확하는 곡식 양이 많아졌습니다. 다 먹고도 식량이 남자 이전과 다르게 신분과 지위에 차별이 생기기 시작했습니다. 더 많은 것을 가진 사람이 지배자가 되었고, 조건이 더 좋은 땅이나 곡식을 빼앗기 위해 전쟁을 벌였던 거죠. 더 이상 예전처럼 평등한 사회가 아니었습니다. 게다가 오랫동안 도구의 재료였던 돌과는 차원이 다른 청동이 발명되자 본격적으로 많은 것이 변화했습니다.

5. 청동기=구리+주석!

'청동'은 구리와 주석을 합해서 만든 합금이에요. 두 금속을 온도가 높은 불에서 함께 녹여야 하는데, 섞인 비율에 따라 단단한 정도가 매우 달라진다고 합니다. 날카롭게 만든 청동기는 돌에 비하면 강력한 최신형 무기라고 할 수 있죠.

하지만 청동기는 제조하기가 정말 어려웠습니다. 다른 종류의 금속을 적당한 비율로 섞

▲ 많은 인원이 동원되는 고인돌을 만드는 과정

어 센 불에 녹인 뒤 돌로 만든 틀(거푸집)에 부어서 만들어야 하니 특별한 기술이 필요했어요. 따라서 청동기는 힘이 센 지배자만의 것이었고, 농사 도구는 계속 돌로 만든 것을 사용했습니다. 다만 무기나 거울, 방울 등만 청동으로 만들었습니다.

6. 청동거울과 청동방울은 어디에 쓰는 물건인고?

박물관에서 둥근 청동거울과 꽃 모양으로 보이는 청동방울을 본 적이 있을 거예요. 저렇게 시커먼데 어떻게 얼굴을 비춰 본다는 걸까요? 사실 이 청동거울과 방울은 생활도구가 아니라, 하늘에 제사를 지낼 때 사용하는 제사용 도구였습니다. 당시 지배자는 머리에는 관을 쓰고, 목에는 청동거울을 줄에 매달아 걸고, 손에는 청동방울을 들고 제사를 지냈어요. 선사시대 사람들은 햇볕에 번쩍번쩍 빛나는 청동거울과 방울이 얼마나 신기하면서도 두려웠을까요? 따라서 이것은 지배자의 힘을 보여주는 도구들이었습니다.

▲ 거친무늬 청동거울

TIP

우리 역사 속 최초의 국가, 고조선!

고조선은 한반도 서북부와 현재 중국 랴오닝 지방을 아우르는 지역에 있었습니다. 이것은 고조선 유물인 비파형 동검과 탁자식 고인돌 유적이 발견된 지역으로 가늠해볼 수 있습니다.
고조선의 지배자인 '단군왕검'이 사람 이름이 아니라 직책을 가리킨다는 것을 기억하시죠? 하나의 나라를 여러 왕이 차례로 대를 이어 다스렸듯 고조선에도 여러 명의 단군왕검이 나라를 차례로 다스렸을 것입니다. 그럼 나라를 다스리는 근간인 고조선 8조법의 내용을 알아볼까요? 지금은 8개 중 3개만 전해지는데, '사람을 죽인 자는 즉시 죽인다, 남에게 상처를 입힌 자는 곡식으로 배상한다, 도둑질을 한 사람은 노비로 삼고 용서를 받으려면 한 사람에 50만 전을 내야 한다' 등입니다. 사실 고조선의 진짜 이름은 '조선'입니다. 이는 일연이 위만 조선과 구분하기 위해 '고조선'이라고 부르기도 했고, 태조 이성계가 건국한 나라 또한 조선이라 서로 구분하기 위해 현대에는 단군이 건국한 나라를 '고조선'이라 부르게 된 것입니다. 고조선은 한때 연나라 장수이던 위만이 건너와 준왕을 몰아내고 왕이 되어 나라를 다스린 일도 있었습니다. 이 시기는 철로 만든 도구를 사용하는 철기시대였죠. 철로 만든 무기와 농기구 등을 이용해 더욱 강력한 시대가 도래한 것입니다. 그러나 고조선은 기원전 108년 중국의 한나라에 의해 멸망합니다. 이후 한반도와 주변 지역에는 부여, 고구려, 옥저, 동예, 삼한(마한, 변한, 진한) 등 여러 국가가 들어섰습니다.

:: 고인돌 둘러보기 ::

고인돌을 직접 보고 싶다면 유네스코 세계문화유산으로 지정된 인천시 강화, 전라남도 화순, 전라북도 고창을 방문해보면 좋습니다.

INFO

1. 강화 고인돌

전형적인 탁자식 고인돌을 볼 수 있는 곳입니다. 직접 보면 크기와 규모에 놀랄 정도로 위엄이 있습니다.
주소 인천시 강화군 하점면 부근리 317
전화 없음 | **관람 시간** 24시간 | **휴무** 없음 | **입장료** 무료
주차 자체 주차장 이용(무료)
홈페이지 www.ganghwa.go.kr/open_content/tour

2. 강화역사박물관

강화 고인돌과 마주하고 있는 역사박물관은 선사시대부터 근현대에 이르는 강화도의 역사를 한눈에 살펴볼 수 있는 곳입니다. 2층엔 선사시대~청동기시대, 1층엔 고려~근현대에 관련된 유물이 전시되어 있습니다.
주소 인천시 강화군 하점면 강화대로 994-19
전화 032-934-7887 | **관람 시간** 화~일요일 09:00~18:00 |
휴무 월요일, 1월 1일, 설날·추석 당일 | **입장료** 어른 3000원, 청소년·어린이 2000원 | **주차** 자체 주차장 이용(무료)
홈페이지 www.ganghwa.go.kr/open_content/museum_history

3. 전라남도 화순 고인돌

청동기시대를 실제로 체험해볼 수 있도록 장방형 움집과 원형 움집, 고상 가옥, 망루 등을 재현했어요. 그리고 고인돌에 쓰이는 돌을 직접 운반해보는 등 체험 코너도 있습니다.
주소 전라남도 화순군 도곡면 효산리 64 | **전화** 061-379-3933 | **관람 시간** 화순 고인돌 선사 체험장 화~일요일 10:00~17:00 | **휴무** 없음(화순 고인돌 선사 체험장 : 월요일, 명절 휴무) | **입장료** 없음 | **주차** 자체 주차장 이용(무료)
홈페이지 www.dolmen.or.kr

4. 전라북도 고창 고인돌

고인돌 유적지와 도보 10분 거리에 고창고인돌박물관이 있어요. 움집, 고인돌 등 선사시대 문화를 쉽고 재미있게 공부할 수 있는 곳입니다. 단, 박물관을 관람하려면 입장료를 따로 지불해야 합니다.
주소 전라북도 고창군 아산면 상갑리 275-2 | **전화** 063-560-8666 | **관람 시간** 3~10월 09:00~18:00, 11~2월 09:00~17:00 | **휴무** 없음(박물관 휴무 : 월요일, 1/1) | **입장료** 무료(박물관 어른 3000원, 청소년 2000원, 어린이 1000원) | **주차** 자체 주차장 이용(무료) | **홈페이지** www.gochang.go.kr/gcdolmen/index.gochang

5. 강화 마니산(참성단)

해발 472.1m의 마니산 정상에 참성단이 있습니다. 참성단은 단군이 하늘에 제사를 지내던 제단으로, 기초는 둥글게 쌓고 단은 네모 형태를 하고 있어요. 이곳에 오르면 서해의 섬들은 물론이고, 날씨가 좋을 때는 북쪽 개성의 송악산이 보입니다. 참성단까지 다녀오는 데 왕복 3~4시간 정도 소요됩니다.
주소 인천시 강화군 화도면 마니산로675번길 18 | **전화** 032-930-7068 | **관람 시간** 3~10월 09:00~18:00, 11~2월 09:00~17:00 | **휴무** 없음 | **입장료** 어른 2000원, 청소년·어린이 1000원 | **주차** 마니산 공용 주차장 이용(무료) |
홈페이지 www.ganghwa.go.kr/open_content/tour

AREA
005

만주를 평정하고
한반도 남부까지!
충주고구려비
전시관

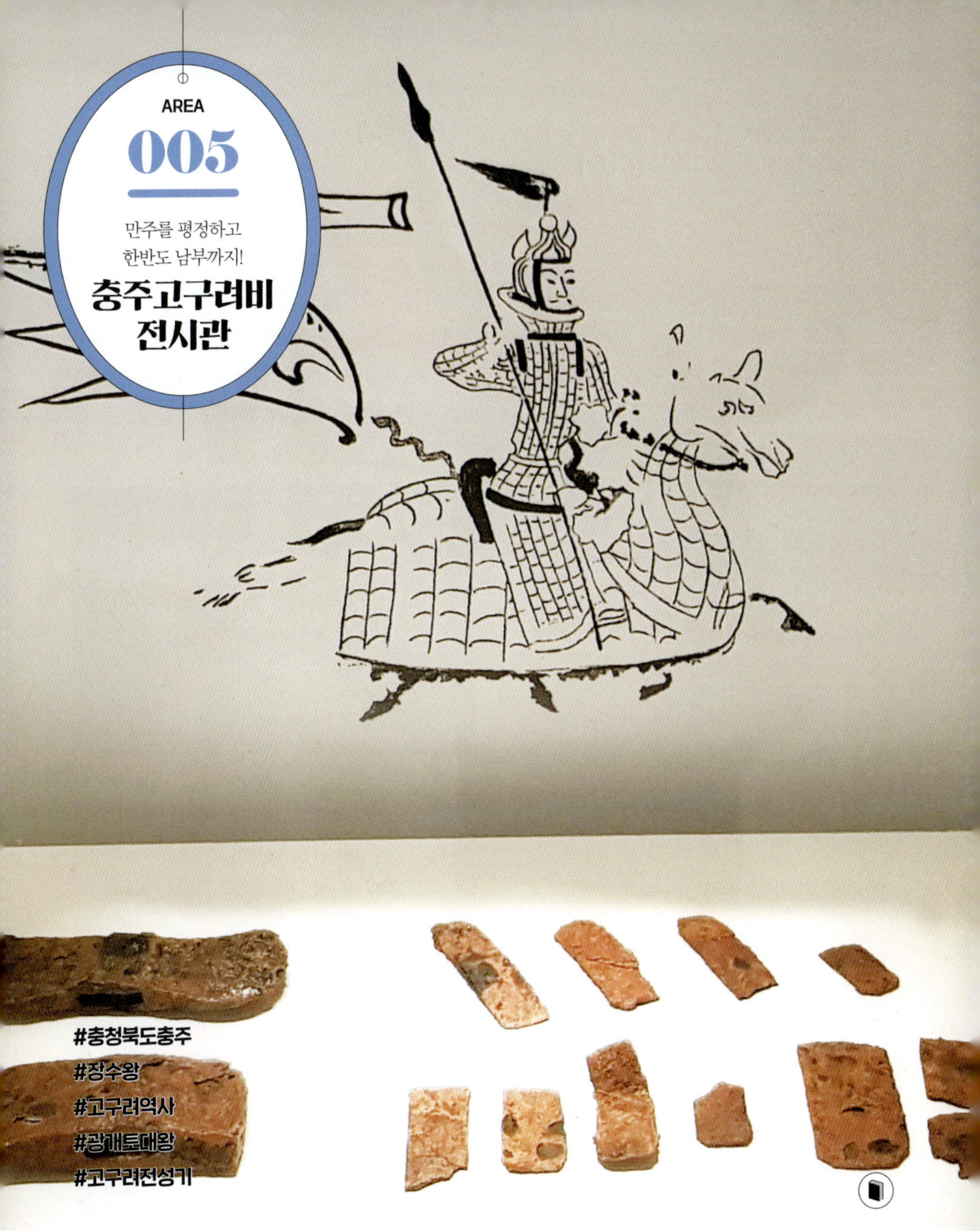

#충청북도충주
#장수왕
#고구려역사
#광개토대왕
#고구려전성기

고구려의 광개토대왕은 서쪽으로는 요동 지역을 차지하고, 남쪽으로는 백제의 영역이던 한강 지역으로 세력을 확장했다. 그의 뒤를 이은 장수왕은 광개토대왕릉비를 세워 광개토대왕의 업적을 기념했다. 그리고 평양 지역으로 수도를 옮기고 남쪽으로 영역을 더욱 확장했다.   -초등학교 사회 5학년 2학기

MISSION

만주와 한반도를 호령한 고구려의 자랑스러운 역사를 알아봅니다

삼국시대 중원의 중심지였던 충주는 고구려는 물론 백제와 신라도 차지하려고 했던 전략적 요충지였습니다. 5세기 장수왕 당시 남하 정책을 펼치면서 전성기를 누리던 고구려는 만주와 한반도 북쪽을 지배하며 남쪽으로는 현재의 충주 지역까지 내려와 이곳을 함락한 후 충주고구려비를 세웁니다.

충주고구려비전시관에서 충주 고구려비를 비롯해 광개토대왕릉비 탁본, 안악3호분 벽화, 장군총 모형 등을 보며 고구려 역사와 문화에 대해 쉽고 재미있게 알아보세요. 전시관 위치는 충주 고구려비가 발견된 자리이기도 합니다. 야외에는 고구려 고분 그림과 주요 왕들의 업적을 모자이크 형식 벽화로 만들어놓은 시설이 있어 아이와 함께 사진 찍기에도 좋습니다.

🔍 1. 고구려의 탄생, 건국 초기

기원전 37년 부여에서 남쪽으로 내려온 고주몽(재위 기원전 37~19)이 건국한 고구려는 부여 계통 이주민과 압록강 유역 토착민이 연합한 5부족 연맹 왕국입니다. 주몽은 건국 시조답게 천제의 아들 해모수와 강의 신 하백의 딸 유화부인 사이에서 알에서 태어난 신비한 탄생 설화를 갖고 있습니다. 그는 추모왕, 동명왕, 또는 동명성왕으로 불리며, 아들 유리에게 왕위를 물려준 후 황룡의 머리를 딛고 올라 승천했다고 기록되어 있습니다. 주몽에 이어 왕위를 이은 2대 왕 유리(재위 기원전 19~기원후 18)는 주몽이 부여를 떠날 때

▲ 고구려 금동 관 : 불꽃 맞새김무늬 관

▲ 고구려 금동 신발 : 못신

아직 태어나지 않았는데, 후에 아버지를 찾아 고구려에 와서 왕위를 이어받았다고 알려져 있습니다. 그는 《삼국사기》에 수록된 가요인 '황조가'를 지었으며, 수도를 졸본 지역에서 국내성으로 옮겼습니다. 유리왕을 이은 대무신왕(재위 18~44)은 '큰 전쟁의 신'이라 불리며 게임, 드라마 등으로도 제작된 만화 《바람의 나라》 주인공입니다. 외적이 침입하면 저절로 울린다는 자명고가 등장하는 비극적인 사랑 이야기 '호동 왕자와 낙랑 공주'의 호동 왕자가 바로 대무신왕의 아들입니다. 그는 꽃미남으로 무척 유명했

고, 대무신왕이 특별히 아끼는 아들이었지만, 결국 억울한 누명을 쓴 끝에 자결을 명받아 슬픈 생을 마감합니다.

○2. 나라의 기틀을 다지고 중앙집권 국가로!

▲ '당염립본왕회도'의 고구려(왼)와 왜(일본)의 사신

보통 '태조'라는 호칭은 나라를 건국한 왕에게 붙이는 경우가 많지만, 고구려의 태조왕(재위 53~146)은 6대 왕인데도 태조라 불립니다. 이는 그가 옥저를 정복하고 요동 지방 진출을 꾀했으며, 이를 통해 왕권을 강화함으로써 중앙집권 국가로 성장할 수 있는 기틀을 마련했기 때문입니다. 또 계루부 고씨가 왕위를 독점 세습하게 되는 것도 태조왕 때부터입니다. 그런데 믿기 힘든 기록이지만 《삼국사기》에 따르면 태조왕은 94년간 왕으로 있다가 146년에 동생에게 왕위를 물려주고 19년을 더 살다 119세에 세상을 떠났다고 합니다.

또 9대 왕인 고국천왕(재위 179~197)은 부족적 전통의 5부를 행정부 개념인 5부로 개편하고 왕위를 형제 상속에서 부자 상속으로 바꿉니다. 또 을파소의 건의로 진대법을 실시해 봄에 곡식을 빌려주고 가을에 추수한 후 갚게 해 가난한 백성들이 빚 때문에 노비가 되는 것을 막았습니다. 이렇게 고구려는 1~2세기, 태조왕과 고국천왕에 의해 중앙집권 국가로 발전하게 됩니다.

 돼지가 만들어준 왕

고구려 11대 왕인 동천왕(재위 227~248)에게 관련된 재미있는 이야기가 전해져옵니다. 그의 아버지 산상왕이 제사를 지내려 할 때 희생물이 될 돼지를 놓쳐 도망갔다고 합니다. 그런데 그 돼지를 다시 잡아준 여인의 이야기를 듣고 호기심이 생긴 왕이 여인을 찾아갔다가 인연을 맺어 낳은 아이가 바로 동천왕입니다.

그래서 어렸을 때 이름이 '교외에서 낳은 돼지 아이'란 뜻의 '교체'였다고 합니다. 돼지 덕분에 왕이 되다니, 세계에서도 보기 드문 이야기가 아닐까요?

🔍 3. 점점 영토를 확장하는 고구려

15대 미천왕(재위 300~331)은 중국의 혼란을 틈타 낙랑군을 몰아내고 대동강 유역을 확보합니다. 또 서쪽으로는 요동 지방까지 세력을 확장해 광개토대왕 못지않은 정복 군주로 불립니다. 물론 한자는 다르지만 그는 '미천'이라는 이름처럼 한때 정말 미천한 신분으로 살았습니다. 어린 시절 큰아버지 봉상왕이 동생, 즉 미천왕의 아버지인 돌고를 죽이자 신변의 위협을 느낀 그는 도망을 가 머슴이나 소금 장수로 살았죠. 하지만 결국 폭정을 거듭했던 봉상왕이 국상 창조리의 주도 아래 쫓겨나고 미천왕이 왕위를 이어받게 되었습니다.

🔍 4. 고구려, 위기를 맞이하다

미천왕의 뒤를 이은 고국원왕(재위 331~371)은 끊임없는 외세의 침입과 전쟁으로 바람 잘 날 없는 재위 기간을 보냅니다. 당시 중국은 5호16국시대로 그중 한 나라인 전연의 침입으로 국내성이 함락되기도 했습니다. 그러다 전성기를 누리던 백제 근초고왕의 공격으로 고국원왕이 평양성에서 전사하면서 나라는 엄청난 위기를 맞이합니다.

🔍 5. 위기를 극복한 소수림왕

많은 사람이 희생되고 국왕까지 전사하자 고구려는 체제 개편을 통해 위기를 극복하고자 하였고, 그래서 고국원왕을 이은 소수림왕(재위 372~384)은 국왕 중심의 중앙집권적 통치 체제를 구축하는 작업을 순조롭게 진행할 수 있었습니다. 그는 북중국의 전진과 수교해 외교를 안정시켰으며, 불교를 수용해 '왕이 곧 부처'라는 사상을 강조하며 왕권을 높입니다. 또 태학을 설립해 인재를 양성하고 율령을 반포해 중앙집권 국가 체제를 더욱 다집니다. 이렇게 소수림왕이 체제를 다져놓은 덕분에 이후 광개토대왕과 장수왕 시대에 고구려의 전성기가 펼쳐집니다.

🔍 6. 위대한 군주, 광개토대왕

대규모 정복 사업으로 고구려의 힘을 대외에 크게 떨친 광개토대왕(재위 391~412)은 우리나라 역사상 가장 위대한 군주 중 한 명입니다. '광개토태왕'이라고도 불리는 그는 백제를 공격해 한강 이북을 차지했고, 5만의 군대를 보내 신라를 침입한 왜군을 물리쳤습니다. 이때 왜를 쫓아 가야까지 들어갔는데, 이로 인해 금관가야가 큰 피해를 입어 가야의 주도권이 금관가야에서 대가야로 넘어가게 됩니다. 또 후연을 공격해 요동 지방을 완전히 차지하고, 거란과 부여 등도 정벌했습니다. 이로써 고구려는 요동과 만주를 차지하

▲ 광개토대왕릉비(복제품 : 독립기념관)

게 됩니다. 광개토대왕은 연호 '영락 永樂'을 사용했는데, 연호란 군주의 치세에 붙이는 칭호로 원래 중국 황제만 사용했습니다. '영락'은 지금까지 확인된 고구려 연호 중 가장 오래된 것으로, 중국에서 사용하는 연호를 우리도 칭함으로 중국과 대등한 입장을 과시하고 고구려 중심의 천하관을 가졌다는 것을 나타냅니다. 이는 고구려의 왕권이 아주 강력했다는 뜻이기도 합니다. 아들 장수왕이 아버지의 업적을 기리기 위해 세운 광개토왕릉비 廣開土王陵碑는 높이 6.39m, 무게 37톤의 기개가 장엄한 엄청난 비석입니다. 총 1,775자가 새겨져 있는데, 그중 150여 자는 현재 판독이 불가능합니다. 비석에는 '영락대왕의 은혜로움은 하늘에 미쳤고, 그 위엄은 사해에 떨쳤다. 나쁜 무리를 쓸어 없애니 백성이 각기 생업에 힘쓰고 편안하게 살게 되었다. 나라는 부강해지고 백성은 풍족했으며, 오곡은 풍성하게 익었다'라고 기록되어 있습니다.

🔎 7. 아버지만 한 아들도 있다!

5세기는 고구려의 최전성기로, 당시 군주가 바로 광개토대왕과 그의 아들, 장수왕입니다. 장수왕(재위 413~491)은 이름처럼 장수하며 79년 동안 재위했고 98세에 사망합니다. 장수왕은 광개토대왕이 39세에 갑작스럽게 사망하자 19세에 왕위에 오르게 됩니다. 장수왕은 적극적인 남진 정책을 펼치면서 427년 수도를 평양성으로 옮깁니다. 여기에는 왕권 강화를 위한 국내성 귀족 세력을 약화 의도와 함께 바닷길로 적극적으로 나아가려는 생각이 담겨 있습니다. 평양은 대동강과 넓은 평야 덕에 교통이 편리하고 바다로 나아가는 데 유리했습니다. 이후 백제와 신라를 더욱 압박하자 두 나라는 나제동맹을 맺고 대항합니다. 하지만 고구려가 백제의 한성을 함락하면서 드디어 한강 유역까지 차지하게 됩니다. 이때가 475년으로 장수왕은 82세의 나이임에도 친히 군사를 이끌며 작전을 펼칩니다. 이에 백제는 위례성을 내주고 개로왕까지 전사하면서 수도를 현재의 공주인 웅진으로 옮깁니다. 이후 고구려 영토는 소백산맥을 넘어 영일만까지 이르렀는데, 이는 충주고구려비로 잘 알 수 있습니다. 이로써 고구려는 북방 영토에 이어 남쪽에서도 한강 유역을 포함하며 대제국으로 거듭나게 됩니다. (▶한성 백제와 장수왕 이야기 p.057)

:: 충주고구려비전시관 둘러보기 ::

전시실이 알차게 구성되어 유적이 주로 북한과 중국 지역에 있어 쉽게 접하기 어려운 고구려의 모습을 보다 잘 알 수 있습니다.

01 입석마을 이야기

선돌(입석)마을에서 충주고구려비가 발견되기까지의 이야기를 살펴볼 수 있습니다. 현재 충주시 가금면 용전리 입석마을은 예전부터 돌이 하나 서 있어 '선돌마을'이라 불렸습니다. 이것을 그대로 한자로 '입석'으로 고쳐 부른 것입니다. 조선 숙종이 이곳을 지날 때 마을 주민에게 두 돌기둥을 기준으로 안쪽의 산과 밭을 하사한 적이 있는데, 이 돌기둥 중 하나가 충주고구려비였다고 합니다. 당시 왕을 비롯한 모든 사람들은 그냥 흔한 비석쯤으로 여겼던 거죠. 대장간 기둥이 되거나 1972년의 대홍수로 쓰러지기도 한 이 비석의 엄청난 정체가 밝혀진 것은 1979년에 이르러서였습니다. 이후 보호각을 만들어 보존하다가 충주고구려비전시관을 만들어 이곳으로 옮기게 되었습니다.

02 고구려 이야기

고구려 고분에서 발견된 벽화를 통해 당시 생활 모습과 예술관 등을 살펴볼 수 있는 전시실에서는 안악 3호분, 광개토대왕릉비, 장군총 등의 전시물과 철갑으로 무장한 고구려 무사를 재현한 것이 있어 당시 한반도와 만주를 호령했던 대제국의 기개를 느끼게 합니다.

고구려 개마무사는 돌격대이자 부대를 보호하는 방호벽 역할을 했고 말까지 철로 된 장비로 무장시켜 위용이 대단했습니다. '개마'는 말에 갑옷을 입힌 것을 뜻하는데, 이 말을 탄 무사와 기병대가 바로 개마무사인 거죠. 고구려 무덤 벽화에서도 개마무사의 모습을 볼 수 있습니다. 광개토대왕이 한창 영토를 확장할 때 운영했던 개마무사가 5만에 이르렀다고 하니 그 엄청난 모습은 상상이 가지 않을 정도입니다. 수천, 수만에 이르는 개마무사가 광활한 만주 벌판을 누비는 모습은 정말 가슴 벅찬 장면입니다. 이렇게 화살이나 창날에도 끄떡없이 견디는 철 갑옷을 만들었던 고구려는 품질 좋은 철제 무기와 장비를 생산하는 최고의 무력을 갖춘 나라였습니다.

03 충주고구려비 이야기

국보 우리나라에 남아 있는 유일한 고구려시대의 비석으로, 돌기둥 모양의 화강암인 충주고구려비는 높이 1.44m, 폭 0.55~59m이며 국보로 지정되어 있습니다. 광개토대왕비와 글씨체와 형식이 비슷하고, 고구려 관직 이름과 '신라토내', '모인삼백' 등 고구려가 신라를 불렀던 용어들이 새겨져 있어 이것이 고구려가 세운 비석임을 확인하게 되었습니다. 비석 4면 모두에 글자를 새겼는데, 앞면은 10행 23자, 뒷면은 7행 23자로 보이지만 전시실에 있는 탁본을 봐도 마모가 심해 알아보기가 힘듭니다. 그나마 판독 가능한 글을 해석해보면 '신라 매금과 형제같이 화합하고… 동이 매금의 옷을 내려주었다'라는 구절이 있는데, 매금이 바로 신라 왕을 뜻하는 마립간입니다. 즉 고구려와 신라가 화친을 맺으면서 고구려가 형님 격, 신라가 아우 격인 나라가 된다는 의미입니다. 또 고구려 영토가 소백산맥을 경계로 조령과 죽령에 이르렀다는 내용도 새겨져 있습니다. 그런데 이제까지 충주고구려비를 세운 때는 장수왕 또는 문자왕 시대라는 것이 학계의 정설이었고, 교과서에도 그렇게 수록되어 있습니다. 하지만 최근 이 비석이 광개토대왕 재위 7년인 397년에 세워진 것이라는 연구 결과가 발표되었습니다. 바로 새롭게 판독된 비석 글씨에서 '영락칠년세재정유'라는 글자가 나왔기 때문인데, '영락'은 광개토대왕의 연호이며, '칠년'이 재위 7년째인 397년이라면 그때가 '정유'년이 맞기 때문에 비석 건립 연대가 기존보다 52년에서 109년까지 앞당겨진 것입니다. 이것이 광개토대왕 당시의 비석이 맞다면 그가 직접 세운 유일한 비석이며 왜군이 신라에 침략했을 때 고구려가 5만의 군사를 지원했던 바로 그 당시에 세워진 것이라 추정되고 있습니다. 만약 이 주장이 사실로 인정되면 충주고구려비의 위상과 가치는 더욱 올라가리라 전망됩니다.

충주고구려비와 함께 둘러보기 >>>

충주에는 충주고구려비와 함께 둘러볼 만한 곳이 많습니다. 다음에 소개한 역사적인 장소 외에도 댐 건설로 생긴 우리나라에서 가장 큰 호수 충주호, 아름다운 경치를 자랑하는 수주팔봉, 힐링 스폿 수안보온천 등이 있어 가족 여행을 즐기기에도 좋습니다.

04 충주 탑평리 칠층석탑 (중앙탑사적공원)

국보 국토 중앙을 표시하기 위해 지은 곳이라 '중앙탑'이라고 부르는 탑평리 칠층석탑은 국보로 지정되어 있습니다. 주변을 공원으로 조성해 산책하기에도 좋습니다.

주소 충청북도 충주시 중앙탑면 탑평리 11

05 충주박물관

충주 지역의 민속 문화와 역사를 살펴볼 수 있습니다. 선사시대부터 삼국시대와 통일신라시대의 충주 모습을 담은 2관에서는 중원고구려비와 단양신라적성비에 대해서도 알아볼 수 있습니다. 2026년에는 국립충주박물관 개관이 예정되어 있기도 합니다.

주소 충청북도 충주시 중앙탑면 중앙탑길 112-28

06 탄금대

우륵이 가야금을 탔던 장소라 하여 탄금대 彈琴臺라는 이름이 붙었습니다. 해발 200m의 낮은 산이지만 소나무 숲길을 따라 올라가 탄금정에 이르면 남한강과 달천으로 흐르던 두 갈래 물줄기가 하나로 합쳐 흐르는 모습과 계명산, 남산을 비롯한 충주의 넓은 평야 지대를 한눈에 볼 수 있습니다. 또 탄금대는 임진왜란 당시 명장으로 불리던 신립 장군이 일본의 고니시 유키나가와 맞서 전투를 벌였지만 대패한 후 투신해 자결한 곳이기도 합니다.

주소 충청북도 충주시 탄금대안길 105

INFO 충주고구려비전시관
주소 충청북도 충주시 중앙탑면 감노로 2319 | **전화** 043-850-7301 | **관람 시간** 화~일요일 09:00~18:00 |
휴무 월요일, 1/1, 설날·추석 당일 | **입장료** 무료 | **주차** 자체 주차장 이용(무료)

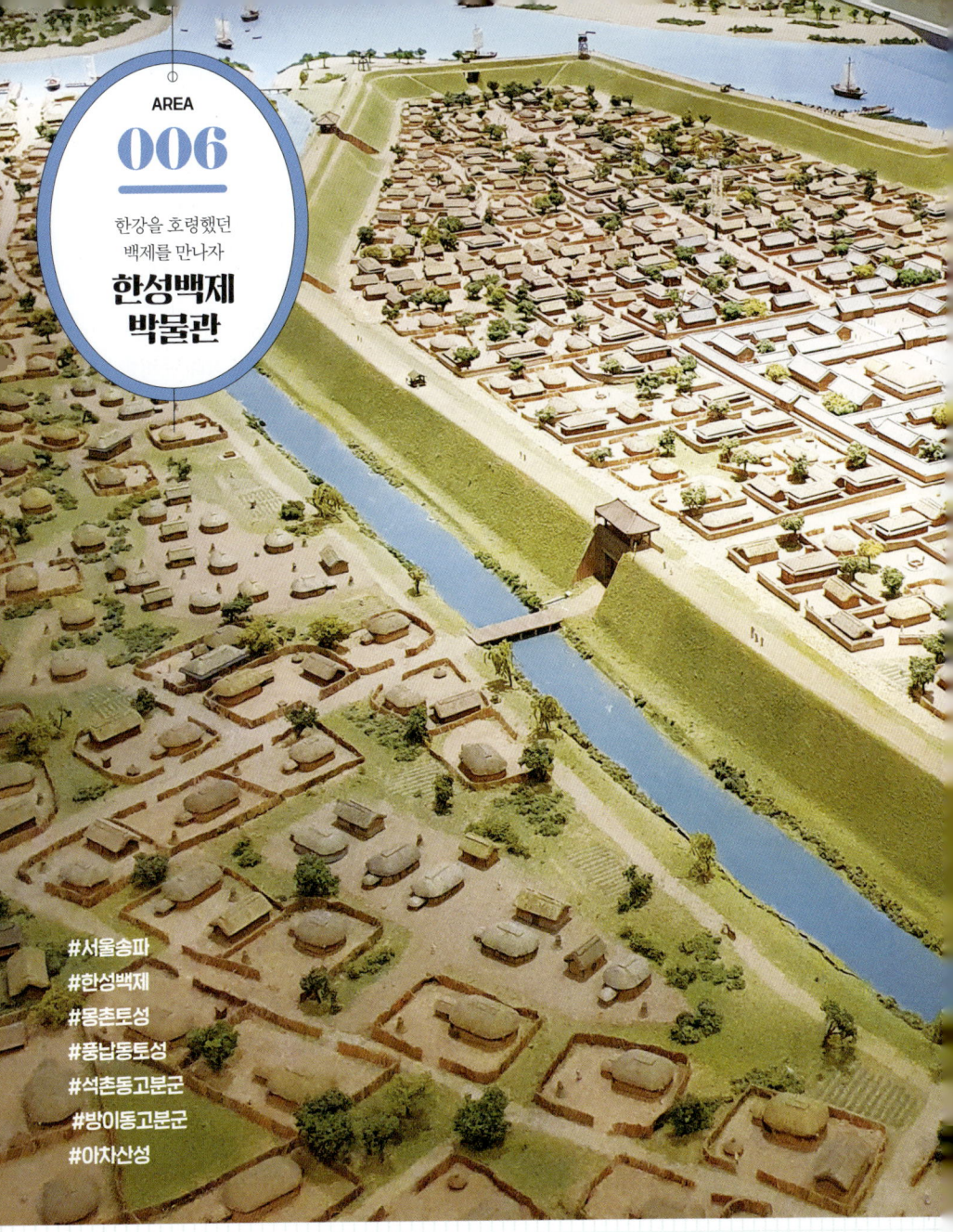

AREA
006

한강을 호령했던
백제를 만나자

한성백제
박물관

#서울송파
#한성백제
#몽촌토성
#풍납동토성
#석촌동고분군
#방이동고분군
#아차산성

백제는 고구려의 왕자인 온조가 고구려에서 남쪽으로 내려와 한강 지역에 세운 나라로, 삼국 중 가장 먼저 전성기를 맞았다. 백제의 근초고왕은 남쪽 지역으로 영토를 넓히고 고구려를 공격해 북쪽으로 진출했다. 그리고 주변 나라들과 활발하게 교류했다.

— 초등학교 사회 5학년 2학기

MISSION

한강유역 한성 백제 500년의 흔적을 찾아봅시다

우리는 '백제'라고 하면 보통 웅진(공주)과 사비(부여)시대의 백제를 떠올립니다. 하지만 알고 보면 백제 700년 역사 (기원전 18~660년) 중 500년에 가까운 시간에 걸쳐 이곳 한성을 수도로 삼았고, 근초고왕 당시에는 최고의 전성기를 맞이하기도 합니다. 이렇게 백제 역사에서 빼놓을 수 없는 한성시대를 알아보며 그 흔적을 찾아봅니다.

선사시대부터 백제까지 우리 역사를 잘 정리해놓은 한성백제박물관에서는 규모가 상당한 풍납토성 성벽 단면을 볼 수 있습니다. 박물관 옆 몽촌토성을 걸으며 전성기를 누리던 한성 백제의 위엄도 상상해보세요. 석촌동과 방이동 고분군에서는 백제 초기의 장례 문화를 알 수 있습니다. 특히 석촌동 3호분은 규모가 대단한데, 과연 누구의 무덤일까요?

▲ 소서노와 함께 새로운 땅을 찾아오는 비류와 온조   ▲ 한강을 끼고 건설된 한성 백제

🔍 1. 온조, 한강에 백제를 건국하다

《삼국사기》 등에는 고구려 출신 온조가 백제를 건국했다고 기록되어 있습니다. 기원전 18년, 온조는 주몽이 부여에서 온 큰아들 유리에게 왕위를 물려주려 하자 어머니 소서노와 형제 비류와 함께 남으로 내려옵니다. 온조는 한강 유역에, 비류는 현재 인천 지역인 미추홀에 나라를 세우는데, 비류의 나라는 그가 사망한 후 온조에 흡수됩니다. 이렇게 백제는 북쪽에서 온 고구려 계통 유이민과 한강 유역 토착민이 연합해 세운 나라입니다. 첫 수도인 위례성은 현재 서울시 송파구의 풍납토성과 몽촌토성 일대로 짐작됩니다.

백제가 고구려 계통이라는 것은 백제 왕족의 성이 부여씨인 것과 석촌동 고분이 압록강 일대 고구려 고분과 비슷한 형태인 돌무지무덤인 것으로도 증명됩니다. 한강 유역은 일찍부터 농경과 철기 문화가 발달했고, 바닷길을 통해 중국의 선진 문물을 받아들이기에 유리해 작은 나라에 불과했던 백제는 빠른 속도로 발전합니다.

2. 중앙집권 국가의 기틀을 마련한 개혁군주 고이왕

▲ 왕실 제사 모습

3세기 중엽 개혁 군주 고이왕은 나라의 기틀을 튼튼히 하고 정복 활동을 통해 그때까지 마한의 중심이었던 목지국을 병합하며 한반도 중부 지역을 차지합니다. 또 율령을 정비하고 6좌평(현재의 장관 개념)의 관제를 마련했으며 16등급의 관리 등급을 정해 그에 따라 관복 색깔을 달리하는 등 중앙집권 국가의 기틀을 마련합니다. 6품 이상은 자줏빛 옷에 은꽃으로 관을 장식하고, 11품 이상은 붉은 옷, 16품 이상은 푸른 옷을 입도록 정했다고 합니다.

3. 백제의 전성기, 위대한 근초고왕

▲ '당염립본왕회도'에 그려진 백제 사신   ▲ 해상로를 통한 대외 교역이 활발히 이뤄졌다.

13대 근초고왕(재위 346~375) 때 백제는 삼국 중 가장 먼저 전성기를 맞이합니다. 정복 군주 근초고왕 당시 왕권은 강화되어 왕위의 부자 상속이 이루어졌고, 영토를 크게 확장합니다. 남으로는 마한의 남은 세력을 정복해 남해 바다에 이르렀고, 가야를 압박하며 왜로 가는 교통로도 확보합니다. 북으로는 황해도 일대를 장악하고 평양성을 공격해 고구려의 고국원왕을 전사시키는 등 엄청난 힘을 자랑합니다. 이에 한층 강력해진 백제는 막강한 수군을 내세워 해외에 진출했고, 중국 요서 지방을 공격합니다. 또 중국 동진과 일본 규슈 지방과 교류하면서 활동 무대를 넓힙니다. 백제는 침류왕(재위 384~385) 당시 중국 동진에서 불교를 받아들여 왕의 권위를 세우고 중앙집권 체제를 뒷받침하는 이념으로 삼게 됩니다.

4. 개로왕의 죽음, 위기를 맞이한 백제

5세기에 전성기를 맞이한 고구려 장수왕의 남진 정책으로 백제는 큰 위기를 맞이합니다.

백제 때문에 고국원왕이 전사한 것을 잊지 않았던 고구려는 백제를 계속 위협했고, 백제와 신라는 433년 나제동맹을 맺어 대비합니다. 5세기 후반 개로왕은 고구려를 공격하는 한편 북위에 사신을 보내 함께 고구려를 공격할 것을 제안합니다. 하지만 북위는 끝내 거절하고, 이것이 고구려에 알려지면서 고구려는 본격적인 백제 정벌을 계획합니다.

장수왕은 승려 도림을 백제에 첩자로 보냈는데, 그는 '고구려에서 죄를 짓고 도망 왔다'고 거짓말을 합니다. 개로왕은 바둑을 잘 두던 도림을 수시로 불렀고, 마침내 신임하게 됩니다. 이에 도림은 성곽과 궁, 왕실 무덤이 초라하다며 수리를 권했고, 개로왕은 대규모 공사를 시작합니다. 재정은 파탄 나고 공사장에 끌려온 백성들이 굶주리며 민심이 걷잡을 수 없이 들끓자, 때가 왔다 싶었던 도림은 고구려로 도망쳐 장수왕에게 백제를 공격할 때임을 알리고, 장수왕은 직접 3만 군대를 이끌고 백제를 공격합니다. 고구려의 공격 소식을 들은 개로왕은 원군을 데려오라며 태자를 신라로 보냈지만, 그가 1만 원군을 데리고 돌아왔을 때 이미 개로왕은 고구려에 끌려가 죽임을 당한 후였습니다.

🔍 5. 웅진으로 천도, 끝없는 혼란

이에 태자에서 왕이 된 문주왕은 한성을 잃은 475년 현재 공주인 웅진으로 수도를 옮깁니다. 백제는 전쟁에 패하면서 500년 수도 한성과 한강 유역을 잃고 국력과 왕권 또한 크게 약화됩니다. 이렇게 왕권이 약화되면서 이후 백제는 왕이 연이어 피살되는 등 정치적 혼란이 거듭됩니다. 이때 동성왕은 신라 왕실과 혼인 관계를 맺어 고구려에 대항하려 했고, 신진 세력을 등용해 왕권 강화를 시도했지만 불행히도 그 또한 피살되고 맙니다.

백제가 왜에게 하사한 칠지도

당시 왜(일본)는 철기 문화 수준이 낮아 백제에 크게 의존하는 상태였는데, 이를 알려주는 대표적인 유물이 '칠지도'입니다. 이는 근초고왕이 왜에 하사한 것으로 알려져 있으며 길이 74.9cm의 강철로 된 검입니다. 칠지도는 일본의 국보로, 현재 오사카 근교 나라현의 덴리시 이소노카미 신궁에 보관되어 있습니다. 이 검에는 금으로 61개의 문자가 새겨져 있습니다. 몇몇 글자는 오랜 세월이 지나 심하게 부식되어 잘 알아볼 수 없었고, 일본은 이것을 당시 자기네가 우리나라에 식민지를 두었다는 '임나일본부'설의 증거로 내세우기도 했죠. 하지만 상식적으로 당시 국력과 문화 수준을 보면 그런 주장이 억지스럽다는 것은 누구나 알 수 있습니다. 지금은 마모된 글자들도 한일 양국의 학자들이 서로 어느 정도 동의한 글자로 해석됩니다. 그 글 중 일부는 다음과 같습니다.

先世以來未有此刀 선대로부터 이와 같은 칼은 없었으며
百濟王世子奇生聖音故爲倭王旨 백제의 왕세자 기생성음이 왜왕 지를 위해 일부러 만들었으니
造傳示後世 후세에 전해 보여라

:: 한성 백제시대 관련 여행지 둘러보기 ::

송파구 일대에 있는 한성시대 백제의 흔적을 찾아 답사 여행을 계획해보세요. 한강을 중심으로 발전하며 최고의 전성기를 누렸던 백제의 모습을 접할 수 있습니다.

한성백제박물관

한강을 중심으로 발굴된 백제 유물을 전시한 곳입니다. 박물관 규모도 적당하고 무엇보다 칠지도와 금동 신발, 청동거울 등의 유명 유물을 당시 모습으로 복원한 복제품과 당시 모습을 재현해놓은 다양한 미니어처가 있어 아이들과 함께 흥미롭게 둘러보기에 아주 좋습니다. 또 한성 백제뿐 아니라 웅진과 사비시대의 백제 역사도 함께 다루어 백제의 역사를 한눈에 살펴볼 수 있습니다.

01 풍납토성 성벽 단면

박물관에 들어서면 가장 먼저 보이는 성벽 단면은 아랫변 43m, 윗변 13m, 높이 11m로 한성 백제의 위용을 잘 보여줍니다. 2011년 풍납토성 동남쪽 성벽 조사 당시 성벽 단면을 그대로 얇게 떼어내 이곳 박물관으로 옮겨 온 것입니다.
토성을 다지고 흙과 나무를 옮기는 모습 등 성벽을 구축하는 모습을 마네킹으로 재현해놓았고, 단면에서 1차, 2차, 3차, 교란층 등 토성을 만든 단계별 구성을 볼 수 있습니다.

02 제1전시실 : 서울의 선사

시대순으로 만들어놓은 선사시대의 모습을 미니어처를 통해 생생하게 볼 수 있는 전시실입니다. 또 서울 지역에서 출토된 다양한 선사시대 유물도 볼 수 있습니다. 한강 유역에 있던 마을 중 세력을 키워나가 마한의 구성원으로 커나가고, 그중 하나가 십제에서 백제가 된 것도 알 수 있습니다.

059

:: 한성 백제시대 관련 여행지 둘러보기 ::

03 제2전시실 : 왕도 한성

백제가 전성기를 누리던 시대를 담은 제2전시실에서는 한성 도읍기 493년의 역사를 엿볼 수 있습니다. 당시 사람들의 의식주와 풍습, 주변 나라들과 활발하게 교류했던 백제의 모습을 소개한 전시물도 흥미롭습니다. 한강을 중심으로 한 몽촌토성, 풍납토성 등 당시 모습을 재현해놓은 모형도 놓치지 마세요.

04 제3전시실 : 삼국의 각축

삼국이 한강 유역을 차지하기 위해 벌인 전쟁 끝에 500년 도읍지를 잃은 후 웅진과 사비로 옮겨 간 백제의 역사는 제3전시실에서 볼 수 있습니다.
비록 한강 유역은 빼앗겼지만 문화 강국으로서 주변에도 큰 영향을 끼쳤던 찬란한 백제의 모습을 알 수 있는 공간입니다.

몽촌토성

적의 공격에 대비한 약 2.4km 길이의 토성으로, 마름모꼴의 성곽입니다. 성 밖으로 성내천이 동쪽과 북쪽을 감싸 흘러 자연 해자 역할을 했고 동·남·북쪽으로 성문이 있었습니다. 내부에서는 백제와 고구려인들의 집 자리, 도로, 물을 모아 저장해놓았던 집수지 등 당시의 생활 흔적이 확인되었으며, 많은 유물이 출토되었습니다. 정확한 기록이 없어 당시 이름은 알 수 없지만 '몽촌'이라는 이름이 붙은 것은 산성 안에 곰말(꿈말)이라는 마을이 있었기 때문입니다.
주소 서울시 송파구 올림픽로 424(올림픽공원 내)

풍납동 토성

원래 둘레는 3.5km에 달하지만 현재 2.1km 정도 남아 있습니다. 기초부는 너비 43m, 높이 11m가 넘는 대규모 토성으로 중심부 하단에 뻘흙을 깔고 기초를 다진 후 그 안팎으로 진흙과 모래흙을 계속 다져 만든 판축 기법을 사용했습니다. 여기에 식물과 자갈을 넣고 흙으로 된 층을 보강해 토성이지만 돌로 만든 성 못지않게 매우 단단합니다. 1925년 대홍수 당시 허리띠 장식과 청동 자루솥, 문자가 새겨진 항아리 등이 발견되었고 백제 최초의 도성인 것으로 추정합니다.
주소 서울시 송파구 올림픽로 424(올림픽공원 내)

석촌동고분군

▲ 석촌동 3호분 모형

돌을 쌓아 사각형으로 만든 후 중심에 동그랗게 흙을 쌓은 모양인 돌무지무덤(적석총), 돌을 덮은 흙무지무덤(즙석분구묘), 움무덤(토광묘) 등이 있습니다. 특히 돌무지무덤과 흙무지무덤은 왕을 비롯한 지배층의 무덤으로 짐작됩니다. 많은 양의 토기와 기와, 화장을 한 것으로 보이는 불에 탄 사람의 뼈도 확인되었습니다. 가장 큰 3호분은 가로 50.8m, 세로 48.4m인 돌무지무덤으로 장수왕의 무덤으로 알려진 장군총보다 밑변이 더 길어, 아마 전성기를 구가했던 근초고왕의 무덤이 아닐까 짐작합니다. **주소** 서울시 송파구 가락로7길 21 내

방이동고분군

4~5세기에 걸친 백제 전기의 무덤들로 한성 백제의 장례 문화를 알 수 있는 유적입니다. 현재 굴식돌방무덤(횡혈식석실분)인 1호, 4호를 비롯해 몇 기의 무덤이 있습니다. 4호에서는 회청색경질 굽다리접시와 뚜껑을 비롯한 토기 철제류가 나왔고, 6호에서 나온 회청색경질 굽다리접시는 전형적인 신라식 토기입니다. 아마 6호분은 6세기 이후 한강이 신라 땅이 되었을 때 만든 무덤이 아닐까 추정합니다. **주소** 서울시 송파구 오금로 219

아차산성

▲ 아차산성 출토 유물

해발 285m에 있는 삼국시대 산성으로 성벽 높이는 평균 10m, 성 전체 길이는 1,125m입니다. 고구려의 백제 침략 당시 백제 개로왕의 죽음, 고구려 온달 장군이 신라에 빼앗긴 죽령 이북 땅을 되찾기 위해 전투를 벌이다 죽음을 맞은 장소로 추정합니다. 산성을 처음 쌓은 나라에 대해서는 논란이 있으며 삼국의 치열한 한강 유역 쟁탈전 현장이라 수많은 유물이 발견되었습니다. 신라시대 배수구 시설 등도 있지만 발견된 토기와 철기, 철제 무기 등은 주로 고구려 계통의 것들이라 고구려와 관련이 깊은 곳이었음을 짐작할 수 있습니다.
주소 서울시 광진구 광장동 산16-46

 한성백제박물관

주소 서울시 송파구 위례성대로 71(올림픽공원 내) | **전화** 02-2151-5800
관람 시간 화·일요일·공휴일 09:00~19:00(11~2월 09:00~18:00) | **휴무** 월요일, 1/1 | **입장료** 무료
주차 박물관 지하 주차장 이용(유료) | **홈페이지** baekjemuseum.seoul.go.kr

AREA 007

비밀의 왕릉에서 발견된
찬란한 백제 유산

국립공주박물관

#충청남도공주
#국보
#무령왕
#백제문화
#충남역사

백제는 불교와 관련 있는 문화유산뿐만 아니라 고분과 공예품 등도 남겼다. 백제 무령왕의 무덤인 무령왕릉에서는 백제의 문화유산 외에도 중국의 문화유산과 일본 소나무로 만든 물건이 함께 발견되었다.

- 초등학교 사회 5학년 2학기

백제 웅진시대 무령왕릉에서 출토된 유물을 살펴봅니다

1971년 우연히 발굴된 무령왕릉은 도굴되거나 훼손된 적이 없어 1,500년 전의 모습 그대로 발굴되었고, 삼국시대 왕릉 중 무덤의 주인인 피장자가 누구인지 정확히 알려진 유일한 것입니다. 국립공주박물관을 방문하면 무령왕릉에서 발견된 화려한 문화재와 더불어 구석기시대부터 통일신라까지 충청남도의 역사도 살펴볼 수 있습니다.

정문으로 들어와 야외 주차장을 지나 야트막한 언덕을 오르면 박물관이 나옵니다. 무령왕릉 출토품을 비롯한 주요 전시물은 상설전시관에서 볼 수 있고, 다양한 특별전이 개최되고 있습니다. 아래층에 위치한 웅진백제실에는 한성부터 사비시대 초기까지 백제시대 유물이, 위층 충청남도 역사문화실에는 구석기부터 조선시대까지 충청남도의 역사와 문화를 보여주는 전시물이 있습니다. 박물관 규모가 크지 않아 어느 층을 먼저 둘러보아도 좋습니다.

🔍 1. 백제의 두 번째 수도, 웅진시대를 엿볼 수 있는 곳

백제는 현재 서울인 한성을 수도로 삼았지만 장수왕의 남하 정책과 전쟁의 패배로 현재 공주인 웅진으로 수도를 옮기게 됩니다. 국립공주박물관은 국보 18점, 보물 4점을 포함한 25만여 점의 문화재를 보관하고 있으며, 대표적인 유물이 바로 무령왕릉에서 출토된 문화재입니다. 그 밖에도 고대부터 조선시대까지 대전과 충청남도 지역에서 출토된 문화재를 함께 전시하고 있기도 합니다.

웅진백제실

백제가 탄생한 한성 백제시대 후기부터 현재 부여인 사비시대 초기까지의 문화재가 전시되어 있습니다. 당연히 놓치지 말아야 할 최고의 문화재는 무령왕릉에서 출토된 것들입니다.

왕릉 출토 유물 >>>

01 진묘수(석수)

국보
높이 30cm, 길이 47.3cm, 무게 48.2kg의 귀여운(?) 진묘수는 무덤을 지키는 상상의 동물입니다. 돌(각섬석암)로 만든 것으로 무령왕릉 입구에 놓여 있었습니다. 무덤을 지키기 위해 수호 동물인 진묘수를 넣는 것은 중국 한나라에서 유행했던 풍습으로, 진묘수는 무덤을 지키고 죽은 사람의 영혼을 신선의 세계로 인도하는 역할을 합니다. 무령왕릉의 진묘수 머리에는 뿔이, 몸에는 날개가 달려 있습니다. 원래 입과 몸통 일부는 붉게 칠했는데, 이는 나쁜 기운을 막아준다고 합니다.

02 오수전

지석 위에 놓인 90여 개의 중국 동전 오수전은 왕과 왕비가 묻힐 땅을 구입한 돈입니다. 오수전은 중국 한나라부터 시작해 수나라까지 900여 년 동안 사용되었던 동전입니다. 무령왕릉의 오수전은 523년 양나라에서 발행한 것으로, 당시 중국과 교류가 있었음을 알려줍니다.

03 묘지석

국보
왕릉 입구에 나란히 놓여 있던 왕과 왕비의 지석입니다. 지석은 무덤 주인의 이름과 직위, 행적을 적어 넣은 것인데, 이것으로 여기가 바로 무령왕의 무덤이라는 것을 알 수 있습니다. 무령왕 지석에는 다음과 같이 새겨져 있습니다. "영동대장군 백제 사마왕이 62세 되는 계묘년(523) 5월 7일 임진날에 돌아가셔서, 을사년(525) 8월 12일 갑신날에 이르러 대묘에 예를 갖추어 안장하고 이와 같이 기록한다."

04 청자 항아리

사각형 꼭지가 달린 뚜껑은 5개의 연꽃 잎으로 장식되어 있습니다. 항아리 위쪽에는 6개의 튀어나온 귀(耳)가 있고, 아래 장식되어 있는 무늬 또한 연꽃입니다. 연꽃 잎 아래쪽 검은 띠 모양 반점들은 당시 넣어두었던 음식물이 흘러 만들어진 것으로 추측됩니다.

05 왕과 왕비의 목관

두 사람의 관은 일본에서 자라는 금송으로 만든 것으로 이를 통해 당시 일본과 많은 교류를 했음을 알 수 있습니다.

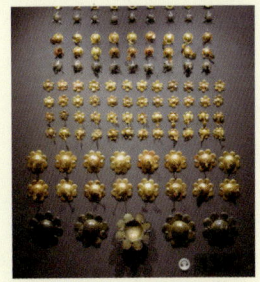

06 꽃 모양 꾸미개

목관 주변에서 흩어진 상태로 발견된 꾸미개에는 꽃잎 장식이 8~11개 달려 있습니다. 은으로 제작되었고 목관을 장식했던 것으로 보입니다.

무령왕 유물 >>>

07 왕 금제 관 장식

국보 2개 한 쌍인 금제 관 장식은 순금으로 이루어진 판 위에 인동당초문과 화염문 장식을 투조(예리한 조각도로 문양을 도려내 만든 것)한 것입니다. 좌우 문양이 비대칭으로 금실을 꼬아 매달은 127개의 달개(영락) 장식이 있어 더욱 화려해 보입니다. 달개는 지름 5mm 정도인 둥글고 작은 원판에 작은 구멍을 뚫어 금실을 꿴 다음 4~6회 꼬아 만든 것으로 정교하고 뛰어난 백제의 공예 기술을 엿볼 수 있습니다. 《구당서 舊唐書》에 '검은 천으로 된 관에 금꽃을 장식하고…'라는 왕의 복식에 대한 기록을 참고하면 왕의 비단 모자 좌우 혹은 전후에 꽂았던 장식품으로 짐작됩니다.

08 왕 금제 귀걸이

국보 정교하고 아름다운 귀걸이로 백제의 뛰어난 예술 감각과 수준을 보여줍니다.
중심 고리에 작은 2개의 고리를 연결해 만든 두 줄로 된 귀걸이입니다.

09 왕 나무 베개

커다란 나무둥치를 다듬어 중간을 U자형으로 만든 후 머리 부분을 올려놓게 했습니다. 원래의 것은 거의 부식되어 아주 일부만 남았기 때문에 왕 나무 발받침을 참고해 복원했습니다.

10 왕 나무 발받침

국보 W자형으로 만들어 왕의 두 발목을 올려놓을 수 있게 했습니다. 두껍게 칠한 검은 칠 위에 육각형 거북등무늬와 금꽃으로 장식해 매우 화려합니다.

11 금제 뒤꽂이

국보 왕의 머리 부근에서 발견된 뒤꽂이는 역삼각형 몸체와 세 갈래 꼬리로 갈라져 날개를 펴고 나는 새의 모습을 하고 있습니다. 윗부분에는 꽃잎이 8개인 연꽃, 아랫부분에는 인동꽃무늬를 돋을새김해 만들었습니다.

왕비 유물 >>>

12 청동거울

국보 왕릉에서 발견된 총 3개의 청동거울 중 하나입니다. 뒷면에 상투를 틀고 삼각 하의만 입은 신선이 손에 창을 들고 네 마리의 동물을 사냥하는 모습이 조각되어 있습니다.

13 왕비 금제 관 장식

국보 인동문 관 장식으로 금판을 오려내 만들었습니다. 얇은 금판에 인동당초문과 화염문 장식을 투조했고, 왕의 것과 달리 좌우대칭이며 달개가 달려 있지 않아 또 다른 멋을 풍깁니다.
가운데에는 7개의 연꽃 잎이 바닥으로 늘어진 모양을 묘사했고, 그 위에 막 피어나는 꽃이 꽂힌 꽃병을 투조했습니다.

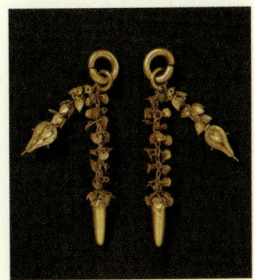

14　금 귀걸이

국보 굵은 고리 밑으로 작고 정교한 장식들이 연결되어 있는 아름다운 모습입니다. 바깥 짧은 쪽 중간에는 담녹색 유리구슬을 달아 장식했습니다. 금에 모양을 넣은 후 펜촉 모양으로 만들어 단 끝장식도 아름답습니다.

15　은잔

왕비 머리 주변에서 발견된 것으로 잔과 뚜껑은 은으로, 받침은 동으로 만들었으며, 백제인들이 꿈꾸던 이상향을 담은 아름다운 유물입니다.
받침에는 신선, 용, 사람 얼굴에 몸은 새 모양을 한 인면조신 人面鳥身무늬가, 잔에는 산, 연꽃, 용, 사슴, 봉황, 나무 등이 새겨져 있습니다. 뚜껑에는 산, 나무 사슴 등이 새겨져 있고 꼭지는 연꽃 봉오리 모양입니다.

16　금제 아홉 마디 목걸이,
　　금제 일곱 마디 목걸이

국보 각기 7개, 9개의 고리로 연결해 만든 왕비의 목걸이입니다. 둥근 고리로 서로 연결되어 있는 세련된 디자인으로, 이는 고구려나 신라, 가야에서는 볼 수 없는 백제만의 특징입니다.

17　다리작명 은제 팔찌

국보 안쪽에 경자년(520년) 2월에 '다리'라는 장인이 대부인(왕비)을 위해 팔찌를 만들었다는 기록이 있어 더욱 값진 보물입니다. 520년은 왕비가 죽기 6년 전입니다.
삼국시대 '부인' 칭호는 혼인한 상류층 여자를 말하는데, 왕비 신분이니 '대부인 大夫人'이라는 호칭을 사용한 것으로 생각됩니다. 팔찌 바깥에는 발이 3개인 두 마리의 용이 머리를 돌려 뒤쪽을 바라보는 형상이 새겨져 있습니다.

:: 국립공주박물관 둘러보기 ::

18 왕비 나무 베개

국보 베개와 발받침의 모양은 왕의 것과 비슷하지만 나무 표면에 붉은색 천연 광물인 진사를 칠하고 그 위에 검은 먹과 흰색 안료로 무늬를 그려 넣었습니다. 금박으로 육각무늬와 테두리를 넣어 장식했고, 연꽃 봉오리에서 동자가 태어나 신선이 되는 과정이 묘사되어 있습니다. 윗부분에는 나무로 조각해 만든 두 마리 봉황이 서로 마주 보게 붙여놓았습니다. 봉황의 부리와 귀 일부분에 금박을 돌렸고, 입안에는 청동 막대를 박았으며, 봉황 밑에는 갑·을 甲·乙 자가 쓰여 있습니다.

19 왕비 나무 발받침

금판을 오려 붙인 왕의 것과는 달리 금박을 테두리에 붙여 장식했습니다. 연꽃과 구름무늬가 그려져 있는 것도 특징입니다. 윗부분 좌우에는 금으로 만든 수초 모양을 단 철 막대가 꽂혀 있었습니다.

20 금동 신발

왕비의 발 부분에서 발견되었고, 금동판 두 겹으로 만들었습니다. 안, 바깥, 바닥 3판이 서로 붙어 있는 모양으로 바깥쪽에는 육각 무늬를 맞새김(금속공예에서 양쪽이 뚫려 있게 만든 것)하고, 그 안쪽으로 봉황무늬가 있습니다. 바닥에는 네모뿔 모양의 못이 박혀 있는데, 그 사이에 원형 날개를 달았습니다.

충청남도 역사문화실

지역에서 발견된 선사시대 유물부터 고대, 중·근세 유물이 전시되어 있습니다. 특히 국보인 통일신라시대의 천불 비상과 백제 유물인 공주 의당금동보살입상을 챙겨 보세요. 또 공주 수촌리에서 발견된 항아리 6개가 붙어 있는 것 등도 독특합니다.

국립공주박물관
주소 충청남도 공주시 관광단지길 34 | **전화** 041-850-6300 |
시간 화·일요일·공휴일 09:00~18:00 | **휴무** 월요일, 1/1, 설날·추석 당일
입장료 무료 | **주차** 자체 주차장 이용(무료) | **홈페이지** gongju.museum.go.kr
※ 시기에 따라 전시가 교체되어 소개된 유물이 없을 수 있습니다.

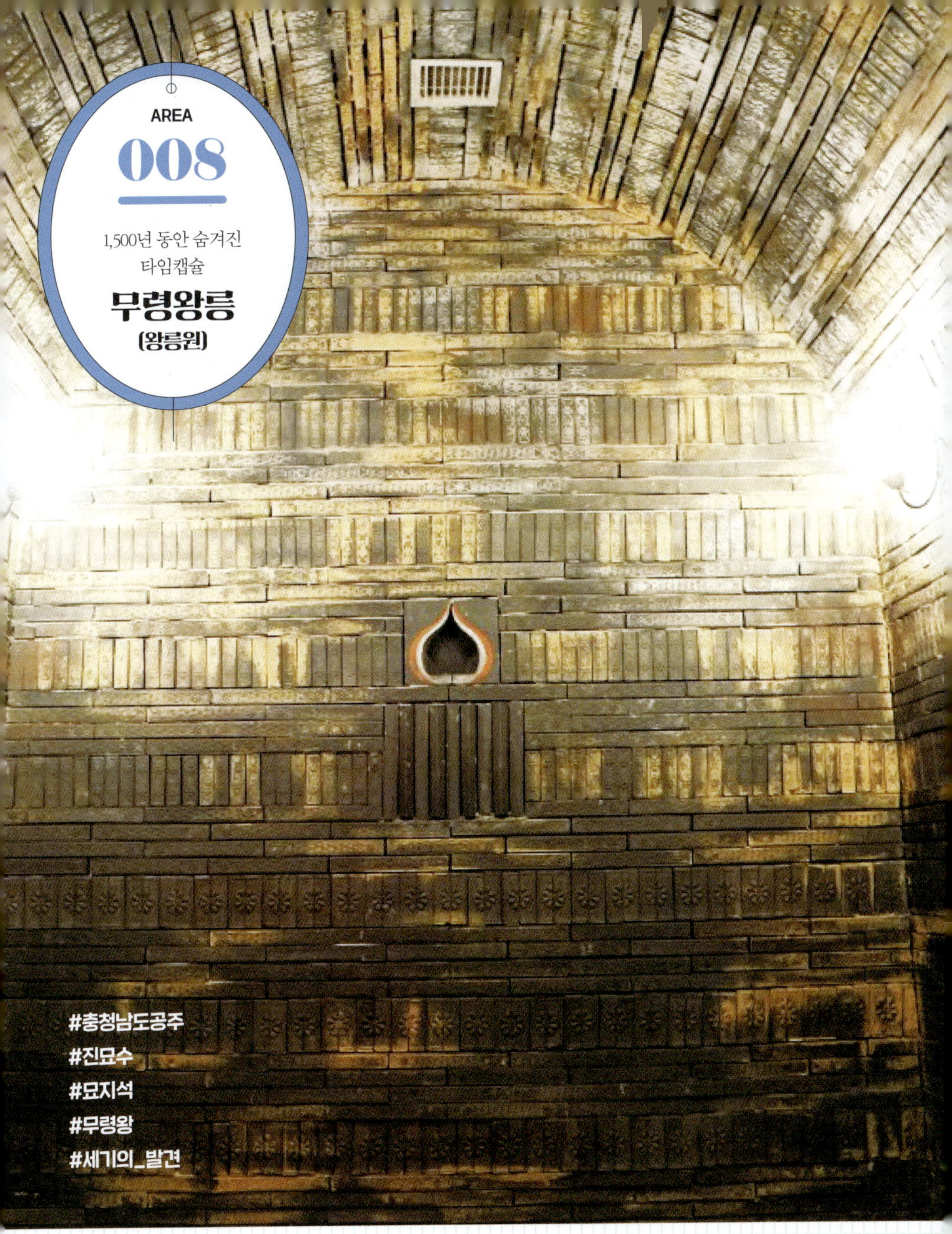

AREA 008

1,500년 동안 숨겨진 타임캡슐

무령왕릉
(왕릉원)

#충청남도공주
#진묘수
#묘지석
#무령왕
#세기의_발견

백제는 불교와 관련 있는 문화유산뿐만 아니라 고분과 공예품 등도 남겼다. 백제 무령왕의 무덤인 무령왕릉에서는 백제의 문화유산 외에도 중국의 문화유산과 일본 소나무로 만든 물건이 함께 발견되었다.

― 초등학교 사회 5학년 2학기

백제의 대표 문화유산인 무령왕릉과 왕릉원에 대해 알아봅니다

세계유산도시 공주로 떠난 여행에서 백제 왕릉이 모여 있는 왕릉원을 방문해보세요. 공주, 부여, 익산에 있는 백제 역사 유적 지구는 2015년 유네스코 세계유산에 등재된 아주 중요한 문화유산입니다.

공주 볼거리 중 가장 중요한 곳 중 하나가 무령왕릉이 있는 왕릉원입니다. 왕릉원은 백제 웅진시대의 왕과 왕족의 묘가 모여 있는 곳으로 동쪽에 1~4호분, 서쪽에 무령왕릉과 5~6호분이 있습니다. 입구에 도착하면 무령왕릉의 마스코트라 할 수 있는 진묘수(석수)가 늠름하게 서서 반겨줍니다.

1. 무령왕릉이 왜 특별한가요?

백제 25대 왕 무령왕의 무덤인 무령왕릉은 묘지석이 발견되며 이곳이 누구의 무덤인지 알 수 있었습니다. 현재 삼국시대 무덤 중 피장자의 신분을 알 수 있는 유일한 고대 왕릉입니다. 이곳에서는 총 108종 4,600여 점의 수많은 문화재가 나왔는데, 그중 묘지석과 진묘수를 비롯해 왕과 왕비의 금제 관 장식, 금제 귀걸이, 왕의 나무 발받침, 청동거울, 금제 뒤꽂이, 금제 아홉 마디 목걸이, 다리작명 은제 팔찌 등은 국보로 지정되어 있습니다. 무령왕릉은 그야말로 우리 역사의 한 페이지를 장식하는 엄청난 발견이었습니다.

2. 무령왕릉은 어떻게 발견되었나요?

왕릉이 발견된 것은 그야말로 드라마틱한 사건입니다. 왕릉은 배수로 공사를 하다 우연히 발굴되었는데, 다행히 도굴당한 적이 없어 1,500년 전 모습을 그대로 마주할 수 있었습니다. 1971년 7월, 장마철 피해를 방지하기 위해 배수로 공사를 하고 있었습니다. 그런데 어느 날 새벽, 송산리 고분 6호분의 공사와 발굴을 진행하던 당시 공주박물관장이 괴상하게 생긴 짐승이 갑자기 달려드는 꿈을 꾸고 깜짝 놀라 깼다고 합니다. 그리고 운명의 그날, 현장 인부의 삽에 벽돌이 부딪히면서 1,500년 가까이 잠자고 있던 무령왕릉이 세상에 온전한 모습을 드러낸 거죠. 아마 소장에게 달려든 짐승은 무령왕릉에서 왕과 왕비를 굳건하게 지키고 있던, 돌로 만든 진묘수가 아니었을까요?

▲ 모형 전시관에서 무덤 내부를 자세히 살펴보자.

▲ 무덤 내부는 출입 금지

3. 무덤의 주인 무령왕은 누구인가요?

지금의 한강 유역인 한성 지역을 빼앗긴 백제에는 이후 혼란이 거듭되었는데, 이런 백제에 다시 한번 부흥의 기운을 불러일으킨 왕이 무령왕(재위 501~523)입니다. 무령왕은 '8척(약 184cm) 키에 눈매가 그림 같고 용모가 아름다웠으며, 성품은 인자하고 관대했다'고 기록되어 있습니다. 그는 귀족 세력을 적극 경계하면서 왕권을 안정시키고, 지방 행정구역이었던 담로에 왕족을 파견해 지방 세력 통제를 강화합니다. 또 중국 남조(남북조시대 중 5~6세기 양쯔강 하류에 있던 4왕조에 대한 칭호)의 양나라와 국교를 맺어 문화 교류에 힘쓰고 고구려에 대해서는 적극적인 공세를 합니다. 이러한 그의 노력으로 백제는 조금씩 국력을 회복해나갈 수 있었습니다.

4. 무령왕릉에서 발견된 유물은 무엇인가요?

왕릉에서는 무덤의 주인을 알려주는 받침돌(지석), 무덤을 지키는 상상의 동물인 진묘수, 중국 동전인 오수전, 금 장식품, 중국식 청동거울, 도자기 등 다양한 유물이 발견되었습니다. 무령왕릉은 벽돌을 쌓아 만든 벽돌무덤 양식으로 이는 중국 남조의 영향을 받은 것입니다. 또 부부의 시신을 묻은 관은 일본에서 자라는 소나무인 금송으로 만든 것으로 보아 당시 백제가 중국, 일본과 활발하게 교류했다는 사실을 알 수 있습니다. 무령왕릉에서 발굴된 귀중한 유물은 현재 국립공주박물관에서 관람할 수 있으니 꼭 직접 감상해보세요.

5. 어떻게 둘러볼까요?

왕릉원에는 모형 전시관이 있으니 이곳 먼저 둘러보면 좋습니다. 발굴 과정 설명, 발굴 당시 모습을 재현해놓은 모습과 더불어 무령왕릉에서 출토된 유물들을 볼 수 있는데, 이곳에 있는 것은 모조품이고 진품은 국립공주박물관에서 만날 수 있습니다. 특히 무령왕릉과 6호분 등 주요 무덤 내부를 실제 크기로 재현해 내부로 들어가볼 수 있는 것이 흥미로운데, 진짜 무덤에는 들어갈 수 없으니 이곳에서 찬찬히 살펴보세요. 전시관을 나오면 언덕을 따라 올라가며 실제 고분군을 둘러보세요. 내부 보존 관계로 겉에서만 볼 수 있는 것이 조금 아쉽지만, 무령왕과 당시 백제의 모습을 상상해보며 둘러보면 좋겠습니다.

:: 공주 왕릉원 모형 전시관 둘러보기 ::

01 6호분

왕릉원 1~5호분은 널방과 널길을 만든 굴식돌방무덤, 즉 횡혈식 석실묘입니다. 굴식돌방무덤은 한성 백제 말기부터 백제 왕실 묘에 적용되었고, 웅진으로 천도한 후에도 계속되었습니다. 왕릉원 5호분은 5~6세기 굴식돌방무덤의 전형적인 모습인데, 벽돌 모양으로 다듬어 깬 돌을 이용해 널방, 널길을 만들고 천장이 돔 형태를 이루는 것을 볼 수 있습니다. 반면 6호분과 무령왕릉인 7호분은 벽돌을 쌓아 만든 무덤인 전축분입니다. 6호분의 가장 큰 특징은 네 벽면에 사신도가 그려진 벽화가 있다는 것입니다. 6호분 벽돌은 중국 양나라 화폐인 오수전 문양을 하고 있습니다.

02 무령왕릉(7호분)

실제 크기와 똑같이 재현되어 있는 무령왕릉은 벽돌로 이루어진 전축분입니다. 왕릉 입구는 아치문으로, 아치를 만들기 위한 역사다리꼴 벽돌의 크기와 모양이 서로 다른 것은 완벽한 아치문의 구조를 만들고 튼튼히 유지하기 위함입니다.
내부 벽돌은 연꽃 문양을 하고 있는데, 2개의 벽돌이 마주하며 하나의 연꽃을 이루는 것이 매우 아름답습니다. 언뜻 모두 같은 듯 보이지만 왕릉을 구성하는 벽돌은 총 28종으로 서로 다른 벽돌을 사용해 완벽한 구조를 만들어 낸 것입니다.

벽면을 보면 망자를 위한 가짜 창문(가창) 위에 등감이 파여 있는데, 이는 등잔불을 넣어 붉을 밝힌 곳입니다. 언뜻 지하 세계를 밝히는 빛이 아닐까 생각되지만, 여기에는 백제인들의 뛰어난 지혜가 숨겨져 있습니다.
왕릉에 함께 묻힌 값진 부장품의 산화와 부식을 막기 위해 무산소 공간을 만들려고 일부러 등잔불을 밝힌 후 무덤 입구를 막은 것입니다. 불이 타려면 산소가 필요하니 등불을 붙여 산소를 다 태운 후 내부가 무산소 공간이 되도록 한 거죠. 실제 등감에서는 타다 남은 심지가 발견되기도 했습니다.

:: 공주 왕릉원 모형 전시관 둘러보기 ::

03 발견 당시 모습 모형

국립공주박물관에 있는 유물이 발견 당시 어떤 상태였는지 알 수 있는 모형입니다. 진묘수 앞에 놓인 평평한 돌은 지석으로, 여기 새겨진 글로 무덤 주인이 무령왕임을 알 수 있었습니다.

그 위에 놓인 넉넉한 돈 꾸러미는 저승길을 위한 노잣돈이 아닙니다. 이는 도교식 방식을 도입한 백제의 장례 문화로 토지신에게 무덤을 쓴 땅을 구입한 값을 넣어둔 것입니다. 이 돈은 양나라 오수전으로 당시 두 나라가 활발하게 교류했음을 알 수 있습니다. 실제 이 오수전은 양나라에서 무령왕이 죽은 후 애도의 뜻으로 보냈다고 합니다. 그 밖에도 흩어져 있는 유물과 왕과 왕비를 모셨던 금송관 등의 흔적 또한 찬찬히 살펴보세요.

※ 무령왕릉 유물 소개 → 국립공주박물관 P062

 공주 무령왕릉과 왕릉원
주소 충청남도 공주시 왕릉로 37
전화 041-856-3151
시간 3~10월 09:00~18:00, 11~2월 09:00~17:00
입장료 어른 3000원, 청소년 2000원, 어린이 1000원
주차 무료

 아이와 함께 즐기면 좋은 주변 먹거리
• **알밤한우** : 공주 특산물 알밤을 사료로 먹여 육질이 부드럽고 지방이 적습니다.
• **인절미** : 조선시대 인조가 공주로 피란 온 일화가 담겨 있습니다.
• **알밤 디저트 & 음료** : 공주 특산품 알밤을 듬뿍 넣은 빵, 파이, 타르트, 떡, 과자 등

AREA 009

웅진 백제와 조선 인조의
흔적이 있는 곳

공산성

#충청남도공주
#웅진백제왕궁지
#이괄의난
#공주10경
#세계유산
#백제역사유적지구
#인절미

5세기에 들어 백제는 고구려 장수왕의 남진 정책으로 위기를 맞았다. 신라와 나제동맹을 맺어 대비했으나, 고구려의 공격으로 한성이 함락되고 웅진(공주)으로 수도를 옮겨야만 했다(475). 오랫동안 자리 잡고 있던 한강 유역도 잃게 되어 국력이 크게 약화되었다.
— 중학교 3학년 역사 2

인조반정으로 정권을 잡은 서인은 명을 가까이하고 후금을 멀리하는 친명배금 정책으로 후금을 자극했다. 이 무렵 인조반정에 공을 세운 이괄은 자신에게 주어진 상에 만족하지 못해 난을 일으켰다.
— 중학교 3학년 역사 2

075

백제시대 대표 건축물인 공산성에 대해 알아봅시다

편한 신발과 물을 준비해 성곽길을 따라 트레킹하며, 1,000년이 넘는 시간을 관통하는 성 곳곳을 탐방하는 것이 공산성을 둘러보는 최고의 방법입니다. 하지만 성곽길 코스는 성인도 제대로 운동이 될 정도로 가파른 언덕과 계단을 오르내려야 하고, 때때로 성벽 아래로 떨어질 위험도 있는 길이라 어린아이에게는 무리일 수 있습니다.

공산성은 백제시대 건축된 대표적인 성곽인데, 475년 한성에서 웅진, 즉 공주로 도읍을 옮긴 후 538년 성왕이 사비(부여)로 다시 천도(수도를 옮김)하기까지 64년 동안 왕도로 삼은 곳입니다. 아름다운 금강을 품고 있는 이곳은 백제시대에는 도성이었고, 조선시대에도 지방행정의 중심지라 내부에 남아 있는 당시 흔적도 볼 수 있습니다.

▲ 석성은 조선시대에 만들어졌다.

1. 백제는 왜 한성에서 웅진으로 수도를 옮겼을까요?

고구려 광개토태왕의 아들 장수왕은 한반도 남쪽으로 진출하는 남하 정책을 추진합니다. 장수왕은 한강 유역을 차지하고 있던 백제를 공격했고, 당시 백제 왕이던 개로왕은 이때 고구려에 의해 죽임을 당합니다. 고구려에 패배해 한강 유역을 내준 백제는 개로왕의 아들 문주왕 때 한성에서 웅진으로 수도를 옮기게 됩니다. 보다 좋은 곳을 찾아 떠난 것이 아니라 침략에 의해 어쩔 수 없이 천도한 경우죠. 이후 백제의 국력과 왕권은 급격히 약화되어 다시 한번 백제 부흥을 이끈 무령왕이 나타나기 전까지 힘겨운 세월을 보내게 됩니다.

2. 공산성이 품고 있는 역사

공산성은 공주를 감싸 흐르는 금강을 바라보고 있습니다. 금강은 한강에 비하면 크다고 할 수 없지만 잔잔한 물결이 주위 풍경과 잘 어우러진 아름다운 강입니다. 원래 이곳은 백제시대에는 웅진성으로 불렸으며 토성으로 건축되었습니다. 또 나당 연합군이 침입

▲ 성곽길 따라 한 바퀴!

했을 당시 의자왕이 사비에서 이곳으로 와서 백제 멸망 최후의 시간을 보낸 곳이기도 합니다. 성의 길이는 총 2,660m인데, 그중 석성이 1,925m이고 동쪽에 735m의 토성이 남아 있습니다. 이곳에는 백제시대의 추정 왕궁지와 임류각지, 연지가 있고 통일신라시대의 건물 터, 조선시대의 쌍수정, 영은사, 쌍수정사적비, 만하루, 명국삼장비 등이 남아 있어 백제부터 조선시대까지의 역사를 아우르고 있습니다. 고려시대에는 공주산성, 조선시대 인조 이후에는 쌍수산성으로 불렸으며, 지금과 같이 석성으로 개축된 것은 조선 인조와 선조 시대 이후입니다. 조선시대 이곳에는 감영과 함께 중군영 등 군사적으로 중요한 시설이 있었습니다.

3. 어떻게 둘러보면 좋을까요?

공산성에는 동에 영동루, 서에는 금서루, 남에는 진남루, 북에는 공북루라는 문루가 있습니다. 트레킹 코스로도 좋은 공산성을 방문했다면 성곽길을 따라 한 바퀴 돌아보는 것도 좋은데, 한 바퀴를 완전히 다 돈다면 1시간 30분~2시간 정도 소요되고 짧은 코스로 둘러보면 40분~1시간 정도면 가능합니다. 매표소를 지나 언덕길을 따라 올라가면 입구인 금서루가 나옵니다. 짧게 둘러보고 싶다면 오른쪽으로 방향을 잡고 왕궁지, 연지, 쌍수정 등을 둘러보고, 시간이 허락된다면 성을 한 바퀴 돌면서 트레킹을 즐겨보세요.

인절미는 원래 임절미?

한국인이 좋아하는 떡 중 하나인 인절미의 유래에 대해 이곳 공주에 전해오는 이야기가 있습니다. 바로 인조가 이괄의 난을 피해 공산성에 머물 당시 성이 임씨인 사람이 떡에 콩고물을 묻힌 떡을 인조에게 바쳤고, 인조는 그 떡을 무척 맛있게 먹었다고 합니다. 그래서 그 떡을 '임씨가 바친 절미(絶美 : 더없이 맛있다)'라 하여 '임절미'로 불렀는데, 후에 발음하기 쉽게 '인절미'가 되었다고 합니다.

:: 공산성 둘러보기 ::

01 금서루

금서루는 서쪽 문루로 현재의 모습은 1993년에 복원된 것입니다. 현재 공산성의 출입구로 이용하고 있습니다.

02 왕궁지

웅진시대 초기 백제 왕궁 터로 추정되는 곳으로 10칸, 20칸 등의 건물 터와 돌로 쌓아 만든 연못 터, 저장 시설 등이 발굴되었으며 연꽃무늬 수막새 등의 유물이 출토되었습니다. 중요 유적지임에도 1900년대에 기마병 훈련장과 자전거 대회 운동장으로 사용되는 수난을 겪기도 했습니다.

03 연지(공산성 백제 연못)

추정 왕궁지에 있는 돌로 쌓아 만든 인공 연못 터입니다. 빗물을 받아 저장해두었다가 화재 시 소방용 용수로 사용했습니다. 벽 뒤에는 물이 새는 것을 막기 위해 1m 너비로 점토를 채워 넣기도 했습니다.

04 쌍수정

왕궁지 앞쪽으로 쌍수정이라는 정자가 있는데, 이곳은 조선 인조 임금과 관련이 있습니다. 인조는 1624년 이괄의 난 당시 여기까지 피란을 와서 6일 동안 머물며 이곳에 있는 큰 나무 두 그루에 기대 반란군이 토벌되기를 기다렸다고 합니다. 드디어 반란군이 진압되었다는 소식을 들은 인조는 그동안 위로가 되었던 나무에 정3품 벼슬을 내리고 금대를 둘러주며 기뻐했다고 하네요. 바로 그 자리에 지은 정자가 지금의 쌍수정입니다.

※ 이괄의 난 : 남한산성(병자호란) p299 참고

05 쌍수정 사적비

인조 2년 2월 18~23일 이곳에 머무른 인조의 이야기를 담은 비문입니다. 인조 당시 영의정이었던 신흠이 지은 것이며, 글씨는 숙종 때 영의정을 지낸 남구만의 것입니다.

06 진남루

남쪽 문 진남루는 조선시대에는 삼남 三南 지방의 관문 역할을 한 곳이었습니다.
조선시대 토성이었던 공산성을 석성으로 재건축할 때 만든 문입니다.

07 영동루

4개 성문 중 동쪽 문으로 허물어진 문을 발굴해 2층 3칸 건물이라는 기록을 바탕으로 재건했습니다.

08 광복루

공산성 북문 공북루 옆에 있던 누각을 현재의 위치로 가져와 세운 후 8·15 광복을 기리는 의미로 광복루라 명명했습니다.

09 명국삼장비

임진왜란에 이은 정유재란 당시 왜적의 침입을 막고 백성을 잘 다스렸다고 하는 명나라 장수 이공, 임제, 남방위의 공을 기리는 비석입니다.

10 임류각

백제 동성왕 22년인 500년에 건축한 건물로 연회 장소로 이용되었습니다. 1980년 발굴 당시 남은 흔적의 구조를 바탕으로 복원해 건축했습니다.

:: 공산성 둘러보기 ::

11 영은사

조선 세조 4년(1458)에 건축된 절로 임진왜란 당시 승병(전쟁에 나서 싸운 승려) 합숙소로 사용되었습니다.

12 만하루 & 연지

금강과 연못 사이에 있는 정자가 만하루입니다.
깊이 9m의 인공 연못 연지는 왕궁지의 둥근 모양과 달리 층이 있는 단 형태로 돌을 잘 쌓아 만들었고, 동서쪽에 넓은 통로를 만들었습니다.

13 공북루

북문 공북루는 1603년 선조 36년에 건축한 것으로 강을 바라보고 있는 곳이라 강으로 오가는 통로의 관문 역할을 했습니다.

 INFO

공산성
주소 충청남도 공주시 웅진로 280
전화 041-856-7700(공산성 관광안내소)
관람 시간 09:00~18:00(11~12월 09:00~17:00)
입장료 어른 3000원, 청소년 2000원, 어린이 1000원
주차 무료(주차장은 성곽 입구에서 조금 떨어져 있다)

웅진성 수문병 교대식
4~11월(혹서기 6~8월 제외) 토·일요일, 백제문화제 기간
관람 시간 11:00·13:00·14:00·15:00·16:00 | 장소 공산성 금서루 일원

고마열차
3~11월(주말·공휴일, 백제문화제 기간) | 운행 공산성 → 공주 무령왕릉과 왕릉원 → 공주한옥마을 → 국립공주박물관 | 출발 공산성
관람 시간 10:00~17:30(1일 7회) | 요금 3000원 | 문의 041-840-2264

 FOOD

아이와 함께 즐기면 좋은 주변 먹거리

공주의 대표 먹거리 중 하나가 공주 알밤이죠! 공주에서는 알밤을 이용한 각종 먹거리를 맛볼 수 있는데, 공산성 바로 앞 '베이커리 밤마을'에서는 알밤 타르트, 파이, 에클레어 등을 맛볼 수 있습니다. 2층 좌석에서는 공산성이 보입니다.

AREA
010

국보 중의 국보,
백제금동대향로
국립부여 박물관

#충청남도부여
#금동대향로
#능산리
#기적같은_발견

 백제금동대향로와 같은 작품을 보면 백제 사람들이 뛰어난 예술 감각과 능력을 가졌었다고 짐작할 수 있다.

— 초등학교 사회 5학년 2학기

081

백제 사비시대의 찬란한 유산을 만나보세요

현재 서울인 한성과 공주인 웅진시대를 거쳐 백제의 마지막 수도였던 부여의 옛 이름은 바로 사비입니다. 이곳 부여에서 백제는 명맥을 이어오며 무왕 시대에 부흥을 꾀하기도 하지만 결국 그의 아들인 의자왕 시대에 신라와 당이 연합한 나당 연합군에 의해 멸망을 맞이하게 됩니다. 이곳 국립부여박물관에서는 '국보 중의 국보'라 불리는 백제금동대향로를 비롯해 당시 찬란했던 백제의 아름다운 문화유산을 만날 수 있기도 합니다.

백제금동대향로를 비롯한 뛰어난 백제 유물을 전시하고 있는 국립부여박물관은 우리나라에서 꼭 가봐야 할 박물관 중 하나입니다. 규모가 아주 크지는 않지만 귀중한 문화유산이 많은 알찬 박물관으로, 주요 전시물은 상설전시관에서 항상 감상할 수 있습니다. 제 1·2·3전시실과 기증유물실로 구분되어 있으며 알찬 특별전도 자주 개최하니 미리 확인하고 방문하세요.

:: 국립부여박물관 둘러보기 ::

제1전시실

부여를 중심으로 한 선사시대 유물이 전시되어 있습니다. 삶과 죽음에 관련된 유물과 송국리식 토기, 유려한 모양의 청동기시대 유물을 비롯해 다양한 철기시대 유물과 유리 대롱옥 등을 놓치지 마세요.

01 송국리식 토기

청동기 중기의 유적지인 송국리에서 발견된 토기로 아무 무늬가 없는 민무늬토기입니다. 달걀 모양을 하고 있고 일본으로 전파되기도 했습니다. 항아리 입구인 아가리를 밖으로 약간 벌어지게 만들고 몸통은 크고 바닥 면이 매우 좁은 형태입니다. 송국리식 토기는 생활에서뿐 아니라 독널무덤에도 사용되었는데, 성인이 사망하면 살을 썩힌 후 뼈만 추려 매장했습니다.

02 대쪽 모양 동기

마치 대나무를 세로로 쪼갠 것 같은 형태를 하고 있습니다. 가운데에는 둥근 고리를 달 수 있게 꼭지가 붙어 있습니다. 이 유물이 어떻게 사용된 것인지는 정확하게 알 수 없지만 넓은 쪽 가운데 부분에 새겨진 사람 손 모양과 사슴무늬가 있어 청동기시대 권력자인 제사장의 유물로 짐작됩니다.

03 나팔 모양 동기

원추형 받침 위에 가늘고 긴 원통 기둥이 세워진 모양이라 마치 나팔처럼 보입니다. 받침에는 무늬가 새겨져 있는데, 위아래는 띠처럼 돌렸고 가운데에는 삼각형무늬가 있습니다. 원통 기둥 부분을 보면 좁고 긴 삼각형의 구멍이 엇갈려 뚫려 있는 것을 볼 수 있습니다. 이것도 역시 제사장의 유물이라 추정됩니다.

04 쇠도끼, 쇠끌 등 철제 유물

백제는 54개 부족 국가로 이루어졌던 마한 지역을 정복하며 고대국가로 성장합니다. 당시 만들었던 쇠도끼 등의 철제 유물이 철기가 한반도 남부 지역으로 유입되고 전파되었던 시대 상황을 잘 보여줍니다.

05 유리 대롱옥

백제는 유리도 만들었는데, 전시실에서 볼 수 있는 유리 대롱옥은 납-바륨 계통으로 당시 중국과 일본에서도 발견되었습니다. 따라서 이 유물로 중국과 우리나라, 일본을 이어주는 문화 전파 경로가 있었을 것이라 짐작됩니다.

06 새 모양 토기

고대인들은 하늘을 자유롭게 날아다니는 새를 하늘과 땅을 연결해주는 존재라고 믿었습니다. 특히 마한 사람들은 새를 숭배하며 여러 새 모양을 만들어 신에게 바치는 제사 등의 의식을 거행할 때 사용한 것으로 추정됩니다. 새 모양 토기 또한 고대인의 신앙이 반영된 의례용 토기라 생각됩니다.

제2전시실

사비시대 백제의 모습을 잘 볼 수 있는 전시실로 백제의 우아하고 세련된 문화를 실감 나게 감상할 수 있습니다. 박물관의 하이라이트인 백제금동대향로를 비롯해 여러 귀중한 문화유산이 전시되어 있습니다.

07 수부명 기와

'수부 首府'란 왕실과 중앙관청을 뜻하는 것으로, 이 기와가 발견되었다는 것은 왕궁과 중앙관청이 바로 여기였음을 뜻합니다.

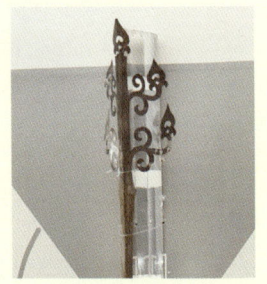

08 은제 꽃 모양 관 꾸미개

능산리고분군에서 출토된 것으로 6품인 나솔 이상의 관리만이 할 수 있었던 관 장식입니다.

09 호랑이 모양의 남자 변기 호자

앞다리를 세우고 얼굴을 왼쪽으로 튼 상태의 호랑이가 입을 벌리고 있는 모양입니다. 손으로 들고 다니며 휴대할 수 있도록 손잡이가 달려 있습니다. 옆에는 여성용으로 추측되는 것도 있습니다.

TIP 국보 중의 국보, 백제금동대향로

아버지 성왕을 위해 위덕왕이 세운 왕실 사찰인 능산리 사찰에서 발견된 백제금동대향로와 백제창왕명석조사리감은 역사적 의미가 매우 깊은 귀중한 유물입니다. 특히 금동대향로는 현존하는 우리 금속공예품 중 최고의 작품으로 '국보 중의 국보'라 불립니다. 백제인의 도교 사상과 전통적인 세계관이 담긴 최고의 예술품으로 높이 61.8cm, 무게 11.85kg이며, 한반도에서는 드물게 발견되는 박산향로입니다. 박산은 불사와 영생을 누리는 고대인들의 상상의 산으로 신선이 사는 공간입니다.

이 향로는 동시대 중국에 비해 훨씬 정교하고 아름답게 제작된 엄청난 보물이기도 합니다. 향로를 위에서 내려다보면 총 12개의 연기 배출 구멍이 다섯 방향 오각형으로 뚫려 있는데, 똑같이 재현해놓은 복제품에 실제 향을 피우면 너무나 신비로운 모습으로 연기가 올라가는 것을 볼 수 있습니다.

이렇게 귀중한 유물의 발견 또한 아주 드라마틱한 사연을 지니고 있습니다. 향로는 자칫 주차장 아래에 영원히 묻힐 뻔했는데, 원래 백제 왕족들의 묘역인 능산리고분군의 주차장이 협소해 주변 논을 이용해 주차장 확장 공사를 하려 했습니다. 유적지가 아니라 생각되던 장소라 큰 기대

없이 발굴하던 중 1993년 12월 12일 저녁에 바로 향로가 발견된 것입니다.

향로는 물웅덩이 속 진흙 속에 묻혀 있었는데, 이 구덩이 속 진흙이 금속 유물과 유기물을 원상태 그대로 보존해주는 역할을 한 것입니다. 진흙 속이 진공 상태라 녹슨 부분 하나 없이 온전한 모습 그대로 1,300년이 넘는 세월 동안 보존될 수 있던 것이죠. 그런데 공방 터의 목조로 된 수조 안에서 발견된 향로, 이 귀한 것이 왜 이런 깊은 땅속 엉뚱한 곳에 있었을까요? 당시 사람들이 숨겨놓았기 때문입니다. 아마도 660년 나당 연합군에 의해 백제가 멸망했을 당시 급히 이것을 숨기고 도망을 했거나 보관했어야 하는 것이 아닐까 추측하고 있습니다.

하단부

향로를 떠받치고 있는 하단부는 용의 형상입니다. 지상과 신선 세계를 수직으로 연결하고 있는 용은 역동적인 자세로 몸을 감아올리며 입에 향로를 물고 있습니다.

몸체

재생과 영원한 생명력을 상징하는 연꽃으로 장식된 향로의 몸체에는 상상의 동물인 신수와 신선과 같은 선인들이 배치되어 있습니다. 몸체는 수중 세계를 상징하고 있습니다. 8개의 꽃잎이 세 겹으로 피어 있으며 25마리의 동물과 2명의 인물을 찾아볼 수 있습니다.

① **선인** : 높은 관을 쓰고 우의를 입고 있는 선인은 네 발 달린 신수를 올라타고 공중을 날고 있습니다.
② **악어** : 가늘고 긴 주둥이를 하고 있는 악어가 먹이를 물고 있는 모양으로 등줄기의 비늘판까지 묘사되어 있습니다. 백제시대 유물에 악어라니 매우 흥미롭기까지 합니다.
③ **신수** : 네 발에 날개가 달린 신령스러운 동물인 신수들은 상상 속의 동물로 상서롭게 여겨집니다.
④ **비어** : 날개 달린 물고기로 지느러미 모양의 날개를 힘차게 움직이고 있습니다.

뚜껑

하늘에서 날아온 봉황이 꼭대기에 앉아 있고 다섯 방향으로 솟아 있는 74개의 산봉우리에는 수련과 명상을 하는 듯한 16명의 인물들과 39마리의 동물들이 등장합니다.

① **봉황** : 하늘에서 내려와 앉은 봉황은 천상 세계를 상징하며 천제가 보낸 사자입니다. 작은 구슬을 턱에 괴고 있으며 신선들이 노니는 세계를 내려다보고 있습니다.
② **불사와 영생의 산 박산** : 고대인들이 상상했던 신선의 산악 세계가 표현된 향로의 뚜껑은 야생동물이 있는 두려운 장소이며 신선들이 살고 있는 세계입니다.
③ **5명의 악사** : 박산 꼭대기에 배치된 5명의 악사들은 배소, 종적, 완함, 북, 거문고를 연주하고 있으며 이에 맞춰 새 5마리가 지저귀고 있습니다.
④ **코끼리와 등에 탄 사람** : 코끼리와 그 등에 탄 작은 사람은 백제가 먼 외국과도 광범위한 교류를 했음을 보여줍니다.
⑤ **말 타며 활 쏘는 사람** : 힘차게 말을 타며 활을 쏘는 모양인 기마인물상은 신선 세계의 사냥과 수렵 의례를 보여줍니다.
⑥ **산책하고 명상하는 사람** : 넓은 소매 옷을 입고 산책을 하거나 나무 아래에서 명상을 하는 듯 보이는 인물들은 여유로움과 수련을 의미합니다.
⑦ **호랑이** : 우리나라 대표 맹수인 호랑이도 빠지지 않습니다. 자세히 보면 뾰족한 송곳니를 드러내고 있고 몸에는 줄무늬까지 표현되어 있습니다.
⑧ **멧돼지** : 당장 박차며 뛰어나올 것같이 표현된 멧돼지는 뾰족한 주둥이를 하고 있습니다.
⑨ **인면수신** : 사람의 얼굴을 하고 있지만 몸은 동물인 인면수신은 특별한 힘을 지닌 신령입니다.
⑩ **코끼리 코를 하고 있는 새** : 현실에는 없는 코끼리의 긴 코 모양을 하고 있는 새 또한 신화 속 상상의 동물입니다.

⑪ **무서운 얼굴의 포수** : 부릅뜬 눈, 뾰족한 뿔과 꼬리 등이 특징인 포수는 무서운 얼굴로 나쁜 기운을 물리치며 신성한 장소를 보호하는 능력을 지닌 신화 속 동물입니다.
⑫ **인면조신** : 높은 관을 쓴 사람 얼굴에 새의 몸을 한 인면조 역시 특별한 힘을 지니고 있다고 믿어집니다.
⑬ **외수** : 우뚝 서서 포효하며 갈기를 휘날리고 있는 외수는 넘치는 맹위를 떨치고 있습니다.
⑭ **뱀을 물고 있는 동물** : 눈과 코가 큰 괴수가 이빨을 드러내며 뱀을 물고 있습니다.

10 백제창왕명석조사리감

국보

능산리사지 목탑 터에서 발견되었고 가운데 감실(사리나 불상을 모시는 방, 공간)이 있는 것으로 보아 사리를 담은 그릇이 있었으리라 추정되지만 발굴 당시에는 발견되지 않았습니다. 앞면 좌우에 새겨진 글씨는 '백제창왕십삼년태세재 百濟昌王十三季太歲在 정해매공주공양사리 丁亥妹兄公主供養舍利'입니다. 백제 창왕(위덕왕) 재위 13년인 567년에 누이와 함께 왕실 사찰로 이곳을 세웠고 왕의 누이인 공주가 사리를 공양했다는 내용입니다. 창왕은 사비로 천도하며 백제 중흥을 이끈 성왕의 아들로, 성왕이 창왕의 태자 시절 신라와 전투를 벌이던 관산성에 격려차 오다가 매복해 있던 신라군에 붙잡혀 치욕적인 죽음을 당했기 때문에 너무나 큰 한이 맺힌 비극적인 인물입니다. 이 사리감은 우리나라에서 가장 오래된 사리 장치로 소조보살상, 금동판불, 유리구슬, 허리띠 장식, 팔찌가 함께 발견돼 고대시대 사리를 공양했던 형식을 잘 보여줍니다.

11 사택지적비

단아하고 세련된 서체의 글씨가 새겨진 사택지적비는 백제 귀족 문화를 보여주는 유물입니다. 사택 가문은 백제의 유력 귀족 가문이며, 백제 최고위 관직인 대좌평을 지낸 사택지적과 동일인으로 추정되는 인물이 세운 비석입니다. 1948년 부여의 도로변에서 발견되었으며 높이 102cm, 너비 38cm, 두께는 29cm입니다.
654년으로 추정되는 갑인년에 절과 탑을 짓고 비석을 세우면서 세월의 덧없음을 탄식하며 이에 불교에 의지하려는 내용을 담고 있습니다. 비석 오른쪽 측면 위쪽 둥근 원 안에는 날개를 활짝 편 봉황의 모습이 조각되어 있습니다.

제3전시실

12 금동관음보살입상

국보 입가에 살짝 띠고 있는 부드러운 미소와 우아함과 온화함이 가득한 아름다운 조형미가 돋보이는 유물입니다. 높이 21.1cm로 머리에는 작은 부처가 새겨진 관을 쓰고 있고 작은 보주(보배로운 구슬, 불교에서는 위가 뾰족하고 좌우 양쪽과 위에서 불길이 타오르고 있는 구슬)를 잡고 있는 독특한 자세도 눈에 들어옵니다. 유연한 곡선미가 돋보이며 세련되고 수준 높은 백제 예술을 잘 보여줍니다.

13 청동탑(작은 공양탑)

지붕의 기왓골과 내림마루 장식 등이 정교하게 만들어져 있는 청동제 탑 모형의 일부입니다. 기와 끝 작은 구멍에는 풍탁 등을 달았을 것이라 짐작됩니다. 탑의 세부 구조는 일본 아스카시대(6세기 후반~8세기 초)에 유행한 것이며 이것에서 볼 수 있는 독특한 건축 기술은 일본 호류지 오층목탑(607년 창건 추정)에도 적용되어 백제 문화가 일본에 많은 영향을 미쳤음을 알 수 있습니다.

14 무늬 벽돌

백제인의 사상과 세련된 감각, 조화로움을 잘 보여주는 유물로 산수, 연꽃, 산수봉황, 연꽃도깨비, 봉황, 연꽃구름, 용 등 여덟 가지 무늬로 구성되어 있습니다. 자연을 담은 무늬는 서정적인 분위기와 회화미가 돋보입니다.

15 금동광배

부소산성에서 발견된 원형 광배(성인이나 부처 머리 또는 등 쪽에서 나오는 빛)로 앞면의 정교한 투각 장식이 돋보입니다. 얇은 동판 두 겹으로 만들고 가장자리는 가는 못으로 연결했습니다. 가운데 직사각형 구멍이 있어 불상 머리 뒤와 연결되었던 두광(부처나 보살의 정수리에서 나오는 빛으로 존귀함을 표현)임을 알 수 있습니다. 현재 전하는 백제 불상 광배로는 가장 화려하면서도 온전한 모습을 하고 있는 귀한 작품입니다.

:: 국립부여박물관 둘러보기 ::

16 부여왕흥사 사리장엄구

왕실이 건립한 사찰인 왕흥사는 백마강 옆에 있었습니다. 이곳 목탑 터에서는 부처님의 사리를 모시는 사리기가 발견되었습니다. 기록에 의하면 정유년 2월 15일 백제 왕 창이 죽은 왕자를 위해 사찰을 세우면서 사리 2매를 모시려 하자 신의 조화로 사리가 3매가 되었다고 합니다.

1) 왕흥사 사리기

국보 총 3겹의 사리기는 제일 큰 것은 청동, 가운데 것은 은, 가장 속에 담는 병은 금으로 만들어져 있으며, 우리나라에서 가장 오래된 사리기입니다.

2) 왕흥사 사리공양구

왕흥사 목탑 터에서는 많은 장신구와 금속공예품, 구슬, 동전, 금판 등이 사리기와 함께 발견되었습니다. 사리기와 사리공양구로 이뤄진 왕흥사 사리장엄구를 통해 당시 백제의 불교문화와 공예 예술을 살펴볼 수 있습니다.

국립부여박물관
주소 충청남도 부여군 부여읍 금성로 5 | **전화** 041-833-8562 | **관람 시간** 화~일요일 09:00~18:00 |
휴무 월요일, 1/1, 설날·추석 당일 | **입장료** 무료 | **주차** 지상 주차장 이용(무료) | **홈페이지** buyeo.museum.go.kr
※박물관 내부에 식당이나 매점은 없고, 주변으로 식당이 많습니다.

AREA 011

정림사지 오층석탑과
의자왕을 찾아가는 길

백제 사비 시대 여행

#충청남도부여
#정림사지오층석탑
#세계유산
#백제역사유적지구
#부여왕릉원
#낙화암

백제는 고구려, 신라와 힘을 겨루는 과정에서 여러 번 도읍지를 옮겨야 했다. 백제의 도읍지들과 관련 있는 공주시, 부여군, 익산시의 유적지들을 묶어 '백제 역사 유적 지구'라고 한다. — 초등학교 사회 5학년 2학기

MISSION

백제의 마지막 수도, 사비(부여)에서 그 흔적을 찾아보세요

웅진보다 넓고 교류하기도 쉬운 위치인 사비로 천도한 백제는 새로운 부흥을 꿈꾸지만, 결국 700년을 이어오던 나라는 사비시대에 신라와 당나라 연합군에 의해 멸망을 맞이하게 됩니다. 그러나 한성과 웅진에 비해 후기라 비교적 많은 유적지와 유물이 남아 있어 백제 역사 여행의 하이라이트라 할 수 있는 부여로 떠나봅니다.

백제의 마지막 수도 부여에 있는 역사 유적 지구는 유네스코 지정 세계유산이기도 합니다. 백제금동대향로가 발견된 능산리사지, 의자왕을 비롯한 왕들의 무덤이 모여 있는 부여왕릉원, 백제 멸망의 흔적을 품고 있는 정림사지 오층석탑과 낙화암 등을 둘러보는 알찬 부여 역사 여행을 계획해보세요.

🔍 1. 한강을 빼앗긴 백제 왕권의 약화

고구려 장수왕이 직접 3만의 군대를 끌고 나선 백제 침입 당시 개로왕이 죽고 500년 수도 한성을 잃은 백제는 왕권이 급속히 약해집니다.

개로왕의 아들인 문주왕은 475년 웅진(공주)으로 수도를 옮겼고, 이후 왕이 연이어 피살되는 등 정치적 혼란을 거듭합니다. 하지만 긴 환란의 시대를 지나 부흥의 기운을 일으킨 무령왕이 등장했고, 그에 아들 성왕이 본격적인 중흥의 기반을 마련합니다.

▲ 부여왕릉원 1호분(동하총)

🔍 2. 성왕의 사비 천도

백제 성왕에 대해서는 《삼국사기》에 '지혜와 식견이 뛰어났으며 일을 잘 결단했다'라 기록되어 있습니다. 그는 비좁은 땅인 웅진에서 현재 부여인 사비로 다시 수도를 옮깁니다. 사비는 금강 유역의 넓은 평야 지대에 있어 경제적

▲ 부여박물관의 디지털 실감 콘텐츠

▲ 연꽃무늬 수막새　　　　　　　　　　▲ 서산 마애여래삼존상 모형(국립부여박물관)

으로 유리한 점이 많고, 바닷길을 통한 해외 진출에도 편리한 곳이었습니다.
성왕은 부여를 계승했다는 의미로 나라 이름을 '남부여'로 바꾸고, 국가 조직을 정비합니다. 신라와 중국 남조와도 교류하고 불교를 장려해 왜(일본)에 노리사치계를 보내 불경과 불상을 전해주기도 합니다.

3. 비극적인 최후를 맞이한 성왕

성왕은 신라 진흥왕과 친선을 맺고 한강 유역을 되찾기 위해 함께 고구려를 공격합니다. 마침내 고구려를 몰아내고 한때 한강 하류 지역을 차지했지만, 동맹을 깨버린 신라 진흥왕의 배신으로 공격을 받아 그마저 빼앗기고 맙니다.
이에 성왕은 복수를 결심하며 신라 공격에 나섭니다. 이때 신라 관산성(현재 충청북도 옥천)을 공격하던 왕자 창이 고전하고 있다는 소식에 50여 명의 군대를 이끌고 격려차 나섰지만, 왕이 직접 전장에 온다는 소식을 들은 신라의 매복 군대에게 잡히고 맙니다.
이렇게 사로잡힌 성왕을 가장 비천한 신분이며 '천한 노복'이라 부르던 고도(말먹이꾼이라고 알려져 있음)에게 목을 베게 해 엄청난 모욕을 주고, 심지어 성왕의 목을 백제에 돌려주지 않고 경주로 가져와 관청 계단 아래에 묻어 사람들이 밟고 지나가도록 했습니다. 자신 때문에 아버지가 죽고 백제가 대패하게 되었다는 죄책감으로 왕위를 거부하기까지 한 태자 창은 이후 왕위에 올라 나라를 재정비하고, 사후 위덕왕이라 불립니다. 이후 백제는 660년 멸망 때까지 사비시대를 이어가게 됩니다.

:: 백제 사비시대 관련 여행지 둘러보기 ::

부여 역사 여행을 왔다면 필수 여행지인 국립부여박물관 이외에도 사비시대에 관련된 여러 유적지를 둘러볼 수 있습니다. 특히 그중 부여왕릉원, 나성, 정림사지, 관북리유적과 부소산성은 유네스코세계유산으로 지정되었습니다.

- 부여 핵심 1일 코스 : ① 부여왕릉원 → ② 능산리사지 → ③ 부여 나성 → ④ 국립부여박물관 → ⑤ 정림사지 → ⑥ 관북리유적 → ⑦ 부소산성 → ⑧ 낙화암

01 부여왕릉원(능산리고분군, 백제 역사 유적 지구)

▲ 1호분(동하총) 내부 모형

백제 왕들의 무덤이 모여 있는 이곳은 고구려의 웅장함과 신라의 화려함은 없지만 소박하면서도 담백한 느낌이 듭니다. 일제강점기 전까지는 그냥 방치되기도 했으며, 지금도 능의 주인이 누구인지는 거의 밝혀내지 못했습니다.

동하총에는 청룡, 백호, 현무, 주작이 있는 사신도와 연꽃구름 모양의 천장화가 그려져 있습니다. 이는 무덤 내부에 그림을 그렸던 고구려 무덤과 같은 형식이라 두 나라 사이의 활발한 교류를 보여줍니다.

능산리고분군에서 가장 눈길을 끄는 무덤은 비록 가묘이기는 하지만 백제 마지막 왕인 의자왕의 무덤입니다. 의자왕은 백제 멸망 후 태자 부여융을 비롯해 백성 1만3,000명과 함께 당나라로 압송되며 후 불과 4개월 만에 병으로 죽고 맙니다. 아마도 망국의 한이 마음에 사무친 것이 큰 이유가 된 듯합니다. 이후 의자왕 묘 찾기 사업을 통해 중국 허난성 낙양(뤄양)시 봉황대촌 부근에서 의자왕의 묘역으로 추정되는 곳의 흙을 가져와 부여 고란사에 봉안했다가 이곳 능산리고분군에 모셨습니다. 옆에는 태자 부여융의 무덤도 함께 자리하고 있습니다.

02 능산리사지

백제시대 절터 유적으로 정확한 사찰 이름이 밝혀지지 않아 능산리사지라 부릅니다. 중문, 목탑, 금당, 강당이 남북 일직선상에 놓인 1탑1금당의 전형적인 백제 사찰 건축양식을 띠고 있습니다.

이곳 절은 왕실에서 건축한 국가 사찰이며 왕릉이 모여 있는 능산리고분군에 축원을 빌기 위해 건축된 것으로 짐작됩니다.

무엇보다 이곳 공방 터에서 우리나라 최고의 문화재 중 하나인 백제금동대향로가 출토되고, 백제창왕명사리감 또한 발견돼 매우 귀중한 두 유물의 발굴지로도 유명합니다.

03 부여 나성(백제 역사 유적 지구)

사비를 끼고 흐르는 금강은 서·남쪽 방향을 방어하는 천연 해자 역할을 했고, 동과 북쪽 방향으로는 자연 지형을 이용해 인공적인 방어·시설인 나성을 설치합니다. 중요 외곽 방어 시설인 부여 나성은 한반도에서 나타나는 도시 외곽 성 중 최초의 것으로 538년 전후에 쌓은 것입니다. 총 6km에 달하는 나성은 도시를 방어하는 역할을 하면서 동시에 도시 안팎을 구분하는 경계이기도 합니다.

04 정림사지 & 정림사지 오층석탑 (백제 역사 유적 지구)

사비시대의 대표적인 유적지로 1,400여 년의 세월을 담고 있는 정림사지 오층석탑과 고려시대에 만든 석조여래좌상, 복원된 연못, 옛 강당 터가 남아 있습니다. 함께 있는 박물관에서는 정림사지탑의 축조 과정을 살펴볼 수 있는 모형과 함께 백제불교역사실이 있습니다.

1) 정림사

주변보다 지대가 높아 사비도성 어디에서나 바라볼 수 있었던 정림사는 백제가 웅진에서 사비로 도성을 옮긴 직후 건축된 백제 왕성의 대표 사찰로 백성들의 민심을 하나로 모으는 역할을 했습니다. 계획도시 사비도성에서 왕궁에서 일직선상에 놓인 정림사의 위치로 보아 사찰의 중요함을 알 수 있습니다.

이곳이 '정림사'라는 이름의 사찰이라는 것은 1990년대 발굴 조사 중 '정림사'라고 적혀있는 기와 조각을 발견해 알게 되었습니다. 하지만 이것은 고려시대 이름으로 백제시대 이름은 아직 밝혀지지 않았습니다. 정림사지 건물 터의 기단을 보면 기와를 이용해 쌓은 아름다운 와적기단을 볼 수 있습니다. 이는 사비시대 건축의 특징이기도 합니다.

뒤편 전각에 있는 귀여운(?) 얼굴을 하고 있는 석조여래좌상은 고려시대의 것으로 보물로 지정되어 있습니다. 현재 불상 위치가 백제시대 사찰의 강당 자리입니다.

▲ 와적기단

:: 백제 사비시대 관련 여행지 둘러보기 ::

2) 정림사지 오층석탑

국보 화강암으로 만든 석탑이지만 목조 건축양식을 본떠 만든 것으로, 삼국시대 3대 석탑 중 하나입니다. 또 익산 미륵사지탑과 함께 유일하게 남아 있는 백제 탑이기도 합니다.

한 번도 해체되지 않고 거의 완벽한 형태로 남아 있는 석탑은 지붕 끝부분이 살짝 올라가 있어 날렵하면서도 가지런해 보입니다. 보는 이로 하여금 안정감을 느끼게 하는 비율은 백제 석탑의 균형미와 아름다움을 잘 보여줍니다.

하지만 여기에도 망국의 아픈 역사가 남아 있습니다. 하나는 탑에 남은 그을린 자국으로, 백제 멸망 당시 사비는 일주일 이상 전 도시가 계속 불타올랐는데, 그때의 그을음이 아직도 남아 있는 것이라 합니다. 또 하나는 탑에 새겨진 글자로 백제를 치기 위해 왔던 당나라 장수 소정방이 백제를 멸망시킨 후 이곳에 자신이 백제를 평정했다는 기쁨에 찬 글을 남긴 것입니다. 탑의 역사를 몰랐을 당시 한때 소정방이 세운 '평제탑'이라 부른 적도 있다 하니 역사를 올바르게 아는 것이 얼마나 중요한지 또 한 번 느끼는 순간입니다.

05 궁남지

'궁궐 남쪽에 연못을 팠다'라는 《삼국사기》 기록에 따라 궁남지라 불립니다. 우리나라 최초의 인공 연못이며, 중심에는 포룡정이라는 정자가 있습니다. 무왕이 왕비 선화공주의 향수를 달래주려고 이곳에 배를 띄우고 같이 시간을 보냈다고도 합니다. 백제 정원 조성 기술은 신라와 일본에도 큰 영향을 주었지만, 현재 남아 있는 흔적은 궁남지뿐입니다. 평소에 산책하거나 나룻배를 타면서 둘러보기도 좋고, 매년 7월 연꽃이 활짝 필 때는 부여서동연꽃축제가 열려 서동과 선화의 퍼레이드 등 여러 이벤트가 열립니다.

06 관북리 유적(백제 역사 유적 지구)

백제 왕궁 터로 추정되며 부소산성 남쪽 기슭에 있습니다. 동서가 긴 형태인 백제시대 연못 자리에서는 연꽃무늬 수막새와 금동제 귀 고리, 토기, 등잔, 나무판에 글씨를 쓴 목간, 등잔, 대바구니, 철창 등이 발견되었습니다. 목간은 백제시대 것으로는 처음 발견된 것이며, 당나라 동전인 개원통보가 발견되어 연못을 언제 만들었는지 짐작하는 참고가 되었습니다. 또 대형 전각 건물 터, 도로 유적, 하수도, 목곽 저장고, 석곽 저장고, 공방 시설 등이 발견되어 이 일대가 백제 사비시대 왕궁이었을 가능성을 높여주었습니다.

07 부소산성 (백제 역사 유적 지구)

1970년대 금강 상수도 공사를 하던 중 성 일부 벽면이 드러나면서 발굴된 부소산성은 백제시대 도성인 사비를 방어하던 핵심 시설로 이중 성벽으로 이루어져 있습니다. 평상시에는 궁궐 후원으로 사용되었고, 전쟁이나 유사시에는 도성의 방어 거점이 되었습니다. 대부분 흙으로 다져 만든 토성인 부소산성은 군창지와 사자루 산봉우리를 머리띠 두르듯 쌓은 테뫼식 산성과 이를 둘러싼 포곡식 산성이 함께 있는 산성입니다. 여기서 포곡식 산성은 백제시대 것이고 테뫼식 산성은 통일신라시대 당시에 축조된 것으로 보입니다. 내부에는 부소산성에서 가장 높은 곳인 송월대에 있는 사자루, 부여 시가지와 백마강이 보이는 반월루, 삼천궁녀의 충절을 추모하기 위해 세운 사당인 궁녀사 등이 있으며, 낙화암과 고란사 또한 포함돼 있어 꼭 들러볼 장소입니다.

08 낙화암 & 고란사

당의 군대가 사비성에 이르고 웅진 공산성에 피해 있던 의자왕이 나와 항복하면서 660년 백제는 멸망합니다. 백마강이 보이는 절벽 위에는 의자왕의 삼천궁녀가 나라가 망하자 스스로 강에 몸을 던졌다는 낙화암이 있고, 그 위에 조그마한 육각형 정자인 백화정이 있습니다. 궁녀들이 몸을 던질 때 그 모습이 마치 꽃이 떨어지는 것 같이 보였다는 의미에서 '낙화 洛花'라고 부르게 되었고, 바위 밑 '낙화암'이라고 새겨진 글씨는 조선시대 최고의 학자 중 한 명인 우암 송시열의 것으로 알려져 있습니다. 삼천궁녀를 거느리며 향락을 즐겼다는 의자왕 이야기는 너무 과장된 것으로, 의자왕의 무능력과 부패함을 강조하려는 승자의 기록이라 할 수 있습니다. 부소산성 북쪽 백마강가에 있는 고란사는 백제 후기에 창건된 것으로 짐작되며, 현재 사찰은 낙화암에서 몸을 던진 여인들의 넋을 기리고자 1028년에 지었다고 합니다. 고란사는 우리나라에서 이곳에서만 자란다는 신비한 약초인 고란초와 고란 약수로 유명한데, 약수를 마시면 젊어진다는 이야기가 내려옵니다.

TIP 백제 최후의 군주, 의자왕(재위 641~660)

▲ 부여왕릉원의 의자왕 가묘

무왕의 첫째 아들로 이름이 부여의자였는데, 나라가 멸망해 죽은 뒤 받게 되는 시호를 받지 못해 원래 이름을 사용해 의자왕이라 부릅니다. 그런데 그는 정말 무능하고 부패하기만 했던 왕이었을까요? 《삼국사기》에는 '부모에게 효도하고 형제에게 우애가 있어 사람들이 해동의 증자라고 일컬었다'라고 되어 있는데, 이는 즉위 전까지 겸손한 태도로 좋은 평판을 얻었음을 알 수 있습니다. 증자는 공자

:: 백제 사비시대 관련 여행지 둘러보기 ::

의 제자 가운데 한 사람으로 《대학》과 《효경》을 지었으며, 극진한 효도를 한 것으로 유명합니다. 또 신라를 공격해 대야성을 비롯한 40여 개의 성을 빼앗고 김춘추의 딸과 사위를 죽이며 성왕의 원수를 갚기도 합니다. 하지만 나당 연합군이 공격을 준비할 때, 백제는 아주 혼란한 상태였고, 결국 황산벌에서 김유신이 이끄는 신라군에 계백의 5,000명 결사대가 패배한 후 희망은 스러지고 맙니다. 통치 말년에는 왕권이 약해지고 정치가 혼란해지면서 망국의 마지막 왕이 되었지만 무능하고 부패하기만 했던 군주는 아니었음을 기억해준다면 의자왕에게 조금이나마 위안이 되지 않을까요?

1. 부여왕릉원
주소 충청남도 부여군 부여읍 능산리 388-1
관람 시간 09:00~18:00(동절기 ~17:00) | 휴무 없음
입장료 어른 1000원, 청소년 600원, 어린이 400원
주차 자체 주차장 이용(무료)

2. 능산리사지
주소 충청남도 부여군 부여읍 능산리
※ 부여왕릉원과 동일. 왕릉원 입구로 입장한 후 이어져 있는 능산리사지와 나성을 함께 둘러볼 수 있음.

3. 나성
주소 충청남도 부여군 부여읍 능산리 산67
※ 부여왕릉원과 동일. 왕릉원 입구로 입장한 후 이어져 있는 능산리사지와 나성을 함께 둘러볼 수 있음.

4. 정림사지
주소 충청남도 부여군 부여읍 정림로 83
관람 시간 09:00~18:00(동절기 ~17:00)
휴무 1/1, 설날·추석 당일
입장료 어른 1500원, 청소년 900원, 어린이 700원
주차 자체 주차장 이용(무료)
홈페이지 www.jeongnimsaji.or.kr

5. 궁남지
주소 충청남도 부여군 부여읍 정림로 83
관람 시간 09:00~18:00(동절기 ~17:00)
입장료 무료 | 주차 자체 주차장 이용(무료)

6. 관북리유적
주소 충청남도 부여군 부여읍 성왕로 229-16
관람 시간 24시간
휴무 없음
입장료 무료
주차 자체 주차장 이용(무료)

7. 부소산성
주소 충청남도 부여군 부여읍 부소로 31
전화 054-745-2100
관람 시간 09:00~18:00(동절기 ~17:00)
휴무 없음
입장료 어른 2000원, 청소년 1100원, 어린이 1000원
주차 자체 주차장 이용(무료)

아이와 함께 즐기면 좋은 이벤트

- **백마강 유람선** : 고란사와 구드래 앞에 있는 선착장에서 유람선을 탈 수 있습니다. 땅에서는 보기 어려운 낙화암과 조룡대(당나라 장수 소정방이 백마강에서 말을 미끼 삼아 백마강을 지키던 용을 잡았다는 장소) 등을 볼 수 있습니다.
전화 041-835-4689 | 입장료 어른 편도 6000원, 왕복 1만 원, 만 3세~초등학생 편도 3500원, 왕복 6000원

- **부여수륙양용시티투어** : 육상과 수상을 넘나드는 수륙 양용 버스를 타고 부여 대표 여행지를 둘러볼 수 있습니다. 버스가 강에서는 배처럼 운행해 아이들이 좋아합니다.
전화 041-408-8777 | 입장료 어른(14세 이상) 2만7000~2만9000원, 어린이 2만1000~2만3000원

- **서동요 테마파크** : 약 33,057㎡(1만여 평) 대지에 세운 드라마 <서동요> 오픈 세트장으로 백제 왕궁, 왕궁마을, 왕비 처소 등이 재현되어 있고 <계백>, <대풍수>, <육룡이 나르샤> 등의 사극 촬영장으로도 사용된 곳입니다. 탁본이나 투호, 백제시대 의상 체험 등 체험 여행도 할 수 있어 아이들과 함께 들르기 좋습니다.
주소 충청남도 부여군 충화면 충신로 616 | 전화 041-832-9913 | 관람 시간 화~일요일 09:00~18:00 |
휴무 월요일 | 입장료 어른 2000원, 청소년 1500원, 어린이 1000원 | 주차장 자체 주차장 이용(무료)

AREA
012

백제의 유서 깊은 역사가
담긴 장소
왕궁리 유적

#전라북도익산
#백제
#왕궁리오층석탑
#궁궐터
#백제화장실

 백제는 고구려, 신라와 힘을 겨루는 과정에서 여러 번 도읍지를 옮겨야 했다. … 백제의 도읍지들과 관련 있는 공주시, 부여군, 익산시의 유적지들을 묶어 '백제 역사 유적 지구'라고 한다.

— 초등학교 사회 5학년 2학기

백제 후기 궁궐 모습을 밝힐 수 있는 왕궁리 유적을 방문해 봅니다

유적지 면적이 넓고 안내판과 주춧돌만 있는 허허벌판인 곳도 많아 아이를 데리고 모두 둘러보기는 힘들 수 있습니다. 이럴 때는 국보인 왕궁리 오층석탑과 그 주변 대형 건물 터 정도만 둘러보세요. 그리고 아이와 함께 즐길 수 있는 디지털 시설과 왕궁리 유적에서 발굴된 유물을 볼 수 있는 백제왕궁박물관으로 가면 됩니다.

익산 용화산 자락에 있는 구릉에는 백제 무왕과 후백제 견훤의 왕궁이 있었다는 기록이 전해지는 장소가 있습니다. 이곳이 바로 왕궁리 유적으로 1989년부터 진행된 발굴 조사로 이곳이 백제 후기를 이끌었던 무왕(재위 600~641) 당시 만든 궁궐 터인 것으로 추정되고 있습니다. 왕궁리 유적지는 2015년에 공주, 부여, 익산 지역 7개 문화유산과 더불어 '백제 역사 유적 지구'라는 이름으로 유네스코 세계문화유산에 등재되었습니다. 비록 흔적이 많이 남아 있지는 않지만 단아하면서도 아름다웠던 백제 궁궐의 모습을 상상하며 같이 둘러볼까요?

🔍 1. 어떤 유물이 발견되었나요?

현재 왕궁리 유적으로 남아 있는 곳은 총면적 218,155㎡(약 6만6,000평)로 무왕 때 지어 어느 기간 궁궐로 사용했으나 백제 말기에서 통일신라 초에 사찰로 세운 것으로 보입니다. 삼국시대 왕궁은 남아 있는 기록도 별로 없는 데다 수많은 세월 속에서 많은 것이 훼손되어 정확한 위치나 규모를 알기가

▲ 연꽃무늬 수막새 & 넝쿨무늬 암막새

매우 힘듭니다. 그러나 이곳 익산리 왕궁리 유적은 그나마 백제시대 후기 왕궁 구조와 공간을 사용하는 원리를 확인할 수 있어 역사적 의미와 가치가 매우 높은 장소입니다.
45개의 건물 터가 발견된 왕궁리 유적지에서는 왕이 머무는 곳과 중앙 행정 기구가 있던 장소를 뜻하는 '수부 首府'라 새겨진 기와가 발견되었습니다. 그 밖에도 토기, 자기, 유리, 금, 철로 만든 공예품, 수막새(기와 끝을 장식했던 기와), 등잔을 비롯해 약 1만 점의 유물이 발견되었습니다.

:: 왕궁리 유적 둘러보기 ::

유적 입구에 관람 동선 안내판이 세워져 있으니 둘러볼 때 동선 안내를 참고해서 관람하면 편리합니다. 유적지가 넓고 그늘이 없어 날씨가 더울 때는 물과 모자, 양산 등을 준비하는 것이 좋습니다.

01 백제왕궁박물관

주차장에서 입구로 들어서면 가장 먼저 보이는 건물로 왕궁리 유적지에 대해 상세하게 알 수 있는 자료를 전시하고 있습니다. 또 발굴 과정 중 확인한 내용과 출토 유물을 전시해놓았습니다. 2022년 새롭게 정비한 후 개관한 박물관에는 특히 아이들과 함께 즐기기에 좋은 다양한 디지털 기술을 접목해놓은 시설이 있어 더욱 흥미롭게 둘러볼 수 있습니다.

02 남쪽 궁궐 담장

직사각형의 궁궐을 둘러싸고 있던 남쪽 담장 흔적입니다. 담장 폭은 3m 정도인데, 화강암을 잘 다듬어 쌓아 올려 만들었습니다. 담장을 따라서 출입문의 흔적이 동·서·북쪽에 각 한 곳, 남쪽에 세 곳이 발견되었습니다.

03 대형 건물 터

왕궁 터는 계단을 따라 올라가면 볼 수 있는데, 왕궁을 주변보다 더 높은 곳에 만들었기 때문입니다. 앞쪽의 큰 건물 터는 정면 31m, 측면 15m로 왕이 정사를 보고 여러 의례 등이 열릴 때 사용했던 정전 正殿 건물이라 짐작됩니다. 남아 있는 건물은 없지만 터에 주춧돌로 사용되었을 듯한 커다란 바위들이 놓여 있습니다.

:: 왕궁리 유적 둘러보기 ::

04 왕궁리 오층석탑

국보 기개가 넘치는 모습의 왕궁리 오층석탑은 백제의 전형적인 석탑 모습으로 고려 초기에 건축되었다고 추정됩니다. 국보로 지정되어 있으며 탑 높이는 약 8.5m입니다.

미륵사 석탑을 본떠 만든 석탑으로 1960년대에 해체 복원되는 과정에서 금동여래입상, 금강경판, 금동제 사리함, 국보로 지정된 사리장엄구 등 여러 유물이 발견되었습니다.

왕궁 터에 불탑이 있는 이유는 무왕 당시에는 왕궁이었지만 이후 이곳이 사찰로 변했기 때문입니다. 사찰이 들어서면서 기존 건물들이 없어지고 대신 탑과 더불어 금당과 강당 등이 들어섰습니다. 석탑과 일직선상에 금당 터가 있습니다.

05 정원

조경석으로 꾸민 사각 연못 형태이며 후원의 수리 시설과 연결되어 있습니다. 발굴된 곳을 유리벽을 세워 공개해놓았는데, 못을 장식하던 다양한 모양의 돌과 물을 보내기 위한 여러 시설도 볼 수 있습니다.

왕이 휴식과 여흥을 즐기던 사적인 공간으로 때로는 제례도 행해졌다고 하는데, 자연 친화적이면서도 화려한 모습을 하고 있던 백제 조경 양식을 잘 보여줍니다. 유적 중심에 있는 어린석(물고기 비늘 모양을 닮은 조경석) 두 점은 중국 정원 장식 돌과 닮아 중국에서 가져왔을 가능성도 이야기됩니다. 그렇다면 당시 중국과의 무역이 활발했다는 증거가 되니 의미가 더 깊습니다.

▲ 어린석

06 후원

왕궁 후원 쪽으로 가는 중에도 많은 건물의 터가 있어 이곳이 화려한 궁궐이었다는 것을 말해줍니다.

정교한 수리 체계를 갖춘 후원은 대형 수로와 함께 역사다리꼴로 파서 구불구불하게 만들어놓은 6개의 곡수로, 4개의 집수 시설에 물을 사용한 흔적이 남아 있습니다. 아마도 곡수로를 따라 흐르는 물을 보며 풍류를 즐겼을 거라 생각되네요.

 화장실

화장실과 공방은 궁성 뒤쪽의 지대가 낮은 곳에서 발견되었습니다. 화장실은 크기가 다른 세 곳이 발굴되었는데, 그중 하나는 길이가 10.8m, 폭 1.7m, 깊이 3.4m로 규모가 매우 큽니다.
대형 화장실에서는 뒤처리용 나무 막대와 함께 목제품, 변기형 토기, 짚신, 방망이, 목제 칠기 뚜껑 등이 발견되었습니다. 화장실의 오수는 저장하고 있다가 긴 수로를 통과시키며 정화해 서쪽 궁궐 담장 쪽으로 빠져나가게 했습니다. 또 화장실 터 근처 흙에서는 기생충의 흔적도 발견되었다고 하고, 당시 화장실 모습을 마네킹 등을 이용해 재현해놓은 것도 재미있습니다.

08 공방

동서 석축 배수로 북편에 있는 공방은 궁에서 사용하는 각종 도구 등을 제작하던 곳입니다. 이곳에서는 금, 동, 유리 제품과 함께 도가니와 숫돌 등이 발견되었습니다. 두 동의 건물이 있었고 왼쪽에는 재료와 도구, 원료 등을 버리는 폐기장이 있었다고 합니다. 다양한 종류의 유물이 많이 나와 이곳이 오랜 기간 대규모로 운영되었다는 것을 알 수 있습니다.

 왕궁리 유적
주소 전라북도 익산시 왕궁면 궁성로 666 | **전화** 063-859-5875 | **관람 시간** 09:00~18:00
휴무 백제왕궁박물관 월요일, 1/1 | **입장료** 무료 | **주차** 왕궁리 유적지 주차장 이용(무료)

 아이와 함께 즐기면 주변 먹거리
 벌판 느낌의 왕궁리 주변에는 적당한 식당이나 먹을거리가 없습니다. 유적지 규모가 꽤 크므로 아이들과 함께 둘러보려면 물과 간식을 준비하는 것이 좋습니다.

AREA
013

서동과 선화공주 이야기가
담겨 있는 장소

쌍릉 & 서동 생가 터

#전라북도익산
#무왕
#서동요
#선화공주
#세기의로맨스

백제는 고구려, 신라와 힘을 겨루는 과정에서 여러 번 도읍지를 옮겨야 했다. … 백제의 도읍지들과 관련 있는 공주시, 부여군, 익산시의 유적지들을 묶어 '백제 역사 유적 지구'라고 한다.

— 초등학교 사회 5학년 2학기

백제 중흥의 마지막 불꽃, 무왕의 흔적을 찾아보세요

일생 신라에 빼앗긴 백제 땅을 찾기 위해 노력하며 백제의 부흥을 꿈꾸었던 무왕은 서동요의 주인공, 선화공주의 남편으로 널리 알려져 있습니다. 우리나라 고대 설화에서 유명한 이야기 중 하나인 서동, 즉 무왕과 선화공주 이야기를 들으며 두 사람의 흔적이라 알려진 미륵사지와 쌍릉으로 여행을 떠나볼까요?

서동, 즉 무왕의 생가 터는 '그의 아버지는 연못에 살던 용'이라는 탄생 설화를 뒷받침하듯 연못 바로 옆에 있습니다. 이곳에는 서동의 어머니와 용이 무왕이 건립한 왕궁 쪽을 바라보는 동상이 있습니다. 무왕과 선화공주가 죽어서도 서로를 바라보며 그리워하는 듯한 모습을 한 쌍릉은 숲길 따라 산책하기에도 좋은 곳입니다.

1. '서동'이라 불리던 무왕, 용의 아들?

무왕의 아버지는 법왕 또는 위덕왕이라고 기록되어 있으며 《삼국사기》에 따르면 풍채가 뛰어나고 뜻과 기상이 호방하고 걸출하다 기록되어 있습니다. 게다가 너무나 유명한 '서동 설화'와 관련되어 있습니다. 《삼국유사》에 기록된 이야기로 무왕은 출생부터 남다릅니다. 무왕은 과부였던 그의 어머니가 집 앞 연못에 살던 용과 더불어 낳은 아이라고 하는데, 실제 용은 아닐 것이니 용은 바로 왕족을 상징하는 듯합니다.

2. 선화공주가 그렇게 예쁘다고?

무왕은 어렸을 때부터 마를 캐며 생계를 유지했는데, 그래서 마 서 薯 자를 사용해 서동 薯童이라 불렸습니다. 그는 진라 진평왕(선덕여왕 아버지)의 셋째 딸 선화공주(선덕여왕 동생)가 최고의 미녀라는 소문을 듣고 서라벌(경주)로 가서 선화공주가 밤마다 남들 몰래 서동과 어울린다는 노래를 지어 마를 공짜로 나눠주면서 아이들에게 부르게 한 거죠.

103

이것이 바로 '서동요'입니다. 그 가사는 다음과 같습니다.
'선화공주니믄(선화공주님은) 남 그즈지 얼어 두고(남몰래 시집을 가서) 맛둥방을(맛둥 서방을) 바매 몰 안고 가다(밤에 몰래 안고 잔다).'

3. 소문은 일파만파, 서동에게는 다 계획이 있었다

그런데 이 노래를 무척 잘 지었나 봅니다. 부르기 쉽고 중독성이 강해 서라벌 안에 삽시간에 퍼지게 되었죠. 그래서 이런 추한 소문이 진평왕의 귀까지 들어가고 선화공주가 궁궐에서 쫓겨나 귀양을 가게 되자 서동이 그 앞에 나타났습니다. 선화공주는 잘생긴 그의 얼굴을 좋게 보았는지 그에게 반했다고 합니다. 이렇게 서동은 선화를 데리고 백제로 왔고, 마를 캐던 곳에서 흔하게 있던 황금을 캐 선화공주의 아버지 진평왕에게 보내 왕의 마음을 풀었다고 합니다.
그런데 이 황금을 보낼 때 지명법사라는 스님이 도술로 선화공주가 쓴 편지와 함께 엄청난 양의 금을 하룻밤 사이에 신라 궁궐로 모두 옮겨주었다는 이야기도 전해옵니다.
이후 백성들의 인심을 얻어 백제 왕이 되었고, 해피엔딩으로 끝나는 것이 바로 서동 설화입니다. 그리고 선화공주의 부탁으로 익산에 거대한 사찰인 미륵사를 지었다고 기록되어 있습니다. 이 이야기는 거의 바보 온달과 평강공주 못지않은 우리나라 고대사의 세기의 로맨스라 불리며 전혀 의심받지 않는 이야기였습니다.

4. 그런데 그는 진짜 선화공주의 남편인가?

하지만 무왕 때는 신라와 크고 작은 전쟁을 계속 벌일 정도로 깊은 갈등 관계였는데, 선화공주가 진짜 무왕의 왕비이기는 힘들다는 주장도 있습니다. 또 결정적으로 지난 익산의 미륵사지 석탑의 해체 작업 당시 석탑 안에서 석탑을 만들게 된 과정을 적은 금판이 발견되었는데, 거기에 무왕의 왕비는 좌평 사택적덕의 딸이며 그녀가 발원해 석탑을 세웠다고 기록되어 있었습니다. 이 기록에 의하면 서동과 선화공주 이야기는 그냥 후대에 꾸며낸 설화에 불과한 거죠. 그래서 서동은 무왕이 아니라 공식적으로 신라와 국혼을 했던 동성왕일 것이라는 이야기도 있습니다. 그러나 또 금판에 집과 탑을 세 군데 세웠다고 하니, 그중 하나는 선화공주 이야기가 담겨 있었을 수도 있죠. 고대 왕들의 왕비가 한 명만은 아니니까요. 이렇게 서동과 선화공주 이야기는 백제 최대의 미스터리 중 하나로 남아 있습니다.

:: 무왕 관련 여행지 둘러보기 ::

무왕이 태어났고 새로운 수도를 꿈꾸었다고 알려진 익산에는 그에 관련된 유적지가 있습니다. 두 사람의 러브 스토리를 떠올리며 함께 둘러볼까요?

01 서동 생가 터 & 연동제(마룡지)

무왕 생가 터라고 알려진 장소와 함께 있는 연못인 연동제(마룡지)는 용 샘이라고도 합니다. 바로 연못 속에 살고 있던 용과 인연을 맺어 서동을 낳았다는 설화의 배경이 된 곳입니다. 이곳은 왕궁리 유적과 쌍릉에서 각각 1km 정도 떨어져 있는데, 세 곳을 연결하면 삼각형을 이루어 무왕이 자신의 탄생지를 중심으로 좌우에 삶과 죽음의 공간을 만든 것으로 보이기도 합니다. 무왕이 세운 백제 왕궁 방향을 보고 있는 용과 서동의 어머니 동상이 서 있습니다. 덱을 따라 연못가를 산책할 수 있는데, 여름이면 아름다운 연꽃이 피는 연못으로도 유명합니다.

02 쌍릉

무왕과 선화공주의 무덤이라 하는 쌍릉은 무왕의 무덤이 대왕릉, 선화공주의 무덤이 소왕릉이라 알려져 있습니다. 약 200m의 거리를 두고 있기는 하지만 두 무덤은 서로 마주 보고 있으며 쌍릉 옆에는 예쁜 공원이 위치합니다. 대왕릉은 지름 30m, 높이 5m 정도의 원형 무덤으로, 부여 능산리 고분들과 마찬가지로 판석재 굴식 돌방 양식입니다. 놀라운 사실은 2018년에 쌍릉의 대왕릉에서 키 161~170cm로 추정되는 사람 뼈 102개가 새로 발견되었는데, 연구 결과 620~659년에 사망한 50대 이상의 남자 유골로 밝혀졌습니다. 따라서 이 유골이 무왕의 유골로 거의 인정받고 있습니다.
하지만 2019년 이뤄진 소왕릉 발굴에서는 도굴 피해가 너무 심했기 때문에 아무런 부장품을 찾을 수 없어 주인을 정확하게 알 수는 없습니다.

▲ 대왕릉의 나무 널(국립익산박물관)

▲ 대왕릉

:: 무왕 관련 여행지 둘러보기 ::

▲ 대왕릉 돌방 모형(국립익산박물관)

소왕릉은 지름 24m, 높이 3.5m로 대왕릉보다 규모가 조금 작은데, 두 왕릉을 만든 기법이 비슷해 두 무덤의 주인공이 서로 밀접한 관계가 있다고 추정합니다. 또 소왕릉이 무왕이 사망하기 전에 만들었으며 무왕은 사랑하던 왕비 근처에 묻히기를 원해 이렇게 가깝게 조성했다고 전해집니다.

소왕릉의 주인이 선화공주냐 아니면 미륵사지 석탑의 기록에 남아 있는 사택적덕의 딸이냐는 분명하지 않지만 설화에서는 선화공주가 무왕보다 먼저 죽었다고 하기도 하고, 기록에는 사택적덕의 딸이 무왕보다 1년 뒤인 641년에 사망했다고 하니 대왕릉보다 소왕릉이 먼저 만들어졌다면 이곳은 선화공주, 적어도 사택적덕의 딸 이전 왕비의 묘일 가능성도 높을 듯합니다.

1. 서동생가 & 연동제(마룡지)
주소 전라북도 익산시 금마면 서고도리 589-8 | 관람 시간 24시간 | 휴무 없음 | 입장료 무료 |
주차 자체 주차장 이용(무료)

2. 쌍릉
주소 전라북도 익산시 쌍능길 65 | 전화 063-859-5875 | 관람 시간 09:00~18:00 | 휴무 없음 | 입장료 무료 |
주차 자체 주차장 이용(무료)

아이와 함께 즐기면 좋은 주변 먹거리
익산시는 특별히 유명 맛집이 많지는 않지만 음식 맛있기로 유명한 호남 지방이라 어느 식당이나 큰 실패 없이 맛있게 식사할 수 있습니다. 서동 설화에도 등장하는 '마'가 지금도 익산의 유명 식재료이며 황등 고구마도 유명합니다.

AREA 014

백제 호국불교 대표 사찰
미륵사지 & 국립 익산박물관

#전라북도익산
#세계유산
#무왕
#선화공주vs사택적덕의_딸

미륵사는 백제 무왕 때 지은 절로 백제에서 규모가 가장 컸다고 전해진다. 현재 익산 미륵사지에는 익산 미륵사지 석탑과 건물 터만이 남아 있다. 익산 미륵사지 석탑은 우리나라에 남아 있는 석탑 중에서 가장 크고 오래된 석탑이다. 이 탑은 목탑의 모습을 본떠 잘 다듬은 돌을 쌓아 만들었다.

― 초등학교 사회 5학년 2학기

> **서탑에선 감상만! 동탑에선 탑 안으로 직접 들어가 보세요**
>
> 백제시대 건축물인 국보 미륵사지 석탑은 외부에서만 감상할 수 있지만, 현대에 복원한 동탑에서는 계단을 올라 1층 내부로 들어갈 수 있습니다. 서탑을 모델로 해서 복원한 것이라 궁금했던 탑 내부 모습을 알 수 있죠. 서탑이 보이는 문에서는 탑과 함께 사진을 찍기에도 좋습니다.

우리나라에서 가장 오래되고 큰 석탑이 있는 미륵사는 백제 무왕 당시 건축된 백제 최대 규모의 사찰입니다. 현재 건물은 모두 없어지고 서탑과 재건된 동탑만 서 있는 터만 남았지만 중요한 백제 유적지 중 하나입니다.《삼국유사》에 기록된 미륵사 창건 이야기에는 무왕과 선화공주 이야기가 담겨 있기도 합니다. 2020년에 새롭게 건축해 재개관한 국립익산박물관은 미륵사지에서 수습한 1만9,000여 점의 문화재와 미륵사지 석탑의 사리장엄구를 비롯해 익산 주변에서 발견된 유물을 소장·전시하고 있습니다.

1. 백제 최대 사찰, 미륵사

미륵사는 백제 30대 왕 무왕이 왕권 강화와 국력 신장을 위해 건축한 동양 최대 규모의 사찰(약 330,000㎡, 10만 평)이었으나, 안타깝게도 17세기 조선 후기 폐사된 것으로 알려져 있습니다. 신라의 침략을 막

▲ 미륵사지 복원 모형

는 데 불교의 힘을 빌리고자 건축한 호국사찰로 역사적 가치가 매우 큰 곳입니다. 국립익산박물관에 있는 미륵사 경내 미니어처를 보면 당시 웅장했던 사찰 모습을 짐작할 수 있습니다.

2. 누가, 어떻게 세웠나?

무왕이 세운 미륵사는《삼국유사》에 따르면 무왕과 왕비(선화공주)가 함께 현재 미륵산인 용화산에 있던 사자사의 지명법사를 만나러 가던 중 산 밑 연못 속에서 나타난 미륵삼존을 보고 지었다고 전해집니다. 미륵삼존을 본 선화공주가 그곳에 큰 절을 세우자고

하니, 왕이 허락해 지명법사(무왕의 장인인 신라 진평왕에게 도력을 이용해 하룻밤에 금을 보내주었던 승려)에게 연못을 메울 것을 물었고, 이에 법사는 이번에도 도력으로 하룻밤에 산을 허물어 평지로 만들었다고 합니다.

미륵사지는 우리나라 전통 사찰의 원모습을 잘 보여주는 곳이라 2015년에 유네스코 세계유산으로 등재되었습니다.

🔎 3. 미륵사 가람배치

가람배치 伽藍配置란 사찰 건축의 형식, 정형화된 공간 배치를 뜻합니다. 사찰 내에 있는 건물인 금당, 탑, 문, 회랑, 강당, 종루, 경루, 승방 등의 위치와 서로의 거리 등의 규칙성을 이야기하는 거죠.

무왕 당시 미륵사는 가운데 목탑을 두고 동쪽과 서쪽 양쪽에 석탑을 만들어 총 3개의 탑을 만듭니다. 중앙 목탑 뒤에 각기 중앙 건물인 금당을 비롯한 법당을 만들고 회랑(복도)으로 구획한 3탑3법당 가람배치를 했습니다. 보통 백제의 가람배치는 1탑1금당 형식인데, 미륵사는 매우 독특한 배치입니다.

미륵사와 같은 3탑3법당의 가람배치는 미래의 부처인 미륵불이 출현하는 모습을 가람으로 구현한 것으로, 백제 건축 장인의 대단한 아이디어를 알 수 있습니다. 금당 규모는 앞면이 5칸, 옆면이 4칸이며 바닥에는 빈 공간이 있는데, 바닥에서 올라오는 습기에 대비한 것으로 짐작됩니다. 또 뒤쪽으로는 승방과 함께 거대한 강당이 있던 독특한 구조를 띠고 있습니다.

🔎 4. 미륵사의 확장과 쇠퇴

백제가 멸망한 후에도 미륵사지는 발전을 거듭합니다. 역시 불교를 신봉했던 통일신라시대에는 사찰 앞쪽으로 2개의 당간지주를 만들고 이를 둘러싼 회랑을 만듭니다. 또 그 앞에 연못을 만들었습니다.

하지만 고려와 조선시대를 거치면서 사찰 동쪽부터 점차 폐기되면서 규모 작은 사찰이 되어 명맥만 유지되다 결국 조선시대 사찰 기능을 모두 잃습니다.

미륵사지

미륵사지에서는 글자가 새겨져 있는 기와류와 더불어 토기, 금속, 목재 등 약 1만9,000점의 유물이 발견되었습니다. 유물은 국립익산박물관 등에서 감상할 수 있으니 꼭 함께 둘러보세요.

01 당간지주

절에서 행사나 의식을 거행할 때 걸어두는 깃발을 당 幢이라 하고, 이것을 걸어두는 길쭉한 장대를 당간이라 합니다. 지주는 이 당간을 양쪽에서 지탱해주는 두 돌기둥을 말합니다. 당간지주는 신성한 구역을 표시하는 역할을 하기 때문에 삼한시대부터 내려온 '솟대'에서 유래한 것이라고 합니다. 미륵사지에서는 2기의 지주가 약 90m 간격을 두고 있는데, 크기와 양식 등이 같아 같은 시기의 것으로 보이며 통일신라 중기 이후에 만든 것으로 짐작됩니다. 지주 안쪽 면에 뚫어놓은 3개의 구멍은 당간을 흔들리지 않게 고정시키기 위해서였는데, 맨 위의 것은 직사각형이고 나머지는 둥근 모양입니다. 당간지주 앞 2개의 연못은 당간지주와 함께 통일신라시대에 만든 것입니다.

02 미륵사지 석탑(서탑)

국보 사찰에서 탑은 부처님의 신골 身骨인 사리를 모시는 장소입니다. 국보인 미륵사지 석탑은 우리나라 석탑 중 규모가 가장 크며 창건 시기가 명확한 석탑 중 가장 오래된 것입니다. 3개의 탑 중 서쪽에 있는 탑으로 목탑을 만드는 형식에 따라 원래는 9층탑이라 추정하고 있습니다. 석탑은 반파된 상태로 6층 일부만 남아 창건 당시 정확한 원형은 알 수 없지만, 목탑에서 석탑으로 변해가는 과정을 잘 보여줍니다. 남아 있던 6층까지의 높이는 약 16.2m이며 2층으로 구성된 기단 전체 폭은 약 12.5m입니다. 1층 각 면은 3칸으로 되어 있고 가운데 칸에는 문을 달아 계단을 통해 사방으로 통하게 했습니다. 또 석탑 1층 내부에 동서남북 네 방향으로 통하는 십자형 통로가 있습니다. 18세기 이전 1층 둘레 석축이 보강되고 1915년 일제강점기 당시 무너진 뒤쪽을 시멘트로 보강했던 것을 2001년부터 해체 보수해 2017년 최종 마무리했습니다. 그런데 보수 공사 중 1층 심주석 상면의 사리공에서 '사리장엄구 舍利莊嚴具'가 발견됩니다. 사리장엄구란 글자 그대로 사리를 장중하고 엄숙하게 치장해 모신 일체의 물건을 뜻합니다. 이곳에서는 금제 사리봉영기, 은제관식, 금제 소형 판, 청동합, 칼, 금괴, 금식, 판유리 등이 발견되어 많은 화제가 되었습니다. 특히 사리봉영기의 '기해년에 백제 무왕의 왕비 사택적덕의 딸이 발원해 세웠다'라는 기록을 통해 석탑을 건립한 연대를 명확하게 알 수 있었습니다.

03 목탑지

중앙에 있던 목탑 자리로 기초 부분 바닥에 습지의 개흙이 있어 《삼국유사》 기록대로 연못을 메우고 세웠다는 것을 알 수 있었습니다. 발굴 조사 당시 기단 앞에서 출토된 불에 탄 기와들을 통해 이곳 목탑이 통일신라 후기에 화재로 파괴되었음이 밝혀졌습니다.

04 동탑

1974년에 동탑 터를 발굴한 후 서탑과 함께 나란히 탑이 있었다는 사실이 밝혀졌고, 이후 서탑을 모델로 해 1992년에 복원이 완료되었습니다. 탑 높이는 총 27.8m로 탑에 달린 풍탁(건물이나 석탑 처마에 달아 소리가 나도록 한 것)은 탑지에서 출토된 백제 금동풍탁을 복제한 것입니다. 동탑은 내부로 들어가볼 수 있습니다.

05 미륵사지 석등 하대석

석등은 부처의 광명을 상징한다 해서 '광명등 光明燈'이라 불리기도 합니다. 미륵사에는 석등 받침돌의 일부가 2기 남아 있습니다. 하나는 동쪽의 새로 복원한 석탑과 법당 터 사이에, 또 다른 것은 중앙 목탑 터와 법당 터 사이에 있습니다. 현재 3단 받침돌 중 아래 받침돌만 남아 있는데, 윗면에 8잎의 연꽃을 두른 후 그 사이에 작은 잎을 조각해두었습니다. 연꽃무늬 모습이 절터에서 발견된 연꽃 문양 수막새와 비슷하고 위치가 원래 자리인 것으로 보아 창건 당시인 백제 무왕 때 작품으로 짐작됩니다. 온전한 모습은 아니지만 우리나라에 남아 있는 석등 중 가장 오래된 것이며, 당시 높이는 2.7m 정도로 짐작됩니다.

06 금당지

사찰의 핵심적인 건물로 불상을 모신 건물입니다. 《삼국유사》에 미륵삼존이 나타나 금당을 세 곳에 세웠다고 기록되어 있는데, 실제 발굴한 결과 삼원의 가람 속에 각기 금당이 있었다는 것이 확인되었습니다. 각 금당에는 지하 공간이 마련되어 있는데, 정확한 이유는 알 수 없습니다. 그런데 《삼국유사》에는 죽은 문무왕이 동해의 용이 되었고, 이 용이 자유롭게 드나들 수 있도록 경주 감은사 금당에 지하 공간을 만들었다고 하는 기록이 있습니다. 이것을 보아 무왕의 아버지가 용이었다는 설화에 따른 용 신앙과 관련된 것이라 짐작하기도 합니다.

:: 미륵사지 & 국립익산박물관 둘러보기 ::

07 강당지

법회와 같은 불교 의식과 더불어 여러 승려와 신도가 모여 불경을 강의하고 설법했던 장소입니다. 동서 65.6m, 남북 9.8m로 규모가 크고, 강당지 북쪽 중앙에는 북승방지로 연결되는 복도 시설로 보이는 기초석이 남아 있습니다. 백제시대 석조 기단 건물 중 가장 크면서도 완벽한 상태로 보존되어 당시 기단의 축조 기법을 알 수 있습니다.

08 승방지

승방은 스님들이 생활하는 공간입니다. 미륵사에는 북·동·서원 승방지가 있으며, 특히 북승방지는 정면 133.4m, 폭 14m로 미륵사지에서 단일 건물 터로는 가장 규모가 큽니다. 또 동원승방지에서는 구들과 아궁이 흔적이 발견되었습니다.

국립익산박물관

미륵사지 옆에 있어 함께 둘러보면 편리합니다. 주변 경관을 지키기 위해 지하로 들어가며 만들어 다른 박물관과는 다른 독특한 느낌이 있습니다. 국립익산박물관에서는 미륵사 모형을 볼 수 있습니다.

09 미륵사지 중앙 목탑 모형

과거에 미륵사 중앙에 있던 목탑을 재현한 모형이며, 당시 웅장했던 사찰 규모를 짐작해볼 수 있습니다.

익산백제실 >>>

10 왕궁리 오층석탑 금제 사리 상자

국보 석탑 1층 지붕돌 윗면 사리 구멍에서 발견되었고 연꽃 모양 꼭지가 달린 뚜껑이 있는 직사각형 상자입니다. 뚜껑과 상자 겉면에는 구슬무늬가 새겨져 있고 뚜껑 각 면에는 연꽃과 잎무늬가 있습니다.

11 왕궁리 오층석탑 유리제 사리병

국보 금제 사리 상자에 있던 것으로 고대 유리 사리병 중 최고로 꼽힙니다. 높이 7.7cm로 연꽃 봉오리 모양 마개는 금이며, 밑부분 대좌 또한 금제 연꽃 모양입니다. 미륵사지 석탑의 금동제 사리외호 등과 비교해 백제 후기 것으로 추정합니다.

12 왕궁리 오층석탑 도금은제 금강경판

국보 세로 17.4cm, 가로 14.8cm 크기의 경판 19장으로 석탑 1층 사리 구멍에서 발견되었습니다. 각기 17행, 17자 형식에 맞춰 글씨가 새겨져 있으며 경첩을 달아 접을 수 있게 만든 정교한 공예품입니다.

13 왕궁리 오층석탑 금동제 불입상

국보 불상은 9cm, 뒷부분 광배까지는 17.4cm 길이로 머리와 눈썹에 군청색 안료가 칠해져 있으며, 옷 주름의 선이 유려합니다. 오른손을 들어 펴고 왼손을 아래로 향한 시무외여원인 모양은 '중생의 두려움을 없애주고 소원을 들어준다'는 뜻입니다.

미륵사지실 >>>

14 치미(망새)

지붕 용마루 양쪽 끝에 두는 장식 기와로 주로 새나 물고기 꼬리 모양입니다. 삼국시대부터 중요 건물에 사용되었고, 이것은 미륵사 승방 지붕의 것입니다. 꼬리와 깃 끝에 뚫린 구멍에 날카로운 나뭇가지 등을 끼워 새가 앉지 못하게 했던 것으로 짐작합니다.

15 녹유 서까래기와

서까래기와는 서까래를 장식하는 동시에 빗물이 들이쳐 썩는 것을 방지하는 역할을 합니다. 반짝이는 녹색 유약을 입힌 기와로 우리나라에서는 미륵사지에서만 발견된 것입니다.

113

:: 미륵사지 & 국립익산박물관 둘러보기 ::

16 글자를 찍은 기와

백제시대 글자를 찍은 기와로 각 1~4개가 찍혀 있는 도장은 원형이나 사각형을 띠고 있습니다. 도장 글자는 매우 다양한데, 여러 학설이 나왔지만 정확한 것은 밝혀지지 않았습니다.

17 금동 풍탁 (풍경)

건물이나 석탑 처마에 달아 소리가 나게 한 것으로 사다리꼴 아래 배 부분에는 연꽃 모양이, 윗부분에는 2개의 유곽(유두 장식을 감싸는 네모난 테두리) 안에 5개의 작은 유두(연꽃 봉오리 모양의 돌기, 젖꼭지 모양 같다 해서 유두라 부름)가 있습니다.

18 익산 미륵사지 금동향로

부처님께 올리는 공양물로 통일신라시대인 8세기 중엽의 것입니다. 당나라 향로를 바탕으로 통일신라 초의 요소를 반영한 것으로 보입니다. 몸체와 다리 연결부분에 사자 머리 모양 장식이 있으며, 다리 또한 사자의 것을 따왔습니다.

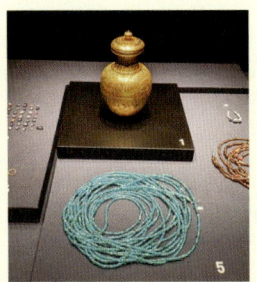

19 익산 미륵사지 석탑 출토 사리장엄구

무왕 40년인 639년에 사찰을 창건했다는 기록이 담긴 금제 사리봉영기와 함께 금동제 사리외호 등 각종 구슬과 공양품이 담긴 청동합 6점으로 구성되어 있습니다. 당시 모습 그대로 발견되어 매우 귀중한 사료로, 백제의 뛰어난 예술적 면모를 잘 보여줍니다.

1) 금동제 사리외호 & 금제 사리내호

허리 부분을 돌려 여는 구조로, 동아시아 사리기 중에서도 매우 독특한 구조입니다. 유려한 선과 볼륨감, 문양의 생동감과 세련미가 뛰어납니다. 제일 속에 있던 유리제 사리병은 백제 지역에 현존하는 가장 이른 시기의 사리병입니다.

2) 금제 사리봉영기

앞·뒷면에 각기 11줄, 총 193자가 음각되어 있으며, 좌평 사택적덕의 딸인 왕후가 재물을 내 사찰을 창건하고 기해년(639)에 사리를 봉안해 왕실의 안녕을 기원한다는 내용입니다. 이 봉영기로 선화공주가 정말 무왕의 왕비인지에 대해 화제가 되었습니다.

3) 청동합

구리와 주석 성분의 합금으로 만든 청동합 6점은 크기와 형태, 기법이 모두 달라 제작한 사람이 다를 것으로 짐작됩니다. 그중 하나의 뚜껑에 새겨진 백제 2품 달솔목근 達率目近이라는 명문을 통해 시주자의 신분이 최상층이며, 목근이 시주한 공양품이 무엇인지 알 수 있어 사료적 가치가 높습니다.

20 청동제 보살 손

중지와 약지를 살짝 구부리고 집게와 새끼손가락은 곧게 펴고 있는 모양의 보살 손은 가늘고 긴 손가락과 손목 장식 팔찌로 보아 보살상의 일부로 여겨집니다. 제작 시기는 대략 10~11세기라 추정되며, 유물 길이가 27.7cm에 달해 실제 사람과 가까운 크기의 보살상이었으리라 짐작됩니다.

 INFO

1. 미륵사지
주소 전라북도 익산시 금마면 기양리 32-7 | **전화** 063-859-3873 | **관람 시간** 화~일요일 09:00~18:00
휴무 월요일(월요일이 공휴일인 경우 개관, 다음 평일에 휴관), 1/1 | **입장료** 무료 | **주차** 박물관 주차장 이용(무료)

2. 국립익산박물관
주소 전라북도 익산시 금마면 미륵사지로 362 | **전화** 063-830-0900 | **관람 시간** 화~일요일 09:00~18:00
휴무 월요일(월요일이 공휴일인 경우 개관, 다음 평일에 휴관), 1/1 | **입장료** 무료 | **주차** 자체 주차장 이용(무료)
홈페이지 iksan.museum.go.kr/kor

AREA
015

경주 역사 여행
필수 코스 No.1

대릉원, 첨성대, 경주 시내권

#경상북도경주
#세계유산
#천마총
#황남총
#황룡사
#월지야경

6세기에 이르러 법흥왕은 남쪽으로 낙동강을 넘어, 가야 지역까지 세력을 넓혔다. 그 뒤를 이은 진흥왕은 백제 연합군과 함께 고구려가 차지했던 한강 유역을 빼앗았다. 이후 한강 유역을 놓고 신라와 백제가 전쟁을 벌였고, 그 결과 신라가 승리해 한강 유역을 차지했다.
— 초등학교 사회 5학년 2학기

신라 천년의 수도, 찬란한 역사도시 경주로 떠나 봅니다

고구려, 백제보다 먼저 건국되었지만 초기에는 가장 약했고 외세 침입도 많이 겪은 나라가 바로 신라입니다. 진한의 여러 나라 중 하나인 사로국에서 기원전 57년에 출발한 신라는 676년 삼국을 통일하고 935년 고려에 망하기까지 약 1,000년을 내려온 왕국입니다. 그 긴 세월 동안 나라의 수도는 금성(서라벌)이라 부르던 경주에서 한 번도 옮긴 적이 없습니다. 천 년 왕국의 수도 경주로 떠나 '황금의 나라'라 불렸던 신라의 눈부신 문화유산들을 만나보세요.

돌을 벽돌 모양으로 만들어 쌓은 분황사지모전석탑, 천마총과 황남대총이 있는 대릉원, 동양에서 가장 오래된 천문대인 첨성대, 야경이 아름다운 동궁과 월지는 경주 여행에서 빼놓을 수 없는 명소입니다. 목련과 벚꽃이 피는 봄에는 주변 풍경이 특히 예뻐서 가족 여행지로도 그만입니다.

🔍 1. 신라 건국 초기에는 박·석·김

신라는 경주 토착 세력과 고조선이 멸망한 후 남쪽으로 온 이주민이 연합한 나라로, 초기에는 6부족 연맹체였고 박·석·김, 세 성씨에서 왕이 선출됩니다. 각기 박혁거세, 석탈해, 김알지가 세 집단의 선조입니다. 박혁거세와 석탈해는 알에서 태어난 신화를 가지고 있고,

▲ 말 탄 사람 토기(국립중앙박물관)

김알지는 '금궤에서 나온 아이'라 하여 성을 '김'이라 했습니다. 김알지는 경주 김씨의 시조이기도 합니다.

🔍 2. 이제는 김씨만 왕으로!

356년에 즉위한 내물왕은 402년까지 왕위에 머물며 오랫동안 신라를 다스립니다. 내물왕 시대에 낙동강 동쪽 진한 지역을 거의 차지한 신라는 고대국가로 자리 잡았고, 이때부터 김씨의 왕위 계승권이 확립됩니다.

신라의 왕호는 귀인을 뜻하는 거서간, 무당을 뜻하는 차차웅, 연장자를 뜻하는 이사금을 거쳐 내물왕 시대에 마립간이 되었습니다. 이후 6세기 지증왕 시대에 '왕'이라는 칭호를 사용하게 됩니다.

3. 지증왕과 법흥왕

신라 발전의 기초를 닦은 지증왕(재위 500~514)은 '왕의 덕업이 나날이 새로워지고, 사방의 영역을 두루 망라한다(新者德業日新 羅者網羅四方之義)'는 뜻을 담아 국호를 '신라'로 정하고, 왕의 명칭을 마립간에서 '왕'으로 바꿉니다. 그리고 이사부를 보내 현재 울릉도인 우산국을 정복하고 악습인 순장을 폐지하기도 했습니다.

지증왕에 이어 왕위에 오른 법흥왕(재위 514~540)도 아버지를 뛰어넘는 많은 업적을 이룩합니다. 이름에서도 알 수 있듯 신라의 법과 체계를 수립하고 다듬었으며, 율령을 반포하고 17관등제와 관리의 공복을 정합니다. 또 금관가야를 정복해 영토를 확장하고, 신라가 중국과 대등한 나라임을 강조하고 발전된 국가의 모습을 나타내기 위해 '건원 建元'이라는 독자적인 연호를 사용합니다. 그리고 귀족 회의를 이끌 상대등을 설치하고 골품제를 정비합니다.

TIP — 불교 공인을 위한 이차돈의 희생

법흥왕 당시 불교를 공인한 신라는 이차돈 異次頓의 순교 일화가 유명합니다. 당시 신라 귀족들은 왕권 강화의 수단이 될 것이 뻔한 불교가 공인되는 것을 강력하게 반대하던 상황이라 이에 이차돈은 불교 공인을 위해 목숨을 바치게 됩니다. 이차돈은 자신이 죽을 때 기적이 일어날 것이라고 말했는데 《삼국유사》에 따르면 그의 목을 베자 피 대신 흰 젖이 한 길(8~10자로 약 2.4~3m)이나 솟아오르고 하늘이 어두워지면서 석양은 빛을 잃고 땅이 진동하며 꽃비가 내렸다고 합니다. 또 그의 목은 멀리 날아가 경주 금강산 정상에 떨어져, 그곳에 무덤을 만들었다고 전해집니다.
이 모습을 새긴 이차돈 순교비는 국립경주박물관에서 볼 수 있습니다. 참고로 이차돈의 성은 이씨가 아닙니다. 그는 법흥왕의 친척으로 알려져 있으며 성은 박씨 또는 김씨입니다.

▶ 이차돈 순교비

---

4. 한강을 차지한 진흥왕, 전성기를 맞이한 신라

성골끼리만 결혼했던 골품제로 법흥왕의 외손자이자 친조카 진흥왕(재위 540~576)은 갓 스물이 넘었을 때 백제 성왕과 협력해 함께 고구려를 공격해 한강 유역을 점령합니다. 하지만 둘의 동맹은 곧 진흥왕의 배신으로 깨지고 말았고, 성왕을 죽인 후 두 나라는 돌이킬 수 없는 사이가 됩니다. 그는 화랑을 국가적 조직으로 개편해 인재를 양성했고, 영토 확장에 힘써 한강 유역을 비롯한 한반도의 많은 부분을 차지하게 됩니다. 또 불교 교단을 정비하고 중국과의 교류 확대 등을 통해 번영을 이끌어내며 스스로를 '태왕'이라 칭합니다.

:: 경주 시내 역사 여행 ::

신라 건국신화부터 전성기를 구가하며 삼국 통일을 꿈꾸던 신라의 흔적이 경주 시내 곳곳에 남아 있습니다. 워낙 유명한 볼거리가 밀집한 곳이니 다음에 소개한 핵심 1일 코스를 참고해 꼭 가볼 곳을 선택해보세요. 오전에 대릉원까지 보고 황리단길에서 점심과 디저트 등을 먹은 후 오후에 첨성대와 국립경주박물관을 돌아보고 야경으로 유명한 월지에서 하루를 마감하는 코스입니다.

- 경주 시내 핵심 1일 코스 : ① 분황사지 → ② 황룡사지 → ③ 대릉원 → ④ 황리단길 → ⑤ 첨성대 → ⑥ 국립경주박물관 → ⑦ 동궁과 월지(야경)

01 분황사지 모전석탑

국보 왕실의 호국 사찰이었던 분황사는 지금은 규모가 크지 않지만 창건 당시에는 황룡사 못지않은 규모였다고 합니다. 이곳에 있는 분황사지 모전석탑은 돌을 벽돌 모양으로 다듬어 쌓아 만든 형태로, 634년 선덕여왕 당시 사찰과 함께 세워 현존하는 신라 석탑 중 가장 오래된 것입니다. 현재는 3층까지만 남아 있고, 탑의 기단 네 모퉁이에는 화강암으로 조각한 사자가 한 마리씩 배치되어 있는데, 두 마리는 수컷, 두 마리는 암컷입니다. 분황사는 자장율사와 원효대사가 머물렀던 곳이며, 특히 원효대사는 이곳에 머물며 《화엄경소》와 《금광명경소》 등의 책을 쓰기도 했습니다.

분황사에는 신라 때부터 우물로 쓴 돌우물이 있는데, 신라 원성왕 때 당나라 사신이 우물 속에 살며 나라를 지키던 호국용 세 마리를 물고기로 둔갑시켜 당나라로 빼돌리려 했으나 다행히도 다시 찾아왔다고 합니다. 그래서 우물 이름이 '삼룡변어정'이 되었습니다. 아직까지 사용하는 우물로 지금까지 물이 마른 적이 거의 없다고 합니다.

02 황룡사지

신라 최대 사찰이던 황룡사는 남아 있는 광활한 터만 보더라도 규모가 얼마나 대단했는지 짐작이 갈 정도입니다. 백제 장인 아비지가 만든 224척 높이의 구층목탑과 신라 3대 보물로 꼽히던 장육삼존불상, 금당에는 '벽에 그려진 소나무에 새가 앉으려다 벽에 부딪혀 죽었다'라는 이야기로 유명한 솔거의 벽화가 있었다고 합니다. 하

:: 경주 시내 역사 여행 ::

지만 안타깝게도 1238년 몽골이 침입해 모두 파괴되고 말았습니다. 이렇게 흔적만 남아 있는 곳이지만 발굴 당시 4만 점이 넘는 유물이 출토되었고, 특히 경주박물관에서 볼 수 있는 높이 1.8m의 대형 치미는 황룡사 건물들의 규모를 짐작하게 합니다.

1) 황룡사 구층목탑

선덕여왕 당시 백제 건축 기술자인 아비지의 도움을 받아 만든 것으로 층마다 신라를 에워싼 적을 상징합니다. 1층부터 왜, 당, 오월, 탐라, 백제, 말갈, 거란, 여진, 고구려를 뜻하며, 이들 나라로부터 신라를 지키고 정복하겠다는 호국의 의지가 담겨 있습니다. 탐라는 현재의 제주도인데, 이런 작은 섬나라에도 위협을 느꼈다니 당시 많은 어려움을 겪던 신라의 모습을 짐작해볼 수 있습니다.

목탑의 중심 기둥을 받치는 돌인 심초석만 보더라도 탑의 규모가 얼마나 대단했는지 알 수 있습니다.

심초석은 가로 4m, 세로 3m, 무게 30톤에 달해 이것을 보면 황룡사 구층목탑의 높이는 80m, 현재 아파트 높이로 20층이 훨씬 넘는 높이에 해당할 정도로 엄청난 규모였다는 것을 알 수 있습니다. 탑의 한 변 길이는 사방 22.2m로 목탑 터 바닥 면적만 약 495㎡(150여 평)에 달합니다.

2) 장육삼존불상

진흥왕은 576년 재위 37년 되던 해 가을에 세상을 떠났는데, 《삼국사기》, 《삼국유사》에 모두 그가 죽기 한 해 전 황룡사 장육삼존불상 丈六三尊佛像이 눈물을 흘리며 왕의 죽음을 예고했다는 이야기가 나옵니다.

장육삼존불상은 진흥왕 때 만들었는데, 가운데는 석가불, 좌우로는 문수와 보현보살상이 있었다고 추청됩니다. 석가불에만 금이 1만198푼, 구리 3만5,007근이 들어갔다고 하며 크기가 1장6척으로 4.5~5m의 커다란 금불상입니다. 금 1돈이 10푼으로 불상에 들어간 금은 약 1,020돈이며, 금의 가치는 계속 변하지만 현재 1돈 가격을 기준으로 계산해보면 최소 2억 원 이상의 금이 사용된 것입니다.

03 황룡사 역사문화관

황룡사지 바로 옆에 있는 전시관으로 황룡사지 연구와 발굴 결과 등을 선보이는 공간입니다. 건축부터 불타 없어질 때까지 황룡사의 역사를 영상으로 알아볼 수 있고, 이곳에서 출토된 유물들도 볼 수 있습니다. 가장 눈길을 끄는 것은 황룡사 구층목탑을 1/10 크기로 재현한 모형 탑으로 거대했던 탑의 본모습을 상상해보는 데 도움이 됩니다.

04 대릉원

경주 여행의 필수 코스인 대릉원은 신라 왕과 귀족의 무덤이 모여 있는 곳입니다. '대릉원'이라는 이름은 '미추왕을 대릉에 장사지냈다'라는 《삼국유사》 기록에서 유래했습니다.

23기의 무덤이 모여 있는 대릉원에 들어서면 당시 신라 지배층의 강력한 권력을 잘 보여주는 각 무덤의 큰 규모에 우선 놀라게 됩니다. 봄에는 미추왕릉 주변에 핀 벚꽃이 유명하고 숲길을 따라 산책하기도 좋아 아이들과 함께 둘러보기에 그만입니다. 대릉원에서도 가장 주목받는 곳은 바로 황남대총과 천마총으로, 두 곳에서 발굴된 엄청난 유물들은 국립경주박물관에서 볼 수 있습니다. 황남대총과 천마총은 대부분의 무덤이 도굴당하는 와중에도 안전했는데, 그 이유는 도굴이 어려웠던 돌무지 덧널무덤이었기 때문입니다. 돌무지 덧널무덤은 나무로 된 덧널 위에 많은 양의 돌을 쌓아 올린 후 그 위를 흙으로 덮은 무덤입니다. 벽화는 그릴 수 없는 구조지만 그 대신 부장품은 안전하게 지킬 수 있었던 거죠.

1) 천마총

내부를 개방해 안에 들어갈 수 있으며 복사품이기는 하지만 이곳에서 발견된 천마도를 볼 수 있습니다. 왕의 무덤으로 추정되는 이곳을 '천마총'이라 부르게 된 것은 말안장 양쪽에 달아 옷에 진흙이 묻지 않게 했던 자작나무 껍질로 만든 장니(다래)에 천마로 추정되는 그림이 그려진 '천마도 장니'가 발견되었기 때문입니다. 이제까지 발견되지 않았던 신라시대 회화가 발견된 것이라 큰 화제를 불러일으켰습니다. 또 천마도 외에도 매우 섬세하게 만든 금관과 허리띠 등도 함께 발견되었습니다.

그런데 최근에는 이 동물은 천마가 아닌 '기린'을 그린 것이라는 주장도 제기되고 있는데, 만약 사실이라면 천마도, 천마총이 아니라 기린도, 기린총으로 바뀔 수도 있겠습니다.

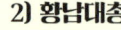

:: 경주 시내 역사 여행 ::

2) 황남대총

쌍둥이 산 모양으로 부부의 무덤으로 짐작되는 황남대총은 들어가는 것이 불가능해 외부에서만 살펴볼 수 있습니다. 대릉원뿐 아니라 신라 고분 중 규모가 가장 큰데, 동서가 80m, 남북이 120m, 높이는 25m에 달합니다. 남편과 부인의 무덤에서 나온 부장품의 성격이 각기 달랐는데, 남편 쪽에서는 전쟁에 쓰던 무기가 많이 나왔고, 부인 무덤에서는 장신구와 생활용품이 많이 발견되었습니다. 그런데 부인 쪽에서 나온 유물 중 훨씬 값비싸고 귀중한 것이 많았다고 합니다. 신라시대에는 남자 못지않은 재력을 가지고 상업 활동을 하는 여인들도 많았다는 사실을 이 무덤을 봐도 알 수 있습니다.

3) 대릉원 목련나무 & 돌담길

SNS에서 핫한 대릉원의 포토 존으로 고분 사이에 목련나무가 서 있는 모습이 분위기가 너무 좋습니다. 특히 목련이 피는 이른 봄이면 줄을 서서 기다리며 사진을 찍을 정도입니다. 또 봄에는 벚꽃 터널이 500m 넘게 이어지는 대릉원 돌담길도 최고의 산책로입니다.

05 첨성대

국보 동양에 남아 있는 가장 오래된 천문대로 하늘의 별자리와 이치를 알아 왕의 권위를 세우려 했던 선덕여왕 16년 647년에 건축한 것입니다.

옛사람들은 하늘은 둥글고 땅은 네모나다는(천원지방 天圓地方) 생각을 가지고 있었고, 따라서 첨성대의 기단은 정사각형이고 몸체는 원형으로 만든 것입니다. 높이 9m 정도로 가운데 사각형 구멍 쪽으로 사다리를 놓아 들어가면 내부에서 다시 상단부까지 사다리를 타고 오를 수 있도록 만들어져 있습니다. 첨성대 상단부는 우물 정 井 자 형태로 네모난 틀이 잡혀 있습니다. 첨성대에 사용된 돌의 개수는 1년을 나타내는 362개며, 석단 수는 27단으로 맨 위 정자 모양 돌까지 합하면 28단입니다. 즉 당시 기본 별자리 28수를 뜻합니다. 여기에 기단을 합하면 29단으로 당시 한 달의 기간입니다. 몸체 중앙 창 위로 12단, 아래로 12단이라 1년 12달과 24절기를 상징하니 알고 보면 엄청난 비밀을 담고 있는 셈입니다. 이것이 다가 아닙니다. 기단석은 동서남북 4방위에 맞춰져 있고 맨 위 정자석은 그 중앙을 갈라 8방위에 맞추었으며 몸체의 창문은 정남향입니다. 이 창은 춘분과 추분, 태양이 남쪽 중앙에 있을 때 태양광이 첨성대 바닥까지 완전히 비치게 되어 있으며, 하지와 동짓날에는 아랫부분 광선이 없어진다고 합니다.

06 동궁과 월지

경주에서 가장 인기 높은 야경 명소 월지는 예전에는 안압지라 불리기도 했습니다. 3개의 궁궐이 있었다고 짐작되는 경주에는 정궁이었던 월성과 서궁이 있었는데, 태자가 머물렀던 곳이 바로 동궁으로, 월지는 동궁에 속한 곳입니다. 월지는 문무왕 당시 당나라와의 전쟁에서 이긴 것을 기념으로 조성한 연못으로 별궁이자 왕궁 정원 역할을 하며 사신들의 접견 연회도 열렸습니다. 동서 200m, 남북 180m에 달하는 월지는 남서쪽은 직선, 북동쪽은 구불구불한 곡선으로 이루어져 있는데, 이런 이유로 어느 곳에서도 연못 전체를 한눈에 볼 수 없다고 합니다. 이것은 끝이 보이지 않는 바다 같은 느낌이 들게 하려는 의도로 연회장소인 임해전이 '바다를 내려다보는 전각'이라는 뜻을 지닌 데서도 그 의도를 알 수 있습니다. 이곳 물을 빼고 발굴조사를 할 때 주령구와 통나무 배, 치미 등을 비롯한 1만3,000여 점의 귀중한 유물이 발견되기도 했습니다. 이곳에서 발견된 유물은 국립경주박물관의 월지관에서 만날 수 있습니다. 또 월지에서는 거의 원형 그대로 보존된 배가 발견되었는데, 배는 사공을 제외하고 10여 명 정도 탈 수 있을 정도의 크기입니다. 월지에 배를 띄워놓고 유유히 유람을 즐겼던 신라 사람들의 모습이 상상됩니다.

07 월성, 석빙고

동궁과 월지 건너편 높은 언덕에는 왕궁이 있었다는 월성이 있습니다. 월성은 흙으로 된 높은 토성으로 현재도 계속 발굴이 이뤄지고 있습니다. '월성月城'이라는 이름은 성 모양이 반달처럼 생긴 것에서 유래되었다고 합니다. 이곳에는 만파식적을 보관했던 보물 창고인 천존고를 비롯해 많은 건물이 있었지만 지금은 찾아볼 수 없습니다. 월성 북쪽에는 조선 영조 14년에 건축한 얼음 창고인 석빙고가 남아 있습니다.

08 계림

'닭이 우는 숲'이라는 뜻으로 경주 김씨 시조 김알지가 알에서 태어났다는 곳입니다. 탈해왕이 숲에서 닭 우는 소리를 듣고 신하를 보냈는데, 가서보니 금빛 궤짝이 나무에 달려 있고 안에 잘생긴 사내아이가 있었습니다. 그리고 밑에서는 흰 닭이 울고 있었죠. 아이는 금궤에서 나왔다하여 성은 '김', 갈수록 총명해 이름은 '알지'가 되었습니다. 그는 직접 왕이 되지는 않았고, 6대손이 왕이 됩니다. 계림 내 고분은 왕의 칭호 중 하나인 '마립간'을 사용한 17대 내물왕의 것으로 알려져 있습니다.

:: 경주 시내 역사 여행 ::

 경주 교동 최씨 고택

'경주 최부자집'으로 유명한 18세기의 고택으로 당시 옆에 있던 향교의 권위를 침범하지 않기 위해 일부러 세 자 이상 터를 깎아내고 집을 지었다는 사실에서 그들의 겸양이 느껴집니다. '100리 이내에 굶주리는 사람이 없게 하라'는 가훈에 따라 쌀과 곡식을 나누며 백성들을 도와주었고, 대대로 지켜온 육훈('과거를 보되 진사 이상 벼슬은 하지 말고, 1년에 재산은 1만 석 이상 모으지 말며, 흉년에는 남의 논밭을 사지 마라' 등)에서는 권력을 탐하지 않고 타인을 배려하는 검소한 삶을 강조하고 있습니다.

10 김유신 장군묘

673년 79세의 나이로 생을 마감한 김유신의 묘는 지름 30m로 그 크기가 웬만한 왕의 무덤 못지않습니다. 봉분에 십이지신상을 새긴 둘레돌과 돌난간을 둘렀는데, 십이지신상을 조각한 것은 통일신라 이후 왕릉의 무덤 양식입니다. 장군이 흥무대왕으로 추존되어 후대에 왕릉 형식으로 다시 정비했을 것으로 짐작됩니다. 오른쪽에 있는 '개국공순충장렬흥무왕릉 開國公純忠壯烈興武王陵'이라 새겨져 있는 비석 끝 글자에 물을 부어보세요. 끝 글자 릉 陵과 묘 墓 자가 겹친 듯 보이는데 물을 부으면 '묘' 자가 아주 선명하게 나타납니다.

| TIP | 진평왕의 세 딸 | 진흥왕의 손자로 숙부 진지왕이 폐위되며 왕위를 이어받은 진평왕은 왕비 마야부인과의 사이에서 아들은 없고 딸 셋만 두었습니다.
첫째는 천명공주로 그녀 자신보다는 후에 태종 무열왕이 되는 김춘추의 어머니로 더 유명합니다. 둘째 덕만공주는 우리가 잘 아는 선덕여왕이 되었는데, 왕이 될 자격이 있는 성골 중 남자가 없고, 천명공주는 진평왕의 명으로 덕만에게 왕위를 양보한 후 출궁해 신라 최초의 여왕이 될 수 있었습니다. 셋째는 미모가 뛰어나기로 유명했는데, 그가 바로 백제 무왕이 된 서동과 결혼한 선화공주로 알려져 있습니다. 그런데 천명과 덕만공주는 진평왕의 딸이 맞지만 셋째 선화공주는 확실히 진평왕의 딸인지, 아니면 무왕이 아닌 동성왕과 결혼한 다른 여인인지《삼국유사》에 기록된 서동 설화와는 달리 실존 여부가 명확하게 밝혀지지는 않았습니다. |

INFO

1. 분황사지 모전석탑
주소 경상북도 경주시 분황로 94-11
관람 시간 4~10월 09:00~17:30, 11~3월 09:00~17:00
휴무 없음
입장료 무료
주차 분황사 주차장 이용(무료)

2. 황룡사지
주소 경상북도 경주시 구황동 320-2
관람 시간 24시간
입장료 무료
주차 황룡사지 황룡사역사문화관 주차장 이용(무료)

3. 황룡사역사문화관
주소 경상북도 경주시 임해로 64-19
관람 시간 09:00~18:00
입장료 어른 3000원, 청소년 2000원, 어린이 1500원
주차 황룡사지 황룡사역사문화관 주차장 이용(무료)

4. 대릉원
주소 경상북도 경주시 황남동 31-1
관람 시간 09:00~22:00(연중무휴)
입장료 어른 3000원, 청소년 2000원, 어린이 1000원
주차 대릉원 공영 주차장 이용(유료)

5. 첨성대
주소 경상북도 경주시 인왕동 839-1
관람 시간 09:00~22:00(연중무휴)
입장료 무료
주차 천마총 노상 주차장, 교촌한옥마을 주변 노상 주차장, 쪽샘임시주차장, 문화관 주차장 이용(무료)

6. 동궁과 월지
주소 경상북도 경주시 원화로 102
관람 시간 09:00~22:00
입장료 어른 3000원, 청소년 2000원, 어린이 1000원
주차 동궁과 월지 주차장 이용(무료)

7. 월성, 석빙고
주소 경상북도 경주시 인왕동 387-1
입장료 무료

8. 계림
주소 경상북도 경주시 교동 1
관람 시간 24시간
입장료 무료

9. 경주 교동 최씨 고택
주소 경상북도 경주시 교촌안길 27-44
관람 시간 09:00~18:00
입장료 무료

10. 김유신 장군묘
주소 경상북도 경주시 충효동 산7-1

아이와 함께 즐기면 좋은 곳

- **황리단길** : 경주의 핫 플레이스 황리단길은 경주 황남동과 경리단길을 합쳐 만든 명칭입니다. 트렌디한 가게와 맛집, 사진관, 서점이 늘어서 있어 경주에서 꼭 들르게 되는 곳으로, 한복 대여점도 있으니 가족과 함께 맛있는 것도 먹고 한복 입고 근처 대릉원 등에서 예쁜 사진도 남겨보세요. **주소** 경상북도 경주시 포석로 1080
- **경주 황남빵** : 경주 필식 메뉴인 황남빵을 3대 50년에 걸쳐 만든 원조집이 대릉원 맞은편에 있습니다. 근처에 있는 최영화빵의 황남빵도 인기가 높습니다. **주소** 경상북도 경주시 태종로 783(황남빵), 경상북도 경주시 북정로 6-1(최영화빵)
- **비단벌레 전기자동차** : 신라시대 장식품에 사용된 비단벌레를 모티브로 한 전기자동차를 타고 경주 유적지를 달려보세요. 출발 후 계림-경주향교-최부자집-교촌마을-월정교-월정·꽃단지-첨성대를 거쳐 다시 출발지로 돌아오는 코스로 운행됩니다. 온라인 사전 결제 후 예액 완료 필수(항상 일찍 마감되니 서두르는 것이 좋습니다.)
주소 경상북도 경주시 첨성로 149 | **전화** 054-750-8658 | **요금** 어른 4000원, 청소년 3000원, 어린이 2000원

AREA
016
찬란한 황금의 나라,
천 년 왕국 신라
국립경주
박물관

#경상북도경주
#금관
#성덕대왕신종
#황금의_나라
#천년왕국유산

> 신라는 금으로 만든 각종 장신구, 첨성대와 같은 건축물, 거대한 고분 등 다양한 문화유산을 남겼다. 이로써 신라인의 생각, 정교한 솜씨를 엿볼 수 있다.
> — 초등학교 사회 5학년 2학기

천 년을 이어온 왕국이 남긴 경이로운 문화유산의 아름다움에 빠져보세요

신라의 수도였던 경주에 위치한 국립경주박물관에서는 '황금의 나라'라 불리던 신라의 찬란한 문화유산을 만날 수 있습니다. 눈이 번쩍 뜨이는 금관과 금제 허리띠부터 찬찬히 살펴보며 알면 알수록 신기하고 멋진 유산이 너무 많아 시간 가는 줄 모르고 둘러보게 됩니다.

전시관이 여러 채로 나누어져 있어 꼭 들를 곳을 체크한 후 동선을 짜는 것이 좋습니다. 정문으로 들어와 야외에 있는 성덕대왕신종을 본 후 신라역사관, 신라미술관을 거쳐 옥외 전시 공간을 지나 마지막에 월지관을 둘러보면 주요 전시물은 모두 볼 수 있습니다. 다양한 특별전도 개최하니 홈페이지 안내를 미리 살펴보고 가세요. 다른 박물관에 비해 볼 것도 많고 규모도 큰 편이라 시간을 여유롭게 두고 관람하는 것을 추천합니다. 또 어린이박물관에서는 사전 예약을 하고 가면 참여할 수 있는 다양한 체험 프로그램을 운영하고 있습니다.

:: 국립경주박물관 둘러보기 ::

신라역사관 >>>

구석기시대부터 신라 건국 과정에 관련된 유물과 더불어 황금의 나라였던 신라의 찬란한 유물이 전시되어 있습니다. 더불어 평생 수집한 문화재 666점을 기증한 국은 이양선 박사를 기리기 위한 국은기념실에도 놓칠 수 없는 유물이 있습니다.

01 토우 장식 항아리

[국보] 항아리 목 부분에 다양한 모양의 토우를 얹어 장식 효과를 더한 신라시대 대표 토우 장식 토기입니다. 자세히 보면 개구리 뒷다리를 물고 있는 뱀과 오리 모양 토우가 일정한 간격으로 배치되어 있고, 그 사이에 성기를 강조한 남자, 악기인 신라금을 타고 있는 사람, 성행위를 하는 남녀, 물고기, 거북, 새 등이 있습니다. 이는 풍요와 다산을 기원하는 신라인들의 생활상과 정신세계를 보여줍니다.

:: 국립경주박물관 둘러보기 ::

02 황금보검

미추왕릉으로 알려진 계림로 14호 돌무지 덧널무덤에서 발견된 것으로, 얇은 금판을 전면에 입힌 후 작은 금판을 세워 붙이는 방식으로 나뭇잎과 원, 타원, 물결, 태극무늬 등을 조합해 장식했습니다. 이런 무늬 사이에는 붉은 마노와 재질이 무엇인지 모르는 보석이 박혀 있어 고급스러운 느낌을 더합니다.

03 천마총 금관

국보 '걸작'이라 불리는 유물로 천마도와 함께 제155호 고분(천마총)에서 발굴되었습니다. 신라 금관은 보통 둥근 테 위에 3개의 나뭇가지 모양 장식과 2개의 사슴뿔 모양 장식을 세운 뒤, 그 위에 곱은옥과 달개를 달아 화려하게 장식합니다.

둥근 테와 세움 장식판에도 가장자리를 따라서 무늬를 장식하는 등 신라 금관 중 가장 화려합니다. 또 다른 금관과 다르게 무덤 주인이 쓴 상태로 발굴되었습니다.

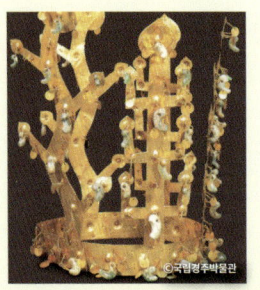

04 금관총 금관

국보 찬란하게 빛나는 금관총 금관은 최초로 발견된 신라 금관이라 이것이 발견된 무덤도 '금관총'으로 부르게 되었습니다. 맞가지 3개와 엇가지 2개의 세움 장식을 조합해 만든 전형적인 신라 금관입니다.

05 황남대총 금관

국보 높이 27.3cm로 다른 것과 마찬가지로 나무 모양 장식과 사슴뿔 모양 장식으로 구성되어 있습니다. 전형적인 신라 금관 형태로 신라 금관을 대표합니다. 다른 것보다도 곱은옥을 많이 달아 한층 화려해 보입니다.

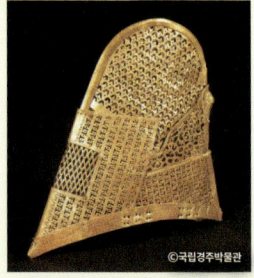

06 금제 관모

국보 지배자를 상징하는 금제 관모는 모자 모양이기는 하지만 19cm의 작은 크기로 보아 모자 윗부분을 장식했을 것으로 추정됩니다. 여러 장의 금판을 연결해 만들었고 금실로 마감했습니다.

07 관 꾸미개

국보

금관총에서 발견된 금제 관 꾸미개는 보통 머리에 쓰는 관 정면에 끼워 사용했습니다. 마치 새가 힘차게 날갯짓을 하는 듯한 모양이 연상되며 앞판과 더불어 양쪽 날개 등 3개를 합해 만든 것입니다. 새 날개 모양은 고대인들의 신앙을 반영한 것으로 샤머니즘의 영향일 것이라 짐작됩니다.
앞판 윗부분과 양쪽 날개에 용무늬가 새겨져 있는데, 용보다는 덩굴무늬처럼 보이기도 합니다. 또 앞면에는 화려함을 더해주는 작은 원형의 달개가 빼곡하게 달려 있습니다.

08 천마총 허리띠

국보

허리띠 길이 125cm, 드리개 길이 73.5cm로 화려함의 극치를 보여줍니다. 현실에서 착용하기보다는 왕의 무덤에 함께 묻은 부장품으로 사용돼 신라 지배층의 장례 문화도 보여줍니다.

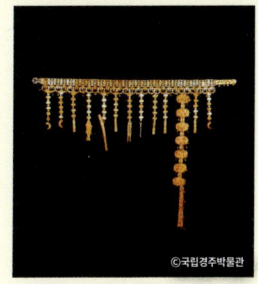

09 금관총 허리띠

국보

금관총에서 발견된 허리띠는 길이 109cm에 무게는 1,181.7g입니다. 허리띠 표면을 장식한 띠꾸미개와 더불어 허리띠 아래로 드리운 띠드리개로 구성되어 있습니다.
띠꾸미개는 덩굴무늬에서 가져온 세잎무늬를 투조하고 달개를 달았습니다. 띠드리개에는 용무늬 장식, 곱은옥, 질병을 다스리는 약병, 향수병, 풍요와 불사를 상징하는 물고기, 숫돌을 끼웠던 두겁 등이 달려 있습니다.

10 황남총 허리띠

국보

길이 120cm의 황남총 허리띠는 덩굴무늬를 투조해 만든 띠 아래 금관총이나 천마총에서 나온 허리띠와 마찬가지로 다양한 상징물이 매달려 있습니다. 무덤에 부장품으로 묻힌 황금관과 허리띠는 당시 최고의 신분인 왕족의 권위를 나타내는데, 이렇게 화려했던 신라의 장례 문화는 6세기 이후 점차 사라집니다.

:: 국립경주박물관 둘러보기 ::

11 얼굴무늬 수막새

여유롭고 천진한 미소를 띠고 있는 얼굴이 새겨진 수막새는 악한 기운을 물리치려는 의도로 만들어 지붕 위에 올린 것으로 생각됩니다. 일제강점기에 영묘사 터에서 출토되었으며, 바깥쪽에 넓은 테두리를 만들고 높은 온도에서 구워내고 얼굴 양감이 살아 있는 것으로 보아 삼국시대 것으로 추정됩니다. 원래 모습은 완전한 원형이겠지만 위아래쪽이 깨진 상태인 것이 더욱 아름답게 느껴져 '깨진 것이 신의 한 수'라 하는 이도 있습니다.

12 임신서기석

높이 32cm의 비석같이 생긴 이 돌에는 다섯 줄로 74자가 새겨져 있습니다. 내용은 화랑으로 보이는 두 사람이 임신년 6월 16일에 하늘 앞에 나라에 충성할 것과 유교 경전을 열심히 공부하자고 맹세한 것입니다. 이때의 임신년이 어느 해인지 정확하게 알 수는 없지만 충을 실천하는 것을 강조한 것이 화랑도의 근본정신인 것을 생각하면 화랑도가 강건했던 진흥왕 13년인 552년이나 진평왕 34년인 612년이 아닐까 추정합니다.

13 도기 기마 인물형 뿔잔

국보 국은기념실에서 꼭 챙겨 봐야 하는 작품으로 가야의 유물입니다. 말을 탄 무사가 올려져 있는 토기로 말 등에 2개의 뿔 모양 잔이 좌우대칭으로 배치되어 있습니다. 말의 몸체를 보면 직사각형의 판으로 엮은 갑옷을 입고 있으며, 말 등의 무사 또한 투구와 갑옷으로 무장한 상태입니다. 무사의 오른손에는 창이, 왼손에는 방패가 들려 있어 당시 무사의 모습을 잘 보여줍니다.

TIP **허리둘레 120cm? 신라 왕들은 거인인가, 비만인가?**

박물관의 금제 허리띠를 보면 길이가 120cm가 넘어 헐렁하게 맨다 하더라도 너무 길어 보입니다. 또 '신라 3대 보물'로 꼽혔던 진평왕의 것은 길이가 열 뼘이 넘어 약 152cm라 전해집니다. 그래서 무덤에서 발견된 허리띠들은 실제 착용했다기보다는 장례 시 함께 매장하던 것이라 생각되는데, 만약 실제 착용했다면 아주 큰 거인이거나 상당히 비만이었을 것입니다.
그런데 흥미롭게도 신라 왕들의 신체가 아주 컸다는 기록도 남아 있습니다. 특히 선덕여왕의 아버지인 진평왕은 돌계단 3개를 한 번에 밟아 부술 정도로 거구였다고 합니다. 또 지증왕은 체격이 크고 담력이 뛰어났는데, 특히 그의 음경 길이가 무려 1척5촌(약 40cm)에 달했다고 합니다. 그래서 신붓감을 찾기가 무척 어려웠는데, 배필을 찾아 헤매던 신하가 어느 마을에서 두 마리 개가 북만큼 큰 똥덩이를 두고 다투는 모습을 보고 주인을 찾았습니다. 그것의 주인은 바로 모량부 상공의 딸이었고, 그녀는 키가 무려 7척5촌(약 180cm 내외)이었다고 합니다. 또 진덕여왕도 키도 7척이며 손을 늘어뜨리면 무릎을 넘어갔다고 하며 경덕왕, 경문왕 등 신라 왕들이 체격이 크다는 기록이 꽤 남아 있습니다.

신라미술관 >>>

'성덕대왕신종의 울림을 찾아 떠나는 여정'이라는 체험 공간과 더불어 찬란한 신라의 불교문화를 보여주는 불교미술품이 전시되어 있습니다. 또 신라 대표 사찰인 황룡사, 분황사, 감은사, 사천왕사 등에서 출토된 여러 유물을 볼 수 있습니다. 지금은 들을 수 없는 성덕대왕신종의 소리를 재현한 것을 당시 경주의 모습이 나오는 영상과 함께 실감 나게 들을 수 있어 감동스럽까지 합니다.

14 석조미륵삼존불

경주 남산에 있던 석실에서 옮겨 온 것으로 단단한 화강암 조각임에도 포근한 온기가 느껴지는 듯한 불상입니다. 가운데 본존이 마치 의자에 앉아 있는 자세를 취하고 있는데, 이런 자세를 한 불상은 삼국시대 불상 중 유일합니다. 좌우 4등신의 자그마한 보살들은 머리에 3개의 꽃 장식이 있는 보관을 쓰고 연꽃을 손에 쥔 채 천진난만한 미소를 띠고 있습니다.

15 감은사지 서삼층석탑 사리장엄구(사리갖춤)

감은사지 서쪽 석탑 3층 사리공에서 발견된 7세기 후반의 것으로 통일신라시대의 뛰어난 금속공예 기술을 보여줍니다. 장방형 함 안에 집 모양 사리기가 있으며, 사리를 담았던 수정병은 사리기 가운데 화염보주(불길 모양 장식물)안에 안치되었습니다. 사리외함 네 면에는 사천왕상이 있으며, 기단 윗면 네 모서리에는 화염보주를 둘러싸고 악기를 연주하는 주악상이 있습니다.

©국립경주박물관

16 금동약사여래입상

국보 8세기 후반 것으로 추정되며 '약사불'로도 불립니다. 높이 179cm의 금동불상이며, 포교를 위해 순교한 이차돈의 전설이 남아 있는 백률사에서 옮겨 왔습니다. 약사불은 통일신라시대를 대표하는 금동불상 중 하나로 실제 사람과 같은 크기에 전체적인 비례가 우수하고 옷 주름 조각 등 주조 기술이 뛰어납니다.

17 망새(치미)

지붕 위 용마루 양쪽 끝머리에 얹는 것입니다. 높이 182cm, 너비 105cm로 황룡사지에서 발견되었으며, 현재 우리나라 망새 중 가장 큰 것입니다. 워낙 대형이라 상하를 분리해 완성했습니다. 양쪽 측면과 뒷면에는 연꽃무늬와 남녀의 얼굴을 넣었는데, 특히 남자의 경우 수염까지 표현되어 있습니다.

월지관 >>>

경주 동궁과 월지에서 발견된 약 3만 점의 문화재 중 엄선한 1,100여 점의 유물을 주제별로 전시하고 있습니다. 통일신라시대의 문화와 더불어 왕실 생활 문화를 엿볼 수 있는 공간입니다.

18 금동판삼존불좌상

높이 27cm의 불상으로 경주 월지에서 발견된 많은 불상 중 하나입니다. 정확한 용도는 밝혀지지 않았지만, 아랫부분에 촉을 단 흔적이 있어 어딘가에 꽂아둔 것임을 알 수 있습니다.

19 금동 초 심지 가위

초의 심지를 자르는 데 사용했던 가위로 잘린 초와 심지가 떨어지는 것을 막기 위해 날 바깥에 반원형의 테두리를 만들어두었습니다. 손잡이 쪽에는 방울과 당초무늬를 넣고 손잡이 모양도 화려하게 만들어 당시 왕실과 귀족층의 고급스러운 생활 모습을 보여줍니다.

20 화로(풍로)

휴대용 아궁이처럼 보이는 화로에는 두 가지 음식을 동시에 조리할 수 있도록 구멍이 2개 만들어져 있습니다.

21 주령구

14면 주사위처럼 보이며 연회 때 놀이 도구로 사용하던 것으로 각 면에 벌칙이 새겨져 있습니다. 주령구를 던져 글자가 나온 대로 했는데, 한 번에 술 3잔 다 마시기, 음악 없이 춤추기, 얼굴 간지럼 참기, 노래 부르고 술 마시기 등입니다. 원래 월지에서 발굴된 것은 8세기 이전 것이지만 박물관의 것은 복제품입니다. 안타깝게도 진품은 발견 후 건조기에서 습기 제거 작업을 하다 기계 오작동으로 불타고 말았고, 그나마 작업 전에 사진을 찍고 길이도 재어놓아 재현할 수 있었습니다. 세상에 하나밖에 없는 유물이 1,000년 이상 잘 있다가 세상에 나오자마자 벌어진 정말 안타까운 사건입니다.

옥외 전시장 >>>

박물관 야외 전시장에는 우리나라에서 가장 유명한 종이라 할 수 있는 성덕대왕신종과 더불어 고산사 터 삼층석탑이 있습니다. 두 유물 모두 국보로 지정된 소중한 유산입니다.
그 밖에도 경주 일대 사찰 터와 궁궐 터 등에서 가져온 석탑, 석등, 석불 등이 전시되어 있으니 꼭 둘러보세요.

22 성덕대왕신종

국보

'에밀레종'이라는 이름으로도 많이 알려진 이 종은 신라 제35대 왕인 경덕왕이 아버지 성덕대왕을 기리기 위해 724년부터 만들기 시작해, 그 아들 대인 혜공왕 시절인 771년에 완성되었습니다. 높이 3.75m, 둘레 7m, 입지름 2.27m, 두께 10~25cm의 성덕대왕신종의 무게는 무려 18.9톤으로, 처음에는 봉덕사에 달았다고 해서 '봉덕사종'이라고도 합니다. 우아하고 유려한 선이 특징인 신종은 화려한 장식뿐 아니라 아름다운 소리로도 유명해 우리나라에 현존하는 종 중 가장 뛰어난 걸작으로 꼽힙니다. 신종의 여운은 유난히 길고 아름다운데, 끊어질 듯 작아지다가 다시 이어지는 소리가 거의 3분간 지속되어 다른 종들은 결코 따라갈 수 없는 수준입니다. 종 윗부분에 소리 울림을 도와주는 음통이 있는데, 이는 우리나라 동종에만 있는 매우 특별한 부분입니다. 종을 매다는 고리 역할을 하는 용뉴는 용머리 모양 조각이며, 몸체에는 넓은 띠를 두르고 꽃무늬를 새겨 넣었습니다.
향로를 들고 있는 2쌍의 비천(부처가 설법을 할 때 부처 주위를 날아다니며 부처님을 찬양하는 존재) 조각인 비천상을 몸체에서 볼 수 있고, 종을 치는 부분인 당좌는 연꽃 모양입니다. 몸체 앞뒤에 새긴 1,000여 자의 글은 종에 대한 내력을 담고 있습니다. 이것을 새겨 넣은 기술도 매우 뛰어나 1,300여 년이 지난 지금까지도 잘 보존되어 있습니다.
종은 용 모양 종 고리의 허리 부분에 있는 구멍 사이로 쇠막대를 넣어 매달게 되어 있습니다. 그런데 이 구멍의 지름이 9cm라 이것에 맞게 쇠막대를 현대에 다시 제작하려 했지만 안전을 확보하려면 도저히 15cm 이하로는 만들지 못했다고 합니다. 그래서 지름 8.5cm의 옛날부터 사용해온 쇠봉을 그대로 사용했으니, 옛사람들의 기술력이 그야말로 신묘할 따름입니다. 종 자체 또한 현대 기술로는 비슷한 품질로 복제해 만들 수 없음은 물론입니다.
성덕대왕신종은 1992년 제야에 33번 종을 친 뒤 타종을 중단했고 1996년 학술 조사를 위해 다시 타종을 한 바 있습니다. 이후에도 몇 차례 타종을 한 적이 있지만 2004년 이후 보존을 위해 현재까지 타종을 중단했습니다.

23 고선사 삼층석탑

국보

높이 10m가 넘는 탑으로 감은사지에 남아 있는 동서 삼층석탑과 함께 통일신라시대 초기 석탑의 명작입니다. 원래 탑이 있던 고산사 터가 수몰되는 바람에 박물관 뜰로 옮겨 갔는데, 귀중함에 비해 주목받지 못하고 있으니 꼭 놓치지 말고 감상해보세요.
1층 탑신석 네 면에는 문비 門扉가 새겨져 있고 표면에는 금동 판 등을 달기 위한 작은 구멍들이 있습니다.

:: 국립경주박물관 둘러보기 ::

에밀레, 에밀레, 후회 말고 항상 말조심!

성덕대왕신종을 '에밀레종'이라고 부르는 것에는 민간에서 1,000년이 넘도록 내려온 너무나 유명한 전설이 담겨 있습니다.

종을 만들 때 워낙 규모가 커서 많은 돈이 들었기 때문에 이를 위해 스님들이 집집마다 시주를 다녔는데, 그러다 어떤 집에서 한 아낙네를 만나게 되었습니다. 그 여인은 스님에게 "우리도 먹을 것이 없어 시주할 것이 전혀 없어요. 저희 집에서 드릴 것은 이 아이밖에 없네요"라며 아이라도 데려가겠냐 물었고, 스님은 그냥 그 집을 나왔던 거죠. 그런데 아무리 정성을 다해 종을 제작해도 계속 실패하자 경덕왕이 점을 치게 했는데, 그 여인의 말 때문에 부정을 타 종을 만들 수 없으니 아이를 바칠 수밖에 없다는 결론이 나고 맙니다. 결국 아이는 끓는 쇳물에 던져져 종을 만들 때 희생되었고, 이 때문에 아기가 엄마를 원망하며 우는 소리 '에밀레라(에미 탓으로)'를 본떠 에밀레종이라 부르게 되었다고 합니다. 그렇다면 이 전설은 사실일까요? 만약 사실이라면 종에서 사람의 뼈에 들어 있는 인(燐, P) 성분이 검출될 텐데, 1998년에 종의 여러 부분의 시료를 채취해 분석해보았지만 인 성분은 전혀 나오지 않았다고 합니다.

그렇다면 인신공양은 사실이 아니니 다행일까요? 그런데 완전히 거짓이라 하기도 어려운 것이 구리물에 인골이 들어간 후 분해되고 위에 뜬 여러 물질을 종을 만들 때 다 제거했다면 인 등의 성분이 없어졌을 수 있습니다. 그리고 경주 월성에서 성벽을 쌓을 당시 제물로 바친 듯한 유골 두 구가 온전한 형태로 발굴된 사실도 있어 인신공양이 절대 없었던 일은 아닌 듯하니 진실 여부를 판단하기가 어려울 듯하네요.

국립경주박물관

주소 경상북도 경주시 일정로 186 | **전화** 054-740-7500 | **관람 시간** 10:00~18:00(토요일, 공휴일 1시간 연장)
휴무 3·11월 첫째 주 월요일, 1/1, 설날·추석 당일 | **입장료** 무료 | **주차** 자체 주차장 이용(무료)
홈페이지 gyeongju.museum.go.kr

※ 정문 주변에 편의점이 있고 박물관 뒤편에 카페테리아가 위치해 간단한 식사나 음료수를 먹을 수 있습니다. 카페테리아(이디야)에는 이곳에서만 판매하는 박물관 특별 메뉴인 신라 수막새 모양 마들렌과 월지차가 있습니다.

AREA 017

죽어서도 용이 되어
나라를 지킬 것이다

감은사지 & 문무대왕릉

#경상북도경주
#경주동해안권
#삼층석탑
#수중릉
#만파식적
#호국정신

> 김춘추에 이어 왕이 된 문무왕은 당과 함께 고구려를 멸망시켰다. … 당은 동맹을 깨고 한반도 전체를 차지하려고 했다. 당의 속마음을 알게 된 신라는 당을 상대로 전쟁을 벌여 승리했다. 이로써 무열왕의 뒤를 이은 문무왕 때 신라가 삼국 통일을 이루었다.
> — 초등학교 사회 5학년 2학기

신라의 삼국통일 과정을 알아보고, 감은사지를 방문해보세요

삼국 중에서 발전이 가장 늦고 영토도 작았지만, 결국 통일의 위업을 이룬 것은 신라였습니다. 더 이상 왕이 될 성골이 없자 진골 출신 최초로 왕이 된 김춘추는 왕이 되기 전 선덕여왕 시절부터 외교를 맡아 활약하기도 합니다. 삼국 통일은 그의 아들인 문무왕 시대인 676년에 이뤄지며 감은사지와 문무대왕릉은 바로 그때의 이야기를 담은 장소입니다.

시내에서 거리가 있는 감은사지와 문무대왕릉으로 갈 때는 자차나 렌터카를 이용하는 것이 편리합니다. 우선 감은사지에서 2개의 탑과 용을 위한 통로를 만들어놓은 금당 자리를 보고 문무대왕릉이 보이는 봉길대왕암해변으로 가면 됩니다. 해변을 따라 많은 식당과 카페, 편의점 등이 있고, 푸른 동해 바다를 바라보며 여유로운 시간을 보내기에도 좋습니다.

🔍 1. 7세기, 격동하는 동아시아 정세

6세기 후반부터 동아시아 국제 질서는 크게 요동칩니다. 한반도에서는 진흥왕 시대에 신라가 한강 유역을 차지하며 삼국 간의 경쟁이 더욱 치열해졌고, 중국에서는 수나라와 당나라가 차례로 통일을 이룩합니다. 고구려와 백제는 북쪽 돌궐과 바다 건너 왜와 연합하고 신라는 중국 대륙의 당과 연합하면서 6세기 말 동아시아는 고구려-백제-왜-돌궐이 연결된 남북 세력과 신라와 수, 당이 연결된 동서 세력으로 구분됩니다.

🔍 2. 위기에 몰린 신라

고구려가 수, 당의 침략을 막아내는 와중에 한반도 남쪽에서도 전쟁이 계속됩니다. 백제 의자왕은 신라 전력에 아주 중요했던 대야성을 비롯한 40여 개 성을 빼앗았고, 이에 신라는 큰 위기를 맞이합니다. 그중 642년의 대야성전투는 김춘추에게 엄청난 원한을 가지게 합니다. 대야성 성주는 김춘추의 사위인 김품석이었는데, 마침 그곳에 있던 김춘추의 딸 고타소까지 함께 처형당합니다. 백제는 두 사람의 머리를 사람들이 많이 다니는 길 밑에 묻어 그 위를 밟고 지나가게 합니다.

여기서 너무했다는 생각이 들 수 있지만 원한 맺힌 성왕의 죽음을 생각하면 백제로서는 당연할 수도 있습니다. 성왕을 잡은 신라군이 왕의 머리를 베어 경주로 보내 이것을 관청 계단 아래 묻어 사람들로 하여금 밟고 지나가게 했던 것입니다.

3. 김춘추, 직접 사신으로 나서다

고타소는 김춘추가 사랑했던 딸로《삼국사기》에 따르면 그는 하루 종일 기둥에 기대서서 한 번도 눈을 깜빡이지도 않았고 어떤 것이 지나가도 알아보지 못했다고 합니다. 그러고 나서 처음 한 말이 "내 반드시 백제의 멸망을 보고 말 것이다"였다고 합니다.

이후 '타도 백제'를 외치면서 고구려와 왜에 군대를 요청하는 사신으로 직접 떠났는데, 두 번 다 결과가 좋지 않았습니다. 왜는 백제와 전통적 우방국인 데다 백제 국력이 더 강한 상태라 신라를 거절했던 거죠. 다만 일본 역사서인《일본서기》에는 김춘추에 대해 '춘추는 용모가 아름답고 말을 잘했다'라고 기록하기도 합니다. 다음으로 간 곳은 고구려였는데, 연개소문의 죽령 이북 영토를 돌려달라는 요구를 들어주지도 못했고 심지어 감옥에 갇히기도 합니다. 이때 선도해라는 사람이 찾아와 들려준 토끼와 거북이의 간 이야기를 참고 삼아 "저는 신라의 일개 신하라 제 마음대로 할 수 없고(즉 내 간은 신라 땅에 있다), 제가 신라로 돌아가 왕께 말씀드려 죽령 이북 땅을 고구려에 돌려드리겠습니다(일단 날 보내줘! 그럼 내가 돌아가 간을 가지고 올게!)"라 이야기해 겨우 풀려나게 됩니다.

4. 당나라와 연맹을 맺은 신라

마지막으로 찾은 곳은 당나라입니다. 어린 시절을 수나라에서 보낸 김춘추는 그쪽 말을 잘하니 설득력도 좋았을 것이고, 마침 당 태종은 고구려 정복 실패 후 미련을 버리지 못한 상태라 서로 이해관계가 맞아 동맹 체결이 된 거죠.
하지만 바로 백제나 고구려를 공격한 것은 아닙니다. 연맹을 맺은 다음 해 당

태종이 죽었는데, 아들(당 고종)이 미덥지 못했던 그는 "절대 고구려와 전쟁하지 마라"라는 유언까지 남깁니다. 그래서 한동안 전쟁이 일어나지 않았고, 언제 터질지 모르는 폭탄 같은 긴장감을 안은 채 시간은 흘러갑니다.

🔍 5. 660년 백제 멸망

태종 무열왕이 된 김춘추의 설득과 당 고종의 부인이며 후에 그 유명한 측천무후가 될 황후의 강한 권유로 당나라는 전쟁에 나서게 됩니다. 당나라는 원래 백제에 관심이 별로 없었지만 백제를 먼저 멸망시켜야 고구려를 침략하기 쉽다는 신라의 설득으로 백제를 먼저 공격합니다. 신라군은 계백의 결사대 5,000명을 격파했고 당의 군대는 사비성에 도착해 백제를 압박합니다. 웅진에 있던 의자왕이 결국 항복하고 사비성이 함락되면서 660년 백제는 멸망합니다. 김춘추는 661년에 사망했으니 그의 말대로 살아생전에 백제 멸망을 보게 된 거죠.

승리 후 백제에 입성한 무열왕은 당의 장수 소정방과 함께 위에 앉아 의자왕에게 술을 따르게 하며 "네가 감히 내 딸을 죽였단 말이냐"라며 모욕의 말을 했습니다. 무열왕의 아들로 후에 문무왕이 되는 김법민은 태자 부여융을 꿇어앉히고 얼굴에 침을 뱉으며 "네 아버지가 내 누이를 부당하게 죽여 묻었으니 그로 인해 나는 20년간 슬프고 괴로웠다. 그랬는데 오늘 네 목숨은 내 손아귀에 있구나"라 했다고 합니다.

🔍 6. 668년 고구려 멸망

백제 멸망 후 나당 연합군은 고구려를 공격했지만 고구려는 이를 잘 막아냅니다. 하지만 계속된 전쟁으로 국력이 약해지고 연개소문이 죽은 후 아들들 사이에서 권력 다툼이 벌어지면서 결국 668년 평양성이 나당 연합군에 함락되어 700여 년 역사의 고구려는 멸망하고 맙니다.

7. 신라와 당의 전쟁, 삼국 통일 완성

웅진도독부와 안동도호부에 이어 수도 금성에 계림도독부까지 설치한 당은 한반도 전체를 지배하려는 야욕을 드러내고, 신라는 고구려 부흥 운동 세력과 힘을 모아 당에 맞섭니다. 신라는 먼저 사비성을 공격해 승리하며 백제의 옛 땅을 완전히 장악합니다. 또 매소성과 기벌포에서 신라가 대승을 거두며 당의 군대를 몰아냅니다. 이렇게 해서 신라는 대동강과 원산만 이남 땅을 확보해 676년 삼국 통일을 이룩합니다.

신라는 고구려, 백제를 통합하기는 했지만 외세인 당의 세력을 이용했다는 것과 대동강 이북의 고구려 땅을 잃었다는 점이 아쉬운 점입니다. 그러나 신라가 당의 한반도 지배 야욕을 물리친 것은 자주적인 성격을 보여주는 것이며, 이후 신라는 민족 융합 정책을 실시해 고구려와 백제의 문화를 수용합니다.

8. 삼국 통일에 대한 상반된 의견

신라의 삼국 통일에 대한 평가는 관점에 따라 반대되는 의견을 보입니다. 안정복의 《동사강목》에서는 '삼국이 대치하고 있을 때 서로 물고 뜯고 함이 하루도 거르는 날이 없었다. 인심이 난리를 싫어하니 하늘이 무열왕(김춘추)을 내려 널리 백성을 구제했다. … 김유신은 충성된 마음과 뛰어난 지략으로 통일의 공

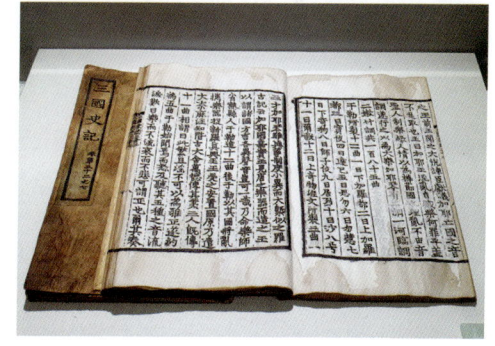
▲ 고려시대 김부식이 지은 《삼국사기》

을 이루었다'라고 했습니다. 또 경주 김씨로 신라계인 김부식 또한 《삼국사기》에서 신라의 삼국 통일에 대해 긍정적으로 기록합니다. 부정적 평가로 단재 신채호의 《독사신론》을 살펴보겠습니다. '다른 종족을 끌어들여 같은 종족을 멸망시키는 것은 도적을 불러들여 형제를 죽이는 것과 다를 바 없다. … 우리 단군 조선 옛 영토의 반은 지금까지 900여 년 동안 잃어버렸으니 어찌 김춘추를 통일한 자라 하겠는가.'

:: 경주 동해안권 여행 ::

감은사지와 문무대왕릉에 가면 아름다운 동해 바다까지 함께 볼 수 있어 일석이조입니다. 감은사를 둘러본 후 바다 쪽으로 나와 멀리 보이는 문무왕릉을 바라보며 바닷가에서 갈매기들과 함께 여유를 즐겨보세요.

01 감은사지

삼국 통일을 완수한 신라 30대왕 문무왕이 왜구의 공격을 막기 위해 세운 감은사는 당대에는 완성하지 못하고 아들 신문왕 때인 682년에 완공되었습니다. '부왕의 은혜에 감사한다'라는 뜻을 담아 '감은사 感恩寺'라 했으며, 황룡사, 사천왕사와 더불어 신라를 지키는 신라의 대표적인 호국사찰입니다.
13세기까지 모습을 잘 유지하고 있었으나 고려시대 몽골의 침입으로 탑을 제외한 모든 부분이 파괴되었습니다. 현재는 터에 높이 13.4m의 3층 석탑 2기와 금당, 강당 등의 건물 주춧돌만이 남아 있습니다. 지금은 감은사 주변이 육지가 되었지만 감은사가 세워질 무렵인 1,300년 전에는 사찰 바로 앞까지 동해 앞 바닷물이 들어왔는데, 이를 알 수 있는 배수 시설이 남아 있습니다. 그래서 바다의 용이 된 문무왕이 감은사까지 자유롭게 오갈 수 있다고 믿은 것입니다.

1) 감은사지 삼층석탑

 우리나라 삼층석탑 가운데 제일 큰 규모로 몸체 위의 상륜부 고리인 쇠꼬챙이를 제외하고도 높이 9.1m의 탑입니다. 통일신라시대의 전형적인 탑파 형식을 하고 있으며 흔들림 없는 기품이 서려 있는 걸작입니다.
동서에 나란히 있는 쌍탑 양쪽에서는 뛰어난 공예품이기도 한 금동사리장구가 발견되어 각기 국보와 보물로 지정되었습니다. 서탑 사리는 진신사리(석가모니를 화장할 때 나온 것)인 데 비해 동탑의 것은 문무왕의 사리가 아닌가 하는 주장도 있습니다.

2) 바다 용을 위한 통로

금당 자리를 보면 구들장 초석 한쪽에 감은사지 앞을 흐르는 대종천을 향해 있는 통로를 볼 수 있습니다. 이 통로는 문무왕이 죽은 뒤 바다의 용이 된 문무왕이 감은사에 쉽게 오갈 수 있도록 만들어놓은 것이라고 합니다.

02 문무대왕릉(대왕암)

바다 한가운데 있는 수중릉이라고 알려진 문무대왕릉은 배를 타고 나가지 않는 이상 가까이서 보기는 어렵습니다. 《삼국사기》 문무왕 21년(681)조에는 '7월 1일 왕이 돌아가시고 … 유언에 따라 동해 어귀 큰 바위에 장사지냈다.

세상에 전하기를 용이 되어 나라를 지킨다고 해 그 바위를 가리켜 대왕암이라고 했다. 왕이 말하기를 화려한 능묘는 재정만 낭비하고 거짓만을 책에 남기며 공연히 사람들만 수고롭게 하는 것이니 … 내가 죽은 뒤 열흘째 곧 궁문 밖 뜰에서 화장해라'라고 기록되어 있습니다.

이렇게 문무왕은 죽어서 용이 된 후 나라를 지킬 것이라는 유언을 남겼고, 그의 말대로 불교식 장례에 따라 화장을 한 문무왕의 유해를 대왕암 일대에 뿌렸다고 합니다. 위에서 대왕암을 내려다보면 동서남북으로 물길이 있는 것을 알 수 있는데, 이 때문에 대왕암 안쪽 파도는 항상 잔잔하다고 합니다.

03 이견대

신문왕이 바다 용에게서 이야기를 듣고 신라의 보배, 만파식적을 만들었다는 전설이 내려오는 곳입니다. 왕이 감은사를 지을 당시 낮에는 둘이 되고 밤에는 합해져 하나가 되었던 거북이 머리처럼 생긴 산을 이곳에서 보았다고 합니다. 앞바다에 있는 문무대왕릉이 한눈에 보이며 일출 풍경이 아름답기로도 유명합니다.

:: 경주 동해안권 여행 ::

나라 지키는 신비한 피리, 만파식적 萬波息笛

삼국 통일을 이룬 문무왕의 뒤를 이은 아들 신문왕은 아버지의 유언에 따라 동해 바다에 능을 만들고 유골을 모셨다고 합니다. 신문왕은 아버지를 그리워하며 '대왕암'이라 부르는 문무대왕릉을 자주 찾았습니다. 또 이곳이 보이는 언덕에 감은사를 짓기도 하죠.

그런데 감은사에서 기도하던 신문왕은 대왕암 근처 바다에서 작은 산 하나가 떠내려오는 것을 발견합니다. 그런데 이 산이 갑자기 왕 앞에서 둘로 갈라지고, 산에서 자라던 대나무들도 반으로 갈라졌다고 합니다. 놀란 신문왕이 점술가에게 이것에 대해 물었더니, 그는 문무왕과 김유신 장군이 바다의 용이 되어 신라를 지켜주고 있고, 곧 문무왕이 큰 선물을 보내줄 거라는 예언을 했습니다. 그날 밤 천지가 흔들리고 요란하게 신문왕이 바다로 나가니 낮에 갈라졌던 산이 하나로 합쳐지며 신비로운 빛이 나타났습니다. 이때 신문왕 앞에 용 한 마리가 나타나더니 자신은 문무왕이 보낸 사신이라며 옥으로 만든 띠를 하사하고, 반으로 갈라졌다 다시 합쳐진 산 위의 대나무로 피리를 만들어 불면 백성들이 화합할 수 있다 말하고 사라집니다.

이에 신문왕은 그 대나무를 베어 피리를 만들어 불었는데, 너무나 신비하게도 피리만 불면 가뭄에는 비가 오고, 풍랑은 그치며 고구려, 백제, 신라 사람들이 서로 화합했다고 합니다. 신문왕은 이 피리를 '모든 파도를 가라앉게 하는 피리'라는 뜻인 '만파식적 萬波息笛'이라 부르게 됩니다.

1. 감은사지
주소 경상북도 경주시 문무대왕면 용당리 55-9 | 관람 시간 24시간 | 휴무 없음 | 입장료 무료 |
주차 자체 주차장 이용(무료)

2. 문무대왕릉(대왕암)
주소 경상북도 경주시 문무대왕면 봉길리 | 관람 시간 24시간 | 휴무 없음 | 입장료 무료 |
주차 해변 주차장, 경주문무대왕릉주차장 이용(무료)

3. 이견대
주소 경상북도 경주시 감포읍 동해안로 1480-12 | 관람 시간 24시간 | 휴무 없음 | 입장료 무료 |
주차 자체 주차장 이용(무료)

AREA 018

우리나라의 자랑스러운 문화유산

불국사 & 석굴암

#경상북도경주
#토함산
#세계유산
#걸작
#조화
#균형

> 불국사는 신라의 불교문화를 알 수 있는 중요한 문화유산으로, 경상북도 경주시 토함산에 있는 절이다. 신라 사람들은 부처의 나라를 이루려는 마음을 담아 불국사를 지었다. — 초등학교 사회 5학년 2학기
>
> 석굴암은 화강암을 쌓아 올려 동굴처럼 만든 신라시대의 절이다. 석굴암 내부에는 본존불과 함께 불교의 여러 신과 불교와 관련된 인물들이 조각되어 있다. — 초등학교 사회 5학년 2학기

불심으로 만든 세기의 걸작, 불국사와 석굴암을 둘러보세요

불국사와 석굴암은 경주 답사 여행 코스에서 반드시 포함시켜야 할 신라 건축의 최고 걸작품입니다. 서울 종묘, 합천 해인사 대장경판전과 함께 우리나라에서 제일 먼저 유네스코 세계문화유산으로 등록되기도 했을 만큼 자랑스러운 문화유산인 불국사와 석굴암에 대해 알아봅니다.

불국사와 석굴암을 하루에 묶어 자가용이나 렌터카로 둘러볼 예정이라면, 아침 일찍 불국사에 가야 일주문 앞에 있는 가까운 주차장을 이용할 가능성이 높습니다. 늦게 방문하면 입구에서 500m 이상 떨어진 먼 주차장을 이용해야 할 수도 있습니다.

🔍 1. 불국사는 통일신라시대 사찰?

흔히 불국사를 통일신라시대에 지었다고 착각하기 쉽지만 사실은 통일신라시대에 크게 확장된 것입니다. 원래 이보다 훨씬 이전인 528년 법흥왕의 어머니 영제부인 또는 눌지왕(재위 417~458) 당시 아도화상이 창건했다고 합니다. 이후 진흥왕이 어머니인 지소부인이 574년에 사찰을 크게 확장했고 비로자나부처상과 아미타부처상을 만들어 봉안했다고 합니다.

불국사가 대대적으로 확장하며 대형 사찰로서 모습을 갖춘 것은 경덕왕 10년(751) 김대성에 의한 것으로 이때 탑과 석교 등도 들어섭니다. 김대성이 시작한 공사는 30여 년이 걸렸는데, 그는 완성을 보지 못하고 사망했습니다. 이후 국가 주도로 공사가 계속되었고, 완성했을 당시 약 2,000칸에 달하는 80여 종의 건물이 들어선 장대한 모습이었습니다. 현재는 당시의 약 10%만 복원·유지되고 있는 것이니 그 규모가 상상이 가지 않을 정도입니다.

🔍 2. 불국사 삼층석탑(석가탑)에서 발견된 〈무구정광대다라니경〉

부처님의 사리를 모신 사찰의 탑은 그 속에 귀중한 보물이 들어 있는 경우가 많아 도굴

꾼들이 노리는 유물입니다. 불국사 석가탑도 도굴범들이 심하게 훼손한 일이 발생해 이후 석가탑 복원을 위해 탑을 해체하는 것을 결정합니다.

이 작업 중 바로 귀중한 국보, 〈무구정광대다라니경 無垢淨光大陀羅尼經〉이 발견됩니다. 인간의 죄를 없애고 수명을 늘리는 방법이 기록되어 있는 〈무구정광대다라니경〉은 8세기 초에 간행되었다 추정됩니다. 이는 '현존하는 세계에서 가장 오래된 목판인쇄물'이라는 의미를 지니고 있어 세계 최초의 금속활자본인 〈직지심체요절〉과 함께 우리 민족의 뛰어난 기술력을 보여줍니다.

불교의 윤회 사상, 김대성의 전생과 현생

불국사와 석굴암을 건축한 김대성에게는 전생과 현생 이야기가 있어, 불교의 윤회 사상을 보여줍니다. '윤회'란 한번 태어나 죽으면 끝이 아니라 계속 새로운 삶이 거듭된다는 사상입니다.

김대성은 전생에 가난한 과부인 경조부인에게서 태어났는데, 어머니가 아파 어려서부터 자신이 생계를 이어나갔고, 그러다 부잣집에서 받게 된 밭마저 부처님에게 시주할 정도로 불심이 깊은 착한 사람이었지만 어느 날 갑자기 앓다 죽었다고 합니다.

그런데 김대성이 세상을 떠난 다음 날 신라 귀족 김문량이 꿈을 꿉니다. 꿈속에서 신선이 "모량리에 살았던 김대성이 너희 집에서 태어날 것이다"라며 예언을 했고, 결혼 후 오랫동안 아이가 없던 김문량은 모량리에 사람을 보내 실제 김대성이 있었고, 부처님께 밭을 시주한 후 죽었다는 사실을 확인하게 됩니다. 정말 신기하게도 얼마 후 김문량의 부인은 아들을 낳았는데, 아이가 이상하게도 왼손을 꽉 쥔 채로 태어나 손을 펴지 않았다고 합니다. 그 후 일주일이 지나 스스로 손을 폈는데, 그 손에 '대성'이라는 두 글자가 적혀 있었다고 합니다. 이에 김문량은 자신의 꿈이 실제 이뤄졌다는 사실에 놀라워하면서 김대성의 어머니인 경조부인을 모셔와 함께 살았다고 합니다. 이렇게 특별한 사연을 지니고 태어난 김대성은 평생 부처의 가르침대로 살면서 불국사와 석굴암이라는 찬란한 문화유산을 남기게 된 것입니다.

:: 불국사 권역 둘러보기 ::

경주 역사 지구 자체가 세계유산으로 등록되어 있지만, 그중 가장 먼저 등록된 유산이 불국사와 석굴암입니다. 원래 우리나라는 석굴암을 세계문화유산으로 등록하기 위해 이것만 먼저 신청했습니다. 이후 등록 심사를 위해 유네스코 위원들이 경주를 방문했는데, 석굴암 가는 길에 불국사가 있으니 이왕이면 보고 가자 하며 들렀다고 합니다. 그런데 그만 너무 아름다운 불국사에 감탄해 오히려 유네스코 위원들이 석굴암과 불국사를 함께 등록하라 권하게 됩니다.

불국사

'세상에서 가장 아름다운 사찰을 짓겠다'라는 김대성의 염원이 서려 있는 불국사는 신라 건축 예술의 백미라 할 수 있습니다. 안타깝게도 여러 전쟁과 자연재해 등을 거치면서 신라시대 것은 석축과 다리, 탑 정도만 남아 있지만 그래도 불국사의 아름다움은 말로 다 표현하기가 어렵습니다. 불국사에는 대웅전, 극락전, 비로전, 관음전으로 구분되는 4개의 영역이 있으며 대웅전 앞에 다보탑과 석가탑이 있습니다. 봄에는 벚꽃길이, 가을에는 단풍이 매우 아름답기로도 유명합니다.

- 불국사 일주 코스 : ① 일주문 → ② 천왕문 → ③ 청운교·백운교·자하문 → ④ 좌경루 → ⑤ 다보탑 → ⑥ 석가탑 → ⑦ 대웅전 → ⑧ 무설전 → ⑨ 관음전 → ⑩ 비로전 → ⑪ 사리탑 → ⑫ 나한전 → ⑬ 극락전 → ⑭ 가구식 석축 → ⑮ 연화교·칠보교·안양문 → ⑯ 당간지주 → ⑰ 범영루

01 일주문

사찰에 들어오는 첫 번째 문으로 기둥이 한 줄로 되어 있는 것에서 일주문이라는 이름이 비롯되었습니다. 보통 보이는 4개의 기둥이 아닌 2개의 기둥 위에 지붕을 얹은 것은 하나의 마음, 즉 일심 一心을 뜻합니다. 사찰에 들어서기 전 세속의 번뇌는 잊고 부처를 향한 마음 하나로 가다듬고 들어오라는 의미를 지니고 있습니다.

02 천왕문

불법을 수호하는 천상의 수문장인 사천왕상이 있는 곳입니다. 사대천왕은 동서남북을 각기 관장하며, 비파를 지니고 있는 동쪽의 지국천왕, 칼을 쥐고 있는 남쪽의 증장천왕, 용을 쥐고 있는 서쪽의 광목천왕, 탑을 들고 있는 북쪽의 다문천왕입니다.

03 청운교·백운교

국보 대웅전으로 오르는 길에는 청운교와 백운교가 있습니다. 석조 다리지만 목조 난간 형태를 그대로 돌을 이용해 구현해 당시 돌을 다루는 기술이 얼마나 뛰어났는지 잘 보여줍니다. 계단처럼 보이지만 이름에 다리 교 橋를 넣은 것은 현실과 불국토를 이어주는 다리라는 의미가 담겨 있기 때문입니다. 총 34계단으로 아래가 18단의 백운교, 위가 16단의 청운교입니다. 예전에는 다리 밑으로 연못이 있었다고 하며, 계단 왼쪽에 보면 물이 떨어지게 만들어놓은 것을 볼 수 있습니다. 이곳에서 물이 떨어지면 물보라가 아름다운 무지개를 만들었다고 합니다.

계단 밑 홍예문의 아치를 보면 아래쪽 돌들은 위가 넓은 사각형을 이루는데, 이것은 지진이 나 위쪽에서 가해지는 충격에 피해를 입지 않게 만들어놓은 것입니다. 하지만 반대로 아래쪽에서 위로 가하는 충격에는 약하기 때문에 그 위에 쌍홍예, 즉 이중 무지개다리를 만들어 아래와 정반대인 사다리꼴 돌을 넣고 어떠한 지진에도 견딜 수 있는 내진 설계로 건축했습니다.

04 자하문

부처가 있는 대웅전으로 향하는 중문이며 백운교와 청운교를 지난 이곳으로부터 부처님의 나라인 불국토가 시작됩니다. '자하문'은 '부처의 몸에서 비추는 자금광이 안개처럼 서린 문'이라는 뜻입니다.
문의 처마를 받친 장식 또한 'ㄱ'과 'ㄴ' 모양이 엇갈려가며 균형과 튼튼함은 물론 조화로운 가운데 아름답기까지 한 작품이라 할 수 있습니다.

05 좌경루

원래는 경전을 보관하던 누각으로 짐작되지만 복원 후에는 이곳에 행자를 부를 때 북 용도로 사용했던 목어와 운판(구름 모양의 넓은 청동 판으로 일종의 악기)을 설치했습니다. 목어는 중생에게 불법을 전하는 용도이기도 한데, 특히 물고기는 항상 눈을 뜨고 있기 때문에 이와 마찬가지로 수행자는 항상 깨어 있기를 촉구하는 뜻 또한 지니고 있습니다.

:: 불국사 권역 둘러보기 ::

06 다보탑

국보 조형 예술의 극치라 할 수 있는 높이 10.29m 의 다보탑은 단단한 화강암을 가지고 이렇게 정교하게 만들어냈다는 것부터 매우 놀랍습니다. 불국사 창건 당시인 751년에 건립되었다고 추측되며 자칫 산만할 수 있는 복잡한 구조를 매우 구조적으로 배치한 신라인들의 뛰어난 예술 감각을 볼 수 있습니다. 사면에 계단이 있는 사각 받침 위로 추녀가 있는 사각 기와집 형식으로, 그 위로 팔각정이 서 있습니다. 팔각정 창문에는 화려한 연꽃 잎 모양이 만들어져 있습니다. 1925년 일제는 탑을 완전히 해체한 후 보수했는데, 그때 분명히 있었던 사리와 사리장엄구, 유물이 모두 사라져버렸습니다. 또 돌계단 위에 있는 돌사자 또한 원래 네 마리였지만 그중 세 마리를 일제가 약탈해 현재는 한 마리만 남아 있습니다.

07 불국사 삼층석탑(석가여래상주설법탑=석가탑)

국보 전형적인 통일신라시대 3층 석탑으로 균형미가 매우 뛰어납니다. 화려한 다보탑에 비해 단순해 보이지만 보면 볼수록 우아함이 넘치는 걸작입니다. 다보탑과 마찬가지로 751년에 세웠다고 추측되며, 기단과 탑신 모서리마다 돌을 깎아 기둥 모양을 만들어놓은 것은 목조건축을 본뜬 것입니다. 1966년 도굴꾼에 의해 손상된 탑을 수리하면서 발견된 사리 보관 공간에서 세계에서 가장 오래된 목판 인쇄물인 〈무구정광대다라니경〉이 발견된 바 있습니다. 석가탑은 '무영탑', 즉 그림자가 비치지 않는 탑이라는 별명도 갖고 있습니다. 이는 석가탑을 짓기 위해 백제에서 온 석공 아사달과 남편을 찾아 먼 서라벌까지 왔지만, 끝내 만나지도 못하고 연못에 몸을 던진 아사녀의 비극적인 이야기가 담겨 있습니다.

08 대웅전

보물 부처를 모신 법당으로 현재 모습은 임진왜란 후 중건한 1659년의 것입니다. 그러나 대웅전 밑의 기단과 석등 등의 석조물은 통일신라시대 것입니다. 대웅전 영산회상도 및 사천왕 벽화는 보물로 지정되었으며 1769년 영조의 딸인 화완옹주와 상궁 김씨 등이 시주해 제작되었다고 합니다.

09 무설전

경론을 강술하는 곳이지만 '말이 없다'라는 역설적인 이름을 얻은 것은 말로는 불교의 깊은 뜻과 진리에 도달할 수 없다는 것을 표현했기 때문이라고 합니다. 670년에 이곳이 완성되자 중국에서 유학을 마치고 돌아온 의상대사가 최초로 강론을 했다고 합니다.

10 관음전

관세음보살을 모신 법당으로 1400년경 조선 초기 건축양식입니다. 관세음보살은 중생의 고난을 살피며 구제하는 보살로 민간의 많은 추종을 받았습니다. 원래는 내부에 992년에 만든 관음보살상이 있었지만 현재는 없어진 상태입니다.

11 비로전

8세기 중엽에 만든 금동비로자나불좌상(국보)을 모신 법당입니다. 원래는 광배가 있는 불상으로 짐작되지만 지금은 남아 있지 않습니다. 현재 건물은 1973년 불국사 복원 당시 남아 있는 신라시대 기단과 초석 위에 다시 세운 것입니다.

12 사리탑

보물 석등과 비슷하게 보이는 사리탑은 통일신라 양식을 이어받은 고려 전기 작품으로 추정됩니다. 기단은 연꽃 잎 모양이고 북 모양 기둥에 새겨진 구름무늬도 아름답습니다. 안쪽으로 파인 공간에 조각해 놓은 것은 여래상과 보살상입니다. 1905년 한 일본인이 도쿄 우에노공원으로 불법으로 가져갔다가 1933년에나 다시 돌아올 수 있었습니다.
이곳을 지나 있는 나한전은 부처의 제자 16나한을 모신 곳으로, 1593년 불탄 것을 중건했습니다.

13 극락전

아미타 부처를 모시는 곳으로 원래는 750년경 건축되었지만 임진왜란 후 소실되어 이후 중건했습니다. 극락전에서 대웅전으로 올라가는 세 줄로 된 16개의 계단은 아미타부처의 48대원을 표현하고 있습니다. 극락전 내부에 있는 금동아미타여래좌상은 8세기 작품으로 국보로 지정되었습니다. 또 이곳에서는 놓치지 말고 찾아봐야 할 것이 있습니다. 바로 나무로 만든 복돼지로, 2007년 극락전 현판 뒤 공포 위에서 발견되었습니다. 50cm 정도 크기에 황금빛을 띠며 뾰족한 입에 날카로운 송곳니와 눈매 덕에 역동적으로 보입니다. 복돼지, 황금돼지라 불리는데, 극락전 앞에 이것을 본떠 모형을 만들어 놓았습니다. 극락전은 임진왜란 당시 불탄 것들을 영조 때인 1750년에 중건했기 때문에 복돼지도 이때 만들었을 것이라 추정됩니다.

:: 불국사 권역 둘러보기 ::

14 연화교, 칠보교

국보 안양문으로 올라가는 석조 계단으로, 역시 목조 계단 형식으로 만들어놓았습니다. 10단으로 되어 있는 아래쪽이 연화교, 위쪽 8단 계단이 칠보교입니다. 섬세한 아름다움을 보여주는 연화교 계단에는 연꽃 잎이 새겨져 있는데, 계단을 밟고 올라가는 사람들이 극락정토에서 왕생하기를 기원하는 의미입니다.

15 가구식 석축

보물 안양문과 자하문 아래 있는 가구식 석축은 건물을 받치는 역할로, 자연석을 깎아 모양을 만든 인공석을 이용해 쌓았습니다. 이는 서로 맞물려 어긋남이 없어 오랜 세월과 지진 등을 견디며 본모습을 유지할 수 있었습니다.

16 안양문

아미타 부처가 계시는 극락전으로 통하는 중문으로 연화교와 칠보교를 지나 이곳으로 올라오면 부처의 세계인 극락정토가 펼쳐집니다. 문 이름인 '안양'이 곧 '극락'을 뜻합니다.

17 당간지주

의식이 열릴 때 매다는 '당' 깃발을 다는 장대가 '당간'이며 이것을 지탱하기 위해 세운 두 돌기둥이 당간지주입니다. 불국사에는 2쌍의 당간지주가 있는데, 동쪽 것은 통일신라 때 것이며, 서쪽은 크기와 제작 방법이 달라 다른 시대 것으로 보입니다. 동편 당간지주는 원래 위치에 남아 있는 것이라 더욱 중요한 역사적 자료입니다.

18 범영루

750년경 김대성이 불국사를 중창할 당시 세웠으며 임진왜란 당시 불에 탄 것을 17세기와 현대에 옛 모습대로 중건했습니다. 지금은 법고가 이곳에 있지만 원래는 종각으로 사용된 곳입니다.

19 불국사박물관

불국사의 역사를 한눈에 알아보면서 국보로 지정된 석가탑의 사리장엄을 비롯해 사찰이 소장한 불화 미술품과 불상 등의 유물을 감상할 수 있는 공간입니다. 또 정교하게 만들어놓은 불국사 모형과 〈무구정광대다라니경〉 등도 볼 수 있습니다.

석굴암

국보 불국사와 함께 신라의 가장 대표적인 불교 유적인 석굴암은 그야말로 세련미와 우아함이 극에 달한 걸작 중의 걸작입니다. 석굴암은 그 자체가 석불사라는 절로, 폐허로 방치되어 있던 곳을 일본인들이 수리한답시고 멋대로 뜯어고치는 바람에, 원래 석굴암이 가지고 있던 완벽한 수학적인 원리가 무너지고 맙니다. 하지만 본존불상을 비롯해 석굴암의 모든 부분은 참배자의 시각을 고려해 만든 수학과 예술이 만나 창조된 정점의 작품입니다. 석굴암이 있는 토함산은 '안개와 구름을 마시고 토한다'라는 뜻을 지닌 곳으로 석굴암을 만나러 가는 산책로 또한 좋습니다. 참고로 삼국시대부터 유명했다는 석굴암에서 바라보는 뛰어난 일출 풍경을 보기 위해 아침 일찍 방문해 온 하늘과 바다를 붉게 물들이며 떠오르는 해를 감상해보는 것도 좋겠습니다.

20 본존불

모든 불상이 아름답지만 그중에서도 본존불은 아름다움을 넘어선 신비로움을 간직하고 있습니다. 신비롭고 그윽한 미소를 띤 부처님의 시선은 바다를 바라보며 문무대왕 수중릉을 향해 있습니다. 정확히는 동지 때 해 뜨는 방향을 바라보고 있는데, 이는 계산된 것으로 밤이 가장 긴 동지에 햇볕이 가장 잘 드는 쪽을 바라보는 것으로 나라가 항상 평온하길 바랐던 것이라 합니다. 참배자의 시선에서 당시 성인 눈높이인 1m 60cm에 좌대 높이를 맞춘 것도 위아래 15도 각도로 부처님의 모습을 모두 볼 수 있도록 한 것입니다. 본존불이 주실 중앙에서 약간 뒤쪽으로 물러나 있는 것은 빛이 조금만 들어오는 석굴 내부에서도 빛이 많이 닿지 않는 뒷부분에 부처님을 모셔 일으킨 착시 현상으로 부처님이 우주를 상징하는 둥근 주실 한가운데 있는 것으로 보이게 한 것입니다. 또 본존불 뒷면에는 연꽃무늬가 조각되어 있어 부처님의 두광(부처님의 머리에서 나오는 신비한 빛)을 이룹니다.

21 석굴암의 구조

단단한 돌인 화강암으로 이루어진 우리나라 산에 석굴을 일부러 만드는 것은 너무 어려운 일이라 대신 우리는 세계에서 유일한 인조 석굴에 부처님을 모신 석굴암을 건축합니다. 석굴암은 다듬은 화강암을 조립해 건축했고, 본존불상이 있는 원형의 주실과 예불을 드리는 불상 앞쪽의 전실, 그리고 두 공간을 이어주는 비도로 구성되어 있습니다. 돔 형태의 주실에는 석가여래불상(본존불)을 비롯해 보살상, 10대 제자상, 천왕상, 역사상 등 40여 구의 불상이 벽면을 채우고 있었는데, 도굴꾼들이 가장 앞쪽의 좌우 불상을 가져가 현재 남아 있는 것은 38구입니다.

:: 불국사 권역 둘러보기 ::

ⓒ문화재청

22 천장

주실 천장은 108개의 넓은 돌을 사용해 만들었으며 세계에서도 보기 드문 뛰어난 건축술을 보여줍니다. 여러 방향에서 아치형으로 돌을 쌓아 올린 다음 크고 둥근 돌 하나를 꼭대기에 올려 돔형으로 완성했는데, 이 천장돌 연화문 천개석의 무게가 20톤에 달한다고 합니다. 돌을 옮기는 것만 해도 엄청난 일이었는데,《삼국유사》에 따르면 천장돌을 덮다 세 조각이 났고 하늘의 천신이 내려와 다시 이어 만들어준 것을 덮었다고 합니다. 그리고 30개의 굵고 큰 돌못을 천장에 박아 지붕 무게를 분산시켜 균형을 유지했습니다. 이런 방식으로 가운데 기둥이 없어도 1,000년이 넘는 세월 동안 무너지지 않은 튼튼한 구조를 띠게 된 것입니다.

23 습기를 잡아라!

기온이 높고 공기가 습해 동굴 내부가 훼손되기 쉬운 환경이라 항상 바닥에 차가운 물이 흐르게 해 석굴 안 습기가 바닥에 모여 땅속으로 스며들게 했습니다. 그래서 습기가 적은 건조한 공기를 유지할 수 있었던 거죠. 하지만 일제강점기 일본이 석굴암을 해체하고 복원하면서 그 기능을 잃고 맙니다. 더 이상의 훼손을 막기 위해 현재는 앞부분을 유리로 막고 에어컨과 제습기 등으로 습도를 조절하고 있습니다.

신라역사과학관

석굴암을 보기 전이나 후에 들러보면 좋은 곳으로 석굴암에 적용된 신비한 건축 원리를 제대로 알 수 있습니다. 1/5 크기로 재현한 석굴암 모형으로 유리벽 너머에 있어 자세히 살펴보기 힘든 석굴암의 구조를 관찰할 수 있습니다. 특히 천장 덮개돌의 과학적인 원리는 알고 나면 그저 감탄만 하게 될 정도입니다. 이곳에서는 석굴암 뿐 아니라 1/10 크기의 첨성대, 오대산 상원사동종 등 신라의 대표적인 문화재를 정교하게 복원해 흥미롭게 둘러볼 수 있습니다.

1. 불국사
주소 경상북도 경주시 진현동 산15 | 전화 054-746-9913 | 관람 시간 09:00~18:00 | 휴무 없음 | 입장료 무료
주차 불국사 주차장 이용(유료) | 홈페이지 www.bulguksa.or.kr

2. 불국사박물관
주소 경상북도 경주시 불국로 385 | 전화 054-745-2100 | 관람 시간 화~일요일 09:00~17:30
휴무 월요일, 1/1, 설날·추석 당일 | 입장료 어른 2000원, 청소년·어린이 1000원 | 주차 불국사 주차장 이용(유료)

3. 석굴암
주소 경상북도 경주시 불국로 873-243 | 전화 054-746-9933 | 관람 시간 09:00~18:00 | 휴무 없음 |
입장료 무료 | 주차 석굴암 주차장 이용(유료) | 홈페이지 seokguram.org

4. 신라역사과학관
주소 경상북도 경주시 하동공예촌길 33 | 전화 054-745-4998 | 관람 시간 화~일요일 10:00~17:00 |
휴무 월요일 | 입장료 어른 5000원, 학생 3500원 | 주차 자체 주차장 이용(무료) | 홈페이지 ssam2.modoo.at

AREA

019

산 전체가 지붕 없는
박물관

경주 남산 & 포석정

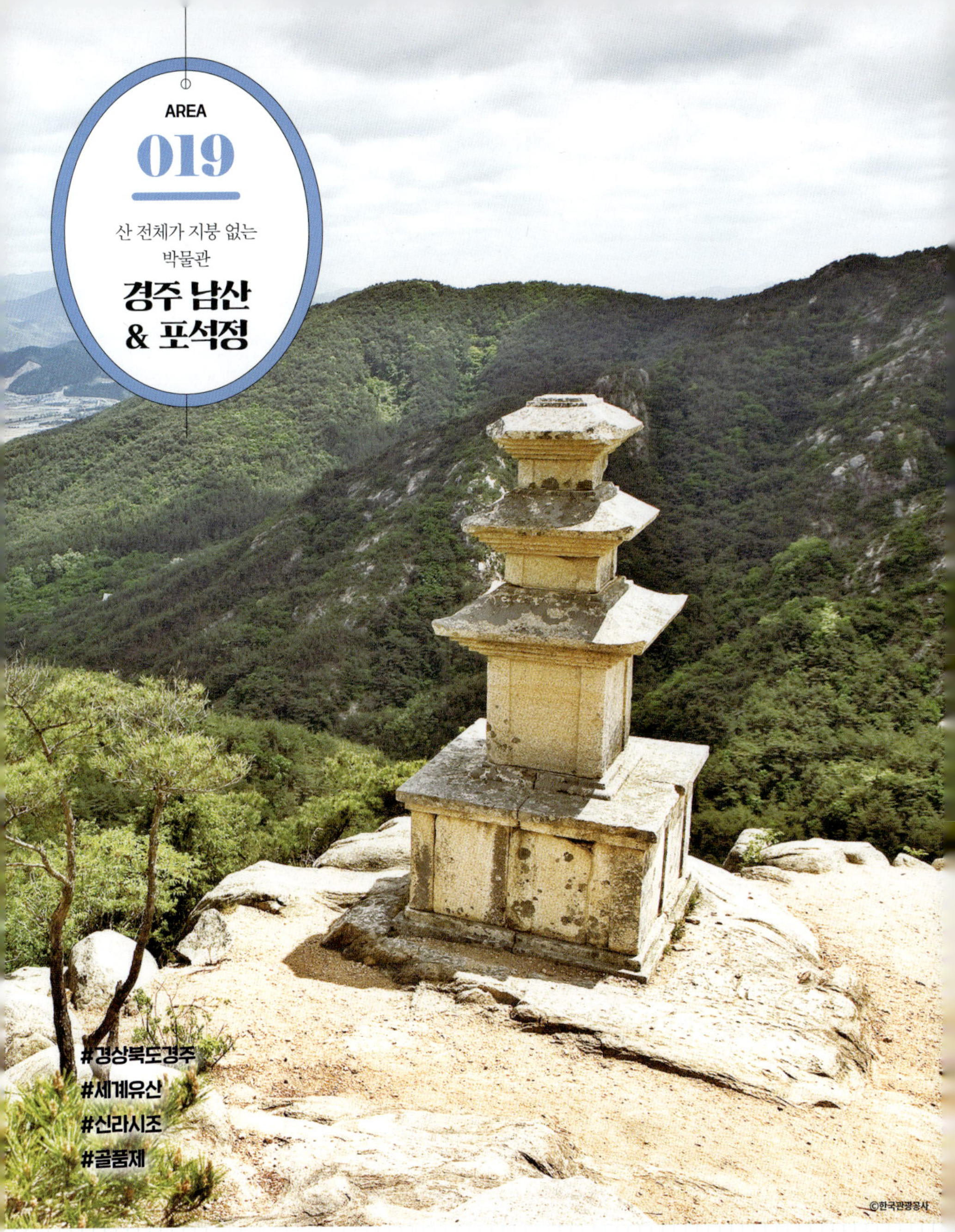

#경상북도경주
#세계유산
#신라시조
#골품제

©한국관광공사

신라는 불교를 받아들인 이후에 백성들의 힘을 하나로 모으고 왕의 권위를 세우려고 불교를 정치에 적극적으로 이용했다.

– 초등학교 사회 5학년 2학기

온 산이 불국토, '부처님의 나라'로 떠나보세요

한국사에 관심이 많은 사람들은 꼭 한번 직접 답사하고 싶어 하는 경주 남산은 넓고 험한 산지 곳곳을 따라 불교 유적이 남아 있는 곳입니다. 무언가를 일부러 세우기에는 너무도 힘든 위치에 서 있는 많은 불상과 탑 등을 둘러보면 당시 사람들이 가졌던 간절하고 신실한 불심이 저절로 느껴집니다.

'지붕 없는 박물관'인 경주 남산은 산세가 험한 곳이 많아 본격적으로 탐방하는 코스는 아이가 최소 초등학교 고학년 이상인 경우 추천합니다. 삼릉 소나무 숲은 새벽안개에 잠긴 멋진 사진으로도 매우 유명하니 그때 방문해 풍경을 감상해보는 것도 좋습니다.

1. 알에서 태어난 박혁거세, 용이 낳은 알영

신라 시조 박혁거세는 나정이라는 곳에 흰 말이 남기고 간 자줏빛 알에서 탄생했고, 이후 신라의 전신인 진한 땅 여섯 마을의 추대를 받아 왕이 되었다고 합니다.

그리고 박혁거세의 부인인 알영부인은 알영정이라는 우물가에 용이 나타나 옆구리로 낳은 아이라고 합니다. 그래서 아이 이름을 지을 때 우물 이름을 따서 '알영'이라 했다고 합니다.

▲ 알영정

2. 너의 뼈는 몇 두품이냐?

이렇게 태어날 때부터 범상치 않은 이야기를 품고 있는 신라 왕족들은 특별한 신분을 가지게 됩니다. 신라의 독특한 신분제도인 골품제 骨品制는 혈통에 따라 신분이 정해졌습니다. 성골, 진골, 6두품, 5두품, 4두품 등으로 나뉘며 김·박·석씨 등의 왕족이 성골과 진골이 되고, 족장 세력이 6두품이 되었습니다. 골품은 가문의 신분과 지위에 바로 연결되는 것으로 관직에 진출할 수 있는 한계가 정해져 있고, 집을 지을 수 있는 최대 크기, 혼인, 의복 빛깔을 비롯해 하다못해 마차 장식과 수레의 크기, 형태까지 엄격하게 정해져 있었습니다. 그중 혼인이 가장 엄격했는데, 가야계 사람들은 같은 진골이라도 차별대우를 받았습니다. 그래서 금관가야 출신인 김유신의 아버지 김서현도 진흥왕의 조카인 만명부인과의 결혼과 출세에 많은 어려움을 겪었습니다.

성골은 가장 높은 신분으로 왕족 중에서도 일부만 해당되며 성골에서만 왕이 나올 수 있어 결혼도 성골끼리만 합니다. 성골 다음 계급인 진골 또한 왕족이기는 하지만 왕이 될 자격이 없었고, 진덕여왕으로 성골이 끝나자 진골인 김춘추가 왕위에 오르게 됩니다.

3. 차별받는 6두품

골품제 중 비교적 신분이 높았던 6두품 출신도 아무리 능력이 있더라도 고위직인 5등급 이상의 이벌찬부터 대아찬에는 오를 수 없었습니다. 따라서 이들의 불만은 계속 커졌고, 이는 신라 말기 사회 분열의 원인이 됩니다.

:: 경주 남산 권역 여행지 둘러보기 ::

남산을 집중적으로 답사하는 일정도 좋고, 그 밖에 신라 건국 설화가 서려 있는 나정과 오릉, 경주 대표 유적지인 포석정, 솔밭 풍경이 유명한 삼릉 등이 있는 지역이라 함께 묶어 하루 정도 일정으로 돌아보면 좋습니다.

01 남산

세계유산 40여 개 골짜기로 되어 있는 경주 남산은 130여 곳의 절터, 100여 구의 석불, 70여 기의 탑이 있는 그야말로 '지붕 없는 박물관'입니다. 산 전체를 부처님의 나라, 즉 불국토로 만들려 했던 신라인들의 깊은 신앙심과 강한 의지에 감탄이 저절로 나오는 장소이기도 합니다. 광대한 산에 넓게 펼쳐져 있어 남산에 있는 유적을 찾아 구석구석 둘러보는 코스도 여러 개라 열흘도 부족합니다.

경주 남산은 산세가 험한 편이라 아이를 동반한다면 등반하기 쉽지 않은 코스가 대부분이라는 것도 참고하세요. 아이와 함께 가볍게 둘러보고 싶다면 삼릉에서 시작해 삼릉계곡 선각육존불, 경주배동석조여래삼존입상(경주배리석불입상) 코스를 추천합니다.

:: 경주 남산 권역 여행지 둘러보기 ::

1) 삼릉~금오산 정상~용장마을 코스(서 남산 코스)

남산 인기 코스 중 하나로 삼릉계곡에서 시작해 용장 사를 거쳐 하산해 5~6시간 정도 소요됩니다. 배병우 사진작가가 소나무를 즐겨 찍은 장소인 삼릉은 새벽 에 가면 안개가 자욱한 솔밭에 햇빛이 비치는 사진 속 풍경을 볼 수 있습니다.

삼릉계곡에서 시작되는 코스를 따라가다 보면 머리는 없지만 남은 흔적만으로도 훌륭한 목 없는 좌상, 관음 보살을 새긴 돌기둥, 2개의 삼존불, 삼릉골석불좌상 등을 만날 수 있습니다. 그리고 상선암에서 조금 올라 가면 남산 불상 중 가장 크고 머리 부분 조각이 아름다 운 마애석가여래대불좌상이 있는데, 높이가 5.3m, 너 비는 3.5m에 이르는 거대한 불상입니다. 계속 능선을 오르면 금오산 정상에 달하고, 아래쪽 바윗길을 따라 내려가면 암반 위에 서서 1,000년이 넘는 세월 동안 경주를 내려다보고 있는 용장사곡삼층석탑이 있습니 다. 하부 기단이 따로 없고 자연 암석 위에 바로 상층 기단을 세워 산 전체가 하부 기단이라 볼 수 있으니, 그 발상과 기상이 정말 놀랍습니다.

그 밑으로는 바위에 새겨진 뚜렷한 이목구비의 마애 여래좌상이 가부좌를 틀고 앉아 있고, 용장사석불좌 상은 3층의 대좌 위에서 세월의 흐름을 그대로 안고 자리를 지키고 있습니다. 생육신 중 한 사람인 김시 습이 머물며 소설《금오신화》를 썼다는 용장사 터를 지나 계곡을 따라 내려오면 용장마을이 나오니 여기 서 답사를 마치면 됩니다.

2) 칠불암~신선암(동남산 코스)

국보로 지정된 칠불암 마애석불상군과 더불어 불상 앞에서 내려다보는 전망이 일품인 신선암 마애보살 반가상을 보는 코스도 있습니다. 통일전 주차장 등에 주차를 한 후 남산리삼층석탑을 지나 봉화골 계곡길 을 따라가는 가파른 등산로를 올라가면 됩니다.

대나무 숲을 지나 도착하는 칠불암 암자에는 바위 면 에 삼존불상이 있고, 그 앞 돌기둥에 4구의 불상이 있 어 칠불암으로 불립니다. 가운데가 본존불이며 좌우 에는 협시보살이 있으며, 그 앞 바위 사방에 새겨진 불상들은 1,000년이 넘는 시간 동안 자리를 지키고 있습니다.

칠불암에서 올려다보면 바위 정상에 또 하나의 마애 불이 있는데, 이곳이 바로 신선암 마애보살반가상입 니다. 만만치 않은 길을 오르면 만날 수 있는 신선암 마애보살반가상은 다른 불상과는 달리 가부좌를 풀고 오른발을 아래로 뻗은 독특한 자세를 하고 있습니다.

02 삼릉

구불구불한 모양의 소나무가 빽빽하게 숲을 이루는 울창한 솔숲을 지나 나오는 삼릉은 8대 아달라 이사금, 53대 신덕왕, 54대 경명왕의 무덤으로 추정되는 능입니다. 하지만 능 자체보다 아름다운 솔숲으로 더욱 유명하며, 사진작가들의 성지라고 불릴 정도로 많은 작품이 이곳에서 탄생했습니다.

03 나정

신라 시조인 박혁거세 탄생 설화의 배경이 되는 곳으로 오래된 우물입니다. 당시 경주를 구성하고 있던 6촌의 촌장 중 하나가 나정을 지나가다 말이 무릎을 꿇은 채 우는 모습을 보았다고 합니다. 그래서 가까이 가보니 자줏빛의 큰 알이 있었고, 이 알에서 건강하고 잘생긴 아이가 나오니 그가 바로 혁거세였습니다.
나정에서는 팔각형 건물 터와 타원형 우물 터가 확인되어 이곳이 신라 시조 박혁거세의 제사 시설인 신궁 터로 추정하기도 합니다.

04 포석정

통일신라시대 가장 번영했던 헌강왕 시대는 '금성(수도 경주)에서는 기와 처마가 줄을 이어 비 맞을 일이 없었다'라는 기록이 있을 정도로 매우 부유한 시대였습니다. 이때 조성된 포석정은 중국 명필 왕희지가 벗들과 함께 물 위에 띄운 술잔이 자신의 앞에 오는 동안 시를 지어 읊고, 그때까지 시를 짓지 못하면 벌주를 마시는 놀이를 했다는 것에 착안해 만들었다고 합니다.
포석정은 22m 물길에 6cm 정도의 높낮이가 있어 물이 돌도록 만들어놓았고, 물길 모양이 마치 전복 모양과 비슷하다 해서 전복 포 鮑 자를 넣어 포석정이라 이름 지었습니다. 또 927년 신라 55대 경애왕이 이곳에서 연회를 즐기다 후백제 견훤에게 잡혀 자결한 장소라고 합니다. 그런데 포석정은 보통 여흥을 즐기던 장소로만 알려져 있지만 왕과 귀족이 모여 회의를 하거나 제사를 지낸 장소라는 주장도 있습니다. 일단 경애왕이 붙잡혀 죽은 것은 한겨울인 12월인데, 그 추운 겨울에 물에 술잔을 띄워놓고 연회를 하고 있지는 않았을 듯합니다. 그러니 '경애왕이 이곳에서 잔치를 베풀며 놀고 있다가 견훤에게 잡혀 죽었다'라는 내용은 어느 정도 승자의 관점에서 쓰인 기록이 아닐까요? 오히려 이곳이 제사를 지내는 곳이 맞는다면 경애왕은 점점 꺼져가는 불꽃 같은 신라를 구원해달라고 제사를 지내던 중이 아니었을까 하는 생각도 듭니다. 포석정은 일제강점기 일본에 의해 사적 1호로 지정되었는데, 나라는 망해가는데 유흥만 즐기던 왕이 놀다 죽은 장소라 우리나라를 모욕하기 위해 일부러 1호로 지정하며 조롱하는 의미를 담았다는 의견도 있습니다.

:: 경주 남산 권역 여행지 둘러보기 ::

05 오릉

신라 역사 초기를 이끈 박혁거세와 그의 부인 알영부인, 2대 남해 차차웅, 3대 유리 이사금, 5대 파사 이사금의 능이 모여 있는 곳입니다. 동쪽의 숭덕전은 박혁거세의 위패를 모시고 있는 곳으로 1년에 두 번 박혁거세를 기리는 제사를 지냅니다. 숭덕전 뒤에 있는 알영정은 알영부인이 탄생한 곳이라 전해집니다. 《삼국유사》에 따르면 박혁거세는 나라를 다스린 지 61년 만에 하늘로 올라가고 7일 뒤에 몸이 5개로 나뉘어 땅에 떨어졌다고 합니다. 그런데 이를 함께 모아 합장하려 하자 큰 뱀이 나타나 막았고, 그래서 그냥 그대로 다섯 군데에 각각 묻었다고 합니다. 이곳이 바로 이곳으로 긴 뱀 '사' 자를 사용해 사릉 蛇陵이라고도 부릅니다.

06 서출지

작은 연못이지만 연꽃이 가득 피기도 하고 주변에 오래된 나무들이 많아 운치가 있는 곳입니다. 연못에 다리를 걸치고 있는 정자 이요당은 1664년에 선비들이 풍류를 즐기기 위해 세웠다고 합니다. 서출지에는 신라 소지왕이 행차했을 때 쥐가 나타나 까마귀를 따라가보라 해 쫓던 중 이 연못에서 노인이 나타나 편지를 주어 암살 계획을 알려주었다고 합니다. 왕은 급히 궁으로 돌아와 음모를 꾸미던 왕비와 중을 잡았다고 하네요. 그래서 '연못에서 글이 나왔다'라는 의미로 서출지라는 이름이 붙었습니다. 근처에 남산동 삼층석탑, 정강왕릉, 동해 용왕을 만난 후 처용을 데리고 왔다고 하는 헌강왕의 능 등이 있어 함께 둘러봐도 좋습니다.

 INFO

1. 남산
주소 경상북도 경주시 남산동 | 주차 통일전 공용 주차장·남산동 공용 주차장 이용(무료)

2. 삼릉
주소 경상북도 경주시 배동 산73-1 | 주차 유료

3. 포석정
주소 경상북도 경주시 배동 454-1
관람 시간 09:00~18:00 | 입장료 어른 2000원, 청소년 1000원, 어린이 500원

4. 오릉
주소 경상북도 경주시 탑동 67-1
관람 시간 3~10월 09:00~18:00, 11~2월 09:00~17:00
입장료 어른 2000원, 청소년 1000원, 어린이 500원

5. 서출지
주소 경상북도 경주시 남산1길 17

6. 나정
주소 경상북도 경주시 탑동 700-1

 FOOD

아이와 함께 즐기면 좋은 주변 먹거리

달걀을 듬뿍 넣은 경주 명물 교리김밥 본점이 오릉 바로 옆에 있습니다. 대기 시간이 길어 일찍 방문하거나 포장으로 구입하는 것이 좋습니다. 주소 경상북도 경주시 탑리3길 2 | 전화 054-772-5130 | 영업 시간 월·화·목·금요일 08:30~17:30, 토·일요일 08:30~18:30 | 휴무 수요일 | 가격 김밥 도시락 1만2000~1만8000원, 교리국수 8500원

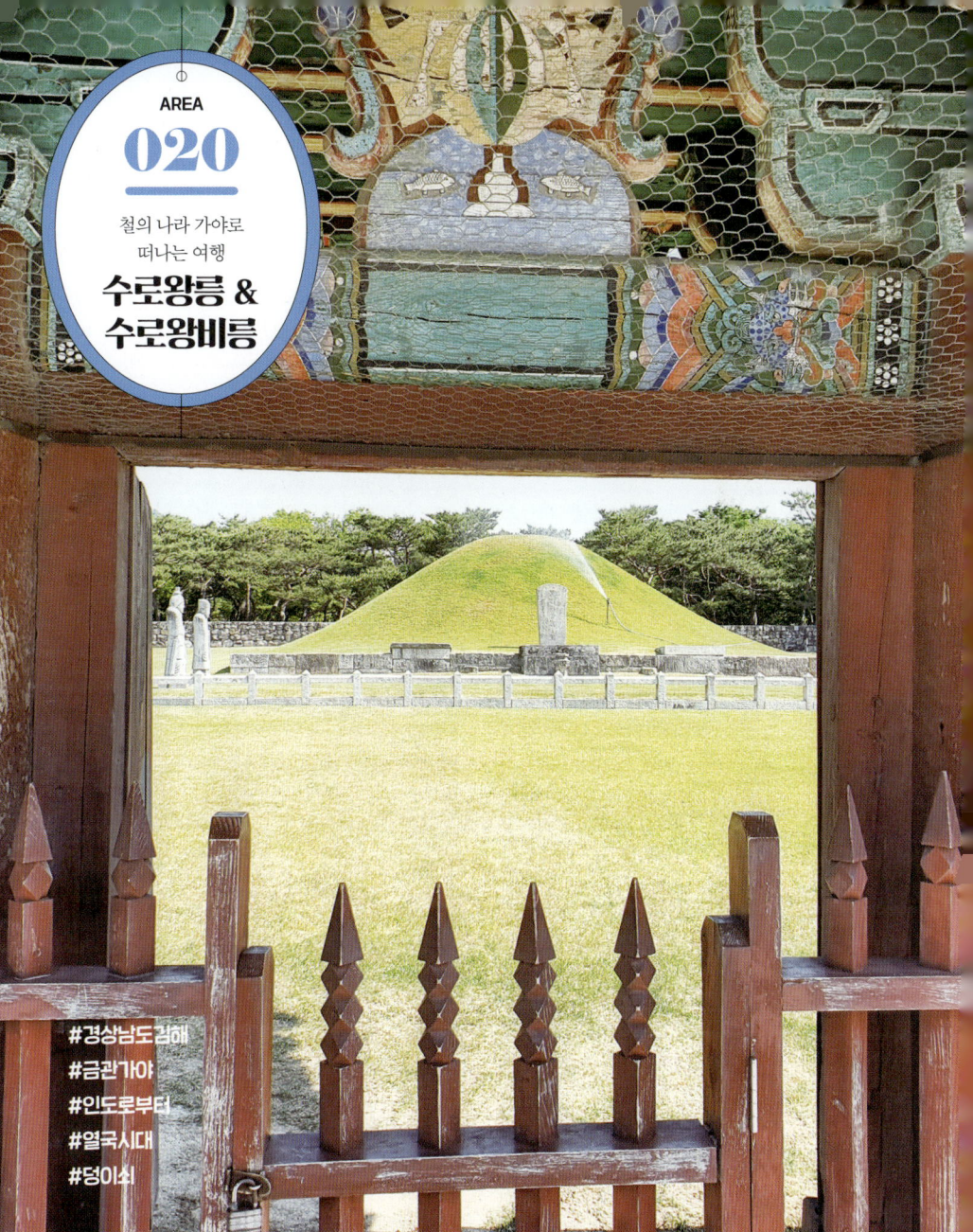

AREA
020

철의 나라 가야로
떠나는 여행
**수로왕릉 &
수로왕비릉**

#경상남도김해
#금관가야
#인도로부터
#열국시대
#덩이쇠

가야 지역에서는 질 좋은 철이 많이 생산되었다. 이 때문에 가야는 철을 이용해 다른 나라와 활발히 교역했다. 가야 사람들은 철을 이용해 다른 나라보다 우수한 칼과 창, 갑옷 등을 만들어냈다.

— 초등학교 사회 5학년 2학기

MISSION

> **뛰어난 철기 문명을 소유한 가야의 흔적을 찾아보세요**
>
> 가야는 비록 고구려, 백제, 신라와는 달리 중앙집권 국가로는 발전하지 못하고 연맹 왕국 단계에서 멸망했지만, 600여 년의 긴 역사와 더불어 뛰어난 철기 문화를 소유한 나라였습니다. 삼국에 비해 관심도도 높지 않고 알려지지 않은 면이 많았지만, 최근 가야사를 재조명하는 연구가 활발히 진행되고 있습니다.

고대 가야와 인도 왕국의 미스터리를 품고 있는 수로왕비릉을 둘러보고, 가야인들이 구지가를 부르며 왕이 될 사람을 기다리던 구지봉에 올라가보세요. 국립김해박물관에서는 '철의 왕국 가야'의 명성에 걸맞은 뛰어난 철기 유물을 볼 수 있습니다.

🔍 1. 하늘에서 내려온 6개의 황금알

낙동강 하류 지역에 있던 변한 땅에서 서기 전후로 가야의 여러 나라가 생겨납니다. 가야의 시조는 김수로, 즉 수로왕으로 그의 탄생 설화에 얽힌 '구지가 龜旨歌'의 가사는 '거북아, 거북아, 머리를 내놓아라. 만약 내놓지 않으면 구워 먹으리!'라는 거의 협박성 내용입니다.

당시 가야에는 임금이 없어 9명의 족장이 백성을 다스렸는데, 김해에 있는 구지봉에서 "여기 내가 왕이 되러 왔노라! 산봉우리 꼭대기에 가서 흙을 파며 노래를 부르면 임금을 얻을 것이니!"라는 소리가 들려 족장들이 백성들을 구지봉으로 데려간 후 하늘의 계시대로 흙을 파헤치며 구지가를 불렀다고 합니다. 300여 명의 백성이 춤을 추며 노래를 부르자 하늘에서 보라색 줄에 매달린 6개의 황금알이 내려왔습니다. 그 알에서 6명의 아이가 나왔고, 그들은 10일 만에 어른이 된 후 각각 6가야의 왕이 됩니다. 그리고 그중 제일 큰 알에서 가장 먼저 나온 사람이 바로 수로왕이며, 그가 금관가야의 왕이 됩니다.

▲ 왕의 탄생장소임을 알리는 비석

▲ 구지가를 새긴 비석

2. 김수로와 허황옥

'처음 나타났다'는 뜻의 '수로'라 이름 붙은 그는 인물이 훤한 것은 기본이고 키가 9척이었다고 합니다. 9척은 대강 180cm~2m라 지금으로서도 매우 큰 신장입니다. 그는 왕이 된 이후 배를 타고 온 아유타국의 공주 허황옥과 결혼했는데, 아유타국은 고대 인도의 아요디아 Ayodhya 왕국으로 추정됩니다. 김수로왕은 가야를 다스리다가 158세가 되던 해에 죽음을 맞이했다고 합니다. 또 그는 우리나라에 400만 명이 있다는 김해 김씨의 시조이기도 합니다. 그리고 둘 사이에 태어난 10명의 아들 중 둘은 왕비의 성을 받아 김해 허씨의 시조가 되었는데, 이에 김해 김씨와 허씨는 혼인이 금지되기도 했습니다.

3. 6부족 연맹체 가야

6개의 작은 왕국이 연합한 가야의 구성원은 다음과 같습니다. 김해를 중심으로 한 금관가야, 함안 중심 아라가야, 진주 중심 고령가야, 고성 중심 소가야, 성주 중심 성산가야, 고령 중심 대가야입니다. 이 중 전기와 후기를 이끌던 금관가야와 대가야를 중심으로 가야의 주요 유적이 많이 남아 있기도 합니다.

4. 전기 역사를 주도한 금관가야

가야는 3~5세기 초까지 김해에 위치한 금관가야를 중심으로 연맹 왕국을 이룹니다. 금관가야는 일찍이 우수한 철기 문화를 소유했고, 낙동강 하류에 있었기 때문에 지리적으로 해상 활동에 유리했습니다. 금관가야는 질 좋은 철을 가지고 무기 등 다양한 철제 도구를 만들었으며, 덩이쇠를 만들어 화폐처럼 사용했습니다. 그리고 이것을 바닷길을 통해 낙랑과 왜에 수출하며 발전해나갑니다. 당시 철을 잘 다루는 것은 최첨단 기술이었습니다. 가야에서 생산된 철은 덩이쇠 형태로, 당시 국제적으로 평판이 높은 제품이었습니다. 덩이쇠는 '철정'이라고도 하며, 이미 정련 과정을 거친 쇠였기 때문에, 이를 불에 달궈 두드리면 쉽게 원하는 형태의 도구를 만들 수 있었습니다.

TIP 삼국시대 vs 열국시대

우리는 흔히 삼국시대라고 이야기하지만 부여와 고구려, 백제, 신라, 가야가 함께 존재한 것이 450년 정도입니다. 고대국가로 발전하지 못하고 《삼국사기》, 《삼국유사》의 주류 국가가 아니라 해서 당대를 그냥 '삼국시대'라고 부르는 것이 과연 맞는 걸까요? 생각은 조금씩 다를 수 있겠지만 삼국시대보다는 '오국시대', 최소 가야를 포함한 '사국시대', 또는 동일한 지역에 여러 개의 나라가 존재한다는 뜻인 '열국시대'로 불러야 한다는 의견이 제기되고 있기도 합니다.

:: 금관가야 따라가기 ::

김해를 중심으로 발전한 금관가야를 따라가는 여행에는 흥미로운 여행지가 많습니다. 가야의 역사를 한눈에 볼 수 있는 국립김해박물관과 수로왕의 이야기가 담긴 구지봉, 수로왕릉, 수로왕비릉 등을 함께 둘러보면 좋습니다.

- 금관가야 1일 코스 : ① 수로왕비릉 → ② 구지봉 → ③ 국립김해박물관 → ④ 대성동고분군 & 박물관 → ⑤ 수로왕릉 → ⑥ 봉황동 유적

01 수로왕비릉

'허황옥'이라는 이름으로 불리는 수로왕의 왕비는 인도 아유타의 공주라고 알려져 있습니다. 수로왕릉과 마찬가지로 5m 높이의 원형 봉토 무덤이며, 봉분을 두르는 호석은 없습니다. 능의 음수대에는 두 마리 물고기가 서로 마주 보는 쌍어 조각이 있습니다. 쌍어문은 가야의 국장이나 신앙의 상징인데, 고대 바빌로니아인 또한 물고기가 인간을 보호하는 존재라고 생각해 이것으로 문장을 만들었다고 합니다. 이 쌍어문은 인도와 한국을 연결하는 증거라 할 수 있는 것이, 이런 쌍어 문양은 우리나라 다른 유적에서는 찾아볼 수 없기 때문입니다. 또 눈길을 끄는 것은 능 앞에 있는 파사석탑의 석재입니다. 허황옥이 아유타국에서 배를 타고 올 때 바람과 파도를 잠재우기 위해 함께 싣고 왔다고 하는데, 원래의 탑 모습은 많이 잃어버려 일부만 남아 있습니다. 붉은빛이 도는 돌은 우리나라에는 없는 종류라고 합니다. 석탑 뒤편 장군차나무는 허황옥이 가야에 오면서 가져온 예물 중 하나로 인도에서 봉차 씨앗을 가져와 이 근처에서 재배했다고 합니다. 그래서 왕비릉 근처에 과거에는 다전 마을이라 불리던 넓은 차밭이 크게 있었다고 합니다.

◀ 파사석탑

02 구지봉

수로왕비릉 옆에 있는 구지봉은 작은 봉우리지만 가야 건국 설화를 담고 있는 곳입니다. 이곳 정상에는 '대가락국 태조왕 탄강지지'라 새겨진 비석이 있습니다. 또 거북이 머리 모양을 닮은 커다란 돌도 서 있어 신화 속 이야기를 떠올리게 합니다. 구지봉으로 올라가다 보면 고인돌이 보이는데, 그 위에 '구지봉석'이라는 명문이 새겨져 있습니다. 이는 명필로 유명한 한석봉이 쓴 것이라 전해집니다. 구지봉에서 수로왕비릉은 걸어서 갈 수 있는데, 이때 도로를 가로지르는 다리가 있습니다. 이 다리 아래 도로는 일제강점기에 일본인들이 거북의 목에 해당하는 부분을 일부러 훼손하기 위해 만들었다는 이야기가 있습니다.

03 국립김해박물관

전기 가야 연맹체를 이끌었던 금관가야 등 가야의 역사를 한눈에 살펴볼 수 있는 총 1,300여 점의 유물이 전시되어 있습니다. 1층에서는 낙동강 하류에 형성되었던 선사시대부터 가야의 여명, 가야의 성립과 발전에 대해 볼 수 있고 가야인의 삶을 주제로 한 2층 전시관에서는 가야 토기, 갑옷, 투구 등의 철기 유물, 해상 왕궁 가야에 관련된 유물 등이 있습니다.
야외에는 옛사람들의 매장 방식을 알려주는 고인돌과 돌널무덤, 돌널덧무덤이 있고, 어린이박물관에서는 다양한 체험 프로그램을 운영합니다.

:: 금관가야 따라가기 ::

04 대성동고분군 & 박물관

세계유산 1~5세기에 걸친 가야 지배층의 무덤이 밀집한 곳으로 1~3세기 무덤은 평지 쪽에, 4~5세기 무덤은 구릉 정상부에 있습니다. 고인돌을 비롯해 널무덤, 덧널무덤, 굴식돌방무덤 등 다양한 형식의 무덤이 발견되었습니다. 고분군 옆에는 대성동고분박물관이 위치하니 함께 둘러보세요.

◀ 순장 풍습을 오래 유지한 가야

05 수로왕릉

금관가야의 시조인 수로왕의 무덤으로 납릉 納陵이라고도 합니다. 높이 5m의 원형 봉토 무덤입니다. 문인석과 무인석이 앞을 지키고 있는 능 주변으로 수로왕의 신위를 모신 숭선전과 안향각, 숭재, 홍살문, 숭화문 등의 부속 건물이 있습니다. 왕릉 앞 납릉정 문의 화반 위에는 석탑을 가운데 두고 **두 마리 물고기**가 마주 보는 쌍어문이 새겨져 있고, 왕릉 왼쪽 비석에는 태양 문양이 새겨져 있습니다. 둘 다 인도 아요디아에서 볼 수 있는 것이라 이를 통해 두 나라의 관계를 알 수 있습니다.

06 봉황동 유적

▲ 슬픈 이야기를 담고 있는 황세바위

금관가야 최대의 생활 유적지인 봉황대가 있는 곳으로, 초기 철기시대 유적입니다. 1~4세기경 가야의 생활 모습을 살펴볼 수 있으며, 가야시대 대표적인 조개무지(패총)와 토기 조각, 철기, 골각 제품 등이 발견되었습니다. 가야시대 주거지와 고상 가옥, 선박, 망루 등을 복원 설치해 당시 생활상을 실감 나게 알아볼 수 있기도 합니다.

INFO

1. 수로왕비릉
주소 경상남도 김해시 가락로190번길 1
관람 시간 3·10월 08:00~18:00, 4~9월 08:00~20:00, 11~2월 09:00~18:00 | 입장료 무료
주차 자체 주차장 이용(무료)

2. 구지봉
주소 경상남도 김해시 구산동(구지봉공원)
입장료 무료
주차 수로왕비릉 주차장 이용(무료)

3. 국립김해박물관
주소 경상남도 김해시 가야의길 190
전화 055-320-6800
관람 시간 화~일요일 09:00~18:00 | 휴무 월요일 | 입장료 무료 | 주차 자체 주차장 이용(무료)

4. 대성동 고분군
주소 경상남도 김해시 가야의길 126
주차 자체 주차장 이용(무료)

5. 수로왕릉
주소 경상남도 김해시 가락로93번길 26
관람 시간 3·10월 08:00~18:00, 4~9월 08:00~20:00, 11~2월 09:00~18:00
주차 없음(근처 유료 주차장 등 이용)

6. 봉황동 유적
주소 경상남도 김해시 가락로63번길 51
입장료 무료
주차 자체 주차장 이용(주간 유료, 야간 무료)

AREA 021

700여 기 무덤에
순장 풍습까지

고령 지산동 고분군

#경상북도고령
#유네스코_세계유산
#대가야
#순장
#우륵
#가야금

가야 문화와 관련된 역사 기록이 많이 남아 있지 않아 가야의 고분에서 출토된 물건들은 가야 문화를 이해하는 데 중요한 자료다. 당시 가야의 악기였던 가야금은 현재까지 전해진다.

― 초등학교 사회 5학년 2학기

2023년, 유네스코 세계유산이 된 대가야의 유적지를 둘러보세요

고구려 광개토대왕의 정복으로 큰 피해를 입은 가야 지역의 패권은 신라와 가까워 더욱 피해가 컸던 금관가야에서 비교적 거리가 있어 상대적으로 피해가 덜했던 대가야로 넘어갑니다. 후기 가야 연맹체를 이끌었던 대가야의 흔적은 경상북도 고령을 중심으로 남아 있고, 그중 규모가 가장 큰 유적지가 지산동고분군입니다.

산 위에 있는 지산동고분군으로 올라가는 길은 경사가 가파른 편이지만, 산책로로 정비가 잘되어 있어 아이들도 무난히 올라갈 수 있습니다. 고분군에 올라가면 건너편에 모여 있는 고분과 아름다운 산세가 한눈에 들어옵니다. 내려올 때 고분군에서 박물관 쪽으로 난 길로 오면 대가야박물관 뒤편으로 갈 수 있습니다.

▲ 늠름한 가야 기마무사 ▲ 말을 제어하고 장식하기 위해 사용된 말갖춤

🔍 1. 세력이 약해지는 가야

4세기 이후 가야 연맹은 점점 백제와 신라의 팽창에 밀려 세력이 약화되어갔는데, 이때 결정적인 사건이 벌어집니다. 4세기 말에서 5세기 초, 백제와 왜를 도와 신라를 공격한 가야는 신라를 도우러 온 고구려 광개토대왕의 공격으로 큰 타격을 받습니다.
이때 큰 피해를 입은 곳이 금관가야로, 이후 금관가야 중심의 가야 연맹이 해체되고 가야의 세력권은 낙동강 서쪽 일대로 축소됩니다. 이후 가야의 패권은 금관가야에서 대가야로 넘어가게 되었습니다.

🔍 2. 후기 가야 연맹을 이끈 대가야

5세기 후반부터는 고령에 있던 대가야가 후기 가야 연맹을 이끌어갑니다. 경상도 내륙 쪽에 있던 대가야는 고구려의 침입에 직접적인 피해를 받지 않아 세력을 보존할 수 있었던 거죠. 이후 대가야 또한 보유하고 있던 우수한 철기 문화를 바탕으로 다시 힘을 키워나갑니다.

▲ 가야 철제 갑옷

5세기 후반 대가야는 삼국이 대립하는 틈을 타 섬진강 하류와 소백산맥 서쪽까지 세력을 확장하기도 하고, 중국 남조와 교류하며 백제와 함께 고구려의 침입을 받은 신라를 도와주기까지 합니다. 하지만 가야 연맹은 각 소국이 독자적으로 유지만 했을 뿐 힘을 하나로 모으지 못했습니다.

3. 가야 연맹의 쇠퇴

6세기에 접어들며 백제와 신라가 경쟁적으로 가야 지역에 진출하면서 이윽고 후기 가야 연맹도 쇠퇴하기 시작합니다. 백제의 침략을 막기 위해 대가야는 신라와 결혼 동맹을 맺고 공동으로 대항했지만, 이는 오히려 신라의 침략을 더욱 불러일으키는 안타까운 결과를 가져왔습니다. 후기 가야 연맹은 백제와 신라의 압박과 침략으로 항상 정치 상황이 불안했고, 영토는 갈수록 줄어듭니다. 결국 금관가야는 신라 법흥왕에게, 대가야는 진흥왕에게 멸망하면서 562년 가야 연맹은 완전히 해체됩니다.

4. 가야는 왜 중앙집권 국가가 되지 못했을까?

왜 가야는 중앙집권적 고대국가로 발전하지 못하고 연맹 왕국 단계에서 멸망했을까요? 일단 가야의 작은 나라들은 모두 독자적으로 운영하며 서로 뭉치지 못했습니다. 또 위치가 좋지 않았습니다. 백제와 신라 사이에 끼어 있어 두 나라의 세력 다툼에 시달릴 수밖에 없는 굉장히 피곤하고 위험한 자리였던 거죠. 만약 6개 가야 연맹체가 똘똘 뭉쳐 하나가 됐더라면 우수한 철기 문화와 부유한 경제력을 바탕으로 신라와 백제를 제압할 수도 있지 않았을까요?

5. 가야의 유산

가야 연맹은 비록 중앙집권 국가로 발전하지 못한 채 멸망했지만, 우륵이 가야금과 가야 음악을 신라에 전하는 등 신라의 문화 발전에 영향을 주었습니다. 또 일부 세력은 왜에 진출해 일본 고대 문화 발전에 이바지합니다. 신라가 이룩한 통일 과업의 주역 중 한 사람인 김유신 장군은 법흥왕에 의해 멸망한 금관가야의 왕족 출신입니다.

:: 대가야 따라가기 ::

경상북도 고령을 중심으로 남아 있는 대가야의 유적은 경주나 부여 등의 유적지에 비해 많지는 않지만 700여 기의 무덤이 있는 지산동고분군만 보더라도 철기 문명을 바탕으로 번영했던 당시 모습을 짐작할 수 있습니다.

01 지산동고분군

700여 기의 고분으로 이뤄진 지산동고분군은 대부분 원형 봉분으로 모양은 비슷하지만 크기는 다양합니다. 수백 기의 무덤 중 겉모습이 확실하게 남아 있는 것에 번호를 매겨놓았습니다.
산등성이 위쪽에 밀집된 대형 무덤은 4~6세기 정도에 만든 왕이나 왕족과 같은 대가야 지배층의 무덤으로 추정됩니다. 이곳에서는 금관과 금동관, 금 귀걸이, 토기, 갑옷과 투구, 칼, 꾸미개 등의 유물이 출토되었습니다. 중형 무덤은 산등성이 중간쯤, 작은 무덤들은 대형과 중형 무덤 근처나 그 밑에서 발견되고 있습니다.
오랜 세월에 걸쳐 만들어진 곳이라 무덤의 내부 구조도 그때그때 무덤 양식에 따라 돌널무덤, 돌덧널무덤, 돌방무덤 등 다양한 형태를 하고 있습니다. 그런데 같은 봉분 안에 여러 무덤이 있는 것은 가족묘가 아닌 지배층의 장례 당시 함께 순장된 사람들의 것으로, 국내 최대 순장묘로 알려진 44호분과 45호분이 대표적입니다.

1) 44호분

구릉 꼭대기에 늘어선 5기의 대형분 중에서도 남쪽으로 100m 정도 떨어진 경사면에 독립적으로 있는 무덤입니다. 지름 27m, 높이 6m 규모로 내부에는 3기의 대형 돌방이 있고, 이 돌방을 원형으로 둘러싸며 32기의 소형 순장돌덧널이 있습니다. 규모와 구조, 고분의 위치 등으로 볼 때 44호분의 주인은 정확하게 알 수 없지만 가야 고분 중 가장 높은 신분인 왕릉으로 짐작됩니다.
수많은 부장품이 묻혀 있었으리라 짐작되지만 대부분의 유물은 도굴되었고 그나마 금 귀걸이, 금동 그릇, 은 장식 쇠창, 야광조개 국자 등을 발견했습니다. 특히 오키나와가 원산지인 야광조개 국자를 보면 국제 교류가 활발했던 가야의 모습을 짐작할 수 있습니다.

2) 45호분

지름 22~23.5m, 높이 2.85m의 무덤으로 주실인 돌방 2기를 둘러싸고 11기의 돌덧널무덤이 원을 그리며 배치된 여러덧널무덤입니다. 이곳에는 무덤 주인 외에도 12인 이상이 순장되어 있었는데, 으뜸돌방인 1호 돌방에 2명, 딸린돌방인 2호 돌방에 1명, 주변 11기 돌덧널에 9명 이상이 순장되었습니다.
1호 돌방 내 무덤 주인 머리와 발치 쪽에 각 1명이 금제 귀걸이와 비취로 만든 곱은옥이 달린 유리 목걸이를 하고 있었습니다. 2호 돌방에 순장된 사람 역시 화려한 금 귀걸이와 목걸이를 하고 있는 것으로 보아 무덤 주인과 가까운 사이거나 밀접한 관련이 있는 사람으로 짐작됩니다. 1, 2호 돌방을 둘러싸고 있는 11기 돌덧널 중 2호에서는 전투용으로 보이는 쇠도끼, 화살촉과 함께 40대 남성의 뼈가 나와 무덤 주인을 보좌했던 호위무사였으리라 짐작됩니다.

:: 대가야 따라가기 ::

02 대가야박물관

대가야박물관은 별도의 건물인 대가야역사관과 대가야왕릉전시관으로 구성되어 있습니다. 대가야역사관에서는 구석기시대부터 근대까지의 고령 지역 역사를 테마로 한 유물을 전시하며, 특히 대가야의 성립부터 발전 과정을 자세히 살펴볼 수 있습니다.

국내 최대 순장묘로 알려진 지산동 고분군 44호분의 내부를 실물 크기 그대로 재현해놓은 대가야왕릉전시관에서는 딸려묻기(순장) 풍습이 남아 있던 당시 모습을 살펴볼 수 있습니다. 전시관 가운데에 재현한 지산동고분군의 여러 무덤을 만드는 방식, 구조, 껴묻거리(부장품) 등에 대해 자세한 설명과 모형을 볼 수 있습니다. 또 박물관 야외에는 대가야 사람들이 살았던 움집과 창고, 제철로 등을 재현해놓았습니다.

03 우륵박물관

가야 출신으로 가야금을 만든 우륵의 이름을 딴 박물관으로, 우륵과 가야금을 주제로 한 다양한 전시물을 볼 수 있습니다.
가야금 제작 공인들이 악기를 제작하는 과정을 직접 볼 수 있는 전수교육관, 가야금 제작이나 직접 가야금을 튕겨보는 연주 체험 등을 할 수 있는 시설을 갖추었습니다.

고대의 악습, 순장

죽은 사람을 위해 그를 모실 부인과 하인 등 산 사람을 일부러 죽이거나 산 채로 함께 묻는 풍습인 순장은 고대국가에서 행하던 악습입니다. 부여, 신라, 가야 등에서도 순장에 대한 기록과 흔적이 남아 있습니다.

순장은 원래 중국 은나라 풍습에서 비롯된 것으로, 진나라 진시황의 장례 때에도 순장했다는 기록이 전해지고 있습니다. 부여의 순장 풍습에서는 100명 정도를 순장했다고 합니다. 정말 말만 들어도 끔찍하지만, 중국에서는 보통 한 번에 약 1,000명을 함께 묻었고, 조선과 시대를 함께하는 명나라 대까지 순장 풍습이 있었습니다.

신라는 지증왕(500~514) 당시 악습으로 여겨졌던 순장을 폐지합니다. 사실 한 사람의 노동력과 군사력이 아쉬운 상황에 멀쩡한 사람을 죽여 순장한다는 것은 그만큼 국가적인 손실이라 생각했기 때문이기도 합니다. 순장 풍습이 거의 사라진 것은 삼국시대 후기쯤으로, 신라인들은 사람이 아닌 흙으로 사람처럼 만든 토용을 함께 넣었습니다.

가야의 경우는 562년 신라에 의해 멸망할 때까지 순장 제도를 유지했는데, 내세를 믿었던 가야 사람들은 편안한 마음으로 순장에 임했다는 말도 있지만 과연 사람의 마음이 그럴 수 있을까, 하는 생각도 듭니다.

1. 지산동고분군
주소 경상북도 고령군 고령읍 지산리 산23-1 | **전화** 054-950-6323 | **입장료** 무료 | **주차** 자체 주차장 이용(무료)

2. 대가야박물관
주소 경상북도 고령군 대가야읍 대가야로 1203 | **전화** 054-950-7103 | **관람 시간** 3~10월 09:00~18:00, 11~2월 09:00~17:00 | **휴무** 월요일, 1/1, 설날·추석 당일 | **입장료** 무료(어린이 체험 재료비는 유료)
주차 자체 주차장 이용(무료) | **홈페이지** www.goryeong.go.kr/daegaya

3. 우륵박물관
주소 경상북도 고령군 대가야읍 가야금길 98 | **전화** 054-950-7136 | **관람 시간** 화~일요일 09:00~18:00
휴무 월요일, 1/1, 설날·추석 당일 | **입장료** 무료 | **주차** 자체 주차장 이용(무료)
홈페이지 www.goryeong.go.kr/daegaya

918년 왕건이 궁예를 내쫓고 세운 고려는 약 474년간 한반도에 자리해 있었어요. 이 시기에는 거란, 몽골 등이 자주 침략했기 때문에 정말 힘겨운 시기를 보내야만 했습니다. 그러나 백성들은 숱한 역경과 고난 속에서도 희망을 잃지 않고 똘똘 뭉쳐서 고비를 넘겼어요. 나라와 가족의 안녕을 위해 모두 손잡고 부처님 앞에서 하나가 되었지요. 찬란한 불교문화를 꽃피웠던 조상들을 떠올리며 "으쌰, 으쌰! 힘내라!"라고 다 같이 힘차게 응원해볼까요?

MISSION : 고려 백성들에게 불교는 어떤 의미였을지 곰곰이 생각해보기

PART 3

독창적인 문화를 발전시킨 고려

022. 전쟁기념관
023. 고려궁지
024. 항파두리 항몽유적지
025. 해인사 팔만대장경
026. 부석사

AREA
022

동아시아의 판도를 바꾼
세기의 전쟁, 귀주대첩
전쟁
기념관

#서울용산
#귀주대첩
#강감찬
#서희외교담판

> 고려는 개경 부근의 군인과 사람들을 성안으로 들어오게 해 성 밖에 식량이나 물자를 남기지 않았다. 이에 거란은 승리할 수 없음을 깨닫고 돌아갔다. 강감찬을 비롯한 고려군은 돌아가는 거란군을 귀주에서 크게 물리쳤다(귀주대첩).
>
> — 초등학교 사회 5학년 2학기

고려와 거란의 관계, 그리고 귀주대첩에 대해 살펴봅시다

귀주대첩은 을지문덕 장군의 살수대첩, 이순신 장군의 한산도대첩과 함께 우리나라 역사상 3대 대첩으로 꼽히는 전투입니다. 당시 한반도 북쪽의 거란은 최고 전성기를 누리던 때로, 약 30년간 총 세 차례에 걸쳐 고려를 침략했습니다. 당시 동아시아의 정세와 함께 귀주대첩의 배경과 전개 과정, 그리고 전투를 이끌었던 강감찬 장군에 대해 알아봅니다.

1994년에 개관한 전쟁기념관은 고대부터 수많은 외세의 침입을 극복하며 나라를 지켜낸 항쟁의 역사를 담고 있습니다. 국난을 극복하며 민족의 자주독립을 지켜온 우리 조상들의 이야기를 생생한 전시물과 함께 알아보면서 '나라 사랑'과 '평화의 소중함'을 생각해보세요. 이번 전쟁기념관 방문에는 고려와 거란의 전쟁에 대해 본격적으로 알아보아요.

1. 10세기 후반, 악명 높은 거란이 세력을 확장

거란 契丹은 중국 동북쪽을 지배했던 유목 민족으로, 야율아보기가 916년 건립한 요 遼나라를 말합니다. 당대 최강의 기마 군단을 거느린 거란은 세력을 확장하면서 926년 우리의 발해를 멸망시켰습니다.

2. "우리와 친하게 지냅시다", 고려에 낙타를 보낸 거란

당시 고려를 둘러싸고 있던 거란과 송은 팽팽하게 맞서며 서로 견제했습니다. 그 사이에 낀 고려가 혹시라도 어느 한쪽 편을 든다면 매우 곤란한 상황이었고, 거란과 송은 고려와 서로 친하게 지내고 싶었을 것입니다. 이에 거란은 942년, 사신들과 함께 낙타 50필을 고려에 선물로 보냈습니다. 당시 낙타는 쉽게 볼 수 없는 희귀한 동물이었으니 아주 귀한 선물이었죠. 하지만 태조 왕건은 거란 사신들을 모두 귀양 보내고 낙타 50필을 개경에 있는 '만부교'라는 다리 아래에 묶어놓은 채 오랫동안 물과 먹이를 주지 않고 전부 굶겨서 죽였어요. 도대체 왜 그랬을까요? 고려는 발해를 동족으로 생각했고 고구려 계승 의식을 갖고 있었기 때문입니다. 그러니 발해를 멸망시킨 거란은 원수의 나라였던 것이죠. 또 태조의 북진정책으로 고려는 거란과 계속 충돌할 수밖에 없었습니다. 반면 송과는 잘 지내고 있었습니다.

3. 거란, 30년간 총 세 차례 고려에 침입

거란 입장에서 볼 때, 자신들은 경계하면서 송과는 친하게 지내는 고려를 불안해서 계속 두고 볼 수만은 없었겠죠. 거란은 고려와 송의 관계를 끊기 위해 993년 소손녕이 80만 대군을 이끌고 고려를 침입했습니다. 이것이 바로 거란의 1차 침입입니다.

이때 고려의 신하들은 겁을 먹고 서경 북쪽 땅을 거란에 주고 달래보자는 의견을 냈습니다. 하지만 서희는 항복해서는 안 된다고 주장하며 거란의 장수인 소손녕을 만나러 갔어요. 여기에서 잠깐 서희에 대해 알아볼까요? 서희는 19세 때 과거에 급제한 매우 똑똑한 인재였습니다. 송나라에 사신으로 파견되기도 했는데, 서희의 뛰어난 언변과 예의 바른 태도를 보고 송 태조가 고려와 정식으로 외교 관계를 맺었다고 해요. 서희는 이런 경험을 바탕으로 국제 정세를 잘 파악하고 있었죠.

자, 다시 서희가 소손녕을 만나러 간 이야기로 돌아가겠습니다. 소손녕은 서희를 보자마자 자신에게 절을 하라고 요구했습니다. 하지만 서희는 당당하게 왕도 아닌 장수에게 절을 하지 않겠다고 이야기했습니다. 서희의 기개에 놀라며 소손녕은 서희와 이야기를 시작합니다.

○ 4. 거란의 1차 침입! 당당하고 멋있는 서희의 담판

소손녕의 주장을 정리하자면, '고구려 땅은 우리 것인데 고려가 침범해 온 것이다'와 '왜 송과만 친하게 지내는 것이냐'라고 할 수 있어요. 이에 서희는 다음과 같이 답합니다.

첫 번째, 고려가 옛 고구려 땅, 즉 거란 입장에서 자기네 땅을 침범했다는 말에 대해서는 "우리 고려는 고구려를 계승한 나라다. 이름 역시 고구려를 이어받아 '고려'라 했다. 그렇게 치자면 너희 거란 땅 일부도 고구려 땅이었는데, 어떻게 우리더러 침범했다 말하는가?"라며 맞받아쳤습니다. 두 번째, 왜 고려는 송과만 교류하느냐는 말에 대해서는 "그것은 여진 때문이다. 여진이 길을 막고 있어 거란과 교류하기 힘들다. 여진을 쫓아내고 그 땅을 우리에게 준다면 당연히 거란과도 교류할 것이다"라고 말했죠. 서희의 말을 들은 소손녕은 어떻게 했을까요? 고개를 끄덕이며 거란으로 돌아갔고, 여진족을 몰아내고 강동6주 江東六州를 설치할 수 있었습니다. 대신 고려는 거란의 연호를 사용하고, 고려 왕이 입조하며 송과 교류를 끊겠다고 약속했습니다. '입조'는 왕이 상대 국가에 가서 직접 사과하고 예를 갖추는 것을 말합니다. 잠깐! 여기에서 '강동6주'는 현재 평안도 지역으로, 흥화, 용주, 통주, 철주, 귀주, 곽주입니다. 이 중 귀주가 이후 강감찬 장군

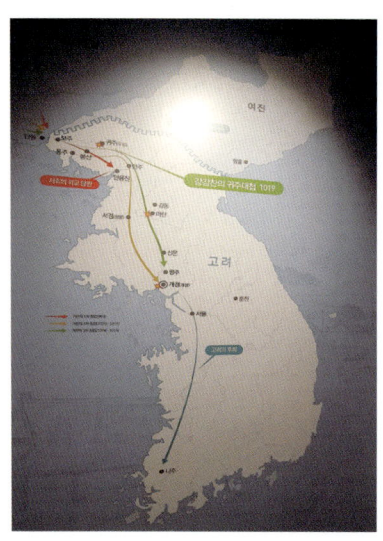

▲ 3차에 걸친 거란의 고려 침입

의 귀주대첩이 벌어졌던 곳이죠. 서희의 담판으로 고려는 싸움 한번 하지 않고 영토를 넓히고 군사, 교통 요지를 확보할 수 있었습니다.

🔍 5. '강조의 정변'을 핑계로 또다시 침입한 거란

하지만 1010년, 거란은 2차 침입을 합니다. 그 이유를 알아볼까요? 1009년 고려에서는 강조가 목종을 죽이고 현종을 왕으로 즉위시킨 '강조의 정변'이 일어납니다. 거란은 이것을 핑계 삼아 강조의 죄를 묻겠다며 1010년 성종이 직접 40만 대군을 이끌고 또다시 침입했어요. 당시 거란이 무서운 기세로 수도인 개경까지 쳐

▲ 외교의 달인, 서희

들어오자 고려의 신하들은 거란에 항복하자고 합니다. 그러나 이때 강감찬 장군은 항복에 반대하며 현종에게 피란을 가서 시간을 끌자고 설득합니다. 이에 현종은 강감찬의 의견을 받아들여 전라도 나주까지 피란을 갔어요. 거란은 2차 침입 이후 강동6주를 돌려달라고 요구했습니다. 또 거란 황제 성종은 고려 현종이 자신을 만나러 오지 않는 것에 대해서도 화가 많이 나 있었죠. 현종은 하공진을 거란으로 보내 입조와 강동6주 반환을 약속했습니다. 군대를 철수시키면 자신이 거란 황제를 만나러 갈 것이라 했죠. 이에 거란은 군대를 철수시켰고, 대신 하공진을 인질로 잡아갑니다. 인질이 된 하공진은 거란에서 혼인도 하고 좋은 대우를 받았다고 해요. 하지만 상황을 봐서 고려로 도망칠 계획이었죠. 그러나 안타깝게도 계획이 발각되었고, 거란은 하공진에게 고려를 버리고 거란에 충성하라고 설득했습니다. 그러나 이를 거부한 하공진은 죽임을 당합니다.

거란의 2차 침입 당시, 우리가 꼭 기억해야 할 인물이 있어요!

바로 '양규'로, 매우 중요한 인물인데 많이 알려져 있지 않았습니다. 그나마 2023년 드라마 <고려 거란 전쟁>에서 조명되며 많은 사람이 알게 되었죠. 그는 강조의 부하이자 당시 도순검사 都巡檢使직을 맡고 있었어요. 거란이 2차 침입할 당시 성종이 압록강을 건너 흥화진을 포위했을 때 양규는 이수호와 함께 흥화진을 지킵니다.
항복하지 않는 양규에게 거란은 마치 강조가 쓴 것처럼 꾸며 거란에 항복하라는 편지를 보냈습니다. 하지만 양규는 "나는 왕의 명령을 받고 온 것이지, 강조의 명령을 받고 온 것이 아니다"라고 말하며 끝까지 항복하지 않고 결사 항전을 합니다. 양규는 흥화진을 중심으로 거란을 여러 차례 공격해 큰 타격을 주었으며, 동시에 잡혀 있던 우리 백성들을 구해냈습니다. 하지만 안타깝게도 이후 애전 艾田에서 벌어진 전투에서 장렬히 전사하죠.
당시 양규가 한 달 사이에 거란과 일곱 차례 싸웠고, 포로로 잡힌 고려 백성 1만여 명을 구했다고 하니 활약이 정말 대단했죠?

177

6. 거란의 3차 침입, 귀주대첩에 밑줄 쫙!

거란은 2차 침입 후, 고려가 강동6주 반환과 입조 약속을 지키지 않았다는 것을 구실로 삼아 1018년 소배압과 10만 대군을 또다시 고려로 보내 3차 침입을 합니다. 참고로 소배압은 1차 침입 당시 서희가 담판을 지었던 소손녕의 형입니다. 다행히 고려는 거란이 다시 침입할 것이라는 생각에 전쟁 물자도 준비하고 군사훈련도 해왔습니다. 이것을 바탕으로 강감찬 장군이 대군을 이끌고 큰 역할을 하게 됩니다.

당시 거란은 개경을 향해 쉬지 않고 진격했습니다. 강감찬 장군은 거란의 계획을 미리 눈치채고 흥화진 근처 삼교천 三橋川에 1만2,000여 명의 군사를 매복시켰어요. 우리가 보통 소가죽으로 강물을 막고, 거란군이 강을 건널 때 물을 흘려보내 크게 이긴 싸움을 '귀주대첩'이라 알고 있는데, 그것은 사실 '흥화진전투'입니다. 삼교천에서의 기습 공격이었죠. 거란군은 강을 건너다 갑자기 물이 불어나 깜짝 놀라 우왕좌왕했고, 이 틈을 타 매복한 고려 군사들이 공격한 것입니다.

▲ 귀주대첩의 영웅, 강감찬

하지만 거란은 이에 굴하지 않고 계속 개경으로 진격했습니다. 목표는 고려 현종의 무릎을 꿇리는 것이었겠죠. 개경 진격 과정에서 고려군도 계속 거란군을 공격해 타격을 줍니다. 그러나 거란도 만만치 않았어요. 개경을 향해 진격, 또 진격합니다. 소배압은 개경 근처 신은현까지 도달했고, 이에 고려는 곡식 등 모든 먹거리를 없애고 우물을 메우며 적의 손에 들어가면 유용하게 쓰일 모든 물자를 미리 없애는 청야 작전을 폈습니다. 고려는 1019년 1월 금교역에서 거란의 척후대를 전멸시켰고, 이에 거란은 기세가 꺾였습니다. 개경 공격이 쉽지 않다는 것을 깨달은 거란은 연주와 위주를 향해 가고, 강감찬은 거란군을 공격해 500여 명을 죽입니다. 계속된 패배로 결국 소배압은 철군하기로 결정하죠.

7. 드디어 넓은 귀주 벌판에서 거란과의 긴 싸움을 끝내다

2월 1일, 퇴각하던 거란은 지금의 평안북도 지역인 귀주로 향합니다. 거란군이 귀주평원

▲ 귀주대첩 재현 모형(독립기념관)

에 도착하자 미리 기다리던 강감찬 장군은 결전을 벌입니다. 장군은 거란군이 귀주를 지나갈 것이라는 사실을 미리 알고 있었고, 그래서 귀주성이 아닌 넓은 평원에서 기다리고 있었죠. 드디어 귀주 벌판에서 고려와 거란이 서로 마주 보게 되었습니다. 귀주대첩의 승리에서 중요한 역할을 한 것 중 강감찬 장군의 지략과 함께 당시 거란을 향해 무섭게 불었던 초속 20m/s의 남풍을 빼놓을 수 없죠. 이 속도면 사람이 제대로 몸을 가누고 서 있기 힘들 정도인데, 게다가 세찬 비까지 내렸다니 아마 한 치 앞도 제대로 보지 못했을 거예요. 고려군의 화살이 강한 남풍을 타고 향해 날아오는 데다, 강감찬 장군의 계획에 따라 김종현이 1만 기병을 이끌고 뒤쪽을 공격하니 거란군은 정말 옴짝달싹할 수 없었겠죠? 이 전투에서 거란은 겨우 수천 명만 살아 돌아갔다고 합니다. 심지어 소배압 역시 무기와 갑옷을 버리고 겨우 도망쳤다니, 정말 통쾌하죠? 이것이 바로 거란에 맞서 대승을 거둔 '귀주대첩'입니다. 이 전투로 고려는 26년간의 긴 싸움을 큰 승리로 마무리 짓습니다.

강감찬 장군은 태어났을 때부터 잘난 인물이었을까요?

정답은 '아니요'입니다. 강감찬 장군은 948년에 태어났는데, 지금의 서울 관악구 쪽이 고향이라고 합니다. 현재 '낙성대 落星垈'라는 지역명이 바로 강감찬 장군과 관련 있어요. 전해지는 이 이야기에 의하면 당시 하늘에서 반짝거리는 큰 별이 떨어졌는데, 그 별이 떨어진 터에서 강감찬 장군이 태어났다고 합니다. 그래서 '낙성대'라는 이름이 붙었다고 해요. 탄생 설화부터 범상치 않죠? 이곳에서는 지금도 해마다 10월에 강감찬 장군의 호국 정신을 기리는 '인헌제'가 열리는데, 참고로 '인헌'은 강감찬 장군의 시호입니다.

강감찬 장군은 어릴 때는 키가 매우 작고 못생겨서 항상 친구들에게 놀림받았다고 해요. 그러나 어린 시절부터 공부를 잘하고 매우 영특하며 지혜로웠다고 합니다. 이후 36세에 과거에 합격했고 1009년 정4품 예부시랑이라는 벼슬에 임명됩니다. 서울시 관악구에 자리한 낙성대공원에 가면 공원 입구에 강감찬 장군의 동상이 있어요. 말을 타고 진격하는 장군의 모습이 정말 멋진데, 산책하기도 좋은 곳이니 시간이 된다면 꼭 한번 들러보세요.

🔍 8. 귀주대첩 이후 고려와 거란은 어떻게 되었을까요?

단 하루 동안의 전투에서 대승을 거둔 귀주대첩! 이 때문에 거란은 국력이 쇠퇴하면서 여진족이 세운 금 金에 결국 멸망당합니다. 사실 주변 어느 나라도 고려가 승리할 것이라고는 생각하지 못했습니다. 거란이 워낙 강했으니까요. 그러나 귀주대첩 승리 후 거란은 계속 고려로 사신을 보내 화해를 요청했고, 다시는 고려를 넘보지 않게 되었죠. 귀주대첩을 본 주변의 작은 나라들은 고려로 와 서로 속국이 되겠다며 토산물 등을 바쳤습니다. 이제 고려는 어깨에 힘을 주면서 필요에 따라 대등하게 송, 거란과 교류하는 힘을 갖게 된 것입니다.

그리고 강감찬 장군의 건의에 따라 수도 방어를 위해 개경 주위에 23km에 달하는 나성을 쌓았습니다. 또 1년에 걸쳐 압록강 어귀에서 도련포까지 천리장성을 쌓아 거란과 여진 등으로부터 나라를 방어하죠. 이후 고려는 몽골이 침입하기 전까지 약 200년간 평화를 누립니다. 귀주대첩은 그야말로 세계사적으로도 위대한 전쟁이니 우리 모두 자부심을 갖자고요.

🔍 9. 강감찬 장군은 귀주대첩 이후 어떻게 되었을까요?

영웅 강감찬 장군은 귀주대첩 당시 나이 70세가 넘은 노장이었어요. 노장의 지략과 카리스마로 나라를 구해낸 것입니다. 당시 현종은 승리를 거두고 돌아온 장군을 직접 영파역까지 나가 맞이하고, 금으로 만든 여덟 송이 꽃 장식을 머리에 직접 꽂아주었다고 합니다.

귀주대첩 후 강감찬 장군은 1030년 현재 국무총리에 해당하는 문하시중으로 임명됩니다. 이후 장군은 현종에게 사직을 청해요. 현종은 아쉬워하며 지팡이를 선물하면서 3일에 한 번만 입궐해 조회에 나오라는 특혜를 베풉니다.

이후 강감찬은 관직에서 은퇴한 후 1031년 84세의 나이로 세상을 떠납니다. 이때 왕이었던 덕종은 강감찬에게 '인헌'이라는 시호를 내리고, 3일간 조회를 하지 않았으며 강감찬 장군의 장례를 국장으로 치르게 하며 매우 슬퍼했다고 합니다.

:: 전쟁기념관 둘러보기 ::

전쟁기념관은 크게 실외 전시장과 실내 전시장으로 구분되어 있습니다. 실외에서는 주로 한국전쟁 당시 사용했던 장비와 세계 각국의 대형 무기 등을 볼 수 있어요. 실내 전시장에는 총 3개 층에 걸쳐 전시관이 자리합니다. 우선 1층의 전쟁역사실을 둘러보면서 역사의 흐름을 파악하는 것을 추천합니다. 그러고 난 뒤 2층과 3층을 차례로 관람하면 좋습니다.

01 귀주대첩 민족 기록화

02 거북선

1층 '전쟁역사실'은 선사시대부터 일제강점기까지 우리 역사의 흐름을 한눈에 파악할 수 있도록 구성했습니다. 그중 '고려시대' 전시관에는 귀주대첩 당시의 상황을 그려놓은 '귀주대첩 기록화'가 있어요.
이 그림을 보면서 당시 거란에 맞서 싸운 강감찬 장군과 귀주대첩의 내용을 떠올려보세요. 그림이 마치 살아 있는 듯 생생하게 다가올 것입니다.

1층 '전쟁역사실' 중 조선시대 전시관은 어린이들에게 인기가 가장 많은 곳입니다. 임진왜란 당시의 거북선을 축소 제작해놓은 모형이 있거든요. 거북선은 겉모습만 봐도 일본군이 꼼짝하지 못했을 법하게 튼튼하면서 위엄 있게 느껴집니다.
또 작은 계단으로 올라가 거북선 내부도 볼 수 있어 더욱 흥미롭지요. 이외에도 조선시대 전시관에서는 행주대첩에서 사용한 화차 등 당시 조선시대 무기도 전시해 임진왜란을 더욱 실감 나게 상상하며 공부할 수 있습니다.

---

1. 전쟁기념관
주소 서울시 용산구 이태원로 29 | **전화** 02-709-3114 | **관람 시간** 09:30~18:00 | **휴무** 월요일 |
입장료 무료 | **주차** 지상 주차장·지하 주차장 이용(기본 2시간 4000원) | **홈페이지** www.warmemo.or.kr

2. 낙성대공원
주소 서울시 관악구 낙성대로 77 | **전화** 02-879-6519 | **주차** 낙성대 제2 공영 주차장 이용(1시간 3000원~)

아이와 함께 즐기면 좋은 주변 먹거리
• 50년이 넘은 차돌박이 구이, 양곱창집으로 유명한 평양집(차돌박이 2만9000원~, 곱창 2만7000원~)
• 생태매운탕으로 유명한 한강집(1만6000원~)

AREA
023

강화도에서 만난
고려시대
고려궁지

#인천강화
#여몽전쟁
#강화천도
#무신정권
#외규장각도서

고려에 온 몽골의 사신이 돌아가는 길에 죽자, 몽골은 이를 이유로 고려를 침입해 왔다(몽골의 1차 침입). 몽골의 1차 침입 이후 고려 최씨 무신 정권은 도읍을 개경에서 강화도로 옮기고 몽골과 싸웠다.

— 초등학교 사회 5학년 2학기

몽골의 침입에 강화도로 도읍을 옮긴 고려에 대해 알아봅니다

강력한 북방 민족 국가인 몽골이 고려를 침입하자 고려 조정은 강화도로 수도를 옮깁니다. 고려 조정은 고종 19년(1232)부터 원종 11년(1270)까지 39년간 강화도에 머물며 몽골에 저항했고, 당시 흔적을 강화도에 남깁니다. 고려궁지를 비롯해 강화도의 고려시대로 떠나보세요.

몽골의 침입에 맞서 강화도로 수도를 옮겨 항쟁을 계속한 고려의 흔적인 고려궁지는 몽골과 청나라, 프랑스 등에 의해 원래의 궁궐과 성과 건물은 허물어지고 말았습니다. 지금은 조선시대 건물을 복원해놓은 승평문과 강화유수부 동헌, 이방청 등을 볼 수 있습니다.

▲ 고려궁지 입구   ▲ 당시 건물은 모두 허물어진 상태다.

🔍 1. 고려 조정은 왜 강화도로 갔을까요?

바다를 끼고 있는 섬인 강화도로 수도를 옮긴 까닭은 유목 민족인 몽골이 배를 만드는 것이나 바다에서 벌이는 전투에 약했기 때문입니다. 섬 앞바다가 무척 좁아 이 정도도 건너지 못할까 싶지만 대신 물살이 매우 빠른 데다 갯벌이 넓어 몽골군이 상륙하기 어려웠던 거죠. 또 강화도가 비교적 큰 섬이라 많은 사람들이 지내기에 괜찮았고 뱃길이 있어 육지에서 세금과 물자를 옮겨 오기에도 편리했기 때문입니다.

🔍 2. 그래도 궁궐은 있어야지?!

몽골의 침략 때문에 피해 간 곳이니 어디서 지낼까 싶은데 고려 조정은 아예 그곳에 궁궐을 짓습니다. 고종 19년인 1232년부터 궁궐과 관아를 건축하기 시작해 2년 후인 1234년 공사를 완성합니다. 이후 개경으로 돌아간 1270년까지 이곳에 머물게 됩니다.《고려사절요》에는 '최우(당시 무신 정권의 우두머리)는 이령군을 동원해 이곳에 궁궐을 지었다. 규모는 비록 작지만 송도 궁궐과 비슷하며, 궁궐 뒷산도 송악이라 불렀다'라 기록되어 있습니다.

3. 궁터가 생각보다 너무 좁은데요?

지금 고려궁지에 가보면 생각보다 좁은 면적(약 7,272.7㎡, 약 2,200평)에 전쟁 중이라 소박했구나, 하고 오해할 수 있습니다. 하지만 원래는 여러 전각과 정궁이 있던 넓은 곳이었는데, 현재는 정확한 위치와 범위를 알 수 없어 축소되어 남아 있는 것이죠. 정문인 승평문, 동쪽 광화문 등과 그 밖의 여러 건물도 1270년 환도할 당시 몽골과의 화친 조건으로 모두 허물었다고 합니다. 현재 자리에 남은 고려시대 흔적은 돌계단과 건축 기단 정도입니다. 이곳에서 고려시대 기와 조각이 발굴되기도 했습니다.

:: 고려궁지 둘러보기 ::

안타깝게도 고려시대 당시 건물은 남아 있지 않지만, 고려시대부터 조선 말에 이르기까지 우리 역사의 중요한 순간과 함께한 공간이니 그 의미를 새기며 둘러보면 좋겠습니다.
조선 인조는 1631년에 이곳에 행궁을 건축하고 강화유수부 등을 지었지만 병자호란 당시 함락되어 이곳에 있던 봉림대군 등이 볼모가 됩니다. 또 1866년 병인양요 때는 프랑스군의 공격으로 완전히 파괴되기도 합니다.

01 강화유수부 동헌

조선시대 관아 건물로 현재의 군청 같은 역할을 한 곳입니다. 인조 당시 건축되었고 1977년 복원했습니다. 걸려 있는 현판은 당시 명필로 꼽혔던 윤순의 글씨로 '명위헌 明威軒'이라 적혀 있습니다.

02 강화유수부 이방청

동헌 앞에 있는 조선시대 관아 건물로 이에 속했던 관리인 육방(이방, 예방, 호방, 병방, 형방, 공방) 중 하나인 이방이 사무를 보던 장소입니다. 여러 차례 개·보수해 원형은 알 수 없지만 조선시대 관아 모습을 잘 보여줍니다. 이방청 내부에는 강화도의 국난 극복 관련 전시물이 전시되어 있습니다.

03 강화동종

조선시대 강화성문을 여닫는 시각을 알려주는 역할을 했습니다. 숙종 11년에 만든 것을 정족산성에서 다시 만들어 두 번 주조했다고 알려져 있습니다. 종 중앙을 띠로 둘러 장식하는 것은 조선시대 문화의 특징이기도 합니다. 고려궁지를 정비하면서 진품은 갑곶리 강화역사관으로 옮겼고, 이곳에 있는 것은 모조품입니다. 보물로 지정되어 있기도 한 강화동종은 병인양요 당시 프랑스군이 약탈하려 했지만 실패해 다행히 우리 땅에 남아 있게 되었습니다.

04 외규장각

조선 정조 당시 왕실 관련 서적을 보관하려 설치한 외규장각은 왕립 도서관인 규장각의 부속 도서관 역할을 했습니다. 외규장각은 왕실이나 국가 주요 행사의 내용을 담은 의궤 등 귀중한 서적을 보관했는데, 병인양요 때 프랑스군은 값진 책과 금은괴 등을 모두 약탈한 후 모든 건물을 완전히 불태웁니다. 프랑스군은 당시 책만 해도 200여 종 340책을 가져갔다고 하며, 가져가지 못한 책은 모조리 불태워버렸습니다. 이때 약탈당한 도서들은 우리나라와 프랑스의 합의로 145년 만에 우리 땅에 돌아왔습니다.

고려궁지와 함께 둘러보기 >>>

고려궁지와 가까운 거리에 강화도의 유명 명소 두 곳이 있습니다. 철종이 살던 자리에 세운 용흥궁과 우리나라에서 가장 오래된 한옥 교회 건물이며 SNS에서도 유명한 대한성공회 강화성당도 놓치지 마세요.

05 용흥궁

조선 25대 왕 철종(재위 1849~1863)이 순원왕후와 안동 김씨의 결정으로 갑작스레 왕이 되기 전까지 머물던 곳입니다. 왕족이지만 가문이 역모에 휘말리는 바람에 평민처럼 살던 철종은 '강화도령'이라 불리기도 합니다. 원래 초가집이었지만 철종이 왕이 된 후 지금과 같은 기와집을 짓고 '용흥궁'이라 불렀습니다.
주소 인천시 강화군 강화읍 동문안길21번길 16-1

06 대한성공회 강화성당

우리나라에 현존하는 한옥 교회 건물로는 가장 오래된 것으로 벽돌을 쌓아 올린 기와집입니다. 1900년에 건축돼 독립운동과 일제의 전쟁 물자 공출의 역사가 담겨 있기도 합니다. 내부는 서양의 바실리카 양식을 따랐고 외부는 한옥 양식으로 만들어 동서양이 어우러진 독특한 모습을 하고 있습니다.
주소 인천시 강화군 강화읍 관청길27번길 10

:: 고려궁지 둘러보기 ::

강화에 남아 있는 고려의 흔적 >>>

'지붕 없는 박물관'이라 불리는 강화도에는 선사시대부터 조선 후기에 이르기까지 많은 유적이 있습니다. 고려의 임시 조정이 있던 이곳에서 고려궁지 말고도 당시의 흔적을 볼 수 있는 곳들을 찾아볼 수 있습니다.

07 강화 홍릉

고려 23대 왕 고종(재위 1213~1259)의 능인 홍릉 洪陵은 1259년에 조성되었습니다. 고종은 몽골의 침입을 받아 강화도로 수도를 옮긴 후 28년간 몽골에 대항했습니다. 최씨 무신 정권 시대에는 제대로 정치를 하지 못했지만 1258년 최의가 살해된 후 왕권을 회복했습니다. 고종 당시 팔만대장경이 조판되었고 유학을 장려하기도 했습니다.
주소 인천시 강화군 강화읍 국화리 산129-2

▲ 첨화루(서문)

08 강화산성

1232년 축성한 강화산성 江華山城은 몽골의 침략에 맞서기 위해 만들었습니다. 원래 내성, 중성, 외성이 있었지만 현재는 돌로 쌓은 둘레 1.2km의 내성만 남아 있습니다. 약 9km였던 중성은 흙을 쌓아 만든 토성이었고 8개의 문이 있었지만 현재는 남아 있지 않습니다. 거대한 외성은 몽골이 강화를 침입하는 것을 막는 데 아주 중요한 역할을 했습니다.

그러나 1259년 몽골과 화친하면서 그 조건으로 내·외성을 모두 헐어야 했기 때문에 강화산성은 없어지고 맙니다. 이후 조선 초에 다시 축성했지만 병자호란 당시 청군에 파괴되어 현재는 당시 것이 거의 남아 있지 않습니다. 지금의 모습은 조선 숙종 37년에 만들어졌고, 이후 병인양요와 신미양요 때도 적군을 방어하는 데 큰 역할을 한 바 있습니다.

강화산성의 문루는 남문(안파루), 북문(진송루), 동문(망한루), 서문(첨화루)으로, 북문을 제외하고는 모두 시내에 자리해 오가면서 쉽게 볼 수 있습니다.

INFO
고려궁지
주소 인천시 강화군 강화읍 북문길 42 | **전화** 032-930-7078 | **관람 시간** 09:30~18:00 | **휴무** 없음
입장료 어른 1000원, 청소년 900원, 어린이 800원 | **주차** 자체 주차장 이용(무료)

FOOD
아이와 함께 즐기면 좋은 강화도 대표 먹거리
- **젓국갈비** : 새우젓 국물에 갈비를 넣고 시원하고 칼칼하게 끓인 강화도 향토 음식. 용흥궁식당 등이 유명합니다 (중 3만5000원~, 대 4만 원~).
- **왕자정묵밥** : 고려궁지 바로 근처에 있는 유명 묵 전문점(묵밥 1만원~) | • 꽃게탕 & 간장게장 | • 장어구이 | • 순무김치

AREA
024

끝까지 저항한
삼별초 최후 항쟁지
항파두리 항몽유적지

#제주애월
#삼별초
#몽골침입
#대몽항쟁

> 고려의 왕과 일부 신하는 전쟁을 멈추는 조건으로 강화도에서 개경으로 돌아왔다. 그러나 삼별초라 불리는 일부 군인들은 이에 반발했다. 삼별초는 근거지를 진도와 탐라(제주)로 옮겨 가며 고려 조정과 몽골에 끝까지 저항했으나 결국 실패했. … 고려는 몽골의 간섭을 받았지만, 끈질긴 항쟁과 외교적인 노력으로 나라를 유지하고 고유의 문화를 지킬 수 있었다.
> — 초등학교 사회 5학년 2학기

MISSION

몽골의 침입과 고려 및 삼별초의 항쟁에 대해 알아봅니다

수차례의 몽골 침략에 맞서 싸운 고려 조정이 항복한 이후에도 이에 불복하며 끝까지 항쟁한 삼별초 三別抄는 우리 민족의 당당한 기개를 보여줍니다. 진도와 제주도로 이동하며 끝까지 저항한 항쟁은 비록 실패로 끝났지만 자주성이 강한 우리 민족정신을 엿볼 수 있게 해줍니다.

국가사적으로 지정된 이곳은 삼별초의 최후 항쟁지로 전시관, 기념비, 토성과 함께 김통정 장군이 뛰어내리면서 남긴 발자국에서 솟은 물이라는 이야기가 전해지는 장수물 등이 있습니다. 외세의 침략에 굴복하지 않고 나라를 지키려는 호국의 얼이 담겨 있는 이곳을 둘러보며 삼별초의 의지를 생각해보세요.

🔎 1. 몽골은 왜 고려를 침략했나요?

북쪽 유목 민족 몽골은 강력한 정복자 칭기즈칸에 의해 통일된 후 주변 나라들을 침입하기 시작합니다. 전쟁을 계속하며 엄청난 면적의 땅을 차지했고, 가까운 곳에 있던 고려에도 사신을 보내 무리한 공물을 바칠 것을 요구합니다. 몽골 사신이 돌아가는 길에 죽는 일이 일어나자 몽골은 이를 핑계로 1231년 고려를 침략하고 이후 1259년까지 일곱 차례에 걸쳐 침략합니다.

▲ 항파두리 내성지

▲ 성내에서 발견된 고려청자

🔎 2. 강화도로 도읍을 옮긴 고려

몽골의 1차 침입 후 고려는 강화도로 도읍을 옮기고 항쟁을 합니다. 정부는 섬인 강화도에 있었지만, 내륙에서도 산성과 섬을 중심으로 몽골 군대와 싸웠으며, 박서의 지휘 아래 백성과 관군이 같이 귀주성을 지켜내기도 합니다. 또 처인성, 충주성 등에서 전투를 벌여 몽골군을 물리치기도 하는데, 이때 몽골에 맞서 적극적으로 싸운 것은 마을 주민들과 노비, 천민으로 구성된 군대였습니다. 지배층은 도망쳤지만 노비 등 천민들이 남아 몽골군을 물리친 거죠. 그러나 40여 년간 일곱 차례에 걸친 전쟁으로 국토와 백성들의 삶은 황폐해집니다. 수많은 사람이 죽거나 몽골에 포로로 끌려갑니다.

또 황룡사 구층목탑과 대구 부인사에 있던 초조대장경 등 수많은 귀중한 문화재 등도 불타거나 약탈당하는 등 엄청난 피해를 입습니다. 《고려사절요》에는 몽골의 6차 침입 당시 포로로 잡혀간 사람이 20만 6,800여 명이며, 죽은 사람은 셀 수도 없이 많고 몽골이 거쳐

간 마을은 모두 잿더미가 되었다고 기록되어 있습니다.(▶강화 천도 p182 고려 궁지 참고)

초조대장경은 무엇인가요?

거란의 침입을 불교의 힘으로 물리치고자 하는 마음으로 만든 것으로 고려 최초의 대장경입니다. 1011년(현종 2년)에 시작해 70여 년 걸쳐 1087년(선종 4년)에 완성해 대구 부인사에 보관되었습니다. 6,000권 정도의 분량이며 판화 등도 있어 미술사적 가치도 매우 높습니다. 그러나 안타깝게도 원본인 목판은 몽골 침입 당시 불타 없어지고 현재는 인쇄본만 남아 있습니다.

3. 삼별초는 어떤 조직인가요?

삼별초는 원래 최씨 무신 정권이 자신들을 보호하기 위해 만든 사병 집단으로, 몽골 침략 후 이에 대항하는 군대로 편성되어 운영된 조직입니다. 최씨 정권의 최우 집권기에 나라에 도둑이 많아져 사람을 모아 매일 밤 순찰하고 단속하게 했는데, 그 이름을 야별초 夜別抄라 했습니다. 하지만 도적들이 전국적으로도 계속 생겨나자 야별초를 나누어 도둑을 단속했는데, 수가 많아져 야별초를 좌별초와 우별초로 만들었습니다. 또 몽골에 포로로 잡혀갔다 도망 온 자들을 모아 신의군을 만들어 이 셋을 함께 삼별초 三別抄라 했습니다.

삼별초 三別抄의 항쟁!

오랜 시간 몽골과 맞선 고려의 대몽 항쟁에서 우리가 꼭 기억해야 할 것이 있는데, 바로 '삼별초의 항쟁'입니다. 삼별초는 본래는 최씨 정권들이 거느리던 사병 부대였지만 몽골이 고려를 침략하자 관군처럼 나라를 위해 싸우게 된 것이죠. 최씨 정권이 몽골에 항복하고 삼별초 해산을 명령했지만 당시 삼별초는 끝까지 몽골에 맞서 싸우겠다고 명령을 거부합니다. 그리고 강화도를 떠나 진도, 제주도로 근거지를 옮기면서 몽골에 저항했습니다. 이때 삼별초를 지지하던 백성들도 함께했다고 해요. 이 과정에서 삼별초의 대장이었던 배중손이 목숨을 잃었고, 수많은 군사가 희생되었어요. 결국은 1273년 고려와 몽골 연합군의 공격으로 삼별초는 진압되었습니다. 몽골은 삼별초의 마지막 항쟁지였던 제주도에서 삼별초를 진압한 뒤 여기에 탐라총관부 耽羅摠管府라는 관청을 설치하고 직접 관리를 파견해 제주도를 관할했습니다. 삼별초가 진압되면서 긴 세월 계속된 고려와 몽골의 전쟁은 끝납니다. 삼별초의 항쟁은 비록 실패로 끝났지만 고려를 침략했던 몽골과 자신들의 안위를 지키기 위해 몽골에 항복했던 지배층에 항거한 의미 있는 사건이었습니다. 그래서 백성들도 당시 삼별초에 많은 지지를 보냈다고 생각됩니다. 이렇게 삼별초의 항쟁은 스스로 나라를 지키고자 했던 고려인들의 자주정신을 잘 보여주는 일이었으니 우리가 꼭 기억해야겠죠?

4. 저항의 중심 세력, 삼별초

원래 군사 활동과 함께 경찰 같은 역할을 했던 삼별초는 몽골과의 전투에서 최전선에 서며 활약했는데, 고려 조정이 원에 항복해 개경으로 돌아가는 것에 반대하며 원종 11년인

189

1270년 조정에 맞선 후 대몽 항쟁을 계속합니다. 이후 배중손의 지휘 아래 근거지를 현재 전라남도 진도로 옮겨 항쟁했으나 결국 고려와 몽골 연합군(여몽 연합군)에게 함락됩니다. 이후 일부 세력이 탐라(제주)로 옮겨 끝까지 저항하다가 결국 진압되고 맙니다.

5. 삼별초의 진도 항쟁

삼별초가 강화도를 떠나서 간 곳은 현재 전라남도 진도입니다. 진도는 규모가 큰 섬이기도 하고 조류가 빠른 곳이라 몽골군이 침략하기 어려웠습니다. 삼별초를 지지해 함께 떠난 백성들과 용장사를 행궁으로 삼은 후 그 주변에 산성과 관아를 세웠고 자신들이 고려의 유일한 정통 조정이라 주장했습니다.

▲ 항파두성을 축성하고 있는 삼별초

한때 부산, 김해 등의 경상도와 전라도 전주까지 출병하기도 했고 진압군과의 전투에서 수차례 승리하며 항쟁을 계속해나갑니다. 그러나 개경 정부는 몽골와 연합해 수만 명의 군대를 이끌고 진도를 공격했고, 대장인 배중손을 비롯한 절반 이상의 군사들이 몰살당하면서 진도는 함락됩니다.

▲ 몽골에 항전할 것을 결의하는 모습

지금도 용장성 등 삼별초의 흔적이 진도에 남아 있기도 합니다.

6. 제주로 간 삼별초

진도에서 패배한 후 1271년 삼별초는 김통정 장군의 지휘로 제주로 거점을 옮깁니다. 제주에서도 조직과 방어 시설을 정비해 전라도 연안과 충청도, 경기도까지 영향을 미치지만, 1273년 결국 고려와 몽골 연합군의 침략으로 결사 항전하던 삼별초도 끝을 맞이합니다. 이후 몽골은 제주도를 직할령으로 삼고 제주를 직접 관리하기 위해 탐라총관부를 설치한 후 제주 전역에 군사용 말을 기르는 목장을 만들기도 합니다.

7. 최후의 저항 장소, 항파두성

삼별초 최후의 격전지 항파두성은 제주도에 온 삼별초가 방어를 위해 쌓은 성입니다. 외성은 흙으로 쌓고, 내성은 돌로 쌓아 매우 견고하고 튼튼한 성임을 알 수 있습니다. 항파두성은 제주도 말로 '쇠처럼 튼튼한 철옹성 같은 성'이라는 뜻입니다.

류큐 왕국은 삼별초의 후예?

일본 오키나와에 있던 류큐 왕국의 발전에 여몽 연합군에 패한 삼별초 무리가 크게 기여했다는 이야기가 있습니다. 제주에서 모두 끝난 것이 아니고 살아남은 나머지 사람들이 현재의 오키나와로 다시 이동했다는 거죠. 12세기 초까지 오키나와 사람들은 수렵과 채집 정도의 문명 수준이었지만 1200년대 후반 갑자기 큰 발전을 이뤘습니다. 삼별초가 이곳에 왔을 것이라고 예상하는 시기 이후 갑자기 100여 개가 넘는 성이 생겼는데, 당시 우리 축성술과 유사한 면이 많다고 합니다. 여기에 류큐 왕국 흔적에서 발굴된 고려 기와들에 '계유년 고려와장'이라 쓰여 있는데, 바로 제주에서 여몽 연합군에 패했던 1273년이 계유년이기도 합니다. 또 진도와 오키나와에서 동일한 수막새 기와 문양이 발견되어 이러한 추측의 근거가 되기도 합니다.

안타깝게도 정확한 사실은 알 수 없지만 이런 주장이 있어서인지 일본 본토와는 다른 민족인 오키나와 사람들에게 친근감이 느껴지기도 합니다.

:: 항파두리 항몽유적지 둘러보기 ::

01 토성(항파두성)

김통정 장군의 지휘 아래 여몽 연합군에 대항하기 위해 거점지에 건축한 토성의 흔적을 볼 수 있습니다. 해발 190~215m에 위치한 이곳은 동쪽에는 고성천, 서쪽에는 소왕천이라는 하천이 있고 북쪽은 급격한 경사가 있어 성을 쌓기에 아주 좋은 지형입니다. 특히 자갈이 들어 있는 황갈색 토양은 찰기가 강해 토성을 쌓기에 적합했습니다. 현재 토성 일부분이 남아 있고 당시 사용했던 기와, 자기, 돌쩌귀 등 많은 유물이 발견되었습니다.

02 삼별초 항몽순의비

전면 글씨 '항몽순의비 抗蒙殉義碑'는 고 박정희 전 대통령의 친필로, 최후의 항전을 하며 저항했던 삼별초를 기리기 위해 건립된 비석입니다.

:: 항파두리 항몽유적지 둘러보기 ::

03 돌찌귀

총 4개의 성문이 있던 항파두성 성문의 밑틀로 이용되었을 것으로 생각되는 주춧돌입니다. 현재 10기가 보존되어 있습니다.

04 살 맞은 돌

삼별초군이 활쏘기 연습을 할 때 과녁으로 이용했던 거대한 돌로 암석 표면에 화살촉이 박혀 있었다고 합니다.

05 장수물

관군에 쫓기던 김통정 장군이 토성 위에서 뛰어내렸는데, 그때 바위에 발자국이 생겼고, 그 자리에서 샘이 솟아났다는 이야기가 담긴 장소입니다.

06 구시물

병사들과 성 밖에 살던 백성들이 마시던 물입니다.

07 옹성물

극락사 경내에 있는 생수인 옹성물은 당시 귀족들이 사용하던 샘물입니다.

08 파군봉(바굼지오름)

해발 100m 정도의 봉우리로 여몽 연합군에 대항해 삼별초가 전투를 한 장소입니다.

 INFO

1. 항파두리 항몽유적지
주소 제주시 애월읍 항파두리로 350 | **전화** 064-710-6721 | **관람 시간** 09:30~18:00 | **휴무** 없음 |
입장료 무료 | **주차** 자체 주차장 이용(무료) | **홈페이지** www.jeju.go.kr/hangpadori/index.htm

2. 파군봉(바굼지오름)
주소 제주시 애월읍 상귀리 332

AREA 025

국난을 극복하고자
마음을 모으다
해인사 팔만대장경

#경상남도합천
#세계유산
#세계기록유산
#고려대장경
#몽골고려침공
#장경판전

> 고려 사람들은 외적의 침입 같은 큰일이 생기면 부처의 힘에 의지해 어려움을 극복하려고 했다. 그래서 사람들의 마음을 하나로 모아 대장경을 만들었다. 고려는 몽골이 침입하기 이전에 이미 대장경을 만들었다(초조대장경). 그러나 몽골의 침입으로 초조대장경이 불에 타 없어지자 부처의 힘으로 몽골의 침입을 이겨내고자 대장경을 다시 만들었다. 이를 팔만대장경(재조대장경)이라고 부른다. … 팔만대장경판은 현재 유네스코 세계기록유산으로 등재되어 있으며 이를 보관하는 장경판전도 유네스코 세계유산으로 등재되어 있다.
> — 초등학교 사회 5학년 2학기

천 년의 역사와 지혜가 담긴 고려의 팔만대장경을 알아봅시다

해인사는 경상남도 합천군 가야면 가야산 남서쪽에 자리한 천 년 고찰입니다. 이곳에는 우리의 귀중한 문화유산인 팔만대장경이 보관되어 있습니다. 팔만대장경을 만든 배경에는 몽골족의 고려 침입이라는 큰 사건이 있는데, 그 내용을 자세히 알아봅니다.

신라 의상대사의 법손인 순응, 이정, 두 스님이 신라 제40대 애장왕 3년(802)에 왕과 왕후의 도움으로 창건한 사찰입니다. '해인 海印'이라는 말은 화엄경의 '해인삼매'에서 나온 것으로, 이는 우리가 본디 지니고 있는 오염되지 않은 청정한 마음을 나타내는 말입니다.

1. 세계에서 가장 강력한 제국, 몽골

칭기즈칸은 1206년 많은 부족으로 나뉘어 있던 몽골족을 통일하고 몽골제국을 세웠습니다. 몽골은 여진족의 금나라를 멸망시키고 중앙 본토를 정복하였고, 유럽에 이른 거대한 제국을 세웠습니다.
칭기즈칸의 손자 쿠빌라이칸은

▲ 칭기즈칸

▲ 쿠빌라이칸

제국을 더욱 확대해 나라 이름을 '원 元'이라 했습니다. 원나라는 이후 송나라를 멸망시키고 현재의 중국 땅인 중원 전체를 지배합니다.

2. 몽골과 고려는 서로 앙숙?

몽골을 피해 내려온 거란족을 함께 몰아내는 등 처음에는 잘 지냈지만, 몽골이 고려에 매년 수달피, 비단 등의 공물을 계속 요구하면서 큰 부담을 느끼게 됩니다.
그러던 중 1225년 고종 12년에 몽골 사신 저고여 著古與가 돌아가는 길에 압록강 근처에서 피살당하는 일이 발생했어요. 몽골은 저고여를 죽인 것이 고려라며 침략해 왔고, 이것이 바로 1231년 몽골의 1차 침입입니다. 고려는 대부분의 전투에서 패배하지만 충주의 관노비 항전, 그리고 박서 장군의 귀주성 항전은 몽골군을 격퇴합니다.

3. 몽골의 2차 침입이 발생하다

1차 침입에서 화친을 맺은 몽골군은 철수했지만, 이후 고려에 대한 내정간섭이 매우 심해졌어요. 당시 권력자였던 최씨 정권은 수도를 개경에서 강화도로 옮겼습니다. 강화도는 섬인데다 주변에 매우 빠른 물살이 흐르며 갯벌도 넓고 조석 간만의 차가 심한 천혜의 요새였거든요. 몽골은 고려가 수도를 옮긴 것을 구실로 1232년 2차 침입을 합니다. 그중 처인성전투는 스님 김윤후가 부곡민들과 함께 적장 살리타를 죽이고 크게 승리한 싸움입니다. 이후 몽골군은 철수하던 중 부인사에 있던 초조대장경을 불태우기도 합니다.

4. 끊임없이 침공했던 몽골과의 긴 싸움

이후 몽골은 약 30년간 총 6차까지 침입하였고, 3차 침입 때는 신라 선덕여왕 시대에 세운 황룡사 구층목탑을 불태우기도 합니다. 계속된 침입으로 많은 희생이 뒤따랐고 국토는 황폐해져 결국 고려는 몽골과 화친을 맺고 1270년 수도를 다시 개경으로 옮깁니다.

▲ 장경판전 내부

몽골은 고려 왕실과 원나라 공주들을 혼인시켜 고려를 부마국으로 삼고 내정간섭 기구인 '정동행성'을 설치하고, 화주에는 쌍성총관부, 서경에는 동녕부, 제주에는 탐라총관부 등을 두었습니다. 당시 고려에는 원나라를 따르는 세력인 '권문세족'이 있었는데, 이들은 원나라의 간섭이 심해질수록 더욱 기세등등해 주요 관직을 독점하고 토지도 소유했어요.

▲ 대장경판

5. 부처의 힘으로 나라를 지키고자 하는 마음, 팔만대장경

어려움 속에서 고려를 지탱해준 정신적 지주는 바로 불교였고, 나라에 어려운 일이 생기면 부처의 힘으로 극복하고자 했습니다. 거란 침입당시 고려는 초조대장경을 만들었지만 안타깝게도 몽골의 2차 침입 때 불타버렸지요. 대장경은 부처님의 말씀을 판에 새긴 것으로, 부처님이 나라의 큰 어려움을 물리쳐주길 바라는 마음에서 만들었습니다

▲ 해인사에서 열리는 이운 행사

다. 고려는 몽골 3차 침입 당시인 1236년 대장경을 다시 만들기 시작해 1251년 조판을 완성합니다. 이것이 국보 '고려대장경'이고 경판 수가 8만여 장에 이르러 흔히 '팔만대장경'이라 부릅니다.

6. 유네스코 세계기록유산 팔만대장경

팔만대장경은 경판수가 8만1,350장, 새겨진 글자 수가 5,200 만여 자, 전체 무게가 280톤이라고 합니다. 그리고 경판을 모두 쌓으면 높이 약 3,200m로 2,744m인 백두산보다 더 높습니다. 경판에 새겨진 글자가 여러 사람이 쓴 것임에도 일정하고 아름다워 추사 김정희는 "이는 사람이 쓴 것이 아니라 마치 신선이 내려와 쓴 것 같다"며 감탄했다고 합니다. 심지어 대장경판의 5,200만 글자 중 오탈자율이 0.0003%라니 놀라울 뿐이죠.

게다가 팔만대장경을 보관하는 해인사 내 건물, 장경판전 역시 매우 과학적으로 설계되어 있습니다. 바닥에는 숯과 횟가루, 소금, 모래를 넣어 여름에는 습기를 흡수하고, 건조한 가을과 겨울에는 반대로 습기를 내뿜어 습도와 온도를 조절하게 했죠. 그리고 창틀도 햇볕이 잘 들어오는 앞쪽과 그렇지 않은 뒤쪽의 위아래 창틀 크기를 서로 다르게 해 통풍이 잘되도록 했습니다. 이런 우수성이 세계에도 알려지면서 팔만대장경은 2007년 유네스코 세계기록유산으로 등재되었고, 장경을 보관하는 장경판전 역시 유네스코 세계유산으로 등재되었습니다.

TIP 고려인들의 정성과 땀으로 완성된 소중한 문화유산

그렇다면 팔만대장경은 구체적으로 어떤 과정을 거쳐서 만들어졌을까요?

STEP 1 우선 목판에 부처님 말씀을 새기려면 무엇을 새겨야 할지 정해야겠죠? 당시에 자료를 수집하고 편집, 교정을 책임지는 총책임자가 있었는데, 바로 수기대사 守其大師였습니다. 빼어나게 높은 학식을 갖추고 있었던 수기대사는 초조대장경, 거란대장경, 북송의 개보칙판대장경, 국후본, 국전본 등을 일일이 살펴보고 자료를 수집·참고해 팔만대장경 원안을 만들었어요.

STEP 2 이제 종이 크기에 맞게 글씨를 쓸 차례입니다. 이렇게 경전을 옮겨 쓰는 사람들을 '사경장'이라고 하는데, 미리 사경장을 모아 여러 사람이 쓰더라도 한 사람이 쓴 것처럼 보이도록 훈련시켰다고 해요. 그래서 대장경판의 글자가 크기도 모두 일정하고, 글씨체도 일정한 것입니다. 이렇게 완성된 것을 '판하본'이라고 합니다.

STEP 3 오래 말린 경판에 풀칠한 뒤 판하본을 뒤집어서 붙입니다. 여기에 쓰이는 경판은 수령 40년 이상 된 나무를 골라 베어 앞바다 펄에 약 2~3년간 담가놓아 뒤틀림과 곤충의 해를 차단한 것입니다. 그리고 소금물 통에 넣어서 삶은 뒤 그늘에서 1년간 말린 것이죠. 이런 과정을 통해서도 얼마나 많은 정성이 들어갔는지 알 수 있습니다. 판하본을 경판에 뒤집어서 붙이면 다시 그 위에 풀칠을 해서 말려야 하는데, 작업 중 종이가 들뜨지 않게 하기 위해서입니다.

STEP 4 이제는 각수가 쓰인 글자에 따라 글자를 새길 차례예요. 당일 새길 작업 분량의 판목에는 들기름을 발랐다고 합니다. 들기름을 바르면 글씨가 더 또렷하게 보이니까요. 당시 조각 실력이 뛰어난 전국의 각수가 총동원되었다고 하는데, 한 글자를 새길 때마다 한 번씩 절을 했다고 합니다. 솜씨 좋은 각수가 경판 한 면을 새기려면 아마도 5일 정도 걸렸을 것이라 추정합니다. 획이 많은 한자를 다치지 않게 그 주변을 파내는 것이니 얼마나 힘들었을까요? 한 글자라도 틀리면 판목 전체를 다 버리고 처음부터 다시 작업해야 하니 생각만 해도 아찔합니다.

STEP 5 이렇게 각수들이 판각 작업을 마치면 경판이 제대로 새겨졌는지 살펴봐야겠죠? 경판을 한 장씩 찍어내 원고와 대조하는 작업을 거쳤다고 합니다. 이렇게 모든 검토를 마친 경판에는 목판이 뒤틀리지 않도록 판 양쪽에 청동 쇠 장식인 금구를 붙이고, 썩지 않게끔 옻칠을 했습니다. 대장경판은 앞면, 뒷면 양면으로 새겨져 있는데, 경판 각 장에는 연도와 각수들의 이름까지 새겨져 있습니다.

팔만대장경이 처음부터 해인사에 있었던 것은 아니다?!!

지금은 팔만대장경이 경상남도 합천의 해인사에 보관되어 있지만 본래는 강화도의 선원사 禪源寺에 보관되어 있었습니다. 선원사는 최씨 정권의 최고 권력자였던 최우가 1245년 몽골에 항쟁할 당시 수도를 강화도로 옮기면서 새로 창건한 절입니다. 고려는 당시 수도였던 강화도에 대장경을 만들기 위한 임시 기구, 대장도감을 설치하고 제작 업무를 지휘하도록 했는데, 이곳 선원사에 대장도감이 있었다고 해요.

《조선왕조실록》에 따르면 1398년 태조 7년에 이 절에 있던 대장경판을 한양(지천사 支天寺)으로 옮겼다고 적혀 있습니다. 즉 조선 초기까지 대장경판은 선원사에 보관했다는 것을 알 수 있어요. 이후 역사 기록에서 선원사에 대한 이야기를 찾아볼 수 없다는 점에서 이 절은 없어졌을 것으로 봅니다. 그렇다면 대장경판이 강화도 선원사에서 한양으로 옮겨졌고, 이후에는 합천 해인사로 옮겨졌다는 것인데, 이 어마어마한 양의 경판을 옮긴 이유는 무엇일까요? 또 당시에 어떻게 옮겼을까요? 우선 해인사로 옮긴 이유는 기록이 정확하게 남아 있지는 않지만 대장경이 왜구나 오랑캐 등에 의해 소실되는 것을 막기 위해 남쪽 깊은 산속으로 옮긴 것으로 추측됩니다. 다른 한편으로는 조선의 국교가 유교였기 때문에 '숭유억불 崇儒抑佛' 정책에 따라 대장경을 수도와 먼 곳에 보관했을 가능성도 있다고 해요.

대장경을 옮긴 과정에 대해서는 이를 육로로 옮겼을 것이다, 혹은 해로로 옮겼을 것이다 의견이 분분합니다. 하지만 확실한 것은 어느 길이든 험하고도 규모 큰 작업이었을 것이라는 점입니다. 이 과정에 수많은 사람이 함께했을 것이고 그들은 경판 한 장 한 장을 조심스럽게 머리에 이고 지금의 장소로 운반했겠죠?

경판을 살펴보면 글자의 획 하나 없어진 것이 없고, 판 자체가 마모된 것이 없을 정도로 완벽하게 옮긴 것을 알 수 있습니다. 당시 사람들은 혹여 경판이 땀에 젖을까 봐 등에 지지 않고 머리에 이고 옮겼다고 하니 그 정성이 정말 놀랍습니다. 불교에서 부처를 옮겨서 모시는 것을 '이운 移運'이라고 하는데, 당시 경판을 옮기는 일 역시 이에 해당했습니다. 지금도 해인사에서는 이때의 정신을 기리기 위해서 이운 행사를 열고 있습니다.

:: 해인사 & 장경판전 둘러보기 ::

합천 해인사에서는 안내자와 함께 설명을 들으며 절을 둘러보는 '팔만대장경 순례' 프로그램을 운영합니다. 단, 해인사 홈페이지에서 예약해야만 참여할 수 있으며, 예약은 매주 월요일 낮 12시경에만 가능합니다. 참고로 팔만대장경이 있는 장경판전은 두 건물로 나뉘어 있는데, 남쪽 건물이 '수다라장'이고, 북쪽 건물이 '법보전'입니다. 자유롭게 둘러봐도 좋겠지만 이런 프로그램을 이용하면 더 많은 이야기를 들을 수 있으니 훨씬 더 좋겠죠?

- **순례 시간** : 토·일요일 각 2회(10:00·14:00)
- **참가 인원** : 매회 10~20명(초등학생 이상만 참여 가능)
- **순례 일정** : ① 세계문화유산 표지석 → ② 해인사 일주문 → ③ 봉황문 → ④ 국사단 → ⑤ 해탈문 → ⑥ 법계탑 → ⑦ 대적광전 → ⑧ 대비로전 → ⑨ 수다라장 → ⑩ 법보전(소요 시간 약 50분)

해인사
주소 경상남도 합천군 가야면 해인사길 122 | **전화** 055-934-3000 | **관람 시간** 하절기 08:30~18:00, 동절기 08:30~17:00(팔만대장경 순례 예약 필수) | **휴무** 없음 | **입장료** 무료 | **주차** 자체 주차장 이용(주차 요금 3000원~)
홈페이지 www.haeinsa.or.kr

아이와 함께 즐기면 좋은 주변 먹거리
• 해인사 근처에 산채정식이나 비빔밥 등을 파는 식당이 모여 있는 '산채 한정식 거리'가 있습니다(산채비빔밥 1만3000원~, 산채정식 1만8000원~, 도토리묵 1만 원~).

AREA 026

무량수전 배흘림기둥에 기대서서
부석사

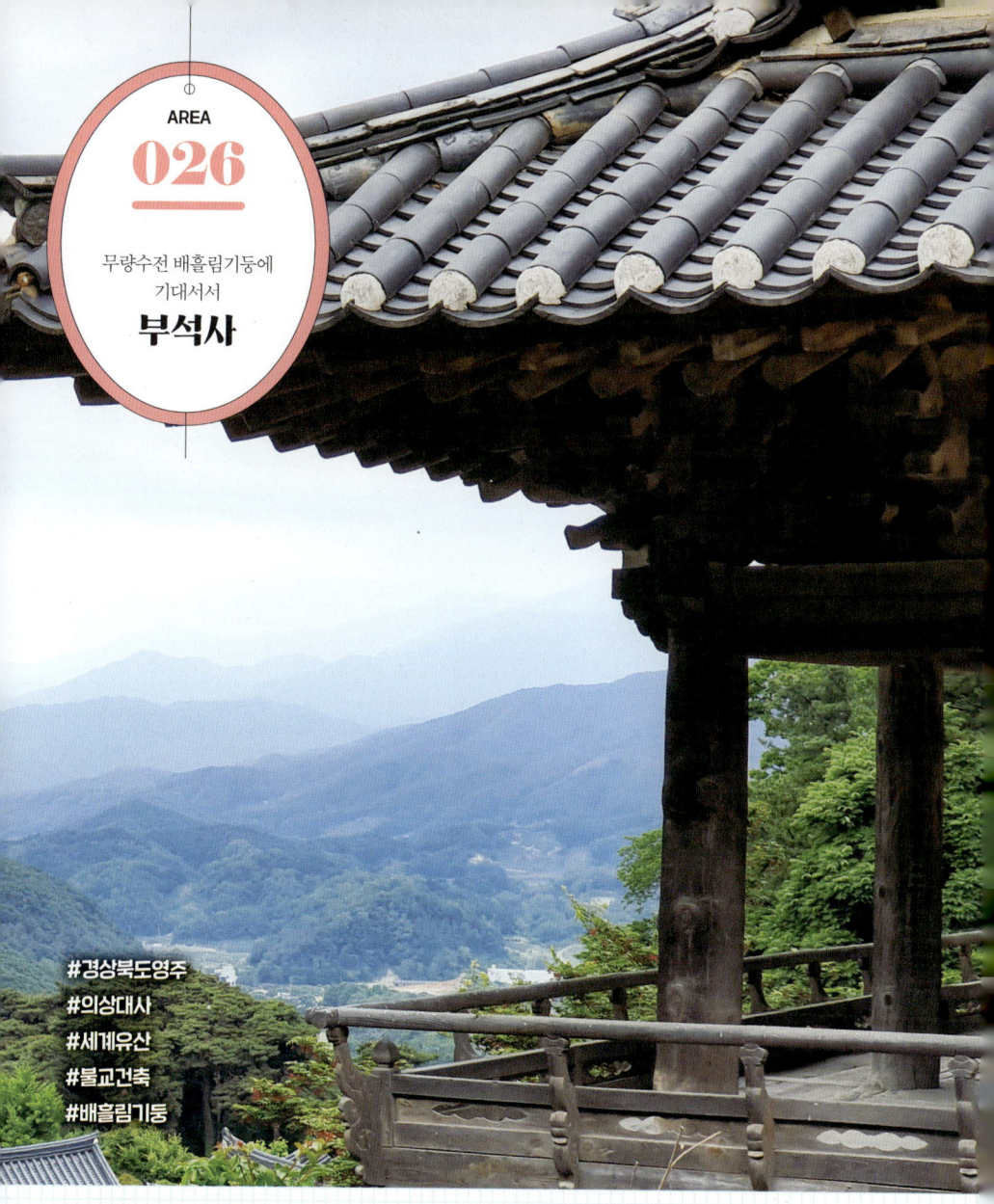

#경상북도영주
#의상대사
#세계유산
#불교건축
#배흘림기둥

> 신라 불상의 양식을 닮은 부석사 소조 아미타여래좌상은 빼어난 귀족적 세련미를 자랑한다.
> — 중학교 3학년 역사2

> 고려의 건축은 13세기 이후에 건립된 몇몇 사원 건축물이 전해지고 있을 뿐이다. 현존하는 고려의 대표적인 건축물로는 안동 봉정사 극락전, 영주 부석사 무량수전, 예산 수덕사 대웅전 등이 있는데, 기둥 가운데를 불룩하게 만드는 배흘림 양식을 하고 있는 것이 특징이다.
> — 중학교 3학년 역사2

> **고려 최고의 건축물이 있는 부석사로 떠나봅시다**
>
> 이전 시대와 마찬가지로 불교가 매우 흥했던 통일신라와 고려시대에는 수많은 사찰과 탑, 불상이 만들어집니다. 하지만 세월이 지나 여러 전란과 자연재해 등을 겪으며 당시의 것은 대부분 소실되었습니다. 그래서 부석사 무량수전 등 몇 개 남지 않아 안타깝지만, 남아 있는 소수만으로도 우리 조상들의 뛰어난 예술성과 기술력을 충분히 짐작할 수 있습니다.

676년 창건된 부석사는 유네스코 세계유산 '山寺(산사), 한국의 산지 승원' 중 하나입니다. 의상대사와 선묘낭자의 신비로운 설화가 서려 있는 유서 깊은 사찰로, 무량수전과 조사당, 소조여래좌상을 비롯한 국보와 보물을 다수 간직하고 있습니다. 또한 눈앞에 펼쳐지는 겹겹의 산맥 풍경은 그야말로 장관입니다.

1. 화엄종을 연 의상대사

▲ 절묘하게 이어지는 아름다운 지붕 선

통일신라시대를 대표하는 두 승려는 바로 원효와 의상대사입니다. 함께 당으로 유학 가는 길에 일어난 유명한 해골 물 사건으로 두 사람은 서로 다른 길로 가게 됩니다. 원효는 발길을 돌려 국내에 계속 머물면서 정토 신앙을 전파했고, 의상은 당으로 가서 불교를 공부하고 돌아와 신라 화엄종을 엽니다. 이후 의상은 부석사 등 10여 개의 절을 세우고 여러 제자를 양성하면서 '하나가 전체요, 전체가 하나다'라는 화엄 사상을 설파합니다.

2. 화엄종의 본찰, 부석사

의상대사가 세운 부석사는 우리나라 화엄종의 본찰로 문무왕 16년(676)에 왕의 뜻을 받들어 창건했고, 의상은 이후 입적(승려의 죽음을 뜻함)할 때까지 이곳을 떠나지 않았다고 합니다. 하지만 당시만 해도 오늘날과 같은 대규모 사찰은 아니었고, 의상이 평소 초가나 토굴에서 불경을 강의하거나 수련한 것을 보면 창건 당시 부석사는 초가집과 같은 소박한 작은 집이 몇 채 들어서 있는 모습이었을 것이라 생각됩니다.

▲ 사찰의 경계를 표시하는 일주문

3. 부석사의 중흥

의상의 제자 중 하나인 신림 이후 부석사는 더욱 많은 제자를 배출하며 화엄종을 크게 중흥시켰습니다. 또 사찰 규모도 점점 커져서 대석단과 석등, 석룡, 장대석, 석탑 등이 경문왕 시절 세워집니다. 이 중 대석단은 신라 하대 이후에 세운 사찰에서 볼 수 있는 특징을 띠며, 석등은 국보로 지정되어 있습니다. 예전 부석사에서는 신라 왕의 초상을 벽화로 걸어놓았는데, 후고구려를 건국한 궁예가 부석사에 왔을 때 벽화에 그려진 자신의 아버지인 헌안왕 혹은 경문왕의 초상을 칼로 내려쳐 그 흔적이 고려 때까지 남아 있었다고 합니다. 부석사는 하늘에서 내려다보면 '빛날 화, 화할 화 華' 자가 떠오르는 가람배치 모양을 하고 있는데, 이 또한 중생들에게 부처님의 뜻을 은근히 전달하는 것처럼 보입니다.

> **TIP** 의상대사를 향한 선묘의 지극한 사랑과 헌신
>
>
>
> 의상이 당나라 유학 시절 머물던 집의 딸인 선묘낭자는 잘생기고 똑똑한 의상에게 반하고 맙니다. 하지만 불교의 길을 걷던 의상은 그 사랑을 거절하며 불교의 깨달음을 전파했고, 선묘는 의상의 뜻을 따르며 평생 그를 돕기로 마음먹습니다. 의상이 유학을 마치고 신라로 돌아가는 길에 미처 인사를 나누지 못한 선묘낭자는 배가 떠나는 바닷가까지 급히 따라 나갔지만 이미 떠난 배는 멀리 있었고, 선묘는 의상을 위한 옷과 물건이 담긴 상자를 바다에 던진 후 "스님이 무사히 돌아가 그 뜻을 잘 펼치게 해주십시오"라 기도하며 바다로 뛰어듭니다. 그러자 선묘는 용으로 변했고, 용은 의상이 탄 배를 보호해 무사히 신라까지 올 수 있었다고 합니다. 여기서 끝이 아닙니다. 신라에 도착한 의상은 영주시 봉황산에 사찰을 짓고 뜻을 펼치고자 했으나 이미 다른 종파의 많은 스님이 자리 잡고 있어 텃세와 방해가 너무 심했습니다. 그때 용이 된 선묘가 다시 큰 바위로 변해 그 위에서 떨어질 듯 말 듯 위태롭게 하니 방해하던 스님들이 모두 도망갔고, 원하던 장소에 자리 잡을 수 있었던 의상은 화엄경을 만들어 강론하며 사찰을 세우게 되었습니다.
> '부석사 浮石寺'라는 사찰 이름도 선묘의 이야기에서 나온 '바위가 공중에 떴다'라는 뜻에서 짓게 된 것입니다. 지금도 부석사에는 '부석'이라 불리는 큰 바위가 있는데, 이것이 용이 된 선묘가 변한 바위라고 합니다.

:: 부석사 둘러보기 ::

주차장에서부터 숲속에 난 언덕길과 108계단을 따라 계속 올라가는 길은 부석사를 방문한다는 설렘과 더불어 역시 좋은 것을 보는 것은 쉬운 일이 아니라는 것을 느끼게 합니다. 부석사에서는 계속 앞만 보며 가지 말고 옆도 보고 때론 뒤로 돌아 그 풍경을 보아야 합니다. 같은 장소라도 보는 시선에 따라 달라지는 건물들과 더불어 우리나라 사찰 중 가장 장대한 규모의 풍경 중 하나를 바라볼 수 있습니다.

01 당간지주

보물 일주문을 지나 올라오다 왼쪽으로 있는 당간지주는 부석사 창건 당시부터 있던 신라시대 유물로 높이는 4.8m 입니다. 화엄종찰을 나타내는 깃대와 깃발이 두 기둥 사이에 꽂혀 있는 당당하고 화려한 모습을 상상해보세요.

02 석축

산비탈을 깎아 일부러 평지를 만들며 세운 사찰 부석사에는 땅을 다지기 위한 석축이 있습니다. 그런데 석축 돌계단에도 상징이 있는데, 즉 극락에 달할 수 있는 열여섯 가지 방법 중 마지막 세 가지 방법인 3품 3배관의 9품 만다라를 형상화한 것이라고 합니다. 천왕문에서 요사체로 오르는 세 계단이 하품단, 다시 범종루까지의 세 계단이 중품단, 범종루에서 안양루 밑의 상품단 세 계단을 올라 극락세계인 무량수전 앞마당에 이르는 것입니다. 부석사 석축은 다듬어 일정하게 만든 돌이 아닌 자연 그대로의 모습을 최대한 잘 이용해 짜 맞춰 만들었다는 것도 특징입니다. 어떤 모양, 크기의 돌이라도 버리지 않고 하나하나 쓰임새를 찾아 사용해 이렇게 조화롭고 견고한 석축을 만든 것입니다.

03 범종각(루)

다른 건물과 달리 측면을 바라보는 건물로, 지붕 한쪽은 맞배지붕, 다른 한쪽은 팔작지붕을 하고 있다는 것도 특이점입니다. 팔작지붕 쪽이 정면이며, 맞배지붕이 뒤쪽인데, 무량수전 앞에서 보면 왜 지붕을 짝짝이로 했는지 단번에 이해됩니다. 만약 범종각이 정면을 향했다면 무겁고 시야가 답답했을 것이고, 뒤쪽 맞배지붕 끝을 더 들어 올려 건물이 날아갈 듯한 느낌을 만드니 연이어 있는 산맥과 자연스럽게 이어지며 멋들어진 경치를 연출합니다. 이곳에는 목어, 법고, 운판이 있고 옆쪽 다른 건물에 범종이 있습니다. 목어는 어류, 법고는 네발 짐승, 운판은 날짐승, 범종은 인간 등 각기 영혼을 위로하며 극락왕생을 비는 의미를 갖고 있습니다.

04 안양루

무량수전 앞마당에 있는 안양루는 무량수전과 함께 중심이 되는 건물입니다. 건물 위쪽과 아래에 달린 편액이 서로 다른데, 아래에는 '안양문', 위쪽에는 '안양루'라 쓰여 있습니다. 한 건물에 문과 누각이라는 두 기능을 함께 부여한 것입니다. 불교에서 '안양'은 극락과 같은 말로, 안양문은 극락세계에 이르는 입구를 상징합니다. 그래서 이곳을 지나면 바로 극락세계인 무량수전으로 들어서게 됩니다.

무엇보다 이곳에서 바라보는 한 폭의 동양화와 같은 모습은 그야말로 절경입니다. 그래서 '그 어떤 사찰보다 가장 광대한 정원을 갖춘 곳'이라는 말이 단번에 이해되는 풍경입니다. 이곳에서 아래를 보면 누각 아래에 놓인 사찰 건물들과 멀리 겹겹이 연이어 보이는 소백산맥의 산들을 한눈에 볼 수 있습니다. 예부터 이 장관을 시문을 지어 찬양한 많은 문인이 있었고, 그들이 쓴 현판들은 안양루 내부에 걸려 있습니다.

안양루에는 현현불(보이기도 하고 안 보이기도 하는 부처)의 비밀이 담겨 있습니다. 안양루 기둥 위 끝을 보면 복잡한 모양을 하고 있는데, 마치 한자 '날 출 出'처럼 생겨 '출목'이라 부르기도 합니다. 그런데 이 출목이 무량수전에 칠해진 색과 합해져 부처님 형상을 띱니다. 그래서 안양루에는 여섯 부처님이 계시다고 말하기도 합니다. 이것은 가까이에서는 절대 볼 수 없고 안양루와 어느 정도 떨어져 누각 밑 공간을 보아야 확인할 수 있습니다.

05 석등

국보

무량수전 앞에 서 있는 석등은 시선을 압도하는 안양전과 무량수전 때문에 자칫 그냥 지나치기 쉽지만 국보로 지정된 귀중한 문화재이니 찬찬히 감상해보세요.

신라시대 팔각석등의 전형적인 모습을 하고 있는 높이 2.9m의 석등입니다. 상하 비례의 균형이 잘 잡혀 있고 조각도 아름다워 당대 석등에서도 걸작으로 손꼽힙니다. 상단부 4면에 돌려가며 새겨져 있는 보살입상 조각도 매우 정교합니다.

:: 부석사 둘러보기 ::

06 무량수전

국보 끝없는 지혜와 무한한 생명을 지닌 아미타여래를 모신 전각으로 부석사의 주불전입니다. 무량수전은 우리나라에 현존하는 가장 오래된 목조건축물 중 하나로, 안동 봉정사 극락전이 더 이전의 목조건축물이기는 하지만 규모와 구조, 완성도에서 무량수전이 앞선다는 평가를 받고 있습니다.

부석사의 연혁이 담긴 원융국사비문에 따르면 고려 현종 7년(1016)에 중창했다고 하며, 1916년 공사 당시 발견된 묵서에는 공민왕 7년(1358)에 왜구에 의해 불타 우왕 2년(1376)에 중수했다고 하지만, 건축양식으로 보아 13세기에 건립된 것으로 추정됩니다. 정면이 5칸, 측면이 3칸으로 기둥 사이 거리가 길고 기둥이 높아 매우 안정감 있게 보입니다. 무량수전은 건물 중앙보다 귀 부분 처마 끝이 더 튀어나오도록 한 안허리곡, 기둥 위쪽을 내부로 경사지게 세운 안쏠림, 건물 귀 부분의 기둥 높이를 중앙보다 높게 해서 아래로 처져 보이는 착시를 막아주는 귀솟음, 기둥 가운데를 두껍게 해서 멀리서 봤을 때 기둥이 빈약하게 느껴지는 것을 막기 위한 배흘림 등 착시에 의한 왜곡 현상을 막고 건축물을 더욱 안정되고 아름답게 보이도록 한 고도의 기법이 적용되었습니다. 무량수전 정면 중앙칸에 있는 편액은 고려 공민왕의 글씨이며, 내부 서쪽에는 고려시대에 만든 소조 아미타여래좌상(국보)이 있습니다. 이곳에서도 안양루와 마찬가지로 소백산맥이 이어지는 절경이 보이는데, 부석사에서 가장 뛰어난 경관으로 절대 놓칠 수 없는 풍경입니다.

07 부석

용이 된 선묘가 다시 바위로 변해 의상을 보호하고 사찰을 세울 수 있도록 도왔다는 전설 속의 바로 그 돌입니다.

08 삼층석탑

보물 2층 기단 위에 3층 탑신을 쌓은 전형적인 신라시대 석탑으로 자인당 석불들과 함께 이웃 절터에서 옮겨 온 것입니다.

09 조사당

국보 무량수전에서 산 쪽으로 올라가면 나오는 조사당은 정면 3칸, 측면 1칸의 작은 전각이지만 고려 우왕 3년(1377)에 원응국사가 재건한 건물로 역사가 깊습니다. 또 원래 이곳에 있던 조사당 벽화 6점(국보)은 일제강점기에 벽과 분리해 무량수전에 두었다가 현재는 부석사 성보박물관에 보관되어 있습니다. 조사당 벽화는 현재 우리나라 사원 벽화 중 가장 오래된 작품입니다. 조사당 밑 식물은 선비화(골담초)로 의상대사가 짚고 다니던 지팡이를 이곳 처마 밑에 꽂았더니 식물이 자라듯 가지와 잎이 돋았다고 합니다. 전설에 따르면 1,300년 이상 푸르게 살아 있는 것으로, 퇴계 이황이 이를 보고 시를 짓기도 했습니다.

10 자인당

선방으로 사용되던 건물로 19세기 후반 지은 것으로 추정됩니다. 실내에 있는 석조 삼존여래좌상 중 좌우의 비로자나불은 보물로 지정되어 있습니다.

부석사
주소 경상북도 영주시 부석면 부석사로 345 | 전화 054-633-6434 | 휴무 없음 | 입장료 무료
주차 부석사 주차장 이용(30분 500원~) | 홈페이지 www.pusoksa.org

아이와 함께 즐기면 좋은 주변 먹거리

사과와 한우로도 유명한 영주의 대표적인 먹거리는 메밀묵밥입니다. 또 탕평채를 부러워한 사람들이 청포묵과 소고기 대신 메밀묵과 돼지고기 김치찌개를 함께 끓여 먹어 생겼다는 '태평초'라는 독특한 음식도 있습니다.
태평초는 영주에 유배 온 금성대군(조카인 단종 복위를 시도했던 문종, 세조의 동생으로 32세에 세조에 의해 사사)이 선비들과 함께 메밀밭을 일구며 끼니를 해결하고 태평성대를 기원했다는 것에서 유래했다는 말도 있습니다.

조선은 충과 효를 강조한 유교를 바탕으로 세운 나라입니다. 외세의 침략으로 임진왜란, 병자호란 등의 큰 전쟁도 겪었지만 이때 우리의 자랑스러운 훈민정음이 탄생했어요. 조선을 자세히 살펴보고 싶다면 국립고궁박물관을 시작으로 당시 왕들의 중요한 공간이었던 경복궁, 창덕궁 등의 궁궐을 돌아보길 추천합니다. 조선의 왕들은 궁궐을 거닐며 무슨 생각을 했을까요? 나랏일을 어떻게 처리하면 좋을지 고민했을까요? 백성들의 고달픔에 마음 아파했을까요? 만약 재미 삼아 '조선시대 왕 인기투표'를 한다면 27명의 왕 중 으뜸은 누가 될지도 생각해보세요.

MISSION 1 : 조선시대 최고의 왕 랭킹 매기기
MISSION 2 : 이순신 장군의 《난중일기》 읽기

PART 4
민족문화를 지켜나간 조선

027. 국립고궁박물관
028. 경복궁
029. 종묘
030. 한양도성 4대문
031. 국립한글박물관
032. 청령포

033. 창경궁
034. 조선 왕릉
035. 오죽헌
036. 통영 이순신 장군 유적지
037. 행주산성
038. 남한산성

AREA
027

조선과 대한제국 문화유산을
따라가는 여행

국립고궁
박물관

#서울종로
#조선건국
#위화도회군
#이성계
#조선왕실
#대한제국황실문화

고려는 이성계로 하여금 요동 지역을 공격하게 했다. 이성계는 요동으로 가는 도중 위화도에서 군대를 되돌려 반대 세력을 몰아내고 권력을 잡은 후 여러 가지 제도를 고쳐 사회를 개혁하고자 했다. 하지만 신진 사대부마다 고려 말의 어지러운 상황을 해결하고자 하는 방법이 달랐다. 그중 정몽주는 고려를 유지하면서 개혁하려고 했고, 정도전은 고려를 대신해 이성계를 중심으로 새로운 왕조를 세우고자 했다.
— 초등학교 사회 5학년 2학기

조선은 유교 정치 이념을 내세우며 세운 나라로서 백성을 나라의 근본으로 삼았다. 이에 따라 왕과 관리들은 백성을 위한 정치를 하려고 노력했다.
— 초등학교 사회 5학년 2학기

조선 왕실과 대한제국의 모습을 살펴보세요

국립고궁박물관은 우리나라 역사에서 특히 조선시대의 왕실과 대한제국 황실 문화에 초점을 맞춘 공간입니다. 2005년 8월 15일 문을 열었으며, 우리나라 왕실의 문화가 어떤 것인지 전시물을 통해 공부할 수 있습니다. 또 조선과 대한제국에 대한 이해를 돕는 다양한 전시물도 함께 감상할 수 있습니다.

국립고궁박물관에는 지하층과 1층, 2층 등 총 3개 층에 7개의 전시실이 자리합니다. 디지털 영상 등 직접 보고 체험할 수 있는 방식이 많아 어린이들도 흥미롭게 둘러볼 수 있습니다.

🔍 1. 무관 출신 이성계, 새로운 나라 '조선'의 군주가 되다

▲ 태조 이성계 어진

조선 朝鮮은 태조 이성계가 1392년 즉위한 뒤 1910년 순종까지 총 27명의 왕이 518년간 이어온 긴 역사를 지니고 있습니다.

이성계는 처음에는 고려의 신하들과 백성들의 마음을 얻기 위해 '고려'라는 국호를 계속 사용하고 도읍을 고려의 수도였던 개경 開京으로 그대로 두었지만, 이후 고조선을 계승하는 나라임을 밝히며 국호를 '조선'이라 바꾸고 도읍 또한 교통이 편리하고 지리적으로 이점이 많은 한양 漢陽으로 옮깁니다.

조선 왕조는 건국이념으로 3대 정책을 내세웠습니다. 첫째는 '사대교린주의 事大交隣主義'로, 큰 나라를 섬기고 이웃 나라들과는 친하게 잘 지내고자 하는 외교정책입니다. 여기에서 큰 나라는 명 明나라를 말하고, 이웃 나라들은 일본과 여진을 뜻합니다. 둘째는 '숭유배불주의 崇儒排佛主義'로 불교를 배척하고 유교를 근본이념으로 삼았어요. 그리고 마지막으로는 '농본민생주의 農本民生主義'로 백성들에게 농업을 적극적으로 장려했습니다.

2. 혼란스러운 고려 말기, 개혁이 필요하다

우리가 조선 건국 과정에서 기억해야 하는 사건이 하나 있는데, 바로 1388년 '위화도회군'입니다. 우선 '위화도 威化島'는 압록강 하류에 있는 작은 섬의 이름입니다. 그리고 '회군 回軍'은 군대가 가던 길을 되돌린다는 것을 말하죠. 즉 '위화도회군'은 위화도라는 섬에서 군대를 돌렸다는 의미입니다.

자, 그럼 조선이 세워지기 직전의 고려 말기로 한번 가볼까요?

고려 말에는 당시 지배 세력이던 권문세족의 횡포가 심했고, 머리에 붉은 두건을 쓴 홍건적과 왜구의 침략으로 골치가 아팠습니다. 이때 최영과 이성계는 외적을 격퇴해 백성들의 지지를 받았어요. 또 당시에는 성리학을 공부하고 과거 시험을 봐서 관리가 된 '신진 사대부'가 있었는데, 부패한 지배 세력을 비판하고 사회를 개혁해야 한다고 생각했습니다. 이들은 이성계와 같은 신흥 무인 세력과 손잡고 고려의 문제들을 해결하고자 했어요. 그런데 중국에서 원나라를 멸망시키고 새롭게 들어선 명나라가 이전에 공민왕이 회복한 철령 북쪽의 고려 땅을 되돌려달라고 요구했습니다. 당시 고려 조정에는 여러 의견이 있었는데, 그중 최영은 명나라의 주장은 말도 안 되니 거절하고, 오히려 명이 차지하고 있는 요동 지역도 원래 고려 땅이니 이 기회에 요동을 정벌하자고 했습니다. 이 의견이 받아들여지면서 최영은 이성계에게 요동 지역을 정벌하라고 하죠.

3. 강력하게 뜨는 별, 이성계의 위화도회군!

당시 지휘관이었던 이성계는 네 가지 이유를 들어 최영의 계획에 반대했습니다. 작은 나라가 큰 나라를 공격할 수 없다, 여름에 군사를 동원하는 것은 적당치 않다, 요동 정벌을 할 동안 왜구가 침략할 위험이 있다, 장마철이라서 활의 아교가 느슨해지고, 병사들이 전염병에 걸릴 수 있다는 것이 그 내용이었습니다.

하지만 최영은 이성계에게 계속 요동 정벌을 지시했고, 이성계는 어쩔 수 없이 5만 명의 군사를 이끌고 떠납니다. 그러나 이성계는 압록강의 위화도에서 이 명령을 듣지 않고 자신의 생각대로 군대의 말 머리를 돌려 개경으로 돌아왔어요. 이것이 바로 위화도회군입니다. 그리고 우왕을 왕위에서 물러나게 하고 9세인 창왕을 왕의 자리에 올립니다. 그리고 자신의 반대파였던 최영도 제거했습니다. 이후 이성계는 다시 공양왕을 왕으로 추대했고, 군사력을 장악하고 강한 권력을 갖게 됩니다.

🔍 4. 이 몸이 죽고 죽어, 일백 번 고쳐 죽어…

당시 신진 사대부는 크게 둘로 나누어져 있었는데, 하나는 이색, 정몽주 등으로 고려 왕조를 계속 유지하면서 그 안에서 개혁을 추진하자는 사람들이었고, 나머지는 정도전, 조준 등으로 개혁을 위해서는 아예 새로운 왕조를 세워야 한다고 주장했습니다.

사실 정몽주는 이성계와 한때 뜻을 같이했던 친구였어요. 그러나 정도전 등이 이성계를 새로운 왕으로 세우고자 하니 정몽주는 이에 반대했습니다. 정몽주는 고려 왕조는 그대로 지켜야 한다고 생각했

▲ 정몽주 초상

거든요. 이제 정몽주와 이성계·정도전은 서로 반대파가 된 것입니다. 그러던 중 1392년 3월, 이성계가 명나라에 갔다 돌아오는 세자를 마중 나갔다가 사냥 중 말에서 떨어졌다는 이야기가 들려왔습니다. 정몽주는 이번 기회에 이성계를 없애야겠다고 생각했어요. 하지만 그의 계획은 실패로 돌아갑니다. 이후 병문안을 구실로 정몽주는 이성계를 찾아갔습니다. 전해오는 이야기에 따르면 이때 이성계의 아들 이방원은 정몽주에게 다음과 같이 '하여가 何如歌'를 읊조렸다고 합니다.

> 이런들 어떠하리 저런들 어떠하리
> 만수산 드렁칡이 얽혀진들 어떠하리
> 우리도 이같이 얽혀서 백 년까지 누리리라

자신들과 뜻을 함께하자는 내용이었습니다. 이에 대해 정몽주는 다음과 같이 '단심가 丹心歌'를 읊조리며 절대 함께할 수 없다는 자신의 굳은 의지를 전했습니다.

> 이 몸이 죽고 죽어 일백 번 고쳐 죽어
> 백골이 진토 되어 넋이라도 있고 없고
> 임 향한 일편단심이야 가실 줄이 있으랴

이렇게 정몽주의 마음을 다시 확인한 이방원은 부하를 시켜 집으로 돌아가는 정몽주를 선죽교에서 습격해서 죽였습니다. 그리고 정몽주 세력들을 유배 보내는 등 제거하죠. 이제 길었던 고려시대는 막을 내리고 이성계를 중심으로 새 왕조, 조선이 세워졌습니다.

:: 국립고궁박물관 둘러보기 ::

지하 1층 >>>

지하 전시실에는 '궁중서화실'과 '왕실의례실', 그리고 '과학문화실'이 있습니다. 이곳에서는 조선 왕실의 예술 작품을 볼 수 있고, 수준 높은 과학 문화 역사를 살펴볼 수 있습니다. 특히 '과학문화실'은 자격루의 원리를 디지털 영상으로 보여주어 매우 재미있습니다.

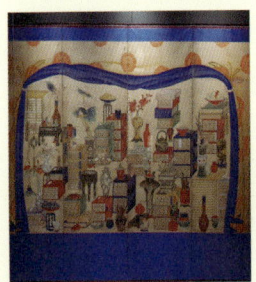

01 문방도 병풍 (19~20세기)

책장과 서책, 문방구, 도자기, 골동품 등 궁중 내 용품의 모습을 그린 병풍입니다. 화려하고 웅장해서 장식화로 인기가 많았습니다.

02 숙종 백자 태항아리와 태지석

숙종의 태(탯줄이나 태반 등을 이르는 말)를 담았던 항아리와 출생일과 태를 묻었던 시기가 적힌 태지석입니다.

03 연 輦

조선시대 대비와 왕, 왕비, 왕세자 등이 행차할 때 탔던 가마입니다.

04 궁중 악기

조선시대 왕실에서 행하는 모든 의례에 사용하던 악기 편경 編磬 등 다양한 전통 악기들을 볼 수 있습니다.

05 앙부일구

'앙부일구 仰釜日晷'는 '가마솥이 하늘을 우러르고 있는 모양의 해시계'라는 뜻입니다. 글을 읽지 못하는 백성들도 시간을 알 수 있게 그림을 새겨 넣었습니다.

06 자격루

물시계인 자격루를 복원해놓은 것입니다. 백성들에게 정확한 시각을 알려주기 위한 것으로, 물의 증가량과 감소량으로 시간을 측정했습니다.

1층 >>>

1층은 대한제국의 황실 문화를 볼 수 있는 공간입니다. 대한제국 선포와 함께 근대국가로 발전해나간 과정을 다양한 유물을 통해 공부할 수 있습니다. 특히 전시실 로비에 있는 순종 황제와 황후가 탔던 자동차는 어린이들에게 인기가 많은 전시물 중 하나입니다.

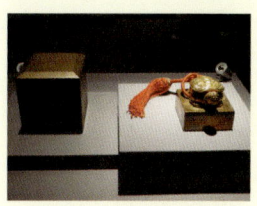

07 고종황제 어새와 함

대한제국의 고종 황제가 사용했던 국새와 국새 함(高宗皇帝御璽·寶筒)입니다. 거북이 모양의 손잡이가 특징으로, '황제어새 皇帝御璽'라는 글자가 새겨져 있습니다.

08 어차

대한제국이 선포되고 서구 문화에 의해 근대화되면서 황실 가족도 자동차를 사용했고, 황제를 위한 자동차라 '어차 御車'라 불렀습니다. 1910년대에 사용했던 순종황제 어차와 순정효황후가 탔던 어차가 함께 전시되어 있습니다.

2층 >>>

2층에는 '조선의 국왕실'과 '조선의 궁궐', '왕실의 생활실'이 있습니다. 조선왕조를 상징하는 여러 유물과 기록물, 그리고 조선 궁궐의 역사와 왕실 가족이 어떻게 생활했는지 알 수 있는 전시물이 있습니다.

09 임금의 의자

조선시대 궁궐의 정전과 편전에 있던 왕의 의자인 '어좌 御座'입니다. 이 의자에 앉아 신하들과 함께 나랏일을 보고받고 의논했어요.

10 왕실 여성들의 장식 비녀

당시 조선 왕실의 여인들이 사용했던 화려한 장식의 비녀입니다. 또 왕실 여인들에게는 품계에 따라 차등을 두어 화장 도구를 지급했다고 해요.

11 경회루 연못 출토 청동용

1997년 경복궁 안 경회루 연못에서 출토된 청동용 靑銅龍입니다. 옛날에는 궁궐에 화재가 많이 발생했는데, 이를 방지하고자 하는 마음에서 청동으로 만든 용 두 마리를 연못에 넣었다고 해요. 현재 두 마리 중 하나만 발견되어 이곳에 전시되어 있습니다.

12 규장각

조선에서는 인재를 양성하고 학문을 연구하기 위해 집현전이나 홍문관, 규장각 등의 학술 연구 기관을 두었습니다. 정조 때 설치된 규장각 내부를 그대로 꾸며놓은 것을 볼 수 있습니다.

13 시권

조선시대 과거 시험의 답안지 '시권 試券'입니다. 여기에는 시험문제와 시험 점수는 물론이고 왕이 보았다는 표시를 하는 공간도 따로 있습니다.

① 영친왕비 적의
② 동궐도
③ 왕실 의례용 의장기
④ 백옥봉황꽂이
⑤ 왕실 잔칫상
⑥ 대한제국 황실 식기

국립고궁박물관
주소 서울시 종로구 사직로 161 | **전화** 02-3700-3900 | **관람 시간** 10:00~18:00 | **휴무** 1월 1일, 설날·추석 당일
입장료 무료 | **주차** 경복궁 주차장 이용(1시간 3000원) | **홈페이지** www.gogung.go.kr

아이와 함께 즐기면 좋은 주변 먹거리

경복궁 쪽으로 나가 삼청동 방면으로 가는 것이 가깝고 편합니다.
- 한옥에서 맛있는 아이스크림 맛보기! 백미당(우유 아이스크림 4800원, 초코 아이스크림 5400원)
- 삼청동의 달콤한 단팥죽집, 서울서 둘째로 잘하는 집(단팥죽·쌍화차 각 8000원)
- 수제비를 사랑한다면? 삼청동수제비(수제비 9000원, 감자전 1만1000원)

AREA
028

궁궐 중 으뜸,
조선의 법궁
경복궁

#서울종로
#근정전
#광화문
#해치
#법궁
#정궁

경복궁 근정전 : 경복궁의 가장 중심이 되는 건축물로 나라의 큰 행사 때 이용하던 상징적인 건물이다. 1395년에 지은 건물은 임진왜란 때 불타고, 1867년 고종 때 다시 지어졌다.
— 초등학교 사회 5학년 2학기

궁궐과 도성의 사대문을 각각 유교에서 강조하는 덕목으로 이름 붙였다. 임금이 덕으로써 나라를 다스려 만년 동안 큰 복을 누리라는 뜻으로 지은 '경복'궁과 예의를 높여 소중히 여기라는 뜻으로 지은 '숭례'문이 대표적이다.
— 초등학교 사회 5학년 2학기

개국과 함께 건축된 조선의 법궁 경복궁을 함께 둘러봅니다

정도전의 주도 아래 계획되고 건축된 경복궁은 조선의 정치와 경제의 중심이 된 육조 거리와 함께 한양의 중심축을 이루었습니다. 임진왜란으로 전소된 궁은 고종 때 중건되었지만, 일제강점기에 많이 훼손되어 본래 모습으로 되돌리는 복원 공사가 계속 진행되고 있습니다.

조선이 개국된 후 3년이 지난 1395년에 새로운 수도 한양에 완공된 경복궁은 500여 동의 건물이 들어선 웅장한 궁궐이었습니다. '큰 복을 누리며 번영할 것'이라는 뜻을 지닌 경복궁은 안타깝게도 임진왜란 때 거의 불타 없어지는 불운을 겪었습니다. 오랜 부침 끝에 지금은 조선의 법궁으로 당당히 다시 서게 된 경복궁을 같이 둘러볼까요?

▲ 경복궁의 중심, 근정전　　　▲ 경희루 야경

1. 조선의 첫 궁궐, 경복궁

경복궁 내부는 기본적으로 왕과 관리들이 업무를 보는 정무 시설, 왕실 가족들의 생활공간, 휴식을 위한 후원으로 구성됩니다. 경복궁은 평지에 건축된 계획적인 형태의 궁궐로 광화문에서 근정전, 사정전, 강녕전, 교태전을 잇는 일직선 구간이 경복궁의 중심축이며, 기하학적 질서를 지켜 대칭적으로 구성된 공간입니다. 그러나 이곳을 제외한 나머지 건축물은 비대칭으로 배치해 변화를 줌으로써 전체적으로 통일과 변화의 조화로움이 뛰어난 곳입니다.

2. 경복궁 이름 짓기

조선 개국 후 3년이 지나 완성된 첫 궁궐의 이름을 지은 것은 태조의 명을 받은 개국공신 정도전입니다. 그는 '새 왕조가 큰 복을 누리며 번영할 것'이라는 의미를 담아 '경복 景福'이라 했고, 근정전, 사정전, 강녕전, 교태전 등 각 주요 전각들도 용도에 따라 적절한 이름을 붙였습니다.

217

🔍 3. 경복궁 수난 시대

조선의 법궁인 경복궁은 사실 왕실 가족들의 사랑을 듬뿍 받지는 못했습니다. 정도전의 흔적이 많은 경복궁을 무척 싫어한 태종이 창덕궁을 지었고, 후대 왕들도 보통 경복궁보다는 창덕궁 등을 선호했습니다. 경복궁을 애용한 왕은 세종 정도입니다.

그런데 선조 25년(1592)에 임진왜란이 일어나 경복궁이 모두 불타 폐허가 되었고, 이후 270여 년간 복구되지 못하다 고종 4년(1867) 흥선대원군이 주도해 중건이 시작됩니다. 500여 동의 건물이 제 모습을 찾으며 경복궁은 화려하게 부활했지만, 불과 50년이 지나지 않아 경복궁 수난 시대는 다시 시작됩니다.

일제강점기 일본은 현재 광화문과 근정전 사이인 흥례문이 있는 자리에 조선 총독부를 건축하는 만행을 저지르고, 경복궁 전각의 90%를 허물거나 매각합니다. 총독부 청사는 1945년 광복 이후에는 대통령의 집무 공간인 중앙청과 국립중앙박물관 등으로 사용되었습니다. 이후 1990년부터 본격적인 복원 사업을 시작해 경복궁을 가리고 있던 청사를 완전히 철거했습니다.

🔍 4. 다시 본모습으로

대대적인 경복궁 복원 사업은 아직도 진행 중입니다. 1990년의 36동 건물에서 시작해 2010년까지 1차 정비 사업을 통해 89동이 복원되었고, 2045년까지 진행될 2차 정비 사업으로 다시 80동의 건물이 복원될 예정입니다. 이렇게 되면 경복궁은 총 205동의 건물이 들어선 예전과 비슷한 위용을 갖추게 됩니다.

▲ 교태전 뒤뜰 아미산

:: 경복궁 둘러보기 ::

조선의 법궁답게 생각보다 넓어 다 둘러보려면 꽤 많이 걸어야 하니 아이의 체력 등을 고려해 둘러볼 곳을 미리 정하는 것이 좋습니다.

- **핵심 코스** : ① 광화문 → ② 흥례문 → ③ 근정전 → ④ 수정전 → ⑤ 경회루 → ⑥ 사정전 → ⑦ 강녕전 → ⑧ 교태전 → ⑨ 광화문
- **일주 코스** : ① 광화문 → ② 흥례문 → ③ 근정전 → ④ 수정전 → ⑤ 경회루 → ⑥ 사정전 → ⑦ 강녕전 → ⑧ 교태전 → ⑨ 자경전 → ⑩ 향원정 → ⑪ 건청궁 → ⑫ 집옥재 → ⑬ 신무문

01 동십자각 東十字閣

광화문 양쪽 담장 끝에는 망루 역할을 하던 동십자각과 서십자각이 있었는데, 서십자각은 일제가 철거했고, 동십자각은 도로 확장 공사 때문에 담장과 떨어져 길 위에 홀로 서 있습니다. 2040년부터 시작되는 복원 공사에서 다시 동십자각이 경복궁과 이어지고 서십자각을 복원할 예정입니다.

02 광화문 光化門

경복궁의 정문으로 중층의 누각이 있어 웅장한 모습을 자랑합니다. 중앙의 홍예문으로는 왕이 다닐 수 있었고, 왕세자와 신하들은 좌우 홍예문으로 출입할 수 있었습니다. 예전에는 문루에 종을 걸어두어 시각을 알리기도 했습니다. 임진왜란 당시 불에 타고, 일제강점기에는 해체되어 건춘문 북쪽으로 이전되었으며, 한국전쟁 때는 포화의 피해를 입어 문루가 모두 소실됩니다. 1968년 복원에서는 경복궁 정문으로 옮겼지만 제 위치도 아니었고, 목재가 아닌 철근과 콘크리트를 사용해 잘못 세워졌습니다. 다행히 2010년에 마무리된 복원 사업을 통해 제자리에서 1867년의 모습을 되찾을 수 있었습니다.

03 해치

광화문 앞의 해치상은 화재에서 위험한 자리라는 경복궁을 지키기 위해 관악산에서 내려오는 불 기운(화기)을 막고자 불을 먹는다는 전설의 짐승인 해치를 세워둔 것입니다. 2023년의 광화문 앞 월대 복원 공사 완성으로 광화문 밖 바로 앞에 붙어있던 예전보다는 앞 쪽으로 위치가 옮겨졌습니다.

:: 경복궁 둘러보기 ::

04 흥례문 興禮門

광화문을 지나면 보이는 흥례문은 궁을 지키는 수문장들이 임무 교대식을 하던 곳입니다. 지금도 이 앞에서 임무 교대식이 열리고 있습니다. 야간에 서로를 확인하기 위해 주고받았던 암호는 매일 바뀌는데, 왕이 직접 정했다고 합니다.
일제강점기 흥례문은 철거되고 이 자리에 조선총독부 건물을 세웠습니다. 해방 후에도 정부 청사나 박물관으로 사용되다 1995년 철거하고 흥례문을 복원했습니다.

05 영제교 永濟橋

흥례문을 지나면 돌로 깐 길이 3개로 나뉩니다. 약간 솟은 가운데 길은 임금만 지날 수 있는 어도입니다. 왕이 아닌 자가 이곳을 걸어가면 매 80대를 맞았다니 꼭 지켰을 듯하네요. 길을 따라가다 보면 돌다리가 나오는데, 이 다리 밑으로 흐르는 물을 '금천'이라 합니다. 이는 다리를 건너면 왕의 공간이니 항상 말과 행동을 조심하라는 뜻을 담고 있습니다. 모든 궁궐에는 금천과 금천교가 있는데, 경복궁의 것은 영제교입니다. 다리 밑으로 보이는 동물 네 마리는 궁궐로 들어오는 나쁜 기운을 막는 역할을 담당합니다.

06 근정문 勤政門

근정전으로 들어가는 문으로 앞 계단 중간에 답도가 있습니다. 이는 임금의 길로 계단이 아니니 어떻게 올라가나 싶지만 왕은 가마를 타고 이 답도 위로 지나갔습니다. 답도에는 태평성대를 상징하는 새인 봉황이 새겨져 있습니다.

07 근정전 조정 朝廷

근정전 앞에 있는 넓은 마당을 '조정'이라 합니다. 근정전은 오른쪽으로는 북악산, 왼쪽으로는 인왕산을 끼고 있습니다. 이 모습을 잘 보려면 조정에서 근정전을 바라보며 오른쪽 끝으로 가세요. 근정문 일대에서는 왕과 문무백관이 조참 의식 등을 했고, 즉위식이 거행되기도 했는데, 이곳에서 최초로 즉위식을 거행한 왕은 단종입니다. 그 밖에도 세자 책봉식, 사신 맞이, 과거 시험 같은 행사가 열렸습니다. 가운데 길은 왕만 다닐 수 있는 어도이며 양쪽으로 문무백관이 직급별로 설 수 있도록 품계석을 세웠습니다.

근정전을 바라보며 오른쪽이 문신, 왼쪽이 무신 자리입니다. 임금과 가까운 쪽이 품계가 높아 영의정과 같은 정1품을 가장 앞쪽에 배치했습니다. 근정전 앞바닥에는 박석이 깔려 있습니다. 박석은 강화도 옆 석모도에서 가져온 돌로, 현재는 거의 없어 창덕궁 복원 시 박석을 사용하지 못했습니다. 얇고 거친 돌로 비가 올 때 배수도 잘되고 햇빛이 반사되지 않아 편히 다닐 수 있으며, 미끄럽지 않아 예전에 가죽신을 신고 다녔던 궁중 사람들이 안전하게 다닐 수 있도록 한 것입니다. 근정전 앞 박석 위의 쇠고리는 행사 때 사용하는 큰 천막을 고정하기 위해 설치된 것입니다.

08 근정전 勤政殿

'정치를 부지런히 함'이라는 뜻을 담고 있는 근정전은 경복궁의 정전입니다. 정전은 궁궐 내 규모가 가장 크고 격식 있는 건물로 왕실의 주요 행사가 열리는 공간입니다. 2단으로 이뤄진 기단인 높은 월대 위에 자리한 근정전의 위용은 대단합니다. 밖에서 보면 2층 건물인 근정전은 내부에서 보면 천장이 높은 단층 건물이라는 것을 알 수 있습니다.

근정전 자세히 보기 >>>

1) 월대 답도

임금이 가마를 타고 지나가는 답도에는 봉황문과 당초문이 새겨져 있습니다.

2) 잡상

근정전 지붕 위에 올려진,《서유기》에 나오는 삼장법사와 손오공 일행은 건물을 지키는 역할을 합니다. 모두 짝을 맞춰 만든 음양의 조화로 왕실이 번성하라는 뜻을 담고 있습니다.

3) 청동향로

근정전에서 의식이 열릴 때 왕이 어좌에 오른 후 근정전 밖 좌우 향로에 향을 피웠습니다.

:: 경복궁 둘러보기 ::

4) 드므

무쇠로 만든 드므에는 물이 담겨 있었습니다. 화재가 나면 급하게 사용할 수도 있었지만 무엇보다 남산에 사는 흉측한 얼굴을 한 화마(불귀신)가 왔을 때 드무에 담긴 물에 비친 자신의 모습에 놀라 도망가라는 의미를 담아 만들어둔 것입니다.

5) 월대 장식

근정전의 월대 두 단 중 윗단에는 사방을 지키는 청룡·백호·주작·현무상이 있습니다. 동쪽에 청룡, 서쪽에 백호, 남에는 주작, 북에는 현무상이 건물을 둘러싸고 있습니다. 아랫단에는 십이지신상이 있습니다.
그런데 이곳에 없는 띠가 있습니다. 바로 개와 돼지, 용이 제외되었는데, 용은 이미 임금이 있으니 제외되었고, 개와 돼지는 다른 동물에 비해 격이 떨어진다는 이유로 배치하지 않았다고 합니다.

6) 어좌 & 일월오봉도

화려한 단청 장식이 인상적인 근정전 내부에는 임금의 자리인 '어좌'가 있습니다. 그 뒤편으로 보이는 그림이 '일월오봉도'입니다. 해와 달, 다섯 봉우리를 그린 것으로 왕이 어디를 가든 이 그림은 항상 뒤에 펼쳐져 있습니다. 해와 달은 왕과 왕비(음과 양), 다섯 봉우리는 전국의 오악 또는 오행을 뜻합니다. 병풍 가운데를 보면 문이 있는데, 왕이 근정전으로 들어올 때는 뒷문으로 와서 이 병풍의 문을 열고 나왔다고 합니다. 현재 우리나라 지폐 1만 원권의 세종대왕과 함께 그려져 있는 그림이 바로 이 왕을 상징하는 '일월오봉도'입니다.

7) 칠조룡

근정전의 화려한 천장 장식 가운데에는 왕을 상징하는 용 두 마리가 있습니다. 여기서 주목할 것은 용의 발톱 숫자입니다. 지금까지 황제의 나라로 칭해졌던 중국 때문에 황제나 임금을 의미하는 용의 발톱 숫자를 중국보다 적게 해 4개나 5개밖에 쓸 수 없었지만, 대원군 때 경복궁을 중건하면서 이제 중국과 대등한 나라라는 의미를 담아 7개의 발톱이 달린 용을 근정전 천장 위에 올려놓은 것입니다.

09 수정전 修政殿

세종이 좋아하던 공간 중 하나인 집현전이 있던 자리입니다. 조선 최고 두뇌를 자랑하는 세종의 인재들이 이곳에 모여 왕의 일을 돕고 나라를 위한 자신의 생각을 이야기하기도 했을 것입니다. 세종은 집현전 학자들을 위해 장서각을 만들어 귀한 책도 마음껏 볼 수 있게 했다고 합니다. 숙직하던 신숙주가 깜빡 자다 깨보니 세종이 곤룡포를 덮어주고 간 것을 알고 감격의 눈물을 흘렸다는 이야기, 단종이 아기였을 때 세종이 세손을 직접 안고 와 앞으로 잘 보필해달라는 부탁을 한 것도 바로 이 집현전에 담긴 이야기들입니다. 문종 또한 죽기 전 단종을 무릎에 앉힌 채 평소 친했던 집현전 학자들에게 "내 아이를 부탁한다"라고 했다 합니다.

하지만 세조가 단종의 왕위를 찬탈했을 당시 집현전 출신들은 두 갈래로 갈라집니다. 신숙주와 같이 세조 편이 된 자들이 있는 반면, 성삼문, 박팽년과 같은 충신들은 단종 복위 시도를 하다 죽음을 당하기까지 합니다. 자신을 반대한 신하들이 많이 배출된 집현전을 싫어한 세조는 결국 이곳을 폐지하고 말았습니다.

10 경회루 慶會樓

'경사스러운 연회'라는 이름대로 궁중의 각종 경사스러운 모임과 외국 사신의 접대 연회 등이 열린 장소입니다. 경복궁이 창건된 당시에는 작은 규모였지만 태종 12년(1412)에 연못을 크게 파고 지금과 같이 만들었습니다. 성종 때는 돌기둥에 용과 꽃 장식으로 화려하게 치장했고, 연산군 때는 연못 안 인공 섬에 만세산을 만들고 호화롭게 장식했지만 임진왜란 때 모두 불타 없어집니다. 왜란 후 경회루 건물이 없었을 때는 가뭄이 들 때마다 연못에서 기우제를 지냈다고 합니다.

지금 경회루는 고종 4년에 중건된 것으로 당시 물과 불을 다스리는 청동으로 만든 용 두 마리를 연못 북쪽에 넣었다고 합니다. 연못의 물을 뺐을 당시 한 마리만 발견되었는데, 현재 국립고궁박물관에서 볼 수 있습니다.

경회루 기둥의 바깥은 사각형, 안쪽 기둥은 둥근 형태로 땅과 하늘의 모양을 담고 있습니다. 자세히 보면 기둥 여기저기 파인 부분이 있는데, 바로 한국전쟁 때 생긴 총탄의 흔적입니다. 경회루로 진입하는 다리 양편에 쇠를 먹어 경복궁을 보호하라는 의미로 배치한 불가사리 조각상 중 하나의 코도 총탄에 손상된 것을 볼 수 있습니다.

:: 경복궁 둘러보기 ::

11 사정전 思政殿

'왕이 정치를 할 때 깊이 생각해 옳고 그름을 가려야 한다'라는 뜻으로 왕이 평소 업무를 보던 공식 집무실입니다. 어좌와 '일월오봉도' 위쪽으로 왕을 상징하는 용과 신하를 뜻하는 주변 구름이 담긴 그림이 있습니다. 용과 구름처럼 임금과 신하가 마음을 합해 정사를 잘 이끌라는 뜻이 담겨 있습니다. 용의 발톱은 근정전과 달리 4개로, 중국의 영향을 받고 있었다는 것을 보여줍니다. 사정전에는 온돌이 없어 겨울에는 무척 추웠을 것입니다. 그런데 사정전 좌우의 만춘전과 천추전에는 온돌이 있어 겨울철 사정전 역할을 했을 것으로 짐작합니다.

12 강녕전 康寧殿

'편안하고 건강함'이라는 뜻을 담고 있는 왕의 처소로, 검소한 것을 모범으로 생각했던 모습이 보입니다. 9개 방 사이에 모두 문을 만들어 서로 통하도록 했고, 가운데 문을 들어 올릴 수 있도록 해 환기와 난방에 도움이 되게 했습니다. 전면 월대에서는 규모 작은 연회가 열리기도 했습니다. 가장 특징적인 것은 강녕전 지붕 위에 용마루가 없다는 것입니다. 정확한 이유는 알 수 없고 여러 주장이 있지만 그중에는 왕이 잠을 자는 공간인 강녕전에는 이미 용인 왕이 있으니 또 다른 용을 올려놓지 않는다는 뜻이라는 주장이 있습니다.

13 교태전 交泰殿

왕비의 침전으로 강녕전과 마찬가지로 지붕 위에 용마루가 없습니다. 뒤뜰 아미산의 굴뚝에는 글자로 그려진 그림인 문자도 '만수무강 萬壽無疆'과 '천세만세 千世萬歲'가 있습니다. 다른 굴뚝에는 동식물의 모습을 넣은 문양이 있는데, 육각형 면에 봉황, 학, 박쥐, 새, 사슴, 바위, 소나무, 매화, 국화, 불로초 등을 넣어 장식했습니다. 아미산은 외출이 어려운 중전을 위한 공간으로, 다양한 화초를 심고 호수나 연못을 상징하는 석함을 두었습니다.

14 동궁 東宮

떠오르는 해, 곧 앞으로 임금이 될 세자가 머무는 공간으로 음양오행에서 봄을 뜻하는 동쪽에 세자의 거처를 두었습니다. 이곳에 가장 오래 산 세자는 왕위를 물려받기까지 28년 동안 머물렀던 세종의 아들 문종입니다. 자선당과 비현각 등 일부만 복원되었다가, 2023년에는 복원 공사가 완성되어 공개되었습니다. 동궁 북쪽으로는 수라간인 내외 소주방이 있습니다.

15 자경전 慈慶殿

왕의 어머니, 즉 대비를 위한 공간으로 '자경'은 '어머니에게 경사가 있기를'이라는 뜻입니다. 이곳은 흥선대원군이 고종을 양자로 삼아 왕이 될 수 있도록 해준 신정왕후(조대비)를 위해 만든 공간입니다. '충'과 함께 '효'를 가장 중시했던 유교 사회 조선의 모습을 담고 있기도 하지만, 여기에 아들이 왕이 되게 해준 사람의 처소이니 대원군 또한 얼마나 많은 신경을 썼을까 싶습니다. 자경전은 매화, 모란, 국화, 나비 등이 들어간 아름다운 꽃담과 불로장생을 상징하는 십장생무늬 굴뚝 등 매우 화려하고 섬세한 장식이 특징입니다.

16 향원정 香遠亭

고종이 건청궁을 건축할 때 옛 후원 일대를 새롭게 조성하고, 연못 한가운데 인공 섬을 만들어 육각형 정자를 만듭니다. 이것이 '향기가 멀리 퍼져나간다'라는 뜻의 향원정이며 이곳으로 가는 다리는 '향기에 취하는'이라는 뜻의 취향교입니다. 남쪽으로 잘못 설치되어 있던 취향교를 원래대로 북쪽으로 옮기고 향원정 보수 작업을 마치며 최근 다시 일대가 개방되었습니다.

향원지는 1887년 조선에서 처음으로 전기가 들어온 곳으로 당시 동양에서 가장 뛰어난 성능을 발휘해 16촉 광열등 795개를 켤 수 있었다고 합니다.

17 건청궁 乾淸宮

경복궁에서 가장 깊숙한 곳에 있는 건청궁은 일반 사대부집 양식의 건물이라 단청이 없어 다른 전각들과 달라 보입니다. 이곳은 아버지의 그늘에서 벗어나 직접 정치를 시작하고자 한 고종이 명성황후와 함께 머물던 곳으로 고종은 장안당에, 명성황후는 안채인 곤녕합에 머물렀습니다.

바로 이 곤녕합의 누마루인 옥호루에서 명성황후가 일본인들에게 시해당한 을미사변(1895)이 일어났습니다. 고종과 황후는 감을 참 좋아했다고 전해져 2007년 건청궁을 복원할 당시 장안당 뒤뜰에 감나무 한 그루를 심기도 했습니다.

:: 경복궁 둘러보기 ::

18 집옥재 集玉齋

신무문과 건청궁 사이의 집옥재, 협길당, 팔우정은 원래 창덕궁 함녕전의 별당이었지만 고종이 창덕궁에서 경복궁으로 옮기면서 함께 옮긴 것입니다. 고종은 이곳을 어진을 봉안하거나 4만여 권에 이르는 책을 보관하는 서재, 사신 접견장 등으로 이용했다고 합니다. 협길당은 조선식이지만 집옥재와 팔우정은 중국 청나라 양식 건물로 당시로서는 신식이라 생각해서 그렇게 건축된 것입니다. 집옥재 현판 또한 송나라 당시 명필로 불리던 미불의 글씨를 모아 중국풍으로 만들었습니다.

19 신무문 神武門

경복궁의 북대문으로 평소에는 자주 사용하지 않았고, 왕이 공신들의 충성을 다짐하는 모임이 있는 회맹제에 참석할 때나 영조가 어머니 숙빈 최씨를 모신 육상궁에 참배하기 위해 나설 때 이 문을 자주 이용했다고 합니다.
이곳으로 나가면 바로 청와대와 마주 보고 있어 다시 광화문 쪽으로 나가지 않고 바로 삼청동이나 통인동 주변을 돌아보기에 편리합니다.

 TIP 왕실 호칭은 어떻게 정해지나요?

사극에서 많이 들을 수 있는 "OO마마" 등의 호칭은 어떤 기준으로 정해질까요?

1. 왕, 왕비
전하, 상감마마, 주상, 주상전하, 금상(현재의 주상) 등으로 불립니다. 나라님, 임금님이라고도 부르고요. 왕비에게는 '중전' 칭호가 붙었습니다.

2. 세자
다음 보위를 이를 세자는 저하, 세자저하, 세자마마 등으로 불렀습니다.

3. 대군, 군, 공주, 옹주
같은 왕의 아들과 딸이지만 왕비가 낳으면 '대군'과 '공주', 후궁에게서 태어나면 '군'과 '옹주'로 불렀습니다.

4. 대원군
본인은 왕이 아니지만 자신의 아들이 왕이 된 경우입니다. 선조의 아버지 덕흥대원군, 철종의 아버지 전계대원군, 고종의 아버지 흥선대원군이 있습니다. 이 중 살아서 대원군 호칭을 받고 실권을 행사한 사람은 흥선대원군뿐입니다.

5. 상왕, 태상왕
현재의 왕 전임자인 선왕이 살아 있는 경우인데, 조선 초기 태조(이성계)와 정종(이방과), 태종(이방원) 등이 생존했던 태종~세종 시대, 폐위되었던 단종이 잠깐 동안 상왕이었던 때 이후 더 이상 상왕과 태상왕은 없었습니다.

6. 대비, 대왕대비

대비는 선왕의 부인으로, 현왕의 친어머니일 수도 있지만 아닌 경우도 많았습니다. 예를 들어 경종과 영조 당시 두 사람의 친모는 장희빈과 숙빈 최씨였지만 대비는 숙종의 세 번째 계비 인원왕후였습니다. 대왕대비는 현 왕의 할머니 격입니다.

▲ 자경전 십장생무늬 굴뚝

7. 후궁 품계

왕의 후궁 : 빈 → 귀인 → 소의 → 숙의 → 소용 → 숙용 → 소원 → 숙원
세자의 후궁 : 양재 → 양원 → 승휘

너무나 아까운 임금, 문종

재위 기간이 너무 짧아 왕으로서는 큰 존재감 없이 스러진 문종이지만 알고 보면 세자 시절 아버지를 도와 이룬 업적이 아주 많습니다. 우리가 세종의 업적으로 알고 있는 훈민정음 창제, 신기전 성능 향상, 장영실이 남긴 과학적인 업적 등을 도와 완성할 수 있도록 크게 노력한 사람이 바로 문종입니다. 그래서 가정이기는 하지만 문종이 오래 살았다면 아버지 못지않은 성군이 되었을 것이라고 말하기도 합니다.

문종은 미남이었던 것으로도 유명한데, 명나라 사신들이 세자 시절 문종을 보고 외모에 감탄했다는 기록도 있습니다. 고기를 너무 좋아하고 거의 움직이지 않아 비만(태종이 "주상은 사냥을 좋아하지 않으시나 몸이 비중하시니 마땅히 때때로 나와 노니셔야…"라고 말했던 것이 실록에 기록)이었던 아버지와 달리 어쩐지 샤프한 이미지였을 듯도 싶지만, 임금의 초상화인 어진이 불타버려 실물을 확인할 길이 없습니다. 문종이 세자 시절 얻은 아들인 단종은 세자빈 권씨가 이곳 자선당에서 낳았습니다. 하지만 아이를 낳은 바로 다음 날 세자빈은 산후병으로 세상을 뜨고 맙니다. 만약 문종이 오래 살았거나 친어머니인 권씨라도 대비로 있었다면 단종이 숙부에게 왕위를 찬탈당하고 죽는 비극은 일어나지 않았을 수도 있을 듯합니다.

 경복궁
주소 서울시 종로구 사직로 161 | **전화** 02-3700-3900 | **관람 시간** 3~5월·9~10월 09:00~18:00, 6~8월 09:00~18:30, 11~2월 09:00~17:00 | **휴무** 화요일 | **입장료** 어른 3000원, 만 24세 미만 무료, 만 65세 이상 무료
주차 경복궁 주차장 이용(유료)

아이와 함께 즐기면 좋은 주변 먹거리
• 기름떡볶이로 유명한 통인시장(기름떡볶이 5000원~)
• 삼청동 칼국수, 팥빙수 등의 디저트

AREA 029

조선의 혼이 깃든
천상의 공간
종묘

#서울종로
#세계유산
#종묘사직
#국조오례의
#종묘제례악

©한국관광공사/IR스튜디오

신진 사대부들은 조선을 건국한 후 임금부터 백성들까지 모두 유교 질서에 따라 생활해야 한다고 생각했다. 나라의 근본이 백성에게 있다는 유교의 가르침에 따라 왕은 백성을 위한 정치를 하려고 했다. 백성들은 나라에 충성하고 부모와 어른을 공경하며, 남자와 여자, 아이와 어른 사이의 예절을 지켜야 한다고 했다. 오늘날 전해지는 혼인이나 장례, 제사 문화도 이런 유교의 영향을 받았다.

- 초등학교 사회 5학년 2학기

조선왕조 역대 왕과 왕후의 신주를 모신 사당, 종묘를 방문해보세요

조선은 유교라는 정치사상 위에 세운 나라이기 때문에 충과 효를 매우 중요하게 생각했습니다. 종묘는 이런 조선의 모습을 잘 보여주는 공간이에요. 장엄하고 아름다운 건축물, 종묘를 살펴봅니다.

1394년 조선이 도읍을 한양으로 옮긴 직후 바로 건축을 시작해 1395년에 완성한 종묘는 조선왕조의 상징적인 공간 중 하나입니다. 조선시대에는 지금의 정전을 종묘라 칭했지만, 지금은 정전과 영녕전을 모두 포함해 종묘라 부릅니다.

1. 1995년 우리나라 최초로 세계 문화유산에 등재된 종묘 宗廟

조선은 유교를 근본적인 정치사상으로 삼은 나라예요. 유교는 옛날 중국 공자의 가르침을 배우는 학문으로, 나라에 충성하고 부모에게 효도하는 것을 중요하게 생각했습니다. 살아 계실 때는 효도하고, 돌아가셨을 때는 제사를 잘 모셔야 함을 강조했어요.

▲ 향대청

옛날에는 양반이나 일반 백성이나 집안 한쪽에 조상의 위패 位牌를 모시는 사당이나 정해진 자리를 마련해두었고, 제사를 지낼 때는 이 위패를 가져다가 모셨어요. '위패'는 사망한 사람의 이름과 사망한 날짜를 적어놓은 나무패로, 죽은 이의 영혼을 대신한다고 여겼죠.

▲ 동양의 파르테논, 정전

보통 위패를 '신주 神主'라고도 하는데, 요즘에는 종이에 내용을 적은 '지방 紙榜'으로 이를 대신합니다. 서울 종로구에 자리한 종묘는 조선 역대 왕과 왕비의 신위를 모신 사당으로, 태조 이성계가 경복궁보다 먼저 건축한 것이 바로 이 종묘입니다. 1394년 10월 태조 이성계가 조선의 도읍을 한양으로 옮긴 해 12월에 공사를 시작해서 다음 해인 1395년 9월에 완공되었습니다.

왕과 왕후의 위패를 모셔놓고 제례를 지낼 종묘를 완성하자, 태조는 곧이어 개성에 있는 자신의 4대조인 목조, 익조, 도조, 환조의 위패를 이리로 모셨습니다. 임진왜란 당시 소실되었다가 17세기 초 중건됐고, 이후 필요에 따라 증축되며 지금의 모습이 되었습니다.

'종묘사직' 이란?

역사적 사건이나 왕 등을 소재로 한 사극을 보면 "전하, 종묘사직을 생각하소서!", "전하, 종묘사직이 위태롭사옵니다" 등의 대사가 나오곤 합니다. 과연 '종묘사직'이란 무엇일까요?

이성계는 새 도읍지 한양에 먼저 중요한 시설을 건축하는데, 바로 종묘, 사직, 경복궁, 그리고 한양도성이었습니다. 법궁인 경복궁을 중심으로 왼쪽에 종묘, 오른쪽에 사직단 社稷壇이 있는데, 종묘는 조상에게 제사를 올리는 곳이고, 사직은 신에게 제사를 지내는 곳이에요. 유교를 정치 기본 이념으로 삼았으니 조상을 잘 모시고, 백성들의 편안한 삶을 위해 농사가 잘되도록 기원하는 것보다 더 중요한 일은 없었습니다.

현재 종로구 사직동에 있는 사직단은 백성의 복을 비는 곳으로, 토지신인 '사 社'와 곡식신인 '직 稷'을 모시는 2개의 단이 있습니다. 동쪽 것이 토지신에게 제사를 지내는 국사단 國社壇, 서쪽이 곡식의 신에게 제사를 지내는 국직단 國稷壇입니다. 또 나라에 큰일이나 경사가 있을 때, 가뭄이나 홍수가 났을 때도 기우제, 기곡제 등의 제사를 지내며 평안을 기원했어요.

이렇게 해마다 종묘와 사직단에서 제사를 잘 지내는 것이 나라의 가장 큰 일이었기 때문에 '종묘사직'이 국가의 존재 자체를 의미하는 단어가 된 것입니다.

🔍 2. 정해진 예법과 절차에 따라 예를 갖추다

조선시대에는 《국조오례의 國朝五禮儀》라는 책이 있었는데, 왕명에 따라 신숙주, 정척 등이 다섯 가지 의례에 대한 예법과 절차를 그림과 함께 써놓은 것입니다. 여기에서 '오례'는 국가의 기본 예식으로 길례 吉禮, 가례 嘉禮, 빈례 賓禮, 군례 軍禮, 흉례 凶禮를 말해요. 각각 국가에서 제사를 드리는 의식과 혼례에 관련된 의식, 중국 등의 외국 사신을 접대하는 의식, 군사 의식, 그리고 장례 의식을 뜻합니다. 조선은 이 다섯 가지 의례 중에서 제사를 지내는 의식인 길례를 가장 중요하게 여겼고, 종묘는 이 길례에 해당하는 의식을 치르는 장소였죠.

의식에 참여하는 사람들은 제례 일주일간 술을 마시지 말 것, 마늘·부추·파 등의 매운 것을 먹지 말 것, 상갓집에 가지 말 것, 잔치를 열지 말 것 등을 지켜야 했습니다. 몸과 마음을 엄숙히 하고 단정하게 한다는 의미겠죠? 당시 제례는 봄, 여름, 가을, 겨울과 섣달에 지냈고, 현재는 해마다 5월 첫째 주 일요일과 11월 첫째 주 토요일에 지내고 있습니다.

세계적인 건축가, 프랭크 게리가 가족 여행으로 찾은 종묘!

캐나다 출신의 프랭크 게리 Frank Gehry는 건축계의 노벨상이라 할 수 있는 프리츠커상을 수상하고 스페인 빌바오의 구겐하임 미술관, 체코 프라하의 댄싱 하우스 등을 설계한 거장입니다.

그런 그가 우리의 종묘를 보고 극찬을 했는데, 프랭크 게리가 가족과 함께 종묘를 방문한 일화는 매우 유명하죠. 그는 그리스 아테네의 파르테논 신전과 비교하며 종묘를 '세계 최고의 건축물'이라고 평했습니다.

이렇게 종묘는 현대 건축가들이 주목하는 세계적인 건축물 중 하나로 손꼽힐 만큼 건축사적 가치도 매우 높습니다. 이런 의미 있는 장소를 우리가 더 관심을 갖고 사랑해야겠죠?

3. 종합예술, 종묘제례

종묘제례 宗廟祭禮는 의례를 진행하는 절차, 의례 음식, 제기, 의례가 진행되는 동안 동원되는 음악, 무용, 악기 등이 모두 조화를 이루는 종합적인 퍼포먼스이기도 합니다. 지금까지도 예전 것 그대로 보존하고 행한다는 것이 높이 평가되고 있어요. 특히 종묘제례 때 연주하는 종묘제례악 宗廟祭禮樂은 세종대왕이 만든 것입니다. 세종은 음악에도 상당한 관심과 재능을 보였는데, 지금 우리가 말하는 절대음감을 지니고 있었습니다. 당시 박연이 처음으로 편경을 만들어 시연했는데, 세종이 음 하나가 이상하다고 지적했고, 알고 보니 편경의 재료인 옥돌을 갈기 위해 그어놓은 먹줄이 그대로 남아 있었다고 해요. 옥돌이 덜 갈려 소리가 맞지 않던 것입니다. 이 정도로 세종은 음악에도 대단한 재능이 있었어요. 당시 궁중에서는 향

악과 당악, 아악이 연주되었습니다. 특히 제사를 지낼 때는 중국 주나라 음악인 아악을 연주했습니다. 세종은 "조선 사람들이 살아서는 우리 음악을 듣고, 죽은 뒤에는 중국 음악을 듣게 되니 이 어인 일이오?"라며 제사 때도 우리 음악을 연주해야 한다고 말했습니다. 그래서 만든 것이 바로 종묘제례악입니다. 종묘제례악은 종묘제례가 진행되는 동안 경건하고 엄숙한 분위기를 고양하기 위한 음악과 무용으로 구성됩니다. 종묘제례와 함께 종묘제례악 역시 높은 가치를 인정받아 유네스코 세계무형유산으로 등재되어 있습니다.

TIP: 밤이면 귀신이 나타나는 종묘?

종묘는 1592년 임진왜란 당시 화재로 완전히 사라져버린 적이 있습니다. 일본군들이 이곳에 불을 질렀기 때문인데, 왜 그들은 종묘에 불을 질렀을까요?

당시 일본군이 조선을 침략하자 왕이었던 선조는 의주로 피란길에 올랐습니다. 이때 종묘에 모셔둔 역대 왕들의 위패를 챙겨 갔어요. 한양은 곧 일본군에게 점령당했고, 일본군은 머물 곳을 찾다가 종묘에 거처를 마련했습니다. 그런데 밤마다 종묘의 정전에서 이상한 일이 일어났다고 해요. 갑자기 이유도 없이 죽는 병사들이 생긴 것입니다. 일본군 대장은 "이곳이 어디길래 이상한 일들이 계속 일어난단 말이냐?"라고 물었고, "이곳은 조선 왕들의 혼을 모신 종묘입니다"라는 대답을 듣고는 당장 거처를 옮기고 종묘를 불태우라는 명령을 내렸습니다. 그래서 안타깝게도 종묘가 소실된 것입니다. 그런데 정말 왕과 왕후의 혼령이 나타나서 일본군들을 죽게 한 것일까요? 그야말로 믿거나 말거나 한 이야기죠!

종묘 둘러보기

종묘는 역대 왕과 왕비의 신주를 모신 정전과 영녕전, 그리고 당시 제례 준비에 필요한 여러 부속 건물로 이루어져 있습니다. 제례를 올리는 곳인 만큼 화려한 단청이 없고 절제되고 단아한 것이 특징이에요.
경복궁, 창덕궁 등 옛 건축물을 방문하면 가장 먼저 눈에 띄는 것이 건물 이름을 적은 현판입니다. 그런데 신기하게도 종묘의 어떤 건물에도 현판이 없습니다. 종묘는 다른 곳들과는 달리 왕실 제사를 지내는 곳으로 관계자들만 출입할 수 있는 제한된 공간이었습니다. 그래서 굳이 건물에 현판을 달 이유가 없었던 것이죠.
현재 종묘 정전에는 총 19실에 49위, 영녕전에는 총 16실에 34위의 신위가 모셔져 있고, 공신당에는 조선시대 공신 83위가 모셔져 있습니다.

01 외대문 外大門 (창엽문)

종묘의 출입구로 다른 이름인 '창엽문'은 개국공신 정도전이 붙인 명칭입니다. '창엽 蒼葉'은 '푸른 나뭇잎'이라는 뜻으로 잎이 푸르게 커나가는 것처럼 조선왕조가 번창하기를 바라는 마음에서 지었다고 합니다. 그런데 하필 공교롭게도 창엽의 한자 획수가 총 27획이라 조선 왕이 27대에서 끝난 것과 연결해 정도전의 예언이 아니냐는 이야기도 합니다.
또 외대문의 계단은 일제강점기에 일본이 종묘의 위상을 떨어뜨리기 위해 일부러 묻어두었던 것을 복원해 제 모습을 찾은 것이기도 합니다.

02 연지 蓮池

입구를 지나 들어오면 왼쪽으로 보이는 연못에는 다른 궁궐과 다른 점이 있습니다. 바로 죽은 자의 공간인 종묘의 연못에는 산 것을 키우거나 두지 않는 것입니다. 그래서 물고기가 살고 있지 않습니다. 또 가운데 있는 섬의 나무도 소나무 등이 아니고 향나무인 것도 이곳이 종묘이기 때문입니다.

03 삼도 三道

입구에서 정전, 영녕전에 이르기까지 제사에 관련된 모든 건물에 길게 이어진 삼도는 다른 궁궐에서도 볼 수 있지만, 종묘의 길은 다릅니다. 궁궐은 가운데 길이 임금을 위한 어도이지만 종묘에서 높게 만든 가운데 길은 죽은 자, 신을 위한 '신로', 동쪽이 왕이 다니는 '어로', 서쪽은 세자를 위한 '세자로'입니다. 나머지 사람들은 삼도를 밟지 않고 바깥으로 다녔습니다.

04 공민왕신당 恭愍王神堂

이곳은 고려 제31대 왕인 공민왕을 위해 건립된 곳입니다. 이곳의 정식 명칭은 '고려 공민왕 영정 봉안지당 高麗 恭愍王 影幀 奉安之堂'으로, 공민왕과 노국대장공주가 함께 있는 영정이 있고 벽에는 공민왕이 그렸다고 전해지는 '준마도 駿馬圖'가 있습니다.

노국대장공주는 원나라의 공주로, 공민왕과 결혼해서 고려의 왕비가 되었어요. 공민왕은 반원 정책을 펼친 왕으로도 잘 알려져 있는데, 이때 노국대장공주는 남편인 공민왕의 편에 서서 그를 지지했다고 합니다. 조선의 종묘에 고려의 왕을 위한 신당이 있다는 것이 좀 이상하죠? 아마도 원나라의 간섭에서 벗어나 자주적인 개혁 정치를 펼쳤던 공민왕의 뜻을 기리고 고려의 정통성을 이어받았다는 것을 보여주고자 했던 것 같아요. 고려와 조선이 연결되어 있다는 것을 상징하기 위함이 아닌가 생각됩니다. 하지만 공민왕의 의복을 보면 왕이 아닌 원나라 사신 복장을 하고 있는 것은 고려가 망하고 새 왕조가 세워진 것을 조선이 정당화한 것이기도 합니다.

05 재궁 齋宮

재궁은 국왕이 제사를 준비하던 곳으로, 망자의 공간인 종묘에서 살아 있는 사람들을 위한 공간이에요. 북쪽 건물은 왕이 머무는 어재실, 동쪽 건물은 세자가 머물던 세자재실, 서쪽 건물은 왕이 목욕을 하는 어목욕청입니다. 이곳에서 왕과 세자는 몸과 마음을 깨끗이 한 후 제례에 임했습니다.

06 공신당 功臣堂

정전 앞쪽에 자리한 공신당은 조준, 이화 등 조선왕조의 공신 83인의 위패를 모신 공간입니다. 왕을 보필하는 데 공이 큰 신하들의 위패를 모시는 곳이에요. 처음에는 5칸으로 지었지만 공신 수가 차츰 늘어나면서 현재의 16칸 건물이 되었습니다. 만약 왕의 위패가 정전을 떠나면 신하의 위패 역시 이곳을 떠나야 했다고 해요.

:: 종묘 둘러보기 ::

07 정전 正殿

종묘에서 가장 중요한 건물입니다. 수평으로 길게 뻗은 형태로, 우리나라 목조건축물 중 가장 길다고 해요. 사실 종묘가 처음 세워졌을 때부터 정전이 이렇게 길었던 것은 아니고, 처음에는 총 7칸이었습니다. 그러나 점점 늘어나는 왕의 위패를 모실 공간이 부족했고, 그래서 광해군과 영조, 그리고 헌종 때 각각 4칸씩 연장했어요. 수백 년에 걸쳐 지금의 19칸이 된 것입니다. 그런 이유로 정전을 자세히 보면 서쪽의 기둥이 동쪽 것보다 더 새것입니다.

정전에는 조선의 왕 총 27명 중 공덕이 가장 높은 19명의 왕과 그의 왕비의 위패가 모셔져 있습니다. 맨 서쪽이 상석으로 태조, 태종, 세종 등으로 이어집니다. 그런데 각 신실의 문 위쪽이 비틀어져 조금씩 열려 있는데, 이 또한 일부러 만든 것으로 왕의 혼이 자유롭게 신실에 드나들 수 있도록 한 장치입니다. 정전은 이중 월대 위에 서 있는데, 하월대는 지상, 상월대는 천상의 공간입니다. 그래서 상월대 계단에는 하늘임을 나타내는 구름 모양이 조각되어 있습니다. 또 상월대에 있는 중앙 계단은 건물이 증축됨에 따라 중앙이 바뀌니 계속 위치를 옮겼고, 그 때문에 상월대에 계단을 뜯어낸 흔적이 남아 있습니다.

'반복'과 '완벽한 대칭'을 고집스럽게 지켰던 정전에 한 가지 예외가 있습니다. ㄷ 자형 건물 정전에 양쪽 끝에 있는 서월랑과 동월랑 건물을 보면 서월랑은 폐쇄형, 동월랑은 개방형입니다. 서월랑은 제기를 관리하는 곳이라 폐쇄형이고, 동월랑은 갑작스러운 비 등을 피하기 위해 개방형으로 지었다고 합니다. ※ 현재 보수 공사 중

08 전사청 典祀廳

종묘제례에서 올리는 모든 제사 음식을 준비하고, 제물과 제기 등의 도구를 보관하던 곳입니다. 건물이 ㅁ 자형으로 배치되어 있는데, 제물로 바치는 짐승을 도살할 것인지 결정했던 성생단도 있습니다.

종묘제례에서 올리는 상은 우리가 생각하는 일반적인 것과는 많이 다른데, 특히 익히지 않은 쌀, 기장, 수수 등의 곡식과 쇠고기, 돼지고기, 양고기 등의 날고기도 올렸습니다. 그리고 양념을 전혀 하지 않은 국과 양념을 해서 만든 국도 함께 올렸죠. 향대청에서는 유리 벽 너머로 종묘제례에 사용되는 상차림 모형을 볼 수 있습니다.

09 종묘 악공청 樂工廳

종묘제례 시 음악을 연주하는 악사들이 대기하고 연습도 하던 건물입니다. 소박한 건물이 특징이에요. 영녕전 가까이에는 영녕전 악공청이 따로 있습니다.

10 영녕전 永寧殿

정전 서북쪽에 자리한 영녕전은 정전에 모시지 않은 왕과 왕후의 위패를 모신 곳입니다. 시간이 흐름에 따라 모셔야 할 왕과 왕후의 위패가 점점 늘어나자 새로운 공간이 필요해서 1421년 세종 3년 때 지었어요. 전체 구성은 정전과 비슷하지만 규모가 작습니다.

여기에는 태조 이성계의 4대조인 목조, 익조, 도조, 환조와 왕비를 비롯해 정종, 문종, 단종, 덕종, 예종, 인종, 명종, 원종, 경종, 진종, 장조, 의민황태자(영친왕)와 비의 위패가 모셔져 있습니다. 태조의 선조 이외에 실제 왕이 아니었던 네 사람 중 덕종은 성종의 아버지, 원종은 인조의 아버지, 진종은 정조가 양자로 입적되었던 효장세자, 장조는 정조의 친아버지인 사도세자가 후에 추존된 것입니다.

정전과 달리 영녕전의 가운데가 높은 것은 태조 이성계의 4대조를 모신 공간이 가운데가 상석이기 때문입니다. 그리고 영녕전에는 정전과 달리 공신당이 딸려 있지 않은데, 태조의 선조들이 왕이 아니었기 때문에 공신 또한 없으니 그 이후 왕들의 공신당도 세울 수 없어서입니다. 영녕전에 모신 왕들은 재위 기간이 짧거나 각기 사연이 많은 임금이 대부분입니다. 또 명종처럼 아들이 없거나 병약해서 자신의 후손이 대를 잇지 못하고 방계(수직적인 혈통인 직계가족이 아닌 경우)로 왕위가 넘어갔을 경우도 정전이 아닌 영녕전에 모셨다고 합니다.

나라가 망한 시기인 고종과 순종 신위가 영녕전이 아닌 정전에 있는 것은 공덕이 커서라기보다는 조선 왕실이 27대로 끝나고 더 이상의 후대가 없기 때문에 27칸으로 이루어진 정전에 모신 것이라 할 수 있습니다.

 종묘

주소 서울시 종로구 종로 157 | **전화** 02-765-0195 | **관람 시간** 월·수~금요일 시간제 관람만 가능(10:00~16:00동안 30분 간격으로 투어 시작), 토·일요일·공휴일·마지막 주 수요일 자유 관람 09:00~18:00(6~8월 ~18:30, 11~1월 ~17:30)
휴무 화요일 | **입장료** 만 25~64세 이하 1000원(마지막 주 수요일 무료입장)
주차 서울시설공단 종묘 주차장 이용(10분당 800원) | **홈페이지** royal.cha.go.kr/ROYAL/main/index.do
※ 제사 공간인 종묘에는 매점이나 음료수 자판기 등이 없으므로 미리 마실 것을 준비해 가는 것이 좋습니다.

AREA
030

조선의 개국 역사가
담긴 곳
한양도성 4대문

#서울
#숭례문
#흥인지문
#숙정문
#돈의문
#돈의문박물관마을
#한양도성

조선이 한양을 도읍으로 삼은 것은 삼국시대부터 교통이 편리하고 지리적으로 많은 이점이 있었기 때문이다. 한양은 한강을 거쳐 물자를 옮기거나 농사짓고 생활하기에 좋은 조건을 갖추고 있었다.
— 초등학교 사회 5학년 2학기

이런 생각을 담아 궁궐과 도성의 사대문을 각각 유교에서 강조하는 덕목으로 이름 붙였다. 임금이 덕으로써 나라를 다스려 만 년 동안 큰 복을 누리라는 뜻으로 지은 '경복'궁과 예의를 높여 소중히 여기라는 뜻으로 지은 '숭례'문이 대표적이다.
— 초등학교 사회 5학년 2학기

MISSION

조선의 수도, 한양을 지켰던 4개의 큰 문을 알아보고 방문해 봅니다

고려 말의 혼란기를 정리하고 새로운 나라, 조선을 세운 이성계는 수도를 개경에서 오늘날의 서울인 한양으로 옮겼습니다. 당시에는 4개의 큰 문인 4대문으로 둘러싸인 곳을 한양이라고 했습니다. 조선의 한양을 지켰던 4대문에 얽힌 이모저모를 알아봅니다.

평소에는 무심코 지나가며 보았던 한양도성 대문은 각자 나름의 이야기와 특징을 지니고 있습니다. '음' 기운이 강해 평소에는 닫아두었던 숙정문, 약한 땅의 기운을 돋우기 위해 네 글자 이름이 된 흥인지문, 일제의 만행에 허물어진 돈의문, 말도 많고 탈도 많았던 숭례문 등 각각에 담겨 있는 흥미로운 이야기를 들어보세요.

🔍 1. 한양의 수도가 될 가장 좋은 자리를 찾아라!

한양이 조선의 수도가 된 데는 재미있는 이야기가 전해 내려옵니다. 1392년 조선을 세운 이성계는 고려의 수도였던 개경을 떠나 새로운 터로 도읍을 옮기고 싶었어요. 그래서 임금의 스승 역할을 하던 큰스님인 무학대사에게 새로운 도읍지를 찾아봐달라고 부탁했습니다. 그때부터 무학대사는 전국 각지를 돌며 좋은 터를 찾아 나섰습니다. 그러다 한강 북쪽에 이르렀고 그곳에서 드디어 가장 좋은 땅을 발견했다고 생각했어요. 그런데 옆에서 소를 끌던 한 노인이 "이놈 소는 미련하기가 무학 같구나. 왜 바른 길로 가지 않고 굳이 굽은 길로 들어서느냐" 하며 소를 꾸짖었다고 합니다. 이 소리를 들은 대사는 노인에게 "제가 바로 그 미련한 무학입니다. 제게 가르침을 주십시오"라고 말했어요. 그러자 노인은 서북쪽을 가리키며 "여기에서 10리만 더 가시오"라고 말하고는 갑자기 사라졌습니다. 깜짝 놀란 대사는 노인의 말대로 서북쪽으로 10리를 더 갔고 그곳의 땅을 보자마자 "과연 명당이로구나"라 외쳤다고 해요. 그곳이 바로 지금의 경복궁 자리라고 합니다. 그리고 노인이 무학대사에게 "10리를 더 가라"라고 한 장소의 이름은 그 일화를 따 현재 서울 성동구의 '왕십리'가 되었습니다.

🔍 2. 4개의 큰 문과 4개의 작은 문을 세워라

조선시대의 한양은 4대문 안쪽 지역을 가리켰는데, 당시 한양은 4개의 큰 문인 4대문 四大門과 4개의 작은 문인 4소문 四小門으로 둘러싸여 있었어요. 4대문은 동서남북 방위에 따라 '동·서·남·북대문'이었는데, 유교 사상의 주요 덕목인 인의예지 仁義禮智를 따서 각각 '흥인지문 興仁之門, 돈의문 敦義門, 숭례문 崇禮門, 숙청문 肅淸門'이라 했습니다. 북대문은 특이하게도 '숙지문'이라고 하지 않고 '청 淸' 자를 넣어 숙청문이라고 했어

▲ 서소문

요. 그리고 중심부에는 유교 덕목 중 하나인 '믿을 신 信' 자를 넣어 종각인 '보신각 普信閣'을 지었습니다. 4소문은 4대문 사이사이에 세운 작은 성문으로, 동북쪽의 동소문인 혜화문 惠化門, 서소문인 소의문 昭義門, 남소문인 광희문 光熙門, 북소문인 창의문 彰義門을 세웠습니다. 이렇게 세운 문들 옆으로는 성벽이 길게 이어져 있었어요. 이것은 수도 한양을 적에게서 보호하면서도 한양을 드나드는 사람들을 통제하고 관리하기 쉽게 한 것입니다.

3. 돌을 쌓고 중앙에는 무지개 모양의 출입구를 만들라!

4대문 중 돈의문을 제외하고 나머지 3개는 지금도 남아 있는데, 모양이 서로 비슷해 보입니다. 우선 튼튼하게 돌을 쌓은 다음 중앙에 아치 모양의 출입구를 하나씩 만들었어요. 출입구 위쪽 둥근 곡선이 마치 무지개 같다 해서 '홍예문'이라고 부릅니다. 이렇게 곡선으로 쌓으면 구조적으로 훨씬 더 튼튼하다고 해요. 문 위쪽 한옥은 '문루'로, 궁문이나 성문 위에 지은 집을 말합니다. 문의 위엄을 더하고, 전쟁이 나면 높은 곳이라 지휘소 역할을 했어요. 문루에는 1층인 단층 문루와 2층 구조인 중층 문루가 있습니다. 4대문 중 숭례문과 흥인지문만 중층 문루예요. 특히 숭례문의 문루가 다른 것에 비해 면적이 훨씬 더 넓은데, 숭례문이 지키는 방향이 군사적으로 매우 중요했기 때문이라고 합니다.

4. 인의예지, 동서남북, 우리의 4대문

우선 북문인 숙청문은 '지혜'를 상징하며 북악산 자락에서 북쪽을 지켰습니다. 산세도 험하고 주변이 온통 울창한 숲이라 예로부터 사람들의 통행이 잦지 않았다고 해요. 그리고 풍수지리학적으로 보았을 때 이곳은 음양 陰陽 중 음의 기운이 강해 북쪽의 나쁜 기운이 들어오지 못하도록 평소에는 아예 통행을 제한했다고 합니다. 다만 가뭄이 들었을 때는 열어두었다고 해요. 숙청문은 중종 때 '편안할 정' 자를 넣어 '숙정문 肅靖門'으로 이름을 바꾸었습니다. 이 근처는 1968년 1월 21일, 북한 간첩인 김신조를 비롯한 31명이 대통령 암살을 위해 남쪽으로 왔다가 도주한 곳이기도 합니다. 이 사건을 '1·21 사태'라고 하는데, 당시 간첩들과 총격전을 벌였던 흔적이 남아 있습니다.

▲ 숙정문

5. 동, 동, 동대문을 열어라!

한양 동쪽 문은 '어질 인 仁' 자를 써 '흥인지문'이라 했는데, 이곳은 숭례문과 비슷한 듯 보이지만 옹성이 있는 것이 다릅니다. '옹성'은 성문 보호를 위해 쌓은 반원 모양 성벽입니다. 이것은 서울 땅이 서쪽이 높고 동쪽은 낮은 형태라 동쪽을 방어하기 힘들어 한번 더 성문을 보호하기 위해 쌓은 것입니다. 본래 이름이 '흥인문'이었는데, 땅의 기운이 약하다 하여 그 기운을 북돋우기 위해 '지' 자를 넣어 '흥인지문'이 되었다고 해요. 그래서 유일하게 현판 모양이 정사각형입니다.

6. 비극적인 운명을 지닌 돈의문

서문인 돈의문은 지금은 터만 있고, 2010년 국립고궁박물관의 수장고에서 발견된 돈의문 현판만이 유일한 표식으로 남아 있습니다. 일제가 이 문을 경매로 팔고 전부 헐었기 때문입니다.
본래 돈의문은 풍수지리로 볼 때 경복궁의 지맥을 손상시킨다 하여 사람과 말의 통행을 금지했고, 몇 차례 위치를 옮기거나 헐었다 새로 짓기도 했어요. 1422년 세종 4년에 세 번째로 다시 세워졌고, 중국 외교사절이 오면 임금이 이 문을 통해서 마중을 나갔습니다. 1915년 마포에서 돈의문, 동대문을 지나 청량리까지 이어지는 전차 노선 확장 공사에 돈의문과 동대문이 걸림돌이 된다며 일본 총독부가 돈의문을 헐기로 결정했습니다. 일제는 경매를 통해 돈의문을 당시 205원에 팔았고, 석재와 목재, 성벽까지 모

▲ 흥인지문

▲ 돈의문

두 도로 공사 자재로 팔아넘겨 큰 이익을 남겼습니다. 그래서 옛 모습을 볼 수 없게 되었고, 자료도 남아 있지 않아 복원도 쉽지 않다고 합니다. 현재 돈의문 자리에는 돈의문 박물관마을이 조성되어 있어요.

7. 한양을 대표했던 남문, 숭례문

한양 남쪽은 예 禮를 뜻하는 '숭례문'이 지키고 있고, 유일하게 세로로 긴 현판을 달고 있습니다. 남쪽은 특히 불의 기운이 강해 이것을 막기 위해 현판을 세로로 만들었다고 합니다. 사실 숭례문은 정확히 말하자면 한양 남서쪽에 있고, 남쪽에 남산이 있어 그것을 피해 만든 것입니다. 그런데 2008년 2월 10일,

너무나 안타깝고 엄청난 숭례문 방화 사건이 일어납니다. 채종기라는 노인이 숭례문에 사다리를 타고 올라가 불을 질렀고, 이 때문에 숭례문이 모두 타서 무너지고 말았습니다. 체포된 노인은 불을 낸 이유를 묻자, 택지 개발에 따른 토지 보상액이 너무 적어 불을 냈다며 별다른 죄책감도 보이지 않아 온 국민이 분노했습니다. 2006년에도 같은 이유로 창덕궁에 불을 지른 전과까지 있었다고 해요. 그는 결국 징역 10년형을 선고받았습니다.

숭례문은 한때 우리나라 국보 '1호'였는데, 이에 대한 논란이 어마어마했죠. '국보 1호는 한국 전통문화를 상징하는 것이다. 숭례문은 국보 1호로는 너무 약하다'는 측과 '번호는 지정시기에 따른 것이지 가치의 문제는 아니다. 단순한 순번에 불과하다'라는 측이 대립한 거죠. 일부는 국보 1호로 훈민정음이나 석굴암, 팔만대장경 등을 지정해야 한다고 주장했어요. 그런데 왜 숭례문이 국보 1호였을까요? 사실 숭례문이 국보 1호로 지정하는 것을 반대한 데는 이유가 있었어요. 임진왜란 당시 일본군 장수 가토 기요마사 加藤清正가 이 문을 거쳐 한양에 입성한 것을 기념해 1934년 일본이 숭례문을 보물 1호로 정했거든요. 시간이 흐르면서 1955년, 1962년에 우리 정부가 국보와 보물을 지정하면서도 계속 이 번호를 이어갔던 거죠. 하지만 문화재청이 "앞으로 공문서·누리집 등에서 지정 번호 사용을 제한하고, 교과서·도로표지판·문화재 안내판 등에는 사용 중지를 추진할 방침"임을 발표하면서 논란은 끝을 맺었습니다.

:: 돈의문박물관마을 둘러보기 ::

돈의문이 있던 자리에 들어선 돈의문박물관마을은 돈의문 안쪽 동네의 1960~1970년대 모습을 고스란히 담고 있어요. 산책하듯 천천히 걸으며 둘러볼 수 있는 곳입니다. 예전에는 이 근처에 서울고, 경기고, 경기여고, 경기중 등 명문학교가 많았고 입시 학원도 많았습니다. 1970년대 이후 이 학교들이 강남으로 옮겨 갔고, 과외 금지령이 내리면서 동네는 잠시 활기를 잃었지만 이후 주변에 빌딩과 병원 등이 들어서면서 식당이 많이 생겼어요. 허름하지만 맛은 좋았던 오래되고 유명한 골목 식당이 많았습니다. 이후 이 지역이 '돈의문 뉴타운'으로 지정되면서 오래된 건물을 전면 철거하고 근린공원을 조성할 계획이었다고 해요. 그러나 근현대 서울의 모습을 간직한 이 지역을 철거하고 개발하는 것은

옳지 않다고 판단해 결국 역사적인 가치를 보존하자는 쪽으로 계획을 변경했습니다. 덕분에 돈의문박물관마을이 들어설 수 있었습니다. 돈의문 지역의 역사를 살펴볼 수 있는 다양한 전시관과 전통문화를 체험할 수 있는 한옥들이 있고, 예술과 문화를 접할 수 있는 공간이 많습니다. 특히 옛 한양도성과 4대문을 볼 수 있는 VR 체험 공간이 있어 어린이들의 역사 체험 장소로도 좋아요. 참고로 동대문인 흥인지문 근처에는 '한양도성박물관'이 있습니다. 조선시대부터 지금까지 한양도성의 역사와 문화를 전시하는 공간으로 기회가 된다면 방문해보시길 권합니다.

01 돈의문 역사관

돈의문 지역의 역사를 보존하고 전시하는 공간입니다. 본래 식당으로 운영하던 건물로 이를 개조해 전시 공간을 만들었습니다. 한양도성과 옛 동네를 중심으로 역사와 건축물, 그리고 지역에 살았던 사람들에 대한 이야기가 담겨 있습니다.

02 삼대가옥

이곳은 과거에 3대가 모여서 살던 집이에요. 오래된 가정집 건물로, 지금은 시기마다 특별 전시를 하고 있습니다. 한쪽을 1970~1980년대 가정집에서 실제 쓰던 물건으로 꾸며놓아 매우 흥미로워요.

:: 돈의문박물관마을 둘러보기 ::

03 돈의문구락부

'구락부'는 클럽 club을 한자로 옮겨 부른 것으로, 당시 한국에 거주하던 외국인들과 개화파 인사들이 모여 파티나 문화교류 등 사교 모임을 하던 장소입니다.

04 스코필드 기념관

프랭크 스코필드는 1916년 캐나다 장로회 소속 선교사로, 세브란스 의학 전문학교 교수로 한국에 왔다가 1919년 3·1 독립운동 사진을 해외에 처음으로 알린 바 있습니다. 또 일제의 화성 제암리·수촌리 마을 학살 사건을 보고서로 작성해 해외에 일본의 비인도적 행위를 알리기도 했습니다.

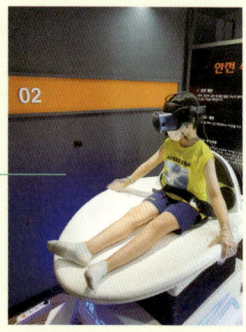

05 돈의문 AR·VR 체험관

1층에서는 돈의문의 역사에 대해 전시하고 있습니다. 이곳에는 돈의문 모형도 있는데, 지금은 남아 있지 않은 것이라 더 흥미롭습니다. 그리고 2, 3층에서는 옛 한양도성과 4대문에 관련된 VR을 무료로 체험해볼 수 있습니다. 단, 키가 90cm 이상인 어린이만 관람 가능해요. 4대문은 물론이고 근처의 옛 마을을 그대로 재현해 당시 모습을 생생하게 즐길 수 있어요.

---

 1. 돈의문박물관마을
주소 서울시 종로구 송월길 14-3 | **전화** 02-739-6994 | **관람 시간** 10:00~19:00 | **휴무** 월요일 | **입장료** 무료 |
주차 강북삼성병원 주차장, 서울역사박물관 공영 주차장 이용(유료) | **홈페이지** http://www.dmvillage.info

2. 한양도성박물관
주소 서울시 율곡로 283 | **전화** 02-724-0243 | **관람 시간** 09:00~18:00 | **휴무** 월요일 | **입장료** 무료 |
주차 자체 주차장 이용(유료) | **홈페이지** www.museum.seoul.kr/scwm/NR_index.do

 아이와 함께 즐기면 좋은 주변 먹거리

 돈의문박물관마을에는 서궁 갤러리&카페(커피류 3800원~)와 학교앞 분식(추억 도시락 7000원, 계란말이 김밥 6000원, 떡볶이 4000원) 등 실제로 영업을 하는 곳들이 자리해 간단히 식사를 해결할 수 있습니다.

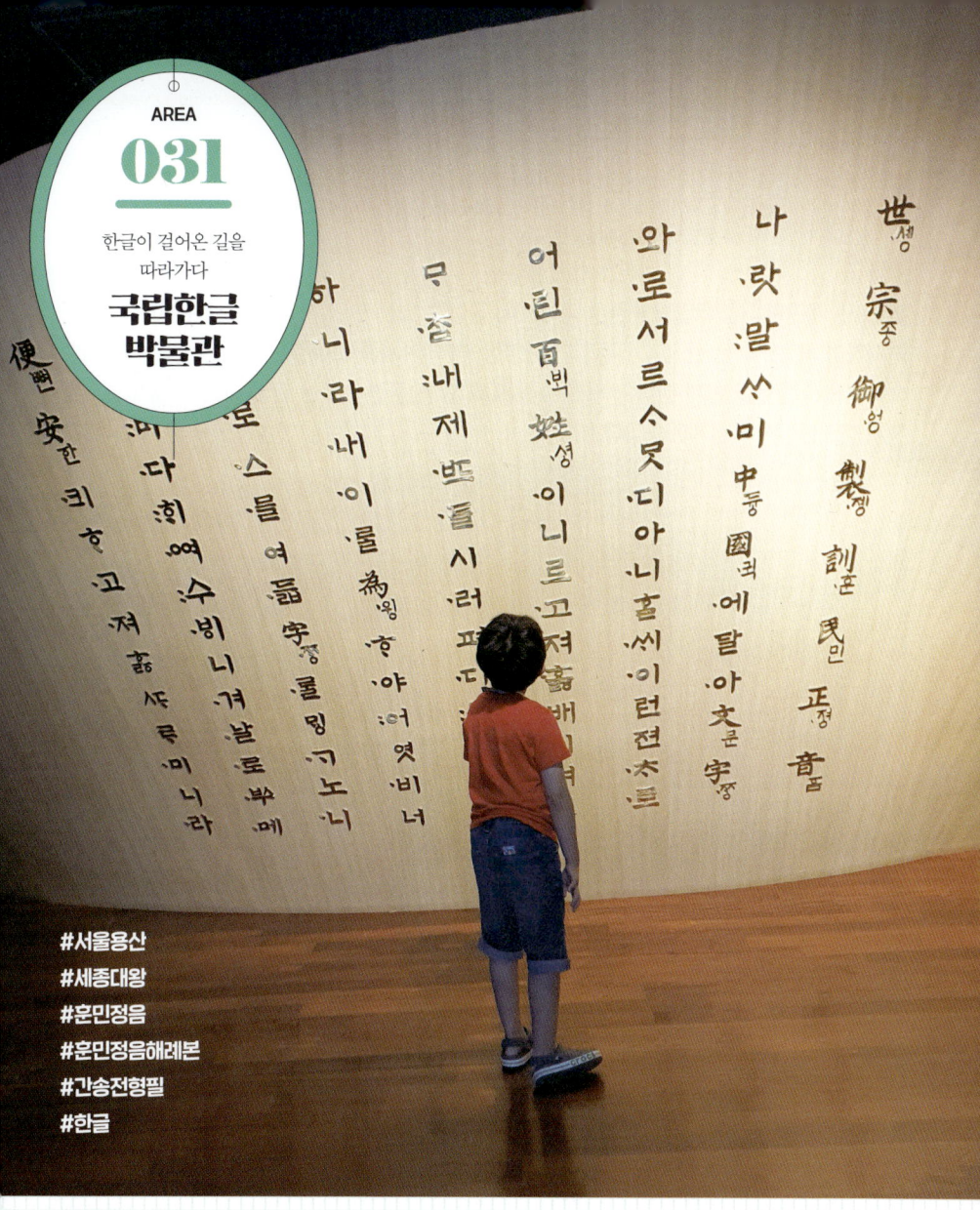

AREA 031

한글이 걸어온 길을 따라가다

국립한글 박물관

#서울용산
#세종대왕
#훈민정음
#훈민정음해례본
#간송전형필
#한글

세종은 백성들이 글을 몰라 어려움을 겪자, 이를 덜어주려고 일부 신하들의 반대에도 우리글을 만들었다. 훈민정음은 혀와 입술의 모양에서 과학적 원리를 찾아 창제했다. 그리고 한자로 된 책들 중 백성들이 알아야 하는 것을 우리글로 풀어서 널리 보급했다.
— 초등학교 사회 5학년 2학기

'훈민정음'은 백성을 가르치는 바른 소리라는 의미다. 《훈민정음》은 인쇄된 용도에 따라 《해례본》(한글 창제의 원리와 방법을 설명한 책), 《언해본》(이후에 한글로 쓰인 책) 등이 있다. 특히 《해례본》에는 소리가 나는 원리와 글자가 어떤 소리를 내는지 자세히 설명되어 있다.
— 초등학교 사회 5학년 2학기

세계적으로도 우수성을 인정받은 한글에 대해 자세히 알아봅시다

우리는 항상 한글을 사용하고 있어 독창성과 우수성을 느끼지 못합니다. 그러나 국립한글박물관에 가면 한글에 대해 다시 한번 큰 자부심을 느낄 수 있습니다. 이곳은 우리 한글에 대한 자료를 체계적으로 보관·전시하는 곳입니다. 디지털 및 다양한 방식으로 한글의 역사와 가치를 전시해 누구나 흥미롭게 관람할 수 있습니다.

2014년 개관한 국립한글박물관은 국내외에 흩어져 있는 한글 자료를 조사·수집하고 연구·전시하며 자랑스러운 한글의 우수성과 다양성, 미래 가치를 보여주는 공간입니다. 어린이와 외국인에게 한글을 쉽게 접하고 배울 수 있도록 한 박물관 건물은 한글 모음의 제자 원리인 천지인을 형상화해 설계했습니다.

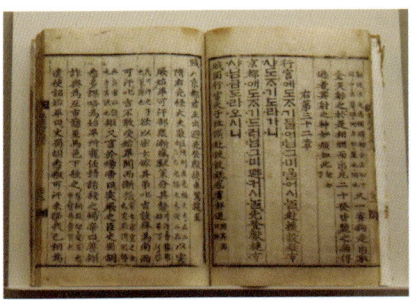

▲ 용비어천가(국립중앙박물관)

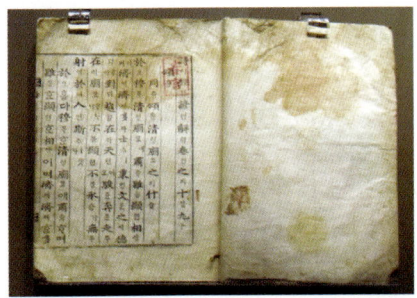

▲ 시경언해(국립중앙박물관)

1. 세종대왕의 큰 업적, 훈민정음

우리가 사용하고 있는 한글은 조선 제4대 임금인 세종이 1443년(세종 25년)에 만든 문자입니다. 한글을 만들기 전에는 말하는 바를 제대로 적을 수 있는 우리 문자가 없었어요. 당시 양반들은 우리말을 사용했지만 글자는 한문으로 쓰는 이중적인 언어생활을 하고 있었습니다. 하지만 백성들은 한자가 워낙 어려워서 배울 수 없었고, 그러니 문자를 적는다는 것은 상상도 하지 못했습니다. 세종은 바로 이 점에 주목한 것입니다. 문자를 사용할 수 없는 백성들을 위해서 누구든지 쉽고 편하게 사용할 수 있는 문자를 만들고 싶었던 것입니다. 이렇게 세종은 1443년에 '백성을 가르치는 바른 소리'라는 뜻의 '훈민정음 訓民正音'을 만들었고 1446년에 반포했어요. 당시에는 '훈민정음', 또는 '언문'이라고 불렀고, 우리는 현재 '한글'이라는 이름으로 부르고 있습니다.

> "나라말이 중국과 달라서 문자로는 서로 통하지 않는데 이런 까닭으로 어리석은 백성이 말하고 싶은 바가 있어도 제 뜻을 나타내지 못하는 사람이 많다. 내가 이를 불쌍하게 여겨 새로 스물여덟 자를 만드니 사람들이 쉽게 익혀서 날마다 쓰기에 편하게 하려고 한다."
> 〈세종실록-권113, 세종 28년〉

2. 세종의 훈민정음 창제를 반대하는 신하들이 있었다?!!

백성들이 쉽게 사용할 수 있는 문자를 만들겠다는 세종의 생각은 훌륭했지만 당시에는 이를 반대하는 신하들도 많았습니다. 그래서 실제로 세종은 집현전의 정인지, 성삼문, 신숙주, 박팽년 등의 학자들과 작업을 할 때 비밀리에 진행했다고 해요. 집현전은 당시 학문을 연구하고 학자를 양성하는 기관이었습니다. 그런데 도대체 무슨 이유에서 많은 신하들이 훈민정음 창제를 반대했을까요?

당시 집현전의 높은 직책이었던 부제학 최만리는 훈민정음이 창제된 뒤인 1444년에 상소문까지 올렸습니다. 사실 당시 많은 양반은 훈민정음을 싫어했습니다. 양반 입장에서는 이제까지 모든 지식을 자신들이 독점했는데, 만약 백성들이 글자를 알고 책을 읽어 지식을 습득한다면 배움과 지식은 더 이상 자신들만의 것이 아닐 테니까요. 백성들이 많이 배우고 똑똑해지면 혹시라도 자신들의 위치가 흔들릴 수 있으니 위기감을 느꼈을 것입니다. 그러나 세종은 '최만리의 반대 상소에 대한 조정의 입장'과 같이 신하들의 반대에도 자신이 훈민정음을 만든 뜻을 다시 설명하며 그들을 설득했습니다.

TIP 한글의 원리를 알아봅시다~

왜 한글이 배우기 쉬운 글자일까요? 우선 모양이 단순하고 수가 매우 적습니다. 여러분이 알고 있는 한자를 떠올려보면 바로 고개를 끄덕일 거예요.

한글은 총 28개의 소리글자로, 사물의 모양을 본떠서 만든 8개의 기본 글자가 그 바탕입니다. 자음의 기본 글자인 'ㄱ(아음), ㄴ(설음), ㅁ(순음), ㅅ(치음), ㅇ(후음)'은 혀와 입술, 이, 목구멍의 모양을 본떠서 만들었고, 모음의 기본 글자인 'ㆍ, ㅡ, ㅣ'는 '하늘, 땅, 사람'을 본떠서 만들었습니다. 이렇게 5개의 자음 기본 글자와 3개의 모음 기본 글자를 바탕으로 서로 결합하여 자음 17자, 모음 11자로 이루어진 총 28개의 글자를 만들었어요. 그런데 한 가지 이상한 점이 있습니다. 세종은 분명히 총 28개의 글자를 만들었다고 했는데, 지금 우리는 자음 14개, 모음 10개, 즉 총 24글자를 사용하고 있다는 것이죠. 그렇다면 4개의 글자는 어디로 간 것일까요?

그것은 사라져서 지금은 쓰이지 않는 4개의 글자가 있기 때문인데, 바로 모음 'ㆍ(아래아)', 자음 'ㆆ(여린히읗), ㅿ(반시옷), ㆁ(옛이응)'이 그것입니다. 이렇게 현재 한글 표기에 사용되는 자음은 14개, 모음은 10개인데 이를 결합하면 1만1,172개의 글자를 만들 수 있다고 하니 정말 대단하죠? 게다가 한글은 형태도 아름다워서 세계적인 디자이너들이 한글을 이용해 옷이나 액세서리를 만들기도 합니다. 이렇게 자랑스러운 한글을 우리가 더욱더 사랑하고 아껴야겠죠?

3. 유네스코 세계기록유산인 《훈민정음해례본 訓民正音解例本》

지금은 우리가 훈민정음에 대해 자세히 알고 있지만 사실 1930년대만 해도 내용을 제대로 알지 못했습니다. 그러다 1940년 문화재 수집가 간송 전형필 선생이 《훈민정음해례본》을 구하고, 일제가 탄압하던 어려운 시기에도 잘 지켜내 이 기록을 볼 수 있게 되었습니다. 전형필 선생은 당시 천재 사회주의 국문학자 김태준에게 우연히 훈민정음의 해례본이 있다는 이야기를 들었습니다. 그때부터 《훈민정음해례본》을 찾는 데 온 힘을 쏟았고, 드디어 경상북도 안동에서 구하게 됩니다. 만약 이 책의 존재를 일본이 알게 되면 빼앗길 것이 분명하기 때문에 전형필 선생은 비밀리에 지켜오다가 우리나라가 해방된 후 세상에 공개했습니다. 이전까지 문자의 창제 원리와 방법에 대해 기록으로 남아 있는 것이 없었기 때문에 《훈민정음해례본》은 1997년 10월 1일 《조선왕조실록》과 함께 가치를 인정받아 유네스코 세계기록유산으로 등록되었습니다.

《훈민정음해례본》은 1446년 세종의 명으로 정인지, 신숙주, 성삼문, 최항, 박팽년, 강희안, 이개, 이선로 등 8명의 집현전 학자가 훈민정음의 창제 원리와 운용 방법, 의의와 창제자 등에 대한 기록을 자세히 밝힌 책으로 책 제목을 글자와 똑같이 '훈민정음'이라 했습니다. 그런데 이 책에는 훈민정음에 대한 자세한 보기와 풀이인 해례 解例가 있어 《훈민정음해례본》 또는 《훈민정음원본》이라고 부릅니다.

한문으로 쓰여 있는데, 크게 '예의'와 '해례'로 구성되었습니다. 예의는 세종이 글자를 만든 이유와 사용 방법에 대해 간단히 쓴 것이고, 해례는 집현전 학자 8명이 자음, 모음을 만든 원리와 실제 글자를 사용할 수 있게끔 자세하게 쓴 것입니다.

이 책에서 정인지는 '한자로 우리말을 적는다는 것은 네모난 손잡이를 둥근 구멍 안에 억지로 밀어 넣는 것만큼 어울리지 않는다'라고 적었습니다.

현재 《훈민정음해례본》은 간송미술관에 소장되어 있고, 그 복사본이 국립한글박물관에 전시되어 있습니다. 참고로 오늘날 우리가 10월 9일을 한글날로 지정한 것도 《훈민정음해례본》의 발간일을 양력으로 계산해서 정한 것입니다.

TIP 혹시 '세종대왕상'을 아시나요?

'세종대왕상'은 우리에게 큰 의미가 있는 것임에도 잘 알려져 있지 않습니다. 이것은 유엔 산하의 유네스코 UNESCO에서 제정한 것으로, 정식 이름은 '세종대왕 문맹퇴치상(King Sejong Literacy Prize)'이에요.

세종대왕의 훈민정음 창제 정신을 기려 전 세계에서 문맹을 퇴치하기 위해 애쓴 개인과 단체, 기관에 수여하는 상입니다. 1990년을 시작으로 인도와 가나, 요르단, 튀니지, 중국, 사우디아라비아, 필리핀 등 세계 여러 나라의 단체에 수여되고 있습니다. 이런 의미 깊은 상 이름에 우리의 자랑스러운 세종대왕 이름이 들어 있다는 사실, 모르셨죠? 세계가 인정한 우리의 한글을 더욱 사랑합시다!

:: 국립한글박물관 둘러보기 ::

국립한글박물관은 서울 용산구의 국립중앙박물관 가까이에 있습니다. 총 3층으로, 상설전이 개최되는 곳은 2층이고, 3층에는 기획전시실과 한글놀이터가 있어요.

참고로 한글놀이터는 5~8세 정도 어린이들이 즐기기에 좋은 곳으로, 한글을 주제로 한 놀이 공간입니다. 어린이들이 한글을 재미있게 체험할 수 있도록 아기자기하고 예쁘게 꾸며 한글을 이제 막 배우기 시작하는 아이들에게 특히 더 흥미로울 것입니다.

01 훈민정음해례본 (복사본)

《훈민정음해례본》의 복사본이 전시되어 있습니다. 책은 물론이고 앞쪽으로 디지털 영상이 함께 있어 《훈민정음해례본》이 어떻게 쓰였는지 자세히 볼 수 있어요.

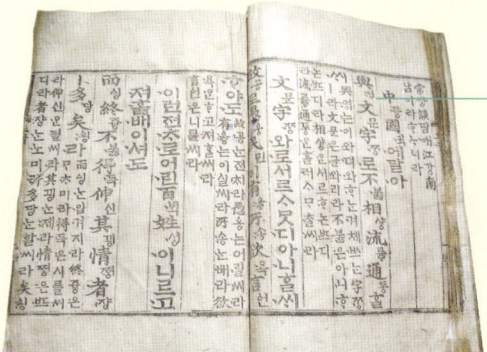

02 월인석보 月印釋譜

세종이 지은 〈월인천강지곡〉과 세종의 둘째 아들이자 조선 제7대 왕이 된 수양대군이 지은 〈석보상절〉을 합해서 만든, 석가모니의 일대기와 공덕을 기린 책입니다.

:: 국립한글박물관 둘러보기 ::

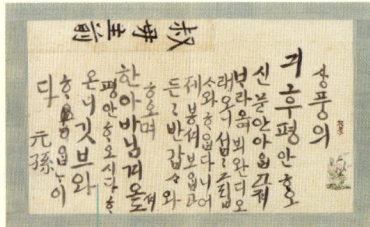

03
정조 어필 한글 편지첩(18세기)

조선의 제22대 왕 정조가 외숙모인 여흥 민씨에게 보낸 편지를 모은 첩입니다. 한글이 만들어지고 난 뒤에 왕을 비롯한 지배층은 여전히 한문을 많이 사용했어요. 그러나 여성에게 편지를 쓸 때는 한글을 사용했다고 합니다.

04
초등 국어 1-1

대한민국 정부가 수립된 후 처음으로 펴낸 국정교과서부터 이후 사용했던 국어 교과서들입니다. 짧은 문장으로 쓰여 어린이들이 쉽게 한글을 익힐 수 있도록 만들었습니다. 직접 들고 읽어볼 수 있어 더 흥미로워요.

05 춘향전

우리의 고전소설《춘향전》으로, 알록달록하고 예스러운 표지가 재미있습니다. 이렇게 아이들이 갖고 노는 화려한 그림 딱지처럼 표지를 만들어낸 것을 '딱지본 소설'이라고 불렀습니다.

 국립한글박물관 (2025년 10월 8일까지 공사로 휴관중)
주소 서울시 용산구 서빙고로 139 | **전화** 02-2124-6200/6203 | **관람 시간** 10:00~18:00
휴무 1월 1일, 설날·추석 당일 | **입장료** 무료 | **주차** 자체 주차장 이용(2시간 2000원)
홈페이지 hangeul.go.kr

 아이와 함께 즐기면 좋은 먹거리

박물관 2층 출입구 옆에 작은 카페가 있는데, 차와 음료, 쿠키 등 간식을 판매해 이용하기 편합니다. 카페 한쪽에는 기념품 코너도 마련되어 있습니다. 또는 국립중앙박물관과 가까우니 함께 관람할 겸 국립중앙박물관 안 푸드코트를 이용하는 것도 좋습니다.

AREA
032

어린 왕의
비극이 남아 있는 곳
청령포

#강원영월
#단종
#계유정난
#세조
#김종서
#사육신

> 세종의 뒤를 이은 문종이 일찍 죽고 어린 단종이 즉위하면서 재상들의 권한이 강화되었다. 수양대군
> (세조)은 정변을 일으켜 단종을 쫓아내고 왕위에 올랐다. 세조는 집현전을 폐지하고 경연을 열지 않
> 았으며, 의정부의 권한을 축소하는 등 국왕 중심의 정치를 강화했다.
> - 중학교 3학년 역사2

> **피보다 진한 어좌를 향한 갈망, 단종과 세조에 대해 알아봅시다**
> 세종의 치세 아래 태평성대를 누리던 조선은 문종을 지나 단종이 왕이 되면서 서서히 폭풍 속으로 들어가게 됩니다. 우리나라 사극에서 가장 많이 다룬 소재 중 하나인 수양대군이 일으킨 계유정난으로 수양은 왕이 되었지만 왕위를 빼앗긴 그의 조카 단종은 비극적인 운명에 처합니다.

인기 높은 여행지 영월에 있는 단종 관련 유적지를 돌아보며 역사의 한 장면을 떠올려보세요. 단종의 시간을 따라 청령포, 영월부관아, 장릉 순으로 돌아보는 것도 좋습니다. 다양하고 독특한 자연의 모습을 지니고 있는 영월에는 역사 유적지 말고도 가볼 만한 곳이 많으니 함께 둘러보면 좋습니다.

1. 완벽한 적통, 훌륭한 자질

단종은 세종의 맏아들 문종과 현덕왕후 권씨 사이에서 적장자로 태어났으며, 원손으로 태어나 세손이 되고, 세자를 거쳐 왕위에 오른 최초의 조선 왕입니다. 아버지 문종은 세자가 아니던 아버지 충녕대군이 왕이 되기 전에 태어났기 때문에 원자나 원손은 아니었습니다. 단종은 세종과 문종의 핏줄답게 어려서부터 매우 총명해 세종의 사랑을 독차지할 정도로 훌륭한 자질을 갖추고 있었다고 합니다.

▲ 배를 타고 들어가는 육지고도 청령포

2. 불행한 시작

이렇게 혈통으로서는 완벽했지만 개인적으로는 어려서부터 힘든 일이 많았습니다. 태어난 지 하루 만에 어머니 권씨가 산후병으로 숨을 거두고, 이어 절대적인 사랑을 베풀던 할머니 소헌왕후와 할아버지 세종, 아버지 문종마저 차례로 세상을 떠나버리자 그를 진심으로 생각하고 지켜줄 가족은 누나인 경혜공주뿐이었습니다. 이렇게 12세의 어린 나이로 왕이 된 단종 시대에 신하들의 힘은 강해지고 왕권은 약해지는 현상이 일어나게 됩니다.

▲ 일직선이 원칙이나 짧은 거리 때문에 꺾여 있는 장릉의 신도와 어도

3. 1453년 계유정난

문종의 친동생 수양대군은 어린 왕 때문에 중신들이 왕권을 위협한다 생각했고 단종 즉위 후 보호자를 자처했습니다. 그렇지만 김종서를 위시한 단종의 신하들을 참살하는 계유정난을 일으켜 끝내 왕위를 찬탈하고 맙니다.

4. 1456년 병자옥사

세조 2년(1456) 명나라 사신이 방문한 것을 기회로 단종 복위 시도가 이루어집니다. 집현전 출신인 성삼문과 박팽년 등이 주도해 준비했지만 결국 발각되어 찢겨 죽는 거열형에 처해집니다. 이 사건이 병자옥사이며, 이때 죽은 성삼문, 박팽년, 이개, 하위지, 유성원, 유응부는 충신의 대명사처럼 여겨지는 '사육신 死六臣'으로 불립니다.

5. 영월로 유배되는 단종

병자옥사에 관여했다는 죄명으로 상왕에서 폐위되어 서인 신분인 노산군이 된 단종은 영월로 유배를 갑니다. 한양에서 멀리 떨어진 영월까지 원주, 주천 등을 지나 7일에 걸쳐 내려온 단종은 청령포에 유배됩니다. 이곳에서 두 달간 지낸 단종은 그해 크게 난 홍수로 영월 관아 내의 객사로 옮겨집니다.

🔍 6. 17세 단종의 최후

단종이 살아 있다면 앞으로도 계속 일어날지 모르는 복위 시도를 아예 뿌리 뽑고자 한 세조와 반정 세력은 단종의 사사를 결정합니다. 그렇게 해서 1457년 10월 24일 유배 온 지 넉 달 만에 단종은 영월 관아의 객사 관풍헌에서 최후를 맞이하게 됩니다.

단종의 죽음은 명확하게 알려지지는 않았지만 사약을 가져온 금부도사 왕방연이 말을 꺼내지 못하고 엎드려 울기만 하자, 하인 중 하나가 활줄로 단종의 목을 졸라 죽였다고도 합니다. 이렇게 단종이 죽자 그를 모시던 시녀와 궁녀는 바위에서 강으로 몸을 던져 그 뒤를 따랐다고 합니다. 단종에게 사약을 가져간 왕방연이 한양으로 돌아가는 길에 청령포를 바라보며 비통한 마음으로 읊은 것이 바로 '천만 리 머나먼 길에 고운 님 여의옵고, 내 마음 둘 데 없어 냇가에 앉았으니, 저 물도 내 안 같아 울어 밤길 예놋다'라는 유명한 시조입니다.

🔍 7. 목숨을 건 충정

단종의 시신을 수습하거나 건드리기만 해도 삼족을 멸한다는 세조의 명에도 당시 영월의 호장이던 엄홍도는 목숨을 건 행동을 합니다. 그는 평소 출입이 금지된 청령포에 몰래 찾아와 단종에게 문안을 드렸다고 합니다.

이랬던 그가 단종이 죽자 강물에 떠돌고 있던 시신을 수습해 묻어주려 한 것인데, 시신은 간신히 수습했지만 추운 날씨에 땅이 다 얼어붙어 묻을 자리를 찾지 못했다고 합니다. 그때 갑자기 노루 한 마리가 나타나 눈밭에 앉아 쉬고 일어나니 그 자리의 눈과 얼음이 녹아 그곳에 시신을 묻을 수 있었다고 합니다. 이후 어떤 후환을 당할지 몰랐던 엄홍도는 가족과 함께 영월을 떠나 사라졌다고 합니다. 이런 엄홍도의 충정을 기리기 위해 단종이 묻힌 장릉에는 엄홍도 장려각이 서 있습니다.

🔍 8. 단종의 복위

제대로 만들지 못했던 무덤은 방치될 수밖에 없었고, 그러던 중 영월부사로 부임한 박충원의 꿈에 단종이 나타나 억울함을 호소했다고 합니다. 이에 박충원은 단종의 묘를 찾아 봉분을 정비했습니다. 또 선조 때 상석과 표석, 장명등, 망주석을 세워 능역을 조성하기도 합니다. 단종은 숙종 7년(1681)에 대군으로 추봉되고 24년(1698)에 왕으로 복위되면서 묘호를 단종, 능호를 장릉이라 했습니다. 무려 241년 만에 되찾은 제자리입니다.

:: 단종 관련 유적지 둘러보기 ::

01 청령포

단종이 영월로 귀양을 와 유배되었던 곳입니다. 청령포는 삼면은 서강이 휘돌아 둘러싸고 한 면은 육륙봉의 험한 암벽이 들어서 육지지만 마치 섬처럼 고립되어 있습니다. 배가 없으면 오갈 수 없었고, 지금도 역시 배를 타고 들어갑니다. 그야말로 귀양을 보내기에는 최적의 장소라 할 수 있겠죠. 워낙 지세가 험한 이곳을 단종은 '육지고도 陸地孤島'라 했다고 합니다.

1) 관음송

천연기념물 높이 30m, 둘레 5m의 관음송은 단종 시절부터 있던 수령 600여 년이 된 나무입니다. 단종이 두 갈래로 갈라진 이 나무 사이에 걸터앉아 한양을 그리워하며 한숨을 쉬거나 울었다고 합니다. 이 모든 일을 보고 들었다 해서 관음송이라 이름 지었습니다.

2) 노산대

단종이 올라 한양 쪽을 바라보며 시름에 잠겼다고 전해지는 곳입니다. 비관적인 앞날을 생각하며 근심하는 중에도 부인 정순왕후를 생각하며 흩어져 있던 돌을 하나씩 쌓았다는 망향탑도 있습니다.

3) 어소

단종이 머물던 집으로, 당시에는 지금과 같은 기와집이 아닌 급히 세운 초가집이었습니다. 어소 안에 있는 단묘재본부시유지비는 단종이 이곳에 살았다는 내용을 새긴 비석으로, 앞면 글씨는 영조의 어필을 음각한 것입니다. 주변에는 소나무들이 빼곡히 서 있는데, 신기하게도 많은 소나무가 어소를 향해 가지와 몸을 뻗고 있습니다. 마치 이곳에 머물던 단종을 향해 절을 하는 듯한 모양새라 더 애틋한 마음이 들기도 합니다.

:: 단종 관련 유적지 둘러보기 ::

02 영월부관아

단종이 최후의 시간을 맞이했던 영월부관아에는 관풍헌과 자규루가 남아 있지만 당시 것은 아니고 복원한 건물입니다.
단종은 관아에 있던 매죽루에 자주 올라 피를 토하며 구슬피 운다는 소쩍새, 즉 자규를 자신과 비견하며 시를 읊고 슬픔을 토로했습니다. 절절한 시의 내용이 너무 슬퍼 이후 누각은 자규루로 불리게 되었다고 합니다.

03 장릉

세계유산 비극적인 죽음을 맞이한 단종이 잠든 장릉은 한양도성에서 멀리 떨어진 곳에 왕릉을 만들지 않는다는 조선 왕릉의 원칙에서 예외적인 장소입니다. 숙종 24년 왕으로 복권되면서 단종의 묘는 장릉이 되었지만 원래부터 왕릉의 자리가 아니었기 때문에 홍살문에서 제사를 지내는 건물인 정자각으로 향하는 길이 일직선인 다른 왕릉과 달리 꺾여 있다는 것, 또 정자각에서 원래 능이 보여야 하지만 엄흥도가 몰래 묻은 자리라 그렇지 않다는 것도 차이가 있습니다.

1) 정령송

가슴 아픈 이별을 한 단종과 정순왕후를 생각해 정순왕후 능인 사릉에 있던 소나무 두 그루를 가져와 심은 것입니다.

2) 단종릉

병풍석과 난간석, 무인석을 세우지 않아 다른 왕릉에 비해 작고 소박하며, 석물 또한 왜소합니다. 봉분 앞에 혼이 노니는 공간으로 만든 혼유석은 조선 왕릉만의 특징인 북 모양의 둥근 고석 4개가 받치고 있습니다.

3) 단종역사관

단종과 사육신에 관련된 자료를 충실하게 전시해 흥미롭게 둘러볼 수 있습니다. 단종 관련 역사를 시간순으로 설명했으며 관련 전시물이 있습니다. 《단종실록》은 처음에는 《노산군일기》로 기록되었지만 숙종 당시 복위된 후 다시 《단종대왕실록》이 되었습니다. 그 밖에 단종에 관련된 문집과 세자의 의복을 재현한 것등이 있습니다.

단종 유적지와 함께 둘러보기 >>>

04 영월 한반도 지형

강이 땅을 굽이쳐 흐르면서 침식과 퇴적을 계속 반복해 생긴 지형으로 신기하게도 우리나라 한반도 모습과 무척 닮았습니다. 바깥쪽은 암석이 깎여 절벽이 되었고, 안쪽은 물이 천천히 흐르면서 모래가 쌓여 동쪽이 높고 서쪽이 낮은 형태인 우리나라 지형을 닮아 더욱 신기하게 느껴집니다.
주차장에서 한반도 지형까지 산길을 20분 정도 걸어 올라가는데, 아이들도 갈 수 있을 정도의 가벼운 산행길입니다. 다만 편안한 신발 신는 것 잊지 마세요.
주소 강원도 영월군 한반도면 한반도로 555

05 선돌

마치 하늘에서 떨어진 벼락이나 큰 칼로 바위를 내리쳐 둘로 쪼개진 듯한 모습을 하고 있는 곳으로 실제로 보면 감탄이 저절로 나옵니다. 보기에는 2개의 바위처럼 보이지만 하나의 바위에 틈이 생기며 오랜 세월 갈라져 생긴 독특한 모습입니다. 선돌을 조금 더 실감 나게 볼 수 있는 계단 위 전망대에 올라 멋진 사진도 남겨보세요.
주소 강원도 영월군 영월읍 방절리 산122

 INFO

1. 청령포
주소 강원도 영월읍 청령포로 133 | **전화** 033-374-1317 | **관람 시간** 09:00~18:00 | **휴무** 없음 |
입장료 어른 3000원, 청소년 2500원, 어린이 2000원 | **주차** 자체 주차장 이용(무료)

2. 장릉
주소 강원도 영월읍 단종로 190 | **전화** 033-374-4215 | **관람 시간** 09:00~18:00 | **휴무** 없음 |
입장료 어른 2000원, 청소년 1500원, 어린이 1000원 | **주차** 자체 주차장 이용(무료)

3. 영월부관아
주소 강원도 영월읍 영흥리 | **관람 시간** 09:00~18:00 | **휴무** 없음 | **입장료** 무료 | **주차** 없음

 FOOD

아이와 함께 즐기면 좋은 주변 먹거리

잘게 썬 김치 등을 넣고 돌돌 말아 부쳐낸 메밀전병, 고소한 맛이 일품인 곤드레나물밥 외에도 보리밥(장릉보리밥집이 유명, 보리밥 1만원~)과 송어회, 칡국수, 올갱이국수 등이 유명합니다. 각종 먹거리가 많은 서부시장 먹자골목에 가면 메밀전병과 메밀전, 수수부꾸미, 녹두전, 올갱이국수 등을 모둠으로 파는 곳이 많습니다. 또 닭강정으로 유명한 일미닭강정(1만4000원~4만2000원)도 서부시장 내에 있습니다.

AREA
033

조선 왕실 가족사가 한가득!
창경궁

#서울종로
#사도세자
#영조
#정조
#장희빈
#동물원
#일제만행

📖 영조는 세금을 줄이고 백성의 생활을 안정시켰다. 또 많은 책을 편찬해 학문과 제도를 정비했다. 정조는 영조의 탕평책을 이어받아 인재를 고루 뽑아 정치를 안정시키려고 노력했다.

- 초등학교 사회 5학년 2학기

MISSION

아담한 궁궐 안에 수많은 이야기가 담겨 있는 창경궁을 둘러보세요

경복궁, 창덕궁에 이어 조선의 세 번째 궁궐로 지은 창경궁은 경복궁보다는 창덕궁을 선호했던 왕실 가족이 늘어나면서 생활공간을 늘리기 위해 건축한 곳입니다. 창덕궁과 함께 '동궐'로 불리던 이곳은 서쪽으로는 창덕궁, 남쪽으로는 종묘와 이어지던 하나의 영역이었습니다.

궁궐 규모가 아주 크지는 않지만 장소마다 담겨 있는 흥미로운 이야기를 생각하며 둘러보다 보면 어느덧 2시간 정도는 훌쩍 지나갑니다. 모처럼 나선 궁궐 답사 여행에서 창경궁만 보고 오는 것보다는 가까이에 있는 창덕궁이나 종묘를 함께 묶어 둘러보면 좋습니다.

1. 성종의 효심으로 세운 궁궐

▲ 창덕궁의 정전, 명정전

▲ 명정전 내부 천장 밑의 봉황

▲ 단아한 조선시대 상차림

숙부 예종이 왕이 된 지 불과 2년도 되지 않아 승하해 왕위를 물려받은 성종은 점점 좁아지는 창덕궁 대신 왕실 웃어른인 세조 비 정희왕후, 예종 비 안순왕후, 친어머니 덕종 비 소혜왕후가 편안히 지낼 수 있도록 창덕궁 이웃에 새 궁궐을 마련합니다. 원래 궁궐이 아닌 태종이 세종에게 왕위를 물려준 후 머무른 수강궁에 몇 개의 전각을 보태서 지은 곳이라 경복궁이나 창덕궁에 비해 배치 등 다른 점이 많습니다.

▲ 문정전 내부

▲ 성종대왕태실 근처 숲길

이곳은 경복궁 등과 마찬가지로 임진왜란으로 모든 전각이 소실되었고 광해군 8년(1616)에 재건되었습니다. 하지만 인조 2년(1624) 이괄의 난과 순조 30년(1830)의 대화재로 내전이 소실되었고, 특히 일제강점기에 많은 손상을 입었습니다.

2. 아담하면서도 자유로운 분위기

규모가 아담한 창경궁은 평지에 일직선을 따라 구획된 경복궁과 달리 원래 자연적인 평지와 언덕을 따라가며 전각을 지어 자유로운 분위기가 느껴집니다. 또 주로 남향으로 지은 다른 궁궐의 전각들과 달리 정문인 홍화문과 정전인 명정전은 동쪽을 보고 있는 것도 독특한 점입니다. 이는 창경궁이 들어서 있는 땅이 동쪽이 평지이고 남·서·북쪽이 언덕이기 때문이라 짐작됩니다.

3. 왕실의 가족사가 담긴 공간

왕실의 생활공간을 확장하기 위해 지은 창경궁이라 외전에 비해 내전이 넓은 것도 특징입니다. 그래서 다른 궁궐에 비해 창경궁에는 왕실 가족에 얽힌 많은 이야기가 담겨 있습니다. 사극의 단골 소재로 너무나 잘 알고 있는 인현왕후와 장희빈, 영조와 사도세자 사이의 주요 사건이 벌어진 곳이 바로 창경궁입니다.

4. 창경궁에 가해진 일제의 만행

순종 2년(1909) 일본은 순종을 위로한다는 명목으로 창경궁 내에 동식물원을 개설해 우리 궁궐의 품격을 일순간에 추락시키고 맙니다. 또 자기네 국화인 벚꽃이 만개한 장소를 만들기 위해 벚나무 수천 그루를 심기도 합니다.

이후 궁궐이 아니라 유원지 격인 '창경원 昌慶苑'으로 불리다 한국전쟁 당시 대부분의 동물이 죽어 잠시 폐원되었지만, 전쟁 후 피폐해진 국민을 위로한다는 명목으로 재건해 1954년 동식물원을 다시 개장합니다.

수십 년 동안 별 문제의식 없이 유원지와 벚꽃놀이 명소로 운영되던 창경원은 점차 본모습으로 되돌려야 한다는 인식이 높아지면서 동식물원은 서울대공원으로, 벚나무는 여의도 윤중로로 옮기고 복원 사업을 시작한 이후인 1980년대에 다시 창경궁이 되었습니다. 또 원래 창경궁과 종묘는 하나로 이어져 있었지만 일제의 민족혼 말살 정책에 따라 둘 사이에 일부러 도로(현재의 율곡로)를 만들어 두 곳을 서로 분리해버리기도 합니다. 다행히 지금은 해당 구간의 도로를 지하화하고 그 위에 녹지 공간을 만들어 끊어진 창경궁과 종묘가 다시 이어지게 되었습니다.

▲ 영춘헌 내부

:: 창경궁 둘러보기 ::

- **핵심 코스 :** ① 홍화문 → ② 옥천교 → ③ 명정문 → ④ 명정전 → ⑤ 문정전 → ⑥ 숭문당 → ⑦ 빈양문 → ⑧ 함인정 → ⑨ 경춘전 → ⑩ 환경전 → ⑪ 통명전 → ⑫ 양화당 → ⑬ 영춘헌·집복헌 → ⑭ 홍화문

- **일주 코스 :** ① 홍화문 → ② 옥천교 → ③ 명정문 → ④ 명정전 → ⑤ 문정전 → ⑥ 숭문당 → ⑦ 빈양문 → ⑧ 함인정 → ⑨ 경춘전 → ⑩ 환경전 → ⑪ 통명전 → ⑫ 양화당 → ⑬ 영춘헌·집복헌 → ⑭ 풍기대 → ⑮ 성종대왕태실 → ⑯ 춘당지 → ⑰ 팔각칠층석탑 → ⑱ 대온실(식물원) → ⑲ 관덕정 → ⑳ 월근문

01 홍화문 弘化門

보물

창경궁의 정문이며 '홍화'는 '조화를 넓힌다'라는 뜻으로, '덕을 행해 백성을 감화시키고 그 뜻을 널리 떨친다'라는 의미입니다. 창경궁 창건 당시 건립되었지만 임진왜란 때 소실돼 광해 8년(1616)에 재건되었습니다. 남향인 타 궁궐 정문과 달리 동향 건물이며 영조는 균역법을 실시하기 전 백성들에게 이곳에서 의견을 물어보았고, 정조는 어머니 혜경궁 홍씨의 회갑을 기념해 이곳에서 백성들에게 직접 쌀을 나눠주었다고 합니다.

이 장면은 기록화인 '홍화문사미도 弘化門賜米圖'로 남아 있기도 합니다. 그림에 그 자리에 있던 정조의 모습이 보이지 않는 것은 신성한 존재인 임금은 그림 등에 그리지 않기 때문입니다. 그래서 분명 왕이 있었을 장면을 담은 모든 그림에는 임금의 모습은 직접 등장하지 않고 어좌나 어가(임금의 가마)가 그 존재를 대신하기도 합니다.

02 옥천교 玉川橋

보물

'구슬과 같은 맑은 물이 흘러간다' 해서 옥천교가 된 이곳은 성종 15년(1484)에 건축되었습니다. 법전에 이르기 전 몸과 마음을 깨끗이 하고 건너는 공간으로, 궁궐에 남은 다리 중에서도 원형이 잘 보존되어 있습니다.

다리 아래를 받치고 있는 기둥 사이 도깨비 얼굴의 귀면 조각과 상부 난간 엄지기둥의 서수 조각은 물길을 타고 들어오는 귀신을 쫓고 궁궐을 보호하는 역할을 합니다.

03 명정문 明政門

보물

홍화문에서 명정문에 이르는 길은 3개로 나뉘어 있는데, 이를 '삼도'라 합니다. 중앙은 임금만 지나갈 수 있는 어도이며 각각 문신과 무신이 서는 공간으로 구분됩니다. 원래 조선시대에는 홍화문과 명정문 주변으로 남북으로 길게 지은 행각이 있었다고 합니다. 지금의 문은 명정전과 함께 광해군 때 재건된 것으로 추정됩니다.

04 명정전 明政殿

국보

국보로 지정된 명정전은 창경궁의 중심 건물인 정전, 즉 법전입니다. 조선 궁궐은 정문에서 법전까지 문이 3개가 있지만 창경궁은 자리가 좁아 2개의 문만 있습니다.
임진왜란 때 불탄 것을 광해군 때 재건한 뒤 지금껏 보존되었기 때문에 조선시대 궁궐 중 가장 오래된 정전입니다. 이곳에서는 즉위식, 하례식을 비롯한 왕실 행사와 과거 시험, 경로잔치도 가끔 열렸는데, 특히 성종은 정희왕후, 안순왕후, 소혜왕후를 위해 생신과 경로잔치 등 각종 연회를 이곳에서 자주 열었습니다. 인종의 즉위식과 66세의 영조가 15세의 정순왕후와 가례식을 치른 곳도 바로 명정전입니다.
마당 양옆에 늘어선 품계석을 따라 문무백관이 늘어서는데, 왕을 중심으로 오른쪽은 무신, 왼쪽은 문신이 서게 됩니다. 명정전 내부에는 다른 궁궐의 정전과 마찬가지로 어좌와 함께 임금의 상징인 일월오봉병이 배치되어 있습니다.
명정전 앞 양옆에 있는 큰 청동 그릇은 '드므'로 이것에 물을 가득 담아두는 것은 화재 예방의 의미도 있지만, 화마가 불을 일으키러 왔다 물에 비친 자신의 모습을 보고 놀라 달아나라는 뜻을 담고 있습니다.

05 문정전 文政殿

명정전과 달리 남쪽을 바라보고 있는 문정전은 임금이 창경궁에 머물 때 정치를 의논하고 업무를 보던 편전으로 지었지만, 국상이 났을 때 제사를 지내는 공간으로 사용되기도 했습니다. 현재 명정전과 문정전 사이에 천랑이 있는데, 예전에는 문정전으로 들어가는 문정문에서 문정전에 이르는 남쪽에도 천랑이 있어 비를 맞지 않고 다닐 수 있었다고 합니다. 무엇보다 이곳은 사도세자가 아버지 영조에 의해 뒤주에 갇혀 비극적인 최후를 맞이한 역사적인 장소입니다. 도저히 일어날 수 없는 일을 행하고 겪은 영조와 사도세자, 어린 시절 할아버지 때문에 아버지를 잃은 정조, 세 사람의 표현할 수 없는 비참한 순간이 이곳 문정전에 담겨 있습니다. ※ **사도세자 이야기 p321 수원 화성**

:: 창경궁 둘러보기 ::

06 숭문당 崇文堂

'학문을 드높인다'라는 뜻을 갖고 있는 숭문당에서는 임금과 신하들이 경연을 펼치고 성균관 유학생들과 함께 대화를 나눴던 곳입니다. 특히 영조는 이곳에서 "선조가 이곳을 세운 것은 문을 숭상하는 뜻으로, 지금 내가 그대들을 이 당에서 친히 시험하는 것도 문을 숭상하려는 뜻이니 그대들은 이 뜻을 깊이 유념하라"고 말했다고 합니다. 그래서 숭문당 내부에는 《시경》에 나오는 '하늘이 내려다보고 있으니 공경하는 마음을 잃지 마라'라는 뜻인 일감재자 日監在玆라 쓴 영조의 어필 현판이 있습니다.

07 빈양문 賓陽門

정치적이며 공적 공간인 명정전과 생활공간이자 사적 공간인 내전을 구분하고 연결하는 문입니다. '밝음을 공경히 맞이한다'는 뜻인 빈양에서 밝음을 나타내는 '양'은 바로 임금을 상징합니다.

08 함인정 涵仁亭

성종 당시에는 인양전이 있었으나 임진왜란 때 불타고 인조, 순조 때 중건되었습니다. 남향이라 햇볕이 잘 들고 앞에 넓은 뜰이 있어 국왕이 신하들과 고전을 읽거나 경연하는 곳으로 사용했고, 영조는 과거에 합격한 자를 접견하기도 했습니다. 지금은 사방이 트여 있지만, 19세기 궁궐 모습을 그린 '동궐도'를 보면 원래는 삼면이 막힌 건물이었습니다.

09 경춘전 景春殿

왕의 어머니인 대비와 왕비가 머물던 전각으로, '햇볕 따뜻한 봄'이라는 뜻을 지닌 경춘전의 첫 주인은 성종의 생모인 소혜왕후, 즉 인수대비 한씨입니다. 이후에는 숙종 비인 인현왕후와 혜경궁 홍씨가 머물기도 했습니다. 이곳은 특히 정조가 태어난 곳으로 유명한데, 용이 하늘에서 내려오는 태몽을 꾼 사도세자가 매우 기뻐하며 경춘전 내부 벽에 꿈속에서 본 용을 그려 걸었다고 합니다. 또 정조는 자신의 탄생을 기념해 '탄생전'이라는 현판을 걸었지만 안타깝게도 2개 모두 남아 있지 않습니다.
경춘전은 또한 정조의 손자인 헌종이 태어나고 인수대비와 인현왕후, 혜경궁 홍씨가 승하한 장소이기도 합니다. 현재 전각 편액의 글씨는 순조의 어필입니다.

10 환경전 歡慶殿

왕이 창경궁에 머물 때 침전이나 편전으로 사용한 공간으로, 1749년 사도세자가 15세의 나이로 영조의 대리청정 명을 받은 곳이기도 합니다. 또 너무나 유명한 드라마 <대장금>의 주인공 대장금이 이곳에서 중종을 치료했다는 기록이 남아 있습니다.

11 통명전 通明殿

보물 내전의 으뜸가는 건물인 이곳은 왕비의 침전입니다. 숙종의 계비 인현왕후가 1694년의 갑술환국으로 복위되면서 장희빈은 중전에서 희빈으로 다시 내려옵니다. 이에 장희빈이 취선당 서쪽에 신당을 차리고 죽은 새나 쥐를 이곳 섬돌 아래 묻어 인현왕후를 저주하는 사건이 벌어집니다. 이로 인해 장희빈은 사약을 받아 죽고, 그녀의 시신은 정문인 홍화문 남쪽의 선인문을 통해 나가게 됩니다. 이후 숙종은 후궁은 왕비로 승격되지 못하는 법을 만들기도 합니다.

12 양화당 養和堂

병자호란 당시 삼전도에서 굴욕적인 항복식을 치른 인조는 이곳 양화당으로 돌아와 머뭅니다. 이후 병이 깊어진 인조는 정사를 보거나 사신을 접견할 때도 이곳에서 했다고 합니다. 지금의 건물은 순조 34년(1834)에 불탄 건물을 재건한 것이며, 철종의 왕비 철인왕후 김씨가 이곳에서 승하했습니다.

13 영춘헌 迎春軒

남쪽을 바라보고 있는 작은 전각인 영춘헌은 정조가 창경궁에 머물 때 사용하던 곳입니다. 정조는 궁핍한 삶을 살아가는 백성들을 생각해 영춘헌 내부를 사치스럽게 꾸미는 것을 금하고 심지어 비가 새도 개의치 않았다고 합니다. 정말 알면 알수록 더욱 존경할 수밖에 없는 성군입니다.

하지만 이렇게 훌륭한 임금인 정조는 재위 24년째인 1800년 6월 28일, 종기로 인한 병이 깊어져 불과 49세의 나이로 이곳에서 승하합니다.

:: 창경궁 둘러보기 ::

14 집복헌 集福軒

영춘헌과 5칸으로 연결된 서행각인 집복헌에서는 영조 11년(1735)에 영빈 이씨가 사도세자를 낳았고, 정조의 후궁 수빈 박씨가 순조를 낳았습니다.
맏아들 효장세자가 죽은 후 7년이나 지나 마흔에 얻은 사도세자의 탄생은 그야말로 영조에게 최고의 기쁨을 안겨주었습니다.

15 자경전 터

양화당 옆 계단을 따라 오르면 정조가 어머니 혜경궁 홍씨를 위해 세운 자경전 터가 있습니다. 사도세자의 신주를 모신 경모궁이 있는 언덕이 잘 보이는 높은 곳에 어머니를 위한 자경전을 지었으며, 왕비의 공간인 통명전보다도 규모가 커서 어머니에 대한 정조의 효심을 잘 보여줍니다. 안타깝게도 일제강점기에 이곳에 장서각을 지어 박물관으로 사용했는데, 1980년대에 창경궁 복원 계획에 따라 해체되어 현재는 터만 남게 되었습니다.

16 풍기대 風旗臺

보물 바람의 세기와 방향을 측정하던 풍기의 받침대로, 1770년 측우기와 함께 영조 대에 만든 것으로 추정됩니다. 풍기대의 총 높이는 228.1cm이며, 원래 창덕궁 통제문 앞에 있던 것을 이곳에 옮겨놓았다고 합니다.

17 성종대왕태실 및 태실비

성종의 태와 태반을 태항아리에 넣어 봉안한 성종대왕태실은 원래 경기도 광주에 있었지만 외양이 수려해 일제가 당시 이왕가박물관이 있던 창경궁으로 옮겨 온 것입니다. 왕실의 태실 항아리는 국운과 관련이 있다 여겨 풍수지리를 고려해 전국의 길지를 찾아 묻어 보관했지만, 일제가 전국에 흩어져 있던 것을 모아 1928년에서 1930년 사이에 모두 서삼릉으로 이봉했습니다.

18 춘당지 春塘池

2개의 연못으로 나누어진 춘당지는 뒤쪽의 작은 연못이 본래의 것입니다. 앞쪽 넓은 연못은 왕이 몸소 농사를 행한 11개의 논인 내농포 자리로, 이곳에서 임금이 직접 쟁기를 잡고 소를 몰아 시범을 보이며 풍년을 기원했습니다.
하지만 1909년 일제가 내농포를 연못으로 만들었고, 1986년에 다시 우리 전통 양식에 맞춰 모습을 정비했습니다.

19 팔각칠층석탑 八角七層石塔

보물 8각 평면 위에 7층 탑신을 세운 6.5m 높이의 중국식 석탑입니다. 일제강점기에 이왕가박물관을 만들 때 만주에서 온 상인에게서 매입해 세운 것으로 알려져 있습니다. 라마식 탑으로 중국 명나라 때인 1470년에 만들었다는 글귀가 탑신에 새겨져 있습니다.

20 대온실 大溫室

동물원과 함께 지은 유리 건물 대온실은 일본 황실 식물원 담당자 후쿠바 하야토가 설계하고, 프랑스 회사가 시공한 건물입니다. 창경궁에서 일제가 지은 건물은 모두 철거되었지만 대온실은 철과 나무를 사용한 뼈대와 유리창을 설치한 최초의 시설물이라 건축사적 의미를 생각해 철거되지 않았습니다. 당시에는 보기 힘들던 각종 아열대 희귀식물을 전시했고, 현재는 국내 자생식물을 전시하고 있습니다.

21 관덕정 觀德亭

대온실 쪽에서 성균관으로 연결되는 집춘문으로 가는 길에 있는 관덕정은 인조 20년(1642)에 건축되었습니다. 활을 쏘던 정자로 앞쪽에 있는 넓은 빈터에서는 군사훈련을 하거나 무과 시험을 보았다고 합니다.

:: 창경궁 둘러보기 ::

22 월근문 月覲門

정조 3년(1799)에 홍화문 북쪽 담장에 설치된 월근문은 정조가 창경궁 동쪽에 사도세자의 신주를 모신 경모궁에 찾아가기 위해 만든 것입니다. '월근'은 '매달 경모궁에 참배하러 가겠다'라는 뜻으로 붙인 것으로, 실제 정조는 재위 24년 동안 거의 매달 한 번 혹은 두 번 반드시 경모궁을 방문했다고 합니다.

23 관천대 觀天臺

보물 대 위에 소간의를 설치해 천체를 관측하던 시설로 숙종 14년(1688) 축조되었습니다. 천체의 움직임과 계절의 변화, 24절기를 예측하던 관청인 관상감의 부속 시설이라 할 수 있습니다. 최근에는 소간의가 아닌 시간을 측정하던 일성정시의를 설치했던 시설이라는 주장도 있습니다.

24 선인문 宣仁門

주로 궐내각사에 근무하는 신하들이 출입한 문이지만 왕실의 비극적인 사건이 얽힌 곳이기도 합니다. 중종반정으로 연산군이 폐위된 뒤 유배를 떠난 문이며 사약을 마신 후 죽은 장희빈의 시신도 이 문을 통해 궁을 나갔습니다. 선인문 앞에는 속이 비고 뒤틀린 모양을 한 회화나무가 있습니다.
사도세자가 비극을 당한 임오화변(1762) 때도 있던 나무인데, 창경궁에서 설치한 설명 판에는 '사도세자의 비명을 듣고 너무 가슴이 아파 줄기가 비틀리고 속이 완전히 빈 것이 아닌가 생각된다'라 쓰여 있습니다.

TIP

장희빈이 머물던 전각은 어디에 있나요?

창경궁에 살았던 숙종의 후궁 장희빈은 경종의 생모이기도 합니다. 장희빈의 처소 취선당 자리는 경춘전 근처의 잔디밭으로 혜경궁 홍씨가 쓴 《한중록》에 의하면 저승전 건너편에 있었고 영조 시대에 저승전의 소주방으로 개조되었다고 합니다. 하지만 영조 당시 저승전과 함께 화재로 소실되었습니다.

인현왕후와 장희빈은 창경궁에! 그렇다면 숙빈 최씨는?

영조의 생모이자 장희빈의 라이벌 숙빈 최씨가 영조를 출산한 곳은 창덕궁의 보경당입니다. 원래 창덕궁 선정전의 북서쪽에 있었으나, 1917년 창덕궁 화재로 소실되면서 복원되지 못하고 현재는 후원 뜰만 남아 있습니다.

저승전이라니, 너무 기분 나쁜 이름인데요?

한글로만 쓰면 '저승'이라는 단어 때문에 기분 좋은 이름은 아니지만 한문 표기는 '儲承殿'입니다. 이는 '다음 왕위를 이을 세자의 집'이라는 뜻으로, 왕세자의 생활공간인 동궁으로 사용되었습니다. 정확한 자리는 알 수 없으나, 성종 당시 세자 이융(후에 연산군)을 위한 동궁으로 건축했으며 임진왜란 후 광해군 때 중건되었지만 흉악한 물건이 많이 묻혀 있다는 말에 인조 25년(1627)에 새롭게 조성합니다. 실제 공사 당시 안팎에서 죽은 까치, 썩은 뼈, 태운 옷 등이 나왔다고 하는데, 이것은 소현세자의 부인 강빈이 남편이 죽고 난 후 세자가 된 봉림대군을 저주하기 위해 묻었다는 죄를 물어 사사하는 구실이 되었습니다. 친아들과 며느리, 손자까지 모두 죽음으로 내몬 인조는 알면 알수록 여러모로 생각하게 만드는 왕입니다.
저승전은 경종이 세자 시절 머물렀으며, 영조가 백일이 갓 지난 아기인 사도세자를 보내 지내게 한 곳이기도 합니다. 이복형이던 경종을 게장과 감을 먹여 독살해 왕위를 차지했다는 소문에 시달리던 영조는 금지옥엽 세자를 일부러 이곳에 보내고 경종을 모시던 궁인들에게 사도세자를 보살피게 했는데, 이런 결정을 한 것이 영조와 사도세자 사이에 일어난 비극의 서막이 아닐까요?
또 영조와 매우 껄끄러운 관계였던 경종의 비 선의왕후도 이곳에 머물렀기 때문에 혜경궁 홍씨는 사도세자가 정신 질환을 앓게 된 원인은 좋지 않은 기운이 서린 저승전에서 자라고 취선당에서 지은 밥을 먹었기 때문이라고도 했습니다.
저승전은 영조 40년(1764)에 화재로 소실되었습니다. 이후 신하들은 계속 재건을 요청했지만 영조는 '조종의 검소한 덕을 본받아야 한다'며 허락하지 않았다고 하는데, 이런 영조의 참된 속마음은 충분히 짐작할 수 있을 듯합니다.

 창경궁

주소 서울시 종로구 창경궁로 185 | **전화** 02-762-4868 | **관람 시간** 09:00~21:00 | **휴무** 월요일
입장료 만 25세 이상 1000원, 만 24세 이하·만 65세 이상 무료 | **주차** 자체 주차장 이용(유료, 매우 협소해 대중교통 추천)
홈페이지 royal.khs.go.kr/cgg

AREA 034

영면에 들어간 왕과 왕비의
마지막 안식처

조선 왕릉

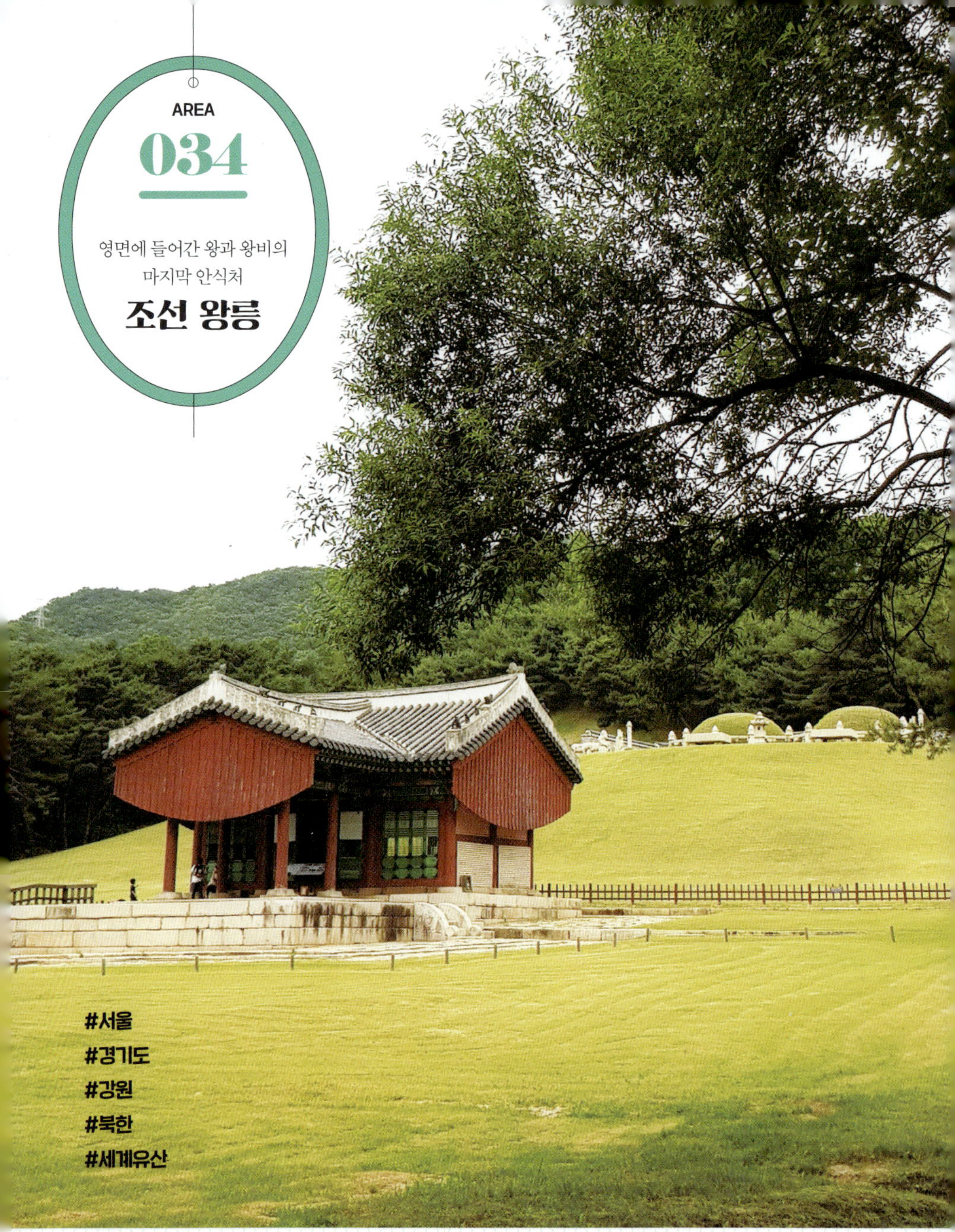

#서울
#경기도
#강원
#북한
#세계유산

조선은 유교 정치 이념을 내세우며 세운 나라로서 백성을 나라의 근본으로 삼았다. 이에 따라 왕과 관리들은 백성을 위한 정치를 하려고 노력했다. 특히 왕은 충성스러운 신하를 뽑고 신하들은 바른 정치를 펼치려고 노력했다.

— 초등학교 사회 5학년 2학기

알고 둘러보면 더 흥미진진한 조선 왕릉으로 떠나보세요

단골 나들이 장소이자 학교 소풍으로도 많이 찾는 조선 왕릉은 유교적 이념에 따라 나라를 다스리고자 했던 조선 왕들의 안식처입니다. 단순히 숲길이 좋다고 느끼며 무심코 바라보던 왕릉도 능과 그 주변에 있는 것에 관련된 요모조모를 알아두면 더 흥미롭게 둘러볼 수 있습니다.

많은 왕릉을 모두 가볼 수는 없겠지만, 좋아하거나 존경하는 왕이 있다면 일부러 찾아가봐도 좋습니다. 그중에서도 세종대왕과 소헌왕후의 영릉은 왕릉 중에서도 아름다우며, 세종의 업적과 관련된 여러 유물과 자료를 갖춘 세종대왕역사문화관도 함께 있으니 꼭 방문해보세요.

1. 왕실의 묘는 어떻게 구분하나요?

조선 왕실의 묘는 생전 신분에 따라 명칭이 정해집니다. '능 陵'은 왕과 왕비, 실제 재위는 하지 않았지만 후에 추존된 왕과 왕비, 고종과 순종 같은 황제와 황후의 무덤에만 붙일 수 있습니다. 그 외에 '원 園'과 '묘 墓'로도 구분되는데, '원'은 왕을 낳은 후궁이나 왕족, 왕세자와 세자빈으로 사망한 경우, 황태자와 황태자비로 사망한 경우에 붙입니다. 대군이나 군, 공주, 옹주, 후궁 등 기타 왕실 가족과 폐위된 왕의 무덤에는 '묘'가 붙습니다. 그래서 광해군과 연산군의 것이 능이 아닌 광해군묘, 연산군묘가 된 것입니다.

▲ 홍살문에서 정자각으로 이어지는 향로와 어로

2. 조선 왕릉의 여섯 가지 형태

왕릉에는 유교 예법에 따르는 공간 구성이라는 기본적인 공통점이 있으며, 봉분이 만들어진 형태에 따라 여섯 가지 형태로 구분됩니다. 단릉 單陵은 왕과 왕비의 봉분을 단독으로 만든 경우로, 태조 이성계의 건원릉, 단종의 장릉, 중종의 정릉 등 주로 조선 초기와 중기에 조성된 15기의 능이 있습니다. 쌍릉 雙陵은 왕과 왕비의 봉분을 하나의 구역에 나란히 만들어 놓은 것으로, 오른쪽에 왕, 왼쪽에 왕비를 모십니다. 명종의 강릉, 영조가 잠든 원릉, 철종과 철인왕후를 모신 예릉 등 9기의 능이 있습니다. 합장릉 合葬陵은 왕과 왕비를 하나의 봉분에 합장한 것으로, 세종과 소헌왕후의 영릉, 인조가 묻힌 장릉, 정조와 효의왕후의 건릉 등 8기가 있습니다. 순종황제의 경우 황제와 두 황후를 합장해 같은 봉분에 삼실이 있기도 합니다. 그 밖에도 같은 능역에 하나의 정자각을 두고 서로 다른 언덕에 봉분과 상설을 만들어놓은 동원이강릉(同原異岡陵, 세조 광릉, 예종 창릉, 성종 선릉 등), 한 언덕에 왕과 왕비의 봉분을 위아래에 만든 동원상하릉(同原上下陵, 효종 영릉, 경종 의릉), 같은 언덕에 왕과 2명의 왕비를 나란히 모신 삼연릉(三連陵, 헌종 경릉)이 있습니다.

3. 왕릉은 어디에, 어떻게 세울까?

보통 하나의 능을 완성하는 데 5개월 정도 소요(동원 인원 보통 6,000~1만5,000명)되기 때문에 국왕의 장례 기간 또한 5개월 정도 소요됩니다. 왕릉이 들어서는 장소인 '능지 陵地'는 보통 상지관이 정하는데, 능이 들어서면 후대에 복이 될 명당을 알아본 후 왕에게 천거해 재가를 받습니다. 간혹 왕이 자신이나 선대를 위해 친히 답사에 나서거나 생전에 미리 자리를 정해두는 경우도 있었습니다.

4. 한양과 가까운 곳, 자연 지형을 거스르지 않는 명당을 찾아라

풍수사상을 기초로 왕릉의 입지를 정할 때는 국가와 왕실의 안정과 번영을 위한 자연 지형을 택합니다. 특히 지형을 거스르지 않는다는 원칙을 고수해 자연 친화적이면서도 주변과 잘 어울리는 모습을 하고 있습니다. 조선 왕릉은 도읍지인 한양의 한강을 중심으로 한강 북쪽 한북정맥과 남쪽 지형 한남정맥을 중심으로 자리를 정했습니다. 배산임수 지형을 택해 산을 뒤로하고 그 중허리에 봉분을 만들었으며 동에는 청룡, 서에는 백호가 있는 산세를 이루고 왕릉 앞쪽으로는 물이 흐르며, 산이 겹겹이 중첩되는 곳을 택했습니다. 또 풍수를 중요하게 생각하면서도 도성에서 크게 벗어나지 않는 곳에 왕릉을 조성한 것은 유교의 사상 중 '효 孝'를 중시했기 때문으로, 선왕의 능을 자주 참배하고자 했던 데서 비롯되었습니다.

5. 완벽한 보존, 세계유산으로 지정되다

조선 왕릉은 오랜 기간 많은 사건을 겪으면서도 거의 훼손되거나 도굴되지 않고 잘 보존되어 온 소중한 문화유산입니다. 왕릉이 잘 보존될 수 있었던 것은 훼손을 방지하기 위해 매우 튼튼한 구조로 만들고 '기록의 나라 조선'이라는 별명답게 왕릉의 조성과 의식, 부장품에 대한 세밀한 기록을 남겨둔 것이 큰 역할을 했습니다. 이런 역사적 가치를 인정받아 18개 지역의 총 40기에 달하는 조선 왕릉은 2009년 유네스코 지정 세계유산으로 등록되었습니다.

:: 조선 왕릉 둘러보기 ::

왕릉은 유교적 형식에 맞춰 조성된 공간이라 기본적으로는 어느 곳이든 비슷한 구조를 띱니다. 죽은 자를 위한 제례 공간인 왕릉은 동선 또한 죽은 자와 산 자의 것이 공존하면서도 엄격하게 분리되어 있습니다. 산 자는 정자각의 정전에서 제례를 모신 후 서쪽 계단으로 내려오게 되어 있고, 죽은 자는 정자각의 정전을 통과해 능침 공간으로 올라가는 형식입니다.

01

제향 공간 : 산 자와 죽은 자의 공존

산 자인 현재 왕이 능에 모신 선왕이나 왕비를 만나는 공간인 제향 공간은 홍살문부터 시작되며, 문 옆에 있는 돌을 깔아놓은 판위 版位는 참배하러 온 왕을 위한 자리입니다.
홍살문부터 중심이 되는 건물인 정자각 丁字閣으로 이어지는 박석으로 만든 긴 돌길은 향로(香路, 신도)와 어로(御路, 어도)로 구분됩니다.

오른쪽 낮은 길이 왕이 사용하는 어로입니다.
향·어로 중간쯤 양옆으로 있는 건물은 왕릉 관리자가 임시로 머무는 수복방과 제향에 필요한 음식을 데우며 준비하는 수라간입니다. 정자각에서는 제례를 지낸 후 정자각 뒤 서쪽에 있는 예감 瘞坎에서 축문을 태웁니다. 정자각 뒤 동북쪽에는 산을 주관하는 산신에게 예를 올리는 자리인 장방형의 산신석 山神石이 배치되어 있습니다

▲ 태조 건원릉

02

능침 공간 : 죽은 자만의 공간

봉분이 만들어져 있는 능침 공간은 승하한 왕과 왕비를 모신 곳으로, 소나무로 둘러싸여 있습니다. 고향 함경도의 억새풀을 가져와 덮은 태조 건원릉 외에는 모두 잔디가 덮여 있습니다. 봉분은 《국조오례의》에 따라 직경 약 18m, 높이 약 4m로 만들게 되어 있지만 후대로 갈수록 크기가 줄어듭니다.

:: 조선 왕릉 둘러보기 ::

1) 제1단 상계 上階

봉분이 있는 단으로 초계 初階라고도 합니다. 12면의 병풍석과 난간석을 둘렀지만 경우에 따라 생략되기도 했습니다. 봉분 주위에는 보통 4쌍씩 배치된 돌로 만든 양과 호랑이가 능을 등지고 있는데, 이는 능을 수호하는 역할입니다.
그 바깥으로는 바람막이와 담장 역할을 하는 곡장이 둘려 있고, 봉분 앞에는 혼이 앉아 노니는 공간인 혼유석이 있으며, 그 좌우로 기둥 모양의 망주석이 있습니다.

2) 제2단 중계 中階

가운데 단인 중계에 있는 8각 또는 4각의 장명등 長明燈은 어두운 사후세계를 밝힌다는 의미를 지니고 있습니다. 좌우에는 왕과 왕비를 모시는 문신을 상징하는 돌로 된 문인석이 있으며, 그 옆이나 뒤에 말 조각이 자리합니다.

3) 제3단 하계 下階

왕과 왕비를 호위하는 무인과 말 돌조각이 있습니다. 문치주의를 내세우며 문신을 더 중시했던 조선의 특징을 무신이 문신보다 한 단계 내려와 있는 것으로도 알 수 있습니다. 그러나 영조의 원릉부터 중계와 하계의 구분이 없어지는데, 이는 전대에 겪은 전란 등으로 무관에 대한 인식에 변화가 있었기 때문인 것으로 보입니다.

03 조선 왕릉 한눈에 보기

능호	위치	설명	안장 인물
선릉·정릉	서울시 강남구	중종은 왜 홀로?	선릉(성종·정현왕후), 정릉(중종)
태릉·강릉	서울시 노원구	어머니와 아들이 한 공간에	태릉(중종비 문정왕후), 강릉(명종·인순왕후)
헌릉·인릉	서울시 서초구	태종 이방원	헌릉(태종·원경왕후), 인릉(순조·순원왕후)
정릉	서울시 성북구	조선 최초 왕비	정릉(태조비 신덕왕후)
의릉	서울시 성북구	장희빈의 아들	의릉(경종·선의왕후)
서삼릉	경기도 고양시	한양 서쪽 3기 왕릉	희릉(중종비 장경왕후), 효릉(인종·인성왕후), 예릉(철종·철인왕후)
서오릉	경기도 고양시	한양 서쪽 5기 왕릉	창릉(예종·안순왕후), 경릉(추존 덕종·소혜왕후), 명릉(숙종·인현왕후·인원왕후), 익릉(숙종비 인경왕후), 홍릉(영조비 정성왕후), 대빈묘(장희빈)
동구릉	경기도 구리시	한양 동쪽 9기 왕릉	건원릉(태조), 현릉(문종·현덕왕후), 목릉(선조, 의인왕후·인목왕후), 휘릉(인조비 장렬왕후), 숭릉(현종·명성왕후), 혜릉(경종비 단의왕후), 원릉(영조·정순왕후), 수릉(추존 문조·신정왕후), 경릉(헌종·효현왕후, 효정황후)
장릉	경기도 김포시	아들 덕분에!	장릉(추존 원종·인헌왕후)
사릉	경기도 남양주시	남편은 너무나 멀리에	사릉(단종비 정순왕후)
홍릉·유릉	경기도 남양주시	대한제국의 황제 일가	홍릉(고종·명성황후), 유릉(순종·순명황후·순정황후)
광릉	경기도 남양주시	조카는 비키시오! 어좌는 나의 것!	광릉(세조·정희왕후)
온릉	경기도 양주시	비운의 7일의 왕비	온릉(중종비 단경왕후)
영릉·영릉	경기도 여주시	위대한 성군과 북벌의 꿈	영릉(세종·소헌왕후), 영릉(효종·인선왕후)
장릉	경기도 파주시	반정으로 왕이 되기는 했지만!	장릉(인조·인열왕후)
삼릉	경기도 파주시	남편이 단명, 또는 부인이 단명	공릉(예종비 장순왕후), 순릉(성종비 공혜왕후), 영릉(추존 진종·효순황후)
융릉·건릉	경기도 화성시	아버이를 향한 정조의 효심	융릉(추존 장조와 헌경황후), 건릉(정조·효의왕후)
장릉	강원도 영월군	숙부 때문에!	장릉(단종)
후릉	북한	유일한 북한 소재 왕의 릉	후릉(정종·정안왕후)
제릉	북한	살아서 왕비는 못했지만!	제릉(태조비 신의황후)

- **덕종(의경세자)** 예종의 형이자 성종의 친부, 세자 시절 요절 | **문조(효명세자)** 순조의 아들, 헌종의 아버지, 세자 시절 요절
- **원종** 인조의 아버지, 선조의 다섯째 아들 | **진종(효장세자)** 영조의 장자, 정조의 양부, 세자 시절 요절
- **장조(사도세자)** 정조의 친부, 헌경황후는 혜경궁 홍씨

AREA
035

자연 그대로를 화폭에!
조선 여류 예술가, 신사임당
오죽헌

#강원강릉
#신사임당
#오죽헌
#율곡이이
#허난설헌

어려서부터 글 읽기를 좋아한 신사임당은 유교 경전을 공부하고 글과 시를 잘 썼으며, 그림도 잘 그렸다. 오늘날 전해지는 '초충도'를 보면 안정된 짜임새, 섬세하고 부드러운 묘사, 그늘을 살린 산뜻한 색칠 등이 돋보이는데 이러한 점으로 미루어 보아 그림 실력이 매우 뛰어났음을 알 수 있다. 또 신사임당의 자녀 중 율곡 이이는 퇴계 이황과 함께 조선시대를 대표하는 학자가 되었다.

— 초등학교 사회 5학년 2학기

조선의 예술가 신사임당과 강릉 오죽헌에 대해 알아봅시다

신사임당(1504~1551)은 포도와 수박, 오이, 나비와 사마귀, 쇠똥벌레 등 주변에 보이는 자연을 마치 살아 있는 듯 그려내 감탄을 자아냈습니다. 조선시대에 똑똑하고 재주가 많은 여성의 삶은 어떠했을까요? 그녀의 삶을 통해 당시 여성들의 사회적 지위에 대해 알아보고, 신사임당의 친정이자 율곡 이이의 외가이기도 한 강릉의 오죽헌도 둘러봅시다.

보물로 지정된 오죽헌을 방문하면 강릉시립박물관도 함께 둘러볼 수 있습니다. 박물관에는 영동 지방에서 출토된 선사시대 등의 각 시대 유물과 고문서, 서적 등이 전시되어 있습니다. 이외에도 가족 여행지로 좋은 경포호와 경포해변, 드라마 배경이 된 영진해변과 정동진, BTS의 <봄날> 앨범 재킷 촬영지인 향호해변도 멀지 않으니 취향대로 계획을 세워보세요.

🔍 1. 신사임당은 어떤 사람인가요?

강원도 강릉에는 아름답고 멋진 명소가 매우 많은데, 그중 하나가 '오죽헌'입니다. 이곳은 신사임당이 태어나서 자란 곳이자 그녀의 아들, 율곡 이이(1536~1584)가 태어난 곳이기도 해요. 보통 '신사임당'이라고 하면 '이이의 어머니', '현모양처'라는 단어가 머릿속에 떠오릅니다. 우리나라 5만 원 권 지폐에도 그녀의 초상화가 그려져 있어요.

신사임당은 1504년 강원도 강릉에서 태어났습니다. 아버지 신명화와 어머니 용인 이씨 사이에서 태어난 5명의 딸 중 둘째였어요. '신사임당'이라는 명칭은 평산 신씨에 호가 '사임당'이라는 뜻입니다. 어릴 때부터 영특하고 글씨도 잘 쓰고 시도 잘 짓는 등 예술 방면에 재주가 많았다고 해요. 특히 그중에서도 그림을 아주 잘 그렸다고 합니다. 그녀가 7세 정도 되었을 때 신사임당의 아버지가 선물한 안견의 산수화첩을 보며 혼자 산수화를 훌륭하게 그려냈다고 하니 정말 놀랍죠? 이후 신사임당은 안견의 산수화를 따라 그리기보다는 자신만의 그림을 그리고자 했다고 합니다. 그래서 주변에서 흔히 볼 수 있는 풀과 벌레 등을 즐겨 그렸는데, 그것이 바로 우리가 알고 있는 '초충도'입니다.

🔍 2. 조선시대 여성들은 결혼을 하면 어떻게 살았을까요?

신사임당은 19세에 덕수 이씨 가문의 이원수와 혼인을 합니다. 그리고 맏아들인 선, 딸 매창, 셋째 아들인 율곡 이이 등 4남 3녀를 낳았습니다. 신사임당은 혼인한 후에도 친정인 강릉에서 거의 20년을 살았습니다. 옛날에는 혼인을 하면 시댁에서 사는 것이 일반적이라고 알고 있는데, 신사임당은 어떻게 강릉에서 줄곧 지냈을까요?

그것은 신사임당이 살던 16세기 초에 이어져온 풍습 때문입니다. 이때만 해도 혼인을 하면 신랑이 신부 집에 들어가 아이들을 낳고 기르며 살았거든요. 다시 말하자면 처가살이를 한 것이죠.

그는 강릉 이외에 시댁이 있는 경기도 파주에서 지내기도 했고, 서울로 와서 아이들과 살기도 했습니다. 신사임당은 율곡 이이가 16세 때 세상을 떠났는데, 당시 그녀는 남편 이원수에게 자기가 죽거든 재혼을 하지 말라고 유언을 남겼다고 해요. 그러나 유언과 달리 이원수는 재혼을 했답니다.

▲ 신사임당 동상과 함께 찰칵!

TIP 조선시대에는 남녀차별이 심했다?

우리는 조선시대 내내 여성들이 많은 차별을 받으며 살았다고 생각하지만, 알고 보면 고려시대부터 조선 전기까지는 여성도 남성과 동등하게 자신의 권리를 행사할 수 있었어요.

예를 들어 호적에 아들 이름을 먼저 올리는 것이 아니라 태어난 순서대로 이름을 올렸어요. 그리고 부모가 돌아가시면 아들, 딸 차별 없이 유산을 똑같이 물려받았습니다. 이것은 현재까지 남아 있는 '분재기 分財記'라는 옛 문서를 통해 확인 가능해요. '분재기'는 옛날에 가족이나 친척에게 재산을 나눠줄 때 어떻게 나누어주었는지 자세하게 기록해놓은 문서입니다. 대신 딸들도 아들과 마찬가지로 부모님 제사를 돌아가면서 지내야 했지요. 결혼한 딸에게도 유산을 똑같이 나누어 주었습니다. 이외에 남편이 사망한 뒤에도 홀로 남은 부인은 재혼할 수 있었어요.

그러나 성종 이후 '예 禮'를 강조하는 성리학이 조선 사회에 확고히 자리 잡으면서 남녀를 엄격하게 구분하고 남성이 중심이 되는 사회 분위기로 점점 바뀌었습니다. 남성이 여성보다 지위가 더 높고 중요하다고 생각했죠.

이때부터 우리가 알고 있는 '남녀칠세부동석 男女七歲不同席', '적자와 서자의 차별'이 당연해졌고, 결혼한 딸은 남의 집 사람이라고 해서 족보에도 이름을 올리지 않았습니다. 남편이 사망해도 여성은 호주가 될 수 없었고, 맏아들이 호주가 되었지요. 게다가 여성은 마음껏 외출할 수도 없었고 꼭 나가야 한다면 쓰개치마나 장옷 등으로 얼굴을 가려야 했습니다. 그리고 양반집 부인은 집 가장 안쪽에 있는 안채에서만 답답하게 지내야 했죠. 이렇게 조선 전기와 중기 이후는 분위기가 많이 달랐습니다.

🔍 3. 오죽헌에서 태어나 6세까지 강릉에서 자란 율곡 이이

'오죽헌 烏竹軒'이라는 명칭은 이곳에 까마귀처럼 검은빛의 대나무가 많았기 때문에 붙은 것으로, 1963년 1월 21일 보물 제165호로 지정되었습니다.

오죽헌이라는 현판 오른쪽으로 '몽룡실 夢龍室'이라는 현판이 보이는데, 이 방이 바로 율곡 이이가 태어난 곳입니다. 신사임당이 새벽에 검은 용이 방 안으로 날아 들어오는 꿈을 꾸고 난 뒤 아이를 낳았다고 해서 이런 이름이 붙었고, 그래서 이이의 어린 시절 이름이

'현룡'이었습니다.

이이는 16세에 사랑하는 어머니 신사임당이 세상을 떠나자 금강산으로 들어가 승려가 되었습니다. 그에게 신사임당은 어머니인 동시에 스승이기도 했는데, 어머니가 돌아가시자 슬픔이 매우 컸겠죠. 이후 그는 불교에 대해 허망함을 느끼고 오죽헌으로 돌아옵니다. 그리고 공부를 해서 아홉 번이나 장원에 급제하는 등 그야말로 천재로서의 면모를 세상에 드러냅니다. 이후 약 20년간 유학자이자 정치가로서 관직 생활을 했습니다.

> **TIP** 강릉이 낳은 또 한 명의 위대한 천재 예술가, 허난설헌

신사임당을 말할 때 빠지지 않고 함께 이야기하는 인물이 바로 허난설헌입니다. 허난설헌의 고향 역시 강릉이었기 때문에 강릉에는 '허균·허난설헌 기념공원'이 있어요.
허난설헌은 신사임당 못지않게 지혜롭고 재능이 뛰어난 천재 여류 작가였습니다. 어릴 때부터 글 짓는 솜씨가 매우 뛰어나 주위 사람들을 놀라게 할 정도였습니다. 그녀의 작품들은 중국, 일본에까지 알려져 큰 인기를 누린, 당시의 베스트셀러이기도 했습니다.
하지만 슬프게도 허난설헌이 살았던 조선 중기는 신사임당이 살던 때와는 달리 여성에게는 참으로 고통스러운 시대였습니다. 여성에게 아무리 천재적인 재능이 있어도 그것을 세상에 마음껏 펼치기에는 폐쇄적인 시대였죠. 그래서 신사임당과 비교할 때 전혀 뒤처지지 않음에도 큰 빛을 볼 수 없었습니다. 게다가 혼인을 한 뒤 보수적인 분위기가 강했던 시가에서의 삶은 매우 고달프고 힘들었으며, 사랑하는 자녀들도 일찍 세상을 떠나는 등 굴곡진 삶을 살다 결국 27세 꽃다운 나이로 세상을 떠납니다.
허난설헌의 친정은 당대 알아주는 유명한 문장가 집안이기도 했는데, 그의 남동생이 바로 우리나라 최초의 한글 소설 《홍길동전》을 쓴 허균입니다.
허난설헌이나 허균 모두 신분이 높은 양반이었음에도 당시 엄격한 신분제에 대해 부정적인 생각을 갖고 있었습니다. 《홍길동전》은 서자로 태어난 홍길동이 활빈당을 조직해 부패한 관리들을 혼내주고 굶주린 백성들을 돕는다는 내용입니다. 당시 허균이 사회를 바라보는 시선이 어떠했는지 잘 알 수 있죠.
강릉을 방문한다면 신사임당의 오죽헌과 함께 허난설헌의 생가 터가 있는 허균·허난설헌 기념공원도 함께 둘러보시길 추천합니다.

:: 오죽헌 둘러보기 ::

01 오죽헌 & 몽룡실

오죽헌은 세종 때 백경 최치운이 지은 것으로, 그는 이 집을 아들 최응현에게 물려줬고, 또다시 최응현의 사위인 이사온, 그리고 이사온의 사위인 신명화(신사임당의 아버지)가 대대로 물려받았다고 합니다. 이후 신명화는 넷째 사위인 권화에게 집을 물려주었고, 권화는 아들인 권처균에게 물려주었죠.
집 주변에 검은 대나무가 많이 있는 것을 보고 권처균은 자신의 호를 '오죽헌'이라 짓고 이 집 역시 그렇게 불렀다고 합니다. 오죽헌은 정면 3칸, 측면 2칸으로 조선 전기 당시의 주택 형태를 살펴볼 수 있는 중요한 자료이기도 합니다.
율곡 이이가 태어난 몽룡실도 유서 깊은 곳이니 함께 둘러보세요.

02 율곡매 & 배롱나무

오죽헌에 있는 율곡매는 오죽헌을 지은 최치운이 심은 것으로, 신사임당과 율곡 이이가 함께 가꾼 매화나무라고 합니다. 천연기념물 제484호로, 600년가량 된 것입니다. 이곳의 배롱나무 역시 600년 이상 된 것으로, 우리가 흔히 아는 백일홍입니다. 백일홍은 100일간 꽃을 피워 향기가 지속된다고 해서 붙은 이름으로, 선비들의 학문과 꼿꼿한 정신이 오래가기를 바라는 마음에 사대부 집안에서 많이 심었다고 해요.

03 어제각

오죽헌 바로 옆에는 어제각이 있는데, 이곳에는 율곡 이이의 《격몽요결》과 어린 시절 사용했던 벼루가 보관되어 있습니다. 정조는 오죽헌에 율곡 이이가 사용하던 벼루와 《격몽요결》이 있다는 이야기를 듣고 궁궐로 가져와 직접 보았다고 합니다. 그리고 이이의 벼루 뒷면에 율곡의 위대함을 표현하는 글귀를 새기게 하고 잘 보관토록 했습니다. 따라서 임금의 명으로 지은 것이라 하여 '어제각 御製閣'이라고 이름 지었습니다.

04 율곡기념관

이곳에서는 신사임당과 율곡 이이를 비롯해 신사임당의 딸 이매창과 막내아들 옥산 이우의 작품을 전시하고 있습니다. 신사임당의 '초충도'와 이매창의 '참새', 그리고 이우의 그림과 글씨가 여러 점 있으니 꼭 들러보세요.

05 문성사

율곡 이이의 영정을 모시기 위해 지은 사당입니다. 본래 이 자리에 어제각이 있었는데, 지금의 자리로 옮겼다고 합니다.

함께 보면 좋은 곳 >>>

06 허균·허난설헌 기념공원

강릉시 초당동에 자리한 허균·허난설헌 기념공원은 허균과 허난설헌의 문학 정신을 기리기 위해서 조성한 곳입니다. 이곳에 가면 허난설헌 생가 터와 기념관을 볼 수 있습니다. 허난설헌 생가 터는 사랑채와 안채가 곳간을 사이에 두고 분리된 것을 볼 수 있어요. 기념관 안에는 허난설헌이 쓴 글과 허균의 《홍길동전》이 전시되어 있습니다. 참고로 호가 '초당'인 허난설헌의 아버지 허엽을 비롯해 허성, 허봉, 허난설헌, 허균을 함께 가리켜 '허씨 5문장가'라고 합니다.

:: 오죽헌 둘러보기 ::

07 선교장

조선시대 사대부의 아름다운 전통 가옥을 볼 수 있는 곳입니다. 300년이 넘는 깊은 역사를 지닌 곳으로, 국가민속문화재 제5호로 지정되어 있어요. 이곳은 세종대왕의 형인 효령대군의 11대손 이내번이 살던 집으로, 이후 대대손손 자손들이 물려받아 살았습니다. 이 이내번의 가문은 흉년이 들어 힘들 때는 곳간 문을 열어 이웃과 나누고 돕는 것으로도 유명했다고 합니다.

건물은 총 4채로, 열화당, 안채, 동별당, 그리고 활래정이 있습니다. 이 중 1816년에 지은 활래정은 연꽃이 가득한 큰 연못 옆에 자리한 정자로, 매우 아름다워 여행자들의 많은 사랑을 받고 있습니다. 조선시대에는 여러 많은 예술가가 이곳에서 경치와 풍류를 즐겼다고 합니다.

1. 오죽헌/시립박물관
주소 강원도 강릉시 율곡로139번길 24 | **전화** 033-660-3301 | **관람 시간** 09:00~18:00 | **휴무** 없음 |
입장료 어른 3000원, 청소년 2000원, 어린이 1000원 | **주차** 자체 주차장 이용(무료) |
홈페이지 gn.go.kr/museum/index.do

2. 허균·허난설헌 기념공원
주소 강원도 강릉시 난설헌로193번길 1-29 | **전화** 033-640-4798 | **관람 시간** 24시간(허균·허난설헌 기념관 09:00~18:00) | **휴무** 매주 월요일, 1/1, 설날·추석 당일 | **입장료** 무료(전통차 체험 1000원) | **주차** 자체 주차장 이용 |
홈페이지 gn.go.kr/tour/prog/lod/Sights/S02/sub02_03_01/view.do?cid=27

3. 선교장
주소 강원도 강릉시 운정길 63 | **전화** 033-648-5303 | **관람 시간** 3~10월 09:00~18:00, 11~2월 09:00~17:00 |
휴무 설날·추석 당일 | **입장료** 어른 5000원, 청소년 3000원, 어린이 2000원(체험비 별도) | **주차** 자체 주차장 이용 |
홈페이지 www.knsgj.net

아이와 함께 즐기면 좋은 주변 먹거리
- 보쌈이 맛있는 오월에 초당(보쌈 2인상 4만2000원~, 국수류 8000원~)
- 담백하고 고소한 순두부 맛집, 초당 할머니 순두부(순두부 백반 1만1000원~)
- 이탈리아인들도 인정한 최고의 디저트, 순두부 젤라또(4500원~)

AREA
036

구국의 영웅,
충무공 이순신
통영 이순신 장군 유적지

#경상남도통영
#임진왜란
#정유재란
#거북선
#학익진

 임진왜란 1년 전에 전라좌도 수군절도사가 된 이순신은 판옥선과 거북선을 만들고 식량과 무기를 준비하는 등 일본군의 침입에 대비했다. 임진왜란이 일어나자 조선 수군은 여수에서 출발해 거제 옥포만에서 일본 수군과 싸워 첫 승리를 거둔 후 이어지는 전투에서 모두 승리했다.

— 초등학교 사회 5학년 2학기

> **세계 해전 역사에 빛나는 이순신 장군에 대해 알아봅시다**
>
> 한산대첩의 배경인 통영은 이순신 장군이 초대 삼도수군통제사를 맡았던 '통제영'에서 그 이름이 유래된 것입니다. 경상도, 전라도, 충청도를 아우르는 3도 수군을 총지휘하던 본영이 바로 삼도수군통제영입니다. 임진왜란 당시 통제영의 본영이 바로 통영 앞바다의 한산도에 있었습니다. 임진왜란 3대 대첩 중 하나인 한산대첩이 벌어진 통영으로 떠나봅시다.

한려수도를 끼고 있는 통영에는 이순신 장군 유적지 말고도 방문할 만한 곳이 많습니다. 아이들이 신나 하는 통영케이블카, 익스트림 스포츠를 체험할 수 있는 통영어드벤처타워, 야경이 아름다운 통영대교와 운하, 동양 최초의 해저터널, 신비롭고 예쁜 섬 소매물도가 있고, 백석과 윤이상의 흔적을 따라가는 예술 여행도 할 수 있으니 여유롭게 여행을 즐기면 좋습니다. 본고장 충무김밥과 꿀빵, 봄이면 꼭 먹어야 한다는 도다리쑥국도 통영의 대표 먹거리입니다.

🔍 1. 임진왜란 전 두 나라의 상황

당시 조선은 건국 후 큰 전쟁 없이 200여 년간 평화를 누리고 있었습니다. 따라서 초기의 강력했던 군사력은 점점 무너졌고, 전쟁 준비 또한 부족했습니다. 또 당파 싸움인 붕당 정치로 조정은 분열되었고, 내부 다툼 속에 국제 정세를 제대로 파악하지 못했습니다. 반면 일본은 전국 통일의 패권을 얻고자 했던 각 영주들의 전투가 치열하게 계속된 전국시대가 끝나고 통일을 이룬 도요토미 히데요시가 권력을 잡습니다. 일본은 100년 넘는 기간 동안 계속 전쟁을

▲ 동래부순절도(국립진주박물관)

해왔고, 서양 신식 무기인 조총을 사용하는 잘 훈련된 군사들이 있는 상태였던 거죠.

🔍 2. 가서 살펴보고 오시오

그나마 일본이 통일되고 도요토미 히데요시가 집권을 했다는 등의 소식을 접한 선조와 조정 대신들은 이후 일본이 우리나라를 공격할 것인지 살펴보고자 합니다. 그래서 두 사신을 일본에 보내 직접 도요토미 히데요시를 만나고 오도록 합니다.

이에 두 사신 중 서인에 속한 황윤길은 도요토미 히데요시가 눈에 광채가 있고 담략이 남다르다며 "앞으로 반드시 병화가 있을 것입니다"라 했지만, 반대편인 동인의 김성일은 반대하며 "그의 생김새는 눈이 쥐와 같고 생김새가 원숭이 같아 두려워할 인물이 아니니

▲ 임진왜란 당시 무기(국립진주박물관)

다"라 합니다. 논쟁을 거듭한 조정은 결국 전쟁이 일어나지 않을 것이라며 별다른 준비를 하지 않은 채 귀중한 시간을 낭비하고 말았습니다. 그런데 선조에게 보고한 후 류성룡이 다시 김성일에게 의견을 묻자 그는 "나 또한 어찌 왜적이 침략하지 않을 것이라 단정하겠습니까. 다만 온 나라가 동요할까 두려워 그것을 막으려 했던 것입니다"라고 합니다. 스스로는 침략할 가능성이 많다는 것을 느꼈을 듯한 말인 거죠. 당파가 다르다는 이유로 나라의 위기를 두고도 '반대를 위한 반대'를 한 어리석은 일은 현재를 사는 우리도 꼭 알고 넘어가야 할 장면이기도 합니다. 김성일은 임진왜란이 일어나자 책임을 물어 파직당했으나 사태 수습을 목적으로 한 류성룡의 천거로 다시 경상도 초유사로 임명되었습니다. 경상도로 온 김성일은 격문을 지어 백성을 모으고 군율을 세우는 데 힘썼으며, 곽재우 등이 의병을 일으키자 그들을 의병장으로 임명했습니다. 이렇게 왜란 초기 큰 타격을 받은 경상도 지역을 안정시키고 진주대첩을 이끈 김시민 장군을 발탁한 후 김성일은 제2차 진주성전투가 벌어지는 와중에 병사합니다.

🔍 3. 1592 임진왜란 발발

도요토미 히데요시는 내부 불만 세력을 잠재우고 관심을 밖으로 돌리는 목적에 더해 섬나라 일본을 벗어나 대륙으로 진출하고자 1592년 4월 13일 부산으로 쳐들어옵니다. 대비가 부족했던 조선은 부산진과 동래성이 순식간에 함락되었고, 충주 방어선마저 무너집니다. 왜군이 한양으로 빠르게 온다는 소식을 들은 선조는 한양을 버리고 의주까지 몽진(왕이 피란을 가는 것=파천)을 가며 명에 지원군을 요청합니다. 왜군은 부산에 상륙한지 불과 20일 만에 한양을 점령했고, 계속 북쪽으로 진격해 평양과 함경도까지 이르게 됩니다.

4. 바다에서 피어오른 희망

연패를 거듭하던 육군에 비해 조선 수군과 각지에서 자발적으로 일어난 의병들은 왜군에게 승리를 거두고 있었습니다. 특히 임진왜란 1년 전 전라좌도 수군절도사가 된 이순신(1545~1598)은 일본이 반드시 침략해 올 것이라 판단하고 이에 대비해 판옥선과 거북선을 만들고 식량과 무기를 준비해둡니다.

5. 1592년 5월 7일 정오, 옥포해전 : 태산같이 무겁게 행동하라

여수에서 출발한 이순신 장군은 거제 옥포만에서 일본 수군에 맞서 첫 승리를 거둡니다. 장군은 적보다 숫자가 적은 우리 군이 더 많아 보이도록 어선까지 동원해 출전했습니다. 거제 해안에 배를 정박하고 약탈을 자행하고 있던 일본군을 공격해 순식간에 26척을 궤멸시키면서 승리를 거두었고, 이것을 계기로 조선군은 자신감을 얻습니다.

같은 달 사천해전에서 또 12척을 격파하며 승리했는데, 이때 장군은 총탄을 맞아 왼쪽 어깨에 관통상을 입습니다. 6월에 벌어진 당포해전에서는 적함 21대를 궤멸했습니다.

6. 1592년 7월 8일 오전, 한산대첩(한산도해전)

▲ 한산대첩의 학익진 모형(독립기념관)

▲ 한산대첩(옥포대첩기념관)

유명한 '학익진 전법'과 거북선이 본격 활약한 것이 바로 한산대첩입니다. 일본군이 있던 견내량은 수심이 얕고 암초가 많아 불리하다 생각한 장군은 일본을 유인해냈고, 일본군이 한산도 앞 넓은 바다에 이르자 조선 함대는 일제히 배를 돌려 학익진으로 적선을 에워쌉니다. 학익진 전법은 학이 날개를 펼친 것 같은 모양으로 전선을 배치해 적을 공격하는 병법입니다. 이것이 성공하려면 우리 수군의 배와 적군 배의 거리를 정확하게 파악해 대포의 명중률을 높이는 것이 관건이었습니다. 장군은 수학을 이용해 둘의 거리를 정확히 파악했으며, 당시 조총의 사정거리인 50m 밖에서 대포로 적군의 배를 명중시켰습니다. 또 거북선은 적진 한가운데로 가서 총포를 발사하며 일본 함대의 전열을 무너뜨리는 대활약을 펼쳐 왜군은 제대로 된 저항도 하지 못한 채 전멸하고 맙니다. 이 승리를 계기로 조선은 남해를 되찾을 수 있었고, 전라도와 충청도의 곡창지대를 지켜냅니다. 이후 도요토미 히데요시는 해전 금지 명령까지 내렸으며, 황해 뱃길을 통해 물자를 보급하려던 계획을 갖고 있던 일본군은 이후 전쟁을 계속 하는 것이 어려워지며 북으로 계속 진군할 수 없었습니다.

7. 1597년 정유재란

권율 장군과 승병, 의병, 관군이 힘을 합쳐 대승을 거둔 행주대첩과 김시민 장군이 이끈 진주대첩에서 조선이 크게 승리하고, 경상도 해안까지 밀려난 일본은 휴전을 제의하며 강화회담을 제안합니다. 3년에 걸친 회담이 실패하자 일본은 다시 침입했는데, 이것이 정유재란입니다. 이번에는 조선도 어느 정도 전쟁에 대비가 된 상태라 예전처럼 쉽게 무너지지는 않았지만, 선조와 조정의 잘못된 결정으로 이순신 장군은 감옥에 갇히고, 그를 대신해 수군을 이끌게 된 원균은 칠천량해전에서 크게 패하며 조선 수군은 거의 전멸 상태가 됩니다.

8. 1597년 9월 16일 오전 10시~오후 3시 명량해전 : 신에게는 아직 12척의 배가 있사옵니다

감옥에서 나와 복귀한 이순신에게 칠천량해전 대패 후 남겨진 배는 12척뿐이었지만, 선조에게 보내는 장계(보고서)에 '신에게는 아직 12척의 배가 있사오니 죽을힘을 다해 싸우면 오히려 할 수 있는 일입니다. ⋯ 보잘것없는 신이 죽지 않는 한 적이 우리를 업신여기지 못할 것입니다'라며 수군과 판옥선을 정비합니다.

명량대첩은 울돌목으로 들어가는 입구인 임하도에서 좁은 목을 막은 상태로 주변 지형과 물살을 이용해 절대적 열세를 극복하고 대승을 거둔 해전입니다. 장군은 전투에 돌입하기 전 겁에 질려 있는 병사들에게 "병법에 필사즉생, 필생즉사, 즉 죽기를 각오하고 싸우면 살 것이고, 살려고만 하면 죽을 것이다. 또 '한 사람이 길목을 지키면 천 명이 와도 두렵지 않다'라 했는데, 이는 다 우리를 두고 한 말이다"라며 군사들의 사기를 북돋기도 했습니다. 당시 명량해협에 도착한 일본 수군은 좁은 수로를 통과하기 어려운 대형 군선 아다케부네는 해협 밖에 있고 작은 배인 세키부네 133척이 협수로를 통과해 전투에 임했습니다. 이순신 장군은 선두에서 함포와 화살을 쏘며 홀로 오랜 시간 전투를 벌였지만, 나머지 우리 전선들은 겁을 먹고 나서지 못하며 뒤에 물러나 있을 뿐이었습니다. 약 5시간에 달하는 전투 시간 중 상당 시간을 이순신 장군 홀로 버텼는데, 장군과 그 장군선에 타

▲ 울돌목에서 거행된 명량해전 재현 행사

고 있던 병사들에게는 얼마나 피가 마르는 시간이었을지 상상도 할 수 없습니다. 이에 장군은 부하들에게 군법을 적용하겠다며 질책했지만 그때까지도 움직이지 않았던 나머지 배들이 조류가 우리에게 유리한 방향으로 바뀌자 돌진했고, 이에 두 나라 수군이 본격 전투를 벌입니다. 이순신 장군은 일본 군선 31척을 격파해 우리 군 전사자는 73명, 왜군은 약 1만8,000명이 전사한 대승을 거두었고, 나머지 일본군은 퇴각할 수밖에 없었습니다.

9. 1598년 11월 19일 이른 새벽~정오 노량해전 : 나의 죽음을 알리지 마라

▲ 최후를 맞이하는 이순신 장군(이순신이야기)

일본이 노량 수로를 통과할 것을 예상한 장군은 명나라 진린 함대를 왼쪽에, 조선 함대를 관음포 위쪽 해상에 배치해둡니다. 아직 해가 떠오르지 않은 새벽에 일본 함대는 선제공격을 시작했고, 조·명 함대의 화공에 큰 피해를 입은 일본은 전투를 벌이면서도 관음포 쪽으로 이동하며 퇴로를 찾습니다. 날이 밝아 퇴로가 막힌 것을 알게 된 일본군 일부는 육지로 상륙해 도망갔고 나머지는 살기 위해서라도 싸울 수밖에 없었습니다. 노량해전은 7년간의 해전 중 가장 치열하게 근접전을 벌인 전투로 우리 쪽이 화력 면에서도 우세했으며, 일본군의 퇴각로를 막고 유리한 위치를 선점하고 있던 조·명 연합 함대는 큰 승리를 거두었습니다. 그러나 바로 이곳에서 이순신 장군은 적군의 총탄에 장렬한 최후를 맞이합니다. 이때 장군이 남긴 "지금 싸움이 한창 급하니 나의 죽음을 알리지 마라"는 말은 최후의 순간까지 우리 군이 전의를 상실할까 염려한 장군의 깊은 뜻에서 나온 것인 듯합니다. 노량해전에서 패한 일본은 전쟁을 계속하기 어려운 상황이 되었으며, 얼마 후 도요토미 히데요시가 사망합니다. 다시 내부 권력투쟁이 시작된 일본은 결국 조선에서 철수했고, 이로써 임진왜란과 정유재란을 거치며 벌어진 7년간의 긴 전쟁은 끝나게 됩니다.

> **TIP**

충무공 이순신

이순신 장군을 충무공이라 부르는 것은 그에게 내린 시호가 '충무 忠武'이기 때문입니다. 시호는 나라에 큰 공을 세운 사람이 죽은 후 생전의 업적을 고려해 내리는 것으로 유교 사회의 가장 큰 덕목인 '충'과 적을 물리쳐 치욕을 막는 '무'를 합해 내렸기 때문에 가장 명예로운 시호라 할 수 있습니다. 시호 '충무'는 순국 45년이 지난 1643년에 인조가 내렸고, 정조 17년(1793)에는 영의정의 직함이 더해졌습니다.

거북선, 최고 능력치 돌격선

조선의 주력함인 판옥선을 기반으로 만든 돌격선인 거북선의 주요 임무는 적진 한가운데를 뚫고 들어가 전열을 무너뜨리는 것입니다. 이것이 가능했던 것은 적의 공격에 노출되지 않도록 쇠못을 박은 지붕을 덮은 것과 더불어 360도 돌면서 포를 쏠 수 있는 판옥선의 장점을 최대한 살려 머리와 뒤편까지 배 어느 방향에서나 함포를 쏠 수 있도록 했기 때문입니다.
《난중일기》에서는 거북선을 만들고 대포를 쏘는 실험을 하는 등의 기록을 볼 수 있는데, 절묘하게도 거북선 제작이 완료된 지 하루 뒤 임진왜란이 발발했습니다.

한 사람과 전쟁의 기록서, 《난중일기》

왜란이 일어나기 전부터 이순신 장군이 하루하루 쓴 일기인 《난중일기》는 전쟁을 직접 하고 있는 최전방의 장수가 쓴 것이라 그 어떤 기록보다 당시 상황을 실감 나게 전달하고 있습니다. 또 전쟁 상황뿐 아니라 개인적인 감정과 사건까지 담은 일기라 이순신 장군의 인간적인 면모도 볼 수 있습니다. 장군은 그날 먹은 음식까지 기록했는데, 그래서 그가 좋아하던 음식이 장국, 소 내장과 생선으로 만든 전인 어육각색간랍, 멸치젓, 장김치 등인 것을 알 수 있었습니다. 그 밖에도 서로 대립하는 사이였던 원균에 대한 그리 우호적이지 않은 솔직한 심경, 전쟁 물자를 점검했던 것, 생생한 전투 과정과 자신이 했던 말을 기록해 장군의 여러 면모와 더불어 당시 모습을 생생하게 접할 수 있게 해준 보물 같은 존재입니다.

류성룡과 이순신

 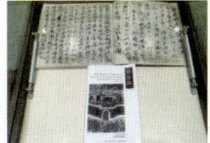

▲ 징비록

임진왜란 당시 영의정이었던 서애 류성룡(1542~1607)은 스승 퇴계 이황이 '하늘이 낸 사람'이라 평가했던 인재로 율곡 이이의 개혁론을 실천하고자 했으며, 어려움에 처한 나라를 구하고자 많은 노력을 한 사람입니다. 하지만 운명인 것인지 이순신이 노량해전에서 전사한 그날 북인의 탄핵을 받아 파직당한 류성룡은 안동으로 낙향해 뼈를 깎는 심정으로 《징비록 懲毖錄》을 써 내려갑니다. 징비록은 다시는 이런 비참한 변란이 오지 않기를 바라면서도 또 올 수도 있는 상황에 대비하고자 한 처절한 성찰을 담은 기록문이자 반성문이기도 합니다.
그런데 류성룡은 사람 보는 눈 또한 매우 밝아 그가 추천한 인물들이 전란 당시 나라를 구하게 됩니다. 무명의 권율을 정5품 형조 정랑에서 4단계를 뛰어넘어 정3품 의주목사로, 종 6품 정읍현감

287

이순신을 6단계 뛰어넘어 정3품 전라 좌수사로 발탁한 사람이 바로 류성룡입니다. 후에 이익은 "류성룡이 이순신을 발탁하지 않았다면 개천에서 굶어 죽었을 것"이라 했고, 허균 또한 "류성룡이 이순신을 등용한 것은 이 나라를 중흥시킨 큰 기틀"이라 칭송하기도 했습니다. 류성룡과 이순신은 모두 서울 건천동 출신으로 류성룡과 이순신의 둘째 형 이요신은 친구 사이였습니다. 어릴 때부터 죽마고우로서 친하게 지내온 두 사람은 서로의 장단점을 잘 알고 있었고 아끼는 사이였습니다. 하지만 류성룡이 과연 친하다는 이유로 이순신을 발탁했을까요? 당연히 바람 앞의 촛불처럼 위태로운 나라의 앞날을 이미 내다보고 있던 그가 이순신이 크게 쓰일 인재라는 것을 알았기 때문에 수많은 반대를 무릅쓰면서까지 뜻을 관철했던 것입니다. 시대를 바라보는 뛰어난 혜안을 지녔던 류성룡의 흔적은 세계유산이기도 한 안동하회마을에서도 찾아볼 수 있습니다. 마을에서 조금 떨어진 옥연정사가 《징비록》을 집필한 장소이며 류성룡 가문의 종택은 보물로도 지정된 충효당입니다. 충효당 내에 있는 영모각에는 류성룡의 저서와 유품이, 바깥마당에는 이곳을 방문했던 영국 엘리자베스 2세의 방문 기념 식수가 있습니다. 또 대원군의 서원 철폐령 속에서도 살아남은 47개 서원 중 하나인 병산서원은 류성룡의 죽음 후 제자들이 그를 기리기 위해 세운 곳입니다.

:: 통영 이순신 장군 유적지 둘러보기 ::

통영시가 통합되기 전까지 장군의 시호인 충무공을 따서 '충무'라는 도시가 존재했던 통영은 임진왜란 3대 대첩인 한산도대첩이 펼쳐진 곳입니다. 한산해전의 대승을 기억하며 그 흔적을 따라가보겠습니다.

01 이순신공원

한산도 앞바다가 한눈에 내려다보이는 위치에 있는 산책하기 좋은 공원입니다. 장군을 기리는 공원으로 높이 17.3m에 이르는 이순신 장군 동상이 있습니다. 동상 밑 글씨는 이순신 장군의 친필휘호로 '죽고자 하면 살 것이요, 살려고 하면 죽을 것이다'라는 뜻의 '필사즉생 필생즉사'입니다. 공원 안에는 임진왜란 당시 활약했던 천자총통과 거북선 조각 등이 있습니다.

02 세병관

국보 1605년 건축된 통제영의 중심 건물로 국보로 지정되었으며, '은하수를 끌어와 병기를 씻는다'라는 의미를 지니고 있습니다. 장군이 사망한 뒤에 건축되어 직접 활동한 무대는 아니지만 그가 지휘했던 통제영의 후대 모습을 볼 수 있습니다. 현존하는 조선시대 건축물 중 바닥 면적이 가장 넓은 곳 중 하나로, 당시 통제영에 100여 동의 건물이 있던 대단한 규모였지만 일제강점기에 민족정기 말살 정책으로 세병관을 제외한 모든 건물을 헐어버렸습니다.

03 충렬사

이순신 장군의 위패를 봉안한 곳으로 1606년 통제사 이운룡이 선조의 명으로 세웠습니다. 이후 역대 수군 통제사들이 매년 봄가을에 제사를 지냈습니다.
충렬사는 본전을 비롯해 정문, 중문, 외삼문, 동서재, 숭무당, 강한루 등 사당에 딸린 여러 건물과 함께 전시관이 있습니다. 전시관에는 명나라 만력제가 보낸 여덟 가지 선물인 명조팔사품(보물)과 정조가 《충무공전서》를 발간한 후 1질을 이곳에 내리면서 직접 지은 제문 등이 있습니다.

04 강구안 거북선

강구안 문화마당 앞에는 거북선 3척과 판옥선 1척이 있고, 내부에서는 임진왜란과 한산도대첩 관련 내용을 전시하고 있습니다.

05 착량묘

1598년 노량해전에서 이순신 장군이 전사하자 지방민들이 초가를 짓고 장군을 기리며 매년 제사를 지냈던 곳이 사당이 되었습니다.

06 당포성지

공민왕 23년(1374) 최영 장군이 왜구의 침략을 막기 위해 쌓은 성으로 현재는 750m 정도 남아 있습니다. 임진왜란 당시 일본군이 이곳을 점령했지만 이순신 장군이 탈환했고, 이것을 당포승첩이라 합니다.

:: 통영 이순신 장군 유적지 둘러보기 ::

07 제승당

1593년부터 1597년까지 삼도수군 본영 역할을 한 곳으로 이순신 장군도 이곳에 머물며 삼도수군을 지휘했습니다. 이곳의 원래 이름은 '운주당'이었는데, 장군은 가는 곳마다 기거하는 곳을 운주당이라 불렀다 합니다.

이후 1740년 당시 통제사 조경이 이곳에 비석을 세우고 제승당이라 이름 붙여 지금껏 내려오게 되었습니다. 정유재란 당시 폐허가 된 것을 1970년대에 재건했고, 지금은 장군을 기리는 사당입니다. 방문하려면 통영항에서 20분쯤 배를 타고 한산도로 들어가야 합니다. **주소** 경상남도 통영시 한산면 한산일주로 70

TIP 조선 군선 판옥선, 거북선 vs 일본 군선 아다케부네, 세키부네

▲ 판옥선

▲ 아다케부네

조선과 일본 수군이 타고 전쟁을 벌이던 판옥선과 세키부네는 그 특징이 두 나라만큼이나 아주 다릅니다. 조선 수군 주력 군선인 판옥선은 소나무로 만들었으며 상갑판에 판옥을 설치한 것이 특징입니다. 2층 구조 배로 골격을 매우 견고하게 제작해 대형 화포를 장착했습니다. 아래층에서는 노를 젓고, 위에 있는 군사들은 공격을 하는 구조입니다.

직접 맞닥뜨려 싸우는 백병전에 유리했던 일본군을 막고자 판옥선의 몸체를 높고 크게 제작했습니다. 높은 곳에 서서 위에서 아래로 활을 쏘니 유리했고, 함포를 올려놓는 위치도 높아 명중률도 높았습니다. 판옥선은 밑바닥이 평평한 평저선으로 바닥이 날렵한 배에 비해 속도는 떨어졌지만 수심이 얕은 곳에서도 잘 다닐 수 있었는데, 특히 키를 조정하면 바로 방향을 바꿀 수 있다는 것이 장점입니다.

반면 일본 배는 선체 밑부분이 V자형으로 되어 있어 정면으로 나아갈 때 속도가 빠른 것이 특징입니다. 얇은 삼나무 판자로 만들었으며 주력 전투함이고 대형선인 아다케부네와 그보다 규모가 더 작아 기동성이 좋은 세키부네는 작고 빨라 먼바다를 항해할 때 유리합니다. 하지만 빠르게 방향을 바꾸는 것이 어려웠기 때문에 우리나라 연안처럼 펄과 암초가 많은 곳에서 항해할 때는 불리한 점이 많았습니다. 또 단단한 소나무로 만든 우리 판옥선과 부딪쳤을 때도 많은 손상을 입을 수밖에 없었습니다.

이순신 장군 관련 여행지 둘러보기 >>>

경상도와 전라도 지역을 아우르며 벌어진 해전 관련 유적지와 충남 아산 출신인 이순신 장군의 흔적이 남아 있는 곳을 방문해보세요.

07 충무공 이야기

서울 세종문화회관 지하에 있는 전시관으로 세종대왕에 대해 알아볼 수 있는 세종이야기와 함께 있습니다. 광화문 광장에 서 있는 세종대왕과 이순신 장군 동상과 연결해볼 수 있는 공간이기도 합니다. 충무공 이야기의 각 전시실은 장군의 생애, 조선의 함선, 7년간의 해전사, 《난중일기》를 통해 본 이순신, 이순신의 리더십이라는 주제 아래 관련 자료를 전시하고 있습니다. 거북선을 55% 크기로 축소한 모형 안에 들어가면 내부를 살펴볼 수 있고, 임진왜란 당시 벌어진 해전을 4D 체험관에서 생생하게 느껴보는 것도 흥미롭습니다. **주소** 서울시 종로구 세종대로 175 | **전화** 02-399-1173 | **관람 시간** 화~일요일 10:00~18:30 | **휴무** 월요일 | **입장료** 무료 | **홈페이지** www.sejongstory.or.kr

08 현충사

이순신 장군의 충정을 기리기 위해 세운 사당인 현충사는 장군이 전사한 지 약 100년 후인 1706년에 충청도 유생들의 상소로 숙종 당시 건립되었고, 숙종이 친히 '현충사' 휘호를 내렸습니다. 일제강점기 이순신 장군 묘소가 일본인에게 경매로 넘어갈 위기에 처하자 국민들이 성금을 모아 이곳을 보수하기도 했습니다. 현충사에 걸려 있는 영정은 실제 초상화가 아닌 1973년에 지정된 국가 표준 영정입니다.

현충사에 있는 옛집은 장군이 무과에 급제하기 전에 살던 집입니다. 500년 수령의 은행나무 두 그루가 있는 곳이 145m 거리에 있는 과녁에 활쏘기를 연습하던 장소입니다. 북쪽에 임금이 있으니 남쪽을 향해서 활쏘기 연습을 했다고 합니다. 기념관에는 국보로 지정된 《난중일기》, 장군의 친필 검명을 새긴 장검, 무과 급제 교지, 거북선 모형 등 장군과 임진왜란에 대한 여러 유물이 전시되어 있습니다. **주소** 충청남도 아산시 염치읍 현충사길 126

:: 통영 이순신 장군 유적지 둘러보기 ::

09 옥포대첩기념관

이순신 장군이 첫 승리를 거둔 옥포해전을 기념하는 곳으로 당시 상황과 전투 양상을 각종 자료로 상세히 알 수 있습니다. 전투에서 사용했던 활과 대포, 당시 군사들을 재현해놓은 모습, 옥포해전에서 양측의 대치를 보여주는 모형, 《난중일기》 등의 기록물이 있고, 조선 수군의 대표적인 전투선인 판옥선과 거북선도 볼 수 있습니다. 옥포대첩에서 이순신 장군은 일본 전투선 50여 척 중 26척을 격파하는 대승을 거두는데, 이것에서 '크게 구제한다'라는 뜻인 '거제'라는 이름이 나왔다고 합니다. 그 외에도 이순신 장군의 영정을 모신 사당인 효충사도 함께 있어 옥포해전과 이순신 장군에 대해 알아볼 수 있습니다.
주소 경상남도 거제시 팔랑포2길 87(옥포대첩기념공원)

10 울돌목(명량해협)

정유재란 당시 벌어진 명량해전에서 조선군이 대승을 한 곳입니다. 길이 약 1.5km, 폭이 가장 좁은 곳은 약 300m 정도 되는 울돌목은 많은 바닷물이 좁은 해협을 한 번에 통과하는 구간이라 조류 속도가 매우 빠릅니다. 유속이 시속 20km(약 10노트)에 달하는데, 실제 가서 보면 빠른 속도가 무섭게 느껴질 정도고, 심지어 물이 회오리 모양으로 감아 흘러 더 위협적입니다. 이순신 장군이 바로 이 점을 활용해 절대적인 열세를 극복하며 승리를 거둔 것이죠. '울돌목'이라는 이름도 물길이 암초에 부딪혀 나는 커다란 소리가 마치 바다가 우는 것 같다 해서 붙인 것입니다. 울돌목을 가로지르는 웅장한 진도대교 또한 이곳의 명물입니다.
주소 전라남도 해남군 문내면 학동리, 진도군 군내면 녹진리 사이

---

1. 이순신공원
주소 경상남도 통영시 멘데해안길 205
주차 공영 주차장 이용(유료)

2. 세병관
주소 경상남도 통영시 세병로 27
전화 055-645-3805 | **관람 시간** 3~10월 09:00~18:00, 11~2월 09:00~17:00
입장료 어른 3000원, 청소년 2000원, 어린이 1000원
주차 공영 주차장 이용(유료)

3. 충렬사
주소 경상남도 통영시 여황로 251
전화 055-645-3229 | **관람 시간** 09:00~18:00(11~2월 09:00~17:00) | **입장료** 어른 1000원, 청소년 700원, 어린이 500원 | **주차** 충렬사 주차장 이용(유료)

4. 강구안 거북선
주소 경상남도 통영시 통영해안로 328
전화 055-645-3805 | **관람 시간** 3~10월 09:00~18:00, 11~2월 09:00~17:00
입장료 어른 2000원, 청소년 1500원, 어린이 700원

5. 착량묘
주소 경상남도 통영시 착량길 27

6. 당포성지
주소 경상남도 통영시 산양읍 당포길 52

7. 제승당
주소 경상남도 통영시 한산면 한산일주로 70

AREA 037

일본군과의 치열한
또 하나의 전투, 행주대첩
행주산성

#경기고양
#행주대첩
#권율
#행주산성
#신기전

> 한편 명의 군대가 참전해 조선을 도왔고, 조선과 명의 연합군은 평양성에서 일본군을 상대로 승리를 거뒀다. 조선과 명의 연합군은 한양을 되찾으려고 이동했고, 이때 권율은 행주산성으로 군사를 이동시켜 전투를 준비했다. 이에 일본군은 맹공격을 했으나 관군, 의병, 승병이 힘을 합해 일본군을 물리치고 승리를 거뒀다(행주대첩).
>
> — 초등학교 사회 5학년 2학기

MISSION

임진왜란의 3대 대첩 중 하나인 행주대첩과 행주산성에 대해 알아봅니다

임진왜란 당시 일본군과 치열한 전투를 벌인 행주산성은 경기도 고양시 덕양구 행주내동 덕양산의 능선에 자리한 곳으로, 흙을 쌓아 만든 토축산성입니다. 1963년 1월, 사적 제56호로 지정되었어요. 적은 숫자의 군대로 일본군에 맞서 싸워 대승을 거둔 행주대첩과 권율 장군에 대해 알아봅니다.

전체 둘레 길이가 약 1km에 이르는 행주산성은 덕양산을 둘러쌓으며 건축한 토성으로, 삼국시대에 처음 만들어진 것으로 알려져 있습니다. 행주대첩비가 있는 정상에 오르면 한강을 끼고 있는 탁 트인 풍경을 감상할 수 있습니다. 매년 밤 10시까지 개장하는 '행주가(街) 예술이야(夜)' 축제 기간에 방문하면 아름다운 도심과 한경 야경을 볼 수 있습니다.

🔍 1. 한양을 버리고 도망간 선조

200년간 평화로운 시절을 보낸 조선은 일본에 비해 군사력이 매우 떨어져 있었습니다. 일본의 도요토미 히데요시는 1592년 4월 13일 새벽, 조선과 명을 정복하기 위해 부산을 침략했습니다. 빠른 속도로 부산진과 동래성을 거쳐 급기야 한양까지 올라오고 선조는 의주로 피란을 간 상태였고요.

우리 역사 속에서 항상 국가 위기를 극복한 것은 임금이 아니었습니다. 나라를 생각하는 충신과 백성들의 힘

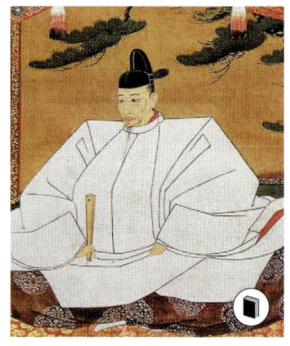

▲ 도요토미 히데요시

이 고난을 이겨냈던 것이죠. 행주대첩도 마찬가지였습니다. 빠르게 밀려 올라오는 일본군의 침략에 당시 왕이었던 선조는 한양을 버리고 급히 의주로 피란을 갑니다. 한 나라의 왕이 전쟁에서 백성을 구할 생각을 하기는커녕 자신의 목숨이 위태로워지자 피란을 갔다는 사실이 정말 기가 막히죠? 당시 선조가 도성을 버리고 떠난 뒤에 백성들은 이 사실을 알고 분노하며 경복궁, 창경궁 등의 궁궐에 불을 지르고 노비 문서를 소각했다고 합니다. 선조는 정말 무능한 왕이라는 평가를 지울 수 없을 것 같아요.

🔍 2. 다행히 바다에는 이순신 장군이!

전라좌도 수군절도사인 이순신 장군은 판옥선과 거북선으로 일본 수군을 물리치고 모든 해전에서 승리를 거둡니다. 그 덕분에 남해는 물론이고 일본 수군이 배로 서해 쪽을 침략하는 것을 막아내 그들의 물자 보급과 침략 계획에 큰 타격을 주었죠.

이렇게 이순신 장군이 바다를 지키고 있는 사이 육지에서도 우리 조상들이 가만히 있을 리 없었겠죠? 양반에서 천민까지 신분을 막론하고 함께 무기를 든 의병과 승려로 조직된 승병이 나라의 군대인 관군과 힘을 합쳐 열심히 전투를 치르고 있었습니다.

3. 조선과 명의 연합군, 한양을 향해 진격!

다행히 조선과 명의 연합군이 평양성에서 승리를 거두고 한양을 되찾기 위해 내려오고 있었습니다. 이 소식을 들은 권율 장군은 군사를 이끌고 한양을 향해 올라갑니다. 권율 장군의 생각은 평양성에서 승리를 하고 내려오는 조선과 명의 연합군과 만나서 함께 한양을 되찾으려는 것이었어요. 그런데 예상치 못하게 명나라 장군인 이여송 부대가 벽제리 혜음령에서 벌어진 일본군과의 전투에서 패하면서 명나라 군대가 개성과 평양으로 후퇴했죠. 이에 조선군은 혼자 힘으로 한양을 되찾아야만 하는 상황이 되었습니다. 권율 장군은 군사 3,000여 명을 데리고 행주산성으로 들어가요. 이때 행주산성을 에워싼 일본군의 숫자가 약 3만 명이라고 하니 수적으로 봤을 때는 우리가 매우 불리했습니다. 이렇게 행주산성은 당시 그리 좋은 상황이 아니었습니다.

4. 권율 장군의 독산성전투

여기에서 잠깐 권율 장군에 대해 알아보겠습니다. 당시 권율 장군은 56세의 나이로 전라도 관찰사였습니다. 보통 권율이 장군이니 무관 출신이라 생각하겠지만, 사실 권율은 40대의 늦은 나이에 과거를 봐서 문과에 급제한 문과 출신이었습니다. 그래서 임진왜란 당시 그의 나이가 50대 중반이었던 것입니다.

1592년 6월 전라도 광주의 목사로 용인전투에 참전한 뒤 전라도 순찰사로 승진하고, 1592년 7월 8일, 이치전투에서 승리하면서 전라도 관찰사가 되었습니다. 이후 권율 장군은 군사를 이끌고 현재 경기도 오산 쪽에 자리한 독산성으로 가서 1593년 1월 독산성전투를 치르게 돼요. 당시 일본군은 독산성을 에워싸고 성안에 물이 부족하니 곧 승리를 거둘 수 있을 것이라 생각합니다. 이때 권율은 부하들을 시켜 높은 곳에서 쌀로 말의 몸을 씻기게 했어요. 멀리서 이 모습을 보면 마치 물로 말을 씻기는 것으로 보였죠. 이를 본 일본군은 독산성 안에 물이 부족하다는 것은 사실이 아니라고 생각하고 군대를 즉각 철수시켰다고 합니다. 권율의 지혜로 일본 군대를 물러가게 한 것이죠. 행주대첩이 벌어진 것이 1593년 2월이니 바로 다음 달, 권율은 행주대첩을 치르게 되는 것입니다.

5. 3,000명 vs 3만 명, 이 싸움이 과연 가능할까요?

행주대첩 당시 행주산성에는 권율 장군을 중심으로 조방장이던 조경, 그리고 승병이던 처영대사가 주축을 이루고 있었습니다. 여기에서 '조방장'은 중심이었던 권율 장군을 도와서 싸우는 경험 많은 장군을 말합니다. 그리고 처영대사는 서산대사 휴정의 제자로, 휴정은 임진왜란 당시 8도의 승려들에게 의승을 조직해 일본군에 맞서 싸울 것을 호소했죠. 이때 처영 역시 1,000여 명의 승병을 모집해 싸움터로 나가게 된 것입니다. 이들은 의병들과 함께 일본군에 비해 터무니없이 적은 숫자인데도 목숨을 걸고 전투에 임했습니다.

3만 명이라는 어마어마한 숫자의 일본군은 총 일곱 차례에 걸쳐 행주산성을 공격했습니다. 이들은 높은 성을 공격하기 쉽도록 고성탑(누각)까지 준비했습니다. 일본군은 군대를 총 7군으로 나누어 행주산성을 쉼 없이 공격했다고 하니 당시 행주산성 안에 있던 우리 군사들이 얼마나 힘들었을까 상상이 가시나요?

6. 행주대첩에서 사용한 우리의 무기

행주대첩 당시 조선 군대가 갖고 있던 무기는 꽤 다양했고 위력도 강했습니다. 비격진천뢰, 신기전, 변이중 화차 등이 대표적이었고요. 또 이순신 장군이 권율 장군에게 선물했던 천자총통도 있었습니다. 이 강력한 천자총통으로 일본의 고성탑을 무너뜨릴 수 있었죠. 그러나 오랜 시간 전투를 치른 끝에 행주산성 안의 화살은 점점 떨어져갔고, 우리 군사들도 매우 지쳐갔어요. 그때 행주산성의 남동쪽을 둘러싸고 있던 한강 쪽에서 고맙게도 우리 군에게 2만여 개의 화살을 전달했죠. 당시 이 화살을 가져다준 것이 누구였는지에 대해서는 많은 이야기가 있습니다. 어쨌든 이 화살 덕에 행주산성 안 군대의 사기는 높아졌고, 결국 일본군이 퇴각해 권율 장군은 대승을 거두게 됩니다.

> **TIP**
>
> **'행주치마'로 돌을 날라서 '행주대첩'이라는데, 과연 사실일까요?**
>
> 결론부터 이야기하자면 '아니다'예요. 당시 전투에서 산성 안의 부녀자들이 행주치마를 이용해서 돌을 날랐다고 해서 이 전투를 행주대첩이라고 한다는 이야기 들어보셨죠? 그러나 이는 사실이 아닙니다. 본래 이 산성의 이름이 '행주산성'이었거든요. 또 행주산성은 규모가 그리 크지 않아서 백성들이 살 수 없는 곳이었습니다. 물론 산성 안에 있던 모든 사람들이 일본군을 물리치기 위해서 죽을 각오를 하고 힘을 합쳐 싸운 것은 명백한 사실입니다. 하지만 부녀자들의 행주치마에 돌을 날랐기 때문에 행주대첩이라 불린다는 이야기는 사실이 아니니 알아두세요.
>
> **임진왜란 3대 대첩은 무엇일까요?**
>
> 바로 이순신 장군의 한산도대첩, 김시민 장군의 진주대첩, 권율 장군의 행주대첩을 일컬어 임진왜란 3대 대첩이라 합니다.

:: 행주산성 둘러보기 ::

02 토성

흙으로 쌓은 토성은 총길이 1km로, 1992년 415m를 복원해놓은 것입니다. 이곳에서 삼국시대의 지붕 기와 건축재인 와당과 토기의 파편이 출토되었습니다.

01 권율 장군 동상

행주산성 입구로 들어가면 바로 오른쪽에 높이 4.5m 의 권율 장군 동상이 보입니다. '충장공 권율 도원수'라는 글자가 새겨져 있어요. 그리고 동상 뒤편으로는 행주대첩 당시 함께 승리를 일구어낸 관군들과 승병, 의병, 그리고 여성의 모습이 표현된 4점의 부조물이 병풍처럼 둘러져 있습니다.

03 행주대첩 초건비

1602년 건립한 것으로, 현재 경기도 유형문화재 제74호로 지정되어 있습니다. 대첩비각 안에 자리한 이 비의 높이는 178cm로 대리석으로 이루어져 있어요. 행주대첩에서 대승을 거둔 것을 기리고자 권율 장군의 부하였던 장수들이 함께 세운 것이라고 합니다.

당시 최고 문장가였던 최립이 비의 글을 짓고, 한석봉이 글씨를 썼습니다. 이후 이 비석이 너무 마모되어 헌종 11년인 1845년 새로운 것을 하나 더 만들었는데, 이 비석은 현재 권율 장군 사당인 기공사와 함께 있는 행주서원에 있습니다.

그런데 이 비석 옆면을 보면 세로로 길게 훼손된 것이 보입니다. 일부러 그런 것이 아니라 자연적으로 갈라졌다는데, 비석의 틈이 어느 순간부터 점점 벌어져 일제강점기에는 손이 들어갈 정도였고 그 안에 뱀도 살았다고 합니다. 그런데 신기하게도 해방 이후 틈이 점점 좁아지더니 현재의 상태가 되었다고 하네요.

헌종 이후 국력이 급격하게 떨어지며 나라가 망하고 일본에 강제 병합당했을 당시에는 틈이 점점 벌어지고 국권이 회복되고 나라가 발전하면서 틈이 좁아지기 시작했다니 정말 신기한 일인 듯하네요. 혹시 한반도가 통일되면 비석의 틈이 완전히 없어지지 않을까 싶습니다.

:: 행주산성 둘러보기 ::

04 행주대첩비

산 정상에 서 있는 행주대첩비는 높이 15.2m로 1970년에 건립되었어요. 박정희 전 대통령이 탑신의 글을 썼다고 합니다.

05 충의정

행주대첩비 바로 옆에 자리한 영상교육관으로 행주대첩과 권율 장군에 대한 영상을 볼 수 있습니다.

06 대첩기념관

행주대첩 기념관으로, 당시 이 자리가 무기고와 군량을 보관한 창고였으리라 추측된다고 해요. 행주대첩에서 사용한 무기, 신기전을 비롯해 다양한 총통 등이 전시되어 있습니다. 또 이곳에서 출토된 토기 파편 등의 유물도 함께 볼 수 있습니다.

행주산성
주소 경기도 고양시 덕양구 행주로15번길 89(덕양산 내) | **전화** 031-8075-4642 | **관람 시간** 3~10월 09:00~18:00, 11~2월 09:00~17:00 | **휴무** 월요일 | **입장료** 무료 | **주차** 행주산성 부설 주차장 이용(유료) | 산성 내 행주 관람차 운영(유료)

아이와 함께 즐기면 좋은 주변 먹거리
- 잔치국수, 비빔국수로 유명한 원조국수집(7000원~)
- 잔치국수, 초계국수가 대표 메뉴인 50년 전통의 가나안국수(7000원~)
- 오리불고기(7만8000원~), 오리 백숙(7만8000원~) 등 오리고기 전문점으로 유명한 정성가든

AREA
038

부끄러운 역사에도
배워야 할 것은 있다
남한산성

#경기광주
#병자호란
#정묘호란
#광해군중립외교
#인조반정
#이괄의난
#삼전도비

이후 후금은 세력을 더욱 키워 나라 이름을 청으로 고치고 정묘호란 때 맺은 '형제의 관계'를 '임금과 신하의 관계'로 바꾸자고 했다. 조선에서는 청의 요구를 거절하고 싸워 물리쳐야 한다는 의견과 외교적인 노력으로 문제를 해결해야 한다는 의견이 대립했다. 무력으로 싸워 물리쳐야 한다는 의견을 받아들인 조선이 청의 요구를 거절하자 청은 조선을 다시 침입했다(병자호란). 인조는 남한산성으로 피신해 청에 맞서 싸웠다.

— 초등학교 사회 5학년 2학기

MISSION

명과 후금 사이에서 겪은 가슴 아픈 사건, 병자호란의 현장을 방문해 봅시다

광해군이 쫓겨나고 인조가 왕이 된 뒤 조선은 명과 후금 사이에서 많은 어려움을 겪었습니다. 당시 후금은 명과 대립하는 과정에서 조선을 침략했는데, 그것이 바로 1627년 정묘호란과 1636년 병자호란입니다. 당시의 상황과 그 무대가 되었던 남한산성에 대해 알아봅니다.

남한산성은 2014년 6월에 지정된 유네스코 세계유산이며, 우리나라에서는 국가사적 제57호로 지정되어 있습니다. 전쟁이 일어나면 왕실과 백성들이 함께 대피할 수 있는 곳으로, 병자호란 당시 인조가 이곳에서 47일간 지내며 항전했습니다. 해발 480m가 넘는 험준한 지형을 따라 둘레 1km가 넘는 성벽을 갖춘 남한산성은 1624년 인조 2년에 통일신라 문무왕 시대에 건축한 주장성을 기초로 본성이 건설되기 시작했습니다.

🔍 1. 병자호란의 시작점이 되었던 왕, 광해군에 대해 살펴볼까요?

7년간 이어진 왜란의 여파로 백성들은 많은 고통을 겪고 있었고, 왕이던 광해군은 무엇보다 전쟁 뒷수습과 민생 안정이 최우선이라 생각했습니다. 중국에서는 명나라와 후에 청나라가 되는 후금이 경쟁 관계에 있었는데, 명나라는 점차 약해지고 있는 반면 후금은 점점 강해지고 있었어요. 명나라는 임진왜란 때 조선을 도운 것을 구실로 후금을 치는 데 군사를 보내라고 요청했고, 신하들의 의견은 크게 두 가지로 나뉩니다. 한쪽은 왜란 때 명의 도움을 받았으니 반드시 보답해야 한다는 것이었고, 나머지 한쪽은 점차 강해지는 후금의 비위를 건드리면 안 된다는 것이었죠. 결국 광해군은 강홍립 장군에게 1만여 명의 군사를 주면서 상황을 보고 후금에 항복하라고 조용히 명을 내립니다. 한편으로는 명을 위해 군사를 보내고, 다른 한편으로는 후금에 항복했으니 명과 후금, 두 나라의 비위를 적절하게 맞춘 셈이지요. 이것이 바로 광해군의 '중립 외교'입니다.

▲ 바깥쪽은 좁고 안쪽은 넓어 몸을 보호하며 활과 총을 쏠 수 있다.

TIP 지혜로운 광해군의 중립 외교와 전쟁 후의 복구 사업

광해군은 무엇보다 나라와 백성을 중심에 두고 결정했습니다. 그래서 명과 청 사이에서도 나라를 지킬 수 있었지요. 또 안으로는 토지 소유자를 조사하는 양전 사업을 벌여 탈세를 막고 재정을 확보했고, 나라의 중요한 문서와 서적을 보관하는 5대 사고(춘추관, 오대산, 마니산, 묘향산, 태백산)를 재정비했고요. 또 허준을 시켜 《동의보감》을 편찬하게 하고, 경기도 일대에 공물을 쌀로 내게 하는 대동법을 시행해 백성들의 부담을 줄였습니다. 임진왜란 때 불탄 창덕궁을 다시 짓기도 합니다.

2. 쫓겨난 광해군, 그리고 이괄의 난이 정묘호란을 부르다

▲ 서울 풍경이 보이는 서문 근처 성벽

지금도 그렇듯 정치인들은 의견이 같은 사람들끼리 모이고, 의견이 다른 사람들을 비판하며 견제합니다.

당시 광해군을 모두 좋아한 것은 아닙니다. '서인' 세력은 광해군이 명나라에 충성하지 않는 것이 못마땅했어요. 게다가 광해군이 새어머니 인목대비를 가두고 이복동생 영창대군을 죽였으니 도덕적으로 문제가 있다며 그를 쫓아내고, 인조를 왕으로 세웁니다. 이것이 바로 1623년 '인조반정 仁祖反正'입니다. 여기에서 '반정 反正'은 '돌이켜 바르게 한다'라는 뜻으로 현재 왕을 폐위시키고 새로 왕을 세우는 것을 말해요. 인조를 왕으로 세운 서인들은 '친명배금 親明排金', 즉 명나라와는 친하게 지내고, 금나라를 멀리하는 정책을 실시합니다. 한편 인조반정에서 큰 공을 세웠지만 서인들과 사이가 좋지 않아 외지로 발령받은 이괄은 이런 푸대접에 불만이 많았습니다. 그런데 자신의 아들이 역모를 꾀한다는 고발에 엮여 역적이 되자 군사를 이끌고 한양을 점령합니다. 이것이 바로 1624년 '이괄의 난'입니다. 결국 이괄은 배신한 부하 장수들에게 죽음을 당했고, 난이 진압되면서 그를 따르던 몇몇 군사들은 후금으로 도망을 칩니다. 도망친 부하들은 후금에 조선이 광해군을 쫓아낸 것은 잘못된 일이고, 후금을 배척한다는 등의 이야기를 했죠. 그렇지 않아도 조선을 호시탐탐 노리고 있던 후금은 이것을 구실로 조선에 침입합니다. 이것이 1627년에 일어난 정묘호란입니다.

조선은 정봉수, 이립 등 의병과 관군이 후금에 맞서 싸웠지만 결국 패했고, 형제 관계를 맺고 명나라를 멀리하겠다는 약속을 하고 마무리됩니다. 참고로 형제 관계에서 형은 후금이고, 동생이 조선이었으니 이제 조선은 후금에서 자유롭지 못하게 된 것이죠.

TIP '서인 西人'이 무엇일까요?

앞서 광해군을 쫓아내고 인조를 새 왕으로 세운 것이 서인들이라는 이야기를 했습니다. 정치적으로 뜻이 같은 사람들이 모인 집단을 '붕당 朋黨'이라고 하는데, 서인도 이 붕당 중 하나입니다.
임진왜란 직전이었던 선조 때 관리를 임명하는 과정에 참여하는 '이조 전랑'이라는 벼슬을 두고 김효원과 심의겸, 두 사람이 대립하게 돼요. 이때 김효원은 궁궐 동쪽에 살고 있어 김효원을 따르는 이들을 '동인 東人'이라 불렀고, 심의겸은 궁궐 서쪽에 살았기 때문에 그 지지자들을 '서인 西人'이라 불렀습니다. 이 서인이 인조반정을 주도하게 된 것이죠.
이후 서인들은 권력을 장악한 뒤 친명배금 정책을 밀고 나갔고, 효종 때 역시 권력을 잡고 청나라에 대한 보복을 위해 북벌론을 주장합니다.

3. 병자호란은 왜 일어났을까요?

후금은 점차 더 강해졌고 나라 이름을 '청'으로 고쳤습니다. 그리고 조선에 형제 관계가 아닌 군신 관계, 즉 자신들을 임금의 나라로 받들 것을 요구했어요. 이때 조선의 신하들은 또 두 의견으로 나뉘는데, 하나는 김상헌을 중심으로 한 청의 요구를 거절하고 싸워야 한다는 '척화주전론 斥和主戰論'이었습니다. 다른 하나는 최명길을 중심으로 한 '주화론 主和論'으로 전쟁이 아닌 외교로 해결하자는 것이었습니다. 인조는 척화주전론을 받아들였고, 청은 1636년 12월에 10만 대군을 이끌고 조선을 침입했으니, 이것이 바로 병자호란입니다.

4. 청 태종 앞에 무릎을 꿇은 삼전도의 굴욕

무서운 속도로 조선을 침략한 청은 한양을 점령했고, 인조는 강화도로 피란 가려다 청이 미리 강화도로 가는 길을 막는 바람에 할 수 없이 남한산성으로 급히 들어갑니다. 여기에서도 청과 싸워야 한다, 화해해야 한다는 의견으로 나뉘었습니다. 결국 이곳에서 47일간 항전했지만 봉림대군 등의 왕족이 미리 후금을 피해 들어간 강화도가 점령당하자 더 이상 버티지 못했습니다. 1637년 1월 30일, 인조는 소현세자와 신하들과 함께 남한산성을 나와 삼전도로 가서 청 태종에게 머리를 숙입니다. 이때 청 태종 앞에서 인조가 무릎을 꿇고 총 세 번 절을 하는데, 한 번 절할 때마다 이마를 세 번씩 땅에 대게끔 하죠. 이를 '삼배구고두례 三拜九叩頭禮'라고 하며, 황제에게 신하가 머리를 조아려 예의를 갖추는 예법이었습니다.

5. 병자호란 후에 어떤 일이 벌어졌을까요?

항복을 받은 청나라는 승리를 자축하는 큰 잔치를 벌였습니다. 조선의 왕을 무릎 꿇게 했으니 얼마나 통쾌했을까요? 그 자리에 있던 인조와 신하들은 돌아가도 좋다는 말이

떨어지자 도망치듯 나왔다고 합니다. 인조가 배에 타는데 신하들이 서로 먼저 오르려고 밀치는 일이 벌어졌다고 해요. 포로가 된 백성들은 도망가는 왕을 보며 "왕이시여, 우리를 버리고 가십니까?"라 외치며 통곡했습니다. 결국 조선은 청을 임금으로 받들게 되었고, 인조의 맏아들인 소현세자 부부와 둘째 아들 봉림대군 부부, 그리고 척화론을 주장했던 홍익한, 오달제, 윤집 등을 비롯한 많은 신하와 백성이 인질로 끌려갔습니다. 또 청 태종은 자신의 공덕을 기리는 비를 세울 것을 명했는데, 그것이 바로 현재 서울 송파구에 있는 삼전도비입니다.

6. 병자호란에서 조선은 왜 청에 졌을까요?

당시 인조를 비롯한 지배층은 기울어져가는 명과 강력해지는 청을 냉철하게 판단하지 못했죠. 청은 '무지하고 야만적인 오랑캐'라며 명에만 충성을 다했던 행동은 정말 안타깝습니다. 또 싸우겠다 하면서도 막상 청이 침략했을 당시 전쟁 준비가 제대로 되어 있지도 않았습니다. 그런데 이 와중에도 지배층은 자신들의 정치적인 주장만 내세우며 권력을 잡는 데만 혈안이 되어 있었죠. 당시 상황이 어떠했는지 몇 가지를 살펴볼까요? 우선 군대를 통솔해야 하는 도원수였던 김자점은 맞서 싸우기는커녕 도망치기에 바빴습니다. 그런데도 인조 말기에 영의정까지 오르게 되죠. 또 왕족들이 피해 있던 강화도를 지켜야 할 김경징은 청이 바다를 건너 강화도로 오지 못할 것이라 혼자 판단하고 매일 잔치를 열고 술만 마셨습니다. 그런데 막상 청 군대가 쳐들어오자 혼자 도망가기 바빴죠. 당시 강화도에 피란 가 있던 백성들 중 많은 여인은 청나라 군사들에게 수모를 겪을까 봐 미리 스스로 목숨을 끊었습니다. 이런 상황에 대해 '시체는 쌓여서 들판에 깔리고 피는 강물을 이루었다. 눈 위를 기어다니거나, 죽거나, 이미 죽은 어미의 젖을 빨고 있는 아이가 헤아릴 수 없이 많았다'라고 묘사했습니다. 한편 인조가 삼전도에서 항복했다는 소식을 들은 북인들은 소를 잡아 잔치를 벌였습니다. 광해군과 뜻을 같이했던 북인들은 인조반정 때 모든 권력을 잃었거든요. 그런 북인들에게는 나라가 망한 것은 뒷전이고 자신들을 밀어낸 인조와 서인 세력이 청에 패한 것이 너무나 기뻤던 것이죠. 나라 꼴이 정말 말이 아니었지요?

이 전쟁의 피해는 결국 누가 입었을까요? 바로 불쌍한 백성들입니다. 만약 인조와 신하들이 제대로 정세를 읽고 백성들을 중심에 놓고 상황을 판단했다면 정묘호란이나 병자호란 같은 큰 난리를 겪지 않았을지도 모릅니다.

TIP: 청나라에 인질로 끌려갔던 사람들은 어떻게 되었을까요?

1. 소현세자

소현세자는 인질로 끌려간 뒤 높은 수준의 문화를 누리는 청나라의 모습을 보고 깜짝 놀랐습니다. 그는 그곳에서 서양 문물을 처음 접했고, 청나라 수도 베이징에서 독일인 신부 아담 샬을 만나면서 천주교와 서양 과학에 대해 많은 것을 배우게 되죠. 아담 샬은 당시 세계 최고의 천문학자였어요. 성리학만이 진리라고 알고 있었던 소현세자 부부는 큰 문화적 충격을 받았겠죠? 소현세자는 청에서 조선의 대사 역할까지 톡톡히 했다고 하는데, 청나라도 항상 소현세자의 의견을 먼저 묻고 들었다고 합니다. 소현세자 부부는 직접 땅을 경작해서 번 돈으로 인질로 끌려간 우리 백성들이 조선으로 돌아갈 수 있게 하는 데도 힘을 썼습니다. 소현세자 부부는 드디어 청나라로 끌려간 지 8년 만에 조선으로 돌아올 수 있었습니다. 그런데 당시 아버지인 인조는 그를 반갑게 맞이하지 않았어요. 청나라의 발달된 문화에 대해 긍정적으로 생각하는 아들이 영 못마땅했거든요. 자신이 무릎까지 꿇었던 청과 잘 지내는 소현세자가 미웠을 것이고, 소현세자가 자신을 몰아내고 왕이 될지도 모른다는 불안감도 있지 않았을까요? 그런데 소현세자는 조선으로 돌아온 지 얼마 되지 않아서 급작스럽게 세상을 떠납니다. 아버지 인조와 서인 세력에 독살당했다는 이야기가 있어요. 그의 시신이 온통 검은빛이었고, 얼굴에 있는 7개의 구멍에서 피가 흘러나왔다고 합니다. 만약 소현세자가 왕이 되었다면 청나라에서 보고 배운 서양 문물을 받아들여 조선은 다른 모습이 되었을지도 모릅니다. 그래서 많은 이들이 그의 죽음을 안타깝게 생각하는 것입니다.

2. 봉림대군

봉림대군은 소현세자의 동생으로, 이후 효종으로 즉위합니다. 인조가 청 태종에게 무릎을 꿇은 굴욕을 잊지않았던 그는 왕이 되자 청나라에 보복하기 위해 '어영청'이라는 기관을 강화해 북벌 정책을 추진합니다. 또 송시열과 같이 청나라에 맞서 싸우자는 척화파 신하들을 곁에 두었지요.

우선 국경에 방어용 성을 쌓고, 군사들의 숫자도 늘리고, 무기를 만드는 등 군사력을 강하게 만드는 것에 신경 썼습니다. 하지만 무기를 만들고 성을 쌓는 일에 자주 동원되는 바람에 백성들은 농사를 지을 시간도 없었고, 먹고살기 힘들었어요. 그런 이유로 점차 북벌에 반대하는 사람들이 생기기 시작했습니다. 청과 싸우는 것보다 청의 문물을 받아들여 조선을 발전시키자는 의견이 많아졌습니다. 그때 청과 국경을 마주하고 있는 러시아가 청을 침략해 모피 등을 자주 약탈하자 러시아를 정벌하기 위해 청은 조선에게 군사를 보낼 것을 요구합니다. 효종은 북벌 정책을 추진하면서도 청나라의 요구대로 조선의 조총 부대를 러시아로 보냅니다. 여기에서 조선 조총 부대의 활약으로 승리를 하게 돼요. 당시 조선에서는 러시아를 '나선'이라고 불렀는데, 바로 이것이 나선정벌입니다. 이후 어영청의 의미가 흐려지고 사기도 급격하게 떨어진 데다 오합지졸이 되어버리죠. 이를 두고 '어영청은 군대도 아니다'라는 뜻에서 '어영비영 御營非營'이란 말이 생겼고, 이것이 오늘날 '어영부영'이란 말로 이어졌습니다. 결국 효종이 갑작스럽게 세상을 떠나면서 북벌 정책은 제대로 실현되지 못했습니다.

3. 홍익한, 오달제, 윤집

청나라로 끌려간 신하들 중 홍익한, 오달제, 윤집은 당시 청나라와의 화해를 가장 강력하게 반대했던 사람들인데, 이들을 '삼학사 三學士'라고 합니다. 이 세 사람은 어쩌면 병자호란의 희생양이라고 볼 수도 있습니다. 청나라가 조선에 자신의 나라를 배척했던 신하들을 보내라고 했을 때, 이 세 사람으로 결정이 되었거든요. 인조는 마지막으로 윤집, 오달제와 만난 자리에서 술을 내리며 가족을 돌보아주겠다는 약속을 하고 눈물을 흘렸다고 합니다. 이 세 사람은 청나라에서 모진 고문을 당하면서도 청 태종 앞에서 척화에 대한 의지를 당당하게 밝혔다고 해요. 이후 모두 청나라에서 참형을 당합니다.

4. 수많은 여성들

전쟁이 일어나면 가장 고통스러운 것은 백성입니다. 그중에서도 어린아이들과 여성들이죠. 적군에게 잡히면 온갖 수모를 겪을 수밖에 없으니까요. 병자호란 당시 청나라로 끌려간 인질에는 조선의 신하들 이외에도 수많은 여성이 있었습니다. 당시 인질로 끌려간 숫자가 약 60만 명이라고 하는데, 그중 50만 명이 여성이었다고 해요. 전쟁이 끝나고 엄청나게 비싼 몸값을 치르고 풀려난 여성들은 겨우 조선으로 돌아올 수 있었습니다. 이 여성들을 '고향으로 돌아온 여인'이라는 의미에서 '환향녀 還鄕女'라고 불렀어요. 하지만 가족은 그 여인들을 반가이 맞아주지 않았습니다. 청나라에서 절개를 잃었다고 하여 집에 발을 들이지도 못하게 하고 손가락질했죠. 게다가 이혼까지 요구했습니다. 혼인을 하지 않았던 여성들은 사람들의 손가락질에 견디지 못하고 스스로 목숨을 끊거나 쫓겨났습니다. 인질로 끌려간 것이 이 여성들의 잘못도 아닌데 이런 대우를 받았다는 것이 정말 기가 막히죠? '환향녀'라는 말은 현재 행실이 올바르지 못한 여성을 부르는 '화냥년'의 어원입니다. 절대 이 단어를 함부로 사용하면 안 되겠죠?

:: 남한산성 둘러보기 ::

남한산성을 둘러보는 탐방로에는 총 5개의 코스가 있는데, 그중 어린이들과 함께라면 제2코스가 가장 무난합니다. 가장 인기 높은 코스는 1코스인데, 어린아이의 경우 성곽길과 오르막길이 힘에 겨울 수 있습니다.

- **제1코스(2시간~2시간 30분 소요)：**
  산성로터리 → 북문 → 서문 → 수어장대 → 영춘정 → 남문 → 산성로터리 → (행궁)
- **제2코스(1시간 30분~2시간 소요)：**
  산성로터리 → 영월정 → 숭렬전 → 서문 → 수어장대 → 국청사 → 산성로터리 → (행궁)

01 북문(전승문)

영화 <남한산성>에도 나온 북문전투가 벌어졌던 곳으로 청나라군의 기습공격으로 군사 300명이 전멸하는 큰 참패를 당한 전투이기도 합니다. 현재 복원 공사와 발굴 작업으로 주변이 폐쇄되어 직접 볼 수는 없습니다.

02 암문

북문에서 서문으로 향하는 성곽길을 따라가다 보면 볼 수 있는 암문은 비상문 역할을 했던 곳입니다. 산성에는 총 16개 이상의 암문이 곳곳에 있습니다.

03 남문(지화문)

남한산성의 4개 문 중 가장 웅장하고 큰 것으로, 정문 역할을 했습니다. 병자호란 당시 인조가 신하들과 함께 남문을 통과해 남한산성으로 들어갔다고 합니다. 정조 3년에 성곽을 개축하면서 이곳을 '지화문 至和門'이라고 불렀습니다.

:: 남한산성 둘러보기 ::

04 서문(우익문)

남한산성 4개의 대문 중 규모가 가장 작은 곳으로, 인조가 청 태종에게 항복하기 위해 삼전도로 갈 때 이 문을 통과해서 나가 '치욕의 문'으로 불리기도 합니다. 임금의 옷인 곤룡포를 벗고 남색 평복으로 갈아입은 후 이 문을 지나 삼전도로 향했던 당시 인조와 신하들의 마음은 어땠을까요? 서쪽 사면은 경사가 급하고 산세가 험해 오가거나 물자를 수송하기가 어려웠지만, 한양의 광나루와 송파나루 방면에서 산성으로 들어오는 가장 빠른 길이라 영화 <남한산성>에서 그 이야기가 언급되기도 합니다. 이후 정조 3년(1799)에 개축하고 우익문 右翼門이라 불렀습니다.
서문 인근의 전망대에서는 롯데월드타워와 한강, 남산 등 서울 풍경이 펼쳐지기 때문에 서울 야경 포인트로도 유명합니다.

05 수어장대

경기도 유형문화재 제1호로 지정된 것으로, 전투를 지휘하고 적을 관측하기 위해 지은 누각입니다. 장대는 '대장이 지휘하는 곳'이라는 뜻으로 다시 말하면 전쟁 시 지휘 본부인 셈이지요. 남한산성에는 본래 동장대, 서장대 등 5개의 장대가 있었는데, 그중 유일하게 남은 것이며, 성안에서 가장 웅장하고 위엄 있는 건물이 인상적입니다. 원래는 단층 건물이었는데, 영조 27년(1751)에 2층 누각으로 증축했습니다.
수어장대 입구에 있는 청량당은 남한산성 동남쪽 축성을 맡은 이회의 원혼을 달래기 위해 지은 사당입니다. 그는 '경비를 탕진하고 성 짓기를 게을리하여 공사를 마치지 못했다'라는 억울한 모함을 받은 후 잘 알아보지도 않은 인조에 의해 사형당합니다. 그는 참수를 당하기 전 "내가 죽은 뒤 아무 일도 없으면 내게 죄가 있는 것이다"라고 했는데, 목을 벤 순간 갑자기 매 한 마리가 나타나 시신 주변을 돌더니 주변 사람들을 노려보며 바위에 앉아 있다 날아갔다고 합니다.
또 그 바위를 살펴보니 매 발톱 자국이 선명하게 남아 있었죠. 그래서 수어장대 한편에 있는 큰 바위를 '매바위'라 부릅니다. 한편 그의 처와 첩도 남편을 돕기 위해 자금을 마련해 돌아오는 길에 남편이 사형당했다는 소식을 듣고 그대로 강에 몸을 던져 자결했다고 합니다. 후에 그의 결백이 밝혀진 후 이곳 사당에서는 이회와 처첩의 넋을 달래는 제를 지냈습니다.

06 남한산성 행궁

'행궁'은 왕이 서울의 궁궐을 떠나 도성 밖으로 행차했을 때 임시로 지내는 곳을 말해요. 남한산성 행궁은 국가사적 제480호로, 조선 인조 4년(1626)에 건립되었습니다. 행궁이 건립된 후 10년이 지난 1636년에 병자호란이 발발해 인조가 이곳으로 오게 되죠. 이후 숙종, 정조 등의 임금이 능행길에 이곳에 머물기도 했습니다. 하궐의 중심 건물인 외행전은 인조 3년에 준공되었고, 내행전에서 6m 정도 낮은 곳에 있습니다. 병자호란 당시에는 인조가 병사들에게 음식을 베푸는 행사를 이곳에서 열었고, 청나라 군대가 포를 쏘아 포환이 이곳 기둥을 맞혔다는 기록도 있습니다.

임금이 머물던 침전은 내행전으로 중앙 3칸은 대청, 양옆은 온돌방과 마루방으로 되어 있습니다. 가운데 대청에서는 임금이 가는 곳에 언제나 뒤에 펼쳐지는 '일월오봉도'와 어좌 등을 볼 수 있고, 양쪽에는 임금과 세자의 침소가 있습니다.

내행전은 임금의 안전을 위해 담으로 둘러싸인 건물로 행궁 건물 중 격식이 가장 높은 건물입니다. 내행전과 외행전, 한남루 등에서는 왕실 건물에만 올렸던 추녀마루의 잡상을 볼 수 있습니다. 남한산성 행궁은 우리나라 행궁 중에는 종묘(좌전)와 사직(우실)을 두고 있는 유일한 곳이기도 합니다. 현재 행궁은 일제강점기에 훼손된 것을 복원한 것입니다.

1. 남한산성
주소 경기도 광주시 남한산성면 남한산성로 731 | **전화** 031-8008-5157 | **관람 시간** 남한산성 행궁 4~10월 10:00~18:00, 11~3월 10:00~17:00 | **휴무** 남한산성 행궁 월요일 | **입장료** 없음(남한산성 행궁 어른 2000원, 청소년·어린이 1000원) | **주차** 자체 주차장 이용(평일 3000원, 공휴일 5000원)
홈페이지 gg.go.kr/namhansansung-2

2. 삼전도비
서울 송파구에 있는 삼전도비는 굴욕의 역사를 보여주는 것이지만 우리가 꼭 기억해야 할 역사이기도 하니 이곳에서 병자호란에 대해 생각해보는 것도 의미 있는 시간이 될 것입니다. 송파나루공원에 있고, 사적 제101호로 지정되어 있습니다. 1639년 조선 인조 17년, 병자호란 후 청의 강요로 세운 비석으로, 청 태종 홍타이지를 칭송하는 내용이 새겨져 있습니다. 높이 3.95m로 제목은 '대청황제공덕비 大淸皇帝功德碑'이며, 비석에는 몽골 글자, 만주 글자, 한자가 함께 쓰여 있어 만주어와 몽골어 연구 자료로도 사용되고 있습니다.
주소 서울시 송파구 송파나루길 256 | **전화** 02-2147-2001(송파구 역사문화재과 문화재정책팀) | **관람 시간** 24시간

아이와 함께 즐기면 좋은 주변 먹거리

- 산성로터리 주변에 오리와 닭백숙, 감자전, 도토리묵 전문점이 많습니다.
- 80년 전통의 두부 맛집으로 유명한 오복손두부(순두부 백반 1만원~, 주먹 두부 1만5000원~, 두부 전골 3만원~)
- 계곡 카페, 빵집으로 유명한 남한산성 위베이크(빵 4000원~, 커피 7000원~, 티 8000원~)

307

우리는 모두 대한민국의 국민인데, 한 나라의 국민으로서 나라의 발전을 위해 어떤 일을 할 수 있을까요? 어려운 환경에 놓인 이들을 돕는 것, 학문을 발전시켜 인재를 길러내는 것, 낡은 것을 버리고 새로운 것을 적극적으로 받아들이는 것, 잘못된 것을 행동으로 막아내는 것, 이 모두가 정답일 수 있겠죠? 우리 조상들도 마찬가지였습니다. 저마다 나라를 위해 시급히 해결해야 할 숙제가 있다고 생각했고, 그 숙제를 하기 위해 열심히 행동으로 옮겼습니다. 좁게 보면 매우 혼란스러운 상황이었지만 지금에 와서 생각해보면 참으로 치열한 시기였어요. 발전을 위해 한 걸음 한 걸음 내디뎠던 조상들처럼 우리도 그렇게 살고 있나요?

MISSION : 우리 반, 우리 학교, 우리 집을 위해 내가 할 수 있는 일이 무엇인지 생각해보기

PART 5

새로운 사회를 향한 움직임

039. 창덕궁(규장각)
040. 수원 화성
041. 김만덕 기념관
042. 다산초당
043. 제주 추사관
044. 소수서원
045. 운현궁
046. 정족산성 & 절두산
047. 광성보 & 초지진
048. 우정총국
049. 정읍 동학농민혁명기념관

AREA
039

자연과 하나가 된
조선의 아름다운 궁궐
창덕궁
(규장각)

#서울종로
#규장각
#창덕궁후원
#돈화문
#낙선재
#인정전
#희정당
#대조전

정조는 영조의 탕평책을 이어받아 인재를 고루 뽑아 정치를 안정시키려고 노력했다. 그리고 규장각을 설치하고 이곳에서 젊은 학자들에게 나랏일과 관련해 여러 학문을 연구하게 했다. 또 백성이 좀 더 자유롭게 경제활동을 할 수 있도록 제도를 고치는 등 사회 발전을 위해 노력했다.

— 초등학교 사회 5학년 2학기

자연과 어우러져 가장 한국적인 미를 뽐내는 창덕궁을 방문해 봅시다

조선시대 궁궐 중 가장 아름다운 곳을 꼽으라면 단연 창덕궁일 것입니다. 이곳을 사랑했던 많은 왕 중 특히 정조는 할아버지 영조의 뜻을 받들어 규장각을 통해 균형 잡힌 정치를 하고자 했습니다. 또 창덕궁은 대한제국 마지막 왕족이 지내다가 생을 마감했던 곳이기도 합니다. 아름다운 우리의 궁궐, 서울 창덕궁으로 함께 떠나볼까요?

창덕궁은 우리나라 궁궐 중에서도 가장 아름다운 곳으로 꼽힙니다. 창경궁, 종묘와 더불어 하나의 구역을 이루어 하루에 다 둘러보고 싶은 욕심도 듭니다. 하지만 궁궐 규모가 워낙 크고 볼거리도 많으니 곳곳을 자세히 보고 싶다면 창덕궁만 둘러보세요. 바로 옆 창경궁을 함께 본다면 두 궁궐의 주요 포인트만 선택해 관람 코스를 짜는 것도 좋습니다.

▲ 가을에 더욱 아름다운 창덕궁

▲ 고궁에서는 한복 입고 찰칵!

🔍 1. 파란만장한 역사를 겪어낸 창덕궁

궁궐에는 왕이 늘 머물며 정사를 이끌었던 법궁 法宮과 전쟁 또는 화재 등 비상시에 왕이 머물며 정사를 보던 이궁 離宮이 있습니다. 서울에 있는 5개의 궁궐 중 법궁은 경복궁이고, 나머지 창덕궁과 창경궁, 덕수궁, 경희궁은 모두 이궁입니다.

이 중 창덕궁은 1405년 조선의 3대 왕 태종이 건립했습니다. 조선의 태조 이성계가 한양을 도읍으로 정하고 법궁인 경복궁을 지었어요. 그런데 왕의 자리를 두고 왕자들 사이에서 큰 싸움이 벌어졌고, 이후 정종은 도읍을 개성으로 옮깁니다. 하지만 태종 때 다시 한양으로 도읍을 옮겼는데, 이때 태종은 창덕궁에 머물렀습니다.

안타깝게도 1592년 임진왜란 때 창덕궁을 비롯한 모든 궁궐이 불탔고, 그중 창덕궁은 1609년 광해군 때 다시 지어졌습니다. 그렇지만 1623년 인조반정 때 인정전을 제외한 대부분의 건물이 다시 소실되는 위기를 맞았습니다. 이후 일제의 훼손과 여러 차례 일어난 화재로 조용한 날이 없었습니다. 광복 이후까지 창덕궁은 계속 방치되었다가 1990년 복

▲ 사극 배경으로 자주 등장하는 관람정

원 사업을 진행했고, 드디어 오늘날 우리가 보는 궁궐의 모습을 갖추게 되었습니다.

2. 자연과 어우러진 아름다움을 그대로 살린 창덕궁

경복궁은 건물들이 일직선상에 위치하고 좌우대칭을 이룹니다. 그래서 보는 사람들로 하여금 당시 왕의 강한 권위를 느끼게 하죠. 반면 창덕궁은 건물들이 자리한 위치만 보더라도 여기저기 흩어져 있는 형태입니다. 북쪽의 응봉산 자락 아래, 높고 낮은 언덕 지형을 그대로 살리고 그 위에 자연스럽게 건물을 배치했습니다.

창덕궁은 많은 왕의 사랑을 받은 것으로도 잘 알려져 있는데, 인공적인 아름다움이 아닌 자연 그대로의 친근함 때문이 아니었을까요? 그래서 창덕궁을 '자연과 조화를 이루는 가장 한국적인 궁궐'이라고 합니다. 현재 서울의 궁궐 중 원형을 가장 잘 보존하고 있고, 자연과 조화를 이루는 배치의 탁월함이 한국의 미를 잘 표현한다고 평가되어 1997년 유네스코 세계유산으로 등재되었습니다.

 TIP **우리 조상들의 그림 솜씨가 돋보이는 '동궐도 東闕圖'**

우리가 지금 보는 창덕궁은 과연 옛날 모습 그대로일까요? 조선시대 창덕궁의 모습을 자세히 알 수 있는 중요한 자료가 남아 있는데, 그것이 바로 '동궐도'입니다.
국보 제249호로 지정된 '동궐도'는 1828~1830년에 그려진 것으로 추정됩니다. 창덕궁과 창경궁을 그린 세로 273cm, 가로 584cm의 초대형 그림이죠. 조선시대에는 그림 그리는 일을 담당하는 관청인 도화서 圖畵署가 있었는데, '동궐도'는 도화서 화원들이 그린 궁궐 배치도입니다.
당시 순조 대신 대리청정하던 효명세자가 그리게 한 것으로 보이는데, 건물들은 물론이고 담장과 다리, 그리고 구릉의 꽃과 나무까지 정교하게 묘사해 궁궐 연구에 중요한 자료가 되고 있습니다. 재미있는 점은 다른 건물에 비해 특히 규장각이 크게 그려져 있다는 것인데, 할아버지인 정조를 매우 존경했던 효명세자가 정조의 뜻을 이어받고자 크게 그리게 한 것으로 보입니다. 도화서 화원들의 그림 솜씨, 정말 놀라울 따름입니다.

:: 창덕궁 둘러보기 ::

궁궐은 아름답지만 배경지식이 없으면 관람할 때 지루할 수밖에 없습니다. 가능하다면 창덕궁에 대해 미리 공부하고 가시길 권합니다. 창덕궁은 핵심적인 곳만 보더라도 최소 2시간은 걸립니다. 후원까지 다 둘러보려면 매우 많이 걸어야 하니 시간도 더 여유롭게 잡으세요. 만약 아이와 함께할 계획이라면 하루에 모든 곳을 보기에는 체력적으로 무리가 있으니 몇 차례 방문할 계획을 잡는 것이 좋습니다.

- **핵심 코스(궁궐 전각 관람)**: ① 돈화문 → ② 금천교 → ③ 궐내각사 → ④ 인정전 → ⑤ 선정전 → ⑥ 희정당 → ⑦ 대조전 → ⑧ 낙선재
- **후원 코스**: ① 후원 입구 → ② 부용지 → ③ 애련지 → ④ 연경당 → ⑤ 관람지 → ⑥ 옥류천
- **일주 코스**: ① 돈화문 → ② 궐내각사 → ③ 인정전 → ④ 선정전 → ⑤ 희정당 → ⑥ 대조전 → ⑦ 성정각 → ⑧ 낙선재 → ⑨ 부용지 일원 → ⑩ 애련지 일원 → ⑪ 연경당 → ⑫ 존덕정 일원 → ⑬ 옥류천 일원

01 돈화문 敦化門

보물 창덕궁에 갈 때 가장 먼저 통과해야 하는 곳이 바로 '돈화문'입니다. 경복궁의 정문이 광화문 光化門이라면 창덕궁의 정문은 돈화문 敦化門이에요. 두 문의 공통점은 모두 '화 化' 자가 들어간다는 것입니다. '화'라는 글자는 조선시대의 통치 이념이었던 '유교로 백성들을 가르치고 교화한다'는 의미를 담고 있습니다. 특히 돈화문은 '유교로서 백성들을 돈독하게 가르친다'는 뜻이겠죠?
바깥에서 돈화문을 바라보면 2층 구조인데, 본래 조선시대에는 2층 누각에 큰 종과 북이 있어서 이것으로 밤 10시경 통행금지 시작과 새벽 4시경 통행금지 해제를 알렸습니다. 자세히 보면 돈화문 왼쪽에 2층으로 올라가는 계단이 있습니다.

02 금천교 錦川橋

보물 돈화문을 지나면 돌다리가 있습니다. 인정전으로 가기 위해서 꼭 지나가야만 하는 이 다리는 '금천교'입니다. 창덕궁 안 건물이나 시설 중 가장 오래된 것으로, 아주 튼튼하게 만들어 많은 화재나 전쟁 속에서도 제 모습을 보전할 수 있었습니다. 그런데 창덕궁은 1405년에 건축되었는데, 금천교는 더 늦은 1411년에 놓였습니다. 궁궐 안 전각들이 자리를 잡고 난 뒤 마지막에 다리를 놓았기 때문이에요.
본래 이 금천교 밑으로 물이 흘렀다고 해요. 왕 앞에 가기 전에 다리를 건너며 마음을 가다듬으라는 뜻에서 다리를 놓았고, 궁궐에 불이 났을 때는 이곳의 물을 이용해 끄기도 했습니다. 다리 폭도 꽤 넓은데, 임금의 행차가 흐트러지지 않고 지나갈 수 있도록 설계했기 때문입니다. 자세히 보면 다리 바닥이 세 부분으로 나뉘어 있습니다. '삼도'라고 하는데, 가운데 길은 왕이 걸어가며, 신하들은 양쪽의 좁은 곳만 이용했습니다. 또 나쁜 기운이 궁으로 들어오지 못하도록 해태, 거북이 등 돌로 만든 다양한 석물을 놓아두었습니다.

:: 창덕궁 둘러보기 ::

03 인정문 仁政門

보물 보물 지정된 인정문은 창덕궁의 중심부인 인정전으로 들어가기 위해 통과하는 문입니다. 인정문 仁政門의 한자를 보면 알 수 있듯 '어질게 백성을 다스린다'는 의미를 담고 있어요.

04 인정전 仁政殿

국보 이곳은 창덕궁에서 가장 중요한 건물입니다. 왕실의 행사와 새해 인사, 그리고 외국 사신들이 왔을 때 그들을 맞는 곳이니 창덕궁의 얼굴이라 할 수 있습니다. 정면 5칸, 측면 4칸의 웅장한 모습이 인상적이죠?

인정전은 바깥에서 보면 2층 구조인 것 같지만 사실은 1층 건물로 천장이 높습니다. 1405년 창덕궁 완공과 함께 세워졌지만 이후 임진왜란 때 소실되고 광해군이 재건했습니다. 그러나 1803년 또다시 소실되었고 이후 복원한 것이죠. 1908년에 서양식으로 개조해서 유리 창문이나 전등, 커튼 등을 볼 수 있어요. 인정전의 외벽은 황금빛을 띠는데, 조선에서 대한제국으로 바뀌면서 황제의 색깔을 황금색으로 정했기 때문이라고 해요.

그리고 지붕 용마루에 오얏꽃 장식이 붙어 있는 것도 이곳에서만 볼 수 있는 모습입니다. 오얏꽃은 자두나무의 꽃으로, 대한제국 황실의 문장으로 사용했습니다. 안으로 들어가면 정면에 왕이 앉는 용상이 있고, 그 뒤로 일월오악도 日月五嶽圖 병풍이 서 있습니다. 병풍 속 해와 달은 왕과 왕비를 의미하고, 그 아래 5개의 산봉우리는 동서남북, 그리고 중앙의 다섯 산, 즉 국토를 상징합니다.

05 선정전 宣政殿

보물 다른 곳과는 다르게 청기와를 얹은 선정전은 창덕궁의 편전입니다. '편전'은 왕이 평상시에 거처하는 공간인데, 지금으로 말하자면 왕의 사무실이라고 할 수 있습니다. 왕은 이곳에서 아침에는 신하들과 회의를 하고 여러 업무에 대한 보고를 듣고 의논했습니다. 그리고 신하들과 함께 학문을 익히는 경연도 열렸고요. 본래 이름은 조계청이었는데, 세조가 '정치는 베푸는 것이다'란 의미에서 선정전으로 이름을 바꾸었습니다.

다른 건물들과 마찬가지로 선정전 역시 임진왜란, 인조반정 때 일어난 화재로 소실되었고, 이후 인조 때 재건되었습니다.

선정전 입구에는 지붕이 있는 복도가 있는데, 선정전이 편전에서 이후 정조, 순조, 철종의 위패를 모시는 혼전 魂殿으로 기능이 바뀌면서 생긴 것입니다. '혼전'은 돌아가신 왕과 왕비의 신주를 종묘로 모시기 전에 두는 곳을 말해요. 이렇게 혼전으로 바뀌면서 선정전이 담당했던 편전의 기능은 희정당으로 옮겨갑니다.

06 희정당 熙政堂

보물 왕의 침전으로, '침전'은 왕이 왕비와 잠을 자는 곳이에요. 그런데 선정전의 기능이었던 편전이 희정당으로 옮겨 가면서 침전과 편전 기능까지 담당하게 됩니다.

1917년 화재로 소실된 것을 1920년에 복구했는데, 당시 경복궁의 강녕전을 옮겨다 지었다고 합니다. 본래 모습은 여러 개의 돌기둥 위에 세운 형태이고, 옆에 연못도 있었다고 해요.

희정당 입구는 특이하게도 마치 서양의 호텔처럼 지붕이 있는 입구가 돌출되었는데, 이것은 순종이 타고 다녔던 자동차를 댈 수 있도록 만든 것입니다.

희정당 내부 역시 서양식으로 꾸며져 있습니다. 고급스러운 가구들이 자리한 회의실과 응접실 등은 지금 봐도 세련되고 멋집니다. 특히 희정당 벽에는 산수화가 장식되어 있는데, 해강 김규진이 1920년경에 그린 '금강산만물초승경도'와 '총석정절경도' 사본을 볼 수 있습니다.

07 대조전 大造殿

보물 대조전은 왕비가 잠을 자고 생활을 하는 공간입니다. 가운데 대청마루를 사이에 두고 양쪽으로 침실이 있는데, 왕과 왕비의 암살을 방지하기 위해 혼란을 주고자 만든 것입니다. 본래는 이 주변에 많은 건물이 있었습니다. 그중 흥복헌 興福軒은 1910년 우리가 일본에 나라를 빼앗긴 경술국치가 결정된 역사적인 현장이기도 합니다. 대조전은 1917년에 화재로 소실되었다가 1920년 경복궁의 침전인 교태전을 옮겨 지은 것입니다. 내부는 서양식으로 꾸며져 있습니다.

:: 창덕궁 둘러보기 ::

08 낙선재 樂善齋

보물 '선 善을 즐긴다'라는 의미를 담고 있는 낙선재는 헌종의 서재 겸 별채였던 낙선재 건물과 경빈 김씨의 처소였던 석복헌을 함께 부르는 이름입니다.

조선 제24대 임금 헌종은 사랑하는 경빈 김씨를 후궁으로 맞이한 후 1847년에 낙선재를 지었고, 다음 해에 석복헌 錫福軒을 지었으며, 대왕대비인 순원왕후를 위해 수강재 壽康齋를 지었습니다. 단청을 하지 않은 것이 매우 특이한데, 이는 헌종의 검소한 모습이 그대로 반영된 것이라 할 수 있습니다. 대신 창살마다 무늬가 매우 다양하고 화려하며, 직사각형, 정사각형, 원 형태의 문도 특이하고 아름답습니다. 또 우리나라에만 있는 뒤편의 꽃 계단인 화계도 花階도 꼭 둘러봐야 할 볼거리입니다.

TIP 왕실의 가슴 아픈 역사가 그대로 남아 있는 낙선재 이야기

▲ 영친왕과 이방자 여사

낙선재는 순종의 이복동생 영친왕의 비이자 대한제국의 마지막 황태자비 이방자 여사가 1989년까지 머물다가 74세의 나이로 생을 마감한 곳이기도 합니다. 본래 일본 왕족의 딸이었던 이방자 여사는 1920년에 영친왕과 결혼했고, 이후 1963년까지 우리나라 입국이 금지당했는데, 입국 금지가 풀리자 한국으로 돌아와 이곳에서 머물렀습니다. 일대기가 영화로 만들어져 유명한 조선의 마지막 왕녀, 덕혜옹주 역시 이곳에서 머물렀던 것으로 알려져 있습니다. 그녀는 황제 자리에서 물러나 있었던 고종과 소주방 나인 출신인 후궁 복녕당 福寧堂 양씨 사이에서 1912년에 태어났습니다. 당시 회갑이었던 고종의 늦둥이 딸이었어요. 얼마나 딸을 예뻐했던지 고종은 덕수궁 안에 덕혜옹주를 위한 유치원을 세우고 또래 친구들을 만들어주었다고 합니다. 그런데 덕혜옹주가 8세가 되었을 때, 고종이 갑자기 세상을 떠났죠. 그리고 14세 되던 해에 일제가 일본 유학을 강요해 도쿄로 가게 됩니다. 도쿄에서는 오빠인 영친왕·이방자 여사와 함께 지냈고, 1931년 일제에 의해 정략결혼을 하게 되었습니다. 결국 51세가 되어서야 아픈 몸으로 한국으로 돌아온 덕혜옹주는 이곳 낙선재 건물 중 수강재에서 머물다 1989년 4월에 생을 마감했습니다. 살아생전에 이방자 여사는 낙선재에, 덕혜옹주는 수강재에 머물며 서로를 많이 의지했다고 하는데, 1989년 4월 21일 덕혜옹주가 생을 마감하고 9일 뒤인 4월 30일에 이방자 여사 역시 생을 마감했습니다.

후원 >>>

창덕궁에서도 특히 후원은 많은 왕의 사랑을 받은 곳입니다. 간혹 이 후원을 '비원'이라고 말하기도 하는데, 이는 일제강점기에 일본이 후원을 격하하기 위해 부르던 명칭이니 사용하지 않는 것이 좋겠죠? 자연과 아름다운 조화를 이룬 창덕궁의 하이라이트인 후원은 특히 개혁에 대한 정조의 의지가 담긴 규장각 일대가 최고라 할 수 있습니다. 우선 부용지, 부용정을 포함한 규장각 일대를 둘러보고 산책하면서 나머지 작고 예쁜 정자들을 둘러보세요.

09 규장각 奎章閣

세종에게 집현전이 있었다면 정조에게는 규장각이 있었습니다. '규장각'의 '규'라는 글자는 '학문을 관장하는 하늘의 별자리'라는 뜻입니다. 그리고 '규장'은 '왕의 문장'을 의미합니다. 다시 말하면 왕의 문장과 글씨, 그리고 책을 모아놓은 왕립 도서관입니다.

정조는 당시 노론과 소론으로 나뉘어 싸우는 정치 상황을 극복하고자 열심히 노력했습니다. 그는 규장각을 설치해 그곳에서 실력 있고 젊은 학자들을 모아 백성들을 위한 많은 제도를 학문적으로 연구하도록 했습니다. 그리고 서적을 검토하고 필사하는 일을 담당하는 검서관에 이덕무, 유득공, 박제가 등과 같은 서얼 출신을 등용했죠. 정식 부인이 아닌 첩의 자식을 '서얼'이라고 하는데, 당시 서얼 출신은 관직에 오르지 못하는 차별을 받았습니다. 그러나 정조는 신분에 상관없이 실력이 있는 사람들을 곁에 두고 개혁 정치를 펴고자 했던 것이죠. 이렇게 규장각은 왕립 도서관이자 정조 입장에서는 개혁을 담당할 중요한 기구이기도 했습니다.

10 주합루 宙合樓

보물

사실 주합루 건물은 총 2층으로 지었는데, 1층이 규장각이고 2층은 주합루입니다. 규장각이 왕실의 도서관 역할을 담당했던 만큼 책을 읽을 수 있는 열람실과 같은 공간이 필요했을 것입니다. 2층 주합루가 바로 그런 곳이었어요. 지금은 보통 1층의 규장각과 2층의 열람실인 주합루를 합쳐 그냥 주합루라고 부르기도 합니다. 참고로 주합루로 들어가기 위해서는 어수문 魚水門을 통과해야 하는데, 가운데 큰 문은 왕만 지나갈 수 있고, 양쪽 작은 문은 신하들을 위한 것이었습니다. 특히 작은 문들은 유달리 크기가 작아 고개를 숙이고 몸을 웅크려야 합니다. 여기에는 사회적 지위가 높아도 항상 겸손하라는 정조의 뜻이 담겨 있다고 합니다. 어수문은 왕 전용 문이었던 만큼 위쪽에 용 문양이 그려져 있습니다.

11 서향각 書香閣

주합루 옆에 자리한 서향각은 규장각의 부속 건물입니다. '책의 향기가 그윽한 곳'이라는 뜻의 멋진 이름처럼 왕의 글씨나 규장각의 책을 말리는 장소로 사용되었습니다.

317

:: 창덕궁 둘러보기 ::

12 부용지 芙蓉池 & 부용정 芙蓉亭

보물 부용지는 '연꽃 연못'이라는 뜻으로, 후원에 자리한 규장각 바로 앞의 사각형 연못입니다. 이 일대가 창덕궁 후원에서 가장 아름다운 곳 중 하나로 꼽힙니다. 연못 가운데는 지름 9m의 작은 섬이 조성되어 있고, 맞은편에는 부용정이라는 작은 정자가 있습니다.

부용지는 인공 연못으로, 이곳에서 4개의 샘물을 찾아낸 것을 기념해서 만든 연못입니다. 특히 물속에 두 발을 담그고 있는 듯한 부용정은 다른 정자와는 달리 독특한 十 자 지붕을 이고 있는데, 연꽃이 핀 형상을 표현한 것이라고 합니다. 부용지 한쪽 귀퉁이를 자세히 보면 잉어 모양의 부조가 있으니 꼭 찾아보세요. 이는 중국 황허강 상류의 폭포와 같은 거센 물결을 잉어가 거슬러 올라가 결국 용이 되어 하늘로 올라간다는 이야기를 담고 있는 그림 '어변성룡도 魚變成龍圖'와 관련이 있습니다. 공부를 열심히 해서 과거 시험에 꼭 합격해 출세하겠다는 선비들의 의지를 그림으로 표현한 것이에요. 그래서 옛날에는 선비가 책을 읽는 방에 잉어 그림을 걸어놓곤 했습니다. 정조는 부용지에서 휴식을 취하기도 했는데, 재미 삼아 물고기들을 풀어놓고 낚시를 즐기고, 작은 배를 띄워 경치를 감상하며 시를 지었다고 합니다. 재미있는 것은 신하들과 함께 시를 짓기도 했는데, 만약 정해진 시간 안에 시를 짓지 못하면 중앙에 있는 작은 섬으로 귀양 보내는 놀이를 했다고 합니다.

13 영화당 暎花堂

부용지 오른편에 자리한 영화당은 이 일원에서 제일 오래된 건물입니다. '꽃이 어우러진다'는 뜻으로, 영화당의 현판은 영조의 친필입니다.

앞쪽 넓은 마당인 춘당대 春塘臺에서는 '춘당대시 春塘臺試'라는 과거 시험이 열렸습니다. '춘당대시'는 나라에 경사가 있을 때 특별히 치르던 과거 시험입니다.

14 애련지 愛蓮池 일원

영화당에서 조금 걸어가면 금마문 金馬門과 불로문 不老門이 나옵니다. 돌로 만든 불로문은 왕의 불로장생을 기원하기 위해 만든 것으로, 이곳을 통과하면 '연꽃이 피는 연못'이라는 뜻의 애련지가 보입니다. 숙종은 연못 가운데 섬을 만들고 애련정 愛蓮亭을 지었는데, 현재 애련정은 연못 북쪽으로 옮겨 갔습니다. 금마문은 효명세자가 독서를 하기 위해 지은 기오헌 寄傲軒과 의두각 倚斗閣으로 들어가는 문입니다. 단청이 없는 소박한 건물로 매우 총명했던 효명세자는 할아버지 정조의 뜻을 이어받아 학문에 매진하기 위해 규장각 근처인 이곳에서 공부했다고 합니다. 효명세자는 아버지 순조 대신 대리청정을 했지만, 왕위에 오르지 못하고 20세의 나이에 안타깝게 생을 마감했습니다.

15 연경당 演慶堂

보물

연경당은 조선 후기 사대부의 집 형태로 지은 곳으로, 본래는 효명세자가 지었지만 이후 고종이 다시 지었다고 합니다. 1828년 이 건물을 지은 이유는 사대부의 생활을 직접 체험하기 위한 것이라는 말이 있는데, 사실은 효명세자가 아버지 순조에게 존호 尊號를 올리는 경축 의식을 위한 장소로 지었다고 합니다. '존호'는 임금이나 왕비의 덕을 기리기 위해 올리는 칭호를 말합니다.

연경당은 단청이 없고 사랑채와 안채로 나뉘어 있어요. 당시 일반 사대부 집은 99칸이라고 하지만 이 연경당은 120여 칸으로 이루어져 있습니다. 여기에서 '칸'은 방 개수가 아니라 기둥과 기둥 사이를 세는 단위입니다.

16 존덕정 尊德亭 일원

연못을 중심에 두고 폄우사 砭愚榭와 존덕정, 관람정 觀纜亭 등이 있습니다. 폄우사는 '어리석음을 깨우는 공간'이라는 뜻으로, 효명세자가 독서를 하던 곳입니다. 아궁이와 온돌이 있어 겨울에도 사용했던 것으로 짐작됩니다. 육각형 형태의 존덕정 천장에는 청룡과 황룡 그림이 있고, 정조가 쓴 '만천명월주인옹자서 萬千明月主人翁自序'가 새겨져 있습니다. '만 개의 개울에 만 개의 달이 비치지만 달은 오직 하늘에 떠 있는 달, 바로 자신뿐이다'라는 것으로, 신하들에게 충성을 요구하는 동시에 왕은 만백성의 주인이라는 뜻이기도 합니다. 또 달이 형태에 따라 세상을 다르게 비추듯 사람도 각자의 재능에 맞게 대하고 이를 잘 활용하는 것이 왕의 임무라는 의미이기도 합니다. 관람정은 파초 잎 모양의 현판도 특이하지만 부채꼴 형태도 매우 독특합니다.

17 옥류천 玉流川 일원

후원에서 가장 깊숙한 곳으로 왕이 신하들과 함께 휴식을 취하며 풍류를 즐기던 곳입니다. 작은 폭포가 있는 소요암을 중심으로 정자들이 모여 있어요. 소요암에는 '옥류천 玉流川'이라고 쓴 인조의 친필과 숙종이 지은 오언절구 시가 새겨져 있습니다. 그리고 넓적한 너럭바위에는 홈을 파 물이 흐르도록 했는데, 당시 왕과 신하들은 여기에 술잔을 띄우고 잔이 자기 앞에 오기 전까지 시를 빨리 지어야 했대요. 만약 시를 짓지 못하면 벌주를 마셨다고 합니다. 대표적인 정자에는 1636년에 지은 소요정 逍遙亭이 있는데, '구속 없이 천천히 노닐다'라는 뜻입니다. 또 청의정 淸漪亭은 특이하게도 초가지붕을 얹은 정자입니다. 당시 왕은 궁 안에 논을 만들어서 농사를 지어보기도 했는데, 이는 백성들의 노고를 체험하기 위해서였습니다. 왕이 직접 그 볏짚으로 정자의 지붕을 이었다고 해요. 태극정 太極亭 역시 소요정, 청의정과 함께 후원에서 가장 아름다운 정자로 꼽힙니다. 농산정 籠山亭은 왕이 옥류천을 방문했을 때 다과를 준비하고 올렸던 곳이라고 합니다.

:: 창덕궁 둘러보기 ::

INFO

창덕궁
주소 서울시 종로구 율곡로 99 | **전화** 02-3668-2300 | **관람 시간** ① 전각 2~5월 09:00~18:00(입장 마감 17:00), 6~8월 09:00~18:30(입장 마감 17:30), 9~10월 09:00~18:00(입장 마감 17:00), 11~1월 09:00~17:30(입장 마감 16:30) ② 후원 해설사 인솔하에 제한관람. 개별관람 불가. 한국어 관람 11~2월 10:00·11:00·12:00·13:00·14:00·15:00, 3~10월 10:00·11:00·12:00·13:00·14:00·15:00·16:00 | **휴무** 월요일 | **입장료** 전각관람 만25~64세 3000원, 후원관람 만19세~64세 5000원, 만65세 이상 5000원, 만7세~18세 2500원 (후원관람시 전각관람권도 필수 구매) | **주차** 인근 유료 주차장 이용 **홈페이지** royal.khs.go.kr/cdg

FOOD

아이와 함께 즐기면 좋은 주변 먹거리

　창덕궁 가까이에는 식당이 없으니 간식을 준비하거나 창덕궁 매표소 근처 편의점을 이용하세요. 만약 가능하다면 걸어서 약 10분 거리의 북촌 쪽 식당을 추천합니다.
• 손으로 직접 빚어서 만든 만두와 국수 맛집, 깡통만두(국시 1만원, 칼만두 1만1000원, 녹두지짐 1장 1만1000원, 육전 3만3000원~, 일요일 정기휴무)

AREA 040

효심과 개혁 의지가 만들어낸
조선 최고 성곽
수원 화성

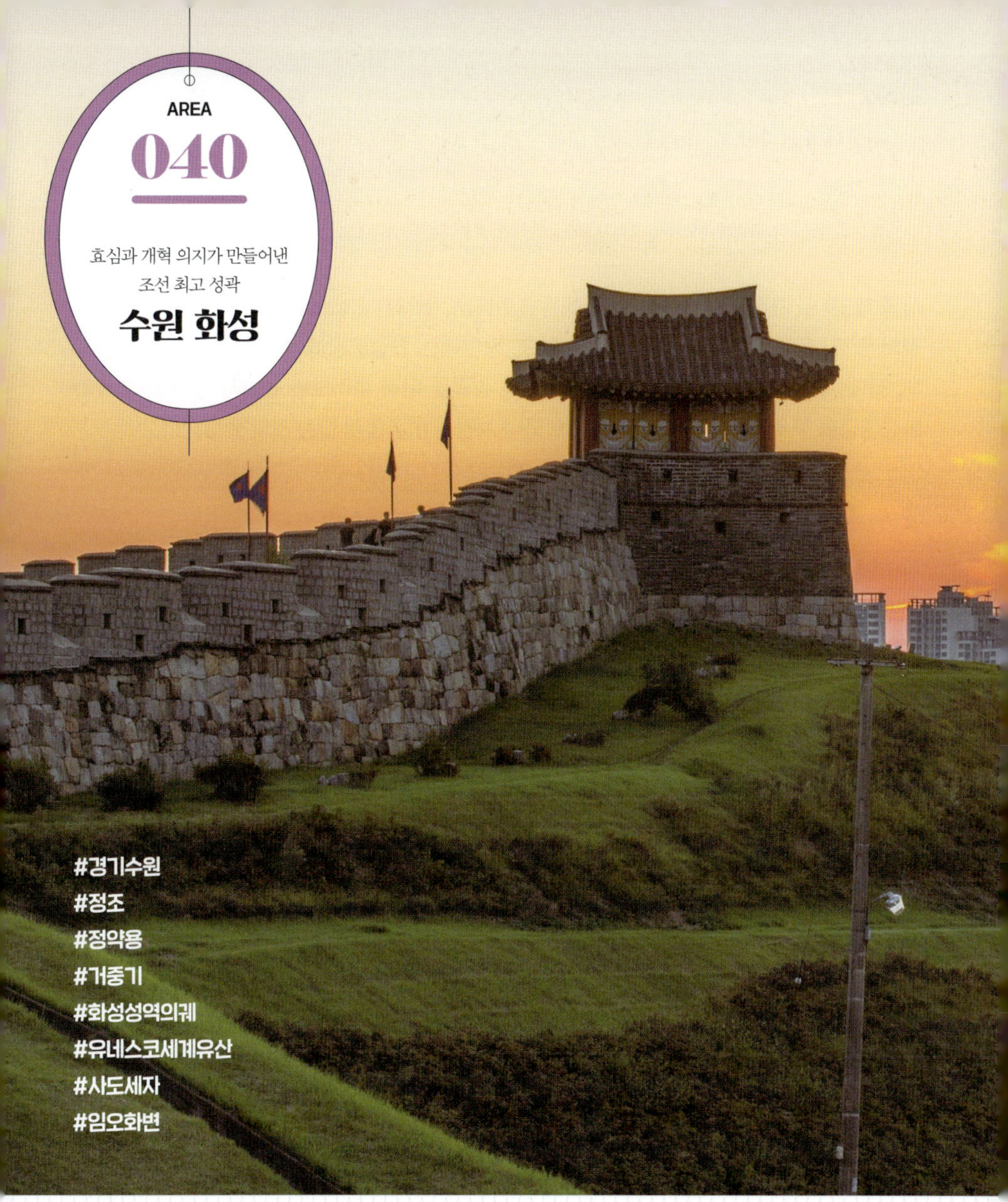

#경기수원
#정조
#정약용
#거중기
#화성성역의궤
#유네스코세계유산
#사도세자
#임오화변

정조는 새로운 과학기술을 응용해 수원 화성을 건설하고 상업의 중심지로 삼으려 했다. 또 국왕을 중심으로 정치를 운영해나가고자 했다.
— 초등학교 사회 5학년 2학기

수원 화성은 조선의 새로운 과학기술과 지식을 활용해 건설되었다. 수원 화성을 건설하는 데 활용한 설계도와 도구는 일종의 공사 보고서인 《화성성역의궤》에 자세히 기록되어 전해져온다. 수원 화성은 정조 시기의 우수한 과학기술뿐만 아니라 건축물의 예술적 가치 또한 인정받아 유네스코 세계 문화유산으로 등재되었다.
— 초등학교 사회 5학년 2학기

MISSION

조선시대 성곽의 꽃, 수원 화성에 대해 알아봅니다

조선 제22대 왕 정조는 어린 시절 아버지 세도세자의 죽음을 가까이에서 보고, 수없이 많은 위협과 죽음의 위기를 겪은 뒤 왕이 된 인물입니다. 그가 펼친 여러 정책 중 수원 화성 건축은 아버지에 대한 효심과 개혁의 의지가 그대로 담긴 업적입니다. 영조와 사도세자, 그리고 정조와의 관계, 수원 화성의 의미에 대해 살펴봅니다.

사적 제3호로 지정된 수원 화성의 둘레는 5,744m, 면적은 130ha입니다. 서쪽은 팔달산에 걸쳐 있고, 동쪽은 평지로 이루어져 있어요. 성안에는 화성행궁을 비롯해 공심돈, 수문, 문루, 장대, 봉돈 등 여러 종류의 시설이 있으니 성곽을 따라 둘러보면 됩니다. 참고로 성곽과 화성행궁을 모두 보려면 4시간 정도 소요되니 시간을 여유롭게 잡는 것이 좋습니다.

🔍 1. 사도세자의 아들, 정조

한국인이 가장 존경하는 조선 왕을 꼽는다면 아마 세종대왕과 정조가 아닐까요? 그래서 두 왕에 영화와 드라마로 여러 차례 만들어져 큰 인기를 끌었지요. 정조는 1752년 사도세자와 혜경궁 홍씨 사이에서 태어났습니다. 그는 어린 시절 할아버지이자 당시 왕인 영조에 의해 아버지 사도세자가 뒤주에 갇혀 죽음을 맞이한 비극적인 사건을 겪었습니다. 당시 정조는 11세의 어린 나이였어요. 할아버지 영조의 곤룡포 자락에 매달려 제발 아버지를 살려달라고 울며 애원했으니 그 충격과 아픔이 얼마나 컸을까요?

🔍 2. 사도세자는 어떤 인물이었나요?

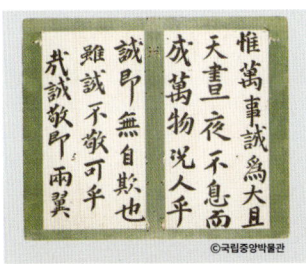
▲ 사도세자가 어릴 때 쓴 글

사도세자는 어린 시절부터 매우 총명해 영조도 아들을 매우 아꼈다고 해요. 세자는 홍봉한의 딸인 동갑내기 혜경궁 홍씨와 혼인합니다. 이 두 사람 사이에는 첫째 아들인 의소세손이 있었지만 2년 만에 세상을 떠나고 둘째가 태어났는데, 그가 바로 정조 이산 李祘입니다. 사도세자는 신체 조건도 좋고 특히 무예에 큰 재능을 보였습니다. 당시 무사들도 무거워 사용하기 힘들던 청룡도를 거뜬히 들 정도였고, 활을 쏘면 백발백중이었다고 해요. 24세 때 영조와 신하들이 무예를 잘 모르는 것을 염려해 《무기신식 武技新式》이라는 책을 펴낸 이후 훈련도감 교재로 사용했다고 합니다. 사도세자는 10세 이후 글공부보다는 무예 쪽에 더 치중했고, 영조는 이를 못마땅하게 생각해 자주 꾸짖었다고 합니다. 그러면서 영조와 사도세자 사이는 조금씩 멀어졌습니다. 이후 사도세자가 14세에 영조 대신 대리청정을 하게 되면서 두 사람 사이는 더욱 멀어집니다. '대리청정 代理聽政'은 임금의 허락을 받고 정사를 대신 보는 것을 말하는데, 이후 왕이 될 세자가 대리청정을 하게 됩니다.

3. 영조와 아들 사도세자의 관계는 어떠했나요?

대리청정을 하게 된 사도세자는 괴로운 나날을 보냅니다. 임금 역할이라지만 실제로는 신하들에게 하고픈 말을 제대로 할 수도 없었고, 뒤에 앉아 있는 아버지는 항상 못마땅하게 여겼으니까요. 그 때문에 아는 것도 쉽게 말하지 못하고 벌벌 떨었다고 해요. 이런 스트레스와 압박감으로 사도세자는 기절까지도 하는데, 아마도 극심한 스트레스로 인한 정신 질환을 앓았던 듯합니다. 상태는 점점 심각해져 급기야 궁인들을 죽이고 스스로 후회하는 일도 있었습니다. 이 사태를 지켜본 영조는 더욱더 아들을 호되게 대했고, 사도세자는 두려움에 떠는 악순환의 연속이었지요. 그러던 중 1762년 나경언의 고변으로 돌이킬 수 없는 사건이 벌어집니다.

4. 임오화변의 시발점인 나경언의 고변 사건

나경언의 고변 사건이란, 1762년 나경언이라는 사람이 사도세자의 비행 10가지 정도를 형조에 고한 것을 말합니다. 나경언은 당시 형조판서 윤급의 종이었지요. 그가 말한 사도세자의 비행은 '궁녀를 마음대로 죽이고, 여승을 궁 안으로 들여서 풍기를 문란하게 만들고, 부왕의 허락도 없이 평양에 놀러 다니고 북성에 멋대로 나가서 돌아다녔다' 등입니다. 그리고 더 나아가 결국 영조를 몰아낼 계획을 도모한다고 고한 것입니다.

이것을 계기로 영조는 세자를 내칠 것에 대한 생각을 굳히게 되었고, 세자에게 스스로 목숨을 끊을 것을 요구합니다. 하지만 이것이 여의치 않자 옛날 쌀통인 뒤주를 가져와 속에 가둡니다. 사도세자는 뜨거운 여름날인 1762년 7월 12일, 뒤주에 갇힌 지 8일 만에 굶어 죽습니다. 이것이 바로 '임오화변'입니다.

TIP 나경언은 왜 사도세자의 비행을 말했을까요?

앞서 말했듯 나경언은 당시 형조판서인 윤급의 종이었어요. 그런 낮은 신분의 사람이 과연 혼자 이런 일을 했을까요? 아닙니다. 나경언의 고변 사건 뒤에는 여러 인물이 관련되어 있었어요. 당시 사도세자의 장인인 홍봉한은 딸 혜경궁 홍씨가 세자빈이 된 이후 우의정에서 좌의정, 영의정으로 권력을 키워갔습니다. 이에 위기감을 느낀 노론 계열의 김한구, 홍계희, 김상로, 윤급 등은 홍봉한 세력을 몰아내기 위해서 사도세자를 폐위시키려고 했지요. 그래서 윤급의 종 나경언을 시켜 세자의 결점을 고발하게끔 했습니다. 사도세자는 억울하다며 영조에게 나경언을 직접 만나게 해달라고 했지만 영조는 이를 거부했습니다.

5. 여기에서 잠깐! '노론'과 '소론' 이야기

사도세자의 죽음을 이야기할 때 빼놓을 수 없는 것이 노론 老論과 소론 少論입니다. 노론과 소론은 조선 후기의 당파로, 선조 당시 이조전랑직을 두고 서울 서쪽에 살던 심의겸을 지지하는 것에서 유래한 서인 西人에서 갈라진 것입니다. 1680년 숙종 6년 서인이 정권을 잡으면서 쫓겨난 남인에 대한 처벌을 두고 의견이 갈라집니다. 강경 입장인 사람들은 대체로 나이가 많은 노장층이라 '노론', 온건 입장인 사람들은 젊은 소장층이라 '소론'이라고 했어요. 사도세자의 정치 성향은 당시 소론에 가까웠습니다. 하지만 영조는 노론의 지지를 받아 왕이 되었고, 이에 영조 뒤에 있던 노론 세력은 사도세자가 다음 왕이 되는 것이 못마땅했겠죠? 그래서 영조에게 끊임없이 사도세자에 대해 좋지 않은 이야기를 하면서 부자 사이를 점점 더 멀어지게 했습니다. 물론 나경언의 고변 사건도 노론이 꾸민 것이었습니다.

6. 정조, 드디어 왕이 되다

뒤주에 갇혀 죽음을 맞이한 아버지를 보며 정조는 어떤 생각을 했을까요? 영조는 사도세자가 죽은 뒤 세손 이산을 어린 시절 요절한 효장세자의 양자로 삼습니다. 사도세자가 죄인의 신분이라 그 아들이 왕위를 계승한다는 것이 문제가 될 수 있었거든요. 정조 또한 어린 시절부터 매우 총명했고 학문적으로도 워낙 뛰어나 신하들을 가르칠 정도였어요. 영조 역시 손자 이산을 끔찍하게 예뻐했지요. 이후 세손인 동시에 세자의 지위를 갖고 생활한 정조는 영조 말년에 대리청정을 하고, 영조 승하 후 25세에 왕이 됩니다. 이 과정에서 정조를 해치려는 크고 작은 사건이 여러 차례 벌어지고, 정조는 자객이 침입할까 봐 세손 시절 밤잠을 제대로 이루지 못했다고 합니다. 일부러 불을 끄지 않고 밤새 글을 읽었다니 얼마나 불안했을지 이해가 갑니다. 이렇게 아버지의 비극적인 죽음과 자신을 해치려는 세력 때문에 한시도 긴장을 늦출 수 없는 불안한 시절을 보낸 끝에 1776년 정조는 드디어 왕이 됩니다.

7. 파격적인 정책을 펼친 정조

왕이 된 이후 정조는 할아버지 영조의 탕평 정책을 계승해서 추진했습니다. '탕평 정책'은 어느 쪽에도 치우치지 않고 붕당과 상관없이 인재를 골고루 등용하는 것입니다.
또 규장각을 설치해 학문을 연구하고 젊은 인재를 발굴·육성하는 데 힘을 쏟았어요. 규장각은 왕실 도서관이자 정조의 개혁 정치를 연구하고 이루어나갈 정치적인 핵심 기구이기도 했습니다. 서얼 신분이었던 이덕무, 유득공, 서이수, 박제가 등도 등용했는데, 당시 서얼은 과거도 볼 수 없고 당연히 관직에도 오를 수 없었습니다. 이런 정조의 정책은 정말 파격적인 것이었어요. 또 조선 최고의 군대인 장용영 壯勇營을 설치했습니다.

8. 정조는 왜 수원 화성을 지었을까요?

정조는 수원 화성에 많은 애정과 정성을 쏟았는데, 그 이유가 무엇일까요?
첫째, 정조는 억울하게 희생된 아버지를 한시도 잊지 않았습니다. 그는 즉위 후 사랑하는 아버지의 무덤부터 이장합니다. 1789년 양주에 있던 초라한 무덤을 명당인 수원 화산 花山으로 옮겨 현륭원 顯隆園이라 합니다. 현륭원은 이후 고종 때 융릉 隆陵으로 이름이 바뀌었고 정조능인 건릉 健陵도 같은 곳에 있어 현재 융·건릉 隆·健陵이라 부릅니다.
옛날에는 왕실 무덤 보호를 위해 무덤 10리 내에는 백성들이 살 수 없었고, 본래 살던 사람들은 다른 데로 이사를 가야 했어요. 정조는 백성들이 피해를 봐서는 안 된다 생각하고 이들을 팔달산 아래로 옮기면서 이사비를 주고, 세금 면제도 해주는 등 많은 혜택을 베풀었어요. 그리고 백성들이 편안히 살 수 있도록 농업과 상업이 발달한 경제도시이자 적의 공격에도 끄떡없는 튼튼한 성을 쌓고 싶어 했습니다.
둘째, 당시 수도 한양에는 이미 막강한 권력을 가진 신하들이 있어 왕의 생각을 자유롭게 펼치기는 어려웠어요. 그래서 정조는 수원을 한양 못지않은 도시로 만들어 자신의 뜻을 펼치고 싶었던 것입니다. 최고 부대 '장용영'의 상당수를 수원 화성으로 보내 그곳을 지키게 한 것만 봐도 알 수 있습니다. 또 매년 화성에서 특별 과거 시험을 볼 수 있게끔 했고, 무과 시험도 실시해 실력 있는 무인을 장용영으로 뽑아 화성을 지키게 했고요.
셋째, 정조는 세자가 15세가 되면 왕위를 물려준 뒤 어머니를 모시고 화성에서 지낼 계획도 세우며 다른 행궁에 비해 규모를 월등히 크게 짓습니다. 화성에서 머물며 아들이 자신의 뜻을 펼쳐 강력한 왕권을 갖도록 뒤에서 든든히 받쳐주고 싶었던 것이지요. 이렇게 정조의 효심과 개혁 의지가 한데 모인 결과물이 바로 수원 화성이었습니다.

9. 우리 조상들의 지혜와 과학기술의 집약체, 수원 화성

▲ 정약용이 설계한 거중기

당시 우리나라의 성은 사람들이 사는 곳을 둘러싼 읍성 邑城과 적의 공격을 막기 위해서 쌓은 산성 山城으로 나뉘어 있었습니다. 전쟁을 겪으면서 적의 공격에 취약한 읍성의 문제점이 많이 드러나게 되었어요. 정조는 수원 화성을 읍성과 산성이 하나로 결합된, 신도시이자 방어 기능까지 제대로 갖춘 완벽한 성으로 만들고 싶었습니다.

정조는 평소 믿고 아끼던 정약용을 불러 설계를 맡깁니다. 정약용은 당시 홍문관에서 일하던 31세의 젊은 학자였어요. 그는 조선 건축술과 함께 중국, 일본의 기술과 서양 기술까지 함께 참고했습니다. 공사를 진행하는 '성역소'라는 기구를 두고, 총감독은 영의정이자 정조의 신임을 받던 채제공이 맡았지요. 1794년에 시작된 수원 화성 공사는 1796년에 마무리됩니다. 본래는 10년 정도 걸리는 대공사인데, 정약용이 설계한 거중기, 녹로 등의 기계로 기간을 2년 9개월로 대폭 줄일 수 있었습니다. 당시 거중기는 10톤 무게의 돌을 들어 올릴 수 있었다고 해요. 이는 정조가 정약용에게 참고하라고 내려준 중국의《기기도설》이라는 책을 공부한 뒤에 설계한 것이라고 합니다. 또 무거운 짐을 싣고 경사진 곳을 올라가도록 해주는 유형거 등도 쓰였습니다. 한편 중국 기술을 이용해 벽돌을 만들어 쌓았는데, 큰 돌을 깎아 성을 쌓으려면 그만큼 시간이 오래 걸리지만 벽돌을 찍어내면 짧은 시간에 금세 성을 쌓을 수 있었습니다. 그리고 작업에 참여한 백성들에게는 일한 만큼 품삯을 지급했다고 해요. 당시에는 품삯도 없이 백성들이 강제로 일을 해야 했는데, 정조의 배려에 일의 효율도 높일 수 있었습니다. 그리고 수시로 백성들에게 격려하며 음식과 선물을 내렸다고 해요. 이렇게 조선시대 성곽의 꽃인 수원 화성이 완성되었습니다.

🔍 10. 8일간의 수원 화성 행차

정조는 사도세자의 무덤을 옮긴 후 해마다 현륭원을 방문합니다. 그리고 1795년 어머니 혜경궁 홍씨의 회갑을 수원 화성에서 치렀습니다. 이때 정조가 2년간 치밀하게 준비한 8일간의 화성 행차는 매우 중요한 행사로 왕의 위엄을 제대로 보여준 행차였어요. 행사는 《화성원행의궤도》에 매우 자세하게 그림과 함께 기록되어 있습니다. 당시 왕의 행렬을 따라가는 인원이 1,779명이었고 말이 779필에 총 6,000명 정도가 동원되었다고 하니 얼마나 규모가 컸는지 상상이 가시나요? 큰 행사로는 4일째 되던 날, 새벽에 어머니를 모시고

▲ 정조 화성 행차도(국립고궁박물관)

아버지 무덤인 현륭원을 참배하고 군사훈련을 하는 것이었습니다. 이때 정조는 투구와 갑옷을 갖춰 입고 직접 군사훈련을 지휘했다고 해요. 그리고 5일째, 혜경궁 홍씨의 회갑 잔치를 열었습니다. 기록에 따르면 떡과 과일, 견과, 전, 다식, 정과, 탕, 생선, 육류, 만두 등 70여 종의 음식이 나오고 잔칫상에 꽂아놓은 꽃이 무려 42종류나 되었다고 합니다. 그리고 6일째 되던 날에는 백성들에게 쌀과 따뜻한 죽을 나누고, 노인을 위한 잔치를 베풀며 백성을 사랑하는 왕의 마음을 표현했어요. 7일째는 모든 행사를 마치고 다시 한양으로 돌아오는 여정이었습니다. 화성을 떠난 정조는 미륵현이라는 고개에서 화성을 바라보며 한참 서 있었다고 합니다. 아마도 아버지와 조선의 미래에 대해 많은 생각이 들었을 것 같아요. 정조는 화성을 오가는 길에 백성들의 목소리를 듣고자 했습니다. 백성들이 어떤 고통을 겪고 있는지 직접 듣기 위해 애썼죠. 이 8일간의 행차에서 쓰인 한강 배다리가 유명한데, 역시 정조와 정약용의 작품입니다. 지금의 용산과 노량진을 잇는 배다리는 총 36척의 배를 연결하고 그 위에 판자를 깔아 만든 것입니다. 행사가 끝나고 정조가 다시 한강을 건넌 뒤 배다리는 철거되었습니다. 이 행사로 왕의 권위와 위엄이 어떤 것인지 온 백성이 다시 한번 느꼈을 것입니다.

🔍 11. 정조의 갑작스러운 죽음

하지만 안타깝게도 정조는 49세의 나이로 갑자기 세상을 떠납니다. 종기가 자주 나는 체질이었고, 당시에도 종기가 심했다고 합니다. 하지만 종기 때문에 목숨을 잃을 정도는 아니었죠. 독살설이 나오는 이유도 바로 이 때문입니다. 노론 쪽의 심환지라는 사람이 자신의 먼 친척 심인을 어의로 추천합니다. 심인은 연기로 치료를 하는 연훈방 치료를 했는데, 이 과정에서 정조가 4일 만에 의식을 잃고 사망한 거죠. 왕의 죽음에 대해 여러 의견이 있는데, 정조가 세상을 뜨자마자 바로 권력을 쥔 노론 세력이 정조를 독살했다는 의견도 있습니다. 왕위를 계승받은 순조는 당시 11세인 어린 나이라 영조의 계비이자 순조의 증조할머니뻘인 정순왕후의 권력이 강해지죠. 노론 세력인 정순왕후는 어린 순조 뒤에서 수렴청정을 하면서 노론 반대 세력을 모두 제거했습니다. 또 정조가 정성을 기울였던 인재들을 모두 귀양 보내거나 처형시켰고, 장용영을 없애버렸습니다. 만약 정조가 더 오래 살았다면 왕과 백성이 힘을 합쳐 완성된, 더 나은 모습의 조선을 볼 수 있지 않았을까 하는 생각이 듭니다.

🔍 12. 수원 화성, 유네스코 세계유산으로 등록되다

정조의 꿈이 담겨 있던 수원 화성은 안타깝게도 일제강점기와 한국전쟁을 겪으면서 많이 파손되었습니다. 그러나 당시 화성 건축의 자세한 보고서라 할 수 있는《화성성역의궤 華城城役儀軌》가 있었고, 이 책에는 성을 쌓은 모든 과정과 설계도는 물론이고 건축물의 모양, 사용한 재료와 못의 숫자, 그리고 소요된 비용과 작업에 참여했던 사람들의 이름까지 그림과 함께 매우 자세하게 기록되어 있습니다. 이를 바탕으로 옛 모습 그대로 복원된 수원 화성은 성 건축에 사용된 놀라운 과학기술은 물론 예술적 가치 역시 뛰어남을 인정받아 1997년 12월 유네스코 세계유산으로 등재되었습니다.

TIP

하마터면 수원 화성이 유네스코 세계유산으로 등재되지 못했을 수도?!

현재 우리가 보는 수원 화성에서 정조 당대에 만든 건축물은 거의 남아 있지 않습니다. 대부분 1975년 이후에 복원된 것이죠. 처음에 유네스코 세계유산에 등재하기 위해 한국에 온 심사관들은 수원 화성을 보며 문화유산 등재가 불가능하다고 했습니다. 현재의 수원 화성은 옛것 그대로가 아닌, 복제품이라는 이유 때문이었습니다.
우리 측은《화성성역의궤》를 제시하며 심사관들을 설득했습니다. 이 책은 당시 화성 건축에 대한 모든 것이 담긴 기록서로 공사 일정은 물론이고 자재와 비용, 설계를 그림과 함께 자세히 기록한 것이라는 점, 그리고 이 기록을 바탕으로 완벽하게 복원됐다는 점을 강조한 것이죠.《화성성역의궤》를 꼼꼼히 검토한 심사관들은 이후 등재를 허락했다고 해요. 조선시대 기록서인《화성성역의궤》가 없었더라면 아마 아름다운 수원 화성이 유네스코 세계유산으로 등재되지 못했을 거예요.

:: 수원 화성 둘러보기 ::

수원 화성 여행은 화성행궁 주차장을 이용한 뒤, 화성행궁과 서장대를 보고 시계 방향으로 남수문까지 돌면 됩니다. 팔달문을 시작으로 시계 방향으로 남수문까지 가는 성곽만 따라가는 코스도 한 바퀴 도는 데 최소 3시간 정도는 잡아야 합니다. 또 수원 화성에서 사도세자와 정조의 무덤이 있는 융·건릉까지 자동차로 30분 정도 소요되니 시간이 된다면 함께 둘러보는 것도 추천합니다. 융·건릉을 둘러보는 데는 1시간 정도 소요됩니다.

01 성벽

성벽 높이는 약 4~6m로, 바깥쪽은 돌을 쌓아서 만들었고, 안쪽은 본래 지형을 이용해 흙을 쌓은 형태입니다. 이렇게 수원 화성은 자연과 조화를 이루면서도 돌과 벽돌을 이용하고 거중기 등의 기계를 이용해서 쌓은 과학 기술의 집약체이며 최고의 성곽이라 평가받고 있습니다.

성벽 위에는 낮은 담을 다시 쌓았는데, 이를 '여장'이라고 합니다. 이곳에 숨어서 적을 감시하거나 공격을 했습니다. 여장을 자세히 보면 구멍이 있는데, 이 구멍을 통해 총이나 활을 쏠 수 있습니다. 구멍은 멀리 있는 적을 공격하기 위한 '원총안'과 가까이 있는 적을 공격하기 위한 '근총안'이 있었는데, 구멍의 각도를 달리했기 때문에 가능했습니다.

02 팔달문

화성의 남쪽 문으로 보물 제402호입니다. 아름다운 팔달문 앞쪽으로는 반원 모양의 옹성이 있는데, 이는 성문을 이중으로 보호하는 동시에 성문 앞까지 쳐들어온 적군을 다른 각도에서도 공격할 수 있도록 한 장치입니다. 북문인 장안문과 크기, 형태가 같습니다.

03 화양루(서남각루)

'각루'는 성 밖을 감시하는 곳으로 높은 언덕에 서 있습니다. 전쟁 시에는 지휘소 역할을 하고, 평소에는 경치를 감상할 수 있는 휴식처로 이용되었습니다.

:: 수원 화성 둘러보기 ::

04 서장대

'장대'는 적을 감시하고 전쟁 시에는 군사들을 지휘하는 지휘 본부입니다. 서쪽에는 서장대가, 동쪽에는 동장대가 있습니다. 1795년 정조도 이곳에 올라가 군사훈련을 지휘했다고 합니다.

05 서북공심돈, 동북공심돈

공심돈은 '속이 빈 돈대'라는 뜻으로, 적을 감시하는 망루입니다. 아래쪽에는 벽돌을 쌓고, 가장 위에는 건물을 지어 군사들이 머물 수 있게 했죠. 서북공심돈은 총 3층 구조로 속이 비었고 사다리를 통해 오르내릴 수 있었어요. 벽에 뚫린 구멍은 총과 포를 쏠 수 있게 만든 것입니다.
본래는 3개의 공심돈이 있었는데, 현재는 서북공심돈과 동북공심돈만 남아 있습니다. 서북공심돈은 보물로 지정되었습니다. 동북공심돈은 벽돌로 쌓은 둥근 형태의 건물로, 안쪽은 나선형 계단을 통해 올라갈 수 있게 되어 있습니다.

06 화서문

화성의 서쪽 문으로, 보물로 지정되었습니다. 장안문과 팔달문은 문 위에 2층 문루를 세워 위엄 있어 보이는 반면 화서문과 창룡문은 단층 문루가 세워져 있습니다. '문루'는 사방을 감시할 수 있도록 성문 위에 지은 건물을 말합니다. 전쟁이 벌어졌을 때는 지휘소로도 사용됩니다.

07 장안문

화성의 북문이자 정문으로, 팔달문과 마찬가지로 성문 앞쪽에 옹성이 있습니다. 왕이 북쪽인 한양에서 화성으로 내려오기 때문에 가장 먼저 북문으로 들어오게 되므로 북문이 정문이 됩니다. 옹성 벽을 자세히 보면 세로로 길게 낸 구멍들이 있는데, 이를 '현안'이라고 해요. 적에게 뜨거운 기름이나 물을 흘려보내는 구멍입니다.

08 화홍문(북수문)

화성에는 사람이 출입하는 성문과 함께 물이 지나는 수문도 있었습니다. 물을 관리해서 홍수를 예방하고 평소에는 휴식 공간으로 이용했어요. 특히 화홍문은 자연과 함께 조화를 이루는 아름다운 곳입니다. 당시에는 빨래터로도 사용되었다고 해요.

09 방화수류정(동북각루)

동북각루 또한 보물로, 화성에서 가장 아름답기로 유명한 곳입니다. 동북쪽에 있는 각루로 군사시설임에도 꽃을 찾고 버드나무를 따라가는 아름다운 정자라는 의미를 담은 '방화수류정'이라고도 불렸습니다. 누각 형태의 2층 건물에 오르면 주변 경치를 전체적으로 조망할 수 있습니다.

10 창룡문(동문)

장안문과 팔달문보다는 작게 만든 것으로, 서쪽 문인 화서문과 형태와 규모가 비슷합니다.

 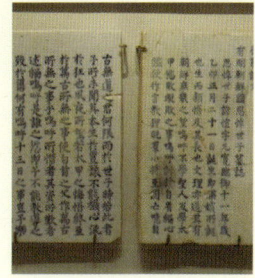

11 봉돈

적이 나타났을 때 봉화를 올려 신호를 보내던 곳입니다. 화성의 봉화대는 단순히 신호를 보내는 기능만 한 것이 아니라 적을 향해 총을 쏠 수 있는 구멍까지 만들어놓은 것이 특징입니다. 그래서 이곳을 '봉돈'이라고 부릅니다. 평소에는 1개, 멀리 적이 보이면 2개, 적이 국경 가까이 접근하면 3개, 국경을 넘어오면 4개, 적과 전쟁이 시작되었을 때는 5개의 연기나 불을 올렸습니다.

12 융·건릉

융·건릉은 수원 화성에서 자동차로 25~30분 정도 걸립니다. 융·건릉은 융릉과 건릉을 말하는데, 융릉은 사도세자와 혜경궁 홍씨의 묘이고 건릉은 정조와 효의왕후의 묘입니다.

:: 수원 화성 둘러보기 ::

13 화성행궁

'행궁'은 왕이 궁 밖을 나와 먼 길을 떠났을 때 머무르던 곳입니다. 화성행궁은 576칸의 큰 규모를 자랑하는데, 다른 행궁들에 비해 규모가 매우 큽니다.

화성행궁의 정문인 신풍루, 정전의 역할을 했던 봉수당, 봉수당과 연결된 침전인 장락당, 넓은 마당이 있어 큰 행사를 치르기 좋았던 낙남헌, 왕이 신하를 만나던 건물 유여택 등을 둘러보며 정조의 뜻을 되새겨보세요. 이 중 봉수당은 정조가 어머니 혜경궁 홍씨의 회갑 잔치를 연 곳으로, 어머니가 무병장수하길 바라는 마음에서 본래 '장남헌'이라 불린 것을 '봉수당'이라는 새 이름을 지어 불렀다고 합니다.

1. 수원 화성
주소 경기도 수원시 장안구 영화동 320-2 | **전화** 031-290-3600 | **관람 시간** 09:00~18:00 | **휴무** 없음 |
입장료 어른 1000원, 청소년 700원, 어린이 500원(관람 시간 이후 무료 관람 및 야간 관람 가능) |
주차 자체 주차장 이용(1일 1만 원) | **홈페이지** www.swcf.or.kr

2. 융·건릉
주소 경기도 화성시 안녕동 187-39 | **전화** 031-222-0142 | **관람 시간** 2~5·9~10월 09:00~18:00, 6~8월 09:00~18:30, 11~1월 09:00~17:30 | **휴무** 월요일 | **입장료** 1000원 | **주차** 자체 주차장 이용(무료) |
홈페이지 royaltombs.cha.go.kr/html/HtmlPage.do?pg=/new/html/portal_01_13_01.jsp&mn=RT_01_13

아이와 함께 즐기면 좋은 주변 먹거리

 수원 화성 근처는 오래된 갈빗집이 많기로 유명합니다.
• 본수원 갈비, 고급 식당 신라 갈비, 30년 전통 가보정

AREA 041

관비 출신의 제주 거상, 김만덕

김만덕 기념관

#제주
#김만덕
#조선후기상업발달
#신해통공
#출륙금지령
#제주위인
#여성상인

 장사로 큰돈을 번 김만덕은 제주에 큰 흉년이 들어 많은 백성이 굶어 죽자, 그동안 모은 돈으로 쌀을 사서 굶주린 백성에게 나눠주었다. 그녀의 선행은 정조의 명에 따라 《만덕전》이라는 글로 지어졌다.

— 초등학교 사회 5학년 2학기

MISSION

> 조선 최고의 당찬 여성, 김만덕의 삶을 살펴봅시다
>
> 조선시대는 신분제가 매우 엄격했던 때였습니다. 그러나 여성이자 기생 출신이었던 김만덕은 당시 왕이 정조의 초대로 궁궐은 물론이고 금강산 유람까지 했습니다. 도대체 김만덕은 누구이며, 정조는 왜 그녀를 칭송했을까요. 김만덕이라는 인물과 조선 후기 상업 발달에 대한 내용을 지금부터 자세히 살펴보겠습니다.

2015년에 개관한 김만덕기념관은 나눔과 베풂을 실천하는 삶을 산 김만덕의 삶과 정신을 기리는 공간입니다. 전시실에서는 김만덕의 생애를 따라 그의 행적을 소개하는 자료와 김만덕을 칭송했던 정조와 채제공에 관련된 전시물을 볼 수 있습니다. 기념관에서 200m 정도 떨어진 곳에는 만덕 고가와 객주 시설을 재현해놓은 김만덕 객주 터가 있습니다.

1. 김만덕은 누구인가요

김만덕은 조선 후기 제주도에 살던 여성 사업가입니다. 지금 제주도는 경치가 빼어난 관광지이지만, 당시는 사람이 살기 힘든 척박한 곳이었어요. 죄인들을 벌할 때 제주도로 유배를 보낼 정도였습니다. 제주도는 바다로 둘러싸인 섬이고, 돌이 많고 바람이 강해 농사짓기가 힘든 땅이었어요. 그렇지 않아도 먹거리가 부족한데 1792년부터 약 4년간 제주 최악의 흉년이라는 갑인년 흉년이 들었습니다.

당시 제주도 최고 부자였던 김만덕은 제주 백성들이 굶어 죽는 것을 보자 전 재산을 내놓아서 전라도, 경상도 등 육지에서 쌀을 사 와 무료로 나눠주었어요. 당시 그녀가 나눠준 쌀이 전체 제주도민이 열흘간 먹을 수 있는 양이었다니 정말 어마어마하죠?

2. 기생에서 양인으로 신분을 회복했어요

1739년 영조 15년에 제주도에서 아버지 김응열과 어머니 고씨 사이에서 태어난 김만덕은 상인이던 아버지 덕으로 어린 시절이 그리 어렵지는 않았습니다. 하지만 사고로 아버지가, 전염병으로 어머니마저 돌아가시자 그만 고아가 되었습니다. 이후 기생집의 수양딸로 들어가 기생으로 살게 되었어요. 워낙 총명하고 미모도 빼어난 데다 노래와 춤, 그

▲ 조선시대 인기 상품, 제주 특산품

▲ 굶주림에 시달리는 제주 백성

▲ '행수'이자 '내의녀'라 새겨진 김만덕 묘비

리고 거문고를 잘해 명성이 자자했다고 합니다. 김만덕은 관아에 소속된 기생, 즉 관기였는데 화려한 옷을 입고 먹을 것을 걱정할 필요는 없었지만 신분은 노비와 크게 다를 바 없는 천민이었어요. 그녀의 성격은 매우 당차, 관아로 가서 자신은 본래 기생이 아니라 사정이 있어 기생의 수양딸이 된 것이니 원래 신분인 양인으로 복귀시켜달라고 했습니다. 사정을 들은 목사는 기녀 명단에서 그녀의 이름을 빼주었고, 김만덕은 양인 신분이 회복되었습니다.

3. 살기 힘든 제주에서, 여성 혼자 어떤 일을 했을까요?

김만덕은 그간 모은 돈으로 가장 먼저 '객주 客主'를 차렸습니다. 객주는 전국에서 온 상인들의 물건을 받아 대신 팔아주기도 하고, 그들을 상대로 먹을 것과 묵을 장소를 제공하는 등 중간 상인의 역할을 했습니다. 그녀는 제주도의 최고 특산물이었던 미역과 말총, 갓의 재료인 양태, 귤 등을 육지에 내다 팔고, 육지의 쌀과 곡식, 옷감, 장신구, 화장품 등을 제주도민에게 팔아 큰돈을 벌었어요. 당시 육지 사람들의 절반이 제주 미역을 먹었다니 얼마나 장사가 잘되었겠어요? 이렇게 돈을 번 김만덕은 육지 부자들과 비교해도 손색이 없을 정도로 큰 부자가 되었습니다.

4. 무서운 갑인년 흉년에서 제주를 구하다

제주 속담에는 '갑인년 흉년에 먹다가 남은 것은 물밖에 없다'는 말이 있습니다. 제주도에는 1792년부터 흉년이 들기 시작했는데, 이로부터 약 4년간은 최악의 흉년이라 할 만큼 힘든 시기였어요. 먹을 것이 없어 제주도민의 1/3이 굶어 죽었다는데, 상상이 가시나요? 농사짓기 힘든 제주도에서 최악의 흉년이라니 당시 백성들이 얼마나 힘들었을까요. 정조도 제주도의 상황을 듣고 급히 배로 쌀을 보냈지만 풍랑을 만나 일부가 바닷속으로 가라앉고 말았습니다. 제주도민들은 굶주림을 참다못해 말과 소를 잡아먹고 아이들을 길에 버렸다고 합니다. 게다가 무덤들이 파헤쳐지고 심지어 사람이 사람을 잡아먹는 끔찍한 일까지 벌어졌다고 하니 어떤 상황인지 조금은 짐작이 가시죠? 이런 상황을 본 김만덕은 자신이 평생을 걸쳐 모은 전 재산을 내놓고 쌀을 사서 가져옵니다. 그러고는 삼성혈과 관덕정에서 백성들에게 무료로 나눠주었습니다. 나라님도 하지 못한 일을 그녀가 해낸 것이지요.

5. 그녀의 선행을 전해 들은 정조의 선물

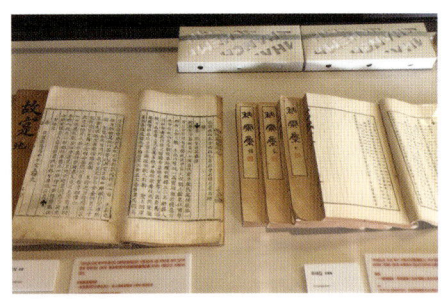

▲ 김만덕의 선행을 담은 조선시대 문집

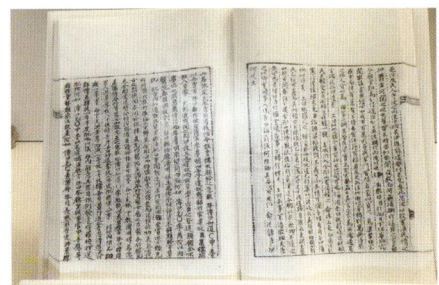

▲ 정조 시대 《승정원일기》에도 등장

김만덕이 제주 백성들을 구했다는 이야기를 들은 정조는 제주목사였던 이우현을 통해 김만덕의 소원을 물어보았는데, 과연 그녀의 소원은 무엇이었을까요? 소원은 두 가지였는데, 하나는 한양에 가서 임금님을 뵙고 싶은 것이고, 두 번째는 금강산 구경이 하고 싶다고 했어요. 너무 시시한 소원인가요? 하지만 당시 제주 상황을 알면 왜 이런 소원을 말했는지 이해가 될 거예요. 제주도는 앞서 말했듯 살기 매우 어려운 땅이라 많은 백성들이 경상도나 전라도 등 육지로 이사를 갔습니다. 얼마나 많은 사람이 제주도를 떠났으면 '출륙금지령'이 내려졌을까요?

'출륙 금지령 出陸 禁止令'은 조선 중기 제주도 사람들이 제주를 떠나는 것을 금지한 정책입니다. 인구가 많이 줄어들어 세금 낼 사람도 없고 해안 방어도 취약해져 내린 결정이었어요. 특히 제주 여성들은 육지 남자와 혼인도 할 수 없었지요. 그야말로 제주도는 제주 백성들에게는 거대한 감옥이었습니다. 이러니 사람들이 얼마나 답답했을까요? 한 번쯤은 섬을 벗어나 넓은 세상을 구경하고 싶지 않았을까요?

김만덕의 소원을 들은 정조는 출륙 금지령을 깨고 그녀에게 내의원 의녀반수라는 임시 벼슬을 내린 후 궁궐로 초대했습니다. 그리고 한 달간 금강산 유람도 시켜주었고요. 당시 양반들 사이에서는 금강산 유람이 큰 유행이었다고 합니다. 금강산을 다녀왔다고 하면 다들 부러워할 정도였으니까요. 금강산 유람을 잘 마친 김만덕은 이후 다시 제주도로 돌아와 지내다 1812년 73세의 나이로 세상을 떠났습니다.

🔍 6. 조선 최초의 여상인, 김만덕

정조는 《만덕전》을 엮어 김만덕의 일을 기록하게끔 했고, 박제가, 정약용, 이가환, 채제공 등 많은 학자가 그녀의 업적과 선행을 칭송했습니다. 참고로 조선 후기에는 모내기 이앙법과 이모작 등으로 농업 생산력이 높아지고, 수공업도 발달하면서 물건을 사고파는 장시가 많이 생겼습니다. 정조는 '신해통공 辛亥通共'으로 당시 물건을 독점하던 시전 상인들의 권한(금난전권 禁亂廛權)을 폐지해 누구든 자유롭게 상업 활동을 할 수 있게 했어요. 정조는 이 '신해통공'의 내용을 한글로도 써서 백성들이 모두 볼 수 있도록 성문과 저잣거리 등에 붙였습니다. 이때 '상평통보' 같은 화폐도 널리 사용되고 무역도 활발해졌죠.

정조의 이런 정책들 속에서 그 분위기를 타고 김만덕도 제주에 객주를 차려 돈을 벌 수 있었던 것이죠. 또 그런 그녀가 선행을 베풀자 정조는 더욱더 이 사실을 세상에 널리 알려 자신의 개혁 정치를 펼치고자 했던 것입니다. 거상이었던 김만덕의 노블레스 오블리주 noblesse oblige와 상업을 장려하는 정조의 정책이 제대로 연결된 것입니다.

남대문 시장, 동대문 시장도 조선 후기에 생겼다??!

조선 후기에는 상업이 활발해지면서 자유롭게 상업 활동을 할 수 있는 사상 私商이 등장했습니다. '사상'은 간단히 말하자면 자유 상인이에요.

정조의 '신해통공'으로 도성 주변에 큰 시장들도 많이 생기게 되었어요. 예를 들어 지금의 남대문 시장인 칠패 七牌, 동대문 시장인 이현 梨峴, 잠실의 송파 松坡가 바로 그런 시장들입니다. 그리고 지방에는 개성의 송상 松商, 의주 쪽의 만상 灣商, 동래의 내상 萊商, 한강을 끼고 활동하는 경강상인 京江商人(강상 江商) 등이 등장하죠. 이때 청나라와 일본과도 무역이 활발하게 이루어졌다는 사실, 기억해두세요.

:: 김만덕기념관 둘러보기 ::

김만덕기념관은 규모가 큰 전시관은 아니지만 이야기책을 읽듯 꼼꼼히 보려면 1~2시간은 걸립니다. 미리 김만덕에 대한 책을 읽고 가면 더 흥미로운 시간이 될 것입니다. 또 김만덕기념관 근처에는 산지천을 중심으로 아라리오뮤지엄(동문모텔, 동문모텔2), 산지천 갤러리 등 좋은 관람 시설이 있으니 시간이 된다면 함께 둘러보기를 권합니다.

 김만덕기념관
주소 제주도 제주시 산지로 7 | 전화 064-759-6090 | 관람 시간 09:00~17:00 | 휴무 월요일, 1월 1일, 설날·추석 당일
입장료 무료 | 주차 제주도 제주시 임항로 77 마음에온 건입 1층
홈페이지 www.mandukmuseum.or.kr

 아이와 함께 즐기면 좋은 주변 먹거리
옛 분위기를 느낄 수 있는 김만덕객주(고기국수 9000원, 고사리 육개장·몸국 각 1만원, 고등어구이 1만5000원, 해물파전 2만원)

AREA
042

조선 후기 천재 실학자,
정약용
다산초당

#전라남도강진
#정약용
#실학
#천주교서학
#신유박해
#정약전
#목민심서
#자산어보

 정약용은 오랜 유배 생활 중에도 연구를 계속해 책을 많이 남겼다. 그는 기술, 경제, 정치, 농업 등 다양한 분야에서 실제 생활에 도움이 되는 지식과 방법을 찾고자 연구했다. — 초등학교 사회 5학년 2학기

정약용의 혼이 깃들어 있는 다산초당을 방문해봅시다

정약용은 조선 후기의 대표적인 실학자입니다. 어린 나이에 문과에 급제해 정조의 전폭적인 후원과 지지를 받으며 성장한 천재 실학자였어요. 그러나 정조가 갑자기 세상을 떠나자 천주교를 믿었던 가족과 함께 많은 고초를 겪습니다. 그의 생애와 업적, 그리고 대표적인 유적지인 다산초당에 대해 알아봅니다.

산 위에 있는 다산초당으로 올라가는 길은 가파른 편이지만 아이들도 갈 수 있는 정도입니다. 다산초당을 오가는 길과 다산초당에서 백련사까지 가는 길은 슈퍼마켓이나 편의점이 없는 산길이니 음료수 등을 미리 준비하는 것이 좋습니다. 정약용이 직접 팠다는 다산초당의 샘물인 '약천'의 물은 지금은 마실 수 없습니다.

1. 조선 후기의 '실학'이란?

이탈리아에 레오나르도 다빈치가 있다면 조선에는 정약용이 있었다고 해도 과언이 아닙니다. 그 정도로 정약용은 정치, 경제, 사회 등 여러 방면에서 학식도 높았고 낡은 제도를 개선하기 위해 노력했어요.

그에 대해 설명할 때는 꼭 '실학 實學'이라는 단어가 들어가는데, '실학'은 무엇일까요? 실학에 대해 알아보

▲ 정약용의 제자들이 머물던 서암

려면 먼저 '성리학'을 잠깐 살펴봐야 합니다. 당시 양반들이 공부하던 성리학은 중국 송나라 때 시작된 유학의 한 갈래로, 인간과 우주를 깊이 연구하는 어려운 학문이었습니다. '우주는 어떻게 만들어졌을까?', '인간은 선한 존재인가, 악한 존재인가?'라는 질문을 연구하는 것이죠. 여기에서는 모든 것의 원리를 '이 理'와 '기 氣'로 설명해요.

성리학은 고려 말에 우리나라에 들어오는데, 안향이 원나라에 갔다가 《주자전서》라는 책을 가져오면서 연구를 하고, 백이정, 이제현 등 많은 학자가 연구합니다. 이후 이색 역시 성리학을 공부했는데, 우리가 잘 아는 정몽주, 정도전 등이 그의 제자들이에요.

이들은 왜 이렇게 어려운 학문인 성리학에 주목했을까요? 성리학이 혼란한 고려 사회를 바로 세워줄 대안이라고 믿었기 때문입니다. 하지만 가난한 백성들은 더 많아지고 탐관오리들의 횡포는 심해지는데, 우주의 원리와 인간 존재를 연구하는 학문이 도움이 되었을까요? 물론 아닙니다. 예의와 도리 등만을 강조했던 성리학은 현실과는 동떨어진 것이

었어요. 그래서 이를 비판하는 학자들이 생겼고, 그들이 바로 실학자들입니다. '실학'은 간단히 말하자면 '실생활에 도움이 되는 실용적인 학문'이에요. 이론보다는 백성들이 잘 살게 하고 나라의 힘을 강하게 만들 수 있는 것이 무엇인지 고민했습니다. 그리고 서양의 여러 문물, 그중에서도 과학기술 등이 전해지면서 백성들의 삶에 직접 도움이 되는 학문, '실학'이 주목받게 되죠.

2. 백성들이 잘살게 하는 방법이 무엇일까?

실학자들은 정치, 경제, 사회 등 여러 분야에 걸쳐 백성들에게 도움이 되는 방안을 고민했습니다. 안으로는 성리학에 대한 불만이 커졌고, 밖에서 생전 처음 보는 신기한 서양 문물이 전해졌으니, 당시 실학은 시대적으로 당연히 필요한 것이었어요. 이렇게 17세기에 시작된 실학은 18세기가 되면서 본격적으로 발전합니다.

특히 백성들과 직접 관계가 있는 문제에 주목하게 됩니다. 우선 유형원과 이익, 정약용 등은 토지제도를 개혁해 농민 생활을 안정시켜야 한다고 주장했습니다. 또 유수원, 홍대용, 박지원, 박제가 등은 상공업을 발전시켜야 한다고 했어요. 이들은 특히 청나라의 영향을 받아 '북학파'라고도 불렸습니다. 당시 청나라는 중국의 전통문화와 함께 서양 문물을 적극적으로 받아들여서 발전하고 있었습니다. 외교 업무를 위해 청을 방문한 우리 사신들은 발전된 청의 모습에 깜짝 놀랐죠. 이들이 청을 방문할 때마다 서점에서 사 온 청과 서양의 책들은 이후 조선의 발전에 큰 영향을 끼쳤습니다. 실학과 함께 우리의 역사, 지리, 국어 등을 연구하는 '국학'도 발달했고, 김정호의 〈대동여지도〉도 이때 제작되었어요.

17세기에 또 하나 빼놓을 수 없는 흐름이 바로 천주교로, 중국을 오가던 사신들을 통해 조선에 소개되었습니다. 천주교는 서양 학문인 '서학' 중 하나인데, '천주님 앞에서는 모든 사람들이 평등하다', '죽은 뒤에는 천당에 갈 수 있다'는 것이 당시 힘들게 살아가던 백성들에게 큰 위안이 되었습니다.

3. 조선 최고의 지식인, 정약용

앞에서 살펴보았듯 당시 시대는 변하고 있었습니다. 성리학에서 실학으로, 그리고 서양 문물이 전해지면서 큰 변화의 흐름 속에 놓이게 된 것이죠. 이런 배경 속에서 정약용이라는 인물에 대해 살펴보겠습니다. 정약용은 1762년 아버지 정재원과 어머니 해남 윤씨 사이에서 태어났습니다. 그는 어린 시절에 몸이 약해서 밖으로 나가서 노는 시간보다는 책을 읽는 시간이 더 많았습니다. 어린 시절부터 영특하고 학문에 재능이 많았다고 해요.

22세에 진사가 되어 성균관에 입학했고, 정조 13년에는 대과에 급제해 관직에 진출합니다. 이후 그의 천재성이 정조의 눈에 띄면서 승승장구합니다. 정조가 한강을 건너야 할 때 정약용이 배다리를 만들고, 아버지 사도세자의 무덤을 옮기면서 축조했던 수원 화성 설계를 맡은 일은 유명하죠. 당시 정조는 정약용에게 서양의 기술을 중국에 최초로 소개한 《기기도설》을 주면서 연구하도록 했습니다. 정약용은 이에 보답하듯이 무거운 물건을 들어 올리는 거중기를 만들었고, 덕분에 공사 기간도 줄이고 공사 비용도 대폭 절감하게 되죠. 하지만 이런 정약용이 예상하지 못한 어려운 상황에 놓입니다. 곧 닥쳐올 정조의 죽음과 천주교 때문이었습니다.

4. 천주교를 접한 정약용

여러 학문에 호기심이 매우 많았던 정약용은 1784년, 사돈이던 이벽과 대화를 나누게 됩니다. 당시 이벽은 천주교를 믿던 신자였어요. 이벽은 정약용에게 책을 한 권 건네는데, 바로 천주교의 교리를 담은 《천주실의 天主實義》였습니다.

그는 이 책을 받아서 읽고 난 뒤 이전에는 미처 몰랐던 새로운 세상이 있다는 것을 알게 되어 감탄했다고 합니다. 그리고 이벽, 이승훈, 정약전 등과 천주교에 대해 공부했습니다. 참고로 이 중 정약전은 정약용의 형인데, 정약용과는 서로 학문적으로 멘토가 되는 형제이자 동지, 정신적 지주였습니다. 백성들의 삶에 도움이 되고자 했던 정약용에게 인간에게 이로움을 주어야 하고, 인간은 모두 평등하다고 이야기하는 천주교는 큰 문화적 쇼크인 동시에 호기심을 불러일으키는 대상이었습니다.

이후 정약용은 천주교 교리에 푹 빠져 학문적으로 탐구했습니다. 그런데 이때 정약용을 총애하고 지원해주던 정조가 갑작스럽게 세상을 떠납니다. 정조의 죽음은 정약용에게 청천벽력과도 같은 소식이었어요. 정조가 세상을 떠나자 순조가 11세 어린 나이에 왕이 되었고, 순조의 증조할머니이자 영조의 계비인 정순왕후 貞純王后가 순조 대신 앞에 나서서 정치를 하게 되죠. 그녀는 정조의 장례식이 끝나자마자 바로 사도세자와 정조의 지지 세력을 대대적으로 잡아들이고 제거합니다.

5. 신유박해에서 시작된 정약용의 유배 생활

정순왕후는 당시 신분제도에 반대하며 평등을 이야기하고, 유교적인 의례를 거부하는 천주교가 점차 확산되어가자 위기감을 느꼈습니다. 정조가 죽고 정순왕후가 순조 대신 실질적인 권력을 잡자 바로 천주교도를 대대적으로 탄압하는데, 이것이 바로 1801년 신유박해 辛酉迫害입니다. 여기에는 물론 당시 정순왕후가 중심이 된 노론 세력이 자신들의 반대 세력이었던 남인 등의 개혁가들을 없애고자 했던 정치적인 음모도 있었습니다. 이 신유박해로 정약용을 비롯해 이승훈, 이가환, 정약전 등의 많은 사람이 유배를 가거나 처형됩니다.

당시 정약용은 천주교를 종교가 아닌, 학문적인 호기심으로 접근해서 연구했지만 사실 그의 가족이나 친척 중 상당수는 독실한 천주교 신자였습니다. 그러니 그 역시 신유박해를 피해 갈 수 없었죠. 결국 정약용은 1801년 3월 9일, 경상북도 포항의 장기로 유배를 가 그곳에서 220일간 지냅니다. 이후 '황사영 백서 사건 黃嗣永 帛書 事件'에 연루되면서 같은 해 10월 20일 한양으로 압송되었고 다시 전라남도 강진으로 유배를 갑니다. 이후 1818년 57세가 되던 해에 유배에서 풀려났고 1836년에 생을 마감합니다.

'황사영 백서 사건'이란?

정약용은 신유박해로 경상북도 포항의 장기에서, 정약용의 형인 정약전은 전라남도 완도의 신지도에서 유배 생활을 하다가 '황사영 백서 사건'으로 형 정약전과 함께 한양으로 압송됩니다.

황사영은 정약용의 조카사위로 당시 천주교 신자였습니다. 그는 1801년 신유박해로 천주교도들이 탄압을 받자 충청북도 제천의 한 토굴에 숨어 지내면서 당시 베이징의 구베아 주교에게 조선의 상황을 알리고 도움을 청하는 청원서를 씁니다. 흰색 비단에 깨알 같은 글씨로 청원서를 써서 이를 '백서 帛書'라고 해요.

그는 천주교도들이 신앙의 자유를 얻기 위해서는 프랑스 함대를 파견해 조선 정부에 압력을 가해야 한다고 썼습니다. 하지만 황사영의 계획은 실패했고 이 일로 인해 관련된 사람들이 모두 체포되어 처형당했습니다. 그런데 이 청원서에 정약용과 정약전의 이름이 거론되었던 것이죠.

당시 노론 세력은 황사영의 백서 제작 배후에는 정약용과 정약전이 있다고 주장했고, 두 사람은 한양으로 압송되어 심문을 당합니다. 당시 노론 벽파의 홍낙안 등은 "천 사람을 죽여도 정약용 하나를 죽이지 못하면 아무도 죽이지 못한 것과 같다"라고 말했다고 합니다. 하지만 끝내 관련된 증거가 나오지 않자 정약용은 다시 전라남도 강진으로, 정약전은 전라남도 신안군 흑산도로 유배를 떠나게 되었습니다. 참고로 황사영의 백서 원본은 현재 로마 교황청 바티칸 민속박물관에 보관되어 있다고 해요. 그리고 충청북도 제천시 봉양읍의 배론 성지에 가면 당시 황사영이 지내던 토굴을 직접 볼 수 있습니다.

6. 강진에서는 1표2서, 흑산도에서는 《자산어보》!

정약용은 강진 유배지에서 오랜 세월 있으면서 한순간도 학문 연구를 게을리하지 않았다고 합니다. 단 하루도 빼놓지 않고 책을 읽었고, 많은 제자를 길러냈어요. 그리고 약

▲ 지방 수령의 도리를 담은 《목민심서》

500권에 달하는 책을 펴내기도 했으니 정말 대단한 학자임에 틀림없습니다. 그가 저술한 책 중에는 '1표2서'가 있는데, 바로 《경세유표 經世遺表》, 《목민심서 牧民心書》, 《흠흠신서 欽欽新書》를 말합니다. 《경세유표》는 조선의 제도 개혁에 대한 것이고, 《목민심서》는 지방을 다스리는 수령들이 꼭 지켜야 할 도리를 담은 것입니다. 그리고 《흠흠신서》는 조선시대 법에 대한 내용을 쓴 책이고요. 모두 정약용이 머물던 다산초당에서 집필한 것들입니다.

그는 다산초당에서 가까운 거리에 있던 백련사의 혜장선사와 매우 가까이 지내며 차를 나누어 마시고 학문을 논했다고 합니다. 그리고 흑산도에서 지내는 형 정약전과도 편지를 통해 끊임없이 학문적으로 교류하고 안부를 물었다고 해요. 이런 모습은 정약전의 흑산도 유배 시절 이야기를 담은 영화 〈자산어보〉에도 등장하죠.

정약전은 흑산도에서 정약용보다 일찍 세상을 떠나게 됩니다. 형이 세상을 떠났다는 소식을 들은 정약용이 흑산도로 가서 유품을 수습하던 중 형이 쓴 원고를 발견하는데, 이것이 바로 《자산어보 玆山魚譜》입니다. 한반도 서해안의 해양 생물 226종에 대해 이름과 특징, 쓰임새, 요리법까지 자세히 기록한 책으로, 다시 말하면 19세기 서해안의 해양 생물 백과사전이라 할 수 있어요. 정약용, 정약전 모두 힘든 유배 생활을 하고 있었지만, 백성들에게 이로운 것이 무엇인지 끊임없이 고민하고 백성들과 스스럼없이 지내며 모르는 것을 묻고 배워나간 모습은 그야말로 진정한 실학자의 자세였다고 생각합니다.

:: 정약용 유적 둘러보기 ::

다산 정약용은 강진 유배 생활 18년 중 약 10년 동안을 다산초당에서 지냈습니다. 처음에는 주막과 제자들의 집 등에서 8년을 지냈고, 이후 1808년에 다산초당으로 거처를 옮겼어요. 여기에서 500여 권에 달하는 책을 집필했고 《목민심서》, 《경세유표》, 《흠흠신서》가 완성되었습니다. 이곳에 있는 '다산초당' 현판은 추사 김정희 선생의 친필을 모아서 새긴 것입니다.

01 다산초당 茶山草堂

이곳에는 다산초당을 비롯해 동암, 서암, 천일각 등의 건물이 있는데, 이곳을 통틀어 '정약용 유적'이라 부릅니다. 다산초당은 본래는 나무로 만든 초가였지만 1936년에 붕괴되었고, 1957년에 다시 기와를 얹은 목조 와가로 지었습니다.
다산초당 茶山艸堂의 현판은 추사 김정희의 글씨입니다. 이는 김정희의 글씨를 하나씩 떼어 집자해 만든 것입니다.
이곳에는 '다산 4경'이 있는데, 1경은 정약용이 직접 새겼다고 하는 정석 丁石, 2경은 다산초당 앞마당의 넓적바위인 다조 茶竈입니다. 정약용이 이곳에서 물을 떠다 솔방울로 숯불을 피워서 찻물을 만들었다고 합니다. 3경은 약천 藥泉으로, 정약용이 직접 팠다고 하는 샘을 말해요. 마지막으로 4경은 연지석가산 蓮池石假山인데, 연못 중앙에 돌을 쌓아서 만든 작은 산입니다. 정약용은 이 연못에 잉어를 키웠다고 합니다.

02 서암 西庵 & 동암 東庵

서암은 '다성각 茶星閣'이라고도 부르는데, 정약용의 제자 18인이 머물던 곳입니다. 그리고 동암은 '송풍루 松風樓'라고도 불리는 곳으로, 동암의 현판에 쓰인 '다산동암 茶山東菴'은 정약용의 글씨를 하나씩 떼어 모아 만든 것입니다. 옆의 현판 '보정산방 寶丁山房'은 추사 김정희의 글씨로, 친필을 확대해 그대로 본떠 새긴 것입니다. 정약용이 2,000여 권의 책을 보관하고 손님이 오면 맞았던 곳이라고 해요. 그가 집필한 많은 책이 이곳에서 완성되었습니다.

:: 정약용 유적 둘러보기 ::

03 천일각 天一閣

'하늘 끝 모퉁이'라는 의미를 담은 '천애일각 天涯一閣'을 줄인 천일각은 정약용의 유배 시절에는 없었던 곳입니다. 1975년에 강진군에서 세운 것으로, 정약용이 정조와 흑산도에 있는 형 정약전이 그리울 때 이곳에서 강진만을 바라보며 마음을 달랬을 것이라 해서 세웠다고 해요.

04 백련사 白蓮寺

강진 유배 시절, 정약용의 벗 혜장선사가 있던 절입니다. 다산초당에서 백련사까지 이어진 800m 정도의 길은 동백 숲길인데, 정약용은 아름다운 동백꽃이 만발한 이 길을 걸으며 무슨 생각을 했을까요? 백련사까지는 걸어서 30분 정도 거리로, 풍경이 아름다워서 산책 코스로도 매우 좋습니다.
주소 전라남도 강진군 도암면 백련사길 145

05 사의재 四宜齋

1801년 11월 23일 강진에 도착한 당일 정약용이 묵은 주막으로, "헛되이 살지 말고 제자라도 기르라"는 이곳 주인 할머니의 말을 듣고 자결까지 생각하며 절망에 빠졌던 자신을 추슬렀다고 합니다. 사의재는 '네 가지를 올바로 하는 이가 거처하는 집'이라는 뜻으로, 네 가지는 바로 생각, 용모, 언어, 행동입니다.
주소 전라남도 강진군 강진읍 사의재길 27

 다산초당
주소 전라남도 강진군 도암면 다산초당길 68-43 | **전화** 061-430-3911 | **관람 시간** 09:00~18:00 | **휴무** 없음 |
입장료 무료 | **주차** 자체 주차장 이용(무료) | **홈페이지** www.gangjin.go.kr/culture/attractions/twelve_scenery/dasanchodang

 아이와 함께 즐기면 좋은 주변 먹거리

• 고급스럽고 정갈한 음식이 일품인 한정식집, 청자골 종가집(한정식 고배상 4인 16만 원~)
• 다산초당과 가까운 곳에 자리한 다산손맛집(집밥정식 1만2000원, 해물파전 1만7000원)

AREA
043

고난과 시련 속에서
피어난 꽃
제주 추사관

#제주서귀포
#김정희
#추사체
#세한도
#추사적거지

> 서예에서도 김정희가 여러 대가들의 필체를 연구해 굳센 기운과 다양한 조형성을 갖춘 추사체를 창안했다.
> - 중학교 3학년 역사2

조선 최고의 예술가, 김정희의 삶을 따라가 봅시다

글씨에 대해 잘 알지 못한다고 해도 '추사 김정희'가 우리나라 최고의 명필가임은 누구나 아는 사실입니다. 당시 그의 학식과 재능은 조선을 넘어 멀리 청나라까지 알려졌습니다. 글씨뿐만 아니라 조선에 금석학을 처음으로 정립하고, 고증학까지 두루 섭렵했던 문인이자 최고의 예술가였던 추사 김정희에 대해 살펴보겠습니다.

제추 추사관이 있는 서귀포시 대정읍에서 가까운 거리에도 둘러볼 만한 명소가 많습니다. 일제강점기 일본군 비행기 격납고가 있는 알뜨르비행장, 일본군이 파놓은 진지동굴과 방공호가 남아 있는 송악산과 더불어 제주 대표 명소 중 하나인 산방산 등이 있습니다. 산방산 앞쪽으로는 사암층 암벽의 기묘한 절벽이 이어진 용머리해안, 고국 네덜란드로 돌아가 《하멜표류기》를 쓴 하멜이 제주에 표류한 것을 기념해 만든 하멜상선전시관 등이 있으니 함께 둘러보면 좋습니다. 전시관은 네덜란드 상선인 스페르웨르호를 모델로 재현했고, 내부에서는 하멜이 제주에 표류했을 때부터 조선에서의 생활, 귀국 과정 등을 전시하고 있습니다.

🔍 1. 명문가 집안에서 태어난 천재

김정희는 1786년(정조 10년)에 태어났습니다. 그의 출생지는 충청남도 예산이라고 하고, 또는 서울 명동이라 하는 등 의견이 분분합니다. 그의 집안은 명문가로, 증조부인 김한신은 영조의 둘째 딸인 화순옹주와 결혼한, 다시 말하면 왕의 사위였습니다. 김정희의 아버지는 병조 판서 김노경으로, 형인 김노영에게 아들이 없어 김정희는 큰집에 양자로 입양됩니다.

그가 7세였을 때, 영·정조 시대 문신 채제공이 우연히 집 앞 대문에 붙여놓은 '입춘첩 立春帖' 글씨를 보고 깜짝 놀라 대문을 두드려 누구의 글씨인지 물어보았다고 해요. 김노경이 아들 김정희가 쓴 글씨라 하자 채제공은

▲ 김정희의 호는 추사 이외에도 완당, 예당, 시암 등 여러 개가 있다.

"이 아이는 반드시 명필로 이름을 떨칠 것이다. 하지만 만약 그렇게 되면 운명이 기구해지니 절대 붓을 쥐게 하지 말아야 한다"라 말했다고 합니다. 그가 어린 시절을 보낸 서울 통의동의 증조부 김한신의 집에는 증조부가 평생에 걸쳐 모은 책들이 있었고, 김정희는

어릴 때부터 서고에서 많은 시간을 보내며 학문을 익혔다고 합니다.
그는 아버지의 소개로 당시 북학파였던 박제가의 제자가 되었고, 스승으로부터 청나라에 대해 배우며 꿈을 키웠다고 해요. 박제가 역시 김정희가 어린 시절에 쓴 글씨를 보고 그의 재능을 한 번에 알아봤다고 합니다. 이렇게 김정희는 명문가 집안에서 태어난 데다 천재 소리를 들을 정도로 뛰어난 능력을 타고난 사람이었습니다.

2. 아버지를 따라 큰 세상, 연경으로 가다

그러나 탄탄대로였던 그의 인생에도 힘든 일들이 생기기 시작했습니다. 1800년 15세에 한산 이씨와 결혼한 후 할아버지와 양아버지가 돌아가시고, 다음 해에는 친어머니가 세상을 떠났습니다. 그리고 4년 뒤에는 부인과 스승 박제가마저 세상을 떠났습니다. 사랑하고 따르던 사람들이 몇 년간 계속 세상을 떠났으니 정신적으로 얼마나 힘들었을까요? 그는 23세에 예안 이씨와 재혼했고, 아버지는 호조참판으로 승진해 동지부사가 되어 청나라 수도인 연경 燕京(현재 베이징)에 가게 되었습니다. 이때 김정희는 아버지와 함께 연경에 갔고, 그곳에서 보낸 시간은 인생을 바꿔놓는 계기가 됩니다. 어려서 청의 발전된 학문과 기술을 적극 받아들이자고 주장한 북학파인 박제가의 가르침을 받았던 김정희는 연경에서 당대 최고의 금석학자인 옹방강 翁方綱과 대학자인 완원 阮元을 직접 찾아가 배움을 청합니다. 조선에서 온 젊은 청년의 학문에 대한 열정에 감동한 그들은 제자로 받아주었고, 특히 옹방강에게는 금석학에 대한 핵심을 배우게 됩니다. 이 과정에서 한자는 뜻글자가 아닌 그림글자라는 것을 깨닫고 글자의 '꼴' 자체를 먼저 보는 새로운 시야를 터득합니다.

김정희는 연경에 머무는 몇 개월 동안 치열하게 학문을 탐구하면서도 온화한 인품을 지닌 대학자들 앞에서 학문을 바라보는 새로운 관점을 깨우치게 됩니다. 그는 많은 학자를 만났고, 발전된 학문과 기술을 직접 확인합니다. 그리고 조선으로 돌아온 뒤에도 편지를 통해 그들과 교류하며 배워나갑니다. 이것이 훗날 김정희가 금석학과 고증학에서 큰 업적을 남긴 위인이 되는 계기가 되었던 것이죠.

3. 34세의 김정희, 대과에 급제하지만…

김정희는 34세에 드디어 대과에 급제합니다. 그 전까지는 과거 시험에 관심을 두지 않고 오직 학문 자체에만 몰두했습니다. 이제 본격적으로 벼슬길에 오른 그는 아버지 김노경과 함께 주요 관직을 두루 맡으며 승승장구했습니다.

북한산 진흥왕 순수비의 최초 발견자!

김정희는 청나라 대학자들과 교류하고 학문을 닦으면서 '아무런 근거 없이 지식을 펼치거나 학문을 해서는 안 된다'라는 생각을 갖게 되었습니다. 그래서 오래된 비석이나 쇠붙이 등에 새겨진 글씨를 연구하는 금석학 金石學에 집중합니다.

금석학 연구를 위해 여러 곳을 다니며 자료를 수집하던 중 김정희는 북한산의 무학대사가 세운 비석 이야기를 듣고 직접 친구 김경연과 함께 비봉에 올라 비석을 살펴보았습니다. 그런데 놀랍게도 비석에서 '진흥'이라는 글자를 발견합니다. 결국 김정희는 이것이 무학대사가 아니라 신라 진흥왕이 세운 비석이라는 것을 알아냈습니다. 바로 국립중앙박물관에 있는 '서울 북한산 신라 진흥왕 순수비'라 불리는 비석이죠. 신라 전성기였던 6세기, 진흥왕은 정복 지역들을 직접 돌아보는데, 이렇게 왕이 자기 영토를 둘러보는 것을 '순수 巡狩'라 하고, 그것을 기념해 세운 비석을 '순수비 巡狩碑'라고 합니다.

참고로 진흥왕은 영토 경계를 알리기 위해 총 4개의 순수비를 세웁니다. 마운령 신라 진흥왕 순수비, 황초령 신라 진흥왕 순수비, 서울 북한산 신라 진흥왕 순수비, 창녕 신라 진흥왕 척경비가 그것입니다. 특히 북한산 비석은 당시 신라가 한강을 차지했다는 중요한 사실을 알려주는 것이에요. 김정희의 열정과 탐구 정신이 없었더라면 우리는 북한산 비봉에 있는 이 비석이 진흥왕 순수비라는 사실을 몰랐을 것입니다.

그러나 1830년 경주 김씨 김정희 집안은 안동 김씨의 세도정치로 정쟁에 휘말려, 아버지 김노경은 귀양길에 오르고 김정희 역시 관직에서 파면당합니다. 이후 풍양 조씨가 정권을 잡자 다시 관직에 오르지만, 1840년 55세가 되던 해에 안동 김씨 세력의 음모로 '윤상도 옥사 사건'에 휘말리면서 고문을 당합니다. 다행히도

▲ 추사관과 함께 있는 김정희 유배지

친구인 우의정 조인영이 '추사를 제발 살려달라'는 상소를 올린 덕에 겨우 목숨만 건져 제주로 귀양을 갑니다.

'윤상도 옥사 사건'은 1830년, 선비 윤상도가 순조에게 안동 김씨의 비리를 고발하는 상소를 올려 시작된 것으로, 이때 안동 김씨들은 윤상도를 고문하고 귀양을 보내 결국 능지처참시켰어요. 순조 이후 헌종이 즉위하면서 안동 김씨 순원왕후가 수렴청정을 하자 안동 김씨 세력이 다시 사건을 꺼내 작정하고 김정희를 탄핵하려고 했습니다. 상소 초안을 쓴 사람이 김정희라는 허위 진술로 억울하게 누명을 쓴 것입니다. 김정희를 몰아세운 것은 김우영인데, 사실 그는 김정희가 암행어사 시절 밝힌 비리로 파직당한 인물

이었습니다. 김우영은 안동 김씨 세력을 등에 업고 김정희에 대해 복수 하고 싶었겠죠? 이것으로 김정희는 9년간 제주도에서 고통스럽고 외로운 유배 생활을 하게 됩니다.

4. 가시울타리 안에서 꽃피운 예술혼

수도 한양에서 멀리 떨어진 척박한 땅 제주로 유배를 떠난 그의 심정은 어떠했을까요? 게다가 유배지 주변으로 가시울타리를 두르고, 그 밖으로 절대 나가지 못하는 위리안치 圍籬安置형을 받았으니 얼마나 답답했을까요? 좋은 집안에서 태어나 평생 고생 한번 하지 않았던 김정희는 노년에 외롭고 고통스러운 나날을 보내게 됩니다. 오죽 스트레스가 심하면 자주 풍토병에 걸려 몸도 매우 쇠약해졌다고 해요. 찾아오는 이 하나 없는 제주도에서 그는 외롭고 힘들 때마다 붓을 들었습니다. 쓰고 그리기를 반복하는 나날 속에서 유일한 낙은 제자 이상적이 보내준 귀한 책들을 읽는 것이었어요. 이상적은 김정희의 제자이자 역관으로 청나라에 자주 갔고, 시를 잘 짓기로도 유명한 사람이었어요.

그는 청나라에 갈 때마다 귀한 책들을 가져와 유배 생활을 하는 옛 스승에게 선물했습니다. 당시 귀한 책을 구하는 것이 매우 어려워 몇 달을 고생해야 겨우 손에 넣을 수 있었고, 가격도 어마어마했습니다. 아마 이상적이 이런 책들을 권력을 쥐고 있던 사람들에게 선물했다면 분명히 출세길에 오를 수 있었을 거예요. 그렇지만 그는 이것을 옛 스승에게 보냈습니다. 그러니 김정희가 얼마나 고마웠을까요? 자칫하면 죄인과 한통속으로 몰릴 수도 있는데, 위험을 감수하고 한 일들이니 그 감동이 정말 컸을 것입니다. 이런 제자 이상적에게 고마운 마음을 표현하고 싶었던 59세의 김정희는 붓을 드는데, 그렇게 탄생한 작품이 바로 최고의 걸작인 '세한도 歲寒圖'입니다.

▲ 유배지를 세 차례나 방문한 벗, 초의선사

▲ 예산 추사 고택 별가로 추정되는 곳에 있던 '우학산인 서실' 편액

또 제주 유배 중 완성된 것 중 다른 하나가 김정희만의 독특한 서체인 '추사체'입니다. '세한도'와 추사체는 유배 생활의 고통을 예술로 승화한 김정희의 혼이 담긴 작품입니다.

5. 우리의 귀중한 문화유산, 추사체

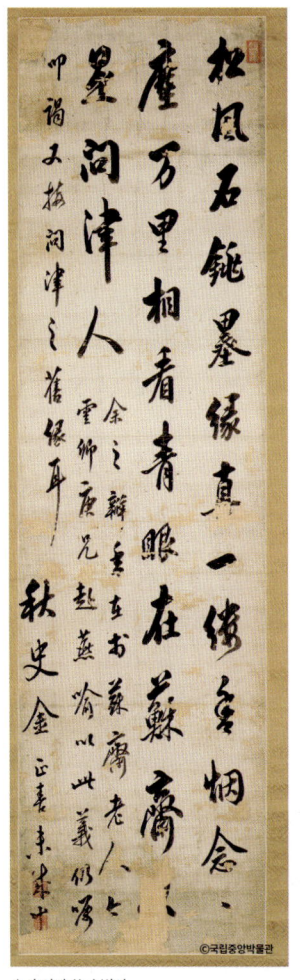

▲ 추사가 쓴 송별시

평생 10개의 벼루 밑을 뚫고, 1,000자루의 붓을 망가뜨렸다니 그가 흘린 땀이 얼마나 대단했는지 상상이 가시나요? 배움을 게을리하지 않았던 김정희는 스스로 독창적인 글씨체인 '추사체 秋史體'를 창조했습니다. 김정희의 호 중 하나인 '추사'를 따서 이름 붙인 것입니다.

젊은 시절부터 그는 방대한 자료를 수집하고 직접 다니면서 옛 기록을 연구했습니다. 이런 과정에서 여러 글씨체의 장점만 모아 만든 것이 추사체였어요. 그는 "글씨나 그림은 법칙이 있는 것이 아니라 도에 이르면 자연히 우러나오는 것이다. 마음속에 글자에 대한 향기와 책에 대한 기를 가져야 그림과 글씨를 바르게 쓸 수 있다"라고 말했습니다.

추사체는 놀라울 정도로 독창적이고 흥미롭기까지 합니다. 당시에는 한석봉과 김정희의 글씨가 매우 유명했습니다. 한석봉의 '석봉체'로 언뜻 보기에도 매우 세련되고 어떤 글자인지 알기도 쉽습니다. 반면 김정희의 '추사체'는 삐죽삐죽한 모양에 무슨 글자를 쓴 것인지 때로는 알아보기가 어렵지만 어느 곳에서도 찾아볼 수 없는 독창성과 예술적인 멋이 있습니다. 김정희는 단순히 '글씨'를 쓴 것이 아니라 글씨를 그림처럼 예술로 만든 예술가였습니다.

6. 한겨울 추운 날씨가 되어서야 소나무와 측백나무가 시들지 않음을 안다

높은 자리에 있을 때는 많은 이들이 주변에 모여듭니다. 하지만 관직을 그만두면 주위에 아무도 없죠. '세한도'에서 '세한'은 '한겨울의 추운 날씨'를 뜻합니다. 둥근 문이 있는 집 한 채, 그리고 양쪽에 그려진 소나무 두 그루와 측백나무 두 그루는 화려한 기교 없이 그려져 황량하고 바싹 마른 느낌이 듭니다. 이는 당시 김정희 자신이 놓인 처지와도 일맥상통합니다. 물기 없는 붓에 진한 먹물을 묻혀 그린 이 그림은 붓의 힘을 이용해서 명암을 조절하는데, 이를 '초묵법 焦墨法'이라고 합니다. 한눈에 보기에도 먹물의 농도로 명암을 조절하는 그림들과는 느낌이 다르죠.

김정희는 그림 옆에 왜 이 이것을 그리게 되었는지 적어놓았습니다. '세한연후지송백지후조 歲寒然後知松柏之後彫', 즉 '한겨울 추운 날씨가 된 다음에야 소나무와 측백나무가 시들지 않음을 안다'는 공자의 《논어 論語》에 나오는 글을 인용해 제자에 대한 고마움을 표현한 거죠.

그림을 선물 받은 이상적은 청나라로 '세한도'를 들고 가서 많은 문인과 예술가에게 선보였습니다. 세한도 한쪽에는 바로 그때 16인의 청나라 문인과 이후에 쓰인 우리나라 문인 4인의 감상평이 적혀 있습니다. 그래서 1m 남짓의 '세한도'는 약 15m의 두루마리로 만들어져 있는 것입니다. 김정희는 유배 시절 아내가 세상을 떠나는 등 많은 일이 있었지만 그림과 글로 그 시간을 견디고 1849년 마침내 귀양에서 풀려납니다. 하지만 1851년 철종 2년 친구 영의정 권돈인의 일에 연루되어 다시 함경도 북청으로 유배되어 1년간 유배 생활을 했습니다. 그 후 말년에는 경기도 과천에서 지내다가 71세의 나이로 세상을 떠납니다.

 '세한도' 찾아 삼만 리~

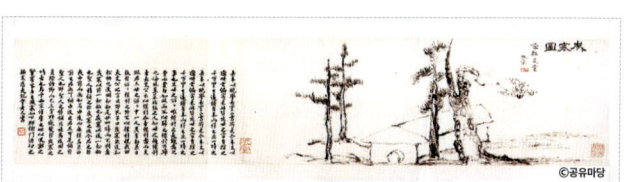

김정희가 이상적에게 선물로 그려준 '세한도'는 오랜 세월 많은 이들의 손을 거쳤습니다. 이상적의 제자였던 김병선, 그리고 그의 아들인 김준학, 그리고 여흥 민씨 세력인 민영휘, 민규식이 한때 소장했다고 합니다. 그리고 1932년에는 일본의 동양철학자이자 교수 후지쓰카 지카시가 주인이 되었어요. 그는 일본 경성제국대학의 교수였는데, 추사 김정희를 연구하고 존경했습니다. 이후 후지쓰카가 일본으로 돌아가면서 '세한도'와 많은 자료를 가져갔는데, 당시 이 소식을 들은 사람이 일본으로 그를 찾아갑니다.

바로 서예가 손재형으로, 그는 1944년 일본으로 후지쓰카를 찾아가 두 달간 근처에서 머물며 얼마를 요구해도 좋으니 제발 '세한도'를 돌려달라고 설득했습니다. 계속 거절하던 후지쓰카도 손재형의 끈질긴 설득에 결국 작품을 건네주었고 어떤 대가도 받지 않고 '세한도'를 잘 간직해달라고 말했습니다. 손재형은 광복이 된 후 1949년에 당대 지식인이었던 정인보, 이시영, 오세창에게 작품을 선보이고 감상평을 받습니다. 이후 개성의 사업가인 손세기가 '세한도'의 주인이 되었고, 그의 장남인 손창근이 간직하고 있다가 2020년에 국립중앙박물관에 아무런 조건 없이 기증해, 드디어 '세한도'는 우리 모두의 것이 되었습니다.

🔍 7. 추사 김정희의 대표작에는 또 어떤 것이 있을까요?

추사의 작품에는 앞서 살펴본 '세한도'가 있고, 추사체로 쓴 여러 현판이 전해 내려옵니다. 또 김정희는 난을 즐겨 그리기도 했습니다. 흥선대원군도 김정희에게 난과 서화를 배웠다고 하는데, 스승인 김정희에게 "예서와 묵란은 조선 제일이다"라는 칭찬을 들었다고 합니다.

작품명	소장	설명
세한도	국립중앙박물관	제자 이상적에게 고마움을 표현하기 위해 그린 그림입니다.
현판 '판전 板殿'	서울시 봉은사	추사 김정희가 세상을 떠나기 3일 전에 쓴 것으로, 절제된 소박함을 담아낸 최고의 작품이라 일컬어집니다.
현판 '무량수각 無量壽閣'	충청남도 예산 화암사	김정희 고택 근처에 자리한 화엄사의 편액으로, 어린 시절부터 자주 드나들던 곳이었습니다. 이곳에서 그는 불교에 대해 자연스럽게 많은 것을 배웠다고 합니다. 원본은 수덕사에 보관되어 있습니다.
현판 '무량수각 無量壽閣'	전라남도 해남군 대흥사	절친한 벗이었던 초의선사에게 써준 글씨로, 1840년에 제주도로 귀양 가다가 쓴 것이라고 합니다. 김정희는 제주로 가던 유배길에 들른 대흥사에서 대웅보전 현판 글씨를 보고 핀잔을 주며 '무량수각'이란 글씨를 새로 써주었다고 전해집니다. 김정희가 제주도에 유배되었던 시절 당시 동갑내기 친구인 초의선사가 그를 직접 찾아가기도 했습니다.
불이선란도 不二禪蘭圖	개인 소장	난초 잎을 세 번 꺾는 '삼전법'을 이용해서 그린 그림으로, 글씨가 한데 어우러진 작품입니다. 그림을 그린 이유와 그린 방법, 그리고 주인이 바뀐 이유 등에 대해 적어놓았습니다. 김정희는 난초 자체를 그리기보다는 마음속의 푸른 정신세계를 난초를 통해 드러내고자 했습니다. '불이 不二'는 둘이 아닌 하나라는 뜻입니다.

▲ 대흥사 무량수각 현판

:: 제주 추사관 둘러보기 ::

제주도 서귀포시 대정읍에는 '제주 추사관'이 있습니다. 제주도는 추사 김정희가 9년간 유배 생활을 했던 곳인데, 그의 뜻을 기리고 작품을 전시하는 '추사관'과 그가 머물렀던 '추사적거지'가 있습니다.

추사관은 '세한도'에 등장하는 집을 떠올릴 정도로 형태가 비슷한데, 1984년 건립된 '추사유물전시관'이 그 전신입니다. 이후 2010년 건축가 승효상 선생의 설계로 지금의 모습으로 완공되었습니다.

승효상 선생은 추사관을 설계할 때 '세한도' 속 집을 모티브로 하지 않았다고 거듭 밝힌 적이 있습니다. 건물이 완성되었을 때, 지역 주민들은 웬 감자 창고가 들어섰냐는 반응을 보이며 떠들썩했다고 해요. 주민들이 느낀 그대로 건축가는 으리으리하고 화려한 건물이 아닌, 제주도에서 보낸 김정희의 삶처럼 소박하고 단순한, 절제된 미를 담고 있는 곳을 짓고 싶었던 것 같습니다. 그래서 전시장은 모두 지하로 들어가게끔 설계하고 땅 위에는 집 한 채만 남긴 것입니다. 현재 이곳에는 '세한도' 영인본과 김정희의 글씨 탁본, 편지 등과 임옥상이 조각한 추사 김정희의 흉상이 소장·전시되어 있습니다.

만약 추사 김정희에 대해 더 많이 알아보고 싶다면 충청남도 예산에 있는 '추사 김정희 선생 고택'과 '추사기념관'을 둘러보는 것도 추천합니다.

제주 추사관
주소 제주도 서귀포시 대정읍 추사로 44 | **전화** 064-710-6803 | **관람 시간** 09:00~18:00 | **휴무** 월요일, 1월 1일, 설날·추석 | **입장료** 무료 | **주차** 자체 주차장 이용(무료) | **홈페이지** www.jeju.go.kr/chusa/index.htm

아이와 함께 즐기면 좋은 주변 먹거리

추사관에서 자동차로 약 10분 거리에 손칼국수로 유명한 곳이 있어요.
• 보말 칼국수로 유명한 대정읍 맛집, 옥돔식당 (보말전복 손칼국수 1만2000원)

AREA
044

유교 문화의 정수
소수서원

#경상북도영주
#백운동서원
#최초사액서원
#주세붕
#사림

서원은 학문이 깊고 지혜가 뛰어난 조상들의 제사를 지내고 지방의 인재를 기르기 위한 교육기관 역할을 했다. 우리나라에는 백운동서원(영주 소수서원)이 가장 먼저 생겼으며 이후 서원은 전국으로 확대되었다. 조선 후기로 오면서 서원이 지닌 본래의 역할보다는 관청을 대신해 지역의 주도권을 장악하고 백성을 함부로 부리며 괴롭히는 일이 일어났다. 흥선대원군은 세금을 늘리고 백성의 생활을 안정시킨다는 이유를 들어 전국에 있는 수백 개의 서원을 47개만 남기고 정리했다.

— 초등학교 사회 5학년 2학기

유교 문화의 꽃, 조선시대 서원에 대해 알아보고 방문해봅시다

조선시대 선비들의 가장 큰 목표는 '입신양명 立身揚名'이었습니다. 이는 뜻을 세우고 이름을 널리 알린다는 의미로, 벼슬길에 올라 백성들을 위하는 좋은 관리가 되고, 또 사회적으로도 인정을 받는 것입니다. 그때도 지금처럼 교육에 대한 열기가 매우 뜨거웠어요. 당시 다양한 교육기관이 있었는데, 그중에서도 지방에 사는 선비들은 서원에서 열심히 공부했습니다. 그러나 순수하게 학문 자체만을 추구하기 위한 기관은 아니었습니다. 조선시대의 서원에 대해 자세히 알아보겠습니다.

경상북도 영주시에 있는 우리나라 최초의 사액서원인 소수서원은 약 4,000명에 달하는 제자를 배출한 곳입니다. 아름다운 경치에 둘러싸인 서원을 돌아보고, 유교 문화를 전시하고 있는 소수박물관도 들러보세요. 또 천 년 고찰 부석사 浮石寺에는 우리나라에서 가장 오래된 목조건축물인 부석사 무량수전 浮石寺 無量壽殿이 있습니다.

1. 조선시대 교육기관에는 어떤 것들이 있을까요?

▲ 서원에서 강학하는 모습

▲ 문성공묘에서 지내는 제사

수도 한양에는 성균관 成均館과 사부학당 四部學堂, 지방에는 향교 鄕校와 서원 書院, 그리고 서당 등이 있습니다. 당시 아이들은 7~8세 정도에 마을 서당 훈장님 밑에서《천자문》,《동몽선습》,《명심보감》, 유교의 기본 경전인 사서삼경 四書三經(대학, 논어, 맹자, 중용, 시경, 서경, 역경) 등을 배웠습니다. 다 배우면 거의 15세 정도가 되고 서당을 졸업하죠. 서당은 사립학교와 같은 곳인데, 훈장은 보통 학식이 높은 선비들이었어요. 졸업 후 한양 학생들은 사부학당에, 지방 학생들은 향교에 진학했습니다. 사부학당과 향교는 나라에서 세운 것으로, 지금의 중·고등학교 정도의 공립 교육기관입니다. 한양 사부학당은 동·서·남·중부학당으로, 학생들의 성적은 왕에게 보고될 정도로 관리되었습니다. 16세기 이후 지방에는 사립 교육기관인 서원이 생겼는데, 사부학당과 향교처럼 중등 교육기관이었습니다.

🔍 2. 조선 최고 교육기관

국립대학 성균관은 조선 최고 교육기관으로, 고려 최고 교육기관이던 국자감을 성균관으로 바꾼 것에서 시작되었습니다. 성균관은 국가의 미래를 이끌어갈 인재를 키우기 위해 세운 최고 학부였기 때문에 기숙사비는 물론 음식과 사용할 붓, 먹, 벼루 등의 학용품까지 모두 나라에서 지원해주었어요. 입학 정원은 200명으로 원한다고 다 들어갈 수 있는 것은 아니었어요. 문과 시험은 소과 小科와 대과 大科로 나뉘는데, 소과에 합격해야만 입학 자격이 주어졌습니다. 오랫동안 학문을 연마해야 하니 성균관 학생들은 거의 양반 자제들이었어요. 성균관에 입학해 공부하면 대과를 볼 수 있는 자격이 주어졌고, 대과에 합격해야만 비로소 관직에 진출할 수 있었습니다.

🔍 3. '서원'은 어떻게 만들어졌나요?

▲ 안향

▲ 주세붕

조선시대 처음으로 서원을 만든 사람은 주세붕이라는 학자였어요. 1542년 지금의 경상북도 영주인 풍기군수로 부임한 주세붕은 고려 말 유학자, 안향 安珦의 옛 집터에 사당을 세우고 이후 유생들이 공부하는 교육 장소까지 짓게 되는데, 이것이 바로 우리나라 최초 서원인 '백운동서원 白雲洞書院'입니다. 주세붕이 제사를 모신 안향은 원나라에서 《주자전서 朱子全書》를 가져와 고려에 처음으로 성리학을 전한 학자예요. 이렇게 서원은 향교와 더불어 선현을 모시는 제사 기능과 인재 양성 교육 기능을 담당하게 됩니다. 그 후 1550년 이곳 군수로 퇴계 이황이 부임합니다. 이황은 백운동서원을 둘러보고 왕이던 명종에게 건의해 나라에서 공식 인정을 받고 지원도 받을 수 있게 합니다. 명종은 '소수서원 紹修書院'이라 이름 짓고 서원 현판을 직접 써서 내려주었습니다. '소수서원'은 '이미 무너진 유학을 다시 이어서 닦게 했다(既廢之學 紹而修之)'라는 의미를 담고 있습니다.

4. 사액서원의 출현과 번성

이렇게 나라에서 정식으로 인정한 서원을 '사액서원 賜額書院'이라 합니다. 사액서원은 왕의 현판뿐만 아니라 서원에 필요한 책과 토지, 그리고 관리해줄 노비까지 하사받는 등 혜택이 많았어요. 심지어 서원에 내린 토지에

▲ 병산서원

는 세금도 없었습니다. 이후 정치가나 대학자가 세상을 떠나면 제자들이 스승을 모시며 후학을 가르치는 서원이 계속 생겨났습니다. 서원이 늘어나면서 향교는 점점 쇠퇴하는데, 아무래도 향교보다는 서원 출신이 출세에도 유리한 인맥을 만들 수 있었기 때문입니다. 조선 중기에는 서원의 수가 수백 개에 달했고, 숙종 때는 사액서원 수가 130여 개나 되었다고 합니다.

5. 흥선대원군의 서원 철폐령

조선 9대 왕 성종은 세조가 왕위를 차지하는 데 공을 세우며 권력은 물론 대토지 등을 차지하며 권세를 누리는 훈구파 견제를 위해 새로운 세력인 '사림'을 등용합니다. 그들은 새로운 나라에 반대했던 정몽주, 이색, 길재 등의 온건 개혁파를 이어받은 사람들이에요. 조선 건국 후 그들은 지방으로 내려가 학문에 몰두했고 서원을 세워 결속을 다지고 영향력을 키워나갔죠. 하지만 세월이 지나면서 서원은 덕망 높은 유학자의 뜻을 기리고 인재를 양성하는 기능보다 사림의 공론을 모으는 그들만의 장소가 되었습니다.

또 지역 영향력이 커지면서 그 권력으로 백성들에게 마음대로 돈을 걷는다거나 죄 없는 사람들을 벌을 주고 행패를 부리는 등 많은 문제가 발생했습니다. 게다가 중앙 정치인들과 연결되어 당쟁 문제까지 일으켰어요. 또 세금이 없는 토지와 군역 면제 노비 등을 하사받는 사액서원 숫자가 너무 많아지면서 국가에도 큰 부담이 되었습니다. 결국 이런 폐해로 영조는 200여 개의 서원을 철폐했고, 이후 흥선대원군은 47개 서원만 남기고 나머지 600여 개의 서원을 모두 철폐했습니다. 이후 1894년 갑오개혁이 시작되어 근대식 교육제도가 생기면서 향교나 서원에는 제사 기능만 남게 되었습니다.

TIP '향교와 서원', 같은 것인가요? 아니면 다른가요?

조선시대 지방에서 중등교육을 담당했고 위인들의 뜻을 기려 제사를 지내는 역할을 했다는 점에서는 같습니다. 다만 향교는 국가에서 세운 반면 서원은 사설 교육기관이었고 향교는 공자를, 서원은 조선시대 학자나 정치가를 기리는 제사를 지냈어요.

향교가 학문 수양을 위한 교육기관이기보다 점점 과거 시험 합격을 위한 관리 양성 기구로 변해가자 사림들은 유학에 대한 연구와 실현, 그리고 지역사회를 교화한다는 뜻을 세우고 서원을 세우기 시작한 거죠. 참고로 훈구 세력은 시, 산문 등의 글을 짓는 활동인 사장 詞章을 중요시했고, 사림은 유교 경전을 해석하는 경학 經學을 중요시했습니다.

🔍 6. 2019년 유네스코 세계유산에 등재된 서원들

애초에 서원이 생기게 된 배경에는 학문을 갈고닦아 백성을 위하는 좋은 관리가 되고자 했던 조선 선비들의 정신이 깃들어 있는 것은 분명합니다. 세계문화유산으로 지정된 우리나라 서원 아홉 곳은 특히 주변 경치가 매우 아름답습니다. 소수서원, 도산서원, 병산서원 등 몇 군데만이라도 꼭 방문해보시길 추천합니다.

	서원	설립 시기	위치	배향 인물
1	소수서원	1543년	경상북도 영주시	고려 유학자이자 처음으로 성리학을 들여온 안향
2	도산서원	1574년	경상북도 안동시	조선 중기의 학자로 조선 성리학을 체계화한 퇴계 이황
3	병산서원	1572년	경상북도 안동시	조선시대 문신이자 임진왜란 당시 총책임관으로 공을 세웠던 서애 류성룡
4	옥산서원	1572년	경상북도 경주시	성리학에서 기 氣보다 이 理를 중시했던 회재 이언적
5	도동서원	1605년	대구시 달성군	조선 중기의 학자인 한훤당 김굉필
6	남계서원	1552년	경상남도 함양군	조선 성종 때 대학자인 일두 정여창
7	무성서원	1615년	전라북도 정읍시	신라 말기의 학자로 진성여왕에게 시무 10조를 건의한 고운 최치원
8	필암서원	1590년	전라남도 장성군	조선 중기 문신인 하서 김인후(우암 송시열과 정조의 친필을 볼 수 있는 곳)
9	돈암서원	1634년	충청남도 논산시	조선시대 예학의 대가였던 사계 김장생

:: 소수서원 둘러보기 ::

01 문성공묘 & 강학당

서원에서 가장 중요한 건물은 서원의 두 가지 기능인 제사를 지내는 곳과 학문을 연마하는 곳입니다.
문성공묘는 소수서원 안에 자리한 사당으로, 우리나라 성리학의 시조라 할 수 있는 회헌 안향을 비롯해 안축, 안보, 주세붕의 영정과 위패를 모시고 있습니다.
강학당은 앞면 3칸, 옆면 4칸의 기와집으로 유생들이 교수들과 공부를 하던 곳입니다. 강학당 안쪽 대청 북쪽에는 명종이 쓴 '소수서원' 편액이 걸려 있습니다.

02 지락재 & 학구재

지락재와 학구재는 모두 유생들의 숙소였던 곳입니다. '지락재'는 '독서를 통한 학문의 즐거움', '학구재'는 '성현의 길을 따라 학문을 구한다'는 뜻을 담고 있어요.

03 일신재 & 직방재

일신재와 직방재는 유생들과 교수, 그리고 서원의 임원인 원임이 머물던 숙소입니다. '일신재'는 '날마다 새롭게 한다'는 뜻이고, '직방재'는 '깨어 있는 마음을 곧게 한다'는 의미입니다.

:: 소수서원 둘러보기 ::

04 장서각

서원의 책과 출판한 목판을 보관했던 곳으로, 지금의 학교 도서관과 같습니다.

05 전사청

사당 뒤편에 자리한 전사청은 서원에서 제사를 모실 때 사용하는 제기를 보관하던 장소예요.

06 경렴정 & 취한대

경렴정과 취한대는 모두 서원 유생들의 휴식처와 같은 곳들입니다. 소수서원 옆으로는 죽계천이 흐르는데, 이곳에 세운 정자 '경렴정'의 편액 중 해서체는 퇴계 이황이, 초서체는 고산 황기로의 글씨입니다. 취한대는 퇴계 이황이 풍기군수로 부임한 뒤에 건립한 것이라고 해요.

 INFO

1. 소수서원
주소 경상북도 영주시 순흥면 소백로 2740 | **전화** 054-634-3310 | **관람 시간** 3~5·9~10월 09:00~17:00, 6~8월 09:00~18:00, 11~2월 09:00~16:00 | **휴무** 없음 | **입장료** 어른 3000원, 청소년 2000원, 어린이 1000원 | **주차** 자체 주차장 이용(무료) | **홈페이지** www.yeongju.go.kr»sosuseowon

2. 영주선비촌
주소 경상북도 영주시 순흥면 소백로 2796 | **전화** 054-634-3310 | **관람 시간** 11~2월 09:00~16:00, 3~5월, 9~10월 09:00~17:00, 6~8월 09:00~18:00 | **휴무** 없음 | **입장료** 소수서원, 소수박물관과 공통 입장권(어른 3000원, 청소년 2000원, 어린이 1000원) | **주차** 자체 주차장 이용(무료) | **홈페이지** www.sunbichon.net/home

3. 소수박물관
주소 경상북도 영주시 순흥면 소백로 2780 | **전화** 054-634-3310 | **관람 시간** 매일 09:00~17:00 | **휴무** 없음 | **입장료** 소수서원, 영주선비촌 공통 입장권 | **주차** 영주선비촌 주차장 이용(무료)

 FOOD

아이와 함께 즐기면 좋은 주변 먹거리

- 탱글탱글한 메밀묵 맛이 일품! 순흥선비묵집(메밀묵밥 9000원~, 메밀전병 7000원~)
- 맛과 풍미가 뛰어난 영주 한우

AREA
045

흥선대원군 정치 활동의 근거지
운현궁

#서울종로
#대원군
#개혁정책
#고종
#명성황후
#이우왕자

 세도정치와 농민들의 불만으로 사회가 혼란스러울 무렵, 고종이 어린 나이에 왕이 되자 아버지인 흥선대원군이 고종을 대신해 정치적 실권을 차지했다.
— 초등학교 사회 5학년 2학기

흥선대원군의 거처, 운현궁을 둘러보세요

철종에 이어 왕위에 오른 고종은 철종의 아들이 아닌 방계 왕족 이하응의 둘째 아들입니다. 아들이 왕이 되자 왕의 아버지인 '대원군'이 된 이하응은 흥선대원군이라 불렸고, 고종이 태어나고 자란 집은 '운현궁'이 되었습니다. 대원군이 권력을 잡고 있던 시기에 정치의 중심이 되었던 공간, 운현궁을 둘러봅니다.

운현궁과 더불어 둘러보기 좋은 곳은 인사동과 가회동 일대입니다. 골동품상과 갤러리가 많이 모여 있는 인사동에는 우정총국, 승동교회, 경인미술관 등 역사적인 명소도 많습니다. 가회동에서는 서울에서 가장 인기 많은 여행지 중 하나인 북촌한옥마을을 중심으로 여행해보세요.

1. 화려하지 않으나 위세는 대단한 곳

어린 나이에 왕이 된 고종 대신 흥선대원군은 10년 동안 집권하며 나랏일을 돌봅니다. 운현궁은 원래 ㄱ자를 띠는 작은 한옥이었지만, 고종이 왕이 된 후 집을 넓히고 노안당, 노락당, 고종과 명성황후가 가례를 올린 이로당 등의 건물을 새로 건축합니다.

궁궐에서 볼 수 있는 단청 장식이 없어 아주 화려하지는 않지만, 남아 있는 건물과 흔적으로 당시 대원군의 대단한 위세를 알 수 있기도 합니다. 무엇보다 운현궁은 흥선대원군이 이곳에서 머물며 사람들을 만나 정세를 의논하고 주요 정책을 결정한 곳이라 조선 후기 역사의 중요한 장소 중 하나입니다.

2. 서울에 남아 있는 유일한 왕족의 집

조선의 수도 한양에는 왕족들이 머물던 궁이 여러 개 있었지만 잦은 전쟁과 도시 개발 등으로 다 없어지고 현재는 운현궁만 남아 있습니다. 고종이 태어나고 자랐으며 대원군이 정치를 했던 이곳은 경복궁이나 창덕궁처럼 궁궐일까요?

3. 궁궐과 궁

궁궐과 궁은 흔히 같이 사용하는 말이지만 왕족이 살았다고 해서 다 궁궐이 될 수 없습니다. 궁궐은 왕이 지내며 정치를 했던 곳으로 궁과 궐을 합한 말입니다. '궁'은 왕과 왕의 가족이 살던 건물이며 '궐'은 그곳을 둘러싸고 있는 담, 문, 망루 등을 합해 이르는 것입니다. 그러니 궁궐은 경복궁, 창덕궁, 창경궁, 경희궁, 덕수궁 같은 곳입니다. 왕족이 살거나 왕이 왕위에 오르기 전 또는 물러나서 사는 곳, 왕자와 공주가 결혼해 살던 곳, 후궁들이 궁궐을 나와 살던 곳을 통칭하는 명칭이 바로 '궁'입니다.

4. '운현궁의 봄'과 〈도깨비〉, 조선 최강 미남 왕자 이우

운현궁이 작품의 배경이 된 경우도 꽤 있습니다. 대표적으로 대원군의 일생과 함께 조선 말 역사를 그려낸 김동인의 소설 《운현궁의 봄》이 있고, 인기 드라마 〈도깨비〉에서 운현궁 양관 외부가 주인공들이 사는 집으로 등장하기도 합니다.

운현궁을 물려받아 왕실 여동생들에게 '운현궁 오라버니'로 불리던 이우 왕자도 빼놓을 수 없습니다. 그는 고종의 다섯째 아들인 의친왕의 아들로 '꽃미남'으로도 유명합니다. 일본에 순종적이던 형 이건과 달리 독립운동을 지원했다고도 하는데, 명확한 증거는 남아 있지 않습니다. 그러나 아버지 의친왕과 마찬가지로 항상 독립에 대한 생각을 가지고 항일 의지가 강했던 것은 사실입니다. 이런 그는 안타깝게도 독립을 며칠 앞둔 1945년 8월 6일, 히로시마에 투하된 원자폭탄에 피폭당해 사망합니다.

 TIP | **흥선대원군이 펼친 주요 개혁 정책**

① 세도정치를 타파하고 당파와 신분, 지역을 구분하지 않고 인재를 등용
② 국가 재정을 어렵게 하고 백성들을 괴롭히는 등 폐단이 많았던 전국 서원 정리(600여 개 서원 중 47개만 남기고 철폐)
③ 삼정의 문란을 잡기 위해 양전(토지 조사 사업) 실시
④ 세금 제도를 개혁해 양반도 군포를 납부하는 호포제 실시
⑤ 부정부패가 많았던 환곡제 대신 민간에서 관리하는 사창제 실시
⑤ 양반들에게 사치 금지령을 내려 갓의 크기 줄이고 화려한 장식도 금지, 넓은 소매의 도포도 폭을 줄이도록 함

:: 운현궁 둘러보기 ::

창덕궁 등의 궁궐에 비하면 아주 아담한(?) 곳이라 모두 둘러보아도 1시간이 채 걸리지 않습니다. 대원군의 흔적이 남아 있는 장소와 함께 대원군 당시 정치 상황을 유물, 사진 자료와 함께 알아볼 수 있는 전시관도 놓치지 마세요.

01 수직사 守直舍

정문을 들어서면 오른쪽에 길게 늘어선 집으로, 운현궁의 경비와 관리를 하는 사람들이 머무르던 곳입니다. 내부에는 가구, 화로, 호롱불 등의 생활용품이나 군졸들이 머물던 곳을 재현한 것 등이 놓여 있습니다. 운현궁 지붕과 담장 기와에는 박쥐 문양이 있는데, 이는 박쥐를 의미하는 한자(蝠)의 음이 복 福을 뜻하는 한자와 음과 같아 박쥐가 복을 가져다주고 행운을 주는 동물이라 믿었기 때문입니다. 그래서 궁궐이나 옛날 기와집에서는 박쥐 문양을 많이 볼 수 있습니다.

02 솟을대문

담장보다 높게 만든 문을 '솟을대문'이라 하는데, 이것은 벼슬 높은 양반집에만 지을 수 있었습니다. 그런데 운현궁의 솟을대문은 한동안 거꾸로 빗장이 달려 있었습니다. 안쪽이 아니라 바깥쪽에 빗장이 걸려 있었던 거죠.
고종이 직접 정치를 하게 되면서 아버지와 사이가 나빠진 후, 왕의 명령으로 대원군이 머물던 노안당의 솟을대문 빗장을 밖에서 잠그고 군사들로 하여금 지키게 했다는 이야기가 있습니다. 현재는 다시 제 모습대로 안쪽에 빗장을 만들어두었습니다. 솟을대문 왼쪽 아래로 보이는 네모난 돌은 말이나 가마를 타고 내릴 때 발을 디디기 위해 만들어놓은 노둣돌입니다. 대원군은 '초헌'이라 부르는 바퀴 달린 가마를 타고 다녔는데, 가마 높이가 높아 먼저 돌 위로 올라가 가마에 탔던 거죠.

03 노안당 老安堂

대원군이 《논어》의 '노인을 공경하며 편하게 해준다'라는 뜻의 '노자안지 老子安之' 구절을 따와 이름 지은 곳으로 운현궁의 사랑채입니다. 현판은 추사 김정희의 글씨로, 김정희가 죽은 다음이라 직접 글씨를 받을 수 없어 남겨진 글씨들 중 하나씩 모아 만들었습니다.

'정 丁'자 모양으로 생긴 노안당은 보통 한옥에 비해 기단이 넓고 높아 계단 돌 또한 큽니다. 특히 3개의 단, 3개의 댓돌 등 숫자 3을 여러 곳에 사용한 것은 궁궐 건축의 특징입니다. 처마 끝에 각목을 길게 댄 다음 나무 판을 올려 차양을 설치한 것은 햇빛을 막아 여름을 더 시원하게 날 수 있도록 한 장치입니다. 평소 대원군은 이곳에서 방문객들을 만났는데, 손님이 오면 누마루인 영화루로 옮겨 이야기를 나누었다고 합니다.

▲ 가례를 준비하는 명성황후 모형

04 노락당 老樂堂

가장 크고 중심이 되는 건물로 '노인을 즐겁게 하는 집'이라는 뜻입니다. 안채 역할이며 앞마당에서 여러 가족 행사와 잔치 등이 열렸습니다. 노락당에는 부엌과 목욕실도 딸려 있는데, 목욕실에는 물이 쉽게 빠질 수 있게 한 하수구도 있습니다. 아들이 왕이 된 후 짓기 시작한 노안당과 노락당이 완공되자 대원군은 고종과 신정왕후(효명세자 부인), 철인왕후(철종 왕비)를 초대해 준공식을 거행합니다. 고종은 대제학을 지낸 김병학에게 '노락당기'를 지으라 했고, 김병학은 '대원군께서 새집을 지으셨다. 노락당이 높아 하늘과의 거리가 한 자 다섯 치밖에 되지 않는다'라는 글을 올립니다. 하늘과 노락당의 거리가 이렇게 가깝다니! 당시 대원군의 권위가 얼마나 대단했는지 이것만 봐도 알 수 있습니다. 외척 세력의 폐단을 막고자 했던 흥선대원군이 택한 며느리는 명문가인 여흥 민씨 가문의 민자영으로, 그녀는 노락당에서 왕비 수업을 받으며 궁중 예절과 용어를 배우고 왕비의 일과 도리, 예식 절차 등을 익혀나갑니다. 그리고 고종과 명성황후 민씨의 결혼식인 가례가 노락당에서 열립니다.

:: 운현궁 둘러보기 ::

05 이로당 二老堂

1870년에 완공한 이로당은 '2명의 노인이 머무는 곳'이라는 뜻입니다. 고종과 명성황후 가례 후 노락당을 안채로 사용하기 어렵자 대원군의 부인 부대부인을 위해 새로 건축했습니다. ㅁ자형으로 닫혀 있는 건물로 운현궁에서 가장 깊은 곳에 위치하며, 여자들의 공간이라 바깥으로는 출입문을 내지 않고 노락당과 연결되도록 행랑채로 이어 놓았습니다.

앞마당에 있는 돌로 된 함에는 '운하연지'라 새겨져 있습니다. 대원군이 직접 지은 이름으로 '하늘의 구름 아래 있는 벼룻물 연못'이라는 뜻이며 대원군이 서예를 하거나 난을 치기 위해 먹을 갈 때 이곳 물을 떠와 사용했다고 합니다. 다른 쪽에 있는 돌로 만든 받침대는 해시계를 올려두었던 '일영대'입니다.

뒤뜰 담장 앞 비석인 '경송비'는 고종이 어릴 적 말타기를 하며 놀았던 소나무가 여전히 푸르게 살아 있는 것을 보고 기뻐하며 나무에 정2품 벼슬을 내린 것을 대원군이 기념해 세운 것입니다. 하지만 소나무는 일제강점기에 벼락을 맞아 불에 타버리는 바람에 없어졌고 현재는 비석만 남아 있습니다. 긴 돌의자처럼 보이는 것은 대원군이 난을 올려두었던 '무승대'이며 그 옆의 문은 '빙고'의 문으로, 음식을 차게 보관하는 냉장고 역할을 하던 곳입니다.

▲ 운하연지

▲ 경송비

06 운현궁 양관

운현궁이 한눈에 내려다보이는 위치에 있는 서양식 건물로 1912년에 완성되었다고 추정됩니다. 양관 지붕에는 대한제국의 상징인 이화 문양과 함께 일본 왕실의 국화 문양이 함께 있습니다. 양관은 일본이 운현궁을 감시하기 위해 지었다는 이야기도 있습니다. 현재는 운현궁 외부에 자리하고, 양관을 소유한 학교 내부로 들어갈 수 없어 노락당 마당에서 위쪽 정도만 볼 수 있습니다.

 운현궁
주소 서울시 종로구 삼일대로 464 | **전화** 02-766-9090 | **관람 시간** 4~10월 09:00~19:00, 11~3월 09:00~18:00
휴무 월요일 | **입장료** 무료 | **주차** 없음 | **홈페이지** www.unhyeongung.or.kr

AREA
046

우리나라를 침략하기 시작한 서양 세력

정족산성 & 절두산

#인천강화
#서울마포
#병인양요
#프랑스의침략
#통상요구
#외규장각
#문화재약탈

> 프랑스는 1866년에 통상을 요구하며 강화도를 침략했다. 조선은 강화도로 군대를 보내 전투를 벌여 이들을 물리쳤다. 하지만 프랑스군은 조선군에 패하고 물러가면서 귀중한 책과 무기, 곡식 등을 약탈해 갔다(병인양요).
>
> — 초등학교 사회 5학년 2학기

외세의 침입을 받으며 흔들리기 시작한 조선의 상황을 알아봅시다

몽골의 고려 침략 당시 전쟁의 한복판에 있던 강화도는 근대에 와서는 서양과 일본 세력이 침략하는 주요 지역이 됩니다. 위협적으로 밀려 들어오는 외세의 물결 속에 빠져 들어가는 조선은 점점 위기에 내몰립니다.

단군의 세 아들이 쌓았다는 삼랑성과 내부의 전등사는 강화도의 인기 명소이기도 합니다. '지붕 없는 박물관'이라 불리는 강화도에서 시대를 오가는 역사 여행을 즐겨보세요. 차로 10분 거리에는 아이들이 좋아하는 우주 항공에 관한 전시물을 보고 체험도 할 수 있는 옥토끼 우주센터가 위치합니다.

🔍 1. 대대적인 천주교 탄압, 병인박해의 시작

흥선대원군은 원래 천주교에 대해 암묵적으로 이해하고, 프랑스와 협력해 러시아의 남하 정책을 막을 생각까지 하고 있었습니다. 그러나 위력이 대단한 서양 세력이 점점 밀려오고, 여기에 영국과 프랑스군이 베이징을 점령한 사건으로 청이 천주교를 탄압하기 시작했다는 소식까지 들려옵니다. 반대파가 이를 빌미로 천주교와 접촉하던 대원군을 공격하자 정치적 생명에 위협을 느낀 그는 급격히 태세를 바꿔 쇄국양이(나라 문을 닫고 서양 오랑캐를 물리침)와 사교(천주교) 금지 정책을 실시합니다.

1866년 천주교 금압령을 내린 흥선대원군은 1871년까지 총 네 차례에 걸쳐 프랑스 선교사 9명을 비롯해 천주교도 8,000여 명을 죽이는 천주교 탄압을 자행합니다. 마침 나라 밖 세력들은 조선을 개항시키고 통상을 요구할 구실을 찾고 있었고, 자국의 신부를 처형한 일이 일어난 병인박해는 프랑스에 좋은 구실이 됩니다.

▲ 절두산 순교성지 기념비

▲ 순교자를 기리는 조각

2. 침략의 전조

조선을 탈출한 펠릭스 클레르 리델 신부는 중국 텐진에 주둔해 있던 프랑스 인도차이나 함대 사령관 피에르 로즈에게 한국에서 일어난 천주교 박해 사건을 알립니다. 이에 베이징 주재 프랑스 대리공사는 청나라 정부에 조선으로 진격할 것임을 알리고 청나라는 이에 간섭할 수 없다고 통보합니다. 청나라를 통해 이 사실을 알게 된 대원군은 더욱 천주교를 탄압하고 변경 수비를 강화합니다.

3. 병인양요의 발발

1866년 9월 리델 신부와 한국인 신도 3명의 안내를 받아 프랑스 군함 3척이 인천을 거쳐 양화진을 통해 도성 근처 서강에까지 이르렀습니다. 이에 조정은 연안 경비를 더욱 강화했습니다. 지도 3장을 작성한 후 프랑스 함대는 중국으로 퇴거하지만 같은 해 10월 14일 마침내 로즈는 프랑스 함대 7척과 600여 명의 해병대를 이끌고 강화도를 침략했는데, 이것이 바로 '병인양요 丙寅洋擾'입니다.

프랑스 군대는 갑곶진 부근의 고지를 점거하고 강화성을 공격해 점령한 후 성에 있던 무기와 서적, 양식 등을 약탈합니다. 조선은 무장들로 하여금 양화진, 통진, 문수산성, 정족산성을 수비하도록 하고 프랑스군의 불법 침거를 비난하며 즉각 퇴거할 것을 요구합니다. 하지만 로즈는 선교사 학살을 비난하고 책임자를 처벌할 것과 조약을 맺을 것을 요구하며 맞섭니다. 10월 26일 프랑스군 120여 명은 문수산성을 정찰하려다 잠복하고 있던 한성근의 부대에게 27명이 사상되어 처음으로 인명 손실을 입었고, 이에 프랑스는 강화도에 무차별 포격을 시작합니다.

11월 7일 프랑스 해병 160명은 정족산성을 공략하다 잠복하고 있던 500여 명의 조선 사수가 가한 사격으로 패한 후 간신히 갑곶으로 도망갑니다. 정족산성전투에서 패하며 사기가 떨어진 프랑스군은 철수를 결정하고 물러납니다. 당시 우리 측 실록에는 프랑스군 50여 명이 전사했다고 되어 있는 반면, 프랑스 측은 3명이 죽고 35명이 부상당했다고 주장했습니다.

4. 퇴각하는 프랑스군의 행태

그러나 곱게 물러갈 프랑스군이 아니었습니다. 1개월 동안 점거한 강화성에서 철수하면서 프랑스군은 모든 관아 건물과 외규장각에 불을 지르고 약탈한 대량의 금·은괴와 340권의 외규장각 서적, 보물, 무기 등을 가지고 간 것입니다. 특히 이때 약탈당한 외규장각의 도서들은 비록 대여 형식이지만 다시 우리나라로 돌아오기까지 긴 세월을 프랑스가 소유하게 됩니다. 병인양요 이후 대원군은 쇄국양이 정책을 더욱 강화해 강화 덕진진에 쇄국에 대한 의지를 밝히는 비석을 세우고, 천주교 박해도 계속합니다. 대원군은 양이의 발자국으로 더럽혀진 땅은 그들과 통했던 무리의 피로 씻어야 한다고 했고, 천주교도들의 처형은 주로 서울과 해안 지방에서 이루어졌습니다.

이런 박해는 1868년 독일인 오페르트가 일으킨 대원군의 아버지 남연군의 묘 도굴 사건으로 더욱 불붙어 대량 학살로 번집니다. 이후 1871년 신미양요까지 일어나자 천주교에 대한 박해는 거세졌으며, 1873년 대원군이 실각할 때까지 계속되었습니다.

TIP

문화재 수호자, '직지심경의 대모' 박병선 박사

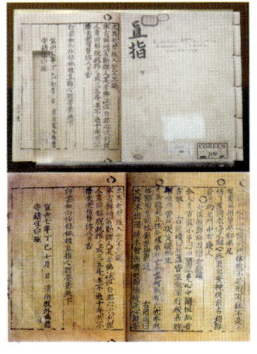

프랑스 국립 도서관에서 사서로 근무하던 역사학자 박병선 박사(1923~2011)는 현존하는 세계에서 가장 오래된 금속활자본인 〈직지심체요절〉을 발견한 후 세계에 알려 2001년 유네스코 세계기록유산에 등재시키는 데 큰 역할을 했습니다. 1377년 청주 흥덕사에서 발간된 〈직지심체요절〉은 세계 최초 금속활자 인쇄본으로 알려져 있던 구텐베르크의 성경책보다 78년이나 앞선 것입니다. 또 프랑스군이 병인양요 당시 약탈해 간 외규장각 도서가 국립도서관 창고에 방치되어 있던 것을 발견했다는 사실을 알려 우리나라에서 외규장각 도서 반환 운동이 일어나는 계기가 됩니다. 그러나 이것으로 박사는 권고사직당하며 스파이라는 오명까지 쓰게 됩니다.

그럼에도 박병선 박사는 대한민국 임시정부 파리위원부가 있던 청사를 찾아내기도 하며 우리 문화재 수호자로서 엄청난 역할을 했습니다. 이후에도 특히 병인양요에 대한 연구를 계속했고, 파리에서 사망했지만 사후에는 고국으로 돌아와 국립서울현충원에 안치되었습니다.

의궤와 직지심체요절의 소재

외규장각 도서 중 《의궤》는 왕실의 결혼, 장례, 행차 등 주요 행사 모습이 생생하게 담겨 있는 기록화로 사진이 없던 시절 조선 왕실의 모습을 생생하고 구체적으로 알 수 있는 너무나 귀중한 사료입니다. 다행히 《의궤》는 2011년 프랑스에서 5년마다 다시 대여하는 형식으로 우리나라에 돌아올 수 있었고, 현재는 국립중앙박물관에 소장되어 있습니다.

그러나 안타깝게도 〈직지심체요절〉은 외규장각 도서와 달리 약탈 문화재가 아니라서 프랑스에 반환 요구를 하기가 어렵습니다. 프랑스 국립도서관이 보관하고 있는 직지 하권은 현존하는 유일한 인쇄본으로, 주한 프랑스 공사를 역임한 콜랭 드 플랑시가 국내 길거리에서 정식으로 구입해 19세기 말 프랑스로 가져간 것으로 알려져 있습니다. 어려운 일이겠지만 미국이 조선왕조의 어보와 인장을 돌려준 것처럼 프랑스 또한 언젠가 우리에게 반환하리라 기대해봅니다.

:: 병인양요 관련 유적지 둘러보기 ::

▲ 양헌수 승전비

01 정족산성 (삼랑성)

정족산 정상부와 동쪽 계곡을 감싸고 있는 둘레 2.3km의 정족산성은 병인양요의 주요 격전지 중 하나입니다. 동서남북을 향한 4개의 문과 4개의 치, 남문루 등이 있으며 안쪽으로 전등사, 정족산사고, 군창, 군기고 등이 보존되어 있습니다.

솥을 뒤집어놓은 형태라 정족산성이라 불린 이곳의 원래 이름은 '삼랑성 三郞城'으로, 고조선의 단군왕검이 세 아들을 시켜 쌓았다 해서 삼랑성이 되었습니다. 산성으로 들어서면 병인양요 당시 프랑스군에 승리를 거둔 양헌수 승전비가 있습니다. 또 내부에 있는 유명 사찰 전등사에는 《조선왕조실록》을 보관하던 마니산 사고가 있습니다. 정족산성을 외부에서 보는 것은 따로 요금을 내지 않아도 되지만, 내부로 들어가려면 전등사 입장료를 내야 합니다.

전등사

고구려시대까지 거슬러 올라가는 역사적인 사찰 전등사 傳燈寺는 고구려 승도 아도가 창건해 진종사라 했고 고려 원종 7년 1266년에 중창했습니다. 또 충렬왕의 비 정화궁주가 1282년에 송나라 대장경을 간행해 이곳에 보관하고 옥등을 시주해 절 이름이 전등사가 되었다는데, 이 옥등은 현재 남아 있지 않습니다. 조선 숙종 당시 실록을 강화도에 보관하기 시작하면서 전등사는 절 위쪽에 있는 사고(실록을 보관하는 수장고)를 지키는 사찰로 왕실의 보호를 받기도 합니다. 대웅전은 보물로 지정되었으며 네 귀퉁이 기둥 위에 벌거벗은 여인상이 있어 눈길을 끕니다. 광해군 당시 대웅전의 공사를 맡았던 도편수(조선 후기 건축 공사를 담당하던 기술자)가 절 아래 주막집 주모에게 돈과 물건을 맡겨놓았는데, 공사가 끝날 즈음 주모는 돈과 물건을 모두 들고 도망갔다고 합니다. 이에 분노한 도편수는 주모를 본떠 벌거벗은 못생긴 여자를 만들어 대웅전 지붕을 이게 했고, 불경 소리를 들으며 개과천선하라는 뜻을 담고 또 나쁜 짓에 대해 사람들에게 경고하는 본보기로 삼았다고 합니다. 또 약사여래를 봉안한 약사전과 철종, 목조석가여래삼불좌상, 목조지장보살삼존상 및 시왕상 등은 보물로 지정되어 있기도 합니다. 사찰에 있는 수령 600년의 은행나무 두 그루는 70여 년 이래 은행이 한 톨도 열리지 않는다고 하지만 그 모습은 매우 고고합니다.

:: 병인양요 관련 유적지 둘러보기 ::

02 덕진진

손돌목돈대와 덕진돈대를 관할하는 덕진진 안에는 숙종 당시 행궁을 지었지만 이후 읍내로 행궁이 옮겨지면서 이곳의 것은 폐지되었습니다. 병인양요 당시 양헌수 부대가 덕진진을 거쳐 정족산성으로 가 프랑스 군대를 격파한 바 있습니다. 또 1871년의 신미양요 당시에도 미국 함대와 포격전을 벌이기도 했습니다. 덕진진에는 병인양요가 끝난 후 대원군이 세운 해문방수비 海門防守碑가 있는데, '바다의 문을 막고 지켜 다른 나라 배가 지나가지 못하도록 하라(海門防守他國船愼勿過)'라 새겨져 있습니다.

03 절두산 순교성지

박해가 계속되고 병인양요가 일어난 1866년 10월 서울 양화진은 이의송 가족의 순교를 시작으로 천주교 신자들의 순교 터가 됩니다. 원래 누에가 머리를 치켜든 듯해 잠두봉으로 불렸고 한강이 보이는 경치 좋은 곳이었지만, 수를 헤아릴 수 없이 많은 순교자가 이곳에서 처형당하고 그대로 한강에 버려지면서 머리를 자르는 산이라는 '절두산'으로 불립니다. 이후 천주교단에서 땅을 매입하고 성역화 사업을 진행해 기념 성당과 박물관을 건립했습니다. 마당에는 우리나라 최초의 신부인 김대건 안드레아 신부의 동상이 있습니다. 1984년에 방한한 교황 요한 바오로 2세는 이곳의 성인 유해 안치실인 경당에서 기도를 했고 마더 테레사 수녀 또한 방문한 적이 있습니다. 2014년에 방한했던 프란체스코 교황은 한국 최초 천주교 순교자인 윤지충을 비롯한 123위 동료 순교자를 복자로 올린 한국 천주교의 세 번째 시복식을 직접 거행하기도 했습니다.

 INFO

1. 정족산성
주소 인천시 강화군 길상면 온수리 산245

2. 전등사
주소 인천시 강화군 길상면 전등사로 37-41 | 전화 0507-1403-0125 | 관람 시간 08:00~18:30(동절기 ~18:00) |
휴무 없음 | 입장료 무료 | 주차 소형 2000원, 대형 8000원 | 홈페이지 www.jeondeungsa.org

3. 덕진진
주소 인천시 강화군 불은면 덕성리 846 | 전화 032-930-7074 | 관람 시간 09:00~18:00 |
휴무 없음 | 입장료 무료

4. 절두산순교성지
주소 서울시 마포구 토정로 6 | 전화 02-3142-4434 | 관람 시간 박물관 화~일요일 09:30~17:00 |
휴무 월요일 | 입장료 무료

AREA 047

프랑스에 이어 이번에는 미국이!

광성보 & 초지진

#인천강화
#신미양요
#미국의침략
#통상요구
#척화비

> 1871년에는 미국이 군함을 이끌고 통상을 요구하며 강화도를 침략했다. 조선군은 미군에 맞서 강력하게 저항했으며 미군은 20여 일 후에 스스로 물러갔다. 그러나 이 싸움에서 광성보가 함락되고 어재연 장군을 비롯한 많은 사람이 희생되었다(신미양요).
> — 초등학교 사회 5학년 2학기

미군의 강화도 침략, 신미양요에 대해 알아봅시다

흥선대원군의 쇄국양이 정책이 계속 강화되던 조선에 또다시 서양 군대가 침략을 감행합니다. 개항과 통상을 요구했던 미국은 군대를 앞세워 강화도로 진격하고, 조선군은 이에 맞서 결연히 항전합니다.

강화도 동쪽 해안을 따라가며 초지진, 덕진진, 광성보를 함께 둘러볼 수 있습니다. 그중에서도 광성보는 규모가 큰 요새지만 산책로를 잘 정비해 가벼운 산행을 하는 기분으로 둘러볼 수 있습니다. 특히 강화 일대가 한눈에 들어오는 손돌목돈대와 세찬 물살이 휘감아 도는 용두돈대에서 바라보는 풍경이 멋집니다.

🔍 1. 제너럴 셔먼호 사건

▲ 광성보 손돌목돈대 내부

▲ 광성보 용두돈대

1866년 7월, 미국 상선 제너럴 셔먼호가 통상을 요구하며 평양 대동강변에 나타납니다. 조선 관리들은 손님을 잘 대접한다는 관례에 따라 세 차례나 음식을 후하게 공급하는 등 도움을 줍니다. 그러나 장맛비로 불어난 강물로 올 수는 있었지만 비가 그치자 갑자기 수량이 줄어든 대동강에서 옴짝달싹 못하게 되자 초조해진 선원들은 관군을 납치하는 등 난폭한 행동을 하면서 평양 군민과 충돌합니다. 셔먼호의 대포에 맞아 조선 군민이 죽고 다치니 평양감사 박규수는 셔먼호를 공격해 배를 불태우고 선원을 몰살합니다.

🔍 2. 신미양요의 발발

조선의 개항을 노리던 미국은 이것을 구실로 강화도 공격을 감행해 1871년 신미양요 辛未洋擾가 발발합니다. 아시아 함대 사령관 J. 로저스는 군함 5척, 대포 85문과 해군과 해병 1,230명을 이끌고 5월 16일 나가사키를 출발합니다. 6월 1일 미군은 강화해협의 손돌목에 이르렀고, 조선은 미군이 침략한 것으로 보고 포격을 합니다. 이에 미군은 사

▲ 광성보 출입구인 안해루

과와 배상을 요구했으나 조선은 거절했고, 미군은 초지진을 점령하고 이어 덕진진까지 점령합니다. 그리고 마침내 최후의 보루 광성보에서 처절한 전투가 시작됩니다.

3. 절대적 열세지만 죽기를 각오하다

어재연이 이끄는 조선군은 훈련이 잘돼 있는데다 훨씬 앞선 신식 무기를 갖춘 미군에 절대적 열세였지만 죽기를 각오하고 항전합니다. 치열한 전투 끝에 조선군 대부분은 전사했지만 미군 또한 통상도 맺지 못하고 큰 소득 없이 물러갑니다. 미군은 대장이 있는 곳을 표시하는 가로 4.13m, 세로 4.35m의 대형 깃발인 '수자기 帥字旗'와 182문의 대포, 481문의 화승총과 어재연 장군의 전립(조선의 장교나 병사들이 쓰는 모자)에서 떼어낸 깃털 장식과 말 털 등을 약탈해 가져갔습니다. 미국 해군사관학교에 있던 수자기는 2007년 장기 대여 형식으로 돌아왔지만, 안타깝게도 2024년 다시 미국으로 반환되었습니다.

4. 광성보전투에 대한 기록

미국 측 기록에 의하면 미군은 3명의 전사자와 10여 명의 부상자가 발생했지만 조선군은 어재연과 어재순 형제를 비롯한 350여 명이 전사했고, 광성보 포대에 있던 수자기를 조선군 4~5명이 둘러싸 결사적으로 지켰다고 합니다. 미군은 수자기를 내리고 성조기를 게양하며 승리를 선언하기는 했지만, '조선군은 결사적이었다. 대부분 무기 없이 맨주먹으로 싸웠고, 가족과 국가를 위해 이보다 장렬하게 싸운 국민을 다시 찾아볼 수 없다'라 적을 정도로 엄청난 전력 차이에도 필사적으로 항전한 조선군의 용맹을 기록하고 있습니다.

5. 전국에 척화비를 세운 흥선대원군

병인양요와 신미양요에서 승리했다 생각한 흥선 대원군은 이후 통상 수교 거부 정책을 더욱 강력하게 추진합니다. 그는 한양과 전국 각지에 척화비를 세워 서양과 교류하지 않겠다는 것을 널리 알립니다. 하지만 조선의 발전을 위해서는 다른 나라와 교류해야 한다는 주장도 점차 늘어납니다. 또 고종과 명성황후와의 권력 투쟁에서 밀려난 대원군이 1873년 실각하며 개항을 바라던 박규수, 오경석, 유홍기 등의 목소리는 더욱 커집니다.

6. 먼저 개항한 일본, 메이지유신 단행

▲ 쌍충비각

미국에 의해 강제 개항 후 서양에 문을 열었던 일본은 메이지유신을 단행하며 근대사회로 발전합니다. 이후 일본은 서구 열강과 마찬가지로 해외로부터 얻는 이익을 확보하려 했고, 제일 먼저 바로 옆에 있는 우리나라로 눈을 돌립니다. 일본은 조선을 개항시켜 그들의 세력을 확대하고자 하는 계획을 진행하게 됩니다.

7. 강화도조약

▲ 신미순의총

1875년 강화도 초지진에 허락 없이 다가온 일본 군함 운요호에 조선군은 경고의 의미로 대포를 쏩니다. 그러자 일본 군함은 초지진을 공격하고 영종도에 상륙합니다. 일본은 이 사건을 구실로 조선에 군함을 보내 통상을 요구했던 거죠(운요호 사건, 1875). 흥선대원군 실각 후 개항해야 한다는 목소리가 높아지고 운요호 문제로 압박을 받자 조선은 어쩔 수 없이 일본과 강화도 연무당에서 강화도조약을 맺습니다(1876). 이후 조선은 서양의 다른 나라들과도 조약을 맺으며 본격적인 교류를 시작합니다.

8. 너무나 불평등한 조약의 성격

강화도조약은 우리나라가 외국과 맺은 최초의 근대적 조약으로 '조선은 자주국'이라 되어 있지만, 이는 청의 간섭을 막기 위한 일본의 의도입니다. 한마디로 12조로 된 강화도조약은 일본에게만 유리하고 우리에게는 매우 불평등한 조약이었습니다.

그 내용 중 '조선은 부산과 원산, 인천항을 20개월 이내에 개항한다', '치외법권을 인정해 개항장에서 일본인이 범죄를 저지를 경우 일본 법률에 따라 처벌한다', '조선의 연안 측량을 자유롭게 한다'등만 보더라도 일본만 유리한거죠. 우리 땅에서 범죄를 저지른 일본인을 우리가 처벌하지 못하고, 해안 측량을 마음대로 한다는 것은 '너희를 정복하겠다'라는 말과 다름이 없습니다. 또 일본 제품에 관세를 매기지 않고 곡식의 무제한 유출이 허용되었으며, 일본 화폐 사용까지 인정하면서 조선은 큰 손해를 입습니다.

9. 외교정책에 파문을 일으킨 《조선책략》

일본과 조약을 맺은 것을 본 미국은 다시 국교 수립을 추진합니다. 이즈음 조선에 들어온 책이《조선책략》입니다. 청의 외교관 황준헌이 쓴 책으로 1880년 일본에 수신사로 간 김홍집이 가져와 고종에게 바칩니다. 황준헌은 조선은 아시아의 요충지라 열강들이 서로 차지하려 할 것이며, 조선이 위태로우면 중국도 위급해지고, 러시아가 영토를 넓힐 때 반드시 조선이 첫 번째가 될 것이라 주장했습니다. 또 '이것을 막기 위해서는 조선은 중국과 친하고 일본과 맺어지고 미국과 이어져 자강을 도모해야 한다'라 했습니다.
《조선책략》이 널리 퍼지면서 미국과의 수교가 필요하다는 주장이 힘을 얻어 고종은 이를 추진했지만, 보수적인 유생들은 서양 오랑캐인 미국과 손을 잡을 수는 없다고 거세게 반발하며 집단 상소문을 올리기도 합니다.

10. 또다시 불평등, 조미수호통상조약

조선에 진출하려는 러시아와 일본을 견제하고 영향력을 인정받으려 한 청은 조선과 미국의 수교를 주선하고, 조선은 1882년 서양 열강 중 미국과 최초로 수호 통상조약을 맺습니다. 조약 중 미국 상품에 관세를 부과한다는 것은 일본과 맺은 강화도조약을 개정하는데 영향을 주기도 하지만 역시 치외법권과 최혜국 대우를 보장한 불평등조약이었습니다. 조선은 미국에 이어 영국, 독일, 러시아, 프랑스 등과도 조약을 맺고 수교를 시작했지만 이 또한 미국과 비슷한 불평등조약이라 세계무대에 처음 등장한 조선은 처음부터 불리한 여건 속에서 출발할 수밖에 없었습니다.

:: 신미양요 관련 유적지 둘러보기 ::

01 광성보

김포와 강화 사이에 폭이 좁고 물살이 빠른 곳에 있는 광성보는 강화해협과 한양을 수비하는 중요한 요새 중 하나였습니다. 1658년 효종 당시 만든 광성보는 신미양요의 최대 격전지가 됩니다. 광성보를 지키던 어재연은 포격을 피할 수 있는 곳에 군사들을 두었다가 상륙하는 미군을 맞아 육탄전을 벌입니다. 하지만 미군의 최신 무기를 당해내기는 역부족이라 결국 조선 군사 대부분은 장렬히 전사합니다. 그러나 미군 입장에서도 광성보 전투뿐 아니라 신미양요 당시 벌인 다른 교전에서도 큰 이득은 얻지 못한 것에 비해 피해는 컸습니다.

광성보 내에는 안해루, 광성돈대, 용두돈대, 손돌목돈대를 비롯해 이곳을 지키다 순국한 어재연과 어재순 형제의 충절을 기리는 쌍충비각, 또 무엇보다 나라를 위해 싸우다 이름 없이 스러져간 병사들을 기리는 신미순의총 등이 있습니다. 면적이 꽤 넓은 광성보는 공원처럼 잘 정비되어 있으니 둘러보며 곳곳에 남겨진 신미양요의 흔적을 찾아보면 좋겠습니다.

02 초지진

강화의 해안 경계 부대인 12진보 가운데 하나로, 병자호란 이후 서해안 수비 체제가 경기 서남부 해안에서 강화도 중심으로 개편되면서 1656년 효종 당시 정비되었습니다. 신미양요에서 미군과 전투를 벌였던 격전지 중 하나이며, 운요호 사건 당시에도 일본군과 치열하게 싸운 곳이기도 합니다. 신미양요 당시에는 미군에 패했으나 운요호 사건 때는 이곳에서 일본군을 격퇴했습니다. 초지진 안에는 대포가 있고, 돈대 옆 소나무를 살펴보면 신미양요 또는 운요호 사건 때 생겼다는 포탄 자국이 있는 것을 볼 수 있습니다.

1. 광성보
주소 인천시 강화군 불은면 덕성리 833 | 전화 032-930-7070 | 관람 시간 09:00~18:00(동절기 ~17:00) | 휴무 없음 | 입장료 어른 1100원, 청소년·어린이 1000원 | 주차 자체 주차장 이용(무료)

2. 초지진
주소 인천시 강화군 길상면 해안동로 58 | 관람 시간 09:00~18:00(동절기 ~17:00) | 휴무 없음 | 입장료 어른 700원, 청소년·어린이 500원 | 주차 자체 주차장 이용(무료)

AREA
048

조선의 자주와
개화를 꿈꿨던 46시간
우정총국

#서울종로
#갑신정변
#급진개화파
#김옥균
#임오군란
#별기군
#통리기무아문

> 그러나 김옥균을 비롯한 일부 사람들은 조선이 청의 간섭에서 벗어나야 하며, 제도와 사상 등 나라 전체를 개혁해야 한다고 생각했다. 이를 위해 청에 의지하는 세력을 몰아내고 새로운 조선을 만들고자 자신과 뜻을 같이하는 사람들을 모았다. … 마침내 김옥균을 중심으로 한 사람들은 우정총국의 개국 축하 잔치를 틈타 정변을 일으켰다(갑신정변).
>
> — 초등학교 사회 5학년 2학기

> **청나라에서 벗어나 강한 나라를 만들고자 했던 젊은이들에 대해 알아봅시다**
>
> 세계정세 속에서 다른 나라의 발전된 제도와 문화를 받아들여야 하는 큰 흐름은 조선도 거부할 수 없었습니다. 다만, '개화'라는 큰 틀 안에서도 그 방법에 대해 서로 다른 의견이 있었어요. 이런 의견 차이가 발단이 되었던 갑신정변과 사건의 무대인 우정총국에 대해 알아봅니다.

조선시대에는 인사동에 큰 절인 원각사가 있어 이곳을 '큰절골', 한자로는 '대사동'이라 불렀어요. 일제강점기 행정구역으로는 종로구 일대가 '관인방'이어서, 관인방과 대사동의 가운데 글자를 합해 '인사동'이 되었습니다.

1. 19세기 후반, 흥선대원군의 쇄국정책이 무너지다

어린 나이인 고종을 대신해 권력을 잡은 흥선대원군은 서양과의 수교를 강력히 거부했지만, 그의 실각 이후 1876년 일본과 강화도조약을 맺게 되었고, 부산과 인천 등의 항구를 개항하며 서양 여러 나라들과도 조약을 맺고 문을 열게 됩니다.

조선은 개항 후 일본, 중국으로 사신을 보내 근대 문물들을 배워 오도록 했습니다. 그리고 '통리기무아문 統理機務衙門'을 설치하고 근대적인 개혁을 추진하기 시작했어요. 이때 일본의 후원을 받아 별기군 別技軍도 설치했습니다. 별기군은 우리나라 최초의 신식 군대로, 소총으로 무장하고 신식 군사훈련을 받았습니다. 구식 군대와는 다르게 월급도 많이 주고, 먹고 입는 것 등의 대우가 좋아 구식 군인들은 차별에 불만을 품었어요.

2. 임오군란, 구식 군인들의 분노가 폭발해 궁을 습격하다

먹고살기 힘든 구식 군인들은 차별까지 받으며 1년 이상 월급조차 받지 못했습니다. 그러던 어느 날, 밀린 월급을 쌀로 주겠다는 말에 반가워 달려간 군인들은 급기야 폭발하게 되죠. 월급으로 준 쌀 주머니의 반 이상은 모래와 겨로 채워져 있었거든요. 이에 분노한 구식 군인들은 흥선대원군을 앞세워 들고 일어나 일본인 교관을 죽이고 일본 공사관을 불태운 후 궁궐로 쳐들어갔습니다. 이것이 바로 1882년 임오군란입니다.

여기에 백성들까지 합세해 관청에서 무기를 빼앗고 궁궐을 습격합니다. 살기 힘들게 만든 명성황후와 그 세력들을 없애기 위해서였죠. 숨어 있던 명성황후는 재빨리 궁녀로 변장하고 몰래 궁을 빠져나와 충주 장호원까지 도망을 갔어요. 이때 명성황후를 업고 궁을 빠져나온 무관의 이름이 홍계훈입니다. 그는 훗날 명성황후가 다시 정권을 잡았을 때 그녀의 목숨을 구한 대가로 출세를 하지만, 1895년 을미사변 때 일본 낭인들에게 죽

임을 당합니다.

3. 고종과 흥선대원군, 그리고 청나라

이 상황에 고종은 어떻게 했을까요? 그는 사태를 혼자 수습하기 어렵다고 생각해 물러나 있던 아버지 흥선대원군을 다시 궁으로 불러들였습니다. 흥선대원군은 기회를 놓칠세라 개화를 추진했던 기구인 통리기무아문을 폐지하고 개혁을 중단했죠. 하지만 명성황후 세력과 긴밀한 관계인 청나라가 곧바로 군대를 파견해 구식 군인들을 진압하고, 난을 주동했다며 흥선대원군을 청나라로 끌고 갑니다. 당연히 청의 조선에 대한 간섭은 심해졌어요. 여기에 일본은 임오군란으로 입은 모든 피해를 배상하라했고, 제물포조약을 맺게 했습니다. 이 조약으로 조선은 일본에 큰 액수의 배상금을 물어야 했어요. 또 공사관을 보호하기 위해 일본 군대를 한양에 두겠다는 것에 동의할 수밖에 없었습니다. 결국 예상치도 못하게 청과 일본에 큰 권한을 넘겨주는 안타까운 결과를 초래하였고, 명성황후와 그 집안인 민씨 세력이 다시 권력을 잡게 되었어요.

4. 갑신년, 청나라 군대가 자리를 비운 틈을 타 거사를 도모하다

당시 개화에 대한 생각은 크게 두 가지로 나누어져 있었어요. 첫째는 청의 양무운동을 본받아 근본적인 제도 개혁보다는 서양의 무기와 기술 등만 받아들이자는 주장입니다. 이런 주장을 편 '온건 개화파'에는 명성황후를 비롯해 김홍집, 어윤중 등이 있습니다. 반면 청에서 벗어나 일본 메이지유신을 본보기로 삼고, 제도는 물론 서구의 기술, 무기 등을 적극적으로 도입해야 한다고 주장하는 '급진 개화파'는 김옥균, 박영효, 홍영식, 서광범, 서재필 등 집안 좋고 학식 높은 젊은이들이 중심이었어요. 임오군란을 진압한 청의 간섭은 날로 심해지고, 청에만 의존하는 집권층을 지켜보는 급진 개화파들은 정말 답답했겠죠? 이들은 가장 먼저 청을 멀리해야 한다고 주장했으니 청과 가까운 명성황후와 민씨 세력들이 눈엣가시였겠죠.

그러던 어느 날, 급진 개화파에게 기회가 왔습니다. 당시 조선에 있던 청 군대 일부가 청나라와 프랑스 간의 전쟁인 청프전쟁에 참전하기 위해 베트남으로 떠나게 되었고, 급진 개화파는 청 군대가 조선을 빠져나간 상태에서 일본과 손을 잡으면 민씨 세력을 없앨 수 있다고 생각했죠. 또 정변을 적극 도와주겠다는 일본의 약속까지 받았어요. 이에 급진 개화파는 오늘날 우체국에 해당하는 우정총국의 개국 축하 잔칫날, 그곳에 모인 반대 세력들을 처단한다는 계획을 세웁니다. 급진 개화파의 대표라 할 수 있는 김옥균은 일본을 철석같이 믿고 자신의 뜻을 펼칠 새로운 세상을 꿈꿨죠.

🔍 5. 1884년 갑신정변, 잔칫날에 치솟은 불길

1884년 12월 4일 밤 9시, 우정총국의 개국 축하 잔치가 열리고 있었습니다. 조선의 고위 관료들은 물론이고 외국 공사들까지 모두 있었죠. 그런데 갑자기 밖에서 "불이야! 불이야!" 하는 큰 소리가 나고 불길이 치솟았어요. 놀란 사람들은 밖으로 나갔고, 미리 밖에서 대기하고 있던 급진 개화파는 도망 나온 반대 세력에게 칼을 휘둘렀습니다.

그리고 김옥균은 고종과 명성황후에게 "지금 청나라가 군대를 이끌고 왔습니다. 어서 몸을 피하십시오"라고 거짓말을 했습니다. 명성황후는 김옥균의 말을 의심했지만 바깥에서 폭탄 터지는 소리가 들려오고 정신이 없으니 일단 고종과 함께 김옥균을 따라 창덕궁 서쪽 경우궁으로 거처를 옮겼습니다. 그러자 일본군이 경우궁 주변을 겹겹이 에워쌌습니다. 이 시점에서 김옥균은 자신이 계획했던 거사가 성공했다고 생각했겠죠?

🔍 6. 새로운 내각과 14개 정강을 발표한 김옥균

다음 날 새벽, 김옥균은 고종의 이름으로 관료 대신들을 궁에 입궐시키고 고종 앞에서 그들을 처단했습니다. 당시 고종이 죽이지 말라고 했지만 명령을 듣지 않았다고 해요. 이런 상황을 지켜본 고종의 마음은 어떠했을까요? 처음에는 청나라에서 벗어나 자주독립을 해야 한다는 급진 개화파를 지지했지만 당시 벌어지는 일들을 보면서 자신도 급진 개화파들부터 화를 당할 수도 있다는 위기감을 느꼈을 것입니다.

김옥균은 급진 개화파 사람들을 중심으로 한 새로운 내각을 구성하고 자신은 호조참판 자리에 올랐습니다. 이때 명성황후는 모든 일은 급진 개화파의 계획이라는 것을 눈치채고 계속 김옥균에게 창덕궁으로 환궁하자고 요구합니다. 김옥균은 규모가 작은 경우궁은 급진 개화파와 일본 병사만으로 지키기 수월했지만, 넓은 창덕궁으로 가면 불리하다고 판단해 환궁 요구를 받아들이지 않았어요. 하지만 충분히 수비를 할 수 있다는 일본의 말에 결국 고종과 명성황후는 창덕궁으로 환궁했지만, 이때 명성황후는 청에 군대를 보내달라며 몰래 도움을 청했어요. 정변이 일어난 지 셋째 날 오후, 김옥균 등은 갑신정변 14개 조항을 반포했습니다. 한편 베트남으로 향하고 있던 청나라의 위안스카이(원세개)는 급진 개화파가 일본의 도움을 받아 고종과 명성황후를 잡아놓고 있다는 소식을 듣고서 1,500명의 군사를 되돌려 급히 돌아온 후 일본군이 둘러싸고 있는 창덕궁으로 향했어요.

갑신정변의 14개 조항, 무엇일까요?

급진 개화파는 무엇을 원했을까요? 그들이 꿈꿨던 세상은 무엇이었을까요? 우정총국에서 사건이 있었던 날 이후 그들은 밤을 새워서 자신들이 바라는 14개 조항의 개혁안을 만들었습니다. 이 중 가장 중요한 몇 가지 조항을 살펴보겠습니다.

① 청나라에 잡혀간 흥선대원군을 즉각 모셔 오고 청나라에 대한 사대, 조공 허례를 폐지한다.
② 문벌을 폐지하고 백성들이 평등한 권리를 갖는 제도를 마련하며, 능력에 따라 관리를 임명한다.
③ 세금 제도를 고쳐 관리의 부정을 막고 국가의 살림살이를 튼튼히 한다.
④ 대신들은 의정부에 모여 정령을 의결하고 반포한다.

급진 개화파가 원했던 세상은 우선 청나라로부터 자유로운 조선이었던 것 같습니다. 또 흥선대원군은 비록 개화를 반대지만 왕의 아버지이니 당연히 조선으로 다시 데려와야 한다고 한거죠. 그리고 능력에 따라 인정받는 평등한 세상을 원했고, 왕이 마음대로 정치를 하는 것이 아닌 입헌군주제를 주장했습니다. 그래서 갑신정변을 '최초의 근대적인 정치 개혁 운동'이라고 말하기도 합니다. 특히 문벌을 폐지하고 능력에 따라 관리를 임명하자는 내용은 이후 갑오개혁(1894~1896)에 큰 영향을 끼칩니다.

7. 김옥균을 배반한 일본

청나라 위안스카이가 군대를 이끌고 창덕궁에 나타나자 급진 개화파를 돕겠다던 일본은 바로 군대를 철수합니다. 일본군이 빠져나간 상태에서 김옥균 등은 오래 버티지 못하고 진압당합니다. 급진 개화파의 계획은 결국 실패로 돌아갔어요. 시간으로 계산하면 46시간, 날짜로 세보면 3일이라 갑신정변을 '3일 천하'라고 합니다.

정변을 벌인 김옥균과 박영효, 서광범 등은 급히 일본 공사관으로 몸을 피했고, 이후 궤짝 속에 숨어 밀항선을 타고 일본으로 망명했습니다. 조선에 있던 급진 개화파의 일가족은 죽임을 당하거나 노비가 되고 스스로 목숨을 끊는 비극적인 결말을 맞죠. 이후 김옥균은 중국 상하이에서 우리나라 최초의 프랑스 유학생 홍종우에게 암살당합니다. 홍종우는 김옥균의 관을 조선으로 옮겼고, 고종과 민씨 정권은 김옥균의 시신을 능지처참한 후 그의 목을 거리에 매달고, 잘린 팔과 다리는 전국 팔도의 저잣거리에 내다 걸어 백성들에게 본보기로 삼았다고 합니다. 그리고 고종은 김옥균을 암살한 홍종우에게 관직을 내렸습니다. 고종의 신임을 얻은 그는 한동안 승승장구합니다.

홍종우는 김옥균과 어떤 관계일까요?

갑신정변이 실패로 돌아가고 김옥균은 일본으로 망명한 뒤 이곳저곳을 떠돌았습니다. 그러던 중에 알게 된 홍종우와 매우 친해졌어요. 그런데 왜 홍종우는 친한 친구를 죽였을까요?
홍종우는 항상 우리 민족 문화에 큰 자부심이 있었고, 조선의 전통을 지키면서 서양의 문화를 절충해야 한다고 생각했던 사람이었습니다. 그리고 자주적인 근대화를 추진해야 한다고 생각했지요. 그의 입장에서는 일본에 기대 근대화를 추진하려 했던 김옥균이 못마땅했겠죠?
홍종우는 우리나라 최초의 프랑스 유학생입니다. 유럽의 발전된 문화를 배워야 한다고 생각했던 그는 프랑스어를 공부한 뒤 1890년 12월, 프랑스 파리로 갔습니다. 프랑스인들이 보았을 때 멀리 조선이라는 나라에서 온 한복을 입은 홍종우는 매우 신기했을 것이고 그래서 당시 사교계에서 큰 화제가 되었다고 해요. 그는 2년간 파리 기메 박물관에서 일하며 우리나라 고전인《춘향전》,《심청전》등을 프랑스어로 번역하는 작업을 했습니다.
당시 조선 정부는 김옥균과 같은 대역죄인을 절대 살려두면 안 된다고 생각했고, 계속 자객들을 보내서 김옥균을 암살하고자 했습니다. 그러던 중 유럽 외교관들의 부인들과 자주 어울렸던 명성황후는 파리에 있는 홍종우에 대해 듣게 되었고, 그가 김옥균을 암살하는 데 적합한 인물이라고 생각했습니다.
1893년 12월, 홍종우는 일본 도쿄에 갔다가 조선이 보낸 이일직을 만나게 되었고, 그로부터 김옥균 암살 계획을 전해 듣고 이를 받아들입니다. 홍종우는 이후 일부러 김옥균에게 접근해서 그의 환심을 샀고, 중국 상하이로 가자고 제안했어요. 김옥균은 갑신정변 당시 동지였던 홍영식의 친척 홍종우를 전혀 의심하지 않고 옆에 두었고, 마침내 홍종우는 상하이의 동화양행 호텔 객실에서 김옥균에게 총을 쏘아 암살에 성공합니다.

🔍8. 왜 일본은 김옥균과의 약속을 지키지 않았을까요?

이렇게 갑신정변은 3일 천하로 끝났고, 급진 개화파의 운명은 그야말로 비참했습니다. 그런데 왜 일본은 청나라가 나타나자 바로 김옥균을 배반하고 철수했을까요? 당시 일본이 김옥균 등을 도와준 이유는 청나라를 견제해야 조선에 대한 자신들의 권한이 강해지기 때문이었죠. 하지만 당시 일본의 국력은 청나라에 비하면 많이 부족했습니다.

사실 청나라는 진압하러 오기 전에 일본과 모종의 거래를 했습니다. '만약 일본이 물러간다면 탈출로는 열어주겠다'는 것이었죠. 청과 싸우면 질게 분명하다 생각한 일본은 차라리 물러나는 게 낫다고 판단한거죠. 그래서 청 군대가 창덕궁으로 오자마자 철수했던 것입니다. 그것도 모르고 김옥균 등은 일본을 믿었던 거죠. 결국 임오군란 이후 심해진 청나라의 간섭은 갑신정변 이후에는 그 강도가 더욱 심해질 수밖에 없었겠죠?

🔍9. 갑신정변의 결과, 한성조약 & 톈진조약!

갑신정변 이후 청의 간섭은 날로 심해졌고, 게다가 불탄 공사관을 이유로 일본은 또다시 배상금을 물어내라고 요구했어요. 조선은 1884년 일본과 한성조약을 맺어 또 막대한 금액의 배상금을 물어줬는데, 이런 배상금은 바로 죄 없는 백성들의 몫이었습니다.

1885년 일본의 이토 히로부미와 청의 리홍장(이홍장)은 중국 텐진에서 만나 텐진조약을 맺습니다. 주요 내용은 일본과 청나라는 조선 땅에서 군대를 4개월 이내에 공동으로 철병할 것, 그리고 조선에 사건이나 변란이 일어났을 때 어느 한 나라가 파병을 하면 서로 연락하고 공동으로 파병한다는 것이었습니다. 이 조약으로 일본은 조선에서 청나라의 우월권을 없애고 동등한 입장이 될 수 있었습니다. 갑신정변의 결과로 맺은 한성조약과 텐진조약 때문에 힘없는 조선은 일본과 청나라에 이리저리 끌려 다니며 고통을 감내해야 했습니다.

🔍 10. 우리나라 최초의 근대화 운동, 갑신정변은 왜 실패했을까요?

갑신정변을 돌이켜 볼 때 조선을 청나라에서 벗어난 새롭고 부강한 국가로 만들고자 했던 급진 개화파의 의지는 훌륭했습니다. 그러나 치밀한 준비보다는 일본에 크게 의지한 계획이었기에 제대로 성공할 수 없었죠. 우리의 자주독립이 어떻게 다른 나라에 의해서 이루어질 수 있을까요? 강한 국력은 그 나라의 백성과 관리들이 하나가 될 때 만들어집니다.

또 당시 백성들은 개화에 대한 필요성을 느끼지 못했고, 게다가 일본 상인들 때문에 장사는커녕 곡식을 빼앗겨 먹고살기 힘든 상황이었어요. 그런데 급진 개화파가 일본과 손을 잡았다는 이야기를

▲ 왼쪽부터 박영효, 서광범, 서재필, 김옥균

듣자 오히려 분노했습니다. 절대 백성들의 지지를 얻을 수 없었죠.

그리고 당시 김옥균의 나이가 34세, 박영효는 24세, 홍영식은 29세, 서재필은 21세였으니 백성들이 보기에는 아무래도 이들이 새로운 나라를 만들고 이끌기에는 너무 어리고 부족하다고 생각했을 것이라 예상됩니다. 그렇지만 3일 천하로 끝났음에도 서구식 의회 제도를 들여와 근대적인 정치체제를 갖춘 국가를 만들고자 한 노력만큼은 인정받을 만 하다고 생각됩니다.

:: 우정총국 둘러보기 ::

서울 종로구에 자리한 우정총국 郵征總局은 1884년 갑신정변의 무대가 된 곳으로, 조선 말에 우체국 업무를 맡았던 관청입니다. 개화의 흐름 속에서 다른 나라의 제도와 문물을 둘러본 홍영식의 건의로 근대식 우편제도가 만들어지고, 1884년 3월 전의감 자리에 우정총국이 들어서게 되었습니다. '전의감'은 조선시대에 궁중에서 쓰는 약을 제조하고 약재를 재배하던 곳입니다. 본래는 여러 채의 건물이 있었던 것으로 추정되지만 현재는 한 채만 남아 있어요. 앞면은 5칸, 옆면은 3칸짜리로 팔작지붕을 갖춘 건물입니다.

1884년 갑신정변으로 폐쇄되었고 1893년에는 전신 업무와 우체 업무를 통합 관리하는 전우총국 電郵總局으로 문을 열었습니다. 그러나 이후 동학농민운동과 청일전쟁이 일어나면서 사실상 업무는 이어지지 못했고, 1894년 6월 28일 갑오개혁에 따라 설치된 공무아문 工務衙門의 전신국과 역체국으로 분리되었습니다.
현재는 우정 사료 전시관으로 사용되고 있는데, 우정총국을 세우는 데 많은 힘을 쓴 인물이자 초대 우정총판인 홍영식에 대한 자료와 우표, 유물, 문헌 등이 전시되어 있습니다.
참고로 우정총국 건물 옆에는 전의감 터와 그림에 관한 업무를 담당하던 도화서 터였다는 표지가 서 있습니다.

 우정총국
주소 서울시 종로구 우정국로 59 | 전화 02-734-8369

 아이와 함께 즐기면 좋은 주변 먹거리
 우정총국은 서울 종로구 조계사 근처에 있어요. 이곳에서 걸어서 약 4~5분이면 볼거리와 먹거리 많은 인사동입니다.
• 깍두기가 최고! 100년 넘은 역사를 자랑하는 이문설렁탕(설렁탕 1만4000원, 도가니탕 1만7000원)

AREA
049

전봉준과 농민군의 외침,
반봉건! 반외세!
정읍 동학농민 혁명기념관

#전라북도정읍
#전봉준
#동학농민운동
#갑오농민전쟁
#공주우금치전투

갑신정변 이후에도 일부 양반과 지방 관리의 횡포는 여전히 심했다. 동학농민운동의 지도자 전봉준은 고부군수의 횡포를 막기 위해 뜻을 같이하는 사람들을 모아 군사를 일으켰다. 전봉준과 동학 농민군은 고부에서 시작해 전라도 일대로 세력을 넓혔다. 조선은 동학 농민군을 진압하는 데 어려움을 겪자, 청에 도움을 요청했다. 청이 조선에 군대를 보내자 일본도 군대를 보냈다. … 그러나 변변한 무기가 없었던 동학 농민군은 기관총으로 무장한 일본군과 관군의 상대가 되지 않아 공주 우금치에서 벌어진 전투에서 크게 패했다.

— 초등학교 사회 5학년 2학기

> 농민들이 죽창을 들고 일어서다, 갑오년 동학농민운동에 대해 알아봅시다
>
> 1894년은 갑오년 甲午年이라 이때 일어난 동학농민운동을 '갑오농민운동' 또는 '갑오농민전쟁'이라고도 부릅니다. 당시 부패한 지배 계층과 조선을 탐하던 외세 아래 백성들은 고달픈 삶을 살아야 했습니다. 이에 맞서 들고 일어난 동학농민운동의 발생 배경과 전개 과정, 의의에 대해 자세히 알아봅니다.

정읍동학농민혁명기념관과 가까운 곳에는 변산반도국립공원, 선운산도립공원, 내장산국립공원 등 우리나라에서도 풍경 좋기로 이름난 곳이 있습니다. 기념관을 둘러보고 봄에는 동백꽃이 피는 선운산, 여름에는 바다를 끼고 있는 변산반도, 가을에는 단풍이 아름다운 내장산을 함께 여행해보세요.

1. '동학 東學'이란 무엇일까요?

동학은 1860년에 경주 지방의 몰락한 양반 최제우가 만든 종교입니다. '서학'인 천주교에 대항한다는 뜻에서 '동학'이라고 이름 지었습니다. 하지만 천주교에서 평등을 이야기하듯 동학에서도 '사람이 곧 하늘이다'라는 '인내천 人乃天' 사상을 말했습니다. 당시 엄격한 신분제 사회였던 조선에서 인

▲ 최제우

▲ 최시형

내천 사상은 평등을 말하는 것이었어요. 날이 갈수록 탐관오리들의 횡포가 심해져 백성들은 고통스러운 삶을 살아야 했습니다. 이때 평등을 주장하는 동학은 농민들 사이에서 환영받았고, 빠르게 확산되었습니다. 최제우에 이은 2대 교주 최시형은 동학의 교단과 교리를 더 체계화했고, 1894년 동학농민전쟁에 영향을 주었으며, 이후에는 천도교로 이름을 바꿉니다.

2. 지독한 탐관오리, 전라도 고부군수 조병갑

동학농민운동에는 크게 두 차례의 봉기가 있었는데, 그중 제1차 봉기는 1892년에 일어납니다. 당시 전라도 고부의 군수 조병갑은 백성들을 돌보기는커녕 이런저런 핑계로 백성들을 괴롭히고 수탈하느라 바빴어요. 만석보라는 저수지를 만든다며 백성들을 강제로 동원하고, 나중에는 저수지 물을 사용하려면 물세를 내라는 등 말도 되지 않는 행동

을 합니다. 게다가 자신의 아버지를 기리는 비석을 세운다며 백성들을 힘들게 했습니다. 이에 농민들은 봉기를 일으키고 만석보를 헐어버렸어요. 그리고 1894년 1월 11일 새벽, 전봉준의 지휘 아래 고부 관아를 점령했습니다. 이때 놀란 조병갑은 담을 넘어 도망가고, 전봉준은 관아의 창고 문을 열어 곡식을

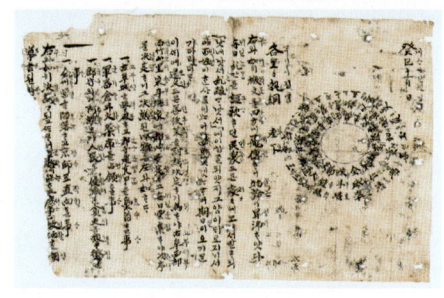
▲ 사발통문 : 사발로 그린 원을 둘러 이름을 써 주동자를 알 수 없게 한 문서

모두 농민들에게 나눠줬습니다(1월 고부민란). 이런 전봉준을 지지하는 농민군의 숫자는 점차 늘어났어요. 당시 고부민란 소식을 들은 조정은 상황을 수습하기 위해 임시 벼슬인 안핵사로 이용태를 파견했습니다. 하지만 이용태는 조병갑과 비슷한 사람이었어요. 그는 전봉준을 당장 잡아들이라고 명했고, 이에 전봉준은 3월 고부의 백산에서 김개남, 손화중 등 뜻을 함께하는 사람들과 모입니다. 당시 모인 사람들의 숫자가 약 8,000명이었다고 해요. 그리고 '보국안민 輔國安民, 제폭구민 除暴救民'을 외치면서 봉기를 일으키는데, 이것이 바로 동학농민운동의 제1차 봉기입니다. 여기에서 '보국안민'은 '나라를 지키고 백성을 편안하게 한다'는 뜻이고, '제폭구민'은 '폭정을 없애고 백성을 구한다'는 뜻입니다.

3. 동학 농민군들이 말한 4대 강령

전봉준은 왜 이런 일을 벌였을까요? 왜 농민들은 전봉준을 지지하고 함께 모였을까요? 당시 동학 농민군은 꼭 지켜야 할 4대 행동 강령을 정했는데, 그 내용을 살펴보겠습니다.

첫째, 사람을 함부로 죽이지 말고 물건을 해하지 마라.
둘째, 충효를 다하며, 세상을 구하고 백성을 편안하게 하라.
셋째, 일본 오랑캐를 몰아내고 왕의 정치를 깨끗이 하라.
넷째, 군대를 몰고 서울로 가서 권세가와 귀족을 없애라.

당시 전봉준을 비롯한 동학 농민군이 무엇을 원했는지 4대 강령에 자세히 담겨 있습니다. 특히 세 번째 강령은 외세를 몰아내자는 '반외세'를 주장하고 있고, 네 번째 강령에서는 지배층에 맞서는 '반봉건'을 주장하고 있어요. 그래서 동학농민운동의 성격을 '반봉건, 반외세'라고 합니다. 이후 농민군은 여러 곳에서 관군과 맞붙어 싸웠는데, 어

마어마한 기세로 승리를 거둡니다. 특히 1894년 4월 7일 황토현전투와 4월 23일 황룡촌전투가 가장 유명합니다. 황룡촌전투에서는 농민군이 닭을 키우는 장태에 불을 붙여 높은 곳에서 굴리기도 하고 장태 속에 지푸라기를 채워서 관군의 총알을 막기도 했습니다. 이외에 대나무를 깎아 만든 죽창과 호미, 낫 등의 농기구가 당시 농민군들의 무기였습니다. 동학 농민군은 고창, 영광, 함평, 나주, 장성, 정읍, 순창, 태인 등 전라도 일대를 돌면서 곳곳의 탐관오리들을 쫓아내고 억울하게 누명을 쓰고 잡힌 백성들을 풀어주었습니다. 이 과정에서 농민군의 규모가 더욱더 커진 것은 당연한 일이겠죠? 그리고 드디어 4월 27일, 전라도의 중심지인 전주성까지 점령했습니다.

TIP 녹두장군, 전봉준! 어떤 사람일까요?

전봉준은 당시 전라도 고부에서 살던 몰락한 양반이었습니다. 집이 가난해서 서당에서 훈장으로 일하기도 하고, 약재를 팔아 생계를 꾸려갔습니다. 그는 어릴 때부터 체구가 작아 '녹두'라는 별명으로 불렸어요. 전봉준은 고통스러워하는 백성들을 보면서 괴로워했고, 평등을 이야기하는 동학에 큰 관심을 갖게 되었습니다. 이후 동학의 제2대 교주인 최시형이 그를 고부 지방의 동학 책임자라고 할 수 있는 접주로 임명했어요. 어느 날, 횡포가 심했던 군수 조병갑에게 전봉준의 아버지가 동네 사람들과 함께 찾아가 항의하다가 곤장을 맞고 세상을 떠나는 사건이 벌어집니다. 이 사실을 알게 된 전봉준은 꼭 나라를 개혁하겠다는 의지를 불태우죠. 그리고 농민들을 데리고 고부 관아를 습격해 그곳의 곡식을 마을 사람들에게 나눠준 것입니다. 이것이 1894년 1월에 일어난 고부민란입니다.

4. 전주성을 점령한 농민군을 보며 고종과 명성황후는 어떤 생각을 했을까요?

농민군의 규모가 점점 커지고 마침내 전주성까지 점령한 것을 본 조정은 자신들의 힘으로는 도저히 이 문제를 해결할 수 없다고 생각했어요. 그래서 청나라에 군대를 보내달라고 요청했습니다. 자신들의 백성들을 진압해달라고 외국 군대에 도움을 요청하다니, 지금 생각해보면 정말 기가 막힐 노릇이죠? 청나라는 기세등등해서 조선에 군대를 파견했고, 1884년 갑신정변 이후 사후 처리를 위해 1885년 청나라와 일본 사이에 맺은 톈진조약에 따라 일본 군대까지 조선에 들어오게 됩니다. 청나라와 일본이 모두 군대를 조선에 보내니 우리 땅은 그야말로 전쟁 직전의 위기감이 감돌았어요. 이 상황을 본 동학 농민군들은 자신들 때문에 우리 땅에서 전쟁이 일어나면 안 되겠다는 생각을 했고, 조정에 화해를 요청했습니다. 무엇보다도 외국 군대를 조선에서 내보내는 것이 가장 급한 일이라고 판단한 것이죠. 전주에서 조정 대표로 나온 홍계훈 장군을 만나 '폐정 개혁안 12조'라는 요구안과 농민 자치 기구인 집강소 설치를 합의하고 농민군은 자진 해산했습니다. 이것이 1896년 5월 8일, 전주화약입니다. 이제 농민군들이 해산했으니 더 이상 조선 땅에 청나라와 일본의 군대가 머물 이유가 없게 된 것이죠.

TIP '폐정 개혁안 弊政 改革案 12조'와 '집강소 執綱所'가 무엇인가요?

당시 전주성을 점령한 농민군은 자칫하면 조선 땅에서 청나라와 일본이 전쟁을 할 수 있다고 생각해서 '폐정 개혁안 12조'와 집강소 설치를 약속받고 모두 스스로 고향으로 돌아갔습니다.
'폐정 개혁안 12조'의 주요 내용은 '탐관오리는 죄목을 조사해서 엄징한다', '노비 문서는 불태운다', '7종의 천인 차별을 개선하고, 백정이 쓰는 평량갓을 없앤다', '과부의 재혼을 허락한다', '일본과 내통하는 사람은 처벌한다', '토지는 평균으로 나누어 경작한다' 등이었습니다. 조정은 폐정 개혁안을 추진하기로 약속했지만, 그 약속은 제대로 지켜지지 않았습니다.
그런데 이 개혁안의 내용을 보면 토지제도를 개혁하고 신분제를 폐지해야 한다는 등 이전과는 달리 '아래로부터의 개혁'을 담고 있어 매우 의의가 큽니다. 그리고 일부는 이후 갑오개혁을 통해 이뤄지기도 했습니다. 농민군의 또 다른 요구였던 집강소는 전라도 일대의 각 군현에 설치된 농민들의 자치 기구였습니다. 여기에서 '집강'은 동학의 간부를 의미하는데, 이들은 집강소를 통해 해당 지역의 관리들과 협력해 지역을 다스리고 질서를 바로잡는 역할을 했습니다. 특히 폐정 개혁안의 내용을 실천하기 위해 힘썼어요.
각 고을 관아에 설치된 집강소에는 1명의 집강이 있고, 그 아래 여러 사람을 두어 업무를 처리했습니다. 호남 일대에서는 농민군의 세력이 워낙 강해서 군수나 현령, 현감 같은 지방관은 오히려 기를 펴지 못했다고 해요. 집강소는 이후 제2차 봉기 당시 농민들을 조직하는 중요한 역할을 했습니다. 그러나 이후 동학농민운동이 실패하면서 집강소 역시 무너졌습니다.

5. 일본 군대, 경복궁을 습격하다

이제는 청나라와 일본 군대가 조선 땅에서 모두 떠나기만 하면 되겠죠? 하지만 일본은 떠나기는커녕 고종이 머물던 경복궁을 습격했습니다. 본래는 청나라가 일본보다 국력이 훨씬 강했지만 그간 메이지유신으로 근대화에 성공한 일본을 따라올 수는 없었어요. 곧바로 청일전쟁(1894년 6월)이 일어났고, 일본이 승리합니다.

전쟁이 일어날까 봐 자진 해산했던 농민군은 청일전쟁 소식을 듣고 당연히 분노했겠죠? 전봉준을 비롯한 농민군은 조선에서 일본군을 쫓아내기 위해 다시 모여서 봉기를 일으킵니다. 이것이 바로 1894년 9월 18일, 동학 농민군의 제2차 봉기입니다.

제2차 봉기는 일본에 맞서는 반외세 성격을 분명히 했어요. 1차 봉기 때보다 더 많은 숫자의 동학교도와 농민이 모였고, 약 20만 명의 농민군이 충청남도 논산에 모여 군사훈련도 받았습니다. 그중 일부가 공주로 향했고, 이 소식을 전해 들은 조정은 일본군에 도움을 요청, 일본군과 관군이 함께 연합군을 결성했어요. 그리고 이 연합군은 미리 공주로 내려가 우금치 于金峙라는 가파른 고개의 위쪽 지역에 매복하고 있었습니다.

당시 연합군 내 일본군은 근대화의 결과물로 강한 화력을 지닌 신식 무기들을 갖고 있었어요. 그에 비해 농민군들은 짚신을 신고 대나무로 만든 죽창과 농기구를 들고 있었습니다. 과연 상대가 되었을까요? 결국 공주 우금치전투에서 농민군은 크게 패배하고 1만 5,000여 명에 달하는 많은 이들이 목숨을 잃습니다. 그리고 어렵게 몸을 피하고 훗날을 준비하고자 했던 전봉준은 부하 김경천의 밀고로 체포되었고 1895년 3월, 한양 서소문

밖에서 처형되면서 약 1년간 진행되었던 동학농민운동은 실패로 끝납니다.

6. 동학농민운동이 우리에게 남긴 것은 무엇일까요?

고통받는 백성들이 중심이 되어 아래로부터의 개혁을 하고자 했던 동학농민운동은 전봉준의 죽음으로 끝났지만 그 의미는 대단한 것이었습니다. 동학 농민군이 요구한 여러 개혁안은 이후 갑오개혁 甲午改革을 통해 이루어졌어요.

동학농민운동 당시 조정은 농민군의 개혁안을 실천하기 위해 '교정청'을 만들었는데, 이후 일본은 이 교정청을 없애고 '군국기무처'를 만들어 일본식으로 개혁을 추진했습니다. 그리고 김홍집 등을 중심으로 총 두 차례에 걸쳐 갑오개혁을 실시합니다. 갑오개혁의 중심 내용은 과거제 폐지와 국정 사무·왕실 사무 분리, 재정 관청 일원화, 조세 금납화 추진, 신분제 폐지, 조혼 금지, 과부 재가 허용 등이었어요. 신분제 폐지, 과부의 재가 허용 등은 모두 동학농민운동에서 나온 것들이죠? 이렇게 우리나라가 정치적으로나 사회적으로 개혁되어가는 과정에서 동학농민운동은 큰 영향을 끼쳤습니다.

새야 새야 파랑새야 녹두밭에 앉지 마라
녹두꽃이 떨어지면 청포 장수 울고 간다

훗날 사람들이 녹두장군 전봉준을 기리며 이 노래를 불렀다고 합니다. 파랑새는 당시 푸른색 군복을 입은 일본군을 뜻하고, 녹두꽃은 녹두장군이라는 별명으로 불리던 전봉준을 가리킵니다. 그리고 청포 장수는 백성들을 말해요. 당시 처형당한 전봉준의 시신이 어디에 묻혔는지 전혀 알려지지 않아 더 안타깝습니다.

이후 청일전쟁에서 이긴 일본은 조선 정치에 더 깊이 간섭했고, 이후 우리는 을사늑약 등으로 일본에 외교권을 빼앗기고 결국 1910년 8월 29일 완전히 국권을 빼앗깁니다. 만약 동학농민운동에서 전봉준이 이끄는 농민군이 승리했더라면 어떻게 되었을까요? 동학농민운동이 일어났을 때, 고종과 명성황후가 외세에 도움을 요청하지 않고 농민들이 요구하는 내용에 관심을 가졌다면 얼마나 좋았을까요? 그랬다면 무고한 농민들이 그렇게 희생되지 않았을 텐데요. 자신들의 백성을 돌보기는커녕 그들을 죽이라고 외국 군대를 불러들인다는 것이 말이 되나요? 백성들보다 자신들의 안위를 먼저 생각했던 지배층의 판단과 행동은 비난받아 마땅합니다.

:: 정읍 동학농민혁명기념관 둘러보기 ::

동학농민운동을 기념하는 기념관은 전라북도 정읍 외에도 전라남도 장흥 등 몇 군데 더 있습니다. 그렇지만 정읍 기념관이 규모가 가장 크니 기회가 된다면 방문해보세요. 그리고 가까이에 고부 관아 터와 황토현전투 전적지, 전봉준 고택과 전봉준 단소 등 동학농민운동과 관련된 유적이 있으니 함께 둘러보면 좋습니다.

01 정읍 동학농민혁명기념관

동학농민운동의 전개 과정과 의미에 대해 자세히 공부할 수 있는 곳입니다. '어린이 전시실'이 따로 있어서 어린이들도 흥미롭게 관람할 수 있어요.

02 고부 관아 터

고부군수 조병갑의 횡포가 동학농민운동의 시발점이 되었죠. 현재 이 자리에는 초등학교가 들어서 있습니다. 동헌과 객사 등 여러 부속 건물이 있었지만 1911년 일제의 민족말살정책에 따라 고부 관아 건물이 모두 철거되고 고부 공립 보통학교가 세워졌습니다.

03 황토현전투 전적지 (갑오동학혁명기념탑)

1894년 4월 7일, 황토현전투에서 동학 농민군은 관군에 맞서 대승을 거두는데, 이곳이 바로 전투가 벌어졌던 장소입니다. 깃발로 구성된 조형물과 갑오동학혁명기념탑이 서 있습니다.

04 전봉준 단소 琫準 壇所

처형당한 전봉준의 시신이 어느 곳에 묻혔는지 알 수 없지만 그의 정신을 기리기 위해 이곳에 유해가 없는 허묘 虛墓와 '전봉준장군운명시비'를 세웠습니다.

05 전봉준 선생 고택

전봉준이 살던 아담한 초가집을 볼 수 있습니다. 집 앞에는 오래된 우물도 하나 있고요. 전봉준은 이곳에서 농사도 짓고 동네 서당에서 훈장을 하며 살았습니다.

06 만석보 유지비

전라도 고부군수 조병갑은 만석보라는 저수지를 만들기 위해 백성들을 강제로 동원했습니다. 심지어 물을 사용하려면 물세를 내야만 했어요. 이곳이 바로 그 만석보가 있던 터입니다. 1973년에 갑오동학혁명기념사업회에서 동학농민운동의 의의를 기념하기 위해 만석보 유지비를 세웠습니다.

정읍 동학농민혁명기념관
주소 전라북도 정읍시 덕천면 동학로 742 | 전화 063-536-1894 | 관람 시간 3~10월 09:00~19:00, 11~2월 09:00~18:00 | 휴무 월요일, 1/1 | 입장료 무료 | 주차 자체 주차장 이용(무료) |
홈페이지 www.1894.or.kr/main_kor/index.php

정읍의 별미
정읍에는 쌍화차를 파는 찻집이 모여 있는 '쌍화차 거리'가 있습니다. 숙지황, 생강 등 20가지가 넘는 약재를 넣고 12시간 이상 끓여낸 쌍화차에는 밤, 은행, 대추 고명이 푸짐하게 들어 있어요. 정읍에 간다면 뜨끈하고 몸에 좋은 쌍화차 한잔 꼭 맛보세요. 쌍화차 거리(쌍화차 9000원~)

우리나라 역사에서 가장 속상했던 일을 꼽아보라면 아마도 1910년부터 1945년까지 일제강점기 35년이 아닐까요? 이 시기에 일본이 우리에게 저지른 만행은 용서받을 수 없는 일이죠. 게다가 조선인 중에서도 일본의 꼭두각시 노릇을 하며 자신의 안위만 지킨 사람도 많았습니다. 그러나 일본의 총칼 앞에서도 독립을 위해 만세를 부른 조상들이 있었기에 오늘날의 우리가 존재할 수 있었습니다. 앞으로 우리는 어떤 국민이 되어야 할까요? 과거를 통해 미래를 향한 지혜를 얻을 때 역사는 비로소 의미가 있습니다.

MISSION 1 : 을사오적 5명 이름 꼭 기억하기
MISSION 2 : 유관순, 안중근 등 독립운동가 위인전 읽기

PART 6
일제의 침략과 광복을 위한 노력

- 050. 고종의 길 & 구 러시아 공사관
- 051. 덕수궁
- 052. 중명전
- 053. 독립문
- 054. 서대문형무소 역사관
- 055. 딜쿠샤
- 056. 독립기념관

AREA

050

과연 어쩔 수 없는
선택이었을까?

고종의 길 & 구 러시아 공사관

#서울중구
#아관파천
#을미사변
#명성황후
#삼국간섭
#영일동맹
#러일전쟁

고종은 을미사변 이후 자신의 안전을 지키고 일본의 영향력에서 벗어나고자 러시아 공사관으로 피해 머물렀다(아관파천). 이로써 조선에서 일본의 입지는 축소되었고, 러시아의 영향력이 커지게 되었다.

— 초등학교 사회 5학년 2학기

MISSION

혼란스러웠던 19세기 말, 풍전등화같던 조선의 상황을 알아봅시다

당시 서구 열강들의 이권 다툼 속에서 스스로 힘을 갖추지 못했던 조선은 시기마다 외세의 힘을 빌려 가까스로 지탱하고 있었어요. 이 과정에서 가장 고단하고 힘든 것은 조선의 백성들이었습니다. 1896년에 일어난 '아관파천'의 배경과 그 내용에 대해 자세히 살펴봅시다.

구 러시아 공사관은 덕수궁부터 경향신문사까지 이어진 정동길 옆에 있습니다. 대한제국 당시 러시아뿐 아니라 근처에 프랑스, 미국, 독일, 영국 공사관이 모여 있었어요. 이곳에 남아 있는 근대의 오래된 건물은 정동길 풍경을 특별하게 만들어줍니다. 은행잎이 노랗게 물드는 가을에 분위기가 더 좋습니다.

🔍 1. 청일전쟁과 삼국간섭에 주목!

1894년 조선의 지배권을 두고 청과 일본은 청일전쟁을 벌였고, 일본이 승리합니다. 전쟁 후 맺은 시모노세키조약을 통해 청은 조선에서 물러가고, 일본은 청나라에서 큰 배상금과 함께 랴오둥반도(요동반도)를 얻게 되었어요. 일본 입장에서는 대륙으로 쉽게 진출할 수 있는 발판으로 매우 중요한 곳이었습니다. 일본을 견제하던 러시아는 일본이 랴오둥반도를 갖게 되면 여러 가지로 신경이 쓰이니, 곧바로 프랑스, 독일과 함께 랴오둥반도를 청에 돌려주라며 일본을 압박합니다. 강대국 러시아에 감히 대항할 수 없던 일본은 어쩔 수 없이 랴오둥반도를 청나라에 돌려주었고, 이렇게 세 나라(러시아-프랑스-독일)가 일본에 외교적인 압박을 가한 사건이 바로 1895년 '삼국간섭 三國干涉'입니다.

🔍 2. 러시아가 우리의 구세주?

일본의 간섭이 심해지며 고종과 명성황후는 러시아에 주목합니다. 강력한 러시아가 일본을 압박하는 것을 보자 명성황후를 중심으로 일본 견제를 위해 러시아를 가까이하자는 친러 세력이 성장했습니다. 이런 상황을 본 일본은 힘들게 청일전쟁에서 이겼는데 랴오둥반도를 반환한데다 이제 조선까지 러시아 쪽으로 간다니 가만히 두고 볼 수 없었겠죠. 그래서 일본이 벌인 일이 바로 '을미사변'입니다.

🔍 3. 여우를 잡아라, 작전명 '여우 사냥!'

조선에서 친러 세력이 커지는 것에 불안감을 느낀 일본은 작전명 '여우 사냥'을 감행합니다. 1895년 음력 8월 20일 새벽, 일본 공사 미우라는 일본 낭인들을 시켜 경복궁 담을 넘어 들어가 황후를 살해하고 시신을 불태웠죠. 당시 황후의 얼굴을 정확히 몰랐던 낭

▲ 명성황후가 시해된 건청궁

인들은 궁녀들을 무조건 죽이며 차마 입에 담지 못할 만행을 저질렀습니다. 어떻게 이런 도저히 있을 수 없는 일이 일어났는지 정말 기가 막힐 노릇입니다.

당시 상황을 목격한 러시아인 사바틴의 증언으로 이 사실이 알려져 세계 많은 나라들이 일본을 비난했습니다. 사바틴은 조선에 머물며 여러 건물을 설계하고 건립하는 것에 관여한 인물로, 고종의 명에 따라 경복궁 시위 부대장으로 경복궁에 머물렀습니다. 일본 낭인들이 궁에 난입했다는 소식을 들은 사바틴은 현장으로 달려갔고, 머리채를 붙잡힌 채 끌려 나온 궁녀들이 죽음을 당하는 처참한 광경을 보게 된 것이죠.

이후 미우라 공사를 포함한 낭인들은 일본으로 송환되어 재판을 받지만 모두 증거 불충분으로 무죄판결을 받습니다. 알고 보니 이들은 하버드 대학교에서 공부 한 사람이거나 기자, 의사, 학교 교장 등의 엘리트 출신이었고, 이후 승승장구하는 삶을 살죠.

🔍 4. 불안감에 떨던 고종, 러시아 공사관으로!

궁에 쳐들어와 왕비를 죽인 일본에 극도의 무력함과 불안감을 느꼈을 고종은 음식조차 러시아와 미국에서 보내준, 자물쇠로 굳게 잠겨 있는 통 속에 들어 있는 것만 먹었다고 합니다. 이에 고종은 자신을 지켜줄 수 있는 것은 러시아뿐이라고 판단했고, 결국 1896년 2월 11일, 세자와 함께 궁녀들이 타는 가마를 타고 몰래 경복궁을 빠져나가 러시아 공사관으로 몸을 피합니다. 이것이 바로 1896년의 아관파천 俄館播遷이에요.

당시 러시아를 한자식 표기로 '아라사 俄羅斯'라 불렀고, '관'은 공사관을 의미합니다. '파천'은 '임금이 도성을 떠나 다른 곳으로 몸을 피한다'는 뜻이고요. 그래서 이 사건을 '아관파천'이라고 하며, 이후 러시아는 매우 쉽게 조선에 대한 영향력을 키웠습니다.

5. 왕이 나라와 백성을 버리고 러시아 공사관으로 도망을 갔다!

일본과 대립하던 러시아 입장에서는 조선의 왕이 스스로 품에 안겼으니 더 없이 반가웠죠. 왕이 자신의 안위를 위해 다른 나라 공사관으로 도망을 갔다니 비참한 나라꼴이 대략 짐작이 가죠? 러시아는 이 기회를 틈타 조선에 압력을 가해 삼림 채벌권, 광산 채굴권 등 이득이 될 만한 것들을 차지했고, 내정간섭도 본격적으로 하게 되었습니다. 자신의 편이 하나도 없다는 생각에 불안했을 고종을 생각하면 속상하지만 그렇다고 러시아 공사관으로 간 것이 옳은 결정이었을까요? 나라와 백성보다는 자신의 안위를 더 중요하게 생각한 결정이 아닌가 싶어 안타깝습니다. 이후 백성들은 고종에게 러시아 공사관에서 나와 환궁할 것을 계속 요구했고, 약 1년 후 고종은 경운궁(덕수궁)으로 돌아옵니다.

6. 영국, 일본의 편을 들어주다

당시 러시아와 팽팽히 맞서던 영국은 러시아의 영향력이 확대되는 것을 두고 볼 수 없었고, 매우 커진 조선에 대한 러시아의 영향력을 못마땅하게 여기던 일본 편에 서게 됩니다. 이것이 바로 1902년의 제1차 영일동맹입니다. 이렇게 일본 뒤에 영국이 있고, 영국과 우호 관계를 맺고 있던 미국까지 일본을 든든히 지원합니다. 영일동맹의 총 6개 조항 중 제1조는 '영국은 청 淸에, 일본은 조선에 각각 특수한 이익을 갖고 있으며, 제3국의 침략으로 그 이익이 침해를 받을 때는 필요한 조치를 취한다'는 것이었어요.

일본은 러시아와의 전쟁을 준비했고 1904년 2월 8일 뤼순항과 인천 제물포를 기습 공격하면서 러일전쟁을 벌입니다. 당시 러시아는 일본보다 훨씬 더 강했지만, 일본 역시 국가 예산의 약 40%를 국방비에 쓰며 철저하게 준비했다고 합니다. 결국 일본이 승리하며 러시아는 한반도에서 물러가게 되죠. 이후 일본은 아시아 유일의 제국주의 국가로 발돋움하고 본격적으로 한반도에 대한 식민지정책을 시작합니다.

:: 고종의 길 & 구 러시아 공사관 둘러보기 ::

01
고종의 길

덕수궁 돌담길 쪽을 걷다 보면 '고종의 길'이라는 안내판이 있습니다. 이곳은 덕수궁 돌담길에서 구 러시아 공사관까지 연결되는 총 120m의 길이에요.
명성황후가 시해된 을미사변이 일어난 뒤 고종이 러시아 공사관으로 몸을 피할 때 갔던 길이라 '고종의 길'이라고 이름 붙였습니다. 짧은 거리지만 고종은 어떤 생각을 하면서 이 길을 지났을까요? 당시 역사적인 상황을 생각하며 둘러보면 좋겠습니다.

02
구 러시아 공사관

사적 제253호로 지정된 구 러시아 공사관은 서울 중구 정동공원 한쪽에 자리합니다. 1890년에 지은 건물로, 아관파천 당시 고종이 약 1년간 머물렀던 곳입니다. 본래는 벽돌로 지은 2층짜리 본관 건물이 있었지만 한국전쟁 때 폭격을 맞아 파괴되었고, 지금은 3층 첨탑만 남아 있어요. 3층 첨탑 안에는 꼭대기 전망대로 올라갈 수 있는 계단이 놓여 있습니다. 그리고 공사관 터 동북쪽에서는 지하 비밀 통로로 보이는 구조가 발견되었다고 합니다.
지금은 주변에 고층 빌딩이 많아서 별로 눈에 띄지 않지만 당시에는 언덕 위에 자리한 러시아 공사관에 오르면 서울이 한눈에 보였다고 합니다.

1. 고종의 길
주소 서울시 중구 덕수궁길과 이어짐 | 전화 02-771-9951 | 관람 시간 화~일요일 11~2월 09:00~17:30, 3~10월 09:00~18:00 | 휴무 월요일 | 입장료 무료 | 주차 근처 유료 주차장 이용 | 홈페이지 없음

2. 구 러시아 공사관
주소 서울시 중구 정동 15-1 | 전화 없음 | 관람 시간 24시간 | 휴무 없음 | 입장료 무료 | 주차 근처 유료 주차장 이용 | 홈페이지 없음

아이와 함께 즐기면 좋은 주변 먹거리
순두부와 불 맛 제대로 나는 볶음이 최고! 소공동뚝배기집(순두부 8000원, 오징어볶음·제육볶음 2인분 1만6000원~)

AREA
051

고종의 꿈과 한을 담은
대한제국의 궁궐
덕수궁

#서울중구
#고종
#대한제국
#선조
#인조
#인목대비

고종은 을미사변으로 러시아 공사관에 머문 지 1년 만에 경운궁(덕수궁)으로 돌아왔다. 이후 고종은 환구단에서 황제로 즉위했으며, 대한제국을 선포했다.

— 초등학교 사회 5학년 2학기

조선 5대 궁궐 중 구한말 역사와 가장 관련이 깊은 덕수궁을 둘러봅시다

덕수궁에는 새로운 황제국인 '대한제국 大韓帝國'을 대내외에 선포하면서 강력한 국가를 염원했던 고종의 꿈이 담겨 있고, 결국 이를 이루지 못한 망국의 한도 함께 서려 있기도 합니다. 서울 시청과 나란히 위치한 덕수궁은 서울에서 가장 복잡한 장소 중 한가운데 고즈넉이 자리해, 궁에 들어서는 순간 마치 도심 속 오아시스에 온 듯 느껴지기도 합니다.

경복궁이나 창덕궁에 비해 규모가 작아 주요 건물만 보면 짧은 시간 관람도 가능하지만, 흥미로운 이야기를 많이 담고 있는 각 장소를 둘러보고 석조전 내부 투어까지 한다면 2~3시간 이상 소요됩니다. 일정에 여유가 있다면 덕수궁 정문인 대한문부터 시작해 궁궐을 둘러본 후 후문으로 나와 고종의 길과 구 러시아 공사관, 중명전 등을 함께 둘러보면 좋습니다.

1. 정릉동 행궁이 경운궁으로

▲ 정관헌으로 가는 길

▲ SNS 핫 플레이스, 석어당 앞 살구나무

덕수궁은 경복궁과 같은 법궁이나 창덕궁같이 왕들이 오래 머문 공간은 아니지만 조선시대를 통틀어 두 차례 주요 궁궐로 사용된 곳입니다. 첫 번째는 임진왜란 당시 피란 갔다 돌아온 선조가 머물 궁궐이 마땅하지 않자 월산대군(세조의 장손, 성종의 친형)의 사저였던 이곳을 임시 궁궐인 정릉동 행궁으로 삼은 것입니다. 선조의 뒤를 이어 왕이 된 광해군은 이곳을 '경운궁 慶運宮'으로 바꿔 부르고 머물다가 1615년 창덕궁 중건 후 옮겨 갑니다. 이후 선조의 왕비인 인목대비가 광해군에 의해 폐서인된 후 경운궁으로 쫓겨 가는데, 이때는 이곳을 '서궁'으로 낮추어 불렀습니다. 인조반정으로 1623년 광해군이 폐위되자 인조는 석어당과 즉조당만 남기고 나머지 건물들은 옛 주인에게 반환하거나 허물어버렸습니다.

2. 경운궁에서 덕수궁으로

경운궁이 다시 궁궐로 사용된 것은 조선 말기 고종이 러시아 공사관으로 피신했던 아관

파천 후 경복궁이 아닌 이곳으로 오면서부터입니다. 고종은 러시아 공사관에서 돌아온 후 국호를 조선에서 '대한제국 大韓帝國'으로 변경하고 새로 환구단을 지어 하늘에 제사를 지낸 다음 황제로 즉위합니다. 대한제국의 선포는 조선이 자주독립국임을 대외에 분명히 선포하고 이후 열강의 간섭을 물리치며 정국을 주도해나가고자 했던 고종의 강력한 의지라 볼 수 있습니다. 경운궁의 전각들이 다시 세워지고 궁궐 규모를 확장해 현재 정동과 시청 앞 일대까지 포함해 현재 궁궐의 3배 가까이 이르게 됩니다. 그러나 1904년 함녕전 온돌 수리 공사 중 대형 화재가 발생해 함녕전을 비롯한 덕수궁의 전각이 모두 불타는 안타까운 일이 발생합니다. 그럼에도 주요 건물을 즉시 복구하면서 덕수궁은 고종의 궁궐 역할을 계속하게 됩니다.

하지만 일본에 의해 고종의 의지는 꺾이고, 결국 1907년 강압에 의해 황위에서 물러나게 됩니다. 고종에 이어 중화전에서 즉위식을 치르고 황제가 된 순종이 창덕궁으로 옮겨 가며 고종의 장수를 비는 뜻으로 '덕수 德壽'라는 궁호를 올려 이때부터 경운궁은 '덕수궁'이라 불리게 됩니다.

🔍 3. 국권 침탈, 일제강점기 이후 덕수궁

고종 퇴위부터 덕수궁은 규모가 대폭 축소되었는데, 1912년 남대문과 광화문로를 잇는 태평로의 개통으로 덕수궁 동쪽 영역이 축소됩니다. 1925년에는 중명전이 화재로 전소되고 1935년에는 심지어 동물원이 만들어지기도 합니다. 해방 후에는 석조전에서 제1, 2차 미소공동위원회가 개최되고 UN한국임시위원단 사무실로 사용됩니다. 한국전쟁이 끝난 후에는 파손된 곳들을 수리·복원하며 현재 모습을 갖추게 됩니다.

:: 덕수궁 둘러보기 ::

- **핵심 코스 :** ① 대한문 → ② 중화문 → ③ 중화전 → ④ 석조전(대한제국역사관) → ⑤ 석어당 → ⑥ 정관헌
- **일주 코스 :** ① 대한문 → ② 중화문 → ③ 중화전 → ④ 덕흥전 → ⑤ 함녕전 → ⑥ 정관헌 → ⑦ 석어당 → ⑧ 즉조당 → ⑨ 준명당 → ⑩ 석조전(대한제국역사관) → ⑪ 평성문 → ⑫ 중명전 → ⑬ 고종의 길 → ⑭ 구 러시아 공사관

01 대한문 大漢門

현재 덕수궁 정문 역할을 하는 것으로 원래 궁의 정문은 남쪽에 있던 인화문이었습니다. 그러나 1904년 대형 화재로 많은 건물이 불탔고, 이후 동쪽에 있던 대안문을 수리해 정문으로 삼고 이름도 대한문으로 바꾸게 됩니다.
1968년 대한문 옆 철책을 철거하고 담장을 설치하는데, 이 담장이 덕수궁 안쪽으로 오게 됩니다. 이에 대한문이 도로 사이에 덩그러니 남아 1971년 현재의 위치로 이동해 다시 설치했습니다. 대한문을 지나면 나오는 금천교는 1986년에 발굴되어 복원되었습니다.

02 중화문 中和門

'중화'는 '한쪽으로 치우치지 않는 바른 성장'이라는 의미를 담고 있습니다. 중화전의 정문으로 원래 좌우에 복도로 된 건물인 행각이 있었지만, 현재는 문 동쪽에 일부 흔적만 남았습니다. 중화문과 중화전은 조선 말기 궁궐 건축의 중요한 자료이기도 합니다.

03 중화전 中和殿

덕수궁의 중심 건물로 왕이 신하들의 하례(축하하며 예를 차리는 것)를 받거나 국가 행사를 하던 곳입니다. 정전 역할을 하던 즉조당을 뒤로하고 새롭게 정전으로 건축된 건물입니다. 원래는 2층으로 된 중층 건물이었지만 1904년 불에 타 소실된 건물을 1906년 단층으로 중건했습니다. 문무백관의 위치를 표시한 품계석이 좌우에 있는 앞뜰을 지나면 나오는 중화전은 앞면 5칸, 옆면 4칸의 건물로 옆면에서 볼 때 지붕이 여덟 팔(八) 자 모양을 한 팔작지붕 형태입니다. 중화전 기단 계단부 답도(궁에서 임금이 가마를 타고 지나는 계단)에 새긴 용 문양과 황색으로 칠한 창호로 황제국의 위엄을 나타냅니다. 내부에는 왕이 앉는 자리를 더욱 위엄 있어 보이도록 화려한 당가(어좌 위에 처마 구조물처럼 만들어 용상을 장식하는 구조물)를 달아놓았습니다.

04 덕홍전 德弘殿

함녕전을 고종 침전으로 사용할 당시 일반 손님을 접견하기 위해 건립되었고, 이후 외국 사신과 대신을 만나는 접견실로 사용되었습니다. 그래서 외부는 한옥이지만 내부는 서양식으로 되어 있습니다. 정사각형에 가까운 형태의 건물로 원래는 주변에 행각들이 있었지만 현재는 남쪽 행각 일부만 남아 있습니다.

05 함녕전 咸寧殿

중화전, 중화문과 함께 보물로 지정된 건축물로 고종이 머물던 침전, 즉 생활공간입니다. 그래서 '모두가 평안하다'라는 뜻이 담긴 '함녕'이라는 이름을 사용합니다. 1897년(광무 1년)에 건축했고 1904년 함녕전 온돌 수리 공사 중 일어난 대형 화재로 소실되었지만 그해 다시 건축되었습니다.
고종은 1919년 1월 21일 이곳 함녕전에서 죽음을 맞이합니다. 앞면 3칸, 옆면 4칸이며 서쪽 뒤로 4칸이 더 있는 ㄱ 자형 건물입니다. 지붕은 팔작지붕 형식이며 지붕 위에 여러 조각이 장식되어 있습니다. 특히 지붕 모서리 부분에 장식 기와를 나열해놓은 것은 침전 건축에서는 잘 사용하지 않는 특이한 점입니다. 지붕 처마를 받치는 구조는 새 부리 모양의 익공 양식으로 구름과 덩굴 문양으로 장식했습니다. 건물 천장은 우물 정 井자 모양이며 네면 모든 칸을 벽으로 막지 않고 창을 달아놓았습니다.
함녕전의 남쪽 대문 광명문 光明門은 1930년대 다른 자리로 이동했다 2018년 80여 년 만에 제자리를 찾아 세우면서 없어졌던 문과 잡상 등을 복원했습니다.

:: 덕수궁 둘러보기 ::

06 정관헌 靜觀軒

덕수궁에서 가장 이른 시기에 지은 양식 근대 건축물이며, '고요하게 내려다보는 곳'이라는 뜻을 지니고 있습니다.
고종이 커피 등 다과를 즐기며 음악을 감상하던 휴식 공간이자 외교사절을 접대하는 연회장으로 사용되었습니다. 또 1901년 선원전이 화재로 소실되어 태조의 어진을 모시는 공간이 되기도 합니다.
고종은 아관파천 후 덕수궁으로 환궁한 다음 여러 건물을 지었는데, 특히 일본을 견제하기 위해 일부러 러시아 기술을 이용합니다. 정관헌은 1900년(광무 4년) 러시아 건축가 아파나시 이바노비치 세레딘 사바틴이 설계했다고 하며, 발코니와 아케이드를 설치한 콜로니얼 양식 건물입니다. 로마네스크풍의 기둥과 팔작지붕을 적용했으며 최초의 궁궐 양관이지만 한식과 양식을 절충해 건축했습니다. 대한제국을 상징하는 오얏꽃 문양이 기둥에 장식되어 있으며 소나무, 사슴, 박쥐, 당초문을 새긴 난간 장식이 아름답습니다. 홀 뒤편 벽돌로 지은 부속실은 다과를 준비하던 공간입니다.

07 석어당 昔御堂

중화전 뒤편에 있는 중층의 목조건물로 '옛 왕이 머물던 집'이라는 뜻입니다. 임진왜란 중 의주로 피란 갔던 선조가 한양으로 돌아온 후 거처한 곳으로, 1608년 이곳에서 승하한 것으로 추정됩니다.
1618년 광해군이 인목대비를 경운궁에 유폐했을 때 대비가 머물던 곳이 바로 이곳입니다. 그래서 인조반정이 성공한 후 광해군은 이곳에서 인목대비에게 죄를 고하며 인조에게 옥새를 건넸다고 합니다. 1층에는 고종 어필 현판이 걸려 있고 2층에는 1904년 화재 이후 중건 당시 김성근이 쓴 현판이 걸려 있습니다. 고종이 쓴 현판에는 '광무구년을사칠월일 光武九年乙巳七月日'이라는 작은 글씨가 보이는데, 이는 을사년 7년(1905) 7월 어느 날에 글씨를 썼다는 뜻입니다.
고종 당시에는 즉조당과 함께 침전 건물로 사용되었으며 단청을 하지 않아 화려하지는 않지만 단아한 느낌을 줍니다.
석어당 앞뜰에는 덕수궁에서 가장 오래된 나무인 살구나무가 있습니다. 해마다 3월 말부터 아름다운 꽃이 화사하게 피어, 덕수궁 최고의 인생사진 포인트가 되기도 합니다.

08 즉조당 卽阼堂

준명당과 복도로 연결된 곳으로 15대 광해군과 16대 인조가 이곳에서 즉위식을 가졌습니다. 광해군을 폐위하고 왕위에 오른 인조는 이미 정궁으로 사용하던 창덕궁이 있었지만, 인목대비가 감금되었던 이곳에서 대의명분을 내세우며 즉위식을 거행합니다.

고종이 경운궁으로 옮긴 후에는 정전으로 사용될 중화전으로 불렸고, 1897년 이곳에서 대한제국 선포식을 했습니다. 1902년에 새로운 중화전이 완성되자 다시 즉조당으로 불렸고, 1904년 화재로 소실되었지만 바로 복원됩니다. 이후 고종의 후비인 순헌황귀비 엄씨(황태자 영친왕의 생모)가 1907년부터 1911년까지 머물다 생을 마감했습니다.

09 준명당 浚明堂

'준명', 즉 '다스려 밝힌다'라는 뜻을 지닌 준명당은 1897년에 건축된 건물로 고종이 신하나 외국 사신을 접견하던 곳입니다. 일제강점기 초에는 고종이 매우 사랑하던 외동딸 덕혜옹주를 위한 유치원으로 사용되기도 했습니다. 현재 건물은 1904년 화재 후 즉조당과 함께 지어졌고 현판은 박제순의 글씨입니다. 가운데 '명'자를 보면 밝을 명과 모양만 다른 같은 뜻글자입니다. 참고로 박제순은 동학농민운동을 진압하고 1904년 을사늑약 당시 외교부 장관 격인 외부대신이었던 매국노 을사오적 중 한 명입니다. 1910년 경술국치 당시에는 내부대신으로 한일병합조약에 동의하며 경술국적이 된 친일 반민족 행위자입니다.

10 석조전 石造殿
(대한제국역사관)

고종황제 일가의 생활공간이자 집무실로 쓰인 정치적 공간이 바로 석조전입니다. 자주국가의 염원이 서려 있는 건물인 석조전은 대한제국의 상징적인 건물입니다. 석조전은 유럽 초기 교회 건축의 장방형 바실리카 양식으로, 영국인 하딩이 설계

:: 덕수궁 둘러보기 ::

했습니다.
1910년 완공된 지상 3층 구조로, 외부 난간에는 적각 꽃병이 늘어서 있고 건물 중앙 상부에는 대한제국 황실을 상징하는 오얏꽃무늬(이화문 李花紋)가 있습니다. 1층에 있는 대한제국 황실의 접견실은 가장 화려한 공간이며 곳곳에 황실을 상징하는 오얏꽃 문양이 장식되어 있습니다. 대식당은 만찬을 베푸는 영국식 식당으로, 그릇에도 역시 오얏꽃 문양이 있습니다. 그 밖에 귀빈대기실도 1층에 위치합니다. 2층에는 황제와 황후의 침실이 있으며, 황제의 침실은 황제의 상징인 노란색으로 장식되어 있습니다. 황제의 서재 또한 2층에 위치합니다. 실제 고종과 황후 역할을 하던 순헌황귀비 엄씨는 이곳을 사용하지 못했고, 영친왕과 그의 부인 이방자 여자가 때때로 사용했습니다. 영친왕은 그의 친모인 순헌황귀비 엄씨가 승하했다는 소식을 듣고 일본에서 달려왔으나, 이곳 석조전 2층 난간에서 멀리 장례 행렬이 나가는 것을 지켜볼 수밖에 없었습니다. 황귀비의 사인이 장티푸스라는 이유로 일제가 영친왕을 시신 가까이 가지 못하게 했기 때문인데, 과연 순수하게 영친왕을 위한 행동이었을까 의문도 듭니다.
석조전에서는 1945년과 1946년, 제1, 2차 미소공동위원회가 개최되고 미소공동위원회가 사무실로 사용하기도 합니다. 이후 국립중앙박물관, 궁중유물전시관 등으로 사용되다 현재는 대한제국역사관이 되었습니다. 석조전 옆 석조전 서관은 국립현대미술관 덕수궁관으로 활용하고 있습니다. 석조전 내부는 사전 예약 필수인 내부 투어로만 관람 가능합니다.

11 돈덕전 惇德殿

당시 프랑스 파리에서 유행했던 양식을 따른 대한제국의 서양식 외교 건물로 고종 즉위 40주년에 맞춰 건축되었습니다. 영빈관으로 사용되어 외국 사절을 접견하고 연회 장소와 숙소로도 활용되었습니다. 오랜 복원 끝에 2023년에 공개되었고, 건물 앞 회화나무는 1670년경에 심어진 것으로 추정됩니다.

12 평성문 平成門

덕수궁 서쪽 궁문이었으나 원래 것은 없어졌고 대신 덕수궁 서문 역할을 하는 것으로 대체되었습니다. 이곳을 통해 덕수궁길로 나와 중명전과 고종의 길, 구 러시아 공사관 쪽으로 갈 수 있습니다.

※ 아관파천, 고종의 길 p398, 중명전 p413

대한제국의 오얏꽃은 배꽃?

대한제국의 상징인 오얏꽃의 한문 표기는 이화 李花며, 왕실 가문인 전주 이 李씨의 성을 따온 것입니다. 그런데 '이화'라는 이름 때문에 이화 梨花여대와 혼동해 왕실 상징 문양이 대학의 상징인 배꽃이라 생각하는 경우가 많습니다. 그러나 조선 왕실의 이화, 오얏꽃은 배꽃이 아닌 '자두꽃'입니다.

대한제국 대표 미식가, 고종의 음식

망국으로 치닫던 시기의 왕인 고종은 아마 온갖 시름에 시달렸을 듯합니다. 이럴 때 고종은 좋아하는 음식으로 잠시나마 시름을 달래보았을 듯도 합니다. 고종의 흔적이 많이 남아 있는 덕수궁을 둘러보며 미식가였던 그가 특히 좋아했던 음식을 알아볼까요?

1. 냉면

맵거나 짠 음식을 싫어했던 고종은 담백하고 시원한 냉면을 매우 좋아했다고 합니다. 배를 넣어 시원한 맛이 있는 동치미 국물에 면을 넣고 편육과 배, 잣을 얹어 먹었습니다.
배는 지금처럼 채를 썬 것이 아니라 숟가락을 이용해 초승달 모양으로 얇게 떠낸 것을 냉면 전체에 올렸다고 하네요. 냉면은 불면증을 앓던 고종이 즐기던 야식 메뉴이기도 합니다. 고종은 면 종류를 좋아했고 만두 또한 즐겼다고 전해집니다.

2. 커피와 케이크

당시 '가배(咖啡/珈琲)'라 부르던 커피는 고종이 즐겨 마신 음료입니다. 그런데 커피를 좋아하는 고종의 식성을 이용해 이것에 아편을 넣어 독살을 시도하는 일이 발생하기도 합니다.
예민한 고종은 커피 향이 평소와 다르자 마시지 않았지만, 당시 황태자였던 순종(고종과 명성황후의 둘째 아들)은 커피를 마신 후 설사를 하며 크게 앓았다고 합니다.
대한제국 시절 사용했던 와플과 케이크 틀을 보면 왕실에서 빵을 만들었던 것을 알 수 있으며, 서양 요리도 적극적으로 받아들여 외국 손님을 맞이할 때는 양식 요리를 대접했다고 합니다.

3. 사이다, 식혜

고종이 냉면 이외에 야참으로 즐겨 먹은 음료는 사이다와 식혜입니다. 그런데 식혜는 고종의 죽음과 연관이 깊은 음식이기도 합니다. 고종의 죽음이 매우 석연치 않아 당시 독살설이 퍼지기도 했습니다. 정식 발표는 뇌일혈에 따른 죽음이었지만 '황제가 나인이 올린 식혜를 마시고 숨졌다'라는 소문이 급격히 퍼집니다. 고종은 1919년 1월 20일 밤 10시쯤 저녁 식사 후 식혜를 마셨는데, 새벽 1시 30분쯤 마비 증상과 경련이 일어났다는 거죠. 결국 21일에 고종이 승하했는데, 식혜를 올린 나인이 이틀 뒤인 23일에 사망하면서 독살 사실을 숨기려는 세력이 나인을 살해했다는 추측까지 나옵니다. 고종의 시신은 팔다리가 엄청나게 부어올랐고, 입안 치아가 다 빠졌으며 혀가 닳아 없어졌다 전해집니다. 또 30cm의 검은 줄이 목에서 복부까지 길게 나 있다는 전언도 있었습니다. 고종은 독살당한 것이 확실하다는 명확한 판명은 나지 않았지만, 사망 시점을 허위로 공표하는 등 여러 정황상 의혹이 짙을 수밖에 없습니다. 이러한 고종의 죽음은 1919년 전국적으로 봉기한 3·1운동의 계기가 됩니다.

4. 최선을 다한 대접, 그러나 비극의 역사

대한제국을 방문했던 미국 루스벨트 대통령의 딸과 외국인들에게 한식을 대접했다는 기록이 있습니다. 육류와 채소, 과일 등 최상의 27가지 재료로 만든 정성 가득한 궁중 한식은 모양새가 아름다울 뿐 아니라 맛도 최고였을 듯합니다. 주요 메뉴는 열구자탕, 골동면, 숭어찜, 신선로 등으로 20여 가지 음식이 나왔다고 합니다. 이미 미국과 일본이 가쓰라-태프트 밀약(미국은 필리핀을, 일본은 대한제국을 지배하는 것을 상호 승인하는 밀약)을 맺은 직후 태프트 일행이 루스벨트의 딸과 함께 조선을 방문했는데, 이 사실을 전혀 몰랐던 고종은 이들에게 온갖 정성을 다해 대접한 것입니다. 정말 망국의 슬픔을 느끼게 하는 비극적인 장면입니다.

:: 덕수궁 둘러보기 ::

덕수궁과 함께 보면 좋아요! 환구단 圜丘壇

▲ 황궁우

▲ 석조대문

대한제국 개국의 희망을 담고 있던 환구단은 '천자(天子, 황제)'가 하늘에 제사를 드리는 단 壇으로, 고종 당시 건축됩니다. 조선 세조 때를 마지막으로 하늘에 제를 지내는 환구단 제사는 중단되지만 고종 34년인 1897년, 조선이 황제국인 '대한제국'을 선포하면서 고종의 황제 즉위식과 제사를 지내기 위해 이곳에 다시 제단을 설치하고 제를 지내게 됩니다.

환구단은 중국 사신이 머물던 남별궁 터에 당시 최고의 도편수(조선 후기 건축 공사를 담당하던 기술자)였던 심의석이 설계해 1,000여 명의 인력으로 단 10일 만에 완공했다고 합니다. 이렇게 황제가 된 고종은 '광무 光武'라는 연호를 사용합니다.

환구단은 화강암으로 된 3층 단이었고 중앙 상부를 금색으로 칠한 원추형 지붕의 건물이 위에 있었습니다. 1899년 환구단 북쪽에 지은 황궁우 皇穹宇는 화강암 기단 위에 세워진 3층의 팔각 정자이며, 건물 내부 천장에는 황제를 상징하는 칠조룡(발톱이 7개인 용) 조각이 있습니다.

현재는 황궁우와 화려한 용무늬가 조각되어 있는 석고(돌로 만든 북) 3개, 석조대문만 남아 있습니다. 대한제국이 영원하기를 바라며 제를 올렸던 고종의 염원과는 달리 1913년 일제에 의해 환구단이 헐렸기 때문입니다. 일제는 대신 이 장소에 총독부 철도호텔을 세웠고, 이후 1914년 조선호텔로 다시 개업하게 됩니다.

주소 서울시 중구 소공동 106(조선호텔 내)

INFO

덕수궁

주소 서울시 중구 세종대로 99 | **전화** 02-771-9951 | **관람 시간** 09:00~21:0
휴무 요일 월요일 | **입장료** 어른 1000원, 만 24세 이하 무료, 만 65세 이상 무료 | **주차** 인근 유료 주차장 이용
홈페이지 royal.khs.go.kr

※ 석조전 대한제국역사관 관람은 예약 필수!
상시 관람이 가능한 다른 구역과 달리 석조전 내부인 대한제국역사관을 관람하려면 반드시 인터넷으로 사전 예약을 해야 하니 꼭 예약 후 방문하세요! 사전 예약은 관람일 일주일 전, 오전 10시부터 가능하며 선착순으로 회당 총 8명 한정입니다. 1인당 최대 2매까지 예약 가능하며 현장 예약은 불가합니다. **예약** royal.kha.go.kr/ROYAL/contents/R601000000.do

※ 전각 내부 특별 관람 프로그램
해마다 봄이 되면 평소에는 들어가볼 수 없던 덕수궁 전각 내부를 개방하는 프로그램을 운영합니다. 보통 3월 말부터 4월 초까지 1주 동안 총 12회 진행하며 덕수궁 홈페이지에서 인터넷으로 예약 신청을 받지만 1회 10명 한정이라 경쟁이 엄청납니다. 특별 관람에서는 중화전, 준명당, 즉조당, 석어당, 함녕전 내부를 둘러볼 수 있는데, 특히 석어당 2층에 올라 앞마당에 핀 살구꽃과 더불어 덕수궁 풍경을 내려다보는 것이 하이라이트라 할 수 있습니다.
예약 국가유산청 궁능유적본부 홈페이지 royal.kha.go.kr 통합예약 덕수궁 관련 사항 참조

AREA 052

국권을 빼앗기기 시작한
비극적 장소
중명전

#서울중구
#을사늑약
#을사오적
#이토히로부미
#최익현
#신돌석
#헤이그특사

> 고종이 완강히 거부했음에도 일제의 특사로 대한제국에 온 이토 히로부미는 궁궐을 포위한 상태에서 외교권을 빼앗는 조약을 강제로 체결했다(을사늑약). 고종은 을사늑약이 무효임을 국제사회에 알리고자 노력했으나 성과를 거두지 못했다. 이후 일제는 고종을 강제로 물러나게 하고 대한제국의 군대도 해산했다.
>
> — 초등학교 사회 5학년 2학기

이토 히로부미와 을사오적! 최악의 사건 을사늑약의 현장을 방문해봅시다

일본의 무력 앞에 강제로 체결된 을사늑약은 우리의 아픈 역사적 사건입니다. 이것으로 대한제국은 가슴 아프게도 일본 식민지로의 첫걸음을 떼게 됩니다. 을사늑약의 배경이 된 당시 국제 정세와 자세한 내용에 대해 알아봅니다.

처음에는 서양식 단층 건물이 있었고 '수옥헌'으로 부르며 황실 도서관으로 사용했습니다. 1901년 화재로 전소되자 러시아 건축가 사바틴의 설계로 2층 건물로 재건됩니다. 이후 1904년 경운궁(덕수궁)에 불이 나 고종이 이곳에 머물면서 '중명전'이 되었습니다.

1. 1904~1905년 당시 국제 정세는 어떠했을까요

당시 조선의 북쪽인 러시아, 서쪽 중국(청), 남쪽 일본은 호시탐탐 한반도를 차지할 기회를 엿보고 있었습니다. 1894년 청일전쟁에서 일본이 승리한 후 조선을 둘러싼 대립 구도는 러시아와 일본, 양국으로 좁혀졌어요. 이후 1904년 2월에 발발한 러일전쟁에서 가장 큰 희생을 치른 곳은 어디였을까요? 바로 러시아, 일본이 전쟁터로 삼은 우리 땅 한반도였습니다. 고종은 전쟁 직전 중립을 선언하며 러시아와 일본 그 어느 편도 아니라했지만 일본은 이를 무시하고 순식간에 우리 땅을 전쟁터로 만들었죠. 또한 당시 주한 일본 공사 하야시는 외부대신서리 이지용과 함께 '한일의정서 韓日議定書'를 체결해버립니다.

▲ 위태로운 조선을 묘사한 당시 풍자화

2. 한일의정서의 핵심, 제4조에 주목!

'제4조 : 제3국의 침해나 혹은 내란으로 대한제국의 황실 안녕과 영토 보전에 위험이 있을 경우 대일본제국 정부는 속히 필요한 조치를 행하며, 대한제국은 대일본제국의 행동이 용이하도록 충분히 편의를 제공할 것. 대일본제국 정부는 전항 前項의 목적을 성취하기 위해 군략상 필요지점을 임의 수용할 수 있다.' 이는 조선의 의사와는 상관없이 일본이 전쟁에 필요한 모든 교통 · 통신 시설은 물론 우리 노동력까지 마음대로 이용할 수 있다는 것이며, 이에 독도를 '주인 없는 섬'이라며 불법 강탈합니다. 러일전쟁 중 러시아 발틱 함대를 감시하는 망루를 세우는 등 전략적 요충지로 이용하기 위해서였죠.

당시 서양 강대국들은 일본의 패배를 예상했지만 결국 일본이 승리하였고, 1905년 9월 미국의 중재로 러시아와 일본 사이에 포츠머스조약이 체결됩니다. 내용은 일본의 만주와 한반도에 대한 권리를 인정하는 것으로, 우리의 의지와 전혀 상관없이 일본은 조선에 대한 지배권을 인정받아 이후 우리는 외교권마저 빼앗기게 됩니다.

3. 아름다운 중명전에서의 잊을 수 없는 치욕, 1905년 을사늑약

원래 덕수궁에 속했던 중명전은 현재 서울 정동의 한 골목길에 있습니다. 바로 이곳이 우리가 절대 잊어서는 안 될 중요한 사건이 벌어진 장소입니다.

1905년 일본은 이토 히로부미를 대한제국으로 보냈고, 11월 9일 그는 고종을 찾아가 외교권을 넘기라고 했지만 이를 거부하자 온갖 협박을 했죠. 쉽게 결론이 나지 않자 급기야 이토 히로부미는 일본 헌병과 경찰이 총을 들고 시내와 궁궐 주변을 포위하게 한 뒤 다시 대한제국의 대신들을 모아놓고 외교권을 일본에 넘긴다는 문서에 서명하도록 강요했습니다. 고종이 거부하니 대신들에게 서명을 받으려 했던 거죠. 참정대신 한규설을 제외한 나머지는 이에 찬성했고, 이토 히로부미는 외부대신 박제순에게서 도장을 빼앗아 문서에 도장을 찍어버렸습니다. 이것이 바로 1905년 을사늑약입니다. 중명전 큰 테이블에 여러 명의 남성이 둘러앉아 있는 모습을 밀랍 인형으로 재현해 놓았는데, 바로 을사늑약의 한 장면입니다. 가운데가 이토 히로부미, 그리고 양옆 사람들이 이완용을 비롯한 대한제국 대신들입니다.

을사조약이 맞을까요? 아니면 을사늑약이 맞을까요?

을사늑약 乙巳勒約을 을사조약 乙巳條約이라고도 하는데, 을사년의 이 사건은 '조약'일까요? 아니면 '늑약'일까요? 도대체 '조약'과 '늑약'의 차이점은 무엇일까요?
조약 條約을 한자로 적어보면 '條 가지 조, 約 맺을 약'이며 국제법을 기준으로 나라 간에 서로 문서로 합의한 것을 말해요. 이에 반해 늑약 勒約은 '勒 굴레 늑, 約 맺을 약'입니다. 여기에서 '굴레'는 소나 말을 부리기 위해 머리와 목, 그리고 고삐에 걸쳐서 얽어매는 줄을 말합니다. 즉 합의가 아닌, 억지로 맺은 조약이라는 뜻이에요. 1905년의 이 사건은 강제 위협 속에서 황제의 도장, 즉 옥새가 찍혀 있지 않은 허술하기 짝이 없는 문서로 체결된 것이니 좀 더 정확히 표현은 '을사늑약'이라 할 수 있습니다.

4. 을사늑약 이후, 대한제국은 어떻게 되었을까요?

일본은 1906년 2월 초대 통감으로 이토 히로부미를 임명하며 조선에 통감부를 설치했습니다. 통감부는 대한제국의 외교 사무를 관리한다는 명목으로 설치했지만 외교는 물론 내정 전체를 간섭했죠. 고종이 옥새를 찍지 않은 을사늑약은 명백히 무효로, 이 원통하고 답답한 상황에 백성들도 가만히 있지 않았죠. 전국에서 격렬한 반대 운동이 벌어졌고, 언론들은 을사늑약의 부당함을 알리는 기사를 실었어요.

당시 고종의 호위를 맡고 있던 민영환은 조병세 등과 함께 을사늑약 참여 대신들의 처형과 조약 파기를 요구했으나 실패하자 '오호! 나라의 치욕과 백성의 욕됨이 이에 이르렀으니…. 나는 죽음으로써 황제의 은혜에 보답하고 우리 동포 형제에게 사죄하려 하노라' 라며 스스로 목숨을 끊습니다. 이렇게라도 일본의 부당함에 맞서는 메시지를 전하고 싶었던 거죠. 민영환의 자결 후 그 자리에서 대나무가 자라자 이를 '혈죽 血竹'이라 불렀다고 합니다. 또 전국에서 의병이 일어났는데 보통 의병들은 유학을 공부하는 유생들이 중심이었지만 이 시기는 농민까지 적극 합세해 신돌석 같은 평민 출신 의병장도 등장했습니다. 물론 74세 고령에도 의병을 조직한 최익현도 꼭 기억해야 할 인물입니다.

> **TIP** 장지연의 황성신문 논설, '시일야방성대곡 是日也放聲大哭'
>
> 을사늑약이 체결되자 황성신문의 사장이자 주필이던 장지연은 사설란에 '시일야방성대곡 是日也放聲大哭'을 실습니다. 이는 '이날에 목 놓아 통곡하노라!'라는 뜻으로, 을사늑약의 부당성을 알리고 '저 돼지와 개만도 못한 소위 우리 정부의 대신이란 자들이 영달과 이익만을 바라고 위협에 겁먹어 머뭇대거나 두려움에 떨며 나라를 팔아먹는 도적이 되기를 감수'했다며 을사오적을 비판하는 내용을 담았습니다.
>
> 또 당일 자 신문에는 그 체결 과정을 매우 자세히 실었습니다. 새벽 5시에 일본이 신문사를 급습해서 남은 신문을 몰수하고 장지연과 직원들을 체포했습니다. 장지연은 태형을 선고받았지만 1906년 1월에 석방되었고, 정간되었던 황성신문도 다시 발행하게 됩니다. 장지연은 1962년 건국훈장 독립장을 받았고, 국가보훈처는 2004년 11월 장지연을 '이달의 독립운동가'로 선정하기도 했습니다. 그런데 2011년 국가보훈처에서 장지연 독립유공자의 서훈 취소 결정을 내립니다. 어떻게 된 일일까요?
>
> 이는 장지연이 1911년 11월 2일 경남일보에 일본 천황 탄생일인 천장절을 축하하는 한시를 썼고, 1915년 1월 1일 조선총독부 기관지 격이던 매일신보의 '조선 풍속의 변천'이라는 글에서 조선총독부의 신정 新政은 조선 전통을 훼손하는 것이 아니라 조선 풍속을 개선하는 존재라며 찬양했고, 1916년 매일신보 1면에는 '일본은 동양의 패자'라고 쓰는 등의 친일행적을 근거로 한 것입니다. 이외에도 700여 편의 친일 사설과 한시를 썼고, 그뿐 아니라 이토 히로부미가 "조선 사람은 단결성이 없는 인종이다"라고 한 말을 인용하며 일본 제국주의가 폭력으로 강요했던 식민지 근대화가 조선을 발전시킨다는 글을 쓰기도 했습니다.
>
> 취소 결정을 한 국가보훈처는 "독립운동을 했어도 일제에 협력한 사실이 확인되면 독립유공자에서 제외되어야 한다"라 하였고, 이에 장지연의 후손들이 취소에 불복하는 소송을 하여 승소합니다. 재판부의 판결은 그의 행적 여부가 아니라 '서훈 취소는 대통령의 권한이지 국가보훈처 권한이 아니다'라는 측면에서 내려진 것인데, 여러분의 생각은 어떠신가요?

🔍 5. 대한제국의 황제, 고종은 어떻게 되었나요?

고종은 을사늑약 이후, 그것의 부당함을 알리기 위해 만국평화회의가 열리던 네덜란드 헤이그에 이준, 이상설, 이위종 등 3인의 특사를 파견했습니다. 이것이 바로 1907년 헤이그 특사 파견입니다. 각국 대표가 모인 회의장에 가서 을사늑약이 무효라는 것을 알리기

▲ 헤이그로 특파된 3인의 특사

위해서였죠. 하지만 그곳에 모인 많은 대표들은 이미 일본이 대한제국을 지배하는 것을 인정한 상황이었기 때문에 특사들의 이야기에 귀 기울이지 않았습니다. 결국 헤이그 특사 파견은 실패로 돌아가고, 일본은 이를 구실로 고종 황제를 강제로 퇴위시키고 순종을 즉위시켰습니다.

그리고 당시 친일파 총리대신인 이완용과 조선통감 이토 히로부미 사이에서 7개 항목으로 이루어진 1907년 한일신협약(정미7조약)이 체결됩니다. 이것으로 중요한 사항을 결정하거나 관리를 임명할 때는 반드시 조선 통감의 동의가 있어야만 했고, 또 우리 정부의 각 부서에 일본인 차관을 임명해 그들이 나라를 다스리도록 했습니다. 그러고는 재정이 어렵다는 구실로 대한제국의 군대를 해산시켜버렸어요. 이후 1910년 8월 29일에는 한일병합조약이 맺어졌고, 결국 이로 인해 대한제국은 국권을 완전히 강탈당하고 일본의 식민지가 되었습니다. 이해가 경술년이었기 때문에 이날을 '국가적인 치욕'이라고 해서 '경술국치'라고 합니다. 이로써 일본은 제국주의 대열에 들어섰고, 우리는 이후 35년간 일제 치하에서 암울한 나날을 보내게 되었습니다.

TIP 순종의 뜻과는 다르게 체결된 한일병합조약

1910년 8월 22일, 강제로 순종의 위임장을 받은 이완용은 당시 조선통감이던 데라우치 마사타케와 함께 한일병합조약을 체결했습니다. 그리고 일주일 뒤인 29일 순종이 이 내용을 공식적으로 발표했어요. 그 내용 중 일부만 살펴보겠습니다.

제1조 한국 황제 폐하는 한국 정부에 관한 모든 통치권을 완전 또는 영구히 일본 황제 폐하에게 양여한다.
제2조 일본국 황제 폐하는 전조에 기재한 양여를 수락하고 한국을 일본제국에 완전히 병합함을 승낙한다.

그런데 왜 조약을 체결한 일주일 후에야 발표했을까요? 강제로 조약을 체결했다는 것이 알려지는 것이 두려워 기다렸다는 말도 있고, 순종의 국새를 훔쳐 문서에 찍기 위해 시간이 걸렸다는 이야기도 있어요. 사실 문서에는 일본 황제의 서명과 국새는 있었지만 순종의 자필 서명은 없었고, 찍힌 옥새도 국새가 아닌 행정결재에 사용하는 칙명지보 옥새였다고 합니다. 순종은 조약에 동의하지 않았던 것이죠. 이후 모든 권한을 잃은 순종은 창덕궁에서 머무르며 '창덕궁 이왕 李王'이라 불렸고 1926년 4월 25일 심장마비로 세상을 떠납니다.

🔍 6. 우리가 꼭 기억해야 할 인물들, 을사오적!

을사늑약을 살펴보니 당시 암울한 상황에 가슴이 아픕니다. 그러나 이렇게 아픈 역사일수록 외면하면 안 되겠죠? 특히 일본에 협력한 대한제국의 대신들을 '을사오적'이라고 합니다. 당시 함께 한 사람들은 총 8명으로, 학부대신 이완용, 외부대신 박제순, 내부대신 이지용, 군부대신 이근택, 탁지부대신 민영기, 농상공부대신 권중현, 법부대신 이하영, 그리고 참정대신 한규설입니다. 이 중 한규설을 제외하고는 모두 찬성했고, 분노한 한규설이 항의하자 일본 헌병들에게 바로 체포되어 끌려 나갔다고 합니다.

이날 밤 이토 히로부미는 찬성파와 다시 회의를 열어 서명을 받고, 이에 응한 대신들이 이완용, 이지용, 이근택, 박제순, 권중현 등의 '을사오적'입니다. 하지만 사실 문안 수정 작업에 참여한 민영기와 친일 행각을 벌인 이하영 역시 협조한 사람들이라 이들까지 합해 '을사칠적'이라 불러야 한다고도 합니다.

🔍 7. '을사년스럽다'

날씨가 스산하고 흐리거나 마음이 쓸쓸할 때면 '을씨년스럽다'라는 말을 사용합니다. 그런데 이 표현이 바로 을사늑약과 깊은 관련이 있습니다! 우리 역사에서 '임진OO', '병자OO', '을사OO', '갑신OO', '갑오OO' 등 사건 앞에 붙는 말은 그해를 나타내는 육십갑자 六十甲子를 의미합니다. 육십갑자는 10간(갑 甲·을 乙·병 丙·정 丁·무 戊·기 己·경 庚·신 辛·임 壬·계 癸)과 12지(자 子·축 丑·인 寅·묘 卯·진 辰·사 巳·오 午·미 未·신 申·유 酉·술 戌·해 亥)를 하나씩 결합해 만든 60개의 간지입니다. 을사늑약이 체결된 1905년은 이 중 42번째 해인 '을사년'입니다.

나라를 빼앗겨 뒤숭숭하고 암울했던 당시, 나라 잃은 조상들의 마음이 짐작이 가시나요? 이후 침통하거나 쓸쓸하고 뒤숭숭할 때면 마치 '을사년처럼' 마음이 좋지 않다는 뜻에서 '을사년스럽다'라 하였고, 이것이 '을씨년스럽다'가 되었다고 합니다.

:: 중명전 둘러보기 ::

정동길을 따라가다 보면 국립정동극장 뒤쪽 골목길에 중명전이 있습니다. 본래는 덕수궁의 일부였지만 세월이 흐르는 동안 주변에 많은 건물이 들어서면서 지금은 덕수궁에서 떨어져 나오게 되었어요.

01 중명전 重明殿

1899년경에 완성된 것으로 당시 건물의 이름은 수옥헌 漱玉軒이었습니다. 본래는 덕수궁 안의 황실 서적과 보물을 보관할 서재로 지은 것입니다. 1904년 덕수궁에 화재가 일어난 후 황제가 머물던 공간이기도 했고, 1905년 을사늑약을 체결한 가슴 아픈 장소이기도 합니다.

본래는 1층 건물이었지만 이후 2층 건물로 재건했고, 1925년 화재가 나면서 거의 소실되자 또다시 지었습니다. 한때는 외국인들

▲ 1905년 11월 17일, 치욕의 을사늑약 체결

이 사용하는 클럽이 되었다가 40년간 민간인이 소유했는데, 문화재청이 2006년에 인수하고, 이후 공사를 해서 대한제국 당시 모습으로 복원했다고 합니다. 중명전은 규모가 작아서 1시간 정도면 둘러볼 수 있습니다. 입구에서 슬리퍼로 갈아신고 들어가 자세히 안내되어 있는 설명문과 함께 살펴보세요. 을사늑약이 체결된 역사적인 현장인 만큼 긴장감이 감도는 분위기가 인상적입니다.

02 제1전시실 : 덕수궁과 중명전

1897년 고종이 대한제국을 선포한 뒤 덕수궁을 황궁으로 정비했는데, 당시 역사를 보여주는 자료를 전시하고 있습니다.

03 제2전시실 : 을사늑약의 현장

을사늑약 체결 당시의 장면을 재현해놓은 곳입니다. 중앙에 있는 이토 히로부미는 1909년 만주 하얼빈 역에서 안중근에게 총을 맞고 사망합니다. 그 자리에서 붙잡힌 안중근 의사는 이후 뤼순 감옥에 갇혀 재판을 받고 사형당합니다.

:: 중명전 둘러보기 ::

04
제2전시실 : 을사늑약의 현장

대한제국은 독립을 위해 노력했지만, 결국은 외교권을 빼앗기게 되었습니다.

05
제4전시실 : 대한제국의 특사들

고종은 네덜란드 헤이그에 특사를 파견해 을사늑약의 부당함을 알리고자 했습니다. 이 일 때문에 일제에 의해 고종은 강제 퇴위하게 됩니다.

군부대신 이근택 | 외부대신 박제순 | 학부대신 이완용 | 내부대신 이지용 | 농상공부대신 권중현

을사오적

06 을사오적

을사늑약에 서명한 대신들은 5명으로, 이완용, 이지용, 이근택, 박제순, 권중현이며 이들을 일본에 나라를 팔아넘긴 을사오적 乙巳五賊이라고 합니다.

중명전
주소 서울시 중구 세종대로 99 | 전화 02-751-0734 | 관람 시간 09:30~17:30 | 휴무 월요일 |
입장료 무료 | 주차 근처 유료 주차장 이용

아이와 함께 즐기면 좋은 주변 먹거리
- 바삭하고 고소한 돈가스가 맛있는 허수아비돈까스(정동점)(돈가스정식 1만3000원~)
- 50년 내공의 맛있는 밥집, 덕수정(오징어볶음 1만3000원, 된장찌개 9000원)

AREA
053

대한제국의 자주화 &
근대화의 상징물
독립문

#서울서대문
#독립협회
#만민공동회
#서재필
#서대문독립공원
#영은문
#모화관

> 청일전쟁에서 승리한 일제는 조선의 정치에 더욱 깊이 간섭했다. …서양 여러 나라들의 간섭이 심해지고 있던 이때, 조선 정부는 조선이 자주국임을 알리고 백성들을 단결시킬 필요를 느꼈다. 이에 서재필은 정부의 지원으로 독립신문을 창간해 나라 안팎의 소식을 백성들에게 알리고, 자주독립을 강조했다. 이어 정부의 관료와 개화파 인사들이 참여하는 독립협회가 설립되었다. 독립협회는 자주독립 의식을 고취하고자 청의 사신을 맞이하던 영은문이 있던 자리 부근에 독립문을 세웠다.
> — 초등학교 사회 5학년 2학기

MISSION

'조선은 자주독립국'이라고 주장한 독립협회와 독립문에 대해 알아봅시다

독립문은 당시 조선이 중국을 섬기던 사대 관계를 버리고, 동시에 서양 여러 나라의 간섭에서 벗어나고자 하는 우리의 의지를 상징하는 것입니다. 당시 독립문 건립을 주장했던 독립협회와 자세한 시대적 배경, 그리고 그 속에 숨겨진 의미에 대해 알아봅니다.

근처에 있는 서대문형무소역사관과 함께 둘러보면 우리나라의 험난한 근대사와 일제강점기를 살펴볼 수 있습니다. 시대순으로 둘러본다면 먼저 독립문을 본 후 3·1독립선언기념탑을 지나 서대문형무소역사관으로 걸어 이동하면 됩니다.

▲ 중국 사신이 머물던 모화관을 개축해 만든 독립관

🔍 1. 독립문은 일본과는 상관이 없다?!

독립문은 서울시 서대문구 현저동 서대문 독립공원 안에 위치합니다. 이 문은 무엇으로부터 독립하길 염원하며 세운 것일까요? 아마 대부분은 일제로부터의 독립이라고 생각할 것입니다. 그러나 이는 사실이 아닙니다. 독립문은 중국 청나라로부터의 독립 의지를 표현하는 상징물입니다.

독립문은 1896년 11월 21일 기공식을 하고 1897년에 완공되었습니다. 세워진 시기만 보더라도 일제강점기와는 큰 상관이 없죠? 당시 우리나라는 대대로 중국을 임금의 나라로 섬겨왔습니다. 조선에 중국 사신이 왔을 때 머물던 곳이 모화관 慕華館인데, 그 앞에 영은문 迎恩門이라는 문이 서 있었습니다. 1400년대부터 중국 사신이 오면 조선의 임금은 이곳 영은문까지 직접 나가 맞이했습니다. 모화관과 영은문은 사대 외교의 상징인 것이죠.

서재필이 주도해 만든 독립협회는 중국과의 사대 관계를 청산하자는 의미에서 독립문을 세우고자 했고, 독립신문에 '영은문 자리에 독립문을 세워 세계 만방에 조선이 독립국임을 표방하자'라는 기사를 내고 독립문 건설 모금 운동을 시작했습니다.

그리고 1895년 영은문이 철거되고 그 자리에 독립문을 세웠습니다. 모화관이던 곳은 독립관으로 개축해 독립협회 사무실로 사용했고요. 당시 독립문 기공식에는 고종도 참여했다고 합니다. 즉 독립문은 본래 일본이 아닌, 중국 청나라로부터의 독립 의지를 표현하는 상징물인 것입니다.

2. 청일전쟁과 조선의 운명

독립문을 세울 당시의 상황은 어떠했을까요? 1894년부터 1895년에 걸쳐 일어난 청일전쟁은 조선 지배권을 둘러싸고 청나라와 일본 간에 벌어진 전쟁입니다. 전쟁에서 일본이 승리하면서 조선에서 청나라는 물러가고, 조선은 청나라에서 독립하게 되었습니다. 당시 청일전쟁 이후 청나라와 일본이 전쟁 뒷수습을 위해 체결한 시모노세키조약의 제1조에는 다음과 같이 규정되어 있었습니다.

'청국은 조선국이 완전무결한 독립 자주의 국가임을 확인한다. 따라서 이 독립 자주를 훼손하는 청국에 대한 조선국의 조공, 헌상, 전례 등은 영원히 폐지한다.' 언뜻 보면 조선 입장에서는 기쁜 일인 것만 같죠? 하지만 사실 이 조항은 조선에 대한 청나라의 간섭을 확실히 불가능하게 만들고, 일본이 조선을 본격적으로, 마음대로 주무를 수 있게 하는 것입니다. 이런 상황에서 청나라로부터 독립하고자 하는 의지를 고취하는 독립문 건립이 일본에는 더할 나위 없이 반가운 일이었을 것입니다. 그래서 일본은 독립문을 문화재로 지정하고 심지어 거액을 들여 수리까지 하며 잘 보전했습니다.

3. 독립문을 자세히 살펴볼까요?

독립문은 높이 14.28m, 너비 11.48m의 서양식 건축물입니다. 화강암 1,850여 개를 쌓아 올렸는데, 당시 서재필이 프랑스 파리의 개선문을 보고 구상했고 건축가 심의석이 시공했습니다. 독립문 위쪽은 무지개 모양의 아치로 만든 홍예문으로 지었고, 앞쪽에는 한글, 뒤쪽에는 한자로 '독립문'이라고 쓰여 있습니다. 왼쪽 내부에는 옥상으로 올라가는 돌계단이 있으며 태극기와 대한제국의 상징인 오얏꽃 문양이 새겨져 있습니다.

앞에서 말했듯 독립문은 본래 영은문이 있던 자리에 세워졌는데, 1979년 고가도로를 건설하면서 있던 자리에서 서북쪽으로 70m 정도 옮겨 갔습니다. 그리고 1992년에 서대문독립공원이 조성되었어요. 당시 '독립문'이라는 현판을 누가 썼는가에 대해서는 정확한 자료가 남아 있지 않습니다. 다만 현재 1905년 을사늑약 체결 당시 일본 편을 들었던 이완용의 글씨라는 설과 독립협회 회원이자 이후 대한민국 임시정부 고문 역할을 했던 독립운동가, 김가진 선생의 글씨라는 설이 있습니다. 이완용은 독립협회의 위원장까지 지냈고, 독립문 성금을 모금했을 때도 가장 많은 금액을 기부했다고 해요. 당대 명필가로도 유명했고요. 하지만 이후 을사늑약 체결 당시 나라를 배신해 을사오적 중 한 명이 되었습니다.

TIP | '독립협회'는 어떤 단체인가요?

▲ 서재필 동상

독립문을 공부할 때 꼭 살펴보아야 할 것이 있는데, 바로 '독립협회'라는 단체입니다. 독립협회는 1896년 7월, 고종 33년에 만든 것으로, 한국 최초의 근대적인 정치사회 단체입니다. 외세 의존 정책에 반대하고 자주독립과 내정 개혁을 주장했어요. 사실 독립협회의 출발은 독립신문 창간이었습니다. 1896년 4월 7일, 최초의 민간 신문인 독립신문이 먼저 발간되었고, 이후 서재필은 정부에 개혁적인 생각을 갖고 있던 관료들과 함께 독립협회를 만들었습니다. 그리고 이곳의 주도적인 활동으로 독립문이 세워졌고요.

독립협회는 서재필을 중심으로 한 지식인이 주도했는데, 이상재, 손병희 외에도 이후 친일파가 된 이완용, 윤치호, 안경수 등도 있었습니다. 특별한 가입 자격이 없었기 때문에 신분에 상관없이 누구나 회원이 될 수 있었어요. 그래서 각계각층 사람들이 참여하는 전국적인 단체가 될 수 있었습니다. 참고로 서재필은 1884년 김옥균, 박영효 등과 함께 갑신정변에 적극적으로 참여한 인물로, 갑신정변이 실패로 돌아가자 일본으로 망명하고 이후 미국으로 건너가 의사가 되어 1895년 고국으로 돌아왔습니다. 그는 이전에 시도한 개혁이 모두 백성들의 지지를 얻지 못한 것을 반성했습니다. 그래서 독립협회는 초기에 토론회, 연설회 등을 많이 열어 개혁의 내용과 필요성을 알리는 민중 계몽운동에 힘썼어요. 이런 활발한 활동으로 사람들의 정치의식이 점차 높아졌습니다.

1898년 3월에는 서울 종로 네거리에서 독립협회가 주최한 큰 집회가 열렸는데, 이것이 바로 '만민공동회 萬民共同會'입니다. 여기에서는 러시아의 내정간섭과 서구 열강들의 이권 침탈에 반대하는 자주 국권을 주장했고, 언론·출판·집회·결사의 자유를 내용으로 한 자유 민권을 외쳤습니다. 또 같은 해 10월에는 정부 대신들까지 함께 참여한 '관민공동회 官民共同會'가 열렸고, 여기에서 결정한 '헌의6조 獻議六條'라는 개혁 강령을 정리해 고종에게 건의했습니다.

헌의6조의 중심 내용은 '근대적 의회 정치'를 요구한 점입니다. 고종은 이를 받아들였고, 당시 내각의 자문 기구인 중추원을 개편해 의회와 같은 역할을 하도록 했어요. 현재 국회가 있듯 중요한 결정을 왕 마음대로 하는 것이 아니라 정부가 추천한 관선 의원과 독립협회 회원으로 구성된 민선 의원이 함께 모인 중추원에서 심의하고 의결하게끔 한 것입니다. 정말 정치적으로 대단한 발전이죠?

하지만 안타깝게도 당시 정권을 쥐고 있던 보수 세력은 독립협회 주장에 위협을 느꼈고, 독립협회가 황제를 폐위하려고 한다는 등 말도 되지 않는 모함을 했습니다.

이에 고종은 독립협회 해산을 명령합니다. 그리고 정부가 주도한 보부상을 중심으로 어용 단체 '황국협회 皇國協會'를 만들어 독립협회를 탄압했어요.

▲ 3·1독립선언 기념탑

결국 독립협회는 1898년 12월에 해산되고 맙니다. 그렇지만 독립협회의 정신은 이후 애국 계몽운동으로 이어집니다. 독립협회를 해산시킨 고종은 강력한 황제 중심의 국가 체제를 세우기 위해 1899년(광무 2년)에 '대한국 국제 大韓國 國制'라는 법을 반포했어요. 이 법을 통해 모든 권력이 황제에게 있다는 것을 분명히 했습니다. 앞서 독립협회가 주장한 헌의6조 내용과는 많이 달랐죠. 그리고 광무개혁 光武改革을 추진했습니다.

광무개혁의 주요 내용은 상공업과 교육제도를 발전시키고, 원수부를 설치해 그 밑에 시위대와 친위대, 진위대 숫자를 늘리는 등 군사제도를 개편하는 것이었습니다. 또 토지조사사업인 양전사업 量田事業을 통해 근대적인 토지 소유 증명서라 할 수 있는 지계 地契를 발급했고요. 이렇게 광무개혁은 국방력을 강화하고 상공업과 교육을 중심으로 한 개혁을 추진했지만 변화를 거부하는 보수 세력의 반대와 열강의 간섭, 그리고 1904년 러일전쟁에서 일본이 승리하면서 결국 중단되고 말았습니다.

 독립문
주소 서울시 서대문구 현저동 941 | **전화** 없음 | **관람 시간** 24시간 | **휴무** 없음 | **입장료** 무료 |
주차 서대문독립공원 주차장 이용(10분당 300원)

 아이와 함께 즐기면 좋은 주변 먹거리

 • 도가니탕으로 유명한 대성집(도가니탕 1만3000원~, 수육 3만 원)
• 맛있는 먹거리 많기로 유명한 곳, 독립문영천시장(달인짜배기, 찹쌀도넛, 떡갈비, 최가상회)

AREA
054

대한민국 독립운동의
큰 기폭제가 된 3·1 만세 운동
서대문형무소 역사관

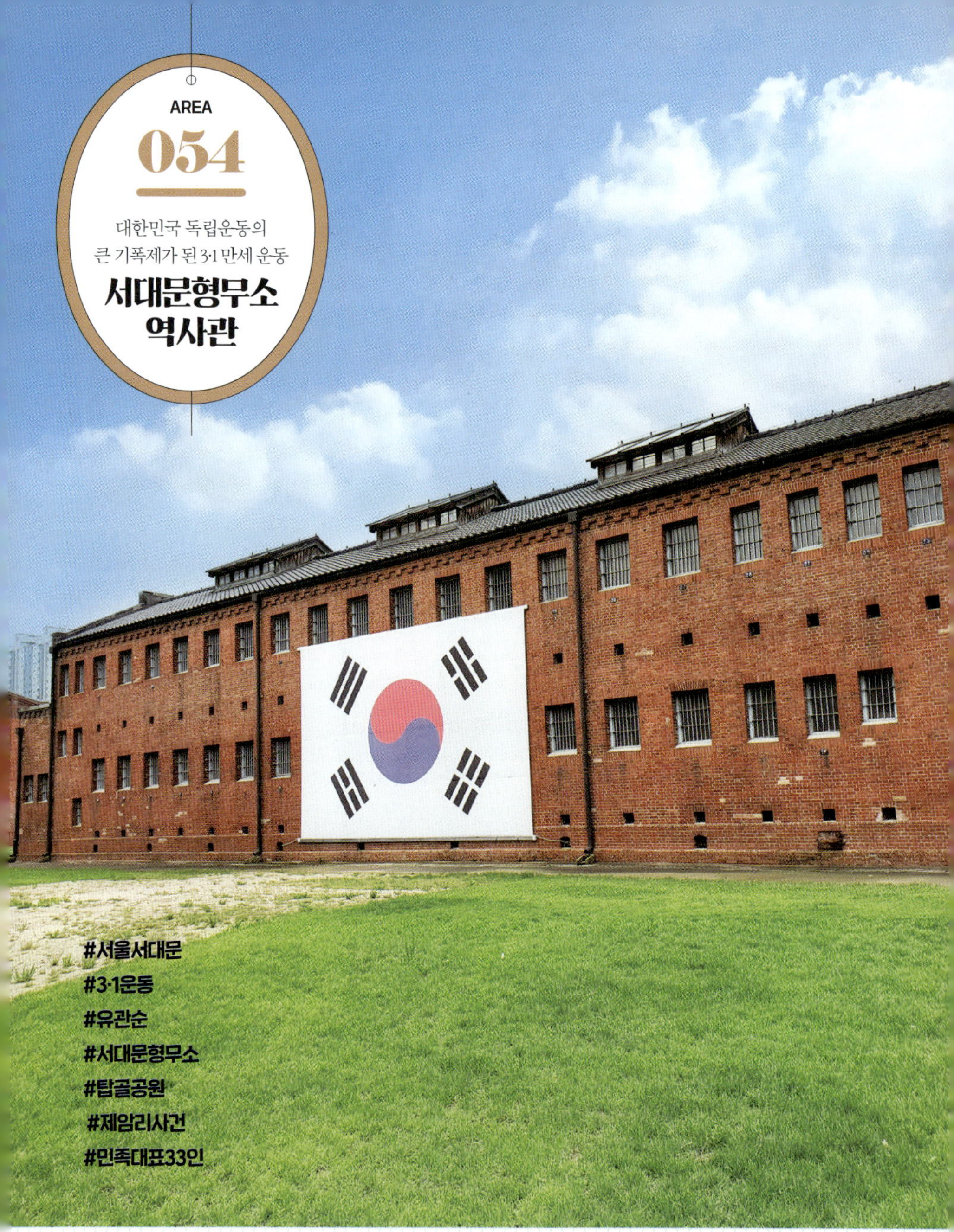

#서울서대문
#3·1운동
#유관순
#서대문형무소
#탑골공원
#제암리사건
#민족대표33인

그리하여 종교계 인사들을 중심으로 한 민족 대표들은 독립선언서를 작성하고 만세 시위를 준비했다. 1919년 3월 1일, 서울에서 독립선언서에 서명한 민족 대표들은 대한의 독립을 선언하는 독립선언식을 했다. 같은 시각 학생들과 시민들은 탑골공원에 모여 독립선언서를 낭독하고 태극기를 흔들면서 만세 시위를 벌였다. 일제의 탄압에도 만세 시위는 전국적으로 퍼져나갔고, 국외에서도 만세 시위가 일어났다.

— 초등학교 사회 5학년 2학기

강력한 우리 독립의 의지를 보여준 3·1 만세 운동에 대해 알아봅니다

일제의 강압적인 통치 아래에서 우리 민족은 어떤 노력을 했을까요? 1919년 3월 1일, 서울 종로에서 시작된 3·1 만세 운동의 전개 과정과 함께 그 중심에 섰던 유관순 열사에 대해 살펴봅니다.

일제강점기에 수많은 애국지사가 고초를 당했던 서대문형무소는 1987년까지도 감옥으로 사용되었습니다. 해방 후에는 좌익 계열을 중심으로 한 정치범과 양심수를 가두기도 했고, 우리나라 '사법사의 치욕' 인혁당 사건도 이곳에서 일어났습니다.

1. 3·1 만세 운동이 일어났을 때 분위기는 어땠을까요?

제1차 세계대전의 승전국들이 모인 1919년의 파리강화회의에서 미국의 윌슨 대통령은 주요 14개 항목의 평화 원칙을 발표했습니다. 그중 하나가 '다른 나라의 지배를 받는 식민지 국가들은 그들의 독립 문제를 스스로 결정짓게끔 하자'는 '민족자결주의 民族自決主義'입니다. 물론 이것은 패전국들의 지배를 받던 민족에만 해당되는 것이었고, 일본은 패전국이 아니니 우리에게는 적용되지 않았죠.

하지만 일본의 강압적인 지배를 받던 우리나라는 희망이 생기고 가슴이 설레죠. 일본에 있던 우리나라 유학생들은 1919년 2월 8일 도쿄 YMCA 회관에 모여 '2·8 독립선언문'을 낭독합니다. 그야말로 일본의 심장부에서 우리나라 독립이 정당하다는 사실을 알렸던 거죠. 이 소식은 한반도에도 전해졌어요. 게다가 갑작스러운 고종의 죽음에 온 나라 백성들은 슬픔에 잠겼고, 일본에 대한 분노가 극에 달했습니다.

2. 치솟은 분노가 행동으로! 1919년 3월 1일 토요일 오후 2시

천도교, 기독교, 불교 등 종교 단체 대표 33인은 3월 1일로 날을 정해 독립 의지를 널리 알리자고 뜻을 모읍니다. 본래 고종의 장례식이 3월 3일이라 이날 만세 운동을 하자는 의견이 있었지만 장례식 당일은 피하기로 했고, 3월 2일은 일요일이라 기독교 대표들이 예배 때문에 힘들다하여 3월 1일 토요일로 결정된 것입니다. 이에 최남선이 우리나라가 독립한 자주적인 나라라는 내용을 담은 '독립선언서'를 작성했고 서울 종로 탑골공원에 모여 평화적인 만세 시위운동을 하기로 합니다.

그러나 3월 1일 당일 민족 대표들은 다른 곳으로 발길을 돌립니다. 사람들이 너무 많이 모여 계획과 달리 폭력 시위가 될 수 있다 판단한 거죠. 민족 대표들은 근처 태화관이라는 음식점에서 독립선언서를 읽은 후 일본 경찰에 잡혀갑니다. 이 시각, 탑골공원에서는 민족 대표들이 오기를 기다리다 정재용이라는 학생이 공원 팔각정에 올라 선언서를 낭독하였고, 사람들은 거리로 쏟아져 나가 "대한 독립 만세!"를 외쳤습니다. 이후 만세 운동은 계속 이어지며 전국을 넘어 해외까지 확산되죠. 이에 일제는 총과 칼로 무자비하게 탄압했지만 당시 3~5월에 일어난 만세 운동이 전국적으로 1,500회에 달한다고 하니 정말 대단하죠?

3. 이화학당 1학년 학생, 소녀 유관순

만세 운동이 불같이 일어나자 일본은 모든 학교에 휴교령을 내렸고, 이화학당 학생이던 유관순은 고향 천안으로 내려갔습니다. 서울과는 다르게 매우 조용한 모습을 본 유관순은 음력 3월 1일인 4월 1일에 아우내 장터에서 만세 운동을 할 것을 계획하고 준비합니다. 4월 1일, 장터에 모인 사람들은 유관순과 함께 준비해 온 태극기를 꺼내 들고 만세를 불렀어요. 일본 경찰들은 총칼로 진압했고, 이 자리에서 유관순의 부모님이 모두 돌아가셨습니다. 유관순은 주동자로 일본 경찰에게 잡혀 공주 교도소로 끌려가 온갖 고문을 받게 됩니다. 그리고 이후 서울 서대문형무소에 투옥됩니다.

4. 100여 가지에 달하는 고문을 받고 돌아가신 유관순 열사

유관순 열사를 떠올리면 생각나는 사진 속 모습은 온갖 고문으로 얼굴과 몸이 퉁퉁 부은 상태라 실제 얼굴과는 매우 다르다고 합니다. 당시 100여 가지에 달하는 고문을 받았다니 상상이 가지 않습니다. 서대문형무소 역사관에 가면 유관순 열사가 투옥되었던 여옥사 8호실이 남아 있어요. 그리고 당시 일제가 사용한 여러 고문 도구를 볼 수 있는데, 정말 끔찍하다는 말밖에는 나오지 않습니다.

뾰족하고 긴 못들이 꽂혀 있는 상자 속에 사람을 가두고, 뜨거운 불로 지지고, 거꾸로 매달고 코로 고춧가루를 탄 물을 부어 넣고, 매질은 물론 얼굴에 뜨거운 물을 붓고, 관처럼 생긴 공간에 가두고 꼼짝 못하게 하는 벽관을 이용하거나, 석탄을 입속에 우겨 넣는 등 별별 고문을 행했습니다. 이 고통을 견디면서 옥중에서도 만세를 불렀던 유관순 열사와 많은 독립운동가들을 떠올리면 정말 저절로 고개가 숙여지지요. 안타깝게도 18세 소녀 유관순 열사는 출소를 이틀 앞두고 세상을 떠났는데, 자궁과 방광이 모두 파열되었고 얼굴과 몸은 알아볼 수 없을 정도로 엉망진창이었다고 합니다.

5. 3·1 만세 운동 이후 세상은 어떻게 변했을까요?

우선 헌병 경찰제 아래 이루어진 일제의 무단통치는 3·1만세 운동을 계기로 문화 통치로 바뀝니다. 1910년대 무단통치 당시에는 언론 출판 결사의 자유가 없었고 토지조사사업으로 농민들은 토지에 대한 권리를 잃죠. 일본은 닥치는 대로 빼앗아 이득을 취하고 총과 칼, 채찍으로 탄압했습니다. 그러다 3·1만세 운동을 보면서 무조건 억압만 했다가는 큰일 날 것이라 생각했죠. 그래서 1920년대에는 문화 통치로 바뀌는데, 헌병 경찰 제도를 보통 경찰제로 바꾸고 언론 출판의 자유를 허용하면서 지금의 조선일보와 동아일보가 창간되었죠. 물론 일본의 심기를 건드리는 기사는 미리 확인해 싣지 못하도록 했습니다.

무엇보다 3·1 만세 운동을 계기로 독립에 대한 자신감을 갖게 되었고, 끝까지 이것을 이끌 중심이 꼭 필요하다는 생각으로 1919년 4월 11일, 중국 상하이에 대한민국 임시정부가 세워집니다. 대한민국 임시정부는 1945년 8월 15일 해방 전까지 독립과 자유를 얻기 위한 많은 활동의 중심 역할을 합니다. 또한 3·1만세 운동 이후 국내에서는 사회·경제·문화적 민족운동이 전개되었고, 외교 활동이나 의거 활동, 무장 독립 투쟁도 활발히 펼쳐집니다. 더 나아가서는 인도 간디의 '무저항 비폭력주의'와 중국의 '5·4 운동'에도 큰 영향을 미칩니다.

TIP '3·1독립선언서'를 쓴 최남선, '2·8 독립선언문'의 이광수, 그리나!

최남선은 우리나라 최초의 잡지 <소년> 창간호에 우리나라 최초의 신체시인 '해에게서 소년에게'를 쓴 문필가입니다. 최남선은 독립선언서를 썼다는 이유로 일본에 끌려가 투옥되었어요. 그런데 감옥살이 이후 "조선과 일본은 같은 뿌리에서 나왔다"며 일본에 적극 동조하고 협력하는 쪽으로 변했습니다. 그리고 도쿄에서 유학생들이 낭독한 2·8 독립선언문을 쓴 사람은 당시 와세다 대학교에 다니던 이광수였습니다. 우리나라 최초의 근대 장편소설 <무정>의 작가죠. 그도 나중에는 "주권을 잃은 것은 우리의 그릇된 민족성 때문"이고 "독립 투쟁보다는 근대 문물을 받아들여서 힘을 기르자"며 일본에 협력했습니다. 이렇게 일부 지식인들이 변절하여 친일활동을 했던 사실을 우리는 똑바로 알고 기억해야 합니다.

:: 3·1 만세 운동 역사 체험지 둘러보기 ::

우리나라가 일본의 지배를 받았던 일제강점기와 관련된 역사 유적지는 매우 많습니다. 그중에서도 대표적인 곳 몇 군데를 살펴봅니다.

서대문형무소 역사관

실제 형무소였던 곳이기 때문에 건물이 여러 동으로 나뉘어 있고, 그 안에 전시관이 자리합니다. 1908년, 이곳에 형무소가 처음 들어섰을 때는 명칭이 '경성감옥'이었습니다. 이후 1912년에 서대문감옥, 그리고 1923년에 서대문형무소로 이름이 바뀌었습니다. 일본은 일부러 사람들이 많이 오가는 서대문에 보란 듯이 서대문형무소를 지은 것이죠. 우리의 외교권을 일본에 빼앗긴 1905년 을사늑약 이후 많은 독립운동가가 항일운동 단체를 만들어 일본에 맞서 싸웠습니다. 그 과정에서 일본 경찰들에게 잡힌 많은 분이 투옥된 곳이 바로 이곳입니다. 특히 여옥사의 8호실은 유관순 열사가 투옥되었던 곳으로, 이곳에서 심한 고문으로 출소 이틀 전 죽음을 맞이했습니다.

01 옥사

당시 옥사를 볼 수 있고 실제로 감방 안으로 들어가볼 수도 있습니다. 긴 복도를 사이에 두고 철문들이 늘어서 있는데, 부채꼴로 되어 있어 한 지점에 서면 세 방향으로 뻗은 복도를 한눈에 감시할 수 있는 구조입니다.

02 여옥사 8호 감방

여성 독립운동가들을 따로 가두었던 여옥사의 8호 감방은 유관순 열사가 투옥되어 있던 곳입니다. 1918년 전후에 만들어 해방 후 1978년까지 사용하다가 철거한 곳을 2011년에 다시 만들어놓은 것입니다.

03 고문실 & 고문 도구

독립운동가들이 일제로부터 어떤 고문을 당했는지 알 수 있는 고문 도구나 고문 장면 등 여러 자료가 공개되어 있습니다.

04 사형장 & 미루나무

형무소 안에는 사형장이 옛날 모습 그대로 복원되어 있습니다. 1923년에 지은 사형장은 높은 담장으로 둘러싸여 있습니다. 사형수들의 목에 감았던 줄과 의자, 그리고 아래로 떨어지게 되어 있는 마루판, 지하의 시신 수습실 등을 볼 수 있어요. 사형장 안과 밖에는 미루나무가 있는데, 특히 바깥쪽 미루나무에는 슬픈 이야기가 깃들어 있습니다. 당시 사형장 안으로 들어가는 독립운동가들이 미루나무를 붙잡고 눈물을 흘렸다고 합니다. 그래서 '통곡의 미루나무'라고 불리죠. 그런데 이 나무가 2020년 태풍으로 인해 쓰러지고 말았습니다. 이후 서대문형무소역사관은 나무를 보존 처리한 후 누운 모습 그대로 공개하고 있습니다.

05 시구문

감춰야 하는 시신을 몰래 밖으로 내가던 문을 말합니다. 당시 투옥된 독립운동가들은 모진 고문을 받았기 때문에 시신을 알아보기가 힘들 정도였다고 해요. 혹시라도 이런 사실이 알려질까 봐 시신을 몰래 밖으로 내갔다고 합니다. 본래는 200m 정도의 통로였는데, 지금은 일부만 복원되어 있습니다.

06 격벽장

수감자들이 햇볕을 쬐며 운동을 하던 곳입니다. 부채꼴로 만든 격벽장은 중앙 감시대에서 수감자들을 감시·통제하는 구조를 띠고 있어요. 서로 대화하지 못하게 칸막이 벽을 세워놓았습니다. 해방 이후 철거되었는데, 2011년에 복원했다고 해요.

:: 3·1 만세 운동 역사 체험지 둘러보기 ::

07 망루

형무소에 있는 수감자들이 탈옥하지 못하게 감시하던 탑입니다.

탑골공원

1919년 3월 1일 만세 운동이 처음으로 시작된 뜻깊은 장소가 바로 서울 종로의 탑골공원입니다. 이곳 팔각정에서 정재용 학생이 독립선언서를 낭독했고, 곧이어 사람들은 거리로 나가 만세를 외쳤습니다. 탑골공원은 한때 파고다공원이라고 불렸는데, 여기서 '파고다'는 '사찰의 탑'이라는 뜻입니다. 고려시대에는 흥복사, 조선 초기에는 원각사와 같은 절이 있던 자리입니다. 지금도 탑골공원에서는 국보 제2호로 지정된 원각사지 십층석탑을 볼 수 있습니다. 이후 연산군이 원각사를 없애고 중종 때는 탑만 남아 있었다고 합니다. 그래서 '파고다'라는 이름이 붙은 듯합니다. 1992년 파고다공원은 지금의 '탑골공원'이라는 이름으로 바뀌었습니다.

유관순 생가 & 유관순열사기념관

유관순 열사의 고향인 충청남도 천안시 병천면에는 열사의 생가와 기념관이 있습니다. 이곳은 1972년에 사적 제230호로 지정되었어요. 1919년 아우내장터 만세 운동 이후 일본군들이 유관순 열사의 생가를 전부 불태워 터만 남았는데 이를 1991년에 복원해놓은 것이죠. 생가 옆쪽으로는 유관순 열사가 다녔던 매봉교회도 자리합니다. 또 2004년에 문을 연 유관순열사기념관에는 영정과 함께 다양한 자료가 전시되어 있습니다. 이곳 매봉산 중턱에는 유관순 열사의 초혼묘가 있습니다. 1920년 9월 28일 유관순 열사가 서대문형무소에서 돌아가신 뒤, 열사의 시신은 이태원 공동묘지에 안장되었지만 이후 이곳이 일제의 군용 기지가 되면서 미아리 공동묘지로 다시 이장하는 과정에서 없어졌다고 합니다. 영혼을 위로하는 의미로 이곳에 초혼묘를 마련한 것입니다.

제암리 3·1운동 순국기념관

3·1 만세 운동 당시 제암리 주민들이 장터에서 만세 운동을 벌이자 일본 헌병들은 4월 15일 오후 2시, 제암교회에 마을 주민들을 모이게 한 뒤 밖에서 문을 걸어 잠그고 무차별적으로 총을 쏘고 급기야 불까지 지르는 만행을 저질렀습니다. 또 30여 채의 가옥을 모두 불태워버렸습니다. 이 기념관은 당시 상황을 엿볼 수 있는 역사 교육의 장입니다.

1. 서대문형무소역사관
주소 서울시 서대문구 통일로 251 | 전화 02-360-8590 | 관람 시간 3~10월 09:30~18:00, 11~2월 09:30~17:00 |
휴무 월요일, 1월 1일, 설날·추석 당일 | 입장료 어른 3000원, 청소년 1500원, 어린이 1000원 |
주차 서대문독립공원 주차장 이용(10분당 300원) | 홈페이지 https://sphh.sscmc.or.kr

2. 탑골공원
주소 서울시 종로구 종로 99 | 전화 없음 | 관람 시간 09:00~18:00 | 휴무 없음 | 입장료 무료 |
주차 탑골공원 공영 주차장 이용(낙원상가 쪽, 1시간당 6000원)

3. 유관순열사사적지(기념관)
주소 충청남도 천안시 동남구 병천면 유관순길 38 | 전화 041-564-1223 |
관람 시간 3~10월 09:00~18:00, 11~2월 09:00~17:00 | 휴무 없음 | 입장료 무료 |
주차 자체 주차장 이용 | 홈페이지 http://cheonan.go.kr/yugwansun.do

4. 제암리 3·1운동순국기념관
주소 경기도 화성시 향남읍 제암길 50 | 전화 031-336-1604 | 관람 시간 10:00~17:00 |
휴무 월요일, 1월 1일, 설날·추석 당일 | 입장료 무료 | 주차 기념관 주차장 이용(무료) |
홈페이지 www.jeam.or.kr

아이와 함께 즐기면 좋은 주변 먹거리

- **서대문형무소 근처** : 서대문형무소 역사관 안에는 매점이 없습니다. 간식이나 음료는 역사관 근처 편의점에서 미리 준비하세요.
- **탑골공원 근처** : 탑골공원에서 걸어가면 1분 거리에 인사동이 있어요. 인사동은 볼거리는 물론 먹거리도 많아서 한국 전통 문화를 궁금해하는 외국인은 물론이고 국내인에게도 인기가 많습니다. 천천히 둘러보면서 여유로운 시간을 즐겨보세요.

AREA 055

조선의 아픔에 공감하고
함께했던 사람들
딜쿠샤

#서울종로
#앨버트테일러가옥
#기미독립선언서
#제암리학살사건

제1차 세계대전이 끝나고 전쟁에서 진 나라들의 식민지 국가들이 독립하게 되었다. 이를 본 한국인들은 이러한 상황을 독립의 좋은 기회로 삼고자 했다. 그리하여 종교계 인사들을 중심으로 한 민족 대표들은 독립선언서를 작성하고 만세 시위를 준비했다.
— 초등학교 사회 5학년 2학기

일제는 전국에서 발생한 만세 시위를 잔인하게 진압했다. 특히 일제는 만세 시위에 참여했던 경기도 화성 제암리 사람들을 교회에 모아놓고 무자비하게 학살했다. 그리고 집집마다 불을 지르는 만행을 저지르기도 했다.
— 초등학교 사회 5학년 2학기

조선과 함께했던 테일러 부부와 딜쿠샤에 대해 알아봅시다

우리 민족은 일본에 나라를 빼앗기고 광복을 맞이하기까지 많은 희생과 노력을 쏟았습니다. 이 과정에서 조선의 가슴 아픈 현실을 직접 확인한 외국인 중 일부는 함께 독립을 위해 헌신했습니다. 그들에게 조선은 고향과도 같은 곳이었어요. 그중 한 사람인 앨버트 테일러, 그리고 그의 가족 이야기를 해보고자 합니다.

딜쿠샤는 2017년 8월에 국가등록문화재로 지정되었고, 2021년에 지상의 두 층이 역사전시관으로 개방되었습니다. 1923년에 공사를 시작해서 1924년에 완공되었으며, 1926년에 벼락에 의해 화재가 발생했습니다. 이후 1930년에 재건되었고요. 따라서 딜쿠샤를 보면 1920~1930년대 서양 건축양식과 인테리어를 살펴볼 수 있습니다. 이국적인 서양식 집 안에 앨버트 부부가 남긴 사진을 보면서 최대한 당시 그들이 사용했던 가구 등을 그대로 재현해서 놓아두었습니다. 그리고 딜쿠샤를 나오면 바깥에 수령이 420년이나 되는 큰 은행나무가 한 그루 있는데, 이곳이 권율 장군의 집터입니다. 권율 장군은 임진왜란 때 행주대첩을 이끈 명장으로, 지금은 그의 집터였음을 알리는 표지석이 있어요.

▲ 당시 모습으로 재현된 거실

🔍 1. '기쁜 마음'을 담은 딜쿠샤

다소 생소한 단어인 '딜쿠샤 Dilkusha'는 미국인 기업가 앨버트 와일더 테일러 Albert Wilder Taylor와 그의 아내 메리 라인리 테일러 Mary Linely Taylor가 살던 집의 이름입니다. 현재 서울 종로구 행촌동 언덕에 자리하며, 1924년에 건립한 서양식 주택입니다다. 붉은 벽돌로 지은 이곳은 지하 1층, 지상 2층 규모예요.

'딜쿠샤'는 인도의 곰티강 유역에 있는 영국 바로크풍 건물인 딜쿠샤 코티 Dilkusha Kothi에서 따온 명칭으로, 페르시아어로 '기쁜 마음의 궁전'이라는 뜻이라고 해요. 이 집의 안주인이던 메리 테일러가 인도에 머물렀던 시절, 이곳을 보고 나서 언젠가 집이 생기면 이 이름을 붙이고 싶다고 한 것입니다. 그들의 신혼집은 지금 주소로 서울 서대문구 충정로7길 부근이었는데, '작은 회색 집(The Little Gray Home)'이라 불렀다고 해요. 이 집에서 사랑스러운 아들 브루스 테일러가 태어났습니다. 어느 날, 테일러 부부는 한양 도성 성곽길을 따라서 산책을 하다가 은행나무가 있는 넓은 땅을 발견하고, 멋진 은행나무가 너무나 마음에 들어 이곳에 집을 짓기로 했다고 합니다. 이후 앨버트는 땅을 매입해서 딜쿠샤를 지었어요. 1919년 3·1운동 무렵 조선에 머무르고 있던 테일러 부부는 조선을 사랑하고 조선의 아픔을 함께했던 사람들이었습니다. 현재 이 집은 당시 상황을 알려주는 자료들이 전시된 역사전시관으로 개방되어 있습니다.

2. 앨버트 테일러는 어떤 사람인가요?

앨버트 테일러는 1875년 3월 미국에서 태어났습니다. 그의 아버지 조지 알렉산더 테일러 George Alexander Taylor는 광산 기술자였어요. 미국이 운산금광의 채굴권을 획득한 후 조선에 들어온 최초의 광산 기술자 중 한 명이었습니다. 앨버트는 아버지의 일을 돕기 위해 1897년 조선에 왔습니다. 그는 일본에 갔다가 아내 메리를 만나 1917년 인도에서 결혼식을 올렸고, 이후 한국에 함께 입국해서 아버지 일을 도와 광산을 운영했으며, 동생과 함께 '테일러 상회'를 경영했습니다. 또 그는 AP 연합통신(Associated Press) 통신원으로도 활동하고 있었습니다. 앨버트 부부가 딜쿠샤에 머물던 시절 조선은 일본의 통치 아래 고통스러운 나날을 보내고 있었습니다. 앨버트 부부 역시 마냥 평안한 삶만 산 것은 아니었어요.

3. 사랑스러운 아들이 태어난 병원에서!

1919년 2월 28일 세브란스 병원에서 테일러 부부의 아들인 브루스 테일러가 태어났습니다. 그들은 얼마나 기뻤을까요? 당시 앨버트는 AP 통신원으로서 고종의 장례식을 취재해달라는 요청을 받았습니다. 태어난 아들을 보러 병원에 온 앨버트는 병실에서 무엇인가를 발견하는데, 그것은 종이 뭉치였습니다. 앨버트는 한국에서 오랫동안 지냈기 때문에 한국어를 꽤 잘했는데, 아내와 아들이 누워 있는 침대 밑에 숨겨진 종이 뭉치를 꺼내 본 순간 깜짝 놀랐습니다. 그것은 바로 기미독립선언서였습니다. 1919년 3월 1일 읽을 그 독립선언서죠.

만약 그 선언서를 누군가에게 들키기라도 한다면 테일러 부부는 큰일을 당할 수도 있었습니다. 앨버트는 당시 이 독립선언서와 함께 3·1운동에 대한 기사를 급히 작성해서 동생 윌리엄에게 전달했다고 해요. 윌리엄은 이 기사를 들키지 않게 하기 위해서 자신이 신고 있던 구두 뒤축에 숨겨서 일본 도쿄로 떠났습니다. 그곳에서 기사를 전신으로 미국에 보냈고, 독립선언서가 해외에 알려지게 되었습니다.

1919년 3월 13일 자 뉴욕 타임스 New York Times에는 '서울, 3월 12일-Koreans Declare for Independence 한국의 독립선언서에 2,000만 민족의 목소리를 대표하고 정의와 인도의 이름으로 말한다'라는 내용의 기사가 실렸습니다. 이후에도 앨버트는 1919년 4월 경기도 화성의 교회에 만세 운동을 했던 마을 주민들을 모아놓고 잔인하게 불을 지르고 학살했던 제암리 학살 사건과 독립운동가들의 활동에 대해서도 취재해서 해외에 조선의 상황을 알렸습니다.

4. 1941년 태평양전쟁 발발

1941년 일본이 미국의 진주만을 습격하면서 태평양전쟁이 일어났습니다. 일본과 미국이 서로 사이가 나빠지자 일제는 당시 조선에 머물고 있던 외국인들을 수용소에 가두었습니다. 앨버트 역시 12월에 일본군 수용소에 끌려갔고, 부인 메리는 가택연금을 당했어요. 메리가 가택연금 중이었던 당시 식량을 구하기도 힘들었다고 하는데, 이때 딜쿠샤 문간에는 누가 가져다놓았는지 알 수 없는 음식들이 놓여 있었다고 합니다. 그녀는 가난한 한국인들이 도와준 것이라 확신했다고 해요.

1942년 5월 수용소와 가택연금에서 풀려난 앨버트 가족에게 조선총독부는 외국인 추방령을 내렸고, 그들은 한국을 떠나야만 했습니다. 당시 두 달 만에 캘리포니아 롱비치로 돌아간 앨버트는 그곳에 정착했습니다. 앨버트는 이후에도 계속 한국을 그리워했고, 다시 돌아오기 위해 여러모로 애썼지만 쉽지 않았습니다. 그리고 1948년 6월, 안타깝게도 심장마비로 급작스럽게 사망했습니다. 이후 그의 아내 메리는 살아생전 남편이 한국을 그리워하고 돌아가기를 소원했던 것을 떠올려 여러 사람의 도움을 받아 1948년 9월 남편의 유해와 함께 한국으로 돌아와 서울 마포구 합정동에 있는 양화진 외국인 선교사 묘원에 유해를 안치했습니다. 그리고 그녀는 한국을 떠나기 전에 마지막으로 딜쿠샤를 찾았다고 합니다.

:: 딜쿠샤 둘러보기 ::

1919년 2월 28일 세브란스에서 태어난 아기, 브루스 테일러를 기억하시죠? 그는 부모님이 살았고 자신이 어린 시절을 보냈던 한국의 집을 찾고자 했습니다. 2005년 서일대학교의 김익상 교수는 그의 의뢰로 딜쿠샤를 찾기 시작했는데, 약 2개월이 걸렸다고 해요. 2006년 브루스는 그의 아내와 딸 제니퍼 테일러와 함께 딜쿠샤를 방문한 후 2015년 세상을 떠났습니다. 이후 브루스의 딸 제니퍼는 2016~2017년 당시 테일러 가문에서 갖고 있던 많은 자료를 서울역사박물관에 기증했고, 이것으로 현재 딜쿠샤와 테일러 일가에 대한 이야기가 알려지게 되었습니다.

01 1층

중앙에 거실과 베란다를 중심으로 방과 화장실, 부엌과 식당 등이 있습니다. 커다란 괘종시계와 아름다운 가구들이 놓인 거실은 아늑하면서도 고급스러워요. 한 방에서는 테일러 부부가 세브란스 병원 입원실에서 독립선언서를 발견했던 일 등 그들이 조선에서 지냈던 당시 이야기를 상영하고 있습니다. 그리고 앨버트가 AP 통신원으로 취재했던 제암리 학살 사건, 고종 장례식 등에 대한 사진과 자료, 베델의 대한매일신보, 캐나다 출신의 영국 기자인 프레더릭 A. 매켄지가 양평에서 찍은 정미의병 사진과 프랭크 W. 스코필드가 찍은 제암리 학살 사건 현장 사진 등도 전시되어 있습니다.

02 2층

1층과 비슷한 구조로 거실과 베란다, 방이 있습니다. 딜쿠샤의 건축학적인 특징을 설명한 전시실과 복원 과정, 그리고 메리가 직접 그린 한국 인물 초상화도 볼 수 있어요. 메리는 1941년 12월 남편이 일본 수용소로 끌려간 뒤 일제에 의해 가택연금을 당했습니다. 그 기간에 그녀는 이 초상화를 그리면서 시간을 보냈고, 매우 어렵게 집을 지켜냈습니다. 이후 그림들은 그들의 일을 도와주던 한국인의 바지 속에 숨겨 다른 곳으로 옮겼다고 해요. 초상화 이외에도 그녀는 가족과 함께 여행했던 금강산과 남편이 운영하던 광산 모습도 그림으로 남겼는데, 이 그림들은 당시 상황을 알 수 있는 자료로도 가치가 높습니다.

딜쿠샤
주소 서울시 종로구 사직로2길 17 | 전화 070-4126-8853 | 관람 시간 화~일요일 09:00~18:00 | 휴무 월요일, 1/1
입장료 무료 | 주차 없음 | 홈페이지 없음

아이와 함께 즐기면 좋은 주변 먹거리
- 시원하고 깔끔한 맛의 평양냉면 한 그릇, 능라밥상(평양냉면 1만7000원, 개성장국밥 1만4000원)
- 70년 전통의 도가니탕 맛집, 대성집(도가니탕 1만3000원, 수육 3만 원)

AREA 056

대한 독립 만세! 만세!

독립 기념관

#충청남도천안
#광복
#19450815
#자주독립
#항일독립운동
#애국지사

> 제2차 세계대전 중 일본과 싸우던 연합국은 국내외 독립운동가들의 끊임없는 노력을 인정해 여러 회담에서 우리나라의 독립을 약속했다. 연합국이 전쟁에서 승리하면서 우리나라는 1945년 8월 15일에 광복을 맞이했다.
>
> — 초등학교 사회 5학년 2학기

MISSION

자주독립 정신으로 이뤄낸 광복의 과정을 알아봅니다

1910년 8월 29일 일본에 주권을 빼앗긴 그날부터 광복을 맞이한 1945년 8월 15일까지, 35년에 걸친 일제강점기는 우리 민족에게는 더할 나위 없는 고통의 시간이었습니다. 참혹한 시간을 견디며 언제 실현될지 모를 독립을 위해 피땀 흘리며 노력한 순국선열의 희생은 아무리 긴 세월이 지나더라도 꼭 기억해야 할 것입니다.

광대한 독립기념관에는 7개의 전시관과 체험관, 다양한 야외 전시물이 있어 둘러보다 보면 반나절 이상 소요되니 일정을 여유롭게 잡고 방문하세요. 입구부터 전시관까지는 거의 1km를 걸어야 합니다. 걷기 힘들다면 겨레의 집과 겨레의 탑 구간을 운행하는 태극열차나 버스를 이용하세요.

🔍 1. 항일 독립운동이 시작되다

▲ 감옥에 수감되는 독립운동가

▲ 강제로 군인, 노동자, 위안부로 끌려간 조선인

일제 무단 통치에 맞서 일어난 국내외 애국지사들은 독립운동을 전개하기 시작합니다. 국내에서는 대한 독립 의군부와 대한 광복회 등의 비밀 결사 조직이 만들어져 군자금을 모집하고 친일파 처단 등을 합니다.

일제의 탄압과 감시로 국내 독립운동이 어려워지자 해외로 근거지를 옮겼고, 독립군 양성을 위한 신흥 강습소(신흥무관학교)와 대한 광복군 정부를 비롯해 경학사, 부민단, 서로 군정서, 중광단, 북로 군정서 사관 양성소 등 여러 기관이 설립됩니다.

🔍 2. 3·1운동이 일어나다

1919년 일본에 있던 한국 유학생들이 조선의 독립을 선언(2·8독립선언)한 것과 해외에서 벌어지는 독립운동들은 그해 1월 갑작스러운 고종 황제의 죽음과 독살설로 동요하고 있던 국내에 큰 자극을 줍니다. 이에 1919년 3월 1일 민족 대표들은 태화관에서, 학생들

▲ 1907년 촬영된 의병

은 탑골공원에서 독립을 선포하며 만세 시위를 전개하고, 이는 전국 도시와 농촌으로 급속히 확산되어 4월 초에 절정에 이릅니다. 3·1운동은 전 민족적 항일 운동으로 우리의 독립 의지를 전 세계에 널리 알리는 계기가 되었고, 이후 각성한 국민들은 민족 운동 대열에 적극 참여합니다. 또 통일된 지도부가 필요하다는 공감 아래, 대한민국 임시정부가 세워졌습니다. (▶상하이에서 만난 우리 역사 p494)

▲ 국권 침탈에 순국으로 항거한 열사들

3. 문화 통치, 민족 분열 정책

3·1운동 이후 문화 통치를 내세운 일제는 조선인의 신문 발간을 허용하고 조선의 문화와 관습을 존중하겠다고 했지만, 오히려 경찰력은 더 강화되고 언론에서도 엄격한 검열과 통제를 실시합니다. 문화 통치는 한국인을 서로 분열시켜 3·1운동과 같은 독립운동이 일어나지 않게 하는 것이 목적이므로, 이것을 위해 친일 지식인과 단체를 적극 지원하는 반면 독립운동가나 반일 단체 등은 더욱 가혹하게 탄압합니다.

4. 민족 분열 정책에 대항한 우리

1926년 순종이 사망한 후 사회주의와 민족주의 계열은 6월 10일 만세 시위를 준비했고, 학생들의 주도와 시민의 호응으로 전개됩니다. 이는 3·1운동만큼 전국적으로 확대되지는 않았지만, 침체에 빠진 국내 항일 운동을 다시 일으키는 계기가 됩니다.

일제에 항거하는 민족주의 계열과 사회주의 계열이 연합해 신간회를 결성(1927)하고 식민 교육 반대, 한국인 위주 교육 실시, 타협적 정치 운동 반대 등의 활동을 합니다.

1920년대 국내 항일 운동에서 중요한 역할을 한 것은 바로 학생들입니다. 그들은 비밀 결사를 조직하고 동맹 휴학하며 저항했고, 1929년에는 3·1운동 이후 일어난 가장 큰 규모의 항일 운동인 광주 학생 항일 운동이 일어났습니다.

5. 항일 무장 투쟁

비폭력을 내세운 3·1운동이 진압된 후 독립운동가들은 무장 투쟁의 필요성을 더욱 절실히 깨닫게 됩니다. 만주와 연해주에서는 김원봉 등이 조직한 의열단 등 많은 무장 단체가 등장했고, 다수의 독립군 부대가 편성됩니다. 점점 활발해지는 독립군 활동을 막기 위해 일본군은 독립군 부대가 주둔하고 있는 봉오동을 습격했지만, 1920년 6월 벌어진 봉오동전투에서 홍범도 장군이 이끄는 대한 독립군 등으로 구성된 우리 독립군은 일본군 부대를 크게 물리치는 쾌거를 거둡니다.

6. 청산리전투

▲ 독립군의 피 묻은 태극기

▲ 하얼빈 의거와 안중근 의사 단지 혈서 엽서

봉오동에서 패한 일본은 독립군 토벌을 위해 약 2만 명의 병력을 만주로 보냅니다. 1920년 10월 김좌진 장군의 북로 군정서군과 홍범도 장군의 대한 독립군 등이 연합한 독립군 부대는 일제의 대규모 공격에 맞서 벌인 수차례의 전투에서 대승을 거둡니다.
이 청산리전투는 만주에서 일본군과 벌인 가장 큰 규모의 전투였고 독립군 사상 가장 큰 전과를 올린 전투입니다.

7. 시련을 맞이한 독립군

봉오동과 청산리전투에서 크게 패한 일본은 이에 대한 보복으로 간도에 사는 한국인을 무차별 학살하는 간도참변을 저질렀고, 독립군은 일본을 피해 북쪽으로 이동해 러시아 영토인 자유시로 옮겨 갑니다. 이곳에서 내분을 겪으며 수백 명의 사상자가 발생한 것 등으로 타격을 입은 독립군은 다시 만주로 돌아와 재정비에 들어갑니다. 이에 참의부, 정의부, 신민부 등 3부가 설립되고 각기 지역 동포들을 대상으로 민정과 군정을 겸한 자치정부 같은 역할을 하게 됩니다.

8. 병참 기지화와 자원 수탈

만주사변과 중일전쟁 이후 일제는 조선의 공업화를 추진합니다. 이는 조선을 대륙 침략을 위한 군사 작전에 필요한 인원과 물자를 공급하는 근거지인 병참 기지로 만들기 위해서였습니다. 1938년에는 국가 총동원법을 만들어 조선의 지하자원과 물자, 인력을 본격적으로 수탈하기 시작합니다. 또 국민 징용령을 통해 수많은 조선인을 공장과 광산 등에서 강제 노동을 시켰고, 많은

▲ 윤봉길 의사의 사형틀

청년들은 전쟁터로 끌려나갔습니다. 그리고 일제는 1944년 '여자 정신대 근로령'을 만들어 조선 여성들을 강제 노동에 동원했는데, 군수 공장에서 일한 여성도 있었지만 많은 여성들이 중국, 동남아시아, 태평양 섬 지역, 타이완 전선으로 끌려가 일본군 위안부로 희생됩니다. 이렇게 우리 한국인들은 징용, 징병, 일본군 위안부로 강제 동원되면서 엄청난 수모와 고통을 겪고 후에도 긴 후유증을 앓게 되었습니다.

9. 대한민국 임시정부와 한국광복군

1920년대 후반 크게 위축된 임시정부 활동에 다시 불이 붙은 데는 1932년 이봉창 의사가 도쿄에서 거행한 일본 국왕 암살 시도와 상하이 훙커우 공원에서 거행한 윤봉길 의사의 항거가 큰 역할을 합니다.

중일전쟁으로 전선이 확대되자 충칭으로 이동한 대한민국 임시정부는 1940년 무장 독립군 부대인 한국광복군을 창설합니다. 한국광복군은 태평양전쟁 당시 일본에 정식으로 선전포고를 하고 연합군과 함께 공동 작전을 수행하기도 합니다. 광복군은 미군과 합동 작전으로 국내에 진입할 계획도 있었지만 일본의 조기 항복으로 아쉽게 실행에 옮기지 못했습니다.

▲ 해외에서 펼쳐진 독립 무장 투쟁

🔍 10. 독립 후 건국을 준비하다

대한민국 임시정부는 1941년 건국 강령을 발표했고, 여운형은 일본은 패망하고 광복이 곧 이루어질 것이라 확신하며 1944년 비밀리에 조선 건국 동맹을 조직합니다. 일제의 패망이 가시권에 들어오면서 국내외 독립운동 세력은 서로 긴밀하게 연락하며 건국을 준비했고, 점점 다가오는 광복의 그 순간을 고대하고 있었습니다.

🔍 11. 대한 독립 만세!

패색이 짙어지고 있던 일본은 히로시마와 나가사키에 원폭이 투하된 후 항복 선언을 하게 됩니다. 마침내 1945년 8월 15일, 우리는 35년간 자행되었던 일제의 억압에서 벗어나게 되었습니다. 우리의 광복은 연합군이 승리한 결과이기도 하지만 그 무엇보다 국내외에서 끈질기게 이어간 우리 선조들의 치열한 항일 자주독립운동과 나라를 위한 희생의 결실입니다.

▲ 한국광복군 창설

▲ 한국광복군 서명 태극기

:: 독립기념관 & 유관순 유적지 둘러보기 ::

유관순 열사의 고향이며 열사가 주도했던 아우내 장터 만세 운동의 현장인 충청남도 천안에는 독립기념관과 함께 열사의 유적지가 있습니다. 이곳들을 둘러보며 독립 투쟁에 나선 우리 선조들의 항일 운동과 자주독립에 대한 열망을 생각해봅니다.

독립기념관

일제강점기 당시 독립운동을 하며 우리가 겪은 수많은 수난과 치열한 독립 투쟁에 대한 역사를 담고 있는 독립기념관은 1987년 국민 모금 운동으로 건립된 장엄한 곳입니다. 일제강점기와 독립운동에 관한 국내 최대 규모 전시 시설로 7개의 전시실과 입체 영상관, 야외 전시장 등으로 구성되어 있어 차분히 둘러보다 보면 반나절이 훌쩍 지나갈 정도입니다.

01 겨레의 탑 & 겨레의 집

높이 51m의 겨레의 탑은 하늘로 비상하는 새의 날개와 함께 기도하는 손의 모습을 모티브로 한 것으로 독립기념관에 들어서면 가장 먼저 눈길을 사로잡는 조형물입니다. 이것을 보고 태극기 한마당을 지나면 예산 수덕사의 대웅전 모양을 본떠 건축한 겨레의 집이 보입니다.
겨레의 집 내부에는 화강암 274개를 쌓아 올려 제작한 조각인 불굴의 한국인상이 있고, 우리 민족의 역사와 독립운동에 대해 한눈에 볼 수 있는 7개의 전시실이 있습니다.

02 1관 겨레의 뿌리

선사시대부터 조선 후기에 이르는 우리 역사 관련 자료와 더불어 특히 침략해 온 외세에 대응하기 위해 만든 역사의 유물인 해인사 장경판전 모형, 거북선 모형 등을 볼 수 있습니다.

:: 독립기념관 & 유관순 유적지 둘러보기 ::

03 2관 겨레의 시련

1860년대부터 1940년대까지 혼란스러운 조선 말과 국권을 침탈당한 과정, 그 후 일제강점기의 역사를 살펴볼 수 있는 공간입니다. 일본에 의해 자행된 명성황후 시해 사건, 애국지사들을 고문하는 장면 등은 당시 상황을 생생히 느낄 수 있게 합니다.

04 3관 나라 지키기

나라에 위기가 닥칠 때면 언제나 일어났던 우리 의병 운동과 애국 계몽 운동, 국권 회복 운동 등에 대해 살펴볼 수 있습니다. 을사늑약에 반대해 자결한 민영환의 유서, 안중근의 단지 혈서 엽서 등도 있습니다.

05 4관 평화누리

독립운동의 의미를 되새길 수 있는 전시실로 자유와 평화, 독립 정신에 대해 생각해볼 수 있는 공간입니다.

06 5관 나라 되찾기

우리나라의 독립을 위해 치열하게 펼쳐나간 항일 무장 투쟁에 대한 전시관입니다. 항일 전쟁, 독립군의 태극기, 이봉창과 윤봉길의 의거 등을 재현한 모형과 관련 자료를 통해 알아볼 수 있습니다.

07 6관 새 나라 세우기

이곳에서는 우리 말과 문화를 지키기 위한 민족 문화 수호 운동, 대한민국 임시정부 활동 등에 대해 알아볼 수 있습니다.
전시 교체 공사로 1년에 가까운 기간 동안 임시 폐관했으나, 2022년 8월 중순 이후 새롭게 개관할 예정입니다.

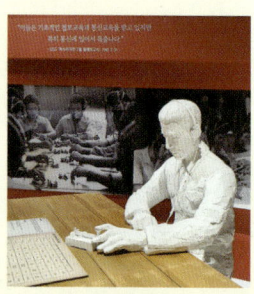

08 7관 특별기획전시실

다양하게 기획된 특별전시회가 주로 열리는 곳입니다. 지난 전시회 주제인 '미국과 함께 한 독립운동', '한인애국단, 1932년 그들의 임무' 등과 같이 특정 주제에 대해 집중해 전시하고 있습니다.

유관순열사사적지

열사를 기념하는 이곳에는 추모각과 동상, 기념관, 아우내독립만세운동기념공원 등이 있습니다. 기념관에서는 열사의 일대기, 재판 기록문, 수형자 기록문 등을 비롯해 독립만세 운동 모형, 일제 고문 도구 등을 볼 수 있습니다.

주소 충청남도 천안시 동남구 병천면 유관순길 38

유관순 생가

열사의 고향인 천안에 있는 생가로 기념관으로 조성되어 있습니다. 이곳은 열사가 태어나 자랐으며 아우내 만세 운동이 시작된 곳이기도 합니다. 유관순열사유적지와 멀지 않은 곳이라 함께 둘러보면 좋습니다.

주소 충청남도 천안시 동남구 병천면 유관순생가길 18-1

 독립기념관
주소 충청남도 천안시 동남구 목천읍 독립기념관로 1 | **전화** 041-560-0114 | **관람 시간** 3~10월 09:30~18:00, 11~2월 09:30~17:00 | **휴무** 월요일 | **입장료** 무료 | **주차** 자체 주차장 이용(유료) | **홈페이지** i815.or.kr

 일제강점기 배경 추천 영화
우리 영화 중 일제강점기를 배경으로 한 것은 여러 편이 있고, 그중 <암살>은 천만 관객을 넘긴 흥행을 기록하기도 했습니다. ( ) 안은 관람가 연령.
① **군함도**(15) : 악단과 딸을 위해 돈 벌러 떠났던 주인공의 생지옥 군함도 탈출기
② **동주**(12) : '하늘과 바람과 별과 시', 시인 윤동주와 그의 친구 송몽규
③ **말모이**(12) : 1940년대 우리말 지키기에 나선 사람들 이야기
④ **박열**(12) : 1923년 관동대지진 후 벌어진 항일 운동가 박열 이야기
⑤ **봉오동전투**(15) : 생생히 펼쳐지는 우리 독립군의 첫 승리 봉오동전투
⑥ **암살**(15) : 임시정부가 계획한 3명의 암살 작전을 수행한 독립투사들
⑦ **항거**(12) : 서대문형무소의 혹독한 고문에도 의지를 꺾지 않은 유관순 이야기
⑧ **밀정**(15) : 무장독립운동 단체 의열단이 계획한 폭탄 의거 작전을 둘러싼 이야기

혼란한 시기에 중심을 세우는 것은 쉽지 않은 일입니다. 일본으로부터 해방된 것은 매우 기쁜 일이었지만 그 후 우리나라는 걷잡을 수 없는 혼란기에 접어들었어요. 게다가 1950년 6.25전쟁으로 나라는 폐허가 되었고, 같은 민족끼리 총칼을 겨누는 가슴 아픈 일을 겪어야 했습니다. 이 과정에서 나라의 중심을 세우기 위해 많은 지식인들이 나서서 의견을 냈는데, 그 내용은 무엇이었는지 찬찬히 살펴보는 것이 매우 중요합니다. 날카로운 시선으로 어떤 주장이 진정 나라를 위한 것이었는지, 어떤 주장이 개인의 안위만을 생각한 것이었는지 구분해봐야겠죠?

MISSION : 6.25전쟁과 관련된 영화 1편 보기

PART 7

대한민국 정부의 수립과 6.25전쟁

057. 경교장 & 백범김구기념관
058. 장사상륙작전전승기념관
059. 임진각 관광지
060. 대한민국역사박물관

AREA
057

내 소원은 첫째도 둘째도
셋째도 오직 조국의 독립이오

경교장 & 백범 김구기념관

#서울용산
#서울종로
#김구숙소
#임시정부
#신탁통치반대
#김구서거

대한민국 임시정부의 김구는 한인애국단을 조직하고, 무력으로 일제에 저항해 광복 의지를 세계에 알렸다.
— 초등학교 사회 5학년 2학기

해외에서 활동하던 많은 독립운동가들도 그리던 고국으로 돌아왔다. 10월에는 이승만이 귀국했고, 11월에는 김구를 비롯한 대한민국 임시정부의 주요 인물들이 귀국했다.
— 초등학교 사회 5학년 2학기

MISSION
'독립'을 염원하고 '문화강국'을 꿈꾼 김구에 대해 알아봅니다

K-팝, 드라마, 무비, 푸드, 뷰티 등등 '한류'라 부르는 우리나라 문화가 세계에서 큰 인기를 얻고 있는 요즘입니다. 그런데 80여 년 전 해방된 조국을 보며 민족 문화의 부흥을 간절하게 바랐던 한 사람이 있었습니다. 그가 바로 평생을 대한독립과 조국을 위해 헌신한 백범 김구입니다.

국내외를 아우르며 활발히 활동했던 선생에 관련된 장소들은 투옥된 뒤 강제 노역을 하다 탈출한 인천, 탈옥 후 피신한 충청남도 공주 마곡사, 중국에 있는 임시정부의 흔적과 김구 피란처 등 꽤 많습니다. 그중에서도 서울에 있는 가장 대표적인 두 장소를 소개합니다.

🔍 1. 독립운동에 헌신한 일생

1876년 황해도 해주에서 태어난 김구 선생의 본명은 김창수입니다. 젊은 시절부터 의병 활동과 계몽운동을 했으며, 21세 때는 명성황후 암살에 가담한 스치다 조스케를 처단(1896, 치하포 의거)하며 첫 거사를 결행합니다.
3·1운동 직후 중국 상하이로 망명해 대한민국 임시정부 초대 경무국장에 선

임된 후 내무총장, 국무령, 주석 등을 역임했습니다. 또 '한인애국단'을 조직해 이봉창 의사와 윤봉길 의사의 거사를 지휘했고, 한국광복군을 창설하며 항일 독립운동을 주도합니다.

🔍 2. 해방 후 김구와 임시정부는 어떤 활동을 했나요?

사랑하는 조국은 드디어 일제의 지배를 벗어나 독립했지만, 앞에 놓인 문제는 산더미 같았습니다. 남과 북을 나눠 미국과 소련이 관리하고 있는 상황에서 신탁통치 반대 입장에 섰던 김구는 국무위원회를 열어 회의를 했는데, 그 장소가 바로 경교장입니다.
1948년 8월 15일 수립된 대한민국 정부는 1919년 세운 대한민국 임시정부의 정통을 계승했습니다. 제헌 헌법 전문에 '1919년 수립된 임시정부를 계승하였다'라고 명시되어 있으며, 임시정부가 사용하던 대한민국의 국호, 연호, 태극기, 애국가도 그대로 이어졌습니다.

▲ 임시정부 선전부 활동 공간

🔍 3. 스러진 김구의 꿈

김구 선생은 통일 정부 수립과 자주적 정치를 추진하며 남북협상에 참가하던 중 1949년 6월 26일 경교장을 방문한 대한민국 육군 소위이자 주한 미군 방첩대(CIC) 요원 안두희의 저격으로 74세의 나이로 서거했습니다. 선생이 서거했다는 소식이 알려지자 그를 추모하기 위해 빈소를 찾은 국민들의 행렬은 끝없이 이어졌고, 장례식이 거행될 때 온 나라는 슬픔에 잠겼습니다. 비록 한반도 분단의 위기가 시작된 반탁과 찬탁의 논란 속에서 선생의 반탁 입장과 이승만과의 연대에 비판하는 입장도 있지만, 이후 민족 지도자 중 최초로 남북 분단을 언급하며 남한 단독 정부 수립을 주장한 이승만의 이야기에 곧 그와 결별하고 반탁 입장에 선 것을 무척 후회하기도 했습니다. 끝까지 통일국가를 염원했던 그의 소원과 꿈은 비록 총탄에 의해 스러졌지만 그 뜻은 지금까지 이어지고 있습니다.

🔍 4. '문화 강국론'을 펼치다

김구 선생은 저서 《백범일지》의 '내가 원하는 우리나라' 편에서 '나는 우리나라가 세계에서 가장 아름다운 나라가 되기를 원한다. 가장 부강한 나라가 되기를 원하는 것은 아니다. 내가 남의 침략에 가슴이 아팠으니, 내 나라가 남을 침략하는 것을 원치 아니한다 … 오직 한없이 가지고 싶은 것은 높은 문화의 힘이다. 문화의 힘은 우리 자신을 행복하게 하고, 나아가서 남에게도 행복을 주기 때문이다'라 했습니다. 이어 '나는 우리가 남의 것을 모방하는 나라가 되지 말고, 이러한 높고 새로운 문화의 근원이고, 목표가 되고, 모범이 되기를 원한다. 그래서 진정한 세계의 평화가 우리나라에서, 우리나라로 말미암아 세계에 실현되기를 원한다'고 썼습니다.

선생이 그토록 원했던 '문화 강국', 당시에는 너무나 먼 이야기로만 들렸던 이야기가 조금씩 실현되며 우리나라가 창조적인 문화 국가로서 새로운 문화의 근원과 모범이 되는 시대가 도래하고 있습니다.

:: 김구 관련 유적지 둘러보기 ::

경교장

사적 제465호로 지정된 경교장은 1938년 금광 사업으로 큰 부를 축적한 최창학의 저택으로 당시에는 '죽첨장'이라 불렸습니다. 1945년 11월 23일 중국에서 우리나라로 돌아온 김구와 임시정부 요인, 수행원은 이곳을 '경교장'으로 이름을 바꾸고 입주했습니다.

임시정부 요인들이 12월 1일에 2차로 귀국하면서 1945년 12월 3일 대한민국 임시정부의 첫 국무위원회가 이곳에서 개최됩니다. 경교장은 해방을 맞이해 조국으로 돌아온 대한민국 임시정부의 본부이자 안두희에게 암살되기까지 선생과 임시정부 요인들의 숙소 및 남북 통일 정부 수립, 신탁통치 반대 운동 및 남북협상을 추진하는 주요 정치적 장소가 되었습니다. 김구가 서거한 후에는 중화민국 대사관 사택, 월남대사관, 고려병원(현 강북삼성병원)의 병원 시설로 이용됩니다. 이후 국가사적으로 지정되어 당시 사진 자료와 1938년에 일본에서 간행된 책에 수록된 건축 도면, 사진 등을 참고해 복원되었습니다.

01 지하

지하에는 '경교장의 역사', '대한민국 임시정부가 걸어온 길', '백범 김구와 임시정부 요인'이라는 주제로 전시실이 마련되어 있습니다.

▲ 귀빈식당

02 1층

응접실, 관리인실, 귀빈식당, 임시정부 선전부 활동 공간 등으로 구성되어 있습니다. 특히 귀빈식당은 1945년 12월 2일 임시정부의 공식 만찬장과 김구 서거 당시 빈소로 사용되었습니다.

:: 김구 관련 유적지 둘러보기 ::

03 2층

▲ 거실(집무실)

▲ 총탄 흔적

▲ 응접실

침실, 거실(집무실), 임시정부 요인 숙소, 오토마타 체험실, 2층 응접실(서재)로 이루어져 있습니다. 당시 발간되었던 미국의 유명 잡지 〈라이프 LIFE〉에 게재되었던 사진 등을 근거로 복원했습니다. 2층 거실(집무실)은 선생이 평소 공무를 보거나 외부 인사들을 만나는 장소였는데, 바로 이곳에서 암살 사건이 일어납니다. 거실에는 선생이 의자에 앉은 채 총탄에 맞아 서거한 당시 모습으로 재현해놓았으며 유리창을 뚫고 나간 총탄 흔적도 보존되어 있습니다.

효창공원

정조와 의빈 성씨의 아들 문효세자의 묘가 있던 효창원이 문효세자 묘를 서삼릉으로 이장하면서 공원으로 조성되었습니다. 이후 이곳에 김구기념관이 들어서고 김구, 윤봉길, 이봉창, 백정기 등의 애국지사 묘소가 들어서면서 독립 투쟁과 일제강점기 역사를 되돌아볼 수 있는 공간이 되었습니다.

04 백범김구기념관

대형 태극기와 김구 선생의 좌상이 인상적인 기념관에는 유년 시절부터 동학, 의병 활동, 치하포 의거, 선생의 어머니인 곽낙원 여사, 신민회 활동, 임시정부 시절, 광복 이후 활동과 서거하기까지의 일대기가 자료 사진과 함께 설명되어 있습니다. 전시실을 순서대로 따라가다 보면 선생의 일생뿐 아니라 활발하게 전개된 우리나라 독립운동의 역사도 함께 알아볼 수 있습니다. 특히 김구 선생이 생전 사용했던 신발, 도장, 인주함, 시계 등도 볼 수 있는데, 특히 윤봉길 의사의 훙커우 공원 의거 당시 공원으로 떠나는 아침 두 사람이 서로 맞바꾼 시계가 나란히 전시되어 있기도 합니다.

05 김구 선생 묘역

백범 김구 선생이 잠든 곳으로 해마다 기일인 6월 26일에 선생을 기리는 추모식이 열립니다.

06 의열사 & 삼의사, 안중근묘

의열사는 이동녕, 김구, 조성환, 차리석, 이봉창, 윤봉길, 백정기 등 독립을 위해 헌신한 7인의 영정과 위패를 모셔둔 곳입니다. 근처에 있는 삼의사 묘는 윤봉길, 이봉창, 백정기 의사의 묘로 일본에 있던 세 사람의 유해를 회수해 1946년 최초의 국민장인 삼의사 장례식을 거행하며 이곳에 안치했습니다. 그 옆에는 아직 유해를 찾지 못해 가묘로 만들어놓은 안중근 의사의 묘소가 있습니다.

안중근 의사는 "내가 죽은 뒤 나의 뼈를 하얼빈 공원 곁에 묻어두었다가 우리 국권이 회복되면 고국으로 옮겨다오"라는 유언까지 남겼지만, 1910년 의사를 처형한 일제는 혹시 묘소가 생기면 하얼빈이 독립운동의 성지가 될까 두려워 의사의 유해를 암매장해버립니다. 또 이에 대해 제대로 기록을 남기지 않고 정확한 위치도 알려주지 않아 현재까지 몇 번 시도했지만 유해를 찾는 것이 매우 어려운 상황입니다.

1. 경교장
주소 서울시 종로구 새문안로 29(강북삼성병원 내) | 전화 02-735-2038 | 관람 시간 화~일요일 09:00~18:00
휴무 월요일 | 입장료 무료 | 주차 강북삼성병원 주차장 이용(유료)

2. 백범김구기념관
주소 서울시 용산로 임정로 26 | 전화 02-799-3400 | 관람 시간 화~일요일 3~10월 10:00~18:00, 11~2월 10:00~17:00
휴무 월요일, 1/1, 설·추석 | 입장료 무료 | 주차 자체 주차장 이용(유료) | 홈페이지 www.kimkoomuseum.org

AREA
058

한국전쟁의 숨은 영웅들을 기억하라
장사상륙작전 전승기념관

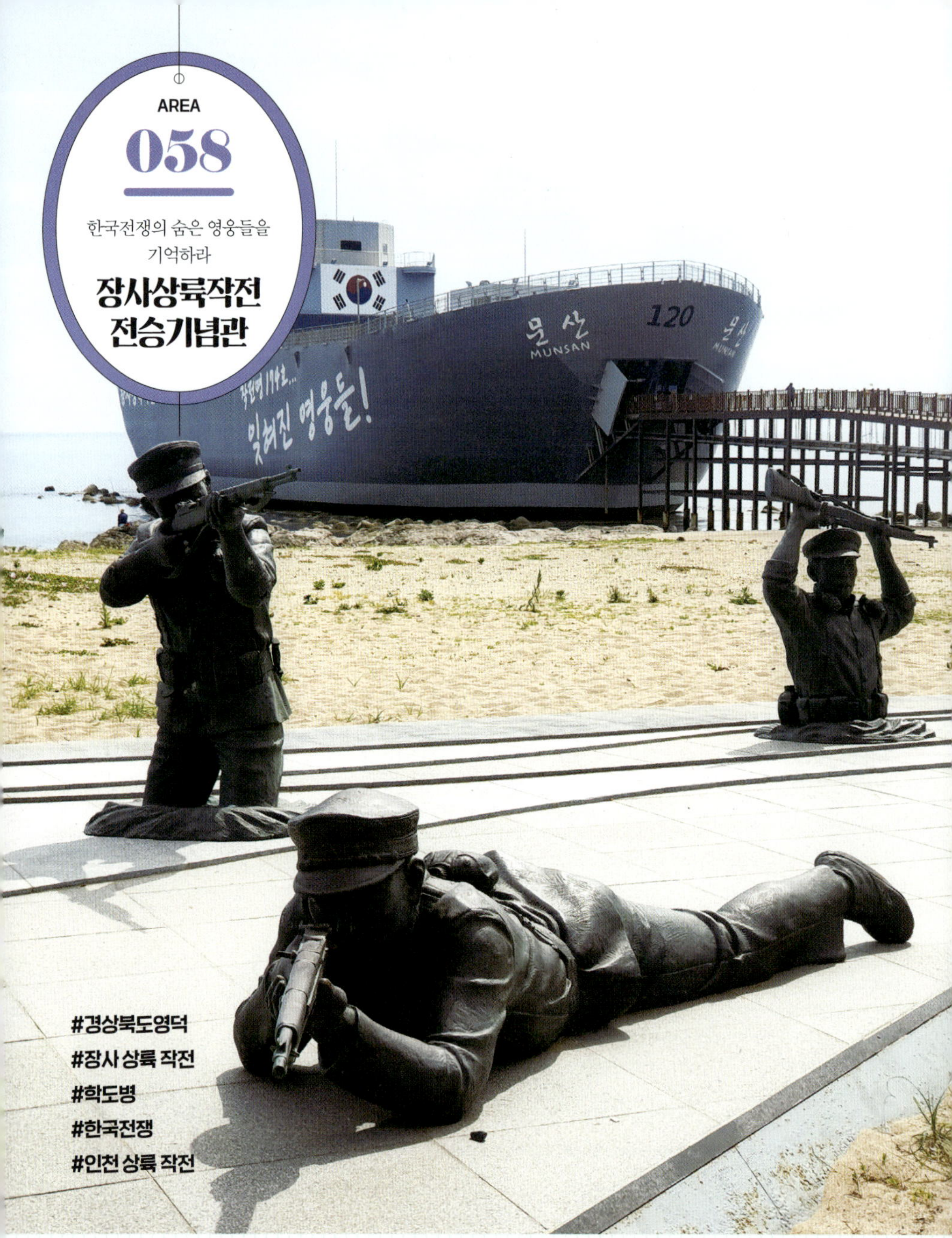

#경상북도영덕
#장사 상륙 작전
#학도병
#한국전쟁
#인천 상륙 작전

 인천 상륙 작전을 계기로 국군과 국제연합군은 평양을 비롯한 북한 지역의 대부분을 장악한 후 압록강까지 진격했다.
— 초등학교 사회 5학년 2학기

MISSION

> **한국전쟁 당시 인천 상륙 작전을 성공시킨 또 다른 영웅들을 기억해봅니다**
>
> 1950년 6월 25일 일요일 새벽, 북한은 무력 통일을 위해 남한에 총공격을 시작했습니다. 우리는 낙동강 최후 방어선에서 남한을 빼앗길 위기를 맞습니다. 그때 국제연합(UN)에서는 맥아더 장군을 최고 사령관으로 한 지원군을 보내는데, 그의 인천 상륙 작전으로 서울을 되찾을 수 있었어요. 그런데 작전이 성공할 수 있었던 것은 경상북도 영덕에서 수행된 또 다른 비밀 작전이 있었기 때문입니다. 인천 상륙 작전을 성공으로 이끈 또 다른 작전, '장사 상륙 작전'에 대해 알아봅니다.

장사 상륙 작전 당시 투입된 학도병 772명의 희생을 기리는 기념관이 있습니다. 국내 최초로 바다 위에 건립한 전시관으로, 작전 당시 투입되었던 문산호를 복원해서 조성했습니다. 총 2층 규모로, 1층에는 장사 상륙 작전의 배경에 대해, 2층에는 작전 전개부터 종료까지의 내용에 대해 전시하고 있어요. 기념관 앞쪽에는 학도병들을 기리는 기념공원과 전승기념탑, 위패 보관소, 맥아더 장군 친필석이 있습니다.

🔍 1. 전쟁 준비가 부족했던 1950년의 상황

소련의 지원을 받아 전쟁을 준비해온 북한에 비해 우리는 무기도, 군인의 숫자도 턱없이 부족한 상태였습니다. 1950년 6월 25일 새벽, 북한의 남침으로 3일 만에 수도 서울을 빼앗기고 2개월 만에 경상도의 일부 지역을 제외한 모든 영토를 빼앗기는 위기를 맞습니다. 우리나라 정부는 국제연합에 도움을 요청했고, 국제연합은 북한에 전쟁을 중단할 것을 요구했지만 북한은 이를 거부했어요. 이에 국제연합은 16개국이 참여한 국제연합군(유엔군)을 구성해서 파견했습니다.

▲ 장사 상륙 작전 전몰 용사 위령탑

🔍 2. 선글라스에 파이프를 문 미국의 명장, 맥아더 장군

당시 국제연합군의 총사령관은 더글러스 맥아더 Douglas MacArthur 장군이었습니다. 우리에게는 그의 상징인 선글라스와 파이프, 그리고 "노병은 죽지 않는다. 다만 사라질 뿐이다"라는 말로 잘 알려져 있죠. 맥아더 장군의 인천 상륙 작전으로 수세에 몰렸던 우리는 서울을 되찾고 평양을 지나 압록강까지 진격할 수 있었어요. 맥아더 장군이 한반도 지도를 펴고 인천으로 상륙하겠다는 결정에 반대 의견이 많았는데, 인천 앞바다는 간만의 차가 너무 심해서 매우 제한된 시간에만 작전 수행이 가능했기 때문이에요. 하지만 그는 인천을 고집했고, 9월 15일 새벽 인천에 상륙, 작전을 성공시켰어요.

3. 경상북도 영덕에서의 비밀 작전, 작전명 174호!

인천 상륙 작전의 성공을 위한 비밀 작전! 바로 작전명 174호 '장사 상륙 작전'으로, 비밀리에 수행되었기 때문에 한동안 알려지지도 않았습니다. 유엔군의 인천 상륙을 위해서는 북한군을 교란해야 했고, 동해안을 따라 이어지는 7번 국도를 차단해 북한군 보급로를 막아야 했습니다. 1950년 9월 14일 학도병 772명으로 구성된 유격대와 지원 요원 56명은

▲ 북한군 위장 복장과 학도병 보급 장비

문산호에 탑승, 부산항을 출발했습니다. 학도병들의 나이는 14~17세로 급히 모집되어 2주일 정도 간단한 훈련만 받고 바로 작전에 투입되었어요. 이들의 목표는 경상북도 영덕군 남정면 장사리의 해변에 상륙해 작전을 수행하는 것이었지만 초반부터 어려움이 많았습니다. 문산호가 해안에 도착했지만 때마침 태풍이 불어 배를 정박시킬 수 없었고 곧 좌초될 상황이었어요. 게다가 문산호를 본 북한군은 총격을 가해 작전은 성공하기 어려운 듯했습니다. 이런 상황에도 학도병들은 어쩔 수 없이 태풍 한가운데에서 밧줄 하나에 몸을 의지하고 해안으로 상륙했고, 이 과정에서 많은 학도병이 목숨을 잃었습니다.

4. 처절한 그들의 전쟁

이들이 받았던 식량은 총 3일 치로 건빵과 미숫가루였는데, 그나마 헤엄쳐 상륙하는 바람에 다 젖어버렸죠. 하지만 학도병들은 목숨을 걸고 6일간이나 임무를 수행하며 전투를 치렀습니다. 식량도 없는 상태에서 교전하며 퇴각 명령만을 기다렸고 인천 상륙 작전이 성공한 뒤, 9월 18일 철수 명령이 내려지고 드디어 학도병들은 해변에 모였습니다. 자신들을 태우러 온 조치원호를 향해 달려갔지만 또 긴박한 상황이 벌어지면서 40여 명을 어쩔 수 없이 남겨둔 채 퇴각할 수밖에 없었습니다. 해안에 남겨진 학도병들은 무슨 생각을 했을까요? 그들을 남겨두고 조치원호에 올라탈 수밖에 없었던 다른 이들은 또 무슨 생각을 했을까요? 그 고통과 슬픔은 이루 말할 수 없었을 것입니다.

🔍 5. 좌초되었던 문산호, 1991년에 난파선으로 발견

▲ 구조를 기다리는 학도병

▲ 조치원호로 탈출하는 모습

▲ 영어와 수학 참고서가 담긴 전사한 학도병의 가방

학도병들이 타고 갔던 문산호는 태풍 속에서 좌초되었고 결국 바닷속으로 가라앉았고, 작전 중에 129명이 전사하고 110명의 부상자가 발생했습니다. 또 많은 학도병이 행방불명되었고요. 장사 상륙 작전은 성공했지만 비밀 작전이라 세상에 알려지지 못했습니다. 그러다 1997년 3월 해병대의 수색으로 장사 앞바다 개펄 속에서 침몰되었던 문산호와 무릎뼈로 보이는 유골 1점이 발견되면서 널리 알려지게 된 것이죠.

인천 상륙 작전을 이끈 맥아더 장군은 사망 4년 전에 772 유격동지회에 아래와 같은 글을 보내왔습니다. '인천 상륙 작전을 지원하기 위해 동지들이 수행한 전투는 혁혁한 것이었으며, 동시에 최고의 찬사를 받을 만한 것이었습니다. 772 유격대 동지들이 보여준 용맹과 희생은 한국의 젊은이들에게 영원히 빛나는 귀감이 될 것입니다.' 이렇게 장사 상륙 작전에 투입된 어리고 꿈 많던 우리 학도병들의 숭고한 희생을 우리는 절대 잊어서는 안 될 것입니다.

:: 장사상륙작전전승기념관 둘러보기 ::

장사상륙작전전승기념관
주소 경상북도 영덕군 남정면 동해대로 3560 | **전화** 054-730-7315 | **관람 시간** 3~10월 09:00~18:00, 11~2월 09:00~17:00 | **휴무** 월요일, 설날·추석 당일 | **입장료** 어른 3000원, 중·고등학생·군인 2000원, 초등학생 1000원 | **주차** 장사해수욕장 주차장 이용 | **홈페이지** stay.yd.go.kr/jangsa

추천 영화!
한국전쟁에 대해 좀 더 생생하게 알고 싶다면 영화를 보는 것도 좋습니다. 장사 상륙 작전을 소재로 한 〈장사리: 잊혀진 영웅들〉은 2019년에 개봉한 것으로, 12세 관람가입니다. 또 2003년에 개봉된 〈태극기 휘날리며〉 역시 한국전쟁을 소재로 하는데, 15세 관람가입니다. 한국전쟁의 참혹함을 담고 있어서 한국사에 대해 좀 더 쉽게 알 수 있어요. 이외에도 〈인천 상륙 작전〉, 〈웰컴 투 동막골〉, 〈오빠생각〉, 〈고지전〉, 〈국제시장〉, 〈스윙키즈〉 등이 있습니다.

AREA
059

민족상잔의 비극,
6.25전쟁
임진각 관광지

#경기파주
#한국전쟁
#애치슨선언
#인천상륙작전
#장사상륙작전
#임진각평화곤돌라
#제주4·3사건

1950년 6월 25일에 북한은 남한을 무력으로 통일하고자 38도선 전 지역에서 총공격을 시작했다. 전쟁에 대비하지 못한 국군은 북한군의 침략에 맞섰으나, 소련에게 무기 공급 등의 지원을 받은 북한군의 공격을 이겨내지 못하고 낙동강 이남까지 후퇴했다. … 인천 상륙 작전을 계기로 국군과 국제연합군은 평양을 비롯한 북한 지역의 대부분을 장악한 후 압록강까지 진격했다.
그러나 중국군이 압록강을 넘어 전쟁에 개입하면서 국군과 국제연합군은 다시 후퇴했다. 이후 38도선을 중심으로 치열한 전투가 벌어졌고, 한편에서는 전쟁을 멈추려고 정전 협상을 진행했다. 협상 끝에 마침내 1953년 7월에 휴전이 결정되었고, 맞서 싸우던 자리는 휴전선이 되어 남북은 다시 둘로 나누어졌다.
— 초등학교 사회 5학년 2학기

광복의 기쁨도 잠시, 참혹한 6.25전쟁에 대해 알아봅니다

1945년 일본이 연합국에 항복하면서 우리는 드디어 광복을 맞이했습니다. 당시 한반도에 남아 있던 일본군을 무장해제하기 위해 북위 38도선을 기준으로 남쪽에는 미국이, 북쪽에는 소련이 들어와 주둔합니다. 그러나 이 북위 38도선은 북한의 기습적인 남침으로 일어난 한국전쟁 이후 한반도를 둘로 가르는 분단선이 되었습니다. 우리가 꼭 기억해야 할 1950년 6.25전쟁에 대해 살펴봅니다.

경기도 파주시 문산읍에 자리한 임진각 관광지는 우리가 분단된 나라에 살고 있음을 새삼 느끼게 해주는 장소입니다. 1972년에 세운 임진각 외에도 남북 분단의 상징물인 경의선 장단역 증기기관차, 망배단, 독개다리, 자유의 다리, 잔디 언덕이 있는 평화누리 등 볼거리가 많아요.

🔍 1. 광복 이후 새로운 국가를 세우기 위한 부단한 노력

1945년 광복 후, 우리가 가장 먼저 해야 할 일은 한시라도 빨리 어지러운 나라를 정비하고 새로운 국가를 세우는 것이었습니다. 당시 여운형 등은 명칭 그대로 건국을 준비하는 단체인 '조선건국준비위원회 朝鮮建國準備委員會'를 만들었습니다. 조선건국준비위원회는 해방 직후 혼란스러웠던 나라의 치안을 유지하기 위해 '건국치안대'를 결성하고, 식량 문제를 해결하는 등 발 빠르게 움직였어요. 하지만 이후 '조선

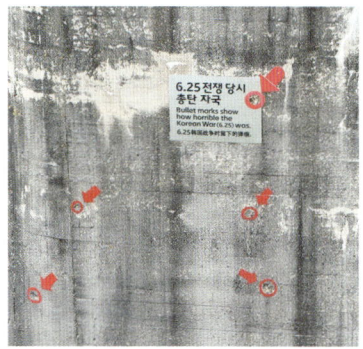

▲ 다리 기둥에 남은 총탄 자국

인민공화국'을 수립 · 발표했지만 미국은 이를 인정하지 않았고, 당시 직책에 임명된 사람들도 취임을 거부하면서 결국 해체됩니다.

🔍 2. 1945년 말, 모스크바 3국 외상 회의가 열리다

1945년 12월 미국, 영국, 소련 세 나라 외무 장관은 한반도 문제 의논을 위해 소련의 수도 모스크바에 모여 '모스크바 3국 외상 회의'를 엽니다. 결정된 주요 내용은 '한반도에 임시 민주 정부를 수립'과 그 전에 '준비 단계에서 미국, 영국, 중국, 소련 4개국이 최소 5년간 신탁통치 信託統治를 하기로 합의'한 것입니다. '신탁통치'는 홀로 설 수 없는 나라를 일정 기간 강대국이 대신 통치하는 것을 말해요. 당시 남쪽에서는 찬반대립과 신탁통치 반대 운동이 전개되었고, 북쪽에서는 초기에는 반대하다 나중에는 찬성했습니다.

3. 통일 정부 수립을 위한 노력, 여운형의 '좌우합작위원회'

1946년 3월, 임시정부의 구성과 수립을 돕는 기관으로 미소공동위원회가 열렸지만 첫 회의가 부터 다음해 10월까지 미·소는 대립하며 어떤 합의도 하지 못합니다. 소련은 임시 민주 정부 수립을 위한 협의에 모스크바 3국 외상 회의 결정에 찬성한 단체만 포함하자고 했고, 반면 미국은 반대 단체들도 제외해서는 안 된다 주장했어요.

1946년 6월 3일, 이승만이 전라도 정읍에서 남한만이라도 단독정부를 수립해야 한다며 '정읍 발언'을 하자 자칫 남북한이 영원히 분단될지도 모른다 생각한 여운형과 김규식 등은 1946년 7월 25일 '좌우합작위원회'를 만들어 미소공동위원회가 다시 열리도록 촉구하고, 하루라도 빨리 임시정부를 구성해야 한다고 주장했습니다. 그러나 직후 여운형이 암살되고 '사상을 넘어 좌우가 모두 하나가 되어 힘을 합쳐 통일 정부를 수립하자'는 좌우합작위원회의 취지에도 이들의 노력은 실패로 돌아갔습니다.

4. 한반도 문제, 유엔으로 넘겨지다

한반도 문제는 결국 국제연합, 즉 유엔(UN)으로 넘겨졌고, 1947년 11월 14일 '남북 인구 비례에 따른 총선거를 통해 정부를 구성할 것'이 결의되었습니다. 당시 김구는 1948년 2월 10일 '삼천만 동포에게 읍고함'이라는 글을 통해 '한국이 있어야 한국 사람이 있고 민주주의도 공산주의도 또 무슨 단체도 있을 수 있는 것이다'라고 말하며 남북한이 통일 정부를 구성해야 한다고 주장했습니다.

그러나 총선거 준비 과정에서 소련과 북은 이를 거부했고, 결국 1948년 2월 26일 국제연합의 소총회에서는 남한만 총선거를 하기로 결정합니다. 이렇게 1948년 5월 10일 남한에서 첫 번째 민주 선거인 '5·10선거'가 실시됩니다.

혹시 '제주 4·3 사건'을 아시나요?

제주 4·3 사건은 수많은 제주도민이 희생된 큰 사건임에도 교과서에도 짧게만 언급되고 있습니다. 1947년 3월 1일 당시 제주 관덕정에는 3·1절 기념식이 열리고 있었습니다. 큰 행사이니 사람도 많고 경찰도 많았겠죠? 그런데 한 경찰이 말을 타고 가다 어린아이를 치는 사고가 발생했습니다. 그냥 가 버리는 경찰을 본 군중들은 화가 나서 경찰에게 돌을 던지며 쫓아갔어요. 다른 경찰들은 폭동이 일어난 것으로 생각하고 총을 꺼내 군중을 향해 쏘았습니다. 이것으로 당시 주민 6명이 사망하고, 8명의 부상자가 발생합니다. 분노한 도민들은 3월 10일 당시 제주도청을 비롯해 제주 공무원들의 약 95%가 총파업에 들어가게 됩니다. 당시는 일제강점기를 벗어나 해방이 된지 얼마 되지 않아 경찰 대부분은 일제강점기 시절 출신들이었어요. 그들은 무력진압에 매우 익숙했고, 주민들은 불만이 매우 많았던 터였습니다. 경찰과 미 군정은 총파업을 주도하는 것은 공산주의자라며 아무 관계도 없는 사람을 잡아가 고문했고, 수감자를 석방하라는 군중을 향해 총을 발포하기도 했어요.

탄압이 계속되자 다음 해인 1948년 4월 3일 새벽 2시, 제주도민들은 무장봉기로 맞섭니다. 봉기에 동참한 이들의 주장은 크게 두 가지로, '경찰들의 무자비한 탄압에 대한 항거', 그리고 '남한만의 단독 선거와 단독정부 반대'였습니다. 경찰과 미군에 맞서는 봉기 세력 중 일부는 한라산으로 들어가 유격대 활동을 벌이기도 했어요. 이런 상황에서 1948년 5·10 선거에서 제주도 선거구 세 곳 중 두 곳이 투표자가 과반수가 되지 않아 무효가 되었습니다. 이승만은 제주도를 '붉은 섬', 즉 좌익 세력들의 섬이라며 육지에서 경찰, 군인, 그리고 극우 청년 단체를 보냈습니다. 이들은 민간인을 폭행, 감금, 학살하고 부녀자들을 강간하는 등 만행을 저질렀고, 셀 수 없이 많은 사람이 고문당하고 목숨을 잃습니다. 제주도 전역에는 계엄령이 선포되었고, 공권력은 무장대를 초토화하겠다는 명목으로 중산간 마을의 95%에 불을 지르고 민간인을 학살했어요. 이런 만행은 1954년 9월 21일까지 7년이 넘게 계속되었습니다. 이것이 바로 1948년 '제주 4·3 사건'입니다. 제주도 출신 소설가인 현기영은 제주 4·3 사건에 대한 글을 썼다는 이유로 1979년에 군 수사기관으로 끌려가 구타를 당하고 감옥에 같히기도 했습니다. 심지어 피해자와 유족은 범죄자로 규정되어 사회생활을 제대로 할 수 없었습니다. 다행히 2000년 1월 '제주 4·3 특별법'이 제정되어 진상을 규명하고 희생자들의 명예를 회복하는 데 힘쓰게 되었습니다.

현재 제주도 제주시에는 4·3 사건 관련 자료를 볼 수 있는 '제주4·3평화기념관'이 있습니다. 제주도 여행을 계획 중이라면 짬을 내 들러보면 어떨까요? 자칫 영원히 묻힐 뻔한 제주 4·3 사건에 대해 잘 알 수 있는 의미 있는 시간이 될 것입니다.

5. 대한민국 정부 수립 선포

▲ 자유의 다리

5·10선거는 국회의원을 뽑은 첫 번째 민주 선거로, 이것으로 헌법을 제정한 '제헌국회'가 구성되고 이승만을 대통령으로 선출, 1948년 8월 15일 대한민국 정부 수립을 선포합니다. 한편 북쪽에서는 9월 9일 김일성이 조선민주주의인민공화국을 선포했어요. 대한민국과 조선민주주의인민공화국이 각기 선포되면서 한반도에는 2개의 나라가 들어서게 되었습니다. 그럼 이제 평화로운 시기가 찾아왔을까요? 안타깝게도 1950년 6월, 생각지도 못한 큰 사건이 발생합니다. 바로 민족의 비극 6.25전쟁이에요.

6. 평화로운 일요일, 갑작스레 발발한 전쟁

1950년 6월 25일 일요일 새벽 4시, 북한은 무력으로 한반도를 통일하기 위해 기습적으로 쳐들어왔습니다. 당시 북한은 소련 등의 도움으로 준비가 잘되어 있었지만 남한은 무기도 별로 없고, 군인 숫자도 매우 적었어요. 게다가 일요일이라 많은 군인이 휴가를 간 상태였고요. 북한의 공격에 우리는 속수무책이었고, 북한은 3일 만에 서울을, 2개월 만에 경상도 일부 지역만 제외하고 남쪽의 모든 지역을 점령했습니다. 우리 정부는 부산을 임시 수도로 정하고, 낙동강 일대에 최후의 방어선을 구축했습니다. 남쪽 전체가 북한에 점령당할 수도 있는 아주 위험한 상태였어요.

7. 유엔군의 참전과 중국의 개입

우리 정부의 도움요청을 받은 국제연합은 16개국이 참여한 유엔군을 조직해 한국으로 병력을 보냈습니다. 1950년 9월 15일 맥아더 장군의 인천 상륙 작전이 성공해 9월 28일 서울을 되찾은 것은 물론 평양을 탈환하고 압록강까지 올라갔어요. 하지만 10월에 중국이 북한을 도와 전쟁에 개입하면서 국군과 유엔군은 후퇴를 결정합니다. 이것이 바로 1951년 1월 4일 일어난 1·4 후퇴예요. 그런데 중국은 왜 전쟁에 개입했을까요? 아마도 중국은 압록강까지 올라온 국군과 유엔군을 보면서 깜짝 놀랐을 거예요. 만약 유엔군이 한반도 전체를 차지하면 자신들의 공산주의 체제가 위협받을 것이라 생각했겠죠?

8. 결국 고착화된 분단

계속된 전쟁으로 지친 양쪽은 1951년 7월 10일, 더 이상의 희생을 막자는 뜻에서 휴전회담을 시작했습니다. 당시 휴전에 대해 이승만 정부는 반대했어요. 그러자 미국은 이승만 정부에 한미상호방위조약 체결과 경제 원조 등을 약속했고, 결국 1953년 7월 27일, 휴전협정이 체결되었습니다. 이렇게 3년여에 걸친 긴 전쟁이 끝났고, 이것으로 우리는 남북에 서로 다른 체제가 수립된 채 지금까지 살고 있는 것이죠.

북한은 왜 남침을 했을까요?

6.25전쟁의 여러 배경 중 중요 몇 가지 요인만 꼽아보겠습니다. 우선 남과 북의 서로 다른 정부는 상대에 대한 불신이 컸고, 긴장이 매우 고조되었습니다. 당장 전쟁이 일어나도 전혀 이상하지 않을 정도로 감정의 골이 깊었어요. 또 중국에서는 국민당과 공산당이 권력을 두고 싸우는 상황에서 공산당이 승리했고, 1949년 공산 정권의 중화인민공화국이 세워졌습니다. 북한 입장에서는 이런 중국이 든든한 지원군이 되어줄 것이라는 믿음이 있었겠죠? 게다가 소련과 비밀 군사협정을 체결하고 군사적 지원도 약속받았거든요.
여기에 1950년 1월 10일 미국 국무부 장관인 애치슨이 "미국의 태평양 방위선을 알래스카-일본-오키나와-필리핀까지로 한다"고 발표했어요. 이것이 '애치슨 선언'이고, 이 방위선을 '애치슨 라인'이라고 합니다. 바로 이 애치슨 라인에 한반도가 제외되었던 것입니다. 이 발표를 들은 북한은 남한에 쳐들어가도 미국이 남한에 아무런 무력 지원도 하지 않을 것이라 판단했습니다. 이렇게 전쟁을 뒷받침해줄 군사적 지원도 든든하고, 게다가 미국까지 상관하지 않을 테니 북한 입장에서는 남한을 공격할 가장 좋은 기회라 생각했던 것입니다. 남한을 점령해 북한의 사회체제인 공산주의로 하나의 국가를 수립하고 싶었을 거예요.

9. 비극적인 전쟁이 휩쓸고 간 자리, 무엇이 남았을까요?

전쟁이 일어난 후 소중한 목숨들이 희생되고 남북 모두 많은 건물과 산업 시설이 파괴되었어요. 또 부모를 잃은 전쟁고아, 가족끼리 생이별을 한 이산가족도 생겨났습니다. 1983년 한국방송공사(KBS)에서는 〈이산가족 찾기 특별 생방송〉이라는 프로그램을 진행했습니다. 전쟁 중 헤어진 가족을 찾는 프로그램이었는데, 당시 신청이 10만952건이 넘었다고 해요. 그리고 그중 1만189명이 가족을 만났습니다. 프로그램은 전쟁의 상처를 극복한 사례라는 평을 받았고, 2015년 방송 기록물이 유네스코 세계기록유산으로 등재되었습니다.

전쟁은 정말 참혹합니다. 지금도 지구상 어딘가에서 전쟁이 일어나고 있어요. 하나의 민족이 서로 다른 정부를 구성하고 사는 우리의 과제는 무엇일까요? 씻을 수 없는 큰 상처이며 아픈 역사지만 다시 돌아보며 우리가 해야 할 일을 고민해야겠습니다.

:: 임진각 관광지 둘러보기 ::

1985년에 조성된 망배단 望拜壇은 해마다 명절이 되면 북쪽이 고향인 실향민들이 찾아와 고향을 향해 절을 하고 가족과 고향을 그리워하는 곳입니다.

그리고 임진각 관광지에는 민간인 출입 통제 구역을 연결하는 국내 최초의 '평화 곤돌라'가 있어요. 총 850m 길이를 운행하는 것으로 한 번쯤 타볼 만합니다. 곤돌라는 임진각 정류장을 출발해서 임진강을 가로질러 건너간 뒤 내려서 도보 다리, 평화정, 임진강 평화등대 등을 둘러볼 수 있어요.

곤돌라 캐빈은 두 종류로, 일반 캐빈과 바닥이 투명한 크리스털 캐빈이 있습니다. 곤돌라를 탑승하기 위해서는 일행 중 1명의 신분증이 꼭 필요하니 잊지 말고 챙기세요.

 임진각 평화 곤돌라
주소 경기도 파주시 문산읍 임진각로 148-73 | **전화** 031-952-6388 | **관람 시간** 매일 09:00~18:00
휴무 3·10·6·9·12월 첫째 주 월요일 | **입장료** 일반 캐빈(왕복) 중학생 이상 1만1000원, 36개월~초등학생 9000원, 만 65세 이상 1만원/크리스털 캐빈(왕복) 중학생 이상 1만5000원, 36개월~초등학생 1만3000원, 만 65세 이상 1만3000원
주차 자체 주차장 이용(유료) | **홈페이지** www.dmzgondola.com/main/main.html

AREA
060

파란만장했던 한국 근현대사의 장면을 마주할 수 있는 곳

대한민국 역사박물관

#서울종로
#근현대사
#3·1운동
#38도선
#신탁통치
#한국전쟁
#1987년6월민주항쟁

일본이 항복하자 미국과 소련은 일본군의 무장해제를 위해 38도선을 경계로 남쪽과 북쪽에 각각 주둔했다. 이후 미국, 영국, 소련의 외무 장관은 모스크바에 모여 한반도의 문제를 어떻게 처리할지 회의했다(모스크바 3국 외상 회의). 이 회의에서는 한반도에 임시정부를 수립하고, 정부가 수립되기 전에 최대 5년간 신탁통치를 실시한다는 내용이 결정되었다. — 초등학교 사회 5학년 2학기

대한민국 동남쪽 가장 끝부분에 자리 잡은 부산은 한국전쟁이 일어난 후 1,000일 동안 대한민국의 수도였으며 피란민의 삶터였다. 100만 명이나 되는 피란민이 갑자기 몰려들어 산비탈에 판잣집을 짓고 살았다. 수도와 전기가 없었으며, 물 두 동이로 며칠을 버텨야 하는 힘겨운 생활이었다. — 초등학교 사회 5학년 2학기

MISSION

한국 근현대사를 알아보며 둘러봅니다

서울시 종로구 세종대로에 자리한 대한민국 역사박물관은 현재 우리가 살아가는 시대와 가장 가까운 한반도의 역사를 체험할 수 있는 곳입니다. 박물관이 소장하고 있는 다양하고 수많은 근현대사 자료를 통해 우리의 미래를 고민하고 계획하는 계기가 되었으면 합니다.

2012년에 개관한 박물관은 광화문광장이 있는 세종로에 위치합니다. 가까이 있는 세종문화회관 지하의 세종이야기, 충무공이야기 전시관과 함께 둘러보면 조선과 현대를 아우르는 역사 여행을 할 수 있습니다.

1. 할아버지, 할머니가 옛날이야기로 들려주셨던 그때 그 사건들

삼국시대, 고려시대, 조선시대 등의 역사는 아주 오래된, 우리와는 먼 것이라는 생각이 들 것입니다. 그러나 대한민국역사박물관에서 볼 수 있는 자료는 어린 시절에 우리 할아버지, 할머니께서 들려주셨던 이야기이고, 우리 부모님이 지내왔던 지난날이며, 또 지금도 TV나 영화에서 자주 보고 들을 수 있는 장면입니다. 그만큼 현재를 사는 우리에게 직접적으로 와닿는 스토리가 있는 공간이에요. 2008년에 현대사박물관 건립을 공포하고, 2010년에 대한민국역사박물관 건립 공사 착공식을 했으며, 2012년 12월에 대한민국역사박물관의 문을 열었습니다. 현재 박물관이 소장하고 있는 대한민국 근현대사 관련 자료만 15만1,000여 점에 달하는데, '기미독립선언서', 대한제국 애국가 악보, 상하이판 독립신문, 4·19혁명 당시 여고생의 일기, 5·18 민주화 운동 당시의 기록 등 매우 소중한 가치를 지닌 것들입니다.

:: 대한민국역사박물관 둘러보기 ::

대한민국역사박물관에서는 19세기 말부터 현재까지 우리 역사를 살펴볼 수 있습니다. 상설전시관은 5층 역사관이 중심이니 근현대사 관련 역사 체험을 원한다면 5층을 자세히 관람하면 됩니다. 이외에 3~4층의 주제관이나 체험관 등에서는 주로 다양한 특별전이 열리니 방문하기 전에 어떤 전시가 열리는지 미리 홈페이지를 통해 살펴보세요. 디지털 영상과 그래픽, 그림과 모형, 생생한 역사적 증언 영상 등이 많아 어린이들도 지루하지 않게 전시관을 둘러볼 수 있습니다. 또 이곳에는 어린이 박물관이 따로 자리하는데, 유아나 10세 이하 어린이만 보호자와 함께 입장할 수 있어요. 전시를 관람하는 용도보다는 아담한 규모에 아기자기하게 놀이방처럼 꾸며져 있습니다.

5층 역사관 >>>

01

<1894~1945년 자유, 평등, 독립을 꿈꾸며>

19세기 우리나라 역사적 사건을 일일이 열거하면 할수록 고통스럽고 안타까운 마음이 듭니다. 서구 열강들의 식민지 쟁탈전 속에서 힘없는 조선은 외세에 의존할 수밖에 없었거든요.
그 속에서 크고 작은 사건이 벌어지면서 백성들의 고통은 이루 말할 수 없었습니다. 그러나 그 가운데에서도 외세의 속박에서 벗어나고자 자주화와 개혁을 위해 힘쓴 많은 이들이 있었기 때문에 오늘날 우리가 존재할 수 있었겠죠? 1번 전시실에서는 근대국가를 향해 달려가는 우리의 노력과 좌절을 보여주는 자료를 볼 수 있습니다. 특히 일제강점기에 일본이 저지른 만행은 물론이고 독립을 위해 치열하게 싸웠던 3·1운동, 대한민국 임시정부 수립 등 조상들의 활동에 대한 전시물을 놓치지 마세요.

02

<1945~1987년 평화, 민주, 번영을 향하여>

1945년은 우리에게는 매우 기쁜 해입니다. 1939~1945년에 일어난 제2차 세계대전에서 연합국이 승리하면서 1945년 8월 15일에 해방을 맞이했으니까요. 해방이 되자 해외에 있던 많은 독립운동가와 동포가 고국으로 돌아올 수 있었고, 혼란한 상황이었지만 튼튼한 독립국가를 만들기 위해 노력했어요. 그리고 1948년 8월 15일 대한민국 정부가 수립되었습니다. 당시 북한에는 1948년 9월 9일, 조선민주주의인민공화국이 수립되었고요. 그러던 중 1950년 6월 25일, 북한군은 선전포고도 없이 기습적으로 남한을 공격해 한국전쟁이 벌어집니다. 결국 1953년 7월 27일 휴전이 결정되고 250km에 달하는 휴전선이 설정되면서 지금과 같이 남과 북이 둘로 나누어졌어요.

한국전쟁으로 많은 이들이 죽거나 다쳤고, 가족들은 서로 헤어졌고, 국토는 황폐해졌습니다. 박물관에는 폐허가 된 국토와 비참했던 당시의 생생한 사진과 자료가 전시되어 있어요. 이후 우리 국민들은 많은 시련 속에서도 포기하지 않고 사회에 민주주의의 뿌리가 내리도록 노력했습니다. 1960년 3·15 부정선거에 항의하다 죽음을 맞은 김주열 학생 사건과 4·19 혁명, 1961년 박정희가 중심이 된 5·16 군사 정변, 전두환 등의 신군부 세력의 등장과 12·12 사태, 1980년 5·18 민주화 운동, 그리고 1987년 1월 박종철 열사 사망, 그리고 6월 이한열 열사 사망과 6월 민주 항쟁 등 우리가 절대 잊어서는 안 될 중요한 역사적 사건 관련 자료가 있으니 눈여겨보세요.

 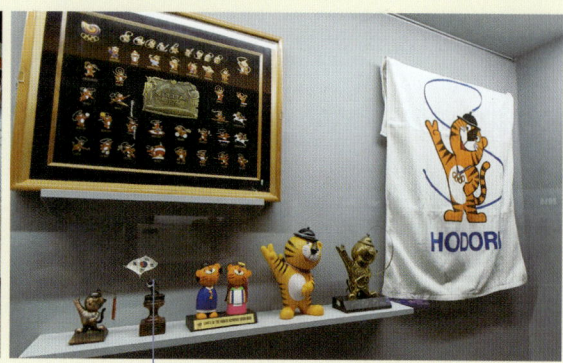

03 <1987년~현재 나, 대한민국, 세계>

이 전시관에서는 1987년 6월 민주 항쟁 당시 상황과 현재까지 우리 사회가 어떻게 변화와 발전을 거듭해왔는지 확인할 수 있습니다. 1987년 제13대 대통령 선거 포스터, 1988년에 서울에서 개최되었던 제24회 서울 올림픽 마스코트였던 호돌이 인형도 전시되어 있어요. 그리고 여전히 우리에게 남은 과제인 남북 관계가 어떻게 변화되어왔는지도 살펴볼 수 있습니다. 이외에도 우리나라 산업의 발전과 영화와 드라마, 가수들의 노래와 춤 등의 대중문화 발전 과정에 대한 자료도 흥미로운 전시물입니다.

대한민국역사박물관
주소 서울시 종로구 세종대로 198 | **전화** 02-3703-9200 | **관람 시간** 월·화·목·금·일요일 10:00~18:00, 수·토요일 10:00~21:00 | **휴무** 1월 1일, 설날·추석 당일 | **입장료** 무료 | **주차** 자체 주차장 또는 길 건너편 세종로 공영 주차장 이용(유료) | **홈페이지** www.much.go.kr

아이와 함께 즐기면 좋은 주변 먹거리
길 건너편 세종문화회관 뒤쪽 식당을 이용하거나 광화문 교보문고로 걸어가 서점 안 푸드코트나 주변 식당을 이용하는 것이 편합니다.
- 냉메밀국수 전문점, 광화문 미진(냉메밀 1만2000원, 메밀전병·왕만두 각 7000원)
- 김치찌개와 계란말이가 최고! 1977년에 문을 연 오랜 전통의 광화문집(돼지김치찌개 1만원, 계란말이 6000원)

한국사를 공부하다 보면 어려운 단어가 나와서 자칫 흥미를 잃기 쉽습니다. 그런데 조금만 더 들여다보면 별것 아니라는 사실을 알게 됩니다. 우리나라 최고의 박물관인 국립중앙박물관을 비롯해 유네스코 세계유산으로 지정된 자랑스러운 문화유산에 더 많은 애정과 관심을 기울인다면 한국사, 결코 어렵지 않아요. 그리고 낯설게 느껴지는 단어에 대한 설명도 곁들였으니 참고하면 큰 도움이 될 거예요.

THEMA 1. 국립중앙박물관
THEMA 2. 상하이에서 만난 우리 역사
THEMA 3. 유네스코 지정 우리나라 세계유산
THEMA 4. 우리 역사를 알아가다 보니
　　　　　이런 것이 궁금했어요!

THEMA

우리 역사 따라
과거로 시간 여행
국립중앙 박물관

#서울용산
#반가사유상
#주먹도끼
#빗살무늬토기
#농경문청동기
#고구려고분벽화
#신라금관

서울 용산구에 자리한 국립중앙박물관은 한반도의 역사를 한눈에 살펴볼 수 있는 곳입니다. 세계에서 여섯 번째로 규모가 큰 박물관으로, 우리나라의 역사를 되짚어보게 해주는 수많은 유물이 있어 하루에 다 둘러보지 못할 정도입니다. 교과서와 책에서만 보던 역사를 생생하게 체험할 수 있는 곳, 국립중앙박물관으로 가보겠습니다.

1. 여러 차례 이사를 다닌 국립중앙박물관

현재 국립중앙박물관에는 한반도 구석기시대부터 조선시대까지의 유물이 전시되어 있습니다. 시대별로 잘 정리되어 있어 한반도의 옛 모습을 상상하며 둘러보면 마치 타임머신을 탄 것 같은 생각이 들 정도죠.

지금의 국립중앙박물관은 1945년 8월 15일 이후 경복궁 안에 있던 조선총독부 박물관을 인수해 같은 해 12월 3일 '국립박물관'으로 문을 열었습니다. 이후 1972년 7월에 '국립중앙박물관'으로 명칭을 변경하고 경복궁 쪽으로 이전했습니다. 그리고 1986년에는 당시 중앙청이던 자리로 이전했고, 이후에도 한 차례 이전 개관을 했습니다. 그 뒤 2005년 드

▲ 반가사유상

디어 지금의 용산에 새로 박물관을 짓고 제대로 자리 잡게 되었습니다. 한때 국립중앙박물관이었던 건물인 중앙청은 지금은 볼 수 없지만 경복궁 앞쪽에 있었습니다. 일제강점기에 일본이 일부러 우리의 법궁 경복궁의 중심 건물인 근정전을 가리고 그 앞쪽에 조선총독부 건물을 지은 것이죠.

이후에도 계속 대통령 집무실 등 행정관청으로 사용하다 일제 침략을 상징하는 건물에 우리 정부 기관이 머물 수 없다고 해서 1986년 이곳을 국립중앙박물관으로 개조했던 것입니다. 하지만 1993년 일제의 잔재인 건물을 없애기로 결정하고 1995년 철거하기 시작해 1996년 11월 완전히 철거했습니다.

:: 국립중앙박물관 둘러보기 ::

국립중앙박물관의 상설 전시장은 총 3개 층으로 7개 관 39개 실로 나누어져 있습니다. 시기에 따라 달라지지만 보통 총 9,884점의 유물이 전시되어 있습니다. 사실 하루에 이곳을 모두 둘러보기는 쉽지 않은 일입니다. 박물관에 있는 안내도나 아래 추천 코스를 참고해 관심 있는 유물만 미리 표시해 보거나 여러 번 방문해 시대별로 자세히 둘러보기를 권합니다. 그중에서도 1층 전시관을 모두 둘러보면 수만 년에 걸친 우리 땅과 민족의 역사 흐름을 한눈에 살펴볼 수 있습니다.

또 박물관 외부 조경이나 경치가 공원처럼 아름다워서 시민들의 휴식처로도 많은 사랑을 받고 있어요. 특히 출입구 왼편의 계단 위, 마치 엄청나게 큰 액자 같은 느낌의 공간에 하늘과 남산이 담긴 풍경은 SNS에서 너무나 유명한 포토 포인트이기도 합니다.

- 핵심 코스(1~2시간 소요): ① 1층 선사 고대관(구석기, 신석기, 청동기 고조선, 부여 삼한, 고구려, 백제, 가야, 신라) → ② 경천사 십층석탑 → ③ 선사 고대관(통일신라, 발해) → ④ 중·근세관(고려, 조선, 대한제국) → ⑤ 2층 서화 → ⑥ 불교회화 → (전시관 내 계단 이용 3층으로 이동) → ⑦ 3층 불교 조각 → 금속공예 → 청자 → 분청사기 백자 → ⑧ 2층 사유의 방
- 일주 코스(3~4시간 소요): ① 1층 선사고대관 → ② 경천사 십층석탑 → ③ 선사 고대관 → ④ 중·근세관 → ⑤ 2층 사유의 방 → ⑥ 기증문화재 → ⑦ 목칠공예 → ⑧ 불교회화 → ⑨ 서화 → ⑩ 세계문화관 → ⑪ 불교 조각 → ⑫ 금속공예 → ⑬ 청자 → ⑭ 분청사기 백자

선사·고대관 >>>

한반도의 구석기시대부터 통일신라와 발해가 함께 있던 남북국시대까지의 유물이 전시되어 있습니다.

01 구석기실-슴베찌르개

뗀석기 중 하나로 창 같은 역할을 하는 도구입니다. 돌을 길고 뾰족하게 만들고 한쪽을 긴 막대기에 묶어 사냥할 때 사용했어요. 멀리서도 동물을 찌를 수 있어 좀 더 안전하고 쉽게 사냥할 수 있었습니다.

02 구석기실-주먹도끼

새로운 문명은 인간의 손으로 만든 도구에 의해 펼쳐집니다. 구석기시대에는 돌을 던져서 깨진 조각을 그대로 사용했는데, 이를 '뗀석기'라고 해요. 그중 가장 대표적인 것이 주먹도끼입니다. 손에 쥐고 사용하기 쉽도록 만들었는데, 한쪽이 뾰족하고 양면도 날카로워서 고기를 찍거나 자를 때 주로 사용했습니다. 우리나라에서 주먹도끼를 최초로 발견한 사람은 미국인 그레그 보웬 Greg Bowen입니다.

그는 미국에서 고고학을 공부하다 학비를 벌기 위해 1974년 군에 입대해 한국으로 파견되었어요. 1977년 부대 주변인 한탄강에서 여자 친구와 함께 시간을 보내던 중이었는데, 한탄강변에서 이상한 돌, 즉 주먹도끼를 발견한 것이지요. 그는 이 근처에서 여러 점의 석기를 발견하고 보고서를 써서 세계적인 고고학 전문가인 프랑스의 프랑수아 보르도 교수에게 알렸고, 이후 서울대는 전곡리 발굴 조사를 시작했습니다.

1940년대에 미국의 고고학자인 H. L. 모비우스 H. L. Movius 는 동아시아 지역에서 주먹도끼가 발견된 적이 없다며 주먹도끼가 자주 발견되는 유럽과 아프리카, 중동 지역에 비해 동아시아 지역은 매우 열등하다는 내용의 학설을 내놓았습니다. 하지만 보웬의 눈에 들어온 전곡리 주먹도끼로 이런 고고학계의 학설은 완전히 뒤집히게 됩니다. 그레그 보웬은 이후에 미국으로 돌아가 계속 고고학을 공부했고, 당시 한국에서 함께 주먹도끼를 발견한 여자 친구와 결혼해 행복하게 살았다고 합니다.

03 신석기실-갈돌 & 갈판

뗀석기가 돌을 깨뜨려 그대로 사용한 것이라면 신석기시대에는 그 돌을 좀 더 매끄럽고 날카롭게 다듬고 갈아서 도구를 만들었는데, 이를 '간석기'라고 합니다. 갈판과 갈돌은 기울어진 판에 곡식을 놓고 갈돌로 갈아 곡식과 열매의 껍질을 벗겨내거나 가루로 만들 때 썼습니다.

04 신석기실-빗살무늬토기

신석기시대 사람들은 흙이 불 속에 있으면 단단해진다는 것을 우연히 알게 되었습니다. 그래서 그릇을 만들었어요. 끝이 뾰족하고 빗살무늬가 있는 빗살무늬토기는 강이나 바다 근처에서 살던 당시 사람들이 축축한 땅에 그릇이 쓰러지지 않게 박아놓고 사용했습니다. 이전에는 음식을 불에 굽거나 날로 먹었지만 빗살무늬토기를 불 위에 올려놓고 음식을 다양하게 조리할 수 있었습니다. 신석기시대의 대표 유물로는 빗살무늬토기 외에도 뼈바늘과 가락바퀴 등이 있습니다.

:: 국립중앙박물관 둘러보기 ::

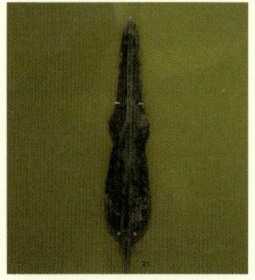

05 청동기실-비파형 동검

구리와 주석을 섞어서 만든 단단한 청동기의 등장으로 무기가 만들어지고 전쟁이 시작되었습니다. 좀 더 기름지고 넓은 땅을 차지하기 위해 청동으로 만든 검을 들고 싸웠죠. 중국의 악기인 비파를 닮아서 이름 붙여진 비파형 동검은 청동기시대의 대표 유물입니다.

06 청동기실-반달돌칼

반달돌칼은 반달 형태의 칼로, 곡식의 이삭을 자를 때 사용했습니다. 끈을 꿰어 손에 잡기 쉽게 구멍이 2개 뚫려 있어요. 물론 청동기시대에도 벼이삭을 벨 때 농기구인 낫을 사용했습니다. 이런 도구들이 청동기 이전인 신석기시대에는 없었는데, 그 이유는 그만큼 청동기시대가 따로 곡식을 수확할 도구가 필요할 정도로 본격적으로 농사를 지은 '농경 사회'였기 때문입니다. 물론 농사는 신석기시대부터 짓기 시작했습니다. 그러나 신석기시대의 농사는 식물을 재배하는 정도였지 먹거리에서 아주 큰 비중을 차지한 것은 아니었어요. 농사가 아주 중요해진 것은 청동기시대부터였거든요. 이때는 벼, 보리, 수수, 콩, 조, 팥, 밀, 들깨 등 다양한 작물을 키웠고 대규모 밭과 논도 발견되었습니다.

07 청동기실-농경문 청동기

농경문 청동기는 농사가 잘되기를 바라는 마음에서 하늘에 제사를 드릴 때 사용했던 도구입니다. 자세히 보면 오른쪽에 벌거벗은 남자가 머리에 깃털을 꽂고 농기구인 따비를 들고 있는 모습이 새겨져 있어요.

08 청동기실-청동거울 & 청동방울 & 쌍두령

청동기시대의 주요 유물 중 하나인 청동거울과 청동방울은 제사를 지낼 때 사용하던 도구입니다. 이 시대에는 부족 간의 전쟁으로 권력자가 등장했어요. 그들은 부족을 다스리는 동시에 하늘에 제사를 지냈는데, 이때 자신들이 특별한 존재라는 것을 과시하기 위해 빛을 받으면 번쩍이는 청동거울과 방울을 사용했습니다. 머리가 둘 달린 방울인 쌍두령은 가운데 구멍에 나뭇가지를 끼워서 흔들었습니다. 권력자들이 죽고 난 뒤에는 거대한 무덤, 고인돌을 세웠습니다.

09 청동기실-명도전

명도전은 언뜻 칼처럼 보이지만 사실 청동으로 만든 화폐입니다. 중국 연 燕나라에서는 이 명도전을 사용했는데, 우리 땅에서도 발견된 것이죠. 표면에 '명 明'자가 새겨져 있어 명도전 明刀錢이라고 부릅니다.

11 고구려실-16개의 글자가 있는 청동합

보물로 지정된 이 청동합은 1946년 5월, 노서리 140호분에서 출토된 것입니다. '호우'는 물이나 음식 등을 담는 사발, 그릇 등을 말하는데, 호우가 발견되면서 이 무덤은 경주 호우총 壺杅塚이라 불리게 되었습니다.
당시 시신 머리 오른쪽에 뚜껑이 덮인 상태에서 발견된 청동합은 바닥에 16자가 새겨져 있는데, '을묘년국강상광개토지호태왕호우십 乙卯年國岡上廣開土地好太王壺杅十', 즉 '을묘년에 만든 고구려 광개토대왕과 관련된 청동 그릇'이라는 뜻입니다. 그리고 아직도 해석이 분분한 # 모양도 눈에 띕니다. 고구려 그릇이 신라 무덤에서 나온 이유에 대해서는 학자들의 여러 해석이 있지만 가장 중요한 것은 당시 고구려와 신라의 대외 관계와 교류 등을 연구하는 데 큰 가치가 있다는 점입니다.

10 청동기실-민무늬토기

민무늬토기는 청동기시대의 것으로, 무늬가 없는 토기를 말합니다. 신석기시대의 빗살무늬토기와는 다르게 무늬도 없고 겉도 매끈하며 바닥도 납작합니다.

12 고구려실-고분벽화

고구려 사람들은 사람이 죽으면 무덤의 천장과 벽 등에 그림을 그렸는데, 이는 우리가 당시 고구려의 문화를 연구하는 데 큰 도움을 줍니다. 고구려 고분벽화는 주로 3~7세기에 그려졌는데, 벽화 내용은 생활 풍속과 무늬, 그리고 사신도 등입니다. 특히 무덤 주인이 생전에 어떻게 생활했는지 그려놓은 것이 매우 많습니다. 규모 큰 저택과 여인들이 음식을 준비하는 부엌, 짐승들이 널려 있는 고깃간, 창고 등을 보면 고구려 귀족들이 얼마나 풍요롭게 살았는지 금세 알 수 있어요. 또 남녀가 줄을 지어 서서 긴 소매를 흔들며 춤을 추는 장면, 놀이 삼아 격투기를 하는 장면, 말을 타고 활을 쏘며 사냥하는 행사 등을 그린 벽화들은 고구려의 문화 의식과 용맹함을 잘 보여줍니다.

상상 속 동물인 사신도 四神圖도 고분벽화로 많이 그려졌는데, 여기에서 '사신'은 동쪽의 청룡, 서쪽의 백호, 남쪽의 주작, 그리고 북쪽의 현무를 말합니다. 이 네 마리의 사신은 28자리 별자리를 지키는 수호신으로, 죽은 이를 보호해 준다고 믿었습니다. 이런 그림들을 무덤 안에 그린 것은 무덤 주인이 죽어서도 예전처럼 풍요롭고 편안한 삶을 누리길 기원하는 마음에서 비롯된 게 아닐까요? 고구려실과 함께 있는 디지털 실감 영상관에서는 북한이나 중국에 있어 가보기 어려운 고구려 고분의 내부 모습을 실감 나게 볼 수 있으니 놓치지 말고 감상해보세요.

13 백제실-백제금동대향로

백제인들의 뛰어난 예술 감각을 알 수 있는 대표적인 유물이자 걸작이라 할 수 있습니다. 1993년 부여 능산리 절터를 발굴하던 중에 발견된 것으로, 종교의식을 행할 때 향을 피우는 향로입니다. 높이 61.8㎝로, 용의 형상을 한 향로 받침과 연꽃 모양의 몸체는 보면 볼수록 감탄사가 저절로 나옵니다.

아래쪽 몸체에는 사슴과 물고기 등 26마리의 동물과 두 신선이 조각되어 있습니다. 그리고 뚜껑 부분에서는 마치 산봉우리를 표현하듯 74장의 꽃잎과 날짐승, 길짐승, 호랑이, 사슴, 코끼리, 원숭이 등 총 39마리의 동물과 11명의 신선을 찾아볼 수 있습니다. 가장 꼭대기에는 봉황이 날개를 편 형태로 앉아 있고, 그 아래에는 피리와 비파, 거문고, 북, 퉁소 등을 연주하는 악사들이 조각되어 있습니다. 현재 진품은 국립부여박물관에 소장되어 있습니다.

14 가야실-판갑옷과 투구

가야 伽倻는 기원전 1세기부터 서기 562년까지 낙동강 하류에 있던 작은 나라들의 연맹 왕국입니다. 김해 지역의 금관가야, 함안 지역의 아라가야, 고령의 대가야, 고성의 소가야, 성주의 성산가야, 옛 함창 지역의 고령가야 등이 모여 있었는데, 이 지역에서는 질 좋은 철이 많이 생산되었습니다. 전시된 것처럼 철로 갑옷, 투구, 칼, 창 등을 만들었고, 중국, 왜 등 다른 나라와 활발하게 교역했습니다. 가야 유적에서 발견된 덩이쇠는 돈처럼 쓰이기도 했습니다. 또 토기 제작 기술이 뛰어나 일본에 많은 영향을 주기도 했어요.

처음에는 금관가야가 연맹을 주도했지만 이후에는 대가야가 중심이 되었습니다. 하지만 가야는 연맹 왕국이었기 때문에 하나로 뭉치지 못하고 이후 562년 신라에 흡수됩니다. 신라는 가야의 유민들을 백성으로 받아들였는데, 대표적으로 이후 삼국 통일에 큰 역할을 한 김유신이 금관가야 김수로왕의 12대손이었고, 가야국 가실왕의 명으로 가야금을 만든 악사 우륵도 가야 출신입니다.

15 신라실-금관 & 금 허리띠

신라 新羅는 기원전 57년에서 기원후 935년까지 992년간 한반도 동남쪽에 자리했던 나라입니다. 진한 12국 중 경주 지역의 사로국이 발전한 것입니다. 이후 503년 지증왕이 나라 이름을 '신라'라 정하고 이전의 최고 통치자 '마립간 麻立干'을 '왕'이라는 칭호로 부르도록 했습니다. 신라는 이후 당 唐과 연합해 660년 백제를, 668년 고구려를 함락하고 통일했습니다.

신라는 그야말로 '황금의 나라'라고 불릴 정도로 왕족과 귀족은 화려한 금 장신구를 가까이했습니다. 눈이 부신 금관과 금 귀걸이, 곱은옥이 달린 허리띠 꾸미개 등 금을 가공하는 기술도 매우 뛰어났습니다.

16 진흥왕 북한산 순수비

신라 전성기를 이끌었던 진흥왕(재위 540~576)은 백제 성왕과 함께 고구려를 공격해 한강 유역을 점령합니다. 이때 신라는 한강 상류 지역을, 백제는 한강 하류 지역을 차지하게 되는데, 얼마 지나지 않아 진흥왕은 성왕과의 동맹을 깨고 한강 하류 지역까지 차지해버립니다. 진흥왕은 화랑을 국가적 조직으로 개편해 인재를 양성하고 영토 확장에 힘써 한반도의 많은 부분을 차지합니다. 한강 유역을 점령했고, 북으로는 동해안을 따라 함경도까지 진출하고 후기 가야 연맹의 리더이던 대가야를 정복해 낙동강 유역을 신라에 통합합니다.

이런 진흥왕의 영토 확장은 단양적성비 丹陽赤城碑와 4개의 진흥왕 순수비 眞興王巡狩碑에 잘 남아 있습니다. 순수비의 '순수 巡狩'는 '왕이 직접 그 지역을 둘러보았다'라는 뜻입니다. 특히 북한산 순수비의 경우 이것이 진흥왕 순수비라는 것을 밝혀낸 사람이 바로 조선 후기 실학자이자 명필로 유명한 추사 김정희입니다.

17 역사의 길-개성 경천사 터 십층석탑

높이 약 13.5m의 경천사 십층석탑은 본래는 고려 충목왕 때 경기도 개풍군 경천사지에 있던 것입니다. 경천사는 고려 왕실이 추모제를 지냈던 장소로 이후 절은 없어지고 석탑만 남아 있었다고 해요.

석탑 1층에는 탑의 건립 연대와 조성 배경을 알려주는 글자가 남아 있습니다. 한때 일본에 불법 반출되었다가 경복궁으로 돌아오기도 했습니다. 그리고 1962년 국보로 지정되었고, 이후 보존 처리를 위해 1995년 석탑을 해체해 2005년 용산에 국립중앙박물관을 개관했을 때 재조립한 것입니다.

위엄 있는 모습에 빈틈없이 조각된 장식이 특징인데, 우선 탑을 받치고 있는 아래 기단부에는 소설 《서유기》의 장면들과 사자, 용, 연꽃 등이 조각되어 있습니다. 그리고 1~10층의 탑신부에서는 다양한 불상과 부처의 법회 장면을 볼 수 있습니다.

18 통일신라실 - 철불

신라는 당과 연합해 백제와 고구려를 차례로 멸망시키고 삼국을 통일했습니다. 하지만 이후 당나라가 한반도를 차지하려는 야심을 드러내자 당과 전쟁을 벌였습니다. 그리고 675년 매소성 싸움과 676년 기벌포 싸움에서 승리해 당을 몰아냈어요. 고구려, 백제, 신라, 삼국은 모두 불교를 믿었습니다. 통일신라 역시 삼국을 통일하면서 부처님의 말씀을 중심으로 백성들의 뜻을 모으고자 했어요. 그래서 절도 짓고, 탑도 세우고, 경전도 인쇄했습니다. 우리가 잘 알고 있는 경주의 불국사, 석굴암, 성덕대왕신종 등도 모두 이 시기의 유물과 유적입니다. 이곳에 있는 철불 또한 남북국시대(통일신라시대)인 8~9세기에 만든 것입니다.

19 발해실 - 연꽃무늬 수막새

신라가 삼국을 통일한 이후 698년 고구려의 옛 땅에는 발해 渤海가 건국되었습니다. 북쪽에는 발해, 남쪽에는 통일신라가 자리해 이때를 '남북국시대'라고 합니다. 발해를 건국한 사람은 고구려 장군 출신이었던 대조영으로, 옛 고구려 땅이던 만주를 중심으로 크게 확장하며 발전했습니다. 당시 발해의 지배층은 고구려인이었고 피지배층은 말갈족이었어요. 발해는 스스로를 '고구려를 계승한 나라'라고 주장했는데, 그래서 발해의 유물이나 무덤 양식을 보면 고구려의 것과 매우 비슷합니다. 전시된 연꽃무늬 수막새도 고구려와 발해의 것이 매우 비슷한 것을 알 수 있어요. 또 옛 건물의 지붕 끝에 얹는 장식인 치미도 고구려와 발해의 것이 매우 닮았습니다. 현재 중국은 발해가 자신들의 영토였던 만주에 있었다는 점, 그리고 발해 백성들의 다수가 말갈족이었다는 점을 들면서 발해를 자신들의 역사라고 주장하고 있어요. 하지만 앞에서 살펴보았듯 고구려인이었던 대조영이 건국했다는 것, 그리고 발해 왕이 스스로 고구려를 계승했다는 사실을 주장한 것은 발해가 명백히 '우리 역사'라는 증거입니다.

중·근세관 >>>

고려시대, 조선시대, 대한제국 시기의 유물이 전시되어 있습니다.

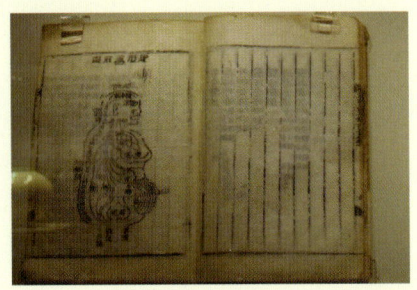

20 조선실-대동여지도

〈대동여지도 大東輿地圖〉는 조선 후기 1861년, 지리학자인 김정호가 제작한 우리나라 전국 지도첩입니다. 우리나라 전체를 그린 〈대동여지도〉는 총 22권의 책으로 구성되어 있는데, 이를 펼쳐서 연결해놓으면 세로 약 6.7m, 가로 약 3.8m의 초대형 전도가 됩니다. 한반도의 산과 강, 길은 물론이고 봉화, 산성, 역참 등이 기호로 자세히 표시되어 있습니다. 또 10리마다 점을 찍어놓아 거리를 가늠해볼 수도 있어요. 그 옛날 이런 지도를 만들었다는 것이 놀라울 따름입니다.

21 조선실-동의보감

《동의보감 東醫寶鑑》은 1610년 광해군 2년에 허준 許浚이 완성한 의학서입니다. 총 25권 25책으로 구성되어 있어요. 허준이 《동의보감》을 완성할 당시 그의 나이가 65세였다고 합니다. 조선은 1592년부터 1598년까지 7년간 임진왜란을 겪은 뒤라 상황이 매우 좋지 않았습니다. 특히 다치고 아픈 백성들을 본 선조가 의학서를 편찬할 것을 명하고 그것에 필요한 많은 책과 자료를 제공하며 후원했어요. 이후 방대한 자료를 바탕으로 작업을 거친 뒤 광해군 때 비로소 《동의보감》이 완성됩니다.

22 조선실-상평통보

상평통보 常平通寶는 조선 후기에 사용하던 구리로 만든 화폐입니다. 둥근 동전 가운데 네모난 구멍을 뚫어서 줄에 꿰어 가지고 다닐 수 있도록 만들었어요. 우리나라 최초의 화폐는 고려시대 성종 때 쇠로 만든 '건원중보'입니다. 하지만 조선 전기까지는 화폐가 활발하게 사용되지는 못했어요.

이후 상업이 발달하기 시작한 조선 후기에 들어와 본격적으로 화폐의 필요성이 커지자 만든 것이 바로 상평통보입니다. 쌀이나 비단 등의 물건은 창고에 가득 쌓아놓으면 썩거나 쥐가 갉아 먹는 등 훼손되지만 구리로 만든 화폐는 오랜 시간이 흘러도 변함이 없어 재산을 모으기에도 좋고 가볍고 편리해서 널리 쓰이게 됩니다. 그러나 1905년 조선 말기에 재무행정을 담당하던 관청인 탁지부에 일본인이 고문으로 파견되면서 화폐 정리 사업을 진행해 상평통보는 이후 사용되지 못했습니다.

23 조선실-마패

마패 馬牌는 나랏일로 관원이 지방에 출장을 갈 때 역마 驛馬를 이용할 수 있게 신분을 보증해주는 패입니다. 전국에 설치된 역 驛에서 이동 중에 타고 온 지친 말도 다른 것으로 바꾸고 잠도 자며 쉬어 갈 수 있었던 것이죠. 이를 역참제 驛站制라고 합니다.

처음에는 마패를 나무로 만들었지만 세종 때부터는 철로 만들었고, 이후에는 구리로도 만들었다고 합니다. 관원의 등급에 따라 패에 새기는 말의 마리 수가 1마리에서부터 10마리까지 다른데, 암행어사의 경우 대부분 3마리가 그려진 마패를 사용했고, 10마리는 보통 왕실에서 사용했습니다.

24 대한제국실-대한제국 황제의 인장

대한제국 大韓帝國은 1897년 10월 12일부터 1910년 8월 29일까지 사용한 국명입니다. 고종은 1897년 10월, 연호를 '광무 光武'로 정하고, 국호를 대한제국으로 바꾸어 우리가 자주독립 국가임을 선포했어요. 그리고 하늘에 제사를 지내는 환구단 圜丘壇을 세우고 하늘에 제사를 지낸 뒤 황제 즉위식을 했습니다. '환(원)구단'은 왕이 하늘에 제사를 지내는 장소로, 풍작을 기원하거나 기우제 등을 지냈던 곳입니다. 사적 제157호로, 지금도 서울 중구의 조선호텔 뒤편에 그 일부인 황궁우 皇穹宇와 석고 石鼓가 남아 있습니다.

안타깝게도 우리나라는 1910년 일제에 의해 국권을 상실하고 일본의 식민지가 되었습니다. 1911년 환구단 건물 터가 일본 총독부의 소유가 되면서 일본과 친일파들은 '천제는 일본 천황이 지내는 것이지 천한 조선족이 지내는 것이 아니다'라며 환구단을 헐었습니다. 그리고 그 위에 철도호텔(현 조선호텔)을 짓고 일본 관헌들이 묵는 숙소를 만들었습니다.

현재 남아 있는 3층 팔각 형태의 건물인 황궁우는 환구단의 북쪽 모퉁이로, 신위를 봉안하던 건물이었습니다. 또 석고는 1902년 고종 즉위 40년을 기념해 세운 석조물입니다. 환구단 터는 지금까지도 제대로 복원되지 못한 채 조선호텔의 주차장으로 쓰이고 있습니다.

대한제국 황제의 인장인 칙명지보 勅命之寶는 고종이 자주독립 국가임을 선포하고 만든 여러 인장 중 하나입니다. 인장은 그 자체로 국가의 상징물이기도 하고, 공적인 국가 문서에 찍는 중요한 것입니다. 이전에는 보통 왕의 인장이 거북 모양이었는데, 고종은 황제를 상징하는 용의 모양으로 인장을 새로 만들었습니다.

:: 국립중앙박물관 둘러보기 ::

25 대한제국실-척화비

고종이 어린 나이에 왕이 되자 아버지 흥선대원군은 고종 대신 정치를 했습니다. 흥선대원군은 왕의 어머니 쪽 친척들이 권력을 휘두르는 세도정치를 벗어나 왕 중심의 정치를 하기 위해 노력했어요.
당시에는 나라 밖에서 프랑스, 미국 등 여러 나라가 조선과 외교를 하려고 침략과 전투를 벌이는 일이 자주 일어났어요. 이 과정에서 우리의 문화재가 약탈당하고 많은 사람이 희생되었어요. 이에 흥선대원군은 서양과 절대 교류하지 않겠다는 의지를 알리기 위해 나라 곳곳에 척화비 斥和碑를 세웠습니다. 척화비에는 '외세가 침범했는데 싸우지 않는 것은 곧 나라를 팔아먹는 것이다'라는 글이 새겨져 있습니다.

2층 26 사유의 방

우리나라 불교 조각의 최고 걸작이라 할 수 있는 국보 반가사유상 半跏思惟像 두 점이 나란히 전시되어 있습니다. 반가사유상은 삼국시대에 제작한 유물로, 한쪽 다리를 다른 쪽 무릎 위에 얹고 오른쪽 손가락을 뺨에 댄 형상을 하고 있습니다. 깊은 생각에 잠긴 모습은 석가모니가 태자였을 때 인간이 겪어야 할 생로병사와 인생의 덧없음을 고민하던 모습을 표현한 것입니다.

'석가모니'는 불교의 창시자인 고대 인도 사람으로, 본명은 고타마 싯다르타 Gautama Siddhārtha입니다. 본래 석가모니는 '석가족 또는 샤키아족 출신의 성자'라는 뜻이에요. 그는 인도 샤키아족의 작은 나라에서 왕족의 태자로 태어나 결혼해서 아들까지 두었습니다. 그러나 29세에 출가해 35세에 깨달음을 얻고 80세에 세상을 떠났습니다.
반가사유상을 자세히 살펴보면 입가에 살짝 머금은 미소와 부드러운 옷의 주름, 마치 살아 있는 듯한 손과 발의 형태가 세련되면서도 매우 인상적입니다. 특히 국보 제83호로 지정되었던 반가사유상(왼쪽)은 93.5cm의 크기로, 일본 교토 고류지 廣隆寺에 있는 목조 미륵보살 반가사유상의 모습과 매우 비슷해서 당시 삼국시대의 불상이 일본으로 전해진 것이 아닌지 유추해볼 수 있게 하는 유물입니다.

27 기증관

▲ 백자 청화 풀꽃무늬 조롱박 모양 병

개인 소장품을 기증한 것을 모아 전시 중입니다. 이곳에서는 특히 이홍근의 '분청사기 연꽃넝쿨무늬 병', 손기정의 '청동 투구', 박병래의 '백자 꽃무늬 조롱박 모양 병'을 자세히 보세요.

이중 손기정 선생님이 기증한 '청동 투구'는 보물 제904호로 지정되어 있습니다. 손기정 선생님은 일제 치하였던 1936년 제11회 베를린 올림픽에서 마라톤 세계 신기록을 세웠고, 그곳에서 금메달을 땄어요. 당시 우승 부상으로 그리스 투구를 씌워주려고 했지만 전달하지 못했고, 50년 뒤에야 전달되었습니다.

TIP 손기정 선생님이 기증한 그리스 청동 투구의 가치가 높은 이유는 무엇인가요?

그리스는 1900년 제2회 파리 올림픽부터 고대 유물 유출 방지령이 내려진 제2차 세계대전까지 올림픽의 마라톤 경기에서 우승을 한 사람에게는 실제 가치가 높은 유물을 부상으로 주었다고 합니다. 이 투구는 베를린 올림픽 당시 마라톤 우승자에게 준 부상이었어요. 그러니 당연히 손기정 선생님이 받아야 할 선물이었죠. 하지만 당시 국제올림픽위원회에서는 '아마추어 선수에게는 메달 이외에 어떠한 선물도 공식적으로 수여할 수 없다'는 규정을 내세우며 투구를 주지 않았습니다. 선생님도 이런 부상이 있었다는 것을 전혀 몰랐고요. 또 당시 일본 역시 이에 대해 별 관심이 없었기 때문에 그리스 청동 투구는 기억에서 잊히게 되었습니다.

그런데 베를린 올림픽 이후 40여 년이 지난 1975년, 손기정 선생님이 우연히 앨범을 보던 중 자신이 당시 받았어야 할 부상인 그리스 투구가 있다는 것을 알게 된 것이죠. 그리고 이 투구가 베를린 샤를로텐부르크 Charlottenburg 박물관에 전시되어 있다는 것을 알게 되고 바로 반환을 추진합니다. 당시 박물관의 투구 설명판에는 독일어로 '그리스 코린트시대의 투구, 마라톤 승자를 위해 아테네의 브라디니 신문사가 제공한 기념상, 제11회 베를린 올림픽 1936년, 손기테이(손기정의 일본어 표기), 일본, 2시간 29분 19초'라고 쓰여 있었다고 해요.

그러나 독일올림픽위원회는 이 투구를 돌려줄 수 없다는 입장을 내놓았고, 대신 복제품을 만들어주겠다고 했지만 손기정 선생님은 거부했습니다. 이후 여러 노력 끝에 10년이 지나서야 드디어 1986년 베를린 올림픽 개최 50주년을 기념한 행사에서 투구가 손기정 선생님께 반환되었습니다. 50년이 지나서야 투구가 진짜 주인의 품으로 돌아온 것이죠.

이 투구는 고대 그리스 올림피아 제전 경기 당시 승리를 기원하고 신에게 감사하는 뜻에서 제작한 그리스 코린트식 투구입니다. 고대 그리스 신전이나 기념비 등에서만 보던 코린트식 투구가 완벽하게 원형 그대로 남아 있다는 것은 매우 놀라운 일입니다.

손기정 선생님은 이 투구를 1994년 국립중앙박물관에 기증했습니다. 당시 일제 치하에서 신음하던 우리 민족의 자긍심을 높여준 이 투구는 우리에게는 유물 이상의 가치가 있다고 평가되어 1987년 보물로 지정되었습니다. 이런 사실을 알고 투구를 대하면 아마 전과는 다르게 보일 것입니다.

28 불교회화

1) 괘불

불교회화실에 들어가면 눈길을 사로잡는 대형 괘불(그림으로 그려서 걸어놓은 부처의 모습)이 보입니다. 이것은 조선시대 것이며 원래 영주 부석사에 있었습니다. 길이가 9m가 넘고 너비가 6m에 달하는 대형 괘불로 비단에 그린 것입니다. 크기가 매우 커서 법당 내부가 아닌 야외에 걸기 위해 제작한 것으로, 연꽃에 앉아 있는 석가모니가 오른손을 내려 땅을 가리키고 있습니다. 이는 그가 마구니의 유혹을 물리친 후 깨달음을 이룬 존재임을 상징합니다. 부처님 아래로 보현보살과 문수보살, 부처의 제자, 신통력이 있는 나한, 동서남북 사방을 지키는 사천왕과 금강역사 등이 모여 부처님의 말씀에 귀를 기울이는 모습이 묘사되어 있습니다.

독특한 것은 석가모니가 설법을 하는 장면 위에 세 부처가 설법회를 여는 모습이 함께 그려져 있다는 것인데, 이는 또 다른 부처의 세계를 암시합니다. 중앙의 비로자나불은 부처가 깨달은 우주의 진리를 뜻하며 왼쪽은 질병이 없는 동방 유리광 세계를 다스리는 약사불의 설법회, 오른쪽은 아미타불의 설법회입니다.

29 서화관

우리 전통 미술을 감상할 수 있는 곳입니다. 서화, 불교회화, 목칠공예로 나누어져 있습니다.

1) 서화실-태자사낭공대사비

'태자사낭공대사비 太子寺郎空大師碑'는 남북국시대의 최고 명필이자 승려였던 김생의 글씨를 감상할 수 있는 유물입니다. 특이한 것은 비석을 위해 글씨를 직접 쓴 것이 아니라, 여러 곳에서 김생의 글자를 모아 와 짜 맞추는 작업으로 만들어졌다는 것입니다.

낭공대사 郎空大師는 남북국시대의 승려로, 백성들의 존경을 받던 국사였어요. 이 비석은 낭공대사가 승려로서 세운 업적을 새긴 것으로, 그가 세상을 떠난 뒤 37년 후에 세웠습니다.

참고로 글자를 모아서 짜 맞추는 것을 집자 集字라 하는데, 김생의 글자를 모아 내용에 맞추어 자연스럽게 이어지게 만드는 것은 매우 어려운 작업이었을 것입니다. 힘찬 필체가 돋보이는 김생의 글씨를 감상해 보세요.

2) 서화실-단원풍속도첩

조선시대의 대표적인 화가, 단원 김홍도의 〈단원풍속도첩 檀園風俗圖帖〉은 가로세로 약 30cm의 종이에 그려진 25점의 그림입니다. 채색과 배경도 없이 매우 간결하게 그려진 그림으로, 당시 사람들의 일상생활을 그렸습니다. 기와 올리기, 씨름, 새참, 무동, 대장간, 윷놀이, 타작, 주막, 쟁기질, 서당 등 서민과 선비가 살아가는 모습을 친근하게 담고 있어요. 마치 타임머신을 타고 조선시대로 여행을 다녀온 듯한 느낌이 들 정도입니다.

3) 서화실-참새와 고양이

묘작도 猫雀圖, 즉 고양이와 참새 그림으로, 우리 옛 그림에 등장하는 고양이는 주로 장수한 노인을 상징하고, 참새는 자식을 뜻합니다. 18세기의 화가 변상벽의 작품인데, 인물과 짐승을 그리는 데 특히 뛰어났다고 합니다. 그중에서도 고양이와 닭을 매우 잘 그려 별명이 변고양 卞古羊, 변계 卞鷄였다고 해요. 매우 섬세하게 그린 줄무늬 고양이와 검은 고양이, 그리고 나뭇가지 위 참새들이 마치 살아 움직이는 것 같습니다.

 30 세계문화관

메소포타미아, 중국, 일본, 중앙아시아, 인도·동남아시아, 고대 그리스·로마 등 다양한 지역의 문화를 살펴볼 수 있는 공간입니다.

1) 메소포타미아실

이전에는 이집트관으로 사용하던 전시실이 2022년 7월부터 메소포타미아 전시실로 변경되었습니다. 전시실은 2024년 9월까지 운영되며, 주제는 '메소포타미아, 저 기록의 땅'입니다. 메소포타미아 문명은 티그리스와 유프라테스강을 중심으로 발달한 문명으로 인류 최초로 문자로 알려진 쐐기문자를 사용했습니다. 미국 메트로폴리탄 박물관과 함께 기획한 이번 전시회에서는 쐐기문자 점토판, 인장, 장신구, 초상, 종교 관련 등 66점의 유물을 전시합니다. 특히 아쉬타르 성문을 장식했던 사자 벽돌 패널 등도 놓치지 마세요.

2) 중앙아시아실-복희와 여와

중국 투르판 아스타나 무덤방 천장에 그려져 있던 벽화입니다. 이것은 중국의 천지창조 신화에 등장하는 복희와 여와를 소재로 하고 있습니다. 오른쪽에 그린 남신 복희는 측량을 위한 도구인 구부러진 자를 들고 있고, 왼쪽의 여신인 여와는 오른손에 컴퍼스 또는 가위를 들고 있어요. 두 신이 뱀처럼 꼬여 있는 것은 세상이 조화를 이루고 만물이 생성됨을 표현한 것입니다. 배경에는 해와 달, 별자리가 그려져 있습니다.

3) 중국실-백자 청화 꽃·과일무늬 주자

청화 안료로 화려하게 문양을 그려 넣은 주전자입니다. 가늘고 긴 목과 화려한 손잡이, 불룩한 몸통이 조화를 이루어 세련된 멋을 더합니다.

4) 일본실-겐지모노가타리 화첩

11세기 초 일본 여성 작가 무라사키 시키부 紫式部가 창작한 장편소설 〈겐지모노가타리 源氏物語〉의 내용을 그림으로 그려서 만든 것입니다. 전시된 〈겐지모노가타리 화첩〉은 총 54첩으로, 첩당 하나의 그림과 그에 대한 설명으로 구성되어 있습니다.
인물과 풍경을 매우 자세히 묘사해 보는 재미가 있고, 지붕을 그리지 않고 마치 위에서 내려다본 것처럼 그린 것이 특징입니다.

31   조각·공예관

불교 조각실, 금속공예실, 도자공예실로 나누어져 있고 약 700점의 작품이 전시되어 있습니다.

1) 불교 조각실 - 연가칠년명금동불입상(금동연가칠년명 여래입상)

국보로 지정된 불상으로 제작 연대를 알 수 있는 우리나라 불상 중 가장 오래된 것입니다. 16.2cm의 작은 크기지만 광배 뒷면에 불상을 제작한 이유와 539년 고구려 평양에 있던 동사라는 사찰에서 주지 스님과 그 제자들이 조성한 불상 중 하나라는 것이 기록되어 있어 더욱 귀중한 유물입니다.

2) 불교 조각실 - 경주 감산사 불상

감산사 석조미륵보살입상과 감산사 석조아미타불입상도 놓치지 마세요. 이 두 불상은 모두 1915년 경주 감산사 터에서 옮겨 온 것으로, 8세기 통일신라 불상의 특징을 살펴볼 수 있는 유물입니다. 감산사 석조미륵보살입상은 미소를 머금은 얼굴과 섬세하게 조각된 목걸이, 팔찌 등이 화려합니다. 불상 뒤쪽에 부처의 성스러운 빛을 표현하는 배 모양 또는 원형의 장식물을 광배 光背라고 하는데, 이 뒷면에는 '719년 김지성이 돌아가신 어머니를 위해 만들었다'라는 뜻의 글자가 새겨져 있습니다. 감산사 석조아미타불입상 역시 근엄한 표정과 물결처럼 표현된 U자 모양의 옷 주름 등이 인상적입니다.

3) 불교 조각실 - 경주 구황동 삼층석탑 출토 아미타불

국보로 지정된 이 불상은 1942년 경상북도 경주시 구황동의 석탑을 해체·복원할 당시 발견된 것입니다. 제작 연도는 706년 정도로 추정됩니다. 한껏 미소를 머금은 얼굴이 몸과 손에 비해 특히 더 크게 만들어져 있습니다.

4) 금속공예실 - 물가풍경무늬 정병

국보로 지정된 것으로, 언뜻 보면 녹색을 띠어 청자라고 생각하기 쉽지만 이것은 사실 청동으로 만든 것입니다. 오랜 세월이 흐르면서 청동이 부식되어 지금과 같은 빛깔로 변했습니다. 12세기 고려시대 것으로, '정병'은 승려가 갖고 다니던 휴대용 물병을 말해요. 정병 몸체에는 버드나무, 갈대 등이 자란 섬과 날아가는 새를 표현했는데, 이는 몸체에 홈을 내고 그 안에 매우 얇은 은사를 끼워 넣어 장식하는 은입사 기법으로 만든 것입니다.

5) 청자실-청자 칠보무늬 향로

국보 청자 칠보무늬 향로는 고려청자 중에서도 대표적인 유물입니다. '향로'는 이름 그대로 향을 피우는 작은 화로인데, 보통 해충을 쫓거나 옷 냄새를 좋게 하고, 종교 행사 등을 할 때 많이 피웠습니다. 당시 고려인들은 일상에서 향을 피우고 즐기며 생활했던 것 같습니다. 뚜껑과 몸체, 그리고 받침이 결합된 형태로 조형미가 뛰어나고 매우 화려해요. 음각, 양각, 투각, 상감 등 다양한 장식 기법을 이용해 고려인들의 세련된 미적 감각을 제대로 감상할 수 있습니다. 투각된 뚜껑과 연꽃 형태의 몸체, 그리고 세 마리 토끼가 받치고 있는 받침대는 보면 볼수록 놀랍습니다. 특히 몸체의 꽃잎들은 틀로 찍어내 하나씩 붙여서 만들었고 꽃잎마다 잎맥까지 표현했어요.

6) 청자실-청자 어룡 모양 주자

이것 역시 국보로 지정되어 있습니다. 12세기 것으로 높이 24.4cm 정도의 크기입니다. 상상 속 동물인 어룡이 뛰어오르는 모습을 표현했습니다. 물을 따르는 부분은 어룡의 머리, 몸통은 물고기, 뚜껑은 꼬리 부분으로 된 재미있는 디자인을 하고 있어 더 눈에 띕니다.

7) 분청사기실-분청사기 모란무늬 자라병

이름 그대로 자라 모양을 하고 있어 자라병이라고 부릅니다. 여행용 물병이나 술병으로 사용하던 것입니다. 디자인도 특이하고 납작한 등에 있는 큼직하고 화려한 모란무늬가 볼수록 고급스럽고 멋진 국보입니다.

8) 백자실-백자 매화 대나무 새무늬 항아리

백자 매화 대나무 새무늬 항아리는 조선시대 백자의 아름다움을 한껏 담고 있는 유물입니다. 국보로 지정되어 있고, 청화 안료로 그림을 그린 청화백자입니다. 항아리에 표현된 매화나무와 대나무, 새의 형상도 아름답고 아래쪽에 그려진 들꽃이 자연스럽게 어우러져 있습니다. 항아리에는 작은 연꽃 봉오리 모양의 꼭지가 달린 뚜껑이 있고, 주변으로 대나무와 매화가 그려져 있습니다.

9) 백자실-백자 항아리

조선시대 백자는 당시 선비들의 단아함과 청렴결백을 중시하는 분위기를 고스란히 담아낸 결정체라 할 수 있습니다. 조선 후기에는 서민 경제가 발달하고, 자기에 색과 문양을 나타낼 때 사용하는 청화 안료의 가격이 낮아지면서 일상에서 쓰이는 물건에도 청화백자가 널리 퍼집니다.

국립중앙박물관

주소 서울시 용산구 서빙고로 137 | **전화** 02-2077-9000 | **관람 시간** 월·화·목·금·일요일 10:00~18:00, 수·토요일 10:00~21:00 | **휴무** 4·11월 첫째 주 월요일, 1/1, 설·추석 당일, 국립박물관이 지정한 날 | **입장료** 무료(기획 전시 유료) **주차** 자체 주차장 이용(기본 2시간 2000원, 초과 시 30분당 500원) | **홈페이지** www.museum.go.kr

아이와 함께 즐기면 좋은 주변 먹거리

박물관 내에 푸드코트와 카페가 있습니다. 푸드코트는 한·중·양식 등 메뉴도 다양하고 공간도 넓어 이용하기에 편합니다.

박물관 서점 & 뮤지엄 숍

국립중앙박물관 뮤지엄 숍은 주로 국립중앙박물관에 소장된 우리 유물을 테마로 한 예쁜 기념품이 많기로 소문난 곳입니다. 특히 반가사유상을 모티브로 해서 만든 여러 기념품은 그중에서도 높은 인기를 누리고 있습니다. 다른 상품 중에도 가격이 저렴한 편은 아니지만 디자인이 멋져 꼭 갖고 싶은 것이 많습니다.

THEMA

꼭 알아야 할 대한민국의 뿌리, 임시정부
상하이에서 만난 우리 역사

#중국상하이
#해외우리역사유적지
#대한민국임시정부
#일제강점기
#김구
#윤봉길

> 3·1운동 전후로 국내외에서 임시정부가 만들어졌다. 여러 지역의 임시정부는 독립을 위한 힘을 하나로 모으기 위해 통합 정부를 수립하려고 노력했다. 그리고 1919년 9월, 중국 상하이에서 여러 임시정부를 통합한 대한민국 임시정부가 수립되었다.
> — 초등학교 사회 5학년 2학기
>
> 한인애국단원 윤봉길은 상하이 홍커우 공원에서 일본 왕의 생일을 기념하는 행사장에 폭탄을 던지는 의거를 흔들림 없이 실행했다.
> — 초등학교 사회 5학년 2학기

상하이에 간 우리나라 국민이라면 꼭 한번 가볼 곳이 있습니다. 임시정부 청사 등 행여 사라지거나 흔적만 남아 있다 하더라도 반드시 기억해야 할 우리 역사가 깃들어 있는 장소들입니다. 민족의 자주독립을 위해 치열하게 싸운 독립운동가들의 발자취를 따라가는 특별한 상하이와 근교 여행을 계획해보세요.

1. 임시정부는 무엇인가요?

정식 정부를 수립하기 전 준비 정부를 말하는 것이 바로 임시정부입니다. 불같이 일어났던 3·1운동이 독립으로 이어지지는 못했지만 우리 민족에게는 더 노력하면 독립할 수 있다는 희망이 생겼습니다. 이런 생각을 바탕이 되어 임시정부 수립을 추진했고, 1945년 8·15 해방까지 27년 동안 상하이를 비롯한 중국 각처에 임시정부를 설립해 운영합니다. 정부란 통치권이 미치는 국토와 국민이 있어야 하지만 임시정부는 통치권을 행할 대상이 없었으니 우리가 생각하는 일반적인 정부와는 다릅니다. 그러나 일제 침략과 국권 수탈이라는 특별한 상황 아래 우리 민족의 의지와 독립을 위한 염원을 바탕으로 설립된 정부 조직이며 우리 국민을 대표하고 독립운동을 이끄는 역할을 하던 기관입니다.

▲ 임시정부 요인

▲ 임시정부 요인 귀국 환영식

2. 대한민국 임시정부는 어떻게 세워졌나요?

1914년 연해주에 대한 광복군 정부가 세워지기도 했지만 본격적으로 임시정부 수립 움직임이 나타나게 된 계기는 바로 1919년에 일어난 3·1운동입니다.

 3·1운동이 활발히 진행되고 있을 때 13도 대표는 독립운동을 원활하게 해나가기 위해서는 우리에게도 정부가 반드시 있어야 한다는 생각으로 한성 정부를 만듭니다. 또 중국 상하이에 대한민국 임시정부가 생기고 연해주에는 대한국민의회 등이 세워집니다. 이렇

게 국내외 7개의 임시정부가 생겨났지만 독립을 위해서는 여러 개보다 하나의 정부로 합해 운영하는 것이 좋다고 생각한 민족 지도자들은 여러 번의 회의를 거쳐 상하이 대한민국 임시정부로 통합합니다.

🔎 3. 임시정부를 왜 상하이에 세웠을까요?

그렇다면 '왜 임시정부는 국내가 아닌 해외, 중국 상하이에 세웠을까?'라는 생각이 듭니다. 일단 일본의 영향력이 국내에서보다 약하다는 것이 큰 이유였고, 당시 상하이에는 세계 각국의 외교관이 있어 외교 활동을 하기 좋았기 때문입니다.

🔎 4. 대한민국 임시정부의 활동

임시정부가 설립된 이후 비밀 조직을 운영하고 외교 활동을 했지만 우리에게는 불리한 국제 여건 등으로 독립운동에는 많은 어려움이 생기고, 정부를 운영하는 데도 미숙한 면도 있어 국민적 지지를 얻기 힘겨운 상황이 계속됩니다. 이렇듯 침체해가던 임시정부가 다시 활로를 찾게 된 계기는 1932년 4월에 행한 윤봉길 의사의 의거입니다. 의거 이후 일제의 감시와 반격으로 상하이를 떠나 항저우, 전장, 창사, 광둥, 류저우, 치장, 충칭 등 중국 각지를 옮겨 다니지만 의지는 꺾이지 않았습니다. 임시정부 시대에는 전시 체제를 정비하고 특히 1940년에서 45년까지 있던 충칭 정부에서는 더욱 활발하게 활동했습니다. 이때 설립된 광복군 光復軍은 당시 발발한 태평양전쟁에서 일본에 선전포고를 하고 연합군과 함께 중국, 인도, 버마 전선에 참전하기도 합니다. 또 중국 정부를 통로로 국제 외교를 강화해 1943년 카이로선언 이후 우리의 독립을 약속받기도 합니다.

윤봉길 의사 (1908~1932)와 훙커우 공원 의거

▲ 김구와 윤봉길 의사

충청남도 예산 출신인 윤봉길 의사는 3·1운동 후 식민지 노예 교육을 비난하면서 학교를 자퇴합니다. 이후 한학과 중국 고전을 익히고 농촌 부흥에 많은 노력을 기울입니다.
일제에 항거하는 여러 활동 이후 1930년 '장부가 집을 나가 살아 돌아오지 않겠다'라는 내용의 편지를 남긴 후 3월에 만주로 떠나지만 일본에 발각돼 45일 동안 수감되기도 합니다. 하지만 다행히 만주로 탈출해 독립운동을 준비하게 됩니다.
1931년 8월 임시정부가 있는 상하이로 간 윤봉길은 그해 겨울 김구를 만나 독립운동에 자신을 바칠 각오를 말하며 호소합니다. 1932년 1월 8일 이봉창의 일본 왕 폭살 시도가 실패하자 일본은 상하이 사변을 일으켰고 중국과의 전쟁에서 승리합니다. 채소 상인으로 가장해 일본군 정보를 탐지하던 윤봉길은 김구, 이동녕, 이시영, 조소앙 등과 의논한 후 4월 29일에 있을 천장절 겸 전승 축하 기념식에 폭탄을 던지기로 결심합니다. 의거 당일 김구와 윤봉길의 일화도 유명합니다. 《백범일지》에 따르면 윤봉길은 자신이 갖고 있던 시계를 김구에게 건네며 "제 시계는 6원을 주고 산 시계인데 선생님 시계는 2원짜리니 저와 바꿉시다. 제 시계는 앞으로 한 시간만 쓸 수 있으니까요"라고 했습니다. 이에 김구는 윤봉길의 시계를 받고 자신의 시계를 윤봉길에게 준 후 "후일 지하에서 만납시다"라며 마지막 인사를 건넸다고 합니다. 상하이 훙커우 공원(현 노신 공원)에서 열린 기념식에 폭탄을 투척한 윤봉길 의사의 의거에 상하이 파견군 사령관 시라카와, 상하이 일본거류민단장 가와바타 등은 즉사하고 여러 고위 군인과 관료가 중상을 입습니다.

거사 후 현장에서 체포된 윤봉길 의사는 일본 군법회의에서 사형을 선고받았고 11월에 일본으로 호송된 후 12월 19일 25세 젊은 나이에 가나자와에서 총살형으로 순국했습니다. 이 일은 중국은 물론 세계에도 전해졌으며 중국 지도자 장제스는 "중국 100만 대군도 하지 못한 일을 조선의 한 청년이 해냈다"라며 찬사를 보낸 바 있습니다.

일본 가나자와에 있던 윤봉길 유해는 현재 백범기념관 옆에 이봉창, 백정기 의사와 함께 안치되어 있습니다. 세 의사의 유해는 1946년 일본에서 송환돼 이곳에 안장되었습니다. 또 윤봉길 의사에게는 1962년 건국훈장 대한민국장이 추서되었습니다. 참고로 세 의사가 안치된 자리는 드라마 〈옷소매 붉은 끝동〉의 두 주인공, 정조와 의빈 성씨 사이에서 태어났지만 5세 어린 나이에 홍역으로 세상을 뜬 문효세자의 묘가 있던 곳입니다.

:: 상하이 우리 역사 여행지 ::

01 대한민국 임시정부 청사 大韩民国临时政府旧址

1926년부터 윤봉길 의사의 의거가 있던 1932년까지 대한민국 임시정부가 청사로 사용했던 곳입니다. 1990년 문물보호단지로 지정된 후 본격적인 복원 공사가 이뤄져 1993년 정식으로 공개했습니다.

청사 내부에는 상하이 임시정부 당시 사용하던 가구와 서적, 사진 등의 자료가 전시되어 있습니다. 1층에서 안내 영상을 시청한 후 2, 3층을 관람하면 됩니다.

주소 上海市 黄浦区 马当路 306弄 4号

02 노신 공원 鲁迅公园

이곳이 바로 우리가 잘 알고 있는 훙커우 공원입니다. 일왕 생일과 상하이 점령을 축하하기 위한 행사가 열리는 곳에 폭탄을 던진 윤봉길 의사의 의거가 일어난 곳입니다. 공원에는 윤봉길 의사 추모관이 있어, 의사 관련 유품과 사진 등을 볼 수 있습니다. **주소** 上海市 虹口区 北站东江湾路146号

:: 상하이 우리 역사 여행지 ::

03 송경령 능원 宋庆龄陵园

1910~1930년대 상하이에서 독립운동을 하다 세상을 떠난 우리 독립운동가들의 묘가 있는 곳입니다. 한국인 또는 한국인으로 짐작되는 14기의 묘를 모셔놓았습니다. 참고로 쑹칭링(송경령)은 신해혁명을 주도하고 중화민국을 건국한 쑨원(손문)의 부인이자 공화국 지도자 중 한 사람입니다.

주소 上海市 陵园路 21号 宋庆龄陵园

04 항주 임시정부 청사 大韩民国临时政府杭州旧址纪念馆

상하이에서 가까운 도시 항저우(항주)에도 우리 임시정부 청사가 있습니다. 1932년 윤봉길 의사의 의거 이후 더욱 심해진 일제의 감시와 핍박을 피해 항주로 이전한 것입니다. 안타깝게도 외부 모습은 많이 훼손되었지만, 안쪽은 옛 모습이 남아 있습니다.

주소 浙江省 杭州市 上城区 湖滨长生路 55号

05 김구 피란처

상하이 근교인 자싱(가흥)에 있는 김구 피란처는 윤봉길 의사의 의거가 일어난 후 일제의 추적을 피해 자싱으로 피신한 김구 선생이 머물던 장소입니다. 당시 김구 선생님께 걸려 있던 현상금이 독립운동가 중 가장 높은 60만 위안이었을 정도로 일본은 그의 체포에 혈안이 되어 있었습니다. 김구 선생님은 미국인 목사 피치 박사의 도움으로 자싱으로 피했는데, 이 집은 호수와 연결되어 위험할 때는 배를 타고 피신하기에 좋았습니다. 2층 목조건물로 1층에는 접견실 등이 있고 2층에 올라가면 당시 모습을 재현해놓은 침실을 볼 수 있습니다.

주소 浙江省 嘉兴市 梅湾街 76号

임시정부와 독립운동이 등장하는 우리 영화

① **밀정**: 무장 독립운동 단체 의열단 단원들과 조선인 출신 일본 경찰이 중심이 된 이야기
② **암살**: 1932년 실제 일어난 조선총독 일본 육군 대장 우가키 가즈시게 암살 작전을 소재로 한 영화
③ **봉오동전투**: 독립군이 중국 지린성 봉오동에서 대승을 거둔 전투 이야기
④ **말모이**: 우리말 사용이 금지된 1940년대를 배경으로 평범한 사람들이 지켜나간 우리말 이야기. 조선어학회 사건을 모티브로 삼았습니다.
⑤ **항거**: 천안 아우내 장터 만세 운동을 주도한 유관순 열사가 서대문 감옥에서 보낸 1년간의 이야기를 그립니다.
⑥ **동주**: 우리나라 대표 시인 윤동주와 독립운동가이자 그의 벗, 사촌 형 송몽규의 일대기를 그린 영화입니다.
⑦ **박열**: 일본에서 활동한 무정부주의자이자 독립운동가인 박열과 그의 연인이자 동지인 가네코 후미코의 이야기가 펼쳐집니다.
⑧ **대장 김창수**: 백범 김구의 청년 시절, 김창수였던 때를 배경으로 한 평범한 청년이 대장 김창수로 거듭나는 과정을 그립니다.

아이와 함께 즐기면 좋은 상하이 먹거리

• **샤오룽빠오 小龙包**: 돼지고기로 속을 채운 육즙이 일품인 만두의 일종 | • **훠궈 火锅**: 매운 홍탕 红汤은 아이들에겐 무리지만 맵지 않은 바이탕 白汤에 데친 고기, 채소, 해산물은 아이들에게도 무난한 음식 | • **상하이 털게 上海 大闸蟹**: 상하이 대표 요리 중 하나로 늦가을부터가 제철 | • **쩐주나이차 珍珠奶茶**: 중국식 버블티

THEMA
유네스코 지정 우리나라 세계유산

선조에게 물려받아 오늘날 우리가 간직하고 후손에게 온전한 모습으로 물려주어야 할 소중한 문화유산은 나라의 자랑거리이기도 합니다. 유네스코(유엔 교육 과학 문화 기구: UNESCO)가 지정한 많은 세계유산 중 우리나라가 보유한 14곳은 어디일까요?

01 석굴암·불국사(1995년)

해인사 장경판전, 종묘와 함께 우리나라에서 제일 먼저 세계유산으로 지정된 곳으로, 통일신라시대의 창조적인 예술 감각과 이를 현실에 구현해낸 뛰어난 기술력을 만날 수 있습니다. 불국사 경내의 석조 유산과 석굴암 본존불이 8세기 원형을 거의 유지하고 있다는 것도 가치를 더욱 높여줍니다. ※ 석굴암·불국사 p143

02 해인사 장경판전(1995년)

13세기 고려시대에 만든 팔만대장경을 봉안하기 위해 건축한 목판 보관용 건축물로 15세기에 지은 것으로 추정됩니다. 건립 당시 원형을 그대로 보존하고 있으며 대장경판을 보존하기 위해 설치한, 통풍, 온도, 습도 등을 조절하는 완벽한 장치는 뛰어난 기술력을 보여줍니다. ※ 해인사 p193

03 종묘(1995년)

조선의 왕과 왕비의 신위를 봉안한 사당 종묘는 조선 왕실의 상징성과 정통성을 간직한 공간입니다. 임진왜란 당시 소실되었지만 17세기 초 중건 후 점차 지금의 모습을 갖추었습니다. 정면이 매우 긴 형태를 띠는 정전이 앞마당과 어우러진 모습 또한 매우 특별합니다.
※ 종묘 p228

:: 유네스코 지정 우리나라 세계유산 ::

04 창덕궁(1997년)

경복궁에 이어 조선 왕실이 두 번째로 지은 궁궐로 가장 한국적이며 전통적인 아름다움이 느껴지는 곳입니다. 임진왜란 후 경복궁보다 먼저 중건돼 조선 중기 이후 약 250년 동안 왕실의 정궁 역할을 했습니다. 평탄하지 않은 언덕 지형을 이용해 남쪽에는 궁궐을, 북쪽에는 후원을 조성한 창덕궁은 주변 자연과 조화를 이루는 모습이 아름다운 공간입니다. ※ 창덕궁 p310

05 수원 화성(1997년)

조선시대 성곽 수원 화성은 정조가 아버지 사도세자의 묘를 옮기며 여러 목적을 갖고 건설하려 했던 신도시를 지키기 위해 조성한 곳입니다. 동서양의 새로운 과학기술과 지식을 활용해 불과 2년 반에 걸친 공사 기간에 높이가 4~6m의 성벽이 5.74km에 걸쳐 이어지는 장대한 성과 부대시설을 완공한 것도 매우 놀랍습니다. ※ 수원 화성 p321

▲ 대릉원

06 경주 역사 유적 지구 (2000년)

7~10세기 신라의 뛰어난 문화 유적이 집중적으로 분포된 곳입니다. 탑, 궁궐지, 왕릉, 산성, 절터 등을 통해 당시의 탁월한 예술 감각을 엿볼 수 있습니다. 고분군이 모여 있는 대릉원 지구, 불교 사찰 지역인 황룡사 지구, 옛 왕궁 터인 월성 지구, 산성이 있는 산성 지구, 산 전체에 불교 유적을 품은 남산 지구 등 총 5개 지역으로 나뉘어 있습니다. ※ 경주 p116

▲ 강화 고인돌

07 고창·화순·강화 고인돌 유적(2000년)

선사시대의 거석기념물인 고인돌은 전 세계에서도 우리나라에 집중 분포되어 있습니다. 특히 강화, 고창, 화순에는 수백 기 이상의 고인돌이 밀집되어 있고 보존 상태도 매우 뛰어나 세계적인 선사시대 유적지이기도 합니다. ※ 강화 고인돌 유적 p042

08 조선 왕릉(2009년)

18개 지역에 총 40기에 달하는 조선 왕릉은 1408년부터 1966년에 걸쳐 조성된 문화유산입니다. 대부분 배산임수의 이상적인 자리에 조성한 왕릉에는 일정한 형식에 맞춘 능에 딸린 다양한 석물 장식과 제실, 비각, 주방, 홍살문 등 부속 건물이 함께 마련되어 있습니다.
※ 조선왕릉 p268

▲ 안동 하회마을

09 한국의 역사마을 : 하회와 양동(2010년)

14~15세기에 걸쳐 조성된 하회와 양동마을은 한국의 대표적인 씨족 마을로 조선 초기 유교적인 양반 문화를 간직하고 있습니다. 각 가문을 대표하는 종갓집과 양반 가옥, 정자, 서원, 사당, 평민들이 살던 초가집 등이 어우러져 옛 촌락의 모습을 잘 보여줍니다.

10 남한산성(2014년)

조선시대에 유사시 임시 수도 역할을 담당하도록 만든 남한산성은 그 유래가 7세기까지 거슬러 올라갑니다. 조선시대 지은 다양한 형태의 건축물과 함께 지금도 성곽 안쪽에 주민들이 거주하고 있어 유적지와 생활공간이 어우러진 곳이기도 합니다.
※ 남한산성 p299

11 백제 역사 유적 지구(2015년)

고대국가 백제의 중심 도시였던 공주, 부여, 익산에 있는 역사 유적 지구는 8개 구역으로 구성되어 있습니다. 공주의 공산성과 왕릉원, 부여의 관북리 유적 및 부소산성, 정림사지, 부여왕릉원, 나성 지역, 익산의 왕궁리 유적과 미륵사지가 그것입니다.
※ 공주 p069 | 부여 p089 | 익산 p097

:: 유네스코 지정 우리나라 세계유산 ::

▲ 부석사

12 산사, 한국의 산지 승원(2018년)

조선의 숭유억불 정책으로 도시 사찰은 많이 없어졌지만 산속에 세운 산지형 사찰 중에는 유지된 경우가 많았습니다. 한국의 산지형 불교 사찰을 대표하는 7개의 사찰(통도사, 부석사, 봉정사, 법주사, 마곡사, 선암사, 대흥사)이 문화유산으로 지정되어 있습니다.
※ 부석사 p199

▲ 병산서원

13 한국의 서원 (2019년)

조선시대 전반에 걸쳐 지은 성리학의 교육 시설 중 하나로 특히 16세기 중반부터 17세기 중반에 걸쳐 사림이 건립한 것입니다. 소수서원, 남계서원, 옥산서원, 도산서원, 필암서원, 도동서원, 병산서원, 무성서원, 돈암서원 등 전국에 위치한 9개의 서원이 함께 지정되어 있습니다. ※ 소수서원 p356

14 가야고분군 (2023년)

1~6세기에 걸쳐 조성된 가야의 7개 고분군으로 대성동고분군, 말이산고분군, 옥전고분군, 지산동고분군, 송학동고분군, 유곡리와 두락리고분군, 교동과 송현동고분군 등입니다. 가야 최상위 지배층의 고분군으로 오랜 기간 군집 조성되어 그 가치가 매우 뛰어납니다.
※ 대성동 고분군 p164, 고령 지산동 고분군 p166

TIP 유네스코가 지정한 우리나라와 북한의 자연유산, 무형문화유산, 세계기록유산에는 어떤 것이 있는지도 알아볼까요?

① 자연유산 : 제주 화산섬과 용암동굴, 한국의 갯벌

② 무형문화유산 : 가곡(국악 관현 반주로 부르는 서정적 노래), 강강술래, 강릉단오제, 김장을 담그고 나누는 문화, 남사당놀이, 농악, 대목장(한국의 전통 목조 건축), 매사냥, 아리랑, 연등회, 영산재, 제주 칠머리당 영등굿, 제주 해녀 문화, 종묘제례 및 종묘제례악, 줄다리기, 줄타기, 처용무, 택견, 판소리, 한산 모시 짜기

③ 세계기록유산 : 1980년 인권기록유산 5·18 광주 민주화 운동 기록물, KBS 특별 생방송 〈이산가족을 찾습니다〉 기록물, 《난중일기》, 《동의보감》, 《불조직지심체요절》 하권, 《승정원일기》, 《일성록》, 《조선왕조실록》, 《훈민정음》(해례본), 고려대장경판 및 제경판, 국채보상운동 기록물, 새마을운동 기록물, 조선 왕실 어보와 어책, 조선왕조 의궤, 조선통신사에 관한 기록, 한국의 유교책판

④ 북한 보유 세계유산 : 개성의 역사 기념물과 유적, 고구려 고분군, 김치 담그기 전통, 아리랑(무형문화유산), 《무예도보통지》(기록유산)

THEMA QA

우리 역사를 알아가다 보니 이런 것이 궁금했어요!

역사를 공부하다 보면 고개가 갸우뚱해지며 궁금한 점이 생겨납니다. 들어는 봤는데 어디인지는 정확히 모르는 지명 등을 비롯한 궁금증을 함께 풀어볼까요?

01 고구려 역사와 근대사에 자주 등장하는 요동, 요하, 요서, 만주, 연해주, 간도, 랴오둥반도, 산둥반도는 어디인가요?

고구려의 기상이 펼쳐지고 발해가 번영했으며, 근대에 와서는 우리 독립운동의 주요 활동지가 되었던 지역들이 있습니다. 요동, 만주, 간도 등 많이 들어는 봤는데, 정확히 어디일까요?

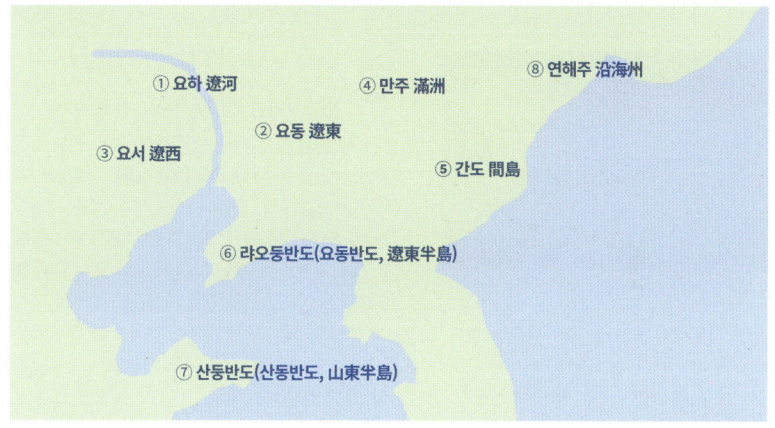

① 요하 遼河
② 요동 遼東
③ 요서 遼西
④ 만주 滿洲
⑤ 간도 間島
⑥ 랴오둥반도(요동반도, 遼東半島)
⑦ 산둥반도(산동반도, 山東半島)
⑧ 연해주 沿海州

① **요하 遼河** : 현재 중국 동북 지역에 있는 강으로 중국 7대 강 중 하나로 꼽히는 큰 규모를 자랑합니다. 이를 경계로 요동과 요서로 나뉩니다.

② **요동 遼東** : 요하의 동쪽 지방. 고구려와 발해의 영토였고 우리와 중국, 북방 민족 사이에 계속 충돌이 발생해온 지역입니다.

③ **요서 遼西** : 요하의 서쪽 지방.《송서》와 《양서》에는 백제가 이곳을 잠시 지배했다는 기록이 남아 있기도 합니다.

④ **만주 滿洲** : 현재 중국 동북 지방을 이르는 것으로, 랴오닝, 지린, 헤이룽장성 지역입니다. 동과 북으로는 러시아와 면해 있고 남쪽으로는 압록강과 두만강을 경계로 북한과 맞닿아 있습니다.

⑤ **간도 間島** : 만주 지린성(길림성) 동남부 지역으로 고구려와 발해의 영토였습니다. 조선 후기 우리 농민들이 이 지역 땅을 새로 개간해 '간도 墾島'라고도 했습니다. 지금도 우리 교포들이 특히 많이 거주하는 지역입니다. 대한제국은 간도를 영토에 편입시키기 위해 적극적으로 노력했고, 일제강점기에는 간도 지역에서 독립운동이 활발하게 전개되기도 했습니다.

⑥ **랴오둥반도(요동반도, 遼東半島)** : 고조선의 영토였으며 4세기 고구려 광개토대왕이 요동반도를 수복해 다시 우리 영토가 되었습니다. 발해는 당에 빼앗긴 이곳을 수복하기도 했습니다. 또 최남단의 다롄시는 안중근 의사가 수감되고 순국한 뤼순 감옥이 있는 곳이기도 합니다.

:: 우리 역사를 알아가다 보니 이런 것이 궁금했어요! ::

⑦ **산둥반도(산동반도, 山東半島)** : 삼국시대 해상 교류의 중심지 역할을 한 곳으로 신라인들이 집단으로 사는 신라방이 있었습니다. 발해의 장문휴 장군, 고구려 유민 이정기, 해상왕 장보고 등이 이곳에서 활동한 바 있습니다.

⑧ **연해주 沿海州** : 블라디보스토크가 있는 현재 러시아 영토로 우리나라 동해와 접해 있으며 두만강이 그 국경입니다. 발해의 영토였으며 구한말과 일제강점기에 우리 동포들이 이곳에 망명해 삶을 이어가고 독립운동을 했습니다.

고대사를 둘러싼 뜨거운 논쟁

현재 지명이 아닌 고대의 요하, 요동, 요서 지역의 위치, 고구려·백제·신라의 위치, 백제 요서 경략설 등은 교과서에 수록돼 정사로 배우고 있는 주류 사학계의 이론에 재야 사학계가 지속적으로 문제를 제기하고 있는 것 중 하나입니다. 당대에 기록된 역사서인 고구려의 《유기》, 《신집》, 신라의 《국사》, 백제의 《서기》 중 남아 있는 것이 없고, 현존하는 것 중 이때 역사를 기록한 우리의 가장 오래된 역사서는 1,000년이 지난 시점에 쓰인 고려의 《삼국사기》, 《삼국유사》입니다. 따라서 정확한 기록과 관련 증거들이 나오기 전까지 고대사를 둘러싼 뜨거운 갑론을박은 계속될 듯합니다.

▲ 발해 유물(국립중앙박물관)

02 남북국시대란 무엇인가요?

통일신라와 발해가 한반도와 만주 일대에 걸쳐 서로 공존한 시간은 약 220년입니다. 우리가 이 시대를 부를 때 예전에는 보통 '통일신라시대'라고 했습니다. 그런데 조선 후기 정조 시대의 실학자 유득공은 자신의 저서 《발해고》에서 남에는 신라, 북에는 발해가 있던 시기를 '남북국시대'로 불러야 한다고 주장했습니다. 또 '고려가 발해사를 기록하지 않아 고구려, 발해의 영토를 점령하고 있던 여진과 거란에 그곳이 우리 영토임을 주장하지 못한다'고 하며 강하게 비판합니다. 최근에는 이 시기를 '통일신라시대'가 아닌 '남북국시대'로 불러야 한다는 주장이 힘을 얻고 있으며, 특히 요즘처럼 중국의 고구려와 발해사 왜곡이 점점 더 심해지는 때일수록 우리 역사 발해에 대한 바른 인식을 갖도록 해야 할 것입니다.

03 몽골, 거란, 여진족은 누구인가요?

우리나라를 끊임없이 괴롭혔던 외세를 꼽자면 북방 기마 민족인 몽골, 거란, 여진 등과 일본이 있습니다. 거란족은 퉁구스족과 몽골족의 혼혈로 형성된 유목 민족으로 '요'나라를 건국했고 고려에 3차에 걸쳐 침입했습니다.
몽골은 몽골고원 지방에서 발원해 칭기즈칸의 정벌 이후 대제국 '원'을 세웁니다. 역시 고려에 몇 차례에 걸쳐 침입했고 고려 말 역사와 밀접한 관계를 갖게 됩니다.

여진족은 만주 동북쪽에 살던 퉁구스계 민족으로 수나라와 당나라 당시에는 '말갈'이라 불렸습니다. 아골타가 금나라, 누르하치가 후금을 세웠으며 청나라로 발전하며 중국을 통일합니다.

03 무오사화, 병인양요, 갑오개혁 등 역사적 사건 앞에 붙은 무오, 병인, 갑오 등은 무엇인가요?

조선시대 역사적 사건들은 그것이 일어난 해의 육십갑자 六十甲子를 넣어 이름을 붙이는 경우가 많습니다. 육십갑자는 10간과 12자를 결합해 만든 60개의 간지로 연대 표시에 사용했습니다. 예를 들어 '기사환국'은 '기사년에 일어난 급작스럽게 정권이 교체되는 국면', '병인양요'는 '병인년에 서양 세력의 침입으로 일어난 소요', '을사늑약'은 '을사년에 억지로 맺은 조약'이라는 뜻입니다. 지금도 새해가 되면 '2022년 임인년 새해가 밝았습니다'라며 뉴스에 나오곤 합니다.

04 '00사화'는 '죽을 사(死)'가 들어가 '사화'인가요?

조선의 사화 사건들은 워낙 많은 사람들이 죽기까지 해 흔히 '죽을 사'가 들어간 '사화'라 착각하기 쉽지만, 사화의 한자는 '士禍'로 '사림 士林의 화'의 줄임말입니다. '사화'는 신진 사류인 사림파가 훈구파에게 정치적인 탄압을 받아 사림파 관료와 선비들이 대거 죽거나 유배를 가게 된 사건을 말합니다. 연산군 4년(1498)부터 명종 즉위년(1545)에 일어난 네 차례의 사화를 '4대 사화'라 부르며, 김종직의 '조의제문'이 발단이 된 무오사화(1498), 연산군의 생모 폐비 윤씨 사건을 두고 발발한 갑자사화(1504), 개혁 정치를 실시하던 조광조 등이 훈구파에 의해 죽거나 해를 입은 기묘사화(1519), 왕실 외척으로 '대윤'으로 불리던 윤임과 '소윤' 윤원형 사이의 권력 다툼으로 일어난 을사사화(1545)가 그것입니다.

05 독립운동과 민주화 운동을 한 분들의 호칭인 의사, 열사, 지사는 어떻게 정해지나요?

조국의 독립을 위해 온몸을 바쳐 희생한 독립투사들과 민주화 운동 활동가들의 이름 뒤에는 의사, 열사, 지사가 붙는 경우가 많습니다. 이것은 어떤 기준으로 정해질까요?

'의로운 지사'라는 뜻인 '의사 義士'는 '무력으로 항거해 의롭게 죽은 사람'으로 안중근, 윤봉길, 이봉창 의사 등이 대표적입니다.

'열사 烈士'는 '나라를 위해 저항하다 의롭게 죽은 사람'으로 주로 맨몸으로 항거하다 순국하거나 강력한 항의의 뜻으로 자결을 선택한 분들을 말합니다. 유관순, 이준, 민영환, 박종철, 이한열 열사 등이 여기에 속합니다. '지사 志士'는 나라와 민족을 위해 몸을 바쳐 일하려는 뜻을 가진 사람으로 살아 있을 당시에도 붙일 수 있는 말입니다. 투쟁을 위해 지식과 사상을 전달하고 적극적으로 항거한 분들을 말하며 신채호, 박은식, 남자현 지사 등이 이에 해당됩니다. 남자현 지사는 영화 <암살>의 여주인공 안옥윤(전지현 분)의 실제 모델입니다.

505

:: 우리 역사를 알아가다 보니 이런 것이 궁금했어요! ::

▲ 모스크바 붉은 광장

06 지금은 왜 '소련'이 없나요?

세계와 우리 현대사에 계속 등장하는 '소련'이라는 나라는 어디일까요? 제정왕국 러시아에서는 1917년 볼셰비키파가 일으킨 11월 혁명으로 공산주의 국가 소비에트 정권이 수립됩니다. 이후 주변의 소비에트 정권이 탄생시킨 국가들을 아우르며 소비에트 연방(U.S.S.R)이 되었고, 이를 줄여 '소련'이라 불렀습니다.

제1, 2차 세계대전을 거치면서 소련은 공산주의 진영을, 미국은 자본주의 진영을 대표해 대립하게 되었고 세계는 양 진영으로 나뉘어 팽팽한 긴장 상태인 냉전 체제가 유지됩니다. 냉전 체제가 계속될 때는 전쟁과 같은 큰 위기도 있었고 1980년 모스크바 올림픽은 자본주의 진영 국가들이, 1984년 LA 올림픽은 공산주의 진영 국가들이 보이콧하며 반쪽 올림픽이 된 적도 있습니다. 하지만 1988년 서울 올림픽에서는 12년 만에 양 진영 모두 참여하며 동서가 화합하는 분위기를 형성하고 열띤 경기를 펼쳐 수많은 신기록이 쏟아지기도 했습니다. 이후 개혁 개방 정책을 실시하고 공산당을 해체한 고르바초프 정책의 영향을 받으며 소련을 구성하고 있던 여러 민족과 공화국이 독립을 선언했고, 결국 1991년 옐친은 소련을 해체하고 독립국가 연합(CIS)를 결성합니다.

※ 전 세계적으로 1,700만의 싱글이 판매된 서울 올림픽 공식 주제가 '손에 손잡고'와 스케일이 남다른 감동적인 개막식 영상을 아이와 함께 감상해보는 것도 추천합니다. 유튜브 등에서 '손에 손잡고'를 검색하면 관련 영상을 찾을 수 있습니다.

07 동북공정이 무엇인가요?

우리나라와 고대부터 깊은 역사적 관련이 있는 중국이 진행하는 동북공정은 엄연한 우리 역사인 고조선, 부여, 고구려, 발해를 자신들의 역사에 편입하려는 시도이며, 그에 따른 연구 및 작업입니다. 또 앞으로 있을 수 있는 한반도의 정세 변화에 대비해 영토 분쟁에 대한 역사적 명분을 미리 마련하기 위한 중국의 국가 전략이기도 합니다. 동북공정의 한 예를 들면 고구려가 당 태종의 침입에 맞서 싸웠던 압록강변의 박작성을 중국은 호산장성이라 부르며 만리장성의 동쪽 시작점으로 선전하고 있습니다. 또 고구려는 중국 역사의 일부라 주장하며 고구려와 수·당 간에 벌어진 전쟁을 중앙정부와 지방 정권 간의 내전이라 하는 거죠. 하지만 이것은 터무니없는 주장으로 고구려와 수·당 간의 전쟁은 동북아의 패권을 차지하기 위한 전쟁이었습니다. 심지어 여기에 돌궐과 백제, 신라, 왜까지 참전했고요. 더군다나 수나라는 고구려 원정 실패로 멸망의 길에 들어서기까지 하는데 말입니다. '우리 고구려가 천하의 중심이며 하늘의 자손이다'라는 '고구려 중심 천하관'을 가지고 있었으며, 중국에서 30여 개의 수많은 왕조가 바뀔 동안 700년간 변함없이 존재했던 사실만 보더라도 고구려가 중국의 지방 정권이었다는 주장은 전혀 앞뒤가 맞지 않음을 알 수 있습니다. 또 광대한 영토를 갖고 있던 발해는 말갈족의 나라이니 자신들의 역사라는 주장 아래 수도였던 상경용천부를 제외한 다른 유적지에는 우리의 방문이나 접근을 아예 금지하고 내부에서만 연구를 진행하고 있습니다. 그 밖에도 부여의 원류, 고구려 기원, 고려의 고구려 계승 논란 등 여러 문제를 두고 우리와 중국의 역사 인식이 충돌하고 있습니다. 동북공정과 같은 개념인 서북공정은 현재 중국에 편입된 위구르 자치구의 역사를 중국에 편입시키려는 시도입니다. 또 북방공정은 몽골족과 내몽골 자치구, 서남공정은 역시 중국에 속한 티베트를 자국 역사에 편입하려는 것으로 넓게는 미얀마, 부탄, 네팔까지 포함합니다. ▶ 동북아역사재단 www.historyfoundation.or.kr

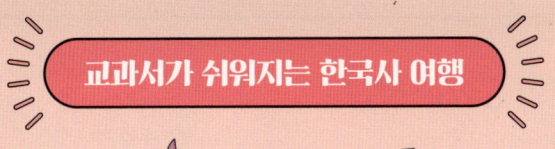

한국사 퀴즈

여행을 다녀온 후 기억을 되살려 한국사를 복습하는 퀴즈를 풀어보세요.
여행을 떠나기 전 해당 파트를 읽어보고 문제를 미리 풀어보아도 좋습니다.

1. 옛날과 오늘날의 생활 모습

01 구석기시대를 대표하는 유물로, 고기를 자르거나 동물 가죽을 벗기는 등 다양한 용도로 사용했던 도구는 무엇인가요? ☐☐☐☐ 📖 P.024 참고

02 이전과 달리 보리, 밀, 콩 등의 밭농사를 짓고 돼지, 양, 개 등을 기르는 목축이 시작된 것은 ☐☐☐ 시대입니다. 다음 중 ☐에 들어갈 맞는 시대를 고르세요. 📖 P.029 참고

① 구석기   ② 신석기   ③ 청동기   ④ 철기

03 하늘에서 온 환웅이 곰이 사람이 된 웅녀와 결혼해 단군왕검을 낳았고, 그가 우리나라 최초의 국가인 ☐☐☐ 을 건국했다는 단군 신화는 고려시대 일연이 쓴 ☐☐☐☐ 에 실려 있어요. 이것은 하늘의 자손이라 주장하며 외부에서 온 세력이 원래 살고 있던 곰을 섬겼던 부족과 함께 연합해 나라를 세운 것을 말해주고 있어요. 📖 P.034 참고

04 다음 중 바른 설명에 O표, 틀린 설명에 ×표 하세요.
- 빗살무늬토기는 구석기시대에 사용했던 유물이다. (   )
- 청동기시대에는 개인이 소유하는 재산(사유재산)이 생기고 계급이 발생하기 시작했다.(   )
- 청동기시대의 농기구와 생활 도구는 나무가 아닌 단단한 청동기로 만들었다. (   ) 📖 P.029, P.034 참고

2. 나라의 등장과 발전

05 청동기 시대의 무덤인 ☐☐☐ 중 규모가 큰 것은 많은 사람이 동원되었어요. 우리나라가 세계에서 가장 많이 가지고 있고 인천시 강화, 전라남도 화순, 전라북도 고창군의 것은 유네스코 세계유산이기도 해요. 📖 P.042 참고

06 아버지 광개토대왕의 갑작스러운 죽음으로 19세에 왕이 되었고, 427년 수도를 평양성으로 옮기며 적극적으로 남쪽 영토를 넓혀 전성기를 이룬 고구려의 왕은 누구인가요? ☐☐☐ 📖 P.047 참고

07 삼국시대에 삼국 중 가장 먼저 전성기를 맞이한 것은 백제의 근초고왕 때입니다. 당시 근초고왕이 왜(일본)에 하사한 강철 검으로, 7개 가지 모양의 유물은 무엇인가요? ☐☐☐ 📖 P.055 참고

08 백제는 수도를 총 두 차례 옮기는데, 각각 어느 곳인지 순서대로 옛 지명으로 써 보세요. ☐☐ → ☐☐ → ☐☐ 📖 P.055, P.062, P.089 참고

09 신라시대의 신분제도로 성골·진골, 그리고 6두품에서 1두품까지의 등급으로 나누었던 것은? ☐☐☐ 📖 P.153 참고

10 우리나라 역사에 등장하는 최초의 여왕은 누구인가요? ☐☐☐☐ 📖 P.116 참고

11 삼국을 통일하는 과정에서 신라의 김춘추는 ☐ 나라로 찾아가 그들과 힘을 합쳐 백제와 고구려를 함께 멸망시키기로 약속하고 ☐☐ 연합군을 만듭니다. 📖 P.135 참고

12 고구려 사람인 대조영이 세운 나라로, 중국에서는 '동쪽에서 번성한 나라'라고 해서 '해동성국'이라 불렀어요. 한반도 북쪽에는 이 나라가, 남쪽에는 통일신라가 함께 자리했던 때를 '남북국시대'라고 합니다. 어느 나라일까요? ☐☐ 📖 P.474 참고

3. 독창적인 문화를 발전시킨 고려

13 다음 중 고려의 건국과 후삼국에 대해 바른 설명인 것에 O표, 틀린 설명에 ×표 하세요.

• 견훤이 후백제를, 궁예가 후고구려를 세웠다. ( ) 📖 P.172 참고

- 왕건은 궁예를 내쫓고 호족과 백성의 지지를 얻어 고려를 건국하였다. (   )
- 신라 경순왕은 고려 왕건에 맞서 끝까지 싸웠다. (   )

14 거란이 고려를 침략했을 때 고려의 많은 신하들이 항복하자고 했어요. 그러나 이 사람은 반대를 하며 거란 장수 소손녕을 만나 직접 담판을 짓고 '강동 6주'까지 얻어냈습니다. 이 사람은 누구인가요? ☐☐ 📖 P.174 참고

15 고려에 대한 거란의 3차 침입 때 강감찬 장군은 귀주 벌판에서 거란군과 맞붙어 대승을 거두었습니다. 이 전투를 무엇이라고 하나요? ☐☐☐☐☐ 📖 P.174 참고

16 ☐☐☐☐ 은 1170년, 문신들과의 차별 대우에 불만을 품은 무신들이 일으킨 난을 말해요. 이후 100년간 무신들이 모든 정권을 잡게 됩니다. 📖 P.182 참고

17 북방 민족국가인 몽골이 고려를 침략하자 고려 조정은 수도를 ☐☐☐ 로 옮겨 약 28년간 항쟁을 계속합니다. 이 과정에서 본래 최씨 무신 정권의 사병 부대였던 ☐☐☐ 는 몽골에 대항하는 군대로 편성되어 진도, 제주도로 근거지를 옮기면서 끝까지 저항했어요. 📖 P.182, P.187 참고

18 잦은 전쟁 속에서 고려인의 정신적인 버팀목이 된 것은 불교였습니다. 거란이 침략했을 때도 고려인은 초조대장경을 만들었지만 몽골의 2차 침입 때 불타버렸어요. 이후 고려인은 몽골의 3차 침입 때 다시 힘을 모아 부처님 말씀을 판에 새겼고 경판 수가 무려 8만여 장에 이르는 이것을 완성했습니다. 현재 유네스코 세계기록유산으로 지정된 우리의 소중한 문화유산은 무엇일까요? ☐☐☐☐☐ 📖 P.193 참고

19 경상북도 영주시에 있는 부석사는 676년에 창건된 유서 깊은 사찰로 유네스코 세계유산으로 지정된 곳입니다. 특히 고려시대에 건축한 ☐☐☐☐ 은 우리나라에 현존하는 가장 오래된 목조 건축물 중 하나로, 기둥 가운데를 볼록하게 만든 배흘림 양식을 하고 있어요. 📖 P.199 참고

4. 민족문화를 지켜나간 조선

20 1388년, 고려 우왕 때 이성계는 철령 북쪽의 땅을 요구하는 명나라를 쳐부수기 위해 출병하라는 명령을 받았습니다. 하지만 그는 당시 네 가지 이유를 들어 이 계획에 반대했죠. 어쩔 수 없이 군사를 이끌고 떠난 이성계는 결국 압록강의 위

화도에서 군대의 말 머리를 돌려 개경으로 돌아와 군사 정변을 일으키는데, 이 사건의 이름은 무엇인가요? ☐☐☐☐☐ 📖 P.208 참고

21 고려 말, 낡은 고려를 버리고 새로운 왕조를 세우자고 주장한 정도전, 이성계 등과는 반대로 고려 왕조를 유지하면서 그 안에서 개혁하자고 주장한 이들도 있었습니다. 이성계의 아들 이방원에게 다음 글을 읊조리며 자신의 뜻을 전하고 죽음을 당한 인물은 누구일까요? ☐☐☐ 📖 P.208 참고

> 이 몸이 죽고 죽어 일백 번 고쳐 죽어
> 백골이 진토 되어 넋이라도 있고 없고
> 임 향한 일편단심이야 가실 줄이 있으랴

22 1395년 새로운 수도 한양에 완공된 조선의 법궁 ☐☐☐ 은 '큰 복을 누리며 번영할 것'이라는 뜻을 갖고 있어요. 임진왜란 때 전소된 궁전을 고종 당시 흥선대원군의 주도로 중건하였지만 일제강점기에 또 다시 많이 훼손되었어요. 하지만 본래 모습으로 복원하는 공사가 현재도 계속 진행되고 있습니다. 📖 P.216 참고

23 우리나라 최초로 유네스코 세계유산에 등재된 곳으로 조선시대 역대 왕과 왕비의 신위를 모신 사당은 어디일까요? 특히 이곳에서 행하는 제례 또한 높은 가치를 인정받아 유네스코 세계 무형유산이 되기도 하였습니다. 📖 P.228 참고

① 창덕궁　② 종묘　③ 사직단　④ 서원

24 1443년 세종대왕은 '백성을 가르치는 바른 소리'라는 뜻의 ☐☐☐☐ 을 만들어 1446년에 반포했어요. 우리 한글은 혀와 입술의 모양에서 과학적 원리를 찾아 창제된 글자로, 누구든지 쉽게 편하게 사용할 수 있는 매우 뛰어난 독창성과 우수성을 갖고 있습니다. 📖 P.243 참고

25 다음 중 임진왜란과 정유재란 당시 이순신 장군이 활약하며 승리를 거둔 전투가 아닌 것은 무엇일까요? 📖 P.281 참고

① 한산도대첩　② 명량해전　③ 행주대첩　④ 옥포해전

26 다음 각 문장에서 틀린 부분에 밑줄을 치고 바르게 고쳐보세요.

① 조선시대에 중국 명나라의 침략에 맞서 이순신 장군은 뛰어난 지략으로 많은 해전에서 큰 승리를 거두었습니다. → (　　　　) 📖 P.281, P.299 참고

② 후금은 점점 강해지면서 나라 이름을 '청'으로 고치고, 조선에 자신들을 임금의 나라로 받들 것을 요구했지만 당시 임금이었던 인조는 이를 거절했습니다. 이에 청이 1636년 10만 대군을 이끌고 조선을 침입하는데, 이것이 바로 '임진왜란'입니다. → (　　　　)

5. 새로운 사회를 향한 움직임

27 1405년 조선 3대 왕 태종이 건립하였고 '자연과 조화를 이루는 가장 한국적인 궁궐'이라는 평가를 받으며 현재 궁궐 중 원형을 가장 잘 보존하고 있는 곳은 어디일까요? 특히 정조의 왕립 도서관이자 개혁을 담당하는 기구였던 규장각과 인정전을 비롯한 중요 건축물이 많고 후원이 아름답기로도 유명합니다. 📖 P.310 참고

① 경희궁　　② 덕수궁　　③ 운현궁　　④ 창덕궁

28 조선시대, 정조와 영조는 붕당의 대립을 막기 위해 □□□을 실시해 신분과는 상관없이 능력 있는 인재를 고루 뽑아 정치를 안정시키려고 노력했습니다. '어느 쪽으로도 치우치지 않음'을 뜻하는 '탕탕평평'에서 유래한 이 정책은 무엇일까요? □□□ 📖 P.321 참고

29 정조가 한강을 건너야 할 때 배다리를 만들고, 수원 화성을 쌓을 당시 화성의 설계를 맡고, 거중기, 녹로 등의 기계를 만들어 공사 기간을 대폭 줄인 학자는 누구일까요? □□□ 📖 P.339 참고

30 정조에 대한 설명 중 바른 것에 O표, 틀린 설명에 ×표 하세요.
- 사도세자의 아들로 태어나 할아버지에 이어 왕위를 이어받았다. (　　)
- 서얼 신분인 이덕무, 유득공, 박제가 등을 등용하였다. (　　)
- 조선 최고 정예부대인 별기군을 설치하였다. (　　) 📖 P.321 참고

31 철종에 이어 고종이 어린 나이에 왕이 되자 그의 아버지인 □□□□□이 고종 대신 정치적인 권력을 차지하게 됩니다. 그는 국가 재정을 어렵게 하고 백성들을 괴롭히는 등 문제가 많았던 전국의 서원을 47개만 남기고 모두 없애버렸습니다. 또 다른 나라들과의 교류를 거부한다는 내용의 척화비를 전국 각지에 세우기도 했어요. 📖 P.363 참고

㉜ 천주교에 대한 대규모 탄압인 병인박해를 핑계로 1866년 프랑스는 강화도를 침략하는 병인양요를 일으켰어요. 이어 1871년에는 미국이 제너럴 셔먼호 사건을 빌미로 군함을 이끌고 통상을 요구하며 강화도를 침략한 ☐☐☐☐을 일으켰어요. 📖 P.375 참고

㉝ 김옥균과 박영효, 서재필 등 집안 좋고 학식 높은 젊은이들은 청의 간섭에서 벗어나 일본 메이지유신을 본보기 삼아 조선의 제도를 적극적으로 개혁해야 한다고 주장했어요. 그리고 청에 의지하는 세력을 몰아내기 위해 1884년 12월, 우정총국 개국 축하 잔치에서 칼을 휘둘러 반대 세력을 처단한 사건이 벌어졌죠. 이것이 바로 1884년 ☐☐☐☐입니다. 📖 P.381 참고

㉞ 청나라와 일본의 간섭으로 혼란할 때, 탐관오리들의 횡포까지 더해져 백성들은 고달픈 삶을 살아야 했어요. 이때 '사람이 곧 하늘이다'라는 '인내천 사상'을 내세우는 '동학'이 빠르게 확산되었습니다. 1894년 전라도 고부에서 백성들을 못살게 구는 군수 조병갑에게 맞서 ☐☐☐의 지휘 아래 동학을 믿는 사람들이 함께 들고일어나 고부 관아를 점령하고 관아 창고 안에 있던 곡식을 모두 백성들에게 나눠주었죠. ☐에 들어갈 인물은 누구일까요? 📖 P.389 참고

6. 일제의 침략과 광복을 위한 노력

㉟ 1894년 조선의 지배권을 두고 벌어진 청일전쟁에서 일본이 승리합니다. 이후 조선에 대한 일본의 간섭이 심해지자 고종과 명성황후는 러시아에 손을 내밀었어요. 이렇게 조선에서 러시아와 친밀한 세력이 점점 커지자 불안함을 느낀 일본은 낭인들을 동원해 1895년 음력 8월 20일 새벽, 경복궁 담을 넘어 명성황후를 살해했습니다. 무엇에 대한 설명일까요? ☐☐☐☐ 📖 P.398 참고

㊱ 일본에 의해 명성황후가 시해되고 난 뒤, 고종은 신변의 위험을 느끼고 경복궁을 몰래 빠져나가 러시아 공사관으로 몸을 피합니다. 이것이 1896년 ☐☐☐☐이에요. 📖 P.398 참고

㊲ 고종은 러시아 공사관에서 나와 경운궁(덕수궁)으로 돌아온 후, 나라 이름을 조선에서 ☐☐☐☐으로 변경하고 황제로 즉위하죠. 우리나라가 자주독립국임을 선포하고 이후 다른 나라의 간섭을 물리치며 정국을 주도하고자 하는 강력한 의지를 엿볼 수 있습니다. 📖 P.403 참고

38 1905년 일제 특사로 대한제국에 온 이토 히로부미는 궁궐을 포위하고 우리의 외교권을 빼앗는 조약을 강제로 체결했습니다. 이것이 바로 ☐☐☐☐ 이에요. 당시 이토 히로부미에게 협력했던 대표적인 대한제국 대신이 5명(이완용, 이지용, 이근택, 박제순, 권중현) 있었는데, 이들을 일본에 나라를 팔아넘긴 ☐☐☐☐ 이라고 합니다. 📖 P.413 참고

39 외교권을 강제로 빼앗긴 후 고종은 그것의 부당함을 알리기 위해 1907년 만국 평화회의가 열리는 곳에 이준, 이상설, 이위종 3인의 특사를 파견했어요. 이곳은 어디였을까요? 📖 P.413 참고

① 영국 런던 ② 네덜란드 헤이그 ③ 프랑스 파리 ④ 이탈리아 로마

40 우리나라 독립운동가 중 한 사람으로, 1909년 10월 26일 만주 하얼빈 역에서 일본의 이토 히로부미를 사살한 사람은 누구인가요? ☐☐☐ 📖 P.413 참고

41 1910년 일본에 나라의 주권을 빼앗긴 후, 1919년 3월 1일, 3·1 만세 운동이 전국 각지로 확산됩니다. 사람들은 이런 독립운동을 하나로 모을 중심이 필요하다고 느꼈고, 마침내 1919년 4월 11일, 독립운동가들이 주축이 되어 중국 상하이에 ☐☐☐☐☐☐☐ 를 세워요. 이후 1945년 8월 15일 우리나라가 해방될 때까지 많은 활동의 중심 역할을 했습니다. 📖 P.494 참고

42 1932년 한인 애국단원이었던 ☐☐☐ 의사는 도쿄에서 일왕이 탄 마차에 폭탄을 던지는 의거를 하였어요. 이어 ☐☐☐ 의사는 상하이에서 열린 일왕 생일 축하 겸 전승 축하 기념식에 폭탄을 던진 의거를 행했어요. 📖 P.494 참고

7. 대한민국 정부의 수립과 한국전쟁

43 다음 내용은 어떤 회의에 대한 설명인가요?
☐☐☐☐☐ ☐☐ ☐☐ 📖 P.461 참고

> 1. 한반도에 임시 민주 정부를 수립한다.
> 2. 미소 공동위원회를 설치한다.
> 3. 준비 단계에서 미국, 영국, 중국, 소련 4개국이 최소 5년간 신탁통치를 하기로 한다.

44 1950년 6월 25일, 북한은 남한을 무력으로 통일하고자 총공격을 시작했습니다. 미처 대비하지 못했던 우리 국군은 낙동강 이남까지 후퇴했고, 국제연합은 16개국이 참여한 연합 군대인 유엔군을 조직해 한국으로 보냅니다. 당시 유엔군 총사령관으로 '인천 상륙 작전'을 주도한 사람은 누구였을까요? ☐☐☐ 장군 📖 P.461 참고

45 전두환 중심의 신군부에 저항하며 광주에서 계엄령 철폐와 민주주의를 요구하는 5·18 민주화 운동이 일어나자 계엄군은 시민들을 강제로 진압하며 수많은 희생자가 발생하였어요. 또한 1987년의 ☐☐ ☐☐ ☐☐ 당시에는 뜨거운 민주화 요구 속에 박종철과 이한열 열사가 사망하며 전국 곳곳에서 진상 규명과 대통령 직선제 개헌을 요구하는 대규모 시위가 벌어져 결국 6.29 민주화 선언을 이끌어냈어요. 📖 P.468 참고

46 중국이 우리 역사인 고조선, 부여, 고구려, 발해를 자신들의 역사라고 주장하는 시도와 그것에 따른 연구 작업을 ☐☐☐☐ 이라고 합니다. 이런 말도 되지 않는 주장에 휘말리지 않으려면 우리부터 한국사를 열심히 공부해야겠죠? 📖 P.503 참고

정답

1. **01** 주먹도끼 **02** 2 **03** 고조선·삼국유사 **04** X O X

2. **05** 고인돌 **06** 장수왕 **07** 칠지도 **08** 한성→웅진→사비 **09** 골품제 **10** 선덕여왕 **11** 당·나당 **12** 발해

3. **13** O O X **14** 서희 **15** 귀주대첩 **16** 무신정변 **17** 강화도·삼별초 **18** 팔만대장경 **19** 무량수전

4. **20** 위화도회군 **21** 정몽주 **22** 경복궁 **23** 2 **24** 훈민정음 **25** 3 **26** 중국 명나라→일본, 임진왜란→병자호란

5. **27** 4 **28** 탕평책 **29** 정약용 **30** O O X **31** 흥선대원군 **32** 신미양요 **33** 갑신정변 **34** 전봉준

6. **35** 을미사변 **36** 아관파천 **37** 대한제국 **38** 을사늑약·을사오적 **39** 2 **40** 안중근 **41** 대한민국임시정부 **42** 이봉창·윤봉길

7. **43** 모스크바 3국 외상 회의 **44** 맥아더 **45** 6월 민주 항쟁 **46** 동북공정

지역별 INDEX

서울

- 강동 | 암사동 신석기 유적지 ·· 029
- 광진 | 아차산성 ·· 061
- 마포 | 절두산 순교성지 ·· 374
- 서대문 | 독립문 ·· 421
- 서대문 | 서대문형무소역사관 ·· 426
- 서울 | 조선 왕릉 ·· 268
- 송파 | 몽촌토성 ·· 060
- 송파 | 방이동고분군 ·· 061
- 송파 | 삼전도비 ·· 307
- 송파 | 석촌동고분군 ·· 061
- 송파 | 풍납동 토성 ·· 060
- 송파 | 한성백제박물관 ·· 055
- 용산 | 국립중앙박물관 ·· 474
- 용산 | 국립한글박물관 ·· 243
- 용산 | 백범김구기념관 ·· 454
- 용산 | 삼의사, 안중근 묘 ·· 455
- 용산 | 전쟁기념관 ·· 174
- 종로 | 경교장 ·· 450
- 종로 | 경복궁 ·· 216
- 종로 | 국립고궁박물관 ·· 208
- 종로 | 대한민국역사박물관 ·· 468
- 종로 | 돈의문박물관마을 ·· 241
- 종로 | 딜쿠샤 ·· 434
- 종로 | 숙정문 ·· 238
- 종로 | 우정총국 ·· 381
- 종로 | 운현궁 ·· 363
- 종로 | 종묘 ·· 228
- 종로 | 창경궁 ·· 256
- 종로 | 창덕궁 ·· 310
- 종로 | 충무공 이야기 ·· 291
- 종로 | 탑골 공원 ·· 432
- 종로 | 흥인지문(동대문) ·· 239
- 중구 | 고종의 길 ·· 398
- 중구 | 구 러시아 공사관 ·· 398
- 중구 | 덕수궁 ·· 403
- 중구 | 숭례문(남대문) ·· 240
- 중구 | 중명전 ·· 413
- 중구 | 환구단 ·· 412

경기도/인천

- 경기 | 조선 왕릉 ·· 268
- 고양 | 행주산성 ·· 293
- 광주 | 남한산성 ·· 299
- 수원 | 수원 화성 ·· 321
- 연천 | 연천 전곡리 유적 & 선사체험마을 ·· 028
- 인천 | 강화 고인돌유적지 ·· 042
- 인천 | 강화 마니산(참성단) ·· 046
- 인천 | 강화 홍릉 ·· 186
- 인천 | 강화산성 ·· 186
- 인천 | 강화역사박물관 ·· 046
- 인천 | 고려궁지 ·· 182
- 인천 | 광성보 ·· 375
- 인천 | 대한성공회 강화성당 ·· 185
- 인천 | 덕진진 ·· 374
- 인천 | 용흥궁 ·· 185
- 인천 | 전등사 ·· 373
- 인천 | 정족산성(삼랑성) ·· 373
- 인천 | 초지진 ·· 380
- 인천 | 임진각 관광지 ·· 461
- 인천 | 융·건릉 ·· 331
- 인천 | 제암리 3·1운동순국기념관 ·· 432

강원도

- 강릉 | 선교장 ·· 280
- 강릉 | 오죽헌 ·· 274
- 강릉 | 허균·허난설헌 기념공원 ·· 279
- 강원 | 조선 왕릉 ·· 268
- 양양 | 양양 오산리선사유적지 ·· 033
- 영월 | 선돌 ·· 255
- 영월 | 영월 한반도 지형 ·· 255
- 영월 | 영월부관아 ·· 254
- 영월 | 장릉 ·· 254
- 영월 | 청령포 ·· 253

충청북도

- 충주 | 충주 탑평리 칠층석탑 ·· 053
- 충주 | 충주고구려비전시관 ·· 047
- 충주 | 충주박물관 ·· 054
- 충주 | 탄금대 054

충청남도

- 공주 | 공산성 ·· 075
- 공주 | 공주 석장리 유적지 & 박물관 ·· 028
- 공주 | 국립공주박물관 ·· 062
- 공주 | 무령왕릉(왕릉원) ·· 069
- 부여 | 관북리 유적 ·· 094
- 부여 | 국립부여박물관 ·· 081
- 부여 | 궁남지 ·· 094
- 부여 | 낙화암 & 고란사 ·· 095
- 부여 | 능산리사지 ·· 096
- 부여 | 부소산성 ·· 095
- 부여 | 부여 나성 ·· 093
- 부여 | 부여왕릉원(능산리고분군) ·· 092
- 부여 | 정림사지 ·· 093
- 부여 | 정림사지오층석탑 ·· 094
- 아산 | 현충사 ·· 291
- 천안 | 독립기념관 ·· 445
- 천안 | 유관순 열사 사적지 ·· 432, 447
- 천안 | 유관순 열사 생가 ·· 432, 447

전라북도

- 고창 | 전북 고창 고인돌 ·· 046

익산 | 국립익산박물관 ·· **107**
익산 | 미륵사지 ·· **107**
익산 | 백제왕궁박물관 ·· **099**
익산 | 서동생가 터 ·· **105**
익산 | 쌍릉 ·· **105**
익산 | 왕궁리 오층석탑 ·· **100**
익산 | 왕궁리 유적 ·· **099**
정읍 | 고부 관아 터 ·· **395**
정읍 | 만석보 유지비 ·· **395**
정읍 | 전봉준 단소 ·· **395**
정읍 | 전봉준 선생 고택 ·· **395**
정읍 | 정읍 동학농민혁명기념관 ·· **389**
정읍 | 황토현전투전적지 ·· **395**

전라남도

강진 | 다산초당 ·· **339**
강진 | 백련사 ·· **346**
강진 | 사의재 ·· **346**
해남 | 울돌목(명량해협) ·· **292**
해남 | 전남 화순 고인돌 ·· **046**

경상북도

경주 | 감은사지 ·· **135**
경주 | 경주 교동 최씨 고택 ·· **124**
경주 | 경주 남산 ·· **155**
경주 | 계림 ·· **125**
경주 | 국립경주박물관 ·· **126**
경주 | 김유신 장군묘 ·· **124**
경주 | 나정 ·· **157**
경주 | 대릉원
　　　　(천마총·황남대총) ·· **121**
경주 | 동궁과 월지 ·· **123**
경주 | 문무대왕릉(대왕암) ·· **141**
경주 | 분황사지모전석탑 ·· **119**
경주 | 불국사 ·· **146**

경주 | 삼릉 ·· **157**
경주 | 서출지 ·· **158**
경주 | 석굴암 ·· **151**
경주 | 신라역사과학관 ·· **152**
경주 | 오릉 ·· **158**
경주 | 월성, 석빙고 ·· **123**
경주 | 이견대 ·· **141**
경주 | 첨성대 ·· **122**
경주 | 포석정 ·· **157**
경주 | 황룡사 역사문화관 ·· **125**
경주 | 황룡사지 ·· **125**
고령 | 대가야박물관 ·· **170**
고령 | 우륵박물관 ·· **170**
고령 | 지산동 고분군 ·· **169**
영덕 | 장사상륙작전전승기념관 ·· **456**
영덕 | 부석사 ·· **199**
영덕 | 소수서원 ·· **356**

경상남도

거제 | 옥포대첩기념관 ·· **292**
김해 | 구지봉 ·· **163**
김해 | 국립김해박물관 ·· **163**
김해 | 대성동고분군 & 박물관 ·· **164**
김해 | 봉황동 유적 ·· **165**
김해 | 수로왕릉 ·· **164**
김해 | 수로왕비릉 ·· **162**
부산 | 동삼동패총전시관 ·· **033**
진주 | 진주청동기문화박물관 ·· **039**
통영 | 강구안 거북선 ·· **289**
통영 | 당포성지 ·· **289**
통영 | 세병관 ·· **289**
통영 | 이순신공원 ·· **288**
통영 | 제승당 ·· **290**
통영 | 착량묘 ·· **289**
통영 | 충렬사 ·· **289**
통영 | 해인사 ·· **193**

제주도

서귀포 | 제주 추사관 ·· **347**
제주 | 김만덕기념관 ·· **333**
제주 | 파군봉(바굼지오름) ·· **192**
제주 | 항파두리 항몽유적지 ·· **187**

북한 & 해외

상하이 | 노신 공원 ·· **497**
상하이 | 대한민국 임시정부 청사 ·· **497**
상하이 | 송경령 능원 ·· **498**
자싱 | 김구 피란처 ·· **498**
항저우 | 항주 임시정부 청사 ·· **498**